À bord

À bord

Conrad J. Schmitt

Katia Brillié Lutz

New York, New York   Columbus, Ohio   Woodland Hills, California   Peoria, Illinois

About the Cover

The Château de Sully *is a magnificent 14th-century castle in the Loire Valley. The castle is set in a moat created from the diverted Sange River.*

Glencoe/McGraw-Hill

A Division of The **McGraw·Hill** *Companies*

Copyright ©1998 by Glencoe/McGraw-Hill. All rights reserved. Except as permitted under the United States Copyright Act, no part of this publication may be reproduced or distributed in any form or by any means, or stored in a database or retrieval system, without prior permission of the publisher.

Printed in the United States of America.

Send all inquiries to:
Glencoe/McGraw-Hill
8787 Orion Place
Columbus, OH 43240

ISBN 0-02-636813-7 (Student Edition)

ISBN 0-02-636814-5 (Teacher's Wraparound Edition)

9 0 058 05 04 03

Acknowledgments

We wish to express our deep appreciation to the numerous individuals throughout the United States and France who have advised us in the development of these teaching materials. Special thanks are extended to the people whose names appear below.

Esther Bennett
Notre Dame High School
Sherman Oaks, California

Brillié Family
Paris, France

Kathryn Bryers
French teacher
Berlin, Connecticut

G. Gail Castaldo
The Pingry School
Martinsville, New Jersey

Veronica Dewey
Brother Rice High School
Birmingham, Massachusetts

Lyne Flaherty
Hingham High School
Hingham, Massachusetts

Marie-Jo Hoffmann
Poudre School District
Fort Collins, Colorado

Marcia Brown Karper
Fayetteville-Manlius Central Schools
Manlius, New York

Annette Lowry
Ft. Worth Independent School District
Ft. Worth, Texas

Fabienne Raab
Paris, France

Sally Schneider
Plano Independent School District
Plano, Texas

Faith Weldon
Schalmont Central School District
Schenectady, New York

TABLE DES MATIÈRES

RÉVISION

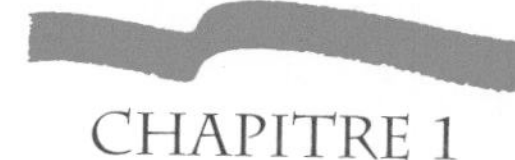

CHAPITRE 1

LA POSTE ET LA CORRESPONDANCE

CHAPITRE 2

FAMILLES

CHAPITRE 3

LE TÉLÉPHONE

CHAPITRE 4

«EN VOITURE!»—HIER ET AUJOURD'HUI

CHAPITRE 5

LA COIFFURE

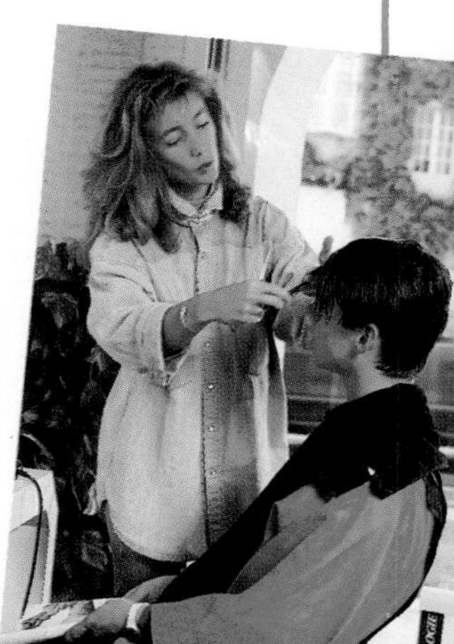

CHAPITRE 6

UN ACCIDENT ET L'HÔPITAL

CHAPITRE 7

DE LA MARTINIQUE À PARIS EN AVION

CHAPITRE 8

EN ROUTE

CHAPITRE 9

LA TEINTURERIE ET LA LAVERIE AUTOMATIQUE

CHAPITRE 10

LES TRANSPORTS EN COMMUN

CHAPITRE 11

LES FÊTES

CHAPITRE 12

AU LYCÉE

CHAPITRE 13

LE SAVOIR-VIVRE EN FRANCE

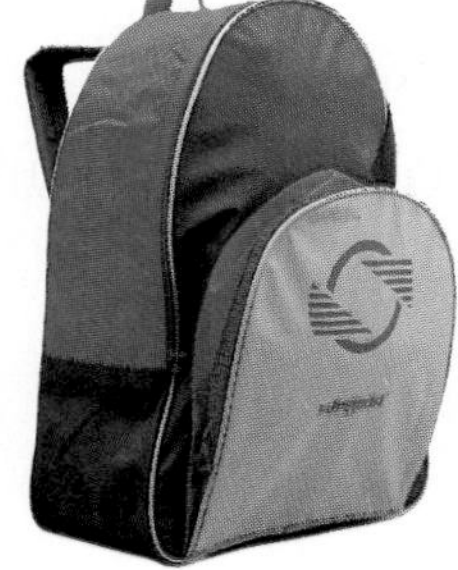

CHAPITRE 14

LE MAGHREB

CHAPITRE 15

LES AGRICULTEURS EN FRANCE

CHAPITRE 16

LES PROFESSIONS ET LES MÉTIERS

APPENDICES

RÉVISION
A
LES COPAINS ET
LES COURS

MOTS ET CONVERSATION

Une Française

Voici Nathalie.
Elle est française.
Nathalie est de Paris, la capitale.
Nathalie est très intelligente.
Elle est élève au lycée.
Elle va au lycée Henri IV.

A **Nathalie.** Répondez.

1. Qui est la fille?
2. Elle est de quelle nationalité?
3. Elle est de quelle ville?
4. Nathalie est intelligente ou pas?
5. Elle va à quel lycée?

Deux Français

ÉRIC: Salut, Paul.
PAUL: Salut, Éric. Ça va?
ÉRIC: Oui, ça va bien, et toi?
PAUL: Pas mal.
ÉRIC: Où vas-tu maintenant?
PAUL: Je vais au cours de français.
ÉRIC: Qui est le prof?
PAUL: M. Guillemette. Il est très chouette.

B **Salut, Paul!** Répondez d'après la conversation.

1. Éric va bien ou pas?
2. Où est-ce que Paul va maintenant?
3. Qui est le professeur de français?
4. Comment est-il?

C **Les deux copains.** Répondez d'après la photo.

1. Qui sont les deux garçons?
2. Où sont-ils maintenant?
3. D'où sont les deux garçons?
4. Ils sont de quelle nationalité?
5. Comment sont les deux garçons?

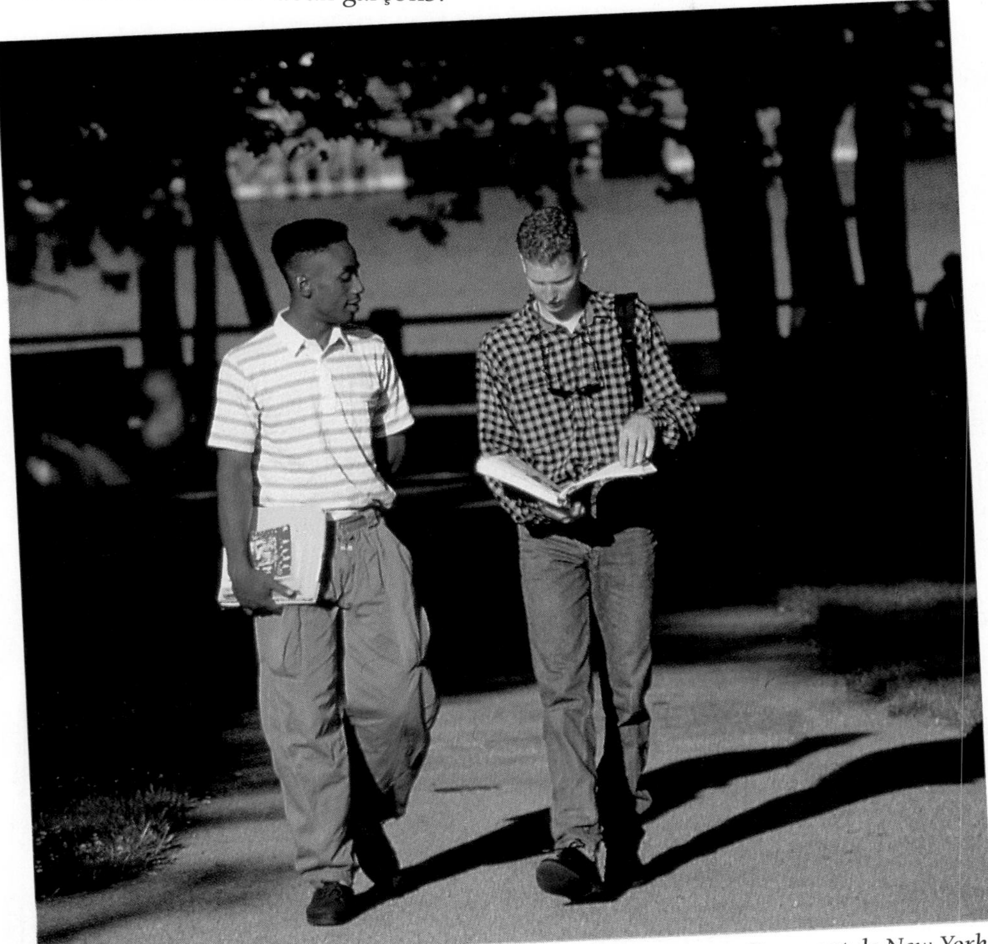

Peter et Steve sont de New York.

D **Personnellement.** Donnez des réponses personnelles.

1. Salut!
2. Comment ça va?
3. Qui est ton (ta) prof de français?
4. Comment est-il (elle)?
5. Comment est le cours de français?

STRUCTURE

L'accord des adjectifs

1. Adjectives agree with the nouns they describe. If the noun is feminine, the adjective must be in the feminine form. If the noun is plural, the adjective must be in the plural form. Review the following.

	FÉMININ	MASCULIN
SINGULIER	**une fille intelligente** **une amie sincère**	**un garçon intelligent** **un ami sincère**
PLURIEL	**des filles intelligentes** **des amies sincères**	**des garçons intelligents** **des amis sincères**

2. Note that adjectives that end in a consonant in the masculine form (*intelligent*) change pronunciation in the feminine form. Adjectives that end in *-e* (*sincère*) do not change pronunciation.

A **Qui est-ce?** Décrivez un ami.

B **Les amies.** Décrivez les filles.

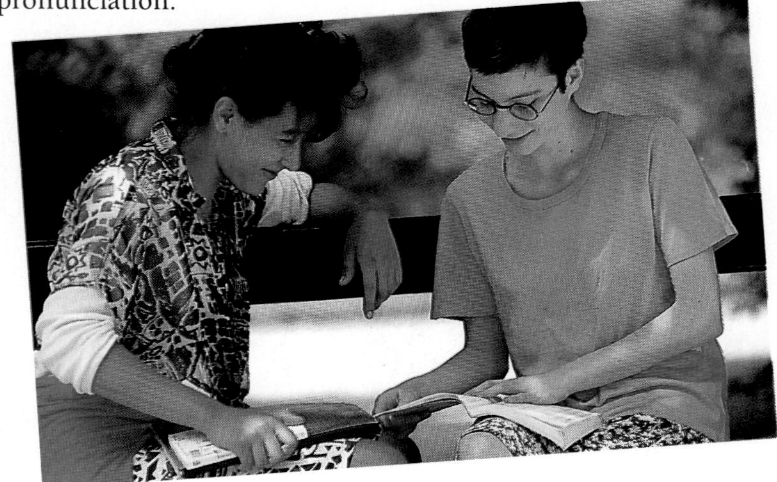

Les verbes *être* et *aller*

1. Review the forms of the important irregular verbs *être*, "to be," and *aller*, "to go."

ÊTRE	
je suis	**nous sommes**
tu es	**vous‿êtes**
il/elle/on est	**ils/elles sont**

ALLER	
je vais	**nous‿allons**
tu vas	**vous‿allez**
il/elle/on va	**ils/elles vont**

2. Note that to make a sentence negative, you put *ne... pas* (or *n'... pas*) around the verb.

Je suis française.	**Je *ne* suis *pas* américaine.**
Jeanne est sympathique.	**Elle *n'*est *pas* antipathique.**

3. Remember that you also use *aller* to express how someone feels.

Comment vas-tu?
Comment allez-vous? **Je vais bien, merci.**

C Charles est de New York. Répétez la conversation.

ANNICK: Bonjour, Charles. Ça va?
CHARLES: Oui, ça va bien, et toi?
ANNICK: Bien, merci. Tu es francais, Charles, n'est-ce pas?
CHARLES: Mais non, je ne suis pas français. Je suis américain.
ANNICK: Sans blague! Tu es de quelle ville?
CHARLES: Je suis de New York.
ANNICK: Tu vas à l'université à New York?
CHARLES: Non, non. Je ne vais pas à l'université. Je vais à l'école secondaire.

Répondez d'après la conversation.

1. Charles est français?
2. Il est de quelle nationalité?
3. Il est de quelle ville?
4. Il va à l'université?
5. Où est-ce qu'il va à l'école?

D Moi! Donnez des réponses personnelles.

1. Qui es-tu?
2. D'où es-tu?
3. Tu es de quelle nationalité?
4. Tu vas à quelle école?
5. Tu vas à l'école avec des copains?
6. Tes copains et toi, vous allez à l'école à pied ou en bus?
7. Où est l'école?
8. Comment sont les professeurs?

E Au restaurant. Complétez avec «être» ou «aller».

1. C'___ un petit restaurant. Il ___ vraiment très bon.
2. Tous les serveurs ___ vietnamiens.
3. La cuisine vietnamienne ___ délicieuse.
4. Le copain de Françoise y ___ aussi.
5. Au restaurant, qui ___ demander l'addition?
6. Qui ___ payer?
7. Vous ___ laisser un pourboire?

Les contractions avec *à* et *de*

1. The preposition *à* can mean "to," "in," or "at." It remains unchanged with the articles *la* and *l'*, but it contracts with *le* to form one word, *au*, and with *les* to form one word, *aux*. Note the liaison with *aux* and a word that begins with a vowel or silent *h*. The *x* is pronounced like a *z*. Review the following.

à + la = à la	**Je vais *à la* boulangerie.**
à + l' = à l'	**Je vais *à l'*école.**
à + le = au	**Je vais *au* restaurant.**
à + les = aux	**Je parle *aux* élèves.**

2. The preposition *de*, meaning "of" or "from," also contracts with *le* and *les* to form one word, *du* or *des*. Note that *de* is also a part of many longer prepositions such as *près de*, *loin de*, etc.

de + la = de la	**Il habite près *de la* cathédrale.**
de + l' = de l'	**Il habite près *de l'*école.**
de + le = du	**Elle habite loin *du* parc.**
de + les = des	**Elle habite loin *des* magasins.**

F **On y va ou pas?** Complétez.

Aujourd'hui on ne va pas ____ (1) parc, on ne va pas ____ (2) restaurant, on ne va pas ____ (3) maison, on ne va pas ____ (4) pâtisserie. Où est-ce qu'on va alors? On va ____ (5) école. On va ____ (6) cours de français. On va parler ____ (7) professeur et ____ (8) élèves.

G **Où habites-tu?** Donnez des réponses personnelles.

1. Tu habites près ou loin de l'aéroport?
2. Tu vas souvent à l'aéroport?
3. Tu habites près ou loin de la gare?
4. Tu vas souvent à la gare?
5. Tu habites près ou loin de l'école?
6. Tu quittes l'école à quelle heure?
7. Tu habites près ou loin des magasins?
8. Tu vas souvent au magasin?

Activités de communication orale

A **L'ami(e) idéal(e).** Make a list of qualities you look for in a friend. Then ask your partner if he or she likes the same things in a friend.

> **Élève 1:** Pour moi, l'ami(e) idéal(e) est très sympathique. Tu es d'accord?
>
> **Élève 2:** Oui, je suis d'accord. Pour moi, l'ami(e) idéal(e) est aussi très patient(e).

B **Au restaurant.** With a classmate, make up a conversation between a waiter or waitress and a customer at a restaurant. You may want to use some of the following words and expressions.

le menu	**une pizza**	**à point**
le service	**un coca-cola**	**bien cuit**
un hamburger	**saignant**	**l'addition**

C **On fait les courses.** You and two classmates are planning a picnic in Évian-les-Bains, a town on Lake Geneva. First, make a list of what you need. Then take turns asking one another where you would buy these items.

> **du pain**
>
> **Élève 1:** Où est-ce qu'on achète du pain?
>
> **Élève 2:** On achète du pain à la boulangerie.

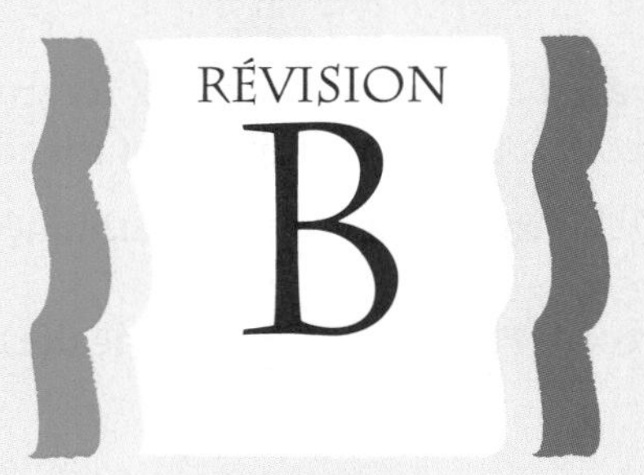

RÉVISION B

DES ACTIVITÉS AMUSANTES

MUSIQUE DU MONDE
LAMBARENA
AZUQUITA
Sierra Maestra
TANGO
CORNELIO
REYNA
CHANTEURS
CADEAU
1 CD DIGIPACK
Autour de Minuit
POUR 2 CD ACHETÉS

MOTS ET CONVERSATION

La fête de Caroline

Caroline donne une fête.
Elle invite des copains.

Les copains arrivent chez Caroline à sept heures.
Ils parlent à Caroline.

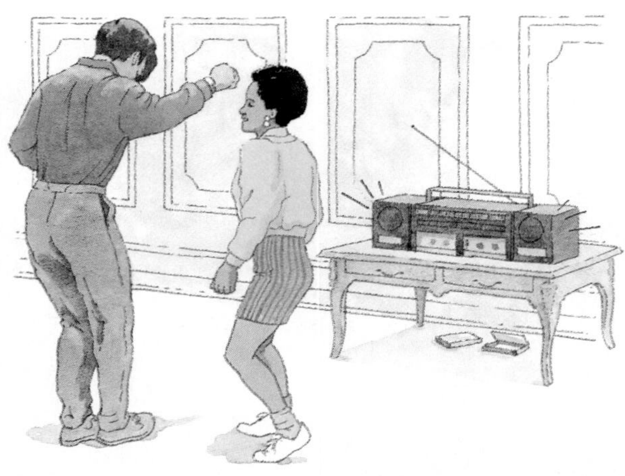

Pendant la fête, les copains dansent.
Ils écoutent des cassettes.

A **Chez Caroline.** Répondez.

1. Caroline donne une fête?
2. Elle invite des copains?
3. Les copains arrivent chez Caroline à sept heures?
4. Ils parlent à Caroline? Ils parlent français ou anglais?
5. Pendant la fête, les copains dansent?
6. Ils écoutent des cassettes?

B **Qui?** Répondez.

1. Qui donne la fête?
2. Qui arrive chez Caroline?
3. Quand est-ce qu'ils arrivent?
4. Qui parle?
5. À qui est-ce qu'ils parlent?
6. Qui écoute des cassettes?
7. Qui danse?

C **La maison de Caroline.** Lisez le paragraphe.

La maison de Caroline est jolie.
Au rez-de-chaussée il y a quatre pièces.
Au premier étage il y a les chambres à coucher.
Caroline a une très jolie chambre à coucher.
Elle fait ses devoirs dans sa chambre à coucher.

D **Comment est sa maison?** Décrivez la maison de Caroline.

E **Qu'est-ce que les amis de Caroline font?** Choisissez la bonne réponse.

1. Les amis écoutent des cassettes?
   a. Oui, ils détestent la musique.
   b. Oui, ils adorent le rock.
   c. Oui, ils vont au théâtre.
2. Quand est-ce qu'ils dansent?
   a. Le samedi soir à la fête.
   b. Quand je vais à l'école.
   c. Quand nous réservons une table au restaurant.
3. Ils parlent français à Caroline?
   a. Oui, je téléphone à mon amie.
   b. Oui, ils sont français.
   c. Oui, nous parlons français.
4. La maison de Caroline est grande?
   a. Oui, il y a deux étages.
   b. Oui, il y a trois pièces.
   c. Oui, il y a deux immeubles.

Les verbes réguliers en *-er*

The infinitive of many regular French verbs ends in *-er.* Review the following present-tense forms of regular *-er* verbs.

INFINITIVE	PARLER	AIMER	
STEM	**parl-**	**aim-**	ENDINGS
	je parle **tu parles** **il/elle/on parle** **nous parlons** **vous parlez** **ils/elles parlent**	**j'aime** **tu aimes** **il/elle/on aime** **nous aimons** **vous aimez** **ils/elles aiment**	**-e** **-es** **-e** **-ons** **-ez** **-ent**

A **Moi!** Donnez des réponses personnelles.

1. Tu habites quelle ville?
2. Tu habites une petite ville ou une grande ville?
3. Tu arrives à l'école à quelle heure le matin?
4. Tu parles à tes copains?
5. Tes copains et toi, vous étudiez le français?
6. Vous aimez le cours de français?
7. Vous chantez en français?

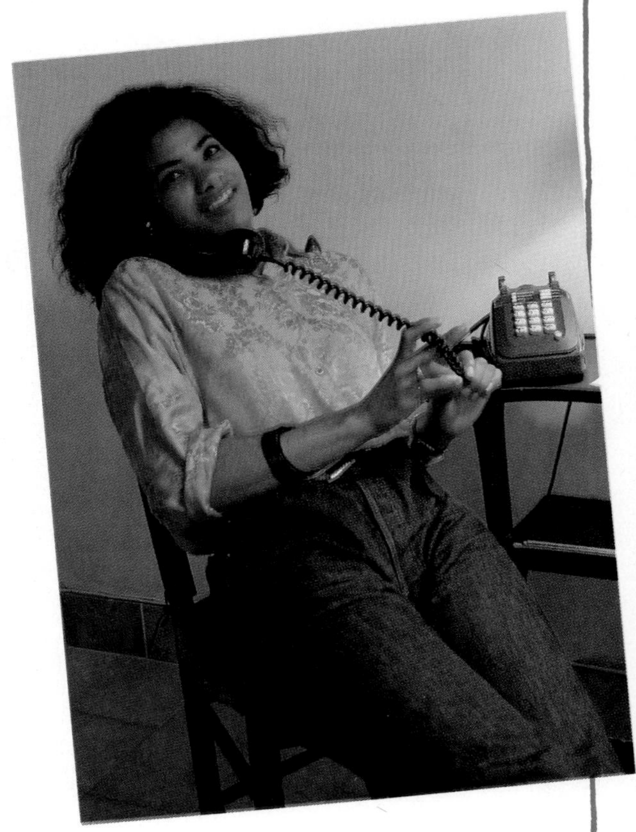

B **Une fête.** Donnez des réponses personnelles.

1. Tu aimes donner des fêtes?
2. Tu donnes des fêtes?
3. Qui invites-tu?
4. Tu téléphones à tes copains?
5. Ils acceptent toujours ton invitation?
6. Quel soir est-ce que tu donnes la fête?
7. Tes amis arrivent à quelle heure?
8. Tes copains et toi, vous dansez pendant la fête?

C **On dîne au restaurant.** Complétez.

1. Ce soir Angélique ne ___ pas le dîner. (préparer)
2. Elle ___ d'aller dîner au restaurant. (décider)
3. Elle ___ à sa copine. (téléphoner)

4. Elle ___ sa copine au restaurant. (inviter)
5. Elles ___ dans un restaurant italien. (aller)
6. Les deux amies ___ au restaurant à sept heures. (arriver)
7. Le serveur ___ à leur table. (arriver)
8. Les deux amies ___ une pizza. (commander)
9. Angélique ___ l'addition. (demander)
10. Tu ___ la pizza? (aimer)
11. Quand tes copains et toi ___ dans un restaurant italien, qu'est-ce que vous ___? (aller, commander)

L'infinitif

1. The infinitive form follows verbs such as *aimer, détester, adorer,* and *préférer.*

   J'aime danser mais je déteste chanter.
   Je n'aime pas du tout chanter.

2. You also use the infinitive after the verb *aller* to tell what you or others are going to do.

   Ce soir je vais regarder la télé.
   Je ne vais pas écouter la radio.
   Demain nous allons donner une fête.

D **Mes préférences.** Donnez des réponses personnelles.

1. Tu aimes manger?
2. Tu préfères manger dans un restaurant italien ou dans un restaurant vietnamien?
3. Tu vas dîner au restaurant ce soir?
4. Tu aimes donner des fêtes?
5. Tu vas inviter tes amis à la fête?
6. Tu préfères donner des fêtes ou aller à des fêtes?

E **Pas maintenant.** Répondez d'après le modèle.

Tu regardes la télé maintenant?
Non, mais je vais regarder la télé ce soir.

1. Tu écoutes la radio maintenant?
2. Tu étudies maintenant?
3. Tu travailles maintenant?
4. Ton copain téléphone maintenant?
5. Ton copain arrive maintenant?

Les verbes *avoir* et *faire*

1. Review the forms of the irregular verbs *avoir*, "to have," and *faire*, "to do," "to make."

AVOIR	
j' ai	nous avons
tu as	vous avez
il/elle/on a	ils/elles ont

FAIRE	
je fais	nous faisons
tu fais	vous faites
il/elle/on fait	ils/elles font

2. You use the verb *avoir* to express age.

   Tu as quel âge? Moi, j'ai quatorze ans.

3. The verb *faire* is used in many expressions: *faire du français, faire la cuisine, faire de la gymnastique, faire un pique-nique, faire les courses.* shopping

4. Remember that in negative sentences *un, une,* and *des* change to *de* (*d'*).

J'ai un frère.	**Je n'ai pas de sœur.**
Elle fait du français.	**Elle ne fait pas d'espagnol.**
Tu as des livres.	**Tu n'as pas de cahiers.**

F **Les Dejarnac.** Complétez avec «avoir».

1. La famille Dejarnac ___ une maison dans la banlieue parisienne.
2. Le pavillon des Dejarnac ___ sept pièces.
3. M. et Mme Dejarnac ___ deux enfants.
4. Pierre ___ quatorze ans et Michèle ___ seize ans.
5. Les Dejarnac ___ un chien?
6. Vous ___ un chien?
7. Non, nous n'___ pas de chien mais nous ___ un chat.

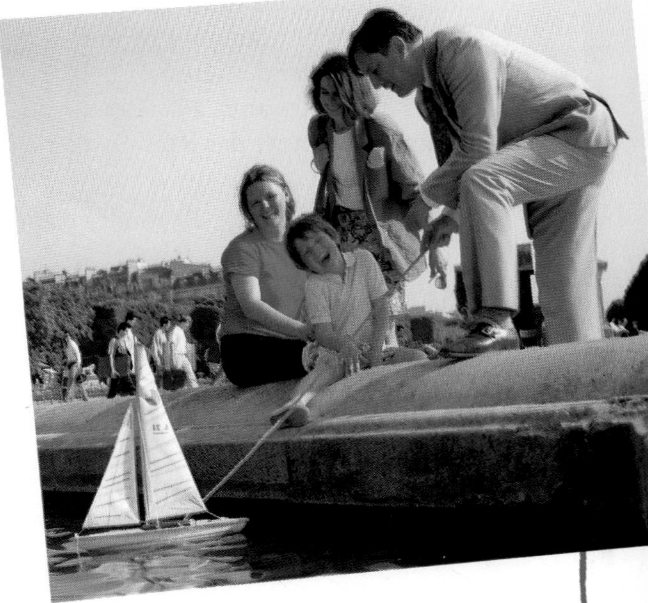

G **Moi!** Donnez des réponses personnelles.

1. Tu as une grande ou une petite famille?
2. Tu as combien de frères?
3. Tu as combien de sœurs?
4. Ta famille et toi, vous avez un chat ou un chien?
5. Tu as une voiture?

H **On fait les courses.** Répétez la conversation.

CHRISTINE: Salut, Michèle. Comment vas-tu?
MICHÈLE: Bien, merci. Et toi?
CHRISTINE: Pas mal. Où vas-tu maintenant?
MICHÈLE: Je vais faire les courses.
CHRISTINE: Tu fais les courses où?
MICHÈLE: Au marché de la rue Mouffetard.
Et aujourd'hui j'ai beaucoup de choses à acheter.

Répondez d'après la conversation.

1. Michèle va bien?
2. Est-ce qu'elle va faire les courses?
3. Elle va au marché de la rue Mouffetard?
4. Elle a beaucoup de choses à acheter?

Le partitif

1. In French, you use the definite article when talking about a specific item.

   La **salade est sur** ***la*** **table dans** ***la*** **cuisine.**

2. You also use the definite article when talking about a noun in the general sense.

   Moi, j'aime beaucoup ***le*** **chocolat.**

3. However, when you refer to only a part or a certain quantity of an item, the partitive construction is used. The partitive is expressed in French by *de* + the definite article.

de + le = du	**J'ai** ***du*** **pain.**
de + la = de la	**J'ai** ***de la*** **crème.**
de + l' = de l'	**J'ai** ***de l'*****argent.**
de + les = des	**J'ai** ***des*** **gâteaux.**

4. When the partitive follows a verb in the negative, all forms change to *de.*

J'ai du pain.	**Je n'ai pas** ***de*** **pain.**
J'ai de la viande.	**Je n'ai pas** ***de*** **viande.**
J'ai de l'argent.	**Je n'ai pas** ***d'*****argent.**
J'ai des fruits.	**Je n'ai pas** ***de*** **fruits.**

I Georges fait les courses. Complétez.

Georges fait les courses. Il va à la boulangerie où il achète ___(1) pain. Georges achète ___(2) pain tous les jours. Mais il n'achète pas toujours ___(3) viande. Aujourd'hui il n'achète pas ___(4) viande. Il ne va pas à la boucherie. Il achète ___(5) poisson. Pour acheter ___(6) poisson il va à la poissonnerie. Ensuite il va à l'épicerie du coin où il achète ___(7) eau minérale et ___(8) boîtes de conserve. Il n'achète pas ___(9) lait aujourd'hui.

Les adjectifs possessifs

1. Like all other French adjectives, the possessive adjectives must agree with the noun they modify. Remember that *son, sa,* and *ses* can mean either "his" or "her."

MASCULIN SINGULIER	FÉMININ SINGULIER	PLURIEL
mon père **ton père** **son père**	**ma mère** **ta mère** **sa mère**	**mes parents** **tes parents** **ses parents**

2. Remember that the masculine singular form is used before feminine singular nouns that begin with a vowel and that there is a liaison.

mon amie **ton amie** **son amie**

3. The adjectives *notre, votre,* and *leur* have only two forms, singular and plural.

MASCULIN SINGULIER	FÉMININ SINGULIER	PLURIEL
notre cousin **votre cousin** **leur cousin**	**notre cousine** **votre cousine** **leur cousine**	**nos cousin(e)s** **vos cousin(e)s** **leurs cousin(e)s**

J Moi! Donnez des réponses personnelles.

1. Tes parents ont une voiture?
2. Leur voiture est dans le garage le soir?
3. Ta mère travaille?
4. Ton père travaille?
5. Où est votre maison ou appartement?
6. Votre maison ou appartement a combien de pièces?

Activités de communication orale et écrite

A **Ma famille.** Imagine that you're a new student at your school. Your classmate wants to find out about you and your family. Answer his or her questions.

Où est-ce que tu habites?
Comment est ta maison ou ton appartement?
Il y a combien de personnes dans ta famille?
Tu as combien de frères et combien de sœurs?
Tu as quel âge?
Tu vas à quelle école?
Tu aimes quels cours?
Qu'est-ce que tu fais après les cours?

B **Ma maison et ma chambre.** Write a short paragraph describing your house or apartment and your room.

C **Aujourd'hui.** Work with a classmate. Find out the following information from him or her.

1. what day it is
2. what the date is today
3. what time it is
4. what time his or her English class is
5. what time he or she is leaving school today

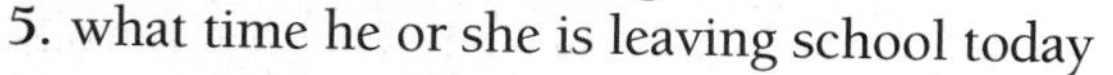

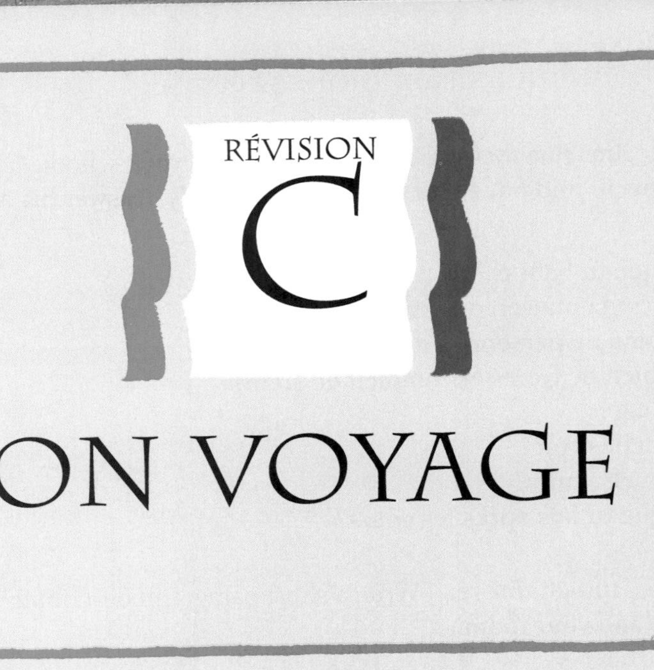

RÉVISION

C

ON VOYAGE

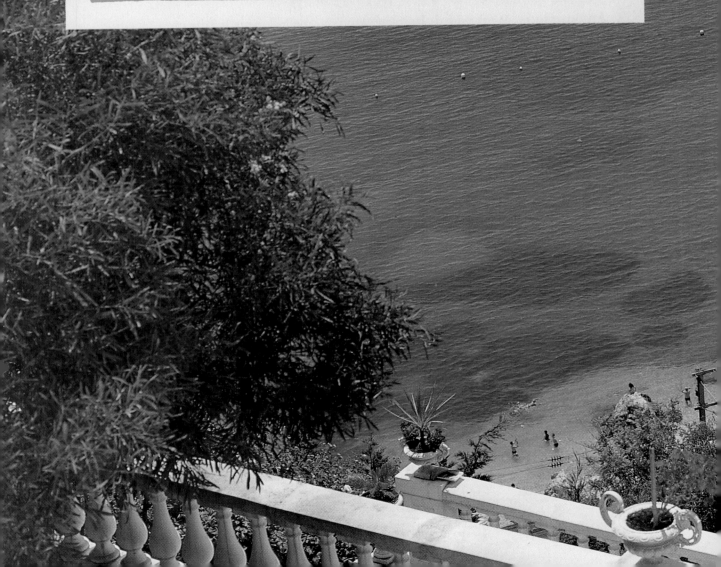

R 19

MOTS ET CONVERSATION

À l'aéroport

AHMED: Salut, Thérèse. Qu'est-ce que tu fais ici à l'aéroport?
THÉRÈSE: Je vais au Sénégal.
AHMED: Pas possible! Moi aussi, je pars pour Dakar. Tu as ta carte d'embarquement?
THÉRÈSE: Bien sûr.
AHMED: Tu as quelle place?
THÉRÈSE: 22A. On annonce le départ d'un avion. C'est quel numéro de vol?
AHMED: Le 214. C'est notre vol. L'avion part de quelle porte?
THÉRÈSE: De la porte vingt-cinq.

A On part pour Dakar. Répondez d'après la conversation.

1. Où est Thérèse?
2. Où va-t-elle?
3. Qui parle à Thérèse à l'aéroport?
4. Ahmed part pour quelle ville?
5. Et Thérèse part pour quel pays?
6. Elle a sa carte d'embarquement?
7. Thérèse a quelle place?
8. Qu'est-ce qu'ils entendent?
9. Quel est le numéro de leur vol?
10. Leur avion part de quelle porte?

À la gare

Alain est dans la gare à Deauville. Il a de la chance. Il n'y a pas de queue devant le guichet. Il va au guichet. Il achète un billet aller-retour en deuxième classe pour Paris. Il composte le billet et va sur le quai où il attend le train. Le train part exactement à 14h10. Alain monte dans une voiture non-fumeurs.

B **Un voyage en train.** Répondez par «oui» ou «non».

1. Alain est dans la salle d'attente de la gare?
2. Il est dans la gare à Paris?
3. Il y a une queue devant le guichet?
4. Alain achète un aller simple?
5. Il voyage en première classe?
6. Alain va sur le quai?
7. Le train part en retard?
8. Alain choisit une voiture fumeurs?

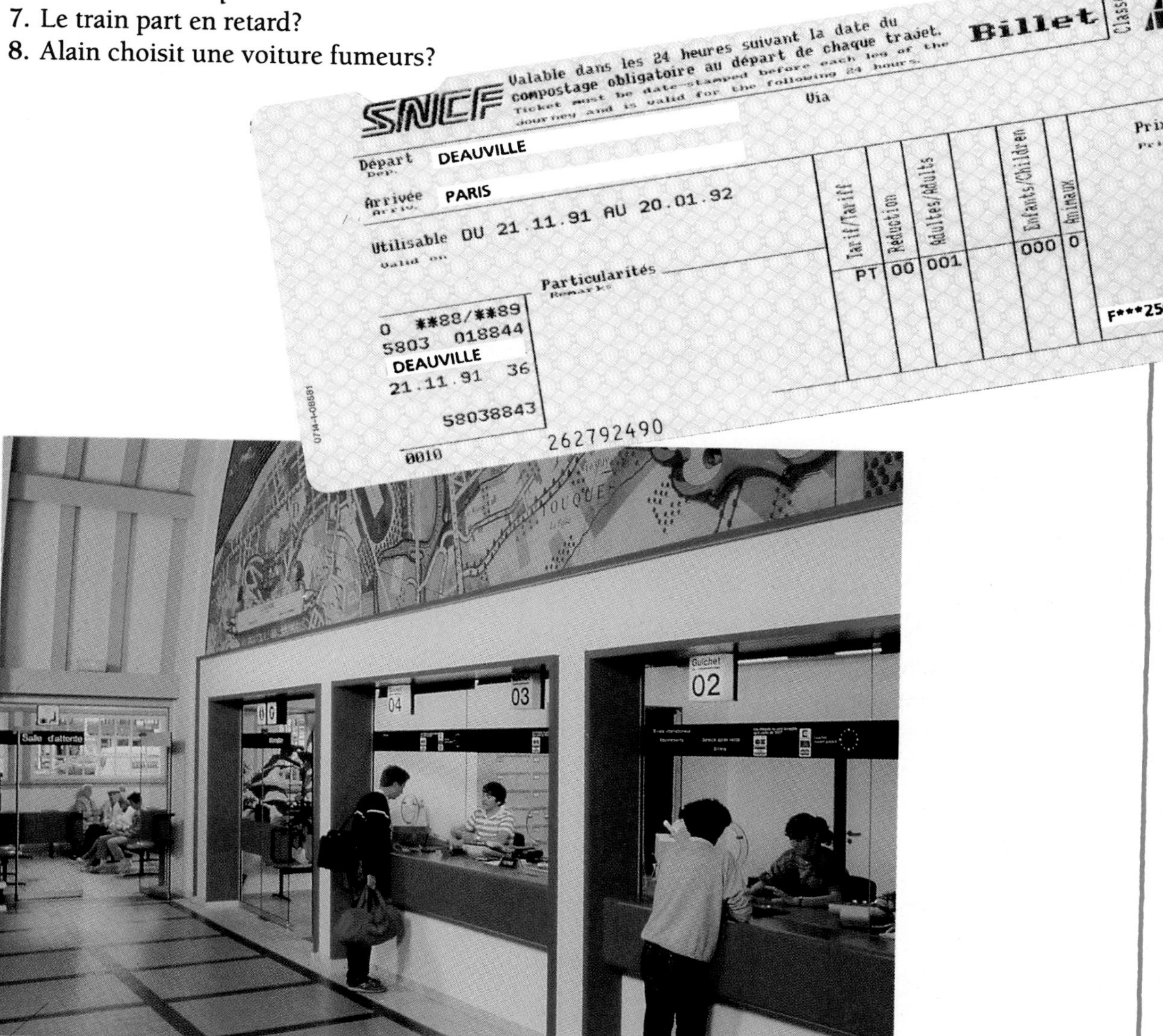

Les verbes en *-ir* et *-re*

Review the following forms of regular *-ir* and *-re* verbs in French.

INFINITIVE	FINIR	
STEM	**fin-**	ENDINGS
	je finis **tu finis** **il/elle/on finit** **nous finissons** **vous finissez** **ils/elles finissent**	**-is** **-is** **-it** **-issons** **-issez** **-issent**

INFINITIVE	ATTENDRE	
STEM	**attend-**	ENDINGS
	j'attends **tu attends** **il/elle/on attend** **nous attendons** **vous attendez** **ils/elles attendent**	**-s** **-s** **—** **-ons** **-ez** **-ent**

A **Un voyage en avion.** Répondez.

1. Quand tu voyages tu choisis un vol Air France?
2. Tu choisis une place côté fenêtre ou côté couloir?
3. Beaucoup de passagers choisissent des places côté couloir?
4. Vous réussissez à avoir toujours les places que vous désirez?
5. Votre avion atterrit généralement à l'heure?
6. Il atterrit à quel aéroport?

B **Un voyage en train.** Complétez.

1. On ___ les billets au guichet. (vendre)
2. On ___ des magazines et des journaux au kiosque. (vendre)
3. Les voyageurs ___ le train. (attendre)
4. Nous aussi, nous ___. (attendre)
5. Vous ___ le train dans la salle d'attente. (attendre)
6. J'___ l'annonce du départ de notre train. (entendre)
7. Marie aussi ___ l'annonce au haut-parleur. (entendre)

Les verbes *partir, sortir, servir et dormir*

Study the following *-ir* verbs that have shortened forms in the singular.

PARTIR	SORTIR	SERVIR	DORMIR
je pars **tu pars** **il/elle/on part** **nous partons** **vous partez** **ils/elles partent**	**je sors** **tu sors** **il/elle/on sort** **nous sortons** **vous sortez** **ils/elles sortent**	**je sers** **tu sers** **il/elle/on sert** **nous servons** **vous servez** **ils/elles servent**	**je dors** **tu dors** **il/elle/on dort** **nous dormons** **vous dormez** **ils/elles dorment**

C **En voiture!** Répondez d'après les indications.

1. Le train part de quelle voie? (numéro deux)
2. Il part à quelle heure? (18h16)
3. On sert des repas dans le train? (oui)
4. Qui sert les repas? (les serveurs)
5. Les voyageurs dorment? (oui, dans une voiture-lit)
6. Le contrôleur arrive. Tu sors ton billet? (oui)

D **Carole fait un voyage.** Complétez.

Carole est à la Gare du Nord. Où est-ce qu'on ___(1) (vendre) les billets? Ah, voilà le guichet. Carole achète son billet. Elle ___(2) (sortir) de l'argent de son sac à dos et paie. Son train ___(3) (partir) de la voie numéro quatre. Tous les trains ___(4) (partir) à l'heure. Beaucoup de voyageurs ___(5) (dormir) dans le train. Mais Carole ne ___(6) (dormir) pas. Elle aime bien voyager en train.

Les verbes *pouvoir* et *vouloir*

1. Review the forms of the verbs *pouvoir*, "to be able to," "can," and *vouloir*, "to want."

POUVOIR	VOULOIR
je peux	**je veux**
tu peux	**tu veux**
il/elle/on peut	**il/elle/on veut**
nous pouvons	**nous voulons**
vous pouvez	**vous voulez**
ils/elles peuvent	**ils/elles veulent**

2. These verbs are frequently followed by the infinitive.

Je peux sortir et je veux sortir.
Tu veux sortir avec moi?
Elle ne veut pas sortir avec Gilles.

E Un petit voyage à Nice. Répondez par «oui».

1. Marie-Claire veut aller à Nice?
2. Elle peut partir demain?
3. Son frère veut aller à Nice aussi?
4. Ils peuvent faire le voyage ensemble?
5. Ils veulent aller à Nice en train?
6. Ils peuvent aller à Nice en train? En avion?
7. Ils veulent regarder la mer Méditerranée?
8. Tu veux regarder la mer Méditerranée?
9. Tu peux regarder la mer Méditerranée?

Vues de la côte et de la mer Méditerranée

Activités de communication orale et écrite

A **En avion.** Make a list of words associated with airline travel. Write a short paragraph using these words to describe a plane trip you'd like to take.

B **À la gare.** Working with a classmate, make up a conversation between a passenger who wants to buy a ticket and a ticket agent in a train station. You may want to use some of the following words and expressions.

un aller-retour	**en première/en seconde**
un aller simple	**à quelle heure**
un billet	**le quai**
combien	**la voie**
fumeurs/non-fumeurs	

C **La gare.** Describe the illustration in your own words.

RÉVISION D

LES SPORTS ET LES SAISONS

MOTS ET CONVERSATION

Qu'est-ce qu'ils ont fait?

L'été dernier Jennifer a nagé.
Elle a beaucoup nagé pendant ses vacances.
Elle a fait du ski nautique.
Elle a joué au tennis.
Elle a pris des bains de soleil.
Elle a mis de la crème solaire.
Elle a bronzé.

L'hiver dernier Nicolas a appris à faire du ski.
Il a descendu la piste verte.
Mélanie a fait du patin à glace.
Elle a eu un petit accident.

Samedi dernier notre équipe a joué au foot.
Julien a donné un coup de pied dans le ballon.
Il a marqué un but.
Notre équipe a gagné 6 à 0.
Nous avons joué contre les Ours.

Un match de football

Au bord de la mer

LISE:	Jennifer, qu'est-ce que tu as fait pendant les vacances?
JENNIFER:	J'ai passé un mois au bord de la mer.
LISE:	C'est chouette ça! Tu as de la chance.
JENNIFER:	J'ai passé tout mon temps à la plage. J'ai beaucoup nagé et j'ai appris à faire de la planche à voile.
LISE:	Et je vois que tu as bien bronzé.

Cet homme fait de la planche à voile dans la mer des Caraïbes.

A Les vacances de Jennifer. Répondez.

1. Jennifer a passé ses vacances au bord de la mer ou à la montagne?
2. Elle a beaucoup nagé?
3. Elle a nagé dans la mer ou dans une piscine?
4. Elle a fait du ski nautique?
5. Elle a appris à faire de la planche à voile?
6. Elle a pris des bains de soleil?
7. Elle a mis de la crème solaire?
8. Elle a bronzé?

B Un voyage à la montagne.

Répondez d'après les indications.

1. Quand est-ce que Nicolas a fait un voyage à la montagne? (au mois de février)
2. Qu'est-ce qu'il a pris? (des leçons de ski)
3. Il a eu un moniteur? (Oui)
4. Il a beaucoup appris? (Oui)
5. Il a descendu quelle piste? (la piste verte)
6. Il est tombé? (jamais)
7. Il a eu de la chance? (beaucoup)
8. Où a-t-il fait du patin? (à la patinoire)

C En quelle saison?

Choisissez.

1. Il fait beau.
2. Il fait froid.
3. Il fait chaud.
4. Il neige.
5. Il pleut.
6. Il y a beaucoup de soleil.
7. Il y a beaucoup de vent.
8. Il fait deux degrés.

EN ÉTÉ	EN HIVER	LES DEUX

D Un match de foot. Répondez d'après les indications.

1. Dans un match de foot, il y a combien d'équipes? (deux)
2. Chaque équipe a combien de joueurs? (onze)
3. Il y a combien de joueurs sur le terrain? (vingt-deux)
4. Dans un match il y a combien de camps? (deux)
5. Le match est divisé en quoi? (mi-temps)
6. Il y a combien de mi-temps? (deux)
7. Chaque mi-temps dure combien de minutes? (quarante-cinq)
8. Qui garde le but? (le gardien de but)
9. Qu'est-ce que chaque équipe veut faire? (marquer un but)
10. Qui bloque ou arrête le ballon? (le gardien de but)

Le passé composé des verbes réguliers avec *avoir*

1. You use the *passé composé* in French to express an action completed in the past. The *passé composé* of most French verbs is formed by using the present tense of the verb *avoir* and the past participle of the verb. Review the formation of the past participle of regular verbs.

INFINITIF	PARTICIPE PASSÉ	INFINITIF	PARTICIPE PASSÉ	INFINITIF	PARTICIPE PASSÉ
-er →	-é	-ir →	-i	-re →	-u
regarder **parler**	**regardé** **parlé**	**choisir** **réussir**	**choisi** **réussi**	**perdre** **vendre**	**perdu** **vendu**

2. Now review the *passé composé* of regular French verbs.

PARLER	FINIR	PERDRE
j'ai parlé **tu as parlé** **il/elle/on a parlé** **nous avons parlé** **vous avez parlé** **ils/elles ont parlé**	**j'ai fini** **tu as fini** **il/elle/on a fini** **nous avons fini** **vous avez fini** **ils/elles ont fini**	**j'ai perdu** **tu as perdu** **il/elle/on a perdu** **nous avons perdu** **vous avez perdu** **ils/elles ont perdu**

3. In the negative, *ne... pas* goes around the verb *avoir.*

Je n'ai pas parlé aux joueurs.
Je n'ai pas choisi cette équipe.
Ils n'ont pas perdu le match.

A Marseille contre Rennes. Répondez.

1. Marseille a joué contre Rennes?
2. Vous avez regardé le match?
3. Garros a donné un coup de pied dans le ballon?
4. Desnos a passé le ballon à Garros?
5. Garros a renvoyé le ballon?
6. Les Marseillais ont marqué un but?
7. Le gardien n'a pas arrêté le ballon?
8. Les Rennois ont égalisé le score?
9. L'arbitre a sifflé?
10. Il a déclaré un penalty contre Marseille?
11. Marseille a perdu le match?
12. Vous avez applaudi les gagnants?

B Au grand magasin.

Complétez au passé composé.

1. Hier j'___ avec ma sœur. (parler)
2. Nous ___ d'acheter un cadeau pour mon père. (décider)
3. Nous ___ la maison à midi pour aller au grand magasin. (quitter)
4. J'___ une chemise. (acheter)
5. J'___ le prix au vendeur. (demander)
6. Le vendeur ___ à ma question. (répondre)
7. J'___ une chemise blanche pour mon père. (choisir)
8. Mon père ___ son anniversaire. (célébrer)
9. Ma sœur et moi, nous n'___ pas ___ la même chose pour lui. (acheter)
10. Elle ___ des tennis. (choisir)
11. Nous ___ à la caisse. (payer)

Les participes passés irréguliers

The past participles of regular verbs end in the sounds /é/, /i/, or /ü/. Note that many irregular past participles also end in the sound /i/ or /ü/ even though their spelling may change.

INFINITIF →	PARTICIPE PASSÉ
mettre	**mis**
permettre	**permis**
prendre	**pris**
comprendre	**compris**
apprendre	**appris**
dire	**dit**
écrire	**écrit**
conduire	**conduit**
avoir	**eu**
croire	**cru**
voir	**vu**
pouvoir	**pu**
vouloir	**voulu**
lire	**lu**
être	**été**
faire	**fait**

J'ai pris des leçons de ski nautique.
J'ai appris à faire du ski nautique.
J'ai voulu aller très vite.
J'ai fait beaucoup de progrès.

C À la plage. Répondez par «oui».

1. Nathalie et ses copines ont été à la plage?
2. Nathalie a pris sa voiture?
3. C'est elle qui a conduit?
4. Nathalie a pris des bains de soleil?
5. Elle a mis de la crème solaire?
6. Toutes les copines ont mis leur maillot?
7. Elles ont fait du ski nautique?
8. Elles ont appris à faire de la planche à voile?
9. Elles ont pris des leçons?
10. Elles ont eu une bonne monitrice?
11. Elles ont pu faire de la plongée sous-marine?

Ce jeune homme fait de la plongée sous-marine à Tahiti.

D **En route!** Complétez au passé composé.

Mon ami Nicolas $\underset{1}{\underline{\quad\quad}}$ (dire) que Chamonix est une belle station de sports d'hiver. Il $\underset{2}{\underline{\quad\quad}}$ (lire) le Guide Michelin et il $\underset{3}{\underline{\quad\quad}}$ (voir) que Chamonix est loin de Paris. Mais il $\underset{4}{\underline{\quad\quad}}$ (vouloir) y aller. Ses parents $\underset{5}{\underline{\quad\quad}}$ (permettre) à Nicolas de prendre leur voiture. Il $\underset{6}{\underline{\quad\quad}}$ (prendre) leur voiture et c'est lui qui $\underset{7}{\underline{\quad\quad}}$ (conduire) pendant tout le chemin. Il $\underset{8}{\underline{\quad\quad}}$ (faire) le voyage avec son copain Alain. Ils $\underset{9}{\underline{\quad\quad}}$ (mettre) leurs skis sur la voiture. Ils $\underset{10}{\underline{\quad\quad}}$ (prendre) l'autoroute. Ils n'$\underset{11}{\underline{\quad\quad}}$ pas $\underline{\quad\quad}$ (avoir) de problème.

E **L'été dernier.** Donnez des réponses personnelles.

1. Tu as nagé?
2. Tu as nagé où?
3. Tu as pris des leçons de planche à voile?
4. Tu as eu un bon moniteur (une bonne monitrice)?
5. Tu as beaucoup appris?
6. Tu as joué au tennis?
7. Tu as pris des leçons?
8. Tu as compris tout ce que le moniteur (la monitrice) a dit?
9. Tu as vu la Coupe Davis à la télé?
10. Tu as lu un article sur le tennis?

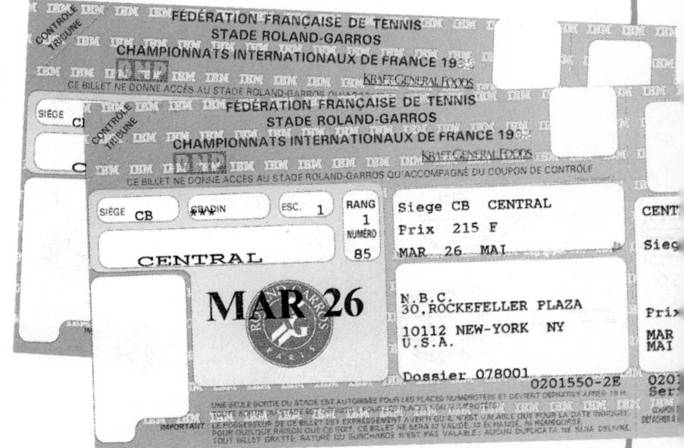

Activités de communication orale

A **L'été dernier.** Tell your partner what you did last summer and find out if he or she did the same things.

> **Élève 1: J'ai pris des leçons de tennis et je suis allé(e) à la plage avec mes copains. Et toi?**
> **Élève 2: Moi, j'ai travaillé en juillet. En août j'ai passé quinze jours au bord de la mer.**

B **Les sports.** Divide into small groups. Take turns describing a sport without mentioning its name. The others have to guess what sport is being described.

RÉVISION

E

LA FORME ET LA MÉDECINE

MOTS ET CONVERSATION

Émilie et Sébastien

Émilie se réveille.
Elle se lève tout de suite.
Ce matin, comme tous les matins, elle est allée au gymnase.
Elle veut rester en forme.
Elle est arrivée au gymnase avec ses copines.
Elles sont entrées dans le gymnase ensemble.
Elles ont fait de la gymnastique.

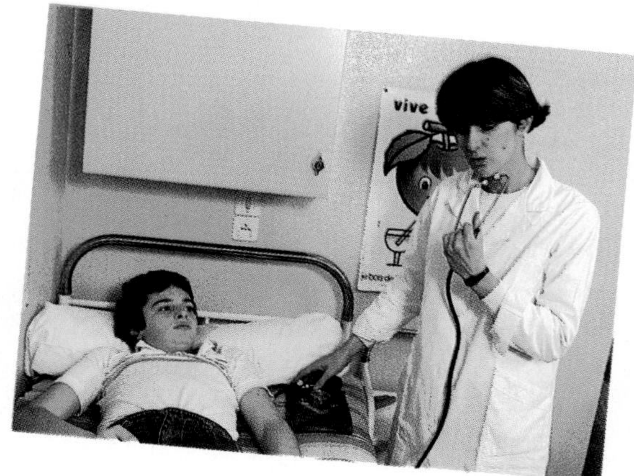

Voilà le pauvre Sébastien.
Il ne se sent pas très bien.
Il a mal au ventre.
Sébastien est allé chez le médecin.

Chez le médecin

PATRICK: Ah, docteur. Je suis bien malade.

LE MÉDECIN: Qu'est-ce que vous avez? Quels sont vos symptômes?

PATRICK: C'est terrible. Je tousse. J'éternue. J'ai les yeux qui piquent. J'ai mal à la gorge.

LE MÉDECIN: Vous avez de la fièvre?

PATRICK: Je ne sais pas.

LE MÉDECIN: Je crois que vous avez un rhume. Ce n'est pas grave. Je vais vous faire une ordonnance.

PATRICK: Et moi qui suis toujours en bonne forme...

LE MÉDECIN: Il n'y a pas de quoi vous inquiéter. *(Il lui donne l'ordonnance.)* Allez avec ça à la pharmacie. Le pharmacien va vous donner des médicaments. Vous allez vite vous sentir mieux.

A L'horaire d'Émilie. Répondez d'après les indications.

1. Émilie se réveille à quelle heure le matin? (six heures et demie)
2. Quand est-ce qu'elle se lève? (tout de suite)
3. Qu'est-ce qu'elle se lave? (la figure et les mains)
4. Où prend-elle son petit déjeuner? (dans la cuisine)
5. Quand est-ce qu'elle se brosse les dents? (après le petit déjeuner)

B Pour hommes, pour femmes ou les deux? Choisissez.

1. un peigne
2. une brosse
3. le déodorant
4. le parfum
5. une brosse à dents
6. le dentifrice
7. une glace
8. le savon

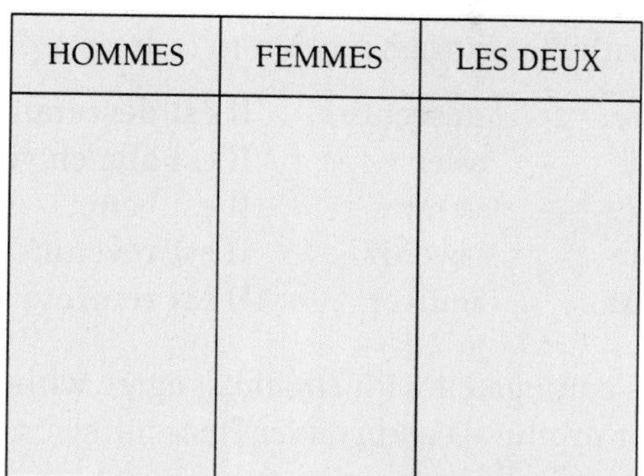

HOMMES	FEMMES	LES DEUX

C Qu'est-ce qu'ils font? Répondez par «oui» ou «non» d'après le dessin.

1. Les copains font du jogging?
2. Ils se promènent?
3. Ils font du volley-ball?
4. Ils pratiquent un sport?
5. Ils font de la gymnastique?

D La même idée. Choisissez les phrases qui vont ensemble.

1. Guillaume a un rhume.
2. Il n'est pas en bonne santé.
3. Il a la gorge qui gratte.
4. Il a de la fièvre.
5. Il a mal au ventre.

a. Il a mal à la gorge.
b. Guillaume est enrhumé.
c. Il a mal à l'estomac.
d. Il est malade.
e. Il a de la température.

Le passé composé avec *être*

1. With certain verbs, you use *être* as the helping verb rather than *avoir*. Many verbs that are conjugated with *être* express motion to or from a place.

arriver	**Il est arrivé.**	**descendre**	**Il est descendu.**
partir	**Il est parti.**	**aller**	**Il est allé en ville.**
entrer	**Il est entré.**	**venir**	**Il est venu.**
sortir	**Il est sorti.**	**revenir**	**Il est revenu.**
monter	**Il est monté.**	**rentrer**	**Il est rentré.**

2. The past participle of verbs conjugated with *être* must agree with the subject in number (singular or plural) and gender (masculine or feminine). Study the following forms.

MASCULIN	FÉMININ
Je suis sorti.	Je suis sorti*e*.
Tu es sorti.	Tu es sorti*e*.
Il est sorti.	Elle est sorti*e*.
Nous sommes sortis.	Nous sommes sorti*es*.
Vous êtes sorti(*s*).	Vous êtes sorti*e*(*s*).
Ils sont sortis.	Elles sont sorti*es*.

3. Although the following verbs do not express motion to or from a place, they are also conjugated with *être*.

rester	**Il est resté huit jours.**	***He stayed a week.***
tomber	**Il est tombé.**	***He fell.***
devenir	**Il est devenu malade.**	***He became sick.***
naître	**Elle est née en France.**	***She was born in France.***
mourir	**Elle est morte en 1991.**	***She died in 1991.***

A **Moi.** Donnez des réponses personnelles.

1. Tu es né(e) quel jour?
2. Tu es né(e) où?
3. Tu es allé(e) à quelle école primaire?
4. Tu es sorti(e) de la maison à quelle heure ce matin?
5. Comment es-tu allé(e) à l'école?
6. Tu es arrivé(e) à l'école à quelle heure?

B **Où est-ce qu'elle est allée?** Complétez au passé composé.

1. Monique ___ de la maison. (sortir)
2. Je ___ avec elle. (sortir)
3. Nous ___ au gymnase. (aller)
4. Nous ___ au deuxième étage. (monter)
5. Tu ___ au gymnase aussi? (aller)
6. Tu y ___ avec un copain? (aller)
7. Vous ___ au gymnase à quelle heure? (arriver)
8. Monique a fait de l'aérobic et ensuite elle ___ à la piscine. (descendre)
9. Monique et moi, nous ___ du gymnase vers six heures. (sortir)
10. Elle ___ à la maison à six heures et demie et moi, je ___ à sept heures moins le quart. (rentrer)

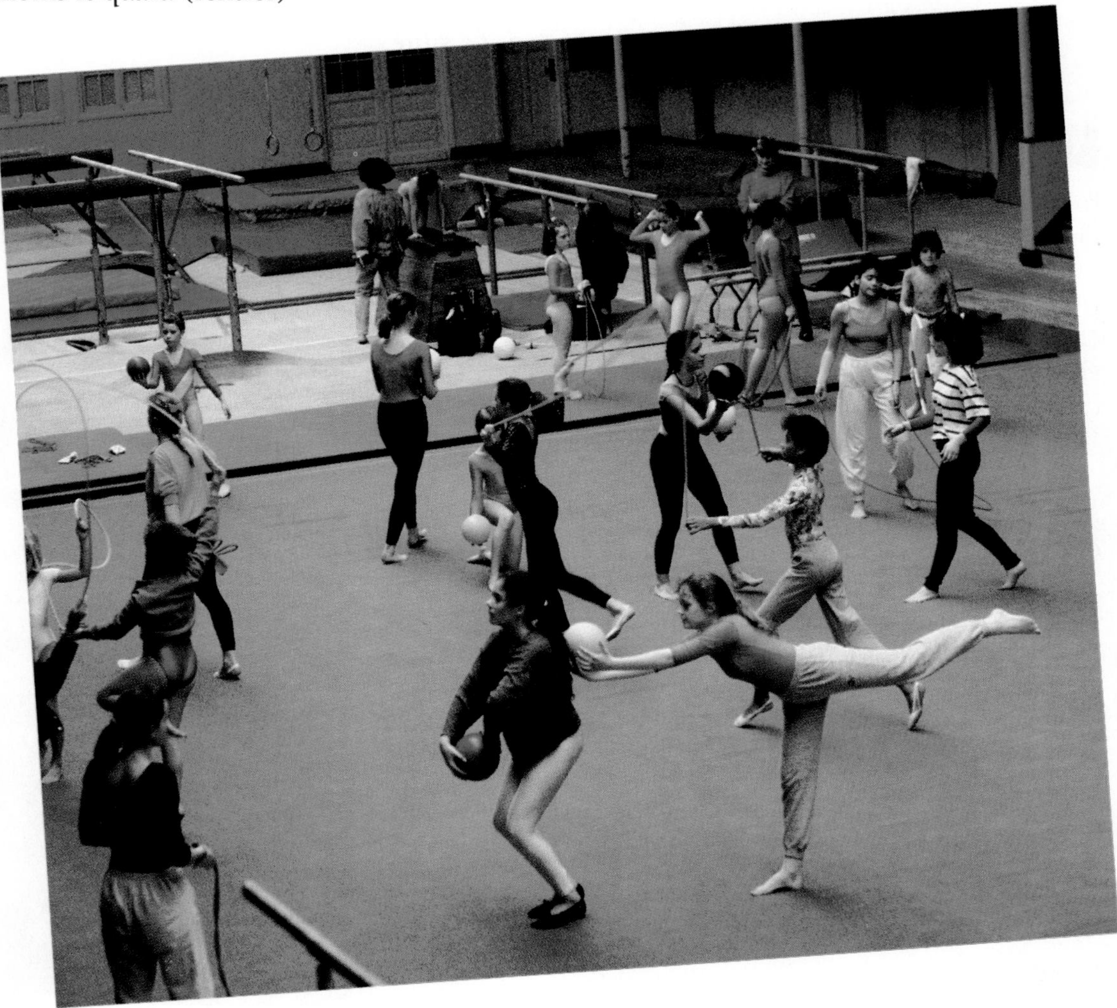

Les verbes réfléchis

1. A verb is reflexive when the subject both performs and receives the action of the verb. Since the subject also receives the action, an additional pronoun is needed. This is called the reflexive pronoun. Review the following.

SE LEVER	S'HABILLER
je me lève	**je m' habille**
tu te lèves	**tu t' habilles**
il/elle/on se lève	**il/elle/on s' habille**
nous nous levons	**nous nous habillons**
vous vous levez	**vous vous habillez**
ils/elles se lèvent	**ils/elles s' habillent**

Note that *me, te*, and *se* become *m'*, *t'*, and *s'* before a vowel or a silent *h*.

2. In the negative, *ne* comes before the reflexive pronoun. *Pas* follows the verb.

Je me réveille mais je *ne* me lève *pas* tout de suite.
Il se couche mais il *ne* s'endort *pas* tout de suite.

C L'horaire de Charles. Répétez la conversation.

PAUL: Tu te lèves à quelle heure, Charles?
CHARLES: À quelle heure est-ce que je me lève ou je me réveille?
PAUL: Tu te lèves.
CHARLES: Je me lève à six heures et demie.
PAUL: Et tu quittes la maison à quelle heure?
CHARLES: À sept heures. Je me lave, je me brosse les dents, je me rase et je prends mon petit déjeuner en une demi-heure.
PAUL: Et tu t'habilles aussi?
CHARLES: Bien sûr que je m'habille!

Répondez d'après la conversation.

1. Charles se lève à quelle heure?
2. Il se lave?
3. Il se brosse les dents dans la salle de bains?
4. Il se rase?
5. Il quitte la maison à quelle heure?
6. Il s'habille?

D **Mon horaire.** Donnez des réponses personnelles.

1. Comment t'appelles-tu?
2. Tu te réveilles à quelle heure le matin?
3. Tu te lèves tout de suite?
4. Tu t'habilles avant ou après le petit déjeuner?
5. Quand est-ce que tu te brosses les dents?
6. Tu te brosses les cheveux ou tu te peignes?
7. Tu te couches à quelle heure le soir?
8. Tu t'endors tout de suite?

E **La matinée de Julie.** Complétez.

Bonjour! Je ____ (1) (s'appeler) Julie et mon frère ____ (2) (s'appeler) Stéphane. Lui et moi, nous ____ (3) (se lever) à sept heures du matin. Quand je ____ (4) (se lever), je vais tout de suite à la salle de bains. Dans la salle de bains, je ____ (5) (se laver), je ____ (6) (se brosser) les dents et je ____ (7) (se peigner). Le matin, je ____ (8) (se dépêcher), je n'ai pas de temps à perdre. Je ne reste pas longtemps dans la salle de bains. Je sors, et tout de suite après, mon frère entre dans la salle de bains. Il ____ (9) (se laver), ____ (10) (se brosser) les dents et ____ (11) (se raser).

À quelle heure est-ce que tu ____ (12) (se lever) le matin? Tu as le même problème que nous? Tu ____ (13) (se dépêcher) pour ne pas être en retard à l'école?

Activités de communication orale et écrite

A **Pour rester en forme.** Work with a classmate. Tell him or her what you do to stay in shape. He or she asks you if you did the same thing yesterday. Answer, then reverse roles.

B **Chez le médecin.** Imagine that you went to the doctor's. Write a short paragraph describing your visit.

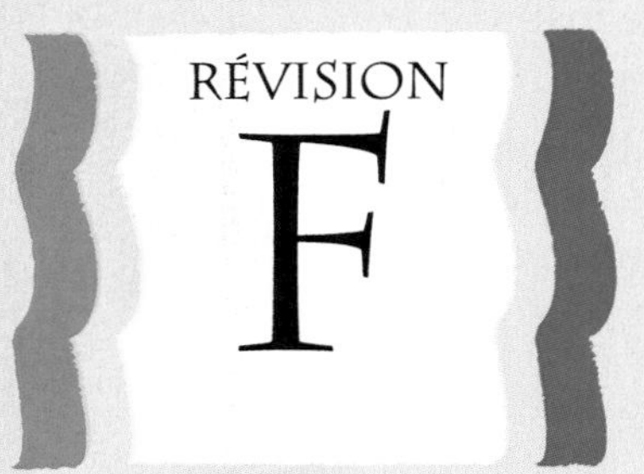

RÉVISION F

LES VACANCES ET LES LOISIRS

MOTS ET CONVERSATION

Un voyage en France

Les élèves de Madame Leroux ont fait un voyage en France.
Ils sont arrivés à l'hôtel.
Ils sont allés à la réception.

Daniel est au bureau de change.
Il veut changer de l'argent.
Il change 50 dollars.
Il a un chèque de voyage.
Il le signe.
Il donne le chèque à l'agent de change.
L'agent le regarde.
L'agent lui donne 250 francs.
Le dollar est à 5 francs.

Tous les élèves sont allés aux Galeries Lafayette.
Les Galeries Lafayette, c'est le nom d'un grand magasin.
Les élèves sont maintenant au rayon prêt-à-porter.
Ils paient à la caisse.

Les copains vont au cinéma.
Ils prennent leurs billets.
Ils les prennent au guichet.
La séance commence à 18h.
Ils voient un film.
Ils le voient en V.O. (version originale).
Ils le voient en français.
Ils sont contents. Ils le comprennent sans problème.
Les acteurs sont superbes.

A **À l'hôtel.** Répondez par «oui».

1. Les élèves de Madame Leroux sont arrivés à l'hôtel?
2. Ils sont entrés dans le hall?
3. Ils sont allés à la réception?
4. Le réceptionniste leur a donné leurs clés?
5. Ils ont pris l'ascenseur?
6. Ils ont monté leurs bagages?
7. Ils ont tous des chambres à deux lits?
8. Ils sortent tout de suite?
9. Ils visitent la ville?
10. Ils rentrent à l'hôtel pour le dîner?

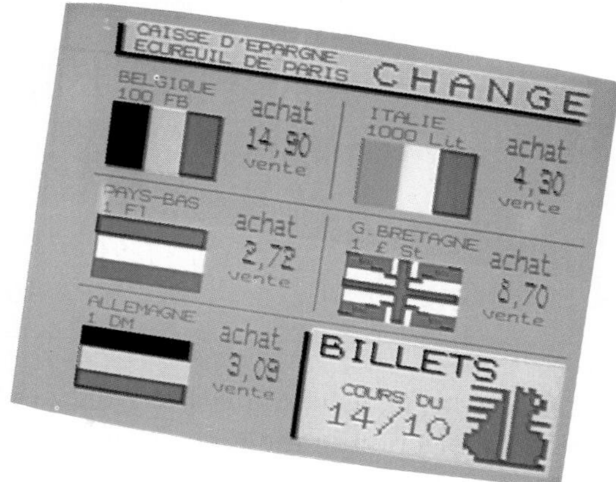

B **Au bureau de change.** Répondez.

1. Où est-ce que Daniel est allé?
2. Il a de l'argent américain ou français?
3. Il a changé de l'argent?
4. Il a changé combien de dollars?
5. À combien est le dollar aujourd'hui?
6. Il a reçu combien de francs?
7. Il a signé son chèque de voyage?

C **Des vêtements sport ou pas?** Indiquez si les vêtements suivants sont des vêtements sport ou habillés.

1. des tennis
2. une chemise blanche
3. une cravate
4. un survêtement
5. un tailleur
6. un pull
7. un blouson
8. un maillot
9. des chaussures à talon haut
10. un jean

SPORT	HABILLÉ

D **Fana de cinéma ou pas?** Donnez des réponses personnelles.

1. Tu es fana de cinéma? C'est-à-dire, tu aimes beaucoup voir des films?
2. Tu vas souvent au cinéma?
3. Il y a un cinéma près de chez toi?
4. La première séance est à quelle heure?
5. Il y a toujours un dessin animé avant le film?
6. Tu fais la queue devant le cinéma? Quels soirs en général?
7. Où est-ce que tu achètes les billets?
8. Dans la salle de cinéma, tu préfères une place près de l'écran ou loin de l'écran?
9. Quelle est la vedette de ton film préféré?
10. Si tu vois un film étranger, tu préfères le voir en version originale avec des sous-titres, ou doublé?

Les pronoms *le, la, les, me, te, nous* et *vous*

1. *Le, la, les, me, te, nous* and *vous* are direct object pronouns. A direct object receives the action of the verb. These pronouns can replace people or things. Review the following.

Marie regarde *le livre*.	**Elle ne *le* lit pas.**	**Elle *le* regarde.**
Marie regarde *la carte*.	**Elle ne *la* lit pas.**	**Elle *la* regarde.**
Marie regarde *les livres*.	**Elle ne *les* lit pas.**	**Elle *les* regarde.**
Marie regarde *les cartes*.	**Elle ne *les* lit pas.**	**Elle *les* regarde.**

Note that the direct object pronoun comes immediately before the conjugated form of the verb.

2. In a sentence with a verb + an infinitive, the pronoun comes before the infinitive.

Marie regarde le livre. Elle va *l'*acheter.
Marie regarde la carte. Elle va *l'*acheter.
Marie ne regarde pas les livres. Elle ne va pas *les* acheter.
Marie ne regarde pas les cartes. Elle ne va pas *les* acheter.

Note that *le* and *la* become *l'* before a vowel or a silent *h*.

3. The pronouns *me, te, nous* and *vous* can be used as either direct or indirect object pronouns. An indirect object pronoun is the indirect receiver of the action of the verb.

Richard *te* regarde? Oui, il *me* regarde mais il ne *me* parle pas.
Il *vous* donne le livre? Oui, il *nous* donne le livre.

A **Tu aimes ou tu détestes?** Donnez des réponses personnelles d'après le modèle.

les pommes de terre
Les pommes de terre? Je les aime beaucoup.
(Je ne les aime pas. Je les déteste.)

1. les gâteaux
2. l'eau minérale
3. la viande
4. le bœuf
5. le poisson
6. la glace
7. les fruits
8. les crevettes
9. le poulet
10. les haricots verts

B **Un petit problème.** Complétez en utilisant un pronom.

JEAN: Mélanie, Guillaume ___ cherche.
MÉLANIE: Guillaume ___ cherche? Qu'est-ce qu'il veut?
JEAN: Il veut ___ dire quelque chose.
MÉLANIE: Qu'est-ce qu'il veut ___ dire? Tu sais, je suis furieuse contre Guillaume. Je ne veux pas lui parler.
JEAN: Oui, je sais. Mais il ___ adore et je sais que toi aussi, tu ___ adores.
MÉLANIE: Ah, oui, oui. Il est plutôt adorable!

Les pronoms *lui, leur*

The pronouns *lui* and *leur* are indirect object pronouns. They refer to people. Review the following.

Je donne un cadeau *à Jérémie* — **Je *lui* donne un cadeau.**
Je donne un cadeau *à Mélanie.* — **Je *lui* donne un cadeau.**
Je donne un cadeau *à mes amis.* — **Je *leur* donne un cadeau.**
Je donne un cadeau *à mes amies.* — **Je *leur* donne un cadeau.**

C **Qu'est-ce que tu as fait?** Répondez en utilisant *lui* ou *leur.*

1. Hier soir, tu as parlé à Jean?
2. Tu as parlé à Marie aussi?
3. Tu leur as parlé au téléphone?
4. Tu as donné un cadeau à Jean et à Marie?
5. Tu as donné une chemise à Jean?
6. Tu as donné un chemisier à Marie?
7. Tu as donné le même cadeau à Jean et à Marie?

Activités de communication orale

A **Nos loisirs.** Tell a classmate what you do when you have free time. Find out if he or she likes to do the same things.

Élève 1: J'aime jouer au basket-ball quand j'ai du temps libre. Toi aussi, tu aimes jouer au basket?
Élève 2: Non, moi je préfère lire ou parler au téléphone avec mes copines.

B **Des vacances formidables.** Work with a classmate. Ask your partner questions about his or her vacation using the following expressions. Then reverse roles.

1. où 2. quand 3. avec qui 4. combien 5. quelles activités

CHAPITRE

1

LA POSTE ET LA CORRESPONDANCE

OBJECTIFS

In this chapter you will learn to do the following:

1. use words and expressions related to postal service
2. address an envelope in French
3. express "who," "whom," "which," and "that"
4. refer to people and things already mentioned
5. tell what you and others send, use, and pay
6. write a letter with appropriate introduction, salutation, and closing

1

VOCABULAIRE

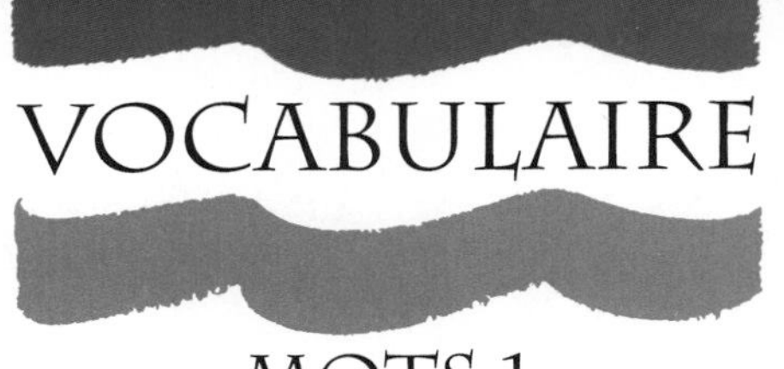

MOTS 1

À LA POSTE

un bureau de poste = la poste

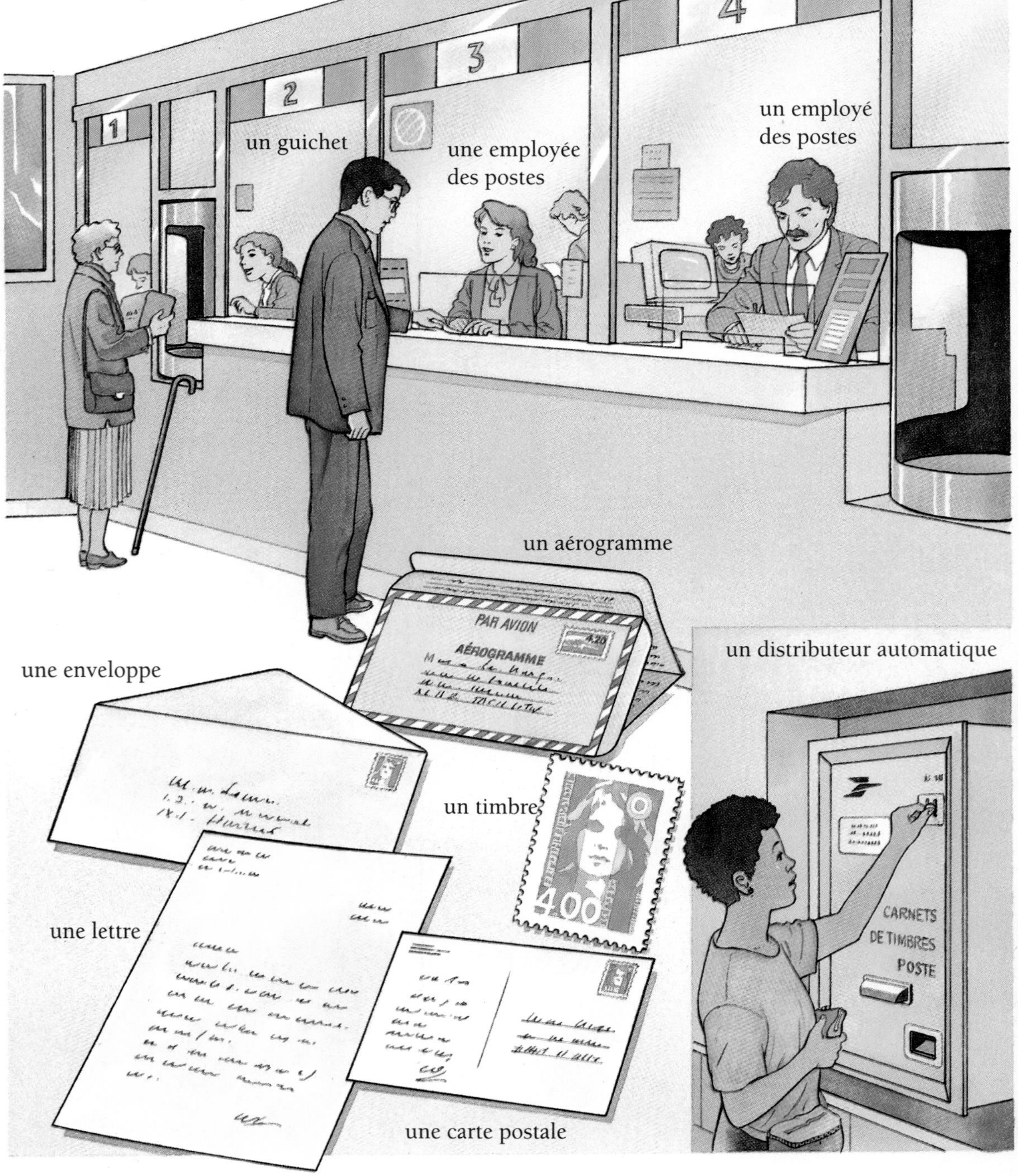

1
2
3
4
un guichet
une employée des postes
un employé des postes
un aérogramme
PAR AVION
AÉROGRAMME
4.20
une enveloppe
un timbre
4.00
une lettre
une carte postale
un distributeur automatique
CARNETS
DE TIMBRES
POSTE

Daniel a mis une lettre à la poste.
Il l'a mise dans la boîte aux lettres.
Il l'a envoyée ce matin.
Il ne l'a pas envoyée hier.

un facteur

Le facteur a distribué le courrier.
Il l'a distribué ce matin.
Il ne l'a pas distribué cet après-midi.

Exercices

A **Qu'est-ce que c'est?** Identifiez.

1. C'est une carte postale ou un aérogramme?

2. C'est un timbre ou une lettre?

3. C'est une enveloppe ou une carte postale?

4. C'est une boîte aux lettres ou la poste?

5. C'est un guichet ou un distributeur automatique?

6. C'est un facteur ou un employé des postes?

B **Au bureau de poste.** Répondez par «oui».

1. Paul a écrit une lettre?
2. Il l'a mise dans une enveloppe?
3. Il l'a envoyée?
4. Il est allé au bureau de poste?
5. Il a mis sa lettre à la poste?
6. Il l'a mise dans la boîte aux lettres?
7. Le facteur a distribué le courrier?
8. Il a distribué le courrier le matin?

C Elle a envoyé la lettre. Choisissez.

1. Nicole a mis la lettre dans ___.
   a. une enveloppe
   b. un timbre
   c. un aérogramme
2. Elle a acheté des timbres ___.
   a. au distributeur automatique
   b. à la boîte aux lettres
   c. au facteur
3. Elle a mis des ___ sur l'enveloppe.
   a. aérogrammes
   b. facteurs
   c. timbres
4. Nicole a mis la lettre ___.
   a. au guichet
   b. dans la boîte aux lettres
   c. dans le distributeur automatique
5. ___ a distribué le courrier.
   a. L'employée des postes
   b. Le distributeur automatique
   c. Le facteur

VOCABULAIRE

MOTS 2

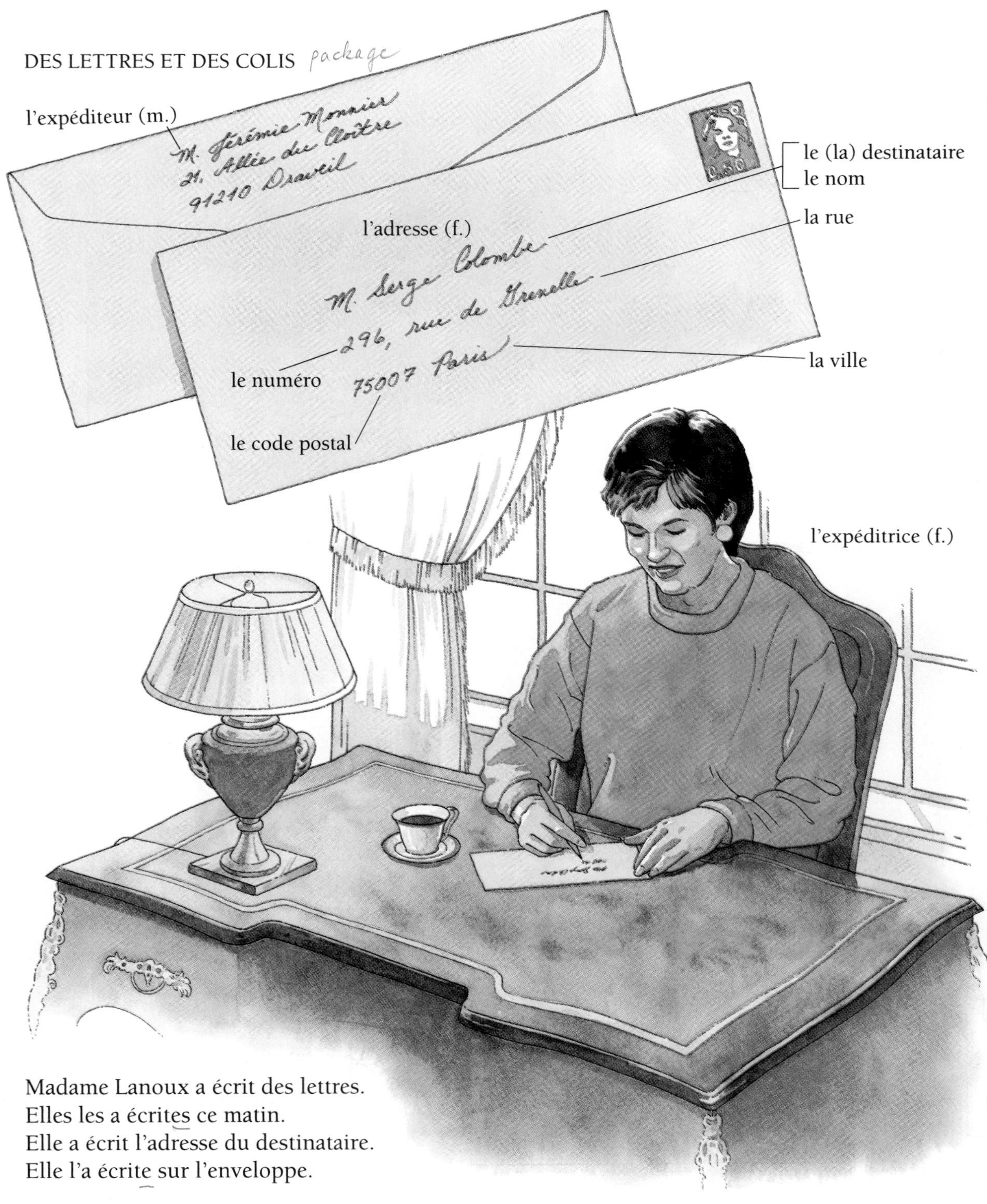

Madame Lanoux a écrit des lettres.
Elles les a écrites ce matin.
Elle a écrit l'adresse du destinataire.
Elle l'a écrite sur l'enveloppe.

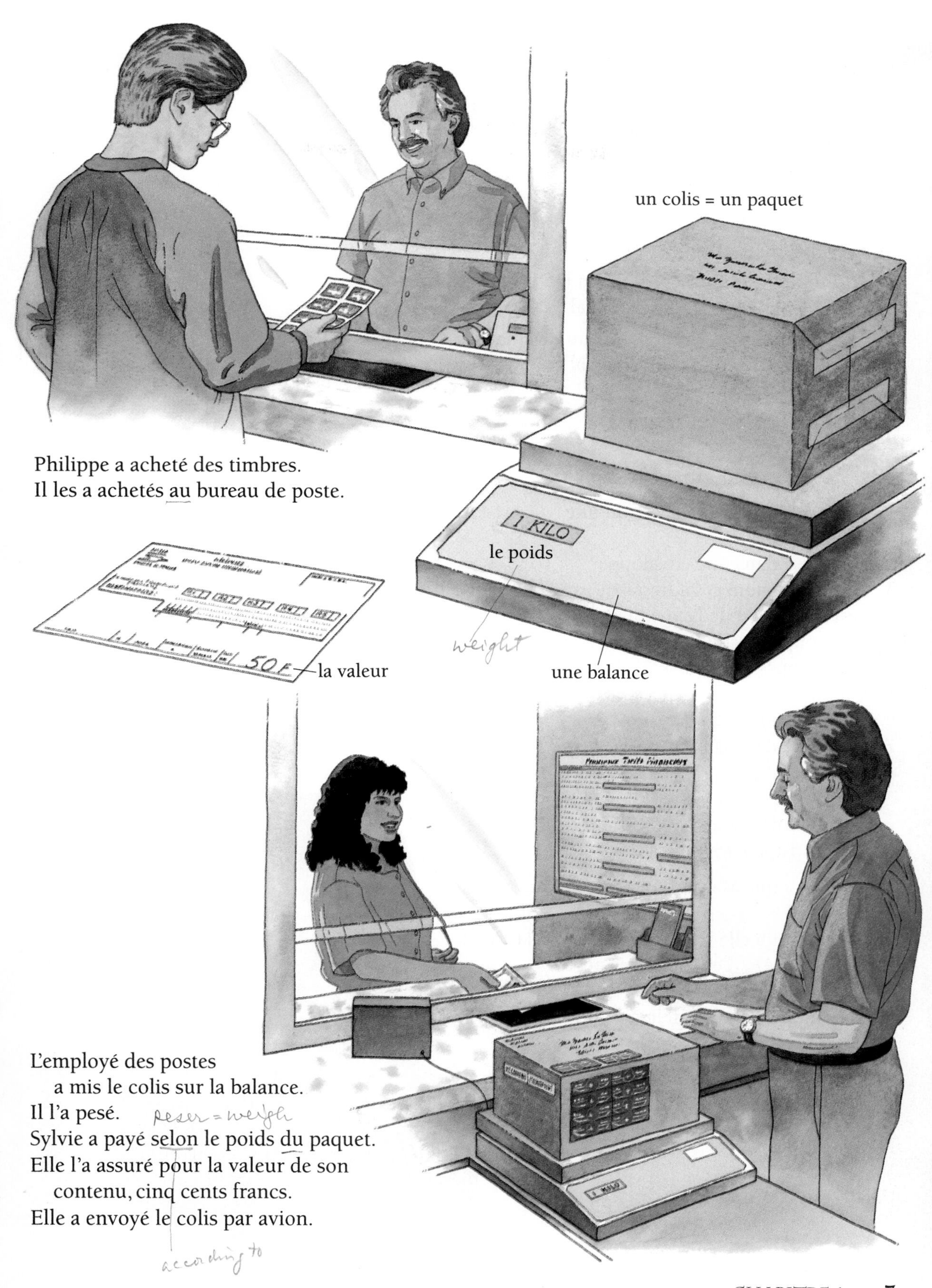

Philippe a acheté des timbres.
Il les a achetés au bureau de poste.

L'employé des postes
a mis le colis sur la balance.
Il l'a pesé.
Sylvie a payé selon le poids du paquet.
Elle l'a assuré pour la valeur de son
contenu, cinq cents francs.
Elle a envoyé le colis par avion.

Exercices

A Qui ou quoi? Choisissez.

1. ___ reçoit la lettre.
   a. L'expéditeur / L'expéditrice b. Le / La destinataire
2. ___ envoie la lettre.
   a. L'expéditeur / L'expéditrice b. Le / La destinataire
3. ___ indique le numéro, la rue et la ville du destinataire.
   a. L'adresse b. Le code postal
4. ___ indique seulement la ville du destinataire.
   a. L'adresse b. Le code postal
5. Le facteur distribue ___.
   a. les timbres b. le courrier

B Une lettre ou une carte postale? Répondez d'après les photos.

1. Stéphane a écrit une lettre ou une carte postale?
2. Il l'a mise dans une enveloppe?
3. Il a écrit le nom et l'adresse du destinataire ou de l'expéditeur?
4. Il a indiqué le code postal sur l'enveloppe?
5. Il a mis des timbres sur l'enveloppe?
6. Il a envoyé la lettre?
7. Il l'a mise dans la boîte aux lettres?

2,50
1792
REPUBLIQUE FRANÇAISE
AN 1
LA POSTE

Camille Bailly
14 rue de Vaugirard
91370 Verrières

C Marianne a envoyé un colis.
Répondez d'après les indications.

1. Où est-ce que Marianne est allée? (au bureau de poste)
2. Où est-ce qu'elle a mis le colis? (sur la balance)
3. Qui l'a pesé? (l'employé des postes)
4. Qu'est-ce que Marianne a assuré? (le paquet)
5. Marianne a payé selon le poids du paquet? (Oui)
6. Marianne l'a assuré pour sa valeur? (Oui)
7. Comment l'a-t-elle envoyé? (par avion)

Activités de communication orale
Mots 1 et 2

A **À la poste.** You're visiting Grenoble in southeastern France and you want to mail a letter to a friend in the U.S. Find out from the post office clerk (your partner) whether they sell airgrams and how much they cost. Then ask where there's a mailbox in the post office.

B **La correspondance.** You're an exchange student in France. Your French host (your partner) wants to know what you usually send to each person listed below for the following occasions.

1. tes parents (pour demander de l'argent)
2. ton (ta) meilleur(e) ami(e) (pour son anniversaire)
3. un copain ou une copine (pour dire bonjour)
4. tes grands-parents (quand tu es en vacances)
5. ton professeur de français (pour lui parler de la France)

Élève 1: Qu'est-ce que tu envoies à ta mère pour la Fête des Mères?
Élève 2: Je lui envoie un colis.

C **Des timbres.** Bring in cancelled stamps from francophone countries around the world. Work in groups and classify the stamps according to topic—art, history, literature, science, current events, etc. Choose an interesting stamp and prepare an oral report on its subject and present it to the class. Then share the information with your art (history, science, etc.) class.

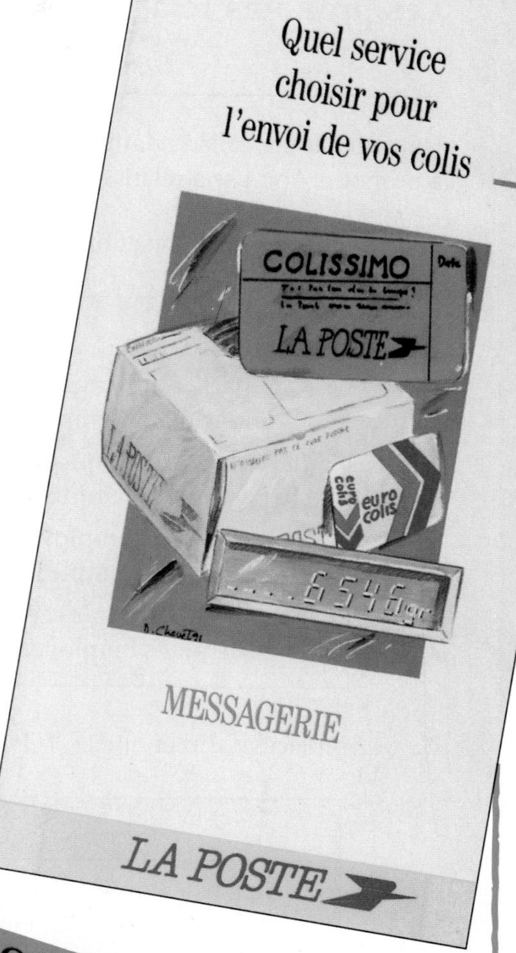

Quel service choisir pour l'envoi de vos colis
COLISSIMO
LA POSTE
MESSAGERIE
LA POSTE

Les pronoms relatifs *qui* et *que* — *Expressing "Who," "Whom," "Which," and "That"*

Qui and *que* are called relative pronouns. A relative pronoun replaces a noun or a pronoun. You use a relative pronoun to combine two short sentences into one.

1. *Qui* replaces the subject of a sentence. It is followed by a verb.

QUI		
Je parle à un employé.	*Il*	travaille à la poste.
Je parle à un employé	*qui*	travaille à la poste.
Je parle à une employée.	*Elle*	travaille à la poste.
Je parle à une employée	*qui*	travaille à la poste.
Je parle à des employés.	*Ils*	travaillent à la poste.
Je parle à des employés	*qui*	travaillent à la poste.
Je parle à des employées.	*Elles*	travaillent à la poste.
Je parle à des employées	*qui*	travaillent à la poste.

2. *Que* replaces a direct object. It is followed by a *subject* and a verb.

QUE		
Je parle à un employé. Vous	*le*	connaissez.
Je parle à un employé	*que*	vous connaissez.
Je parle à une employée. Vous	*la*	connaissez.
Je parle à une employée	*que*	vous connaissez.
Je parle à des employés. Vous	*les*	connaissez.
Je parle à des employés	*que*	vous connaissez.
Je parle à des employées. Vous	*les*	connaissez.
Je parle à des employées	*que*	vous connaissez.

3. The relative pronouns *qui* and *que* are also used to refer to things.

   J'ai lu la lettre *qui* est sur la table.
   Voilà le colis *que* le facteur a apporté.

4. Note that *que* becomes *qu'* before a vowel. *Qui* is never shortened.

La femme *qu'*il voit est l'employée des postes.
Voilà une employée *qui* est très compétente.

Exercices

A **C'est la même fille qui lit et qui écrit.** Répondez par «oui».

1. La fille qui parle maintenant est très intelligente?
2. Tu aimes le poème qu'elle lit?
3. Le poème qu'elle lit est intéressant ou pas?
4. C'est le poème de Sylvie qui est sur la table?
5. Tu as lu le poème qu'elle a écrit et qui est là sur la table?

B **C'est Martin.** Faites une seule phrase en utilisant «qui» ou «que».

C'est Martin. Martin aime écrire.
C'est Martin qui aime écrire.

1. C'est Martin. Martin m'écrit.
2. Il m'écrit des lettres. Les lettres sont très intéressantes.
3. Le facteur me donne les lettres. Martin m'envoie des lettres.
4. Martin m'envoie aussi des photos. Les photos sont très jolies.
5. J'aime regarder les photos. Martin m'envoie les photos.

C ***Qui* ou *que*?** Complétez.

1. Robert a écrit la lettre ____ vous lisez.
2. La personne ____ distribue le courrier est le facteur.
3. L'enveloppe ____ est sur la table est trop petite.
4. Les cartes postales ____ vous voulez envoyer n'ont pas assez de timbres.
5. C'est l'expéditeur ____ envoie une lettre et c'est le destinataire ____ la reçoit.

D **Du courrier pour moi?** Faites une phrase en utilisant «qui» ou «que».

1. Je vois le facteur. Il distribue le courrier dans notre quartier.
2. Aujourd'hui j'ai reçu une carte postale. Elle est très jolie.
3. Mon meilleur ami m'a envoyé la carte. Il est en vacances en Bretagne.
4. La Bretagne est une jolie province. Elle est au nord-ouest de la France.

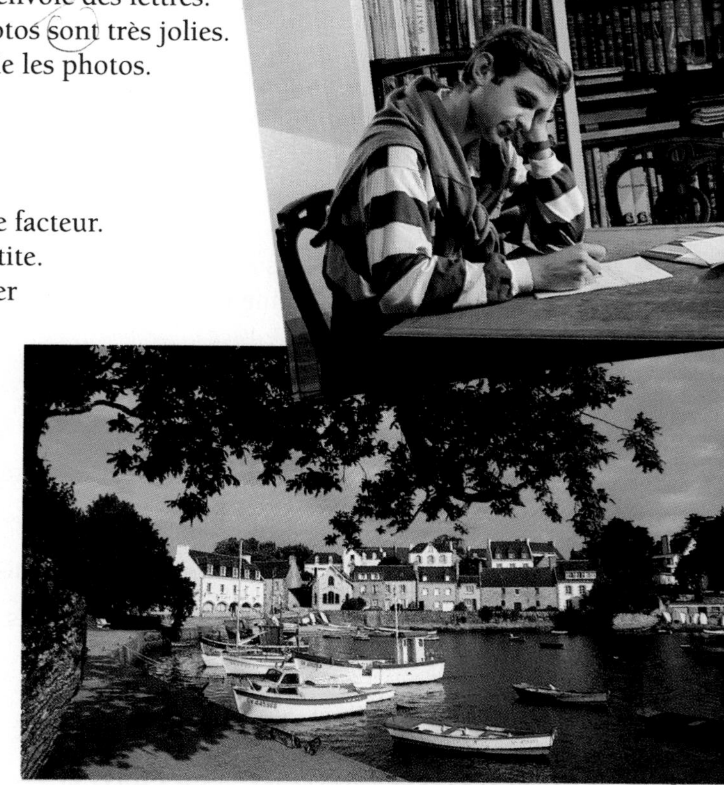

Le port de Sainte-Marine en Bretagne

L'accord du participe passé

Referring to People and Things Already Mentioned

1. In French, the past participles of verbs conjugated with *avoir* must agree in number (singular or plural) and gender (masculine or feminine) with the direct object of the verb when the direct object *comes before* the participle. Study the following sentences.

NO AGREEMENT	AGREEMENT
J'ai écrit *une lettre*.	**Je *l'*ai écrit*e* ce matin.** **Voici la lettre *que* j'ai écrit*e* ce matin.**
Tu as reçu *les lettres*?	**Tu *les* as reçu*es*?** **Ce sont les lettres *que* tu as reçu*es*?**
Elle a acheté *les timbres*.	**Elle *les* a acheté*s* hier.** **Voilà les timbres *qu'*elle a acheté*s* hier.**

2. Note that the problem of agreement of the past participle is more a written concern than an oral one. The agreement is only heard with the feminine forms of past participles that end in a consonant: écri~~t~~, écrit*e*.

Exercices

A La lettre que j'ai écrite. Répondez.

1. Tu as écrit une lettre?
2. Tu l'as écrite hier?
3. Tu l'as lue?
4. Tu as lu la lettre que tu as écrite?
5. Tu as mis la lettre dans une enveloppe?
6. Tu l'as mise dans une grande enveloppe?
7. Tu as écrit l'adresse sur l'enveloppe?
8. Tu l'as écrite clairement?
9. Tu as envoyé la lettre?
10. Tu l'as envoyée du bureau de poste?

B Les photos que j'ai prises. Complétez.

J'ai pris___ (1) des photos. J'ai envoyé___ (2) les photos que j'ai pris___ (3) à mon amie Catherine. Je les ai envoyé___ (4) la semaine dernière. Je les ai mis___ (5) dans une grande enveloppe. J'ai écrit___ (6) l'adresse de Catherine sur l'enveloppe. Je sais que je l'ai écrit___ (7) clairement. Mais, zut! Je ne sais pas si j'ai mis___ (8) le code postal. Je crois que je l'ai mis___ (9) mais je n'en suis pas sûr. Je vais téléphoner à Catherine pour savoir.

MARC: Catherine, tu as reçu___ (10) l'enveloppe que je t'ai envoyé___ (11) ?

CATHÉRINE: Oui, je l'ai reçu___ (12). Et je crois que les photos que tu as pris___ (13) sont extra. Je les ai regardé___ (14) deux fois.

Les changements d'orthographe avec les verbes comme *envoyer, employer* et *payer*

Telling What You or Others Send, Use, and Pay

1. Note the spelling of the verbs *envoyer,* "to send," *employer,* "to use," and *payer,* "to pay." The *y* changes to *i* in all forms but the infinitive, *nous,* and *vous.*

ENVOYER	EMPLOYER	PAYER
j'envoie	**j'emploie**	**je paie**
tu envoies	**tu emploies**	**tu paies**
il/elle/on envoie	**il/elle/on emploie**	**il/elle/on paie**
nous envoyons	**nous employons**	**nous payons**
vous envoyez	**vous employez**	**vous payez**
ils/elles envoient	**ils/elles emploient**	**ils/elles paient**

2. Verbs with infinitives ending in *-ayer* can be spelled with either a *y* or an *i* in all forms except *nous, vous,* and the infinitive.

3. The past participles of these verbs are regular: *envoyé, employé, payé.*

Exercices

A Qu'est-ce que tu envoies? Complétez au présent avec «envoyer».

1. J' ___ une lettre.
2. Tu l' ___ du bureau de poste?
3. Oui, toute ma famille, nous ___ toutes nos lettres du bureau de poste.
4. Vous les ___ de la poste? Pourquoi? Ce n'est pas nécessaire.
5. Nos voisins aussi ___ leurs lettres de la poste.

B Le courrier. Répondez.

1. Tu paies combien pour envoyer une carte postale?
2. Tu envoies combien de cartes postales?
3. À qui est-ce que tu les envoies?
4. Tu emploies toujours le code postal?
5. Tu as envoyé une lettre ou un colis récemment?
6. Pour écrire ta lettre tu as employé un stylo ou un crayon?
7. Quand tu as acheté les timbres, tu les as payés combien?

Scènes de la vie *Au bureau de poste*

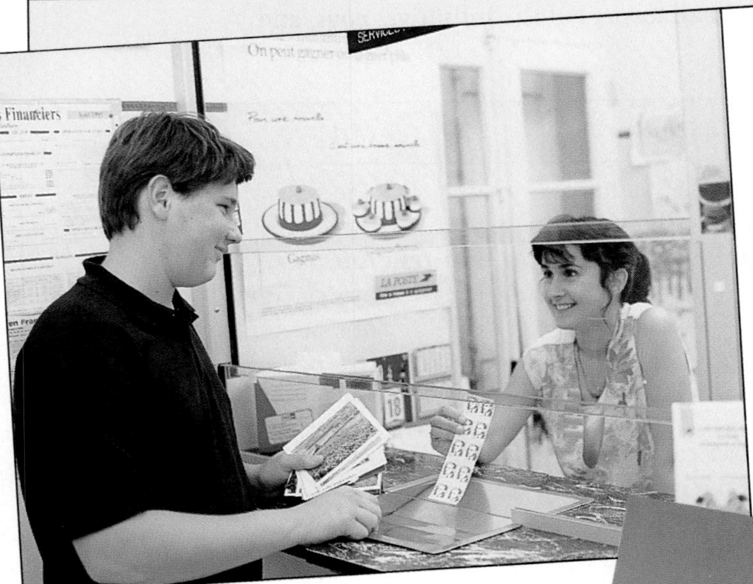

GUILLAUME: C'est combien, une carte postale pour les États-Unis?
L'EMPLOYÉE: Quatre francs soixante.
GUILLAUME: Je voudrais dix timbres à 4,60 F, s'il vous plaît.
L'EMPLOYÉE: Ça fait quarante-six francs.
GUILLAUME: Où est la boîte aux lettres, s'il vous plaît?
L'EMPLOYÉE: À gauche de l'entrée.
GUILLAUME: Merci, Madame.
L'EMPLOYÉE: Vous avez bien mis le code postal?
GUILLAUME: Ah, zut! J'ai oublié. Merci, Madame, vous êtes très aimable.

A Dix timbres, s'il vous plaît.

Répondez d'après la conversation.

1. Où est allé Guillaume?
2. Il parle à qui?
3. C'est combien, une carte postale pour les États-Unis?
4. Guillaume a besoin de combien de timbres?
5. Il les paie combien?
6. Il envoie combien de cartes postales?
7. Où est la boîte aux lettres?
8. Qu'est-ce que Guillaume a oublié?

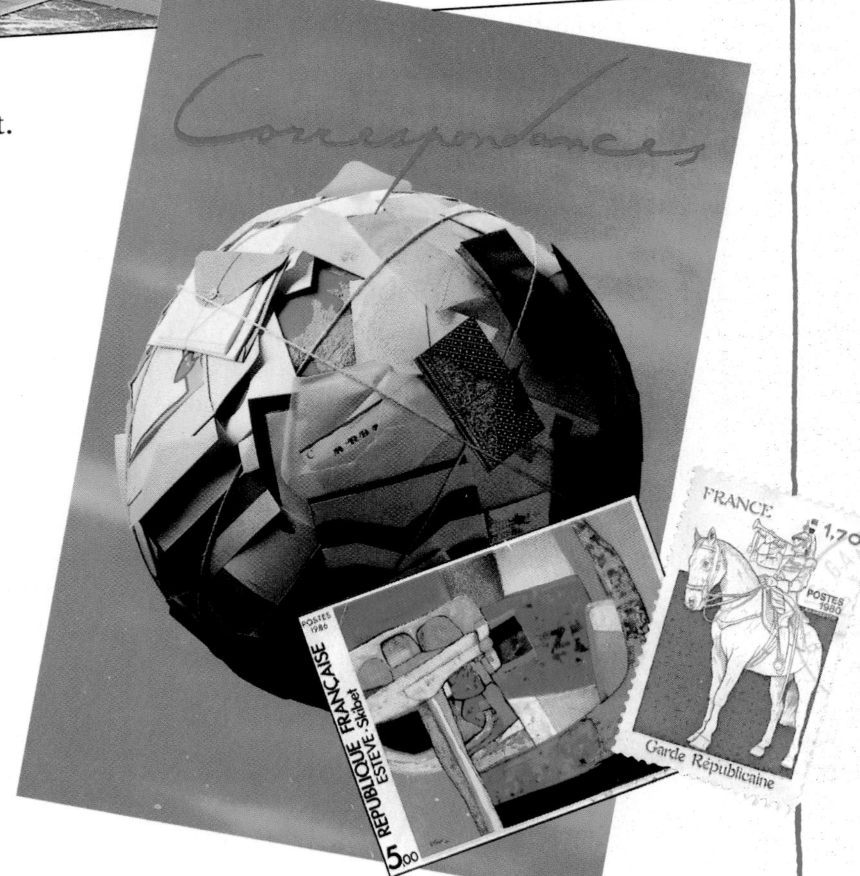

Activités de communication orale

A **Une photo de famille.** Working with a partner, describe one of the people in the picture. Ask your partner to say who the person might be. Reverse roles.

> **Élève 1: À ton avis, qui est la personne qui porte un complet gris?**
> **Élève 2: C'est le grand-père du petit garçon.**

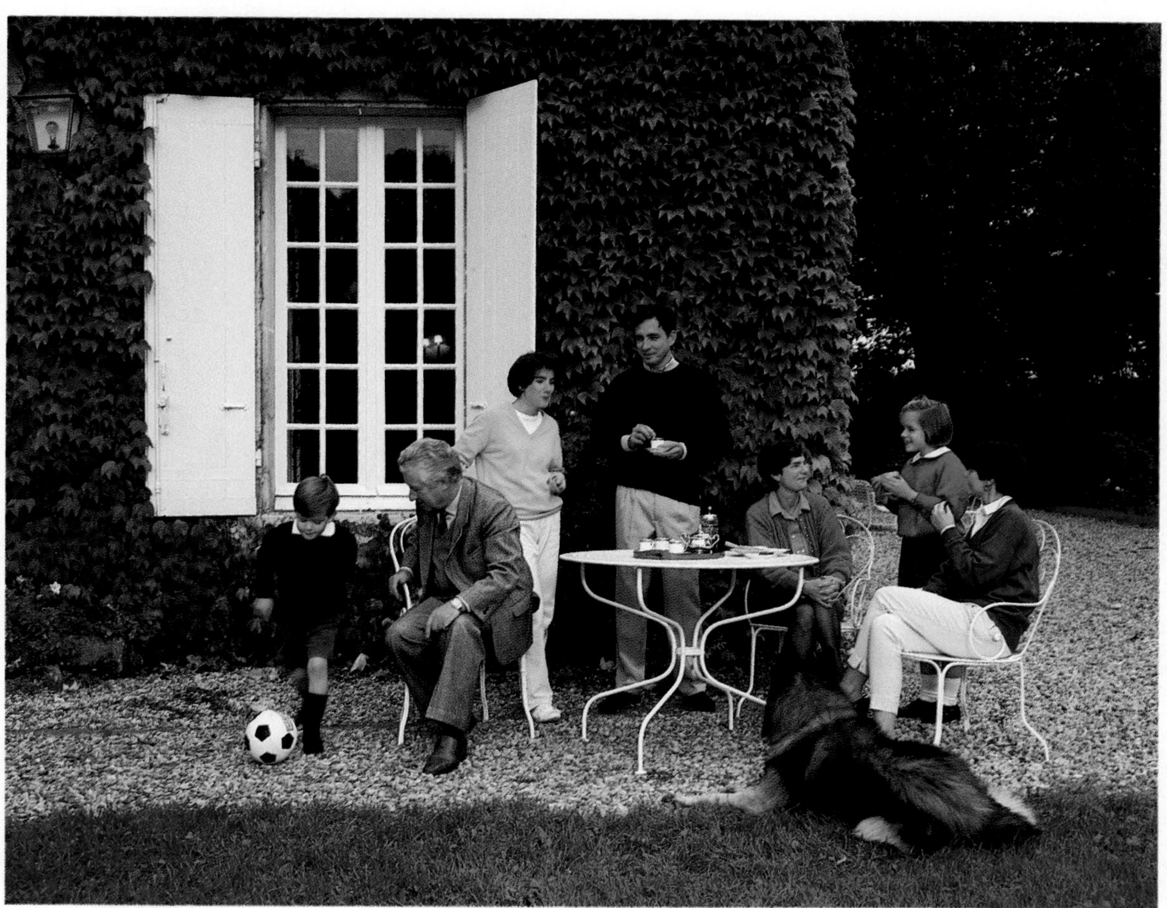

B **Tout disparaît.** Make a list with a classmate of things you usually need to write a letter or mail a package (pen, paper, envelopes, etc.). Of course, none of these things can ever be found when you need them. Take turns asking each other where the missing items are.

> **Élève 1: Paul, qu'est-ce que tu as fait des enveloppes?**
> **Élève 2: Je les ai laissées sur mon bureau. Et toi, qu'est-ce que tu as fait de mon stylo?**
> **Élève 1: Je ne sais pas. Ce n'est pas moi qui l'ai pris!**

LECTURE ET CULTURE

ON VA ÉCRIRE UNE LETTRE

SUR L'ENVELOPPE

Sur l'enveloppe on écrit clairement...

le nom et l'adresse de l'expéditeur ou de l'expéditrice (vous);

le nom du destinataire (c'est la personne à qui vous envoyez la lettre);

l'adresse du destinataire, c'est-à-dire, le numéro et la rue; le code postal d'abord et ensuite le nom de la ville (en France le code postal précède le nom de la ville).

LA LETTRE MÊME[1]

En haut de la page on écrit...

le lieu et la date: *Paris, le 25 septembre 19__.*

Pour saluer on écrit...

Madame / Mademoiselle / Monsieur à quelqu'un qu'on ne connaît pas;

(Ma) chère Michèle / (Mon) cher Maurice à quelqu'un qu'on connaît.

Pour commencer la lettre on peut écrire...

J'ai bien reçu votre (ta) lettre.
En réponse à votre lettre...

Pour finir on écrit...

Veuillez agréer[2]*, Madame, (Mademoiselle, Monsieur), l'expression de mes sentiments distingués* à quelqu'un qu'on ne connaît pas;

Meilleurs souvenirs[3] à quelqu'un qu'on connaît mais pas très bien;

Amitiés (Grosses bises[4]*, Je t'embrasse*[5]*)* à quelqu'un qu'on connaît bien.

[1] même *itself*
[2] Veuillez agréer *Sincerely yours*
[3] Meilleurs souvenirs *Yours*
[4] Grosses bises *Love and kisses*
[5] Je t'embrasse *Love*

Nice, le 25 septembre

Chère Camille,

J'ai bien reçu ta lettre...

Grosses bises

Benoît

JACQUES BANCEL
3 RUE DE LA PAIX
37000 TOURS

Galerie Mirabeau
43 rue Montpensier
86000 Poitiers

Tours,le 11 octobre

Monsieur,

En réponse a votre lettre du 20 septembre...

Veuillez agréer, Monsieur, l'expression de mes sentiments distingués.

Jacques Bancel
Jacques Bancel

Étude de mots

A **Noms et verbes.** Choisissez le nom qui correspond au verbe.

1. envelopper	a. un expéditeur
2. saluer	b. une réponse
3. connaître	c. une enveloppe
4. répondre	d. une connaissance
5. expédier	e. une salutation

B **Définitions.** Choisissez la bonne réponse.

1. le contraire de «en bas de»	a. commencer
2. la personne qui reçoit la lettre	b. le / la destinataire
3. la personne qui envoie la lettre	c. agréer
4. le numéro, la rue et la ville	d. saluer
5. dire «bonjour»	e. finir
6. terminer	f. en haut de
7. le contraire de «finir»	g. l'expéditeur, l'expéditrice
8. accepter	h. l'adresse

Compréhension

C **Correspondance à la française.**

1. Écrivez votre adresse sur une enveloppe comme on l'écrit en France.
2. Écrivez une salutation à un(e) ami(e).
3. Écrivez la dernière phrase d'une lettre à un(e) ami(e).
4. Écrivez la première phrase d'une lettre à quelqu'un que vous ne connaissez pas bien.
5. Écrivez la dernière phrase d'une lettre à quelqu'un que vous ne connaissez pas bien.

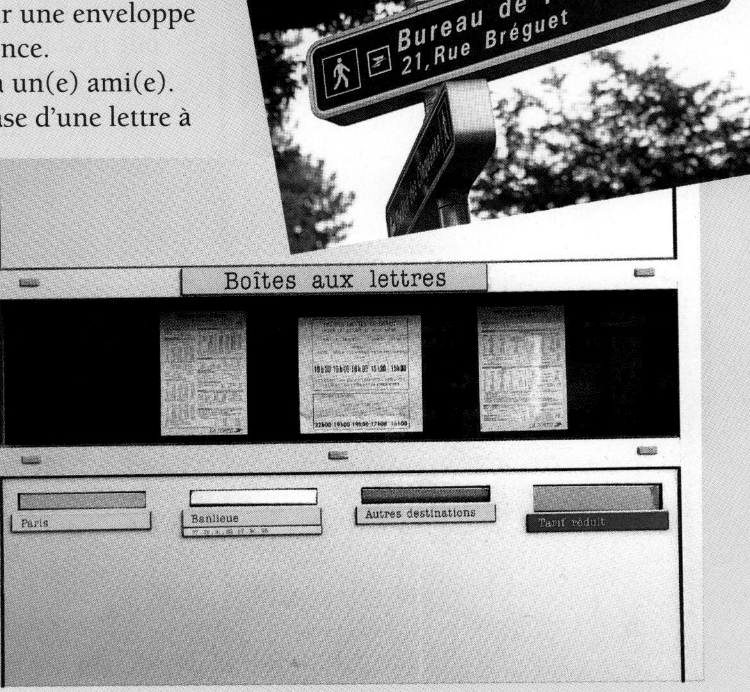

DÉCOUVERTE CULTURELLE

LA POSTE

Comme aux États-Unis, en France la Poste est une administration publique qui assure le service de distribution du courrier. Du bureau de poste on peut envoyer des lettres, des colis et des télégrammes.

En France, la Poste se charge aussi d'un grand nombre d'opérations bancaires. Le Compte-Chèques Postal[1], par exemple, est très populaire. Beaucoup de Français paient leurs achats avec des chèques postaux et pas avec des chèques bancaires. Les chèques postaux ne coûtent presque rien et ils offrent un autre avantage. On reçoit un relevé de compte après chaque chèque. On n'est pas obligé d'attendre le relevé mensuel[2] de la banque pour vérifier le solde[3]. On peut vérifier le solde après chaque chèque. On a toujours un solde courant.

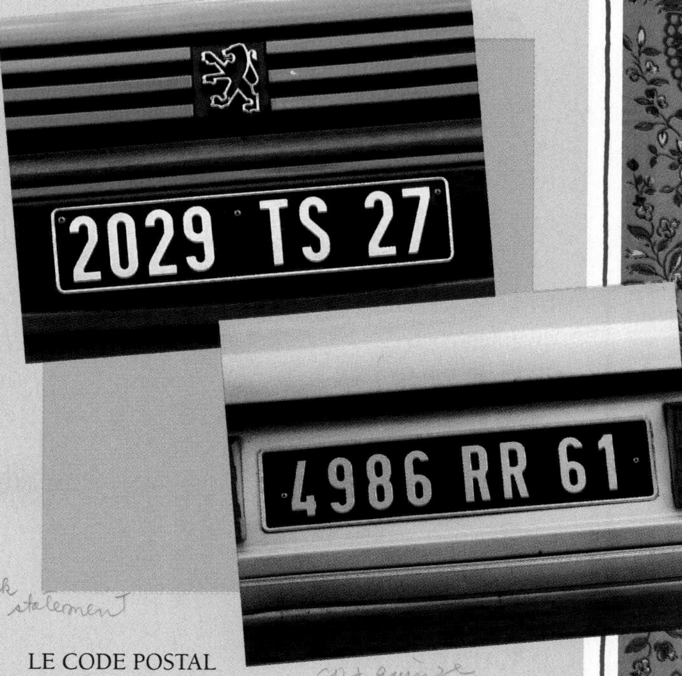

LE CODE POSTAL

La France est divisée en 95 départements. Chaque département a un numéro. Le numéro du département fait partie du code postal et se trouve aussi sur la plaque d'immatriculation de la voiture.

Aux États-Unis on écrit toujours sur une enveloppe l'état où habite le destinataire. En France on n'a pas besoin de mettre le nom du département, on écrit seulement le nom de la ville, précédé du code postal.

Le code postal de Paris commence par 75 suivi du numéro de l'arrondissement. Le code postal d'une personne qui habite dans le septième est 75007. Quel est le code postal d'une personne qui habite dans le seizième?

[1] le Compte-Chèques Postal *French postal checking account*
[2] mensuel *monthly*
[3] le solde *the balance*

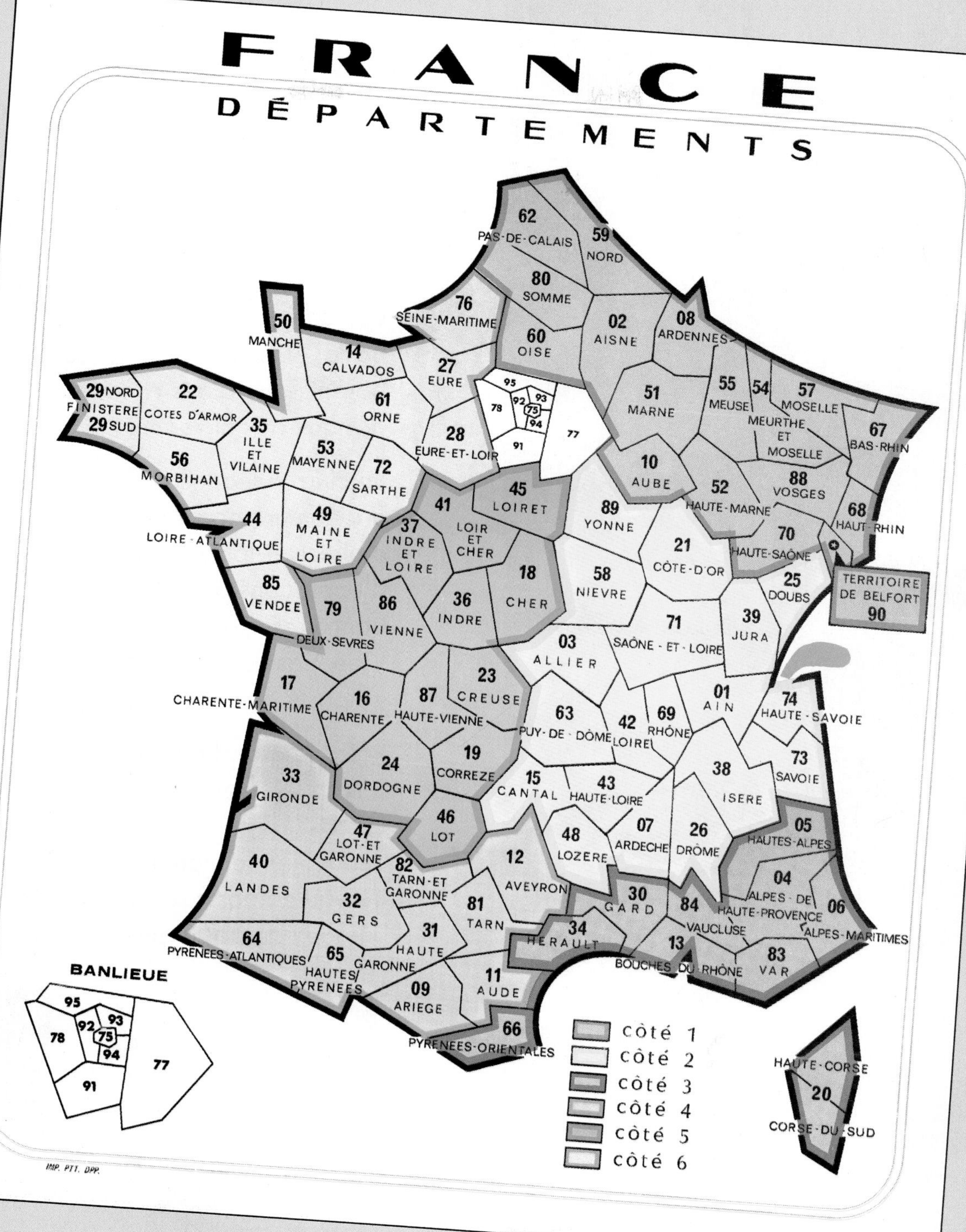
FRANCE
DÉPARTEMENTS
62 PAS-DE-CALAIS
59 NORD
80 SOMME
76 SEINE-MARITIME
50 MANCHE
60 OISE
02 AISNE
08 ARDENNES
14 CALVADOS
27 EURE
29 NORD
FINISTERE
29 SUD
22 COTES D'ARMOR
61 ORNE
35 ILLE ET VILAINE
53 MAYENNE
72 SARTHE
28 EURE-ET-LOIR
56 MORBIHAN
51 MARNE
55 MEUSE
54 MEURTHE ET MOSELLE
57 MOSELLE
67 BAS-RHIN
10 AUBE
52 HAUTE-MARNE
88 VOSGES
68 HAUT-RHIN
44 LOIRE-ATLANTIQUE
49 MAINE ET LOIRE
41 LOIR ET CHER
45 LOIRET
37 INDRE ET LOIRE
89 YONNE
21 CÔTE-D'OR
70 HAUTE-SAÔNE
85 VENDEE
79 DEUX-SEVRES
86 VIENNE
36 INDRE
18 CHER
58 NIEVRE
25 DOUBS
TERRITOIRE DE BELFORT 90
39 JURA
71 SAÔNE-ET-LOIRE
03 ALLIER
17 CHARENTE-MARITIME
16 CHARENTE
87 HAUTE-VIENNE
23 CREUSE
63 PUY-DE-DÔME
42 LOIRE
69 RHÔNE
01 AIN
74 HAUTE-SAVOIE
73 SAVOIE
33 GIRONDE
24 DORDOGNE
19 CORREZE
15 CANTAL
43 HAUTE-LOIRE
38 ISERE
46 LOT
47 LOT-ET GARONNE
48 LOZERE
07 ARDECHE
26 DRÔME
05 HAUTES-ALPES
40 LANDES
82 TARN-ET GARONNE
12 AVEYRON
04 ALPES-DE HAUTE-PROVENCE
06 ALPES-MARITIMES
32 GERS
81 TARN
30 GARD
84 VAUCLUSE
64 PYRENEES-ATLANTIQUES
65 HAUTES PYRENEES
31 HAUTE GARONNE
34 HERAULT
13 BOUCHES DU RHÔNE
83 VAR
09 ARIEGE
11 AUDE
66 PYRENEES-ORIENTALES
HAUTE-CORSE
20
CORSE-DU-SUD
BANLIEUE
95 93 92 75 94 78 91 77
côté 1
côté 2
côté 3
côté 4
côté 5
côté 6
IMP. PTT. DPP.

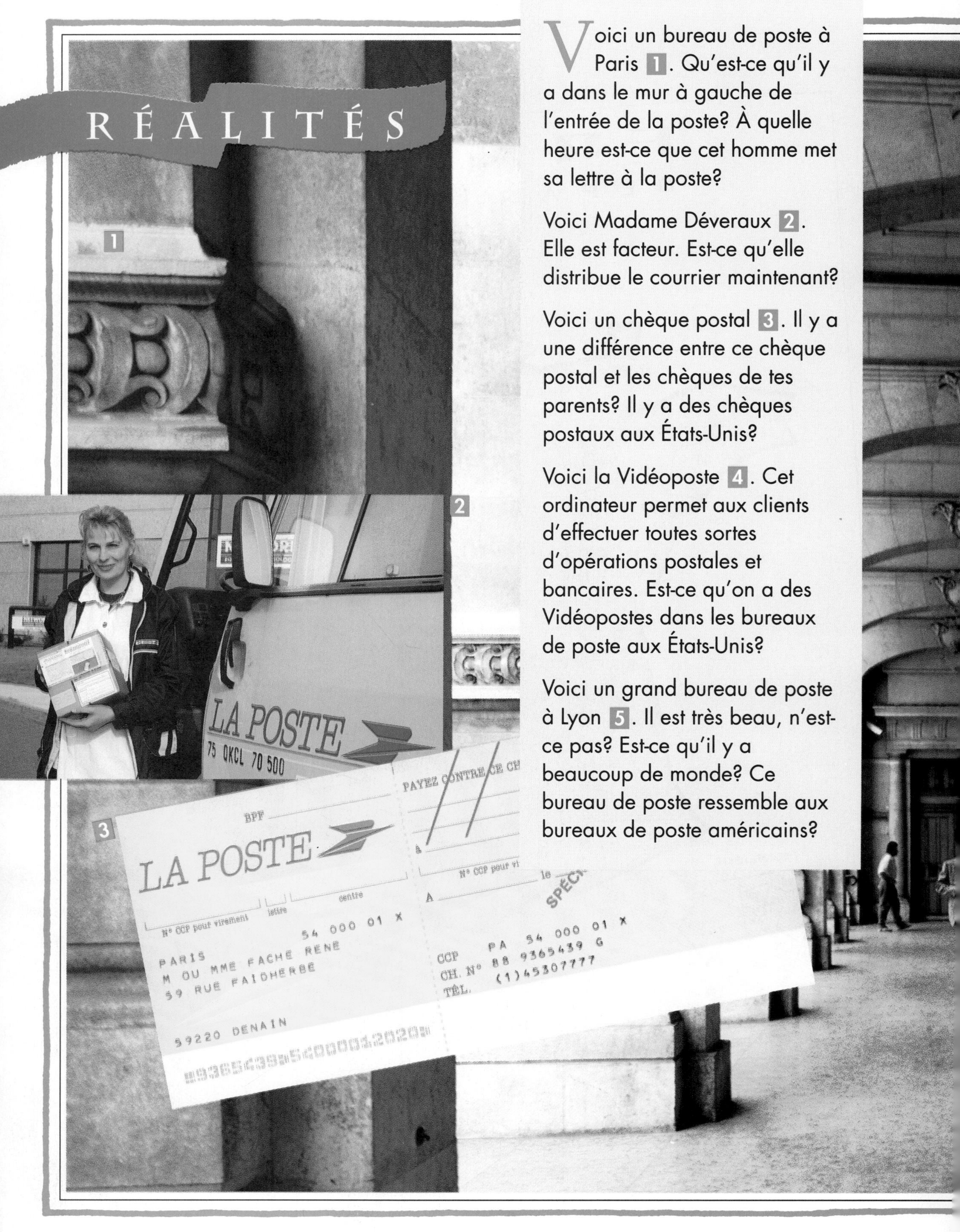

RÉALITÉS

Voici un bureau de poste à Paris **1**. Qu'est-ce qu'il y a dans le mur à gauche de l'entrée de la poste? À quelle heure est-ce que cet homme met sa lettre à la poste?

Voici Madame Déveraux **2**. Elle est facteur. Est-ce qu'elle distribue le courrier maintenant?

Voici un chèque postal **3**. Il y a une différence entre ce chèque postal et les chèques de tes parents? Il y a des chèques postaux aux États-Unis?

Voici la Vidéoposte **4**. Cet ordinateur permet aux clients d'effectuer toutes sortes d'opérations postales et bancaires. Est-ce qu'on a des Vidéopostes dans les bureaux de poste aux États-Unis?

Voici un grand bureau de poste à Lyon **5**. Il est très beau, n'est-ce pas? Est-ce qu'il y a beaucoup de monde? Ce bureau de poste ressemble aux bureaux de poste américains?

4

5

CULMINATION

Activités de communication orale

A **Des cartes postales.** You're in the post office in a French city. You want to send some postcards to friends in France. Find out from the post office clerk (your partner) how much it costs to mail a postcard, then tell him or her how many stamps you want. Find out if you have to put the zip code and the name of the *département* on the card.

Alain Lacroix

B **Je voudrais envoyer des lettres.** Alain Lacroix, un élève qui passe l'année dans votre école, veut envoyer des lettres en France. Il vous pose des questions parce qu'il ne sait pas comment faire. Répondez à ses questions.

1. Où est-ce qu'on peut acheter des timbres?
2. Il y a des distributeurs automatiques dans les bureaux de poste aux États-Unis?
3. Pour envoyer une lettre, il faut aller à la poste?

C **Où habite-t-il?** Before choosing a French pen pal from the list on the right, you'd like to find out more about where each of the teenagers lives in Paris. Give a classmate the postal code of each of them. Your partner can then use the map on p. 436 to tell you which *arrondissement* the pen pal lives in and what the nearest Parisian monument is.

Élève 1: Le code postal de Claude Chénier est 75007.
Élève 2: Claude habite dans le 7e arrondissement. Il habite près de la tour Eiffel.

PEN PALS INTERNATIONAL

Correspondant(e)s parisien(ne)s

Claude Chénier (16 ans)
10, rue Saint-Dominique
75007 Paris

Jacques Christian (17 ans)
109, avenue Foch
75016 Paris

Marie-Christine Perrault (14 ans)
23, boulevard de Rochechouart
75009 Paris

Fabienne Édouard (16 ans)
54, rue de Rivioli
75001 Paris

Activité de communication écrite

A **Le concours du nouveau timbre.** The French Postmaster General has asked for suggestions from the public for a new airmail stamp. Using the proper format, write him or her a letter with your idea. Tell who or what you'd like to see featured on the stamp and why. The class then votes on the various suggestions and chooses the best one.

Réintroduction et recombinaison

A **Au bureau de poste.** Complétez avec «y» ou «en».

1. Robert va au bureau de poste? Oui, il ___ va.
2. Quand il ___ arrive, le bureau est fermé?
3. Oui, il attend devant la porte. Il ___ attend cinq minutes.
4. Quand il entre dans la poste, il va au guichet. Il ___ va tout de suite. Il n'y a personne. Il n'y a pas de queue.
5. Il veut des timbres? Oui, il ___ veut.
6. Il a des cartes postales à envoyer? Oui, il ___ a.
7. Il ___ a combien?
8. Il ___ a dix.
9. Alors, il va acheter combien de timbres? Il va ___ acheter dix.

B **Une lettre.** Récrivez au présent.

1. J'ai écrit une lettre à un ami.
2. Je suis allé(e) au bureau de poste.
3. J'ai acheté des timbres.
4. J'ai mis les timbres sur l'enveloppe.
5. J'ai envoyé la lettre.
6. Je l'ai mise dans la boîte aux lettres.
7. Mon ami a reçu la lettre.
8. Il a ouvert la lettre.
9. Il a sorti la lettre de l'enveloppe.
10. Il l'a lue.

C **Ma journée.** Répondez en utilisant «qui» ou «que».

1. Tous les matins c'est mon père ___ se lève le premier à six heures.
2. Ma mère, ___ aime rester un peu au lit, se lève à six heures et demie.
3. À sept heures je prends mon petit déjeuner ___ je prépare moi-même.
4. Je donne à manger à notre chat, Minou, ___ j'aime beaucoup et ___ a toujours très faim le matin.
5. Pour aller à l'école je prends le bus ___ passe juste devant la maison.
6. Dans le bus je révise les leçons ___ j'ai apprises le soir d'avant.
7. Quand j'arrive au lycée, je vais à mon cours de maths ___ est très difficile.

Vocabulaire

NOMS

la poste
le bureau de poste
le guichet
l'employé(e) des postes
le colis
le paquet
le contenu
la balance
le poids
la valeur
le timbre
le distributeur automatique
la carte postale
l'aérogramme (m.)
la lettre
l'enveloppe (f.)
le nom
l'expéditeur (m.)
l'expéditrice (f.)
le / la destinataire
l'adresse (f.)
la rue
le numéro
la ville
le code postal
la boîte aux lettres
le courrier
le facteur

VERBES

employer
payer
envoyer
peser
assurer
distribuer

AUTRES MOTS ET EXPRESSIONS

mettre une lettre à la poste
par avion
selon

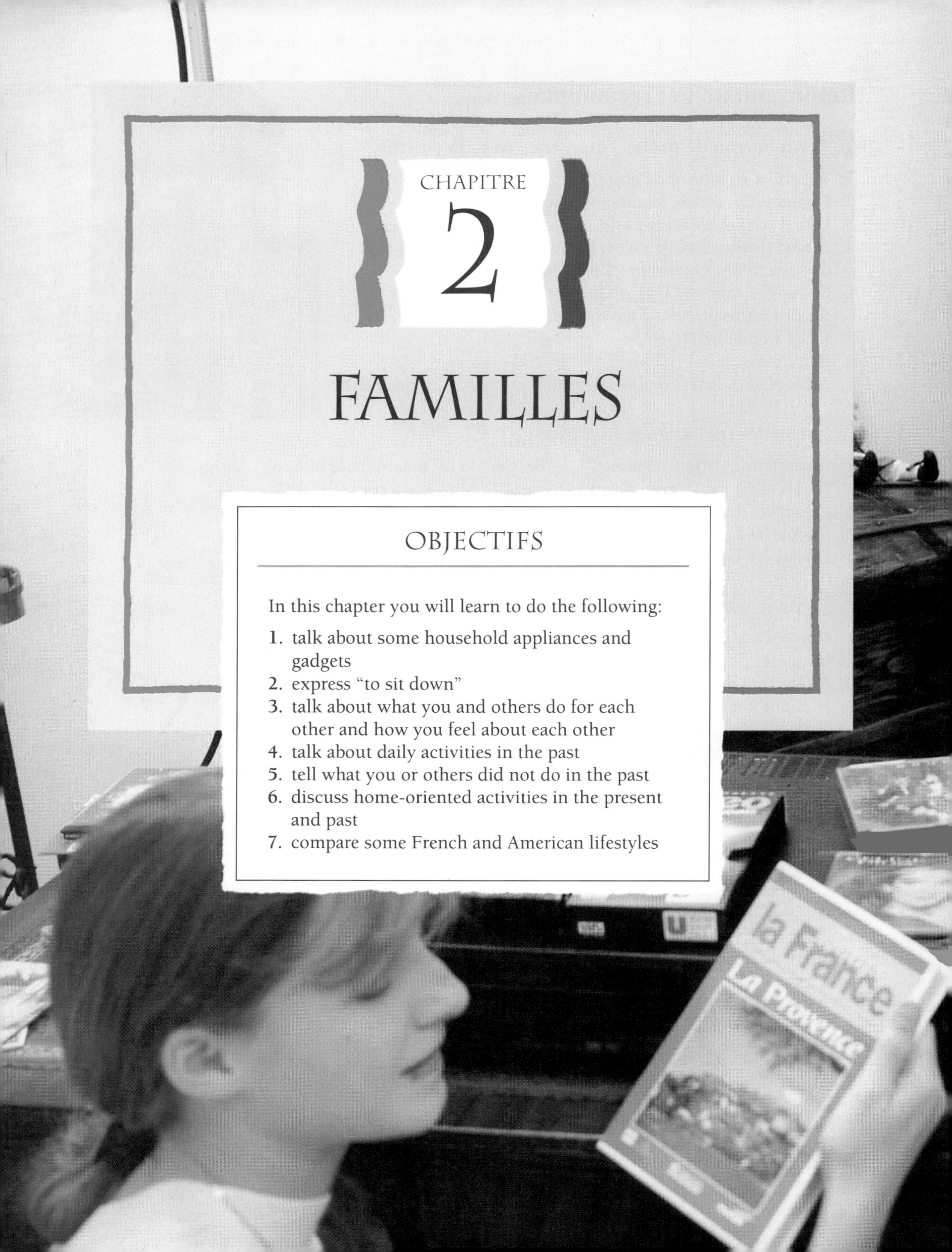

CHAPITRE

2

FAMILLES

OBJECTIFS

In this chapter you will learn to do the following:

1. talk about some household appliances and gadgets
2. express "to sit down"
3. talk about what you and others do for each other and how you feel about each other
4. talk about daily activities in the past
5. tell what you or others did not do in the past
6. discuss home-oriented activities in the present and past
7. compare some French and American lifestyles

VOCABULAIRE

MOTS 1

CHEZ LES DELORME

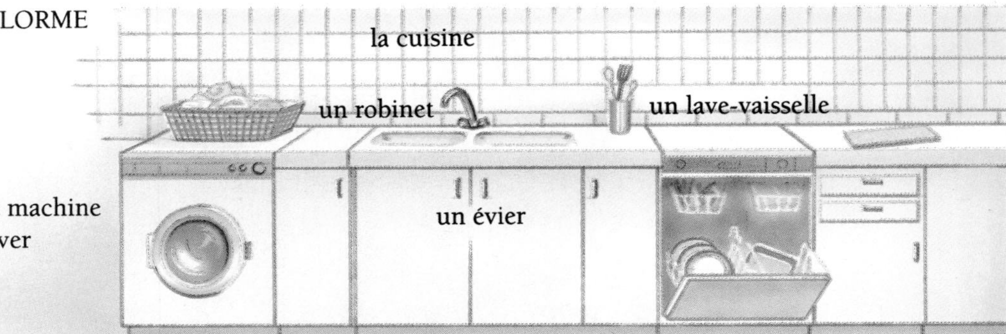

Avant le dîner Pierre a mis le couvert.

un pot-au-feu

une tartine

Après le dîner M. Delorme a débarrassé la table.

La famille s'est assise.
La famille s'est mise à table.
Au petit déjeuner les Delorme ont mangé des tartines.
Au dîner ils ont mangé un pot-au-feu.

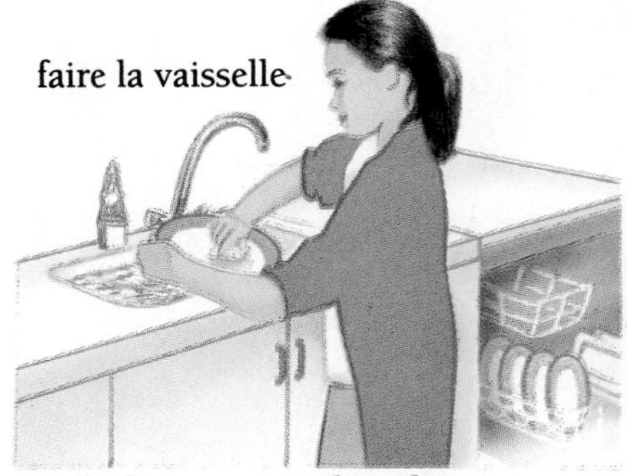

Nathalie a ouvert le robinet.
Elle a rincé la vaisselle dans l'évier.
Elle a mis la vaisselle dans le lave-vaisselle.

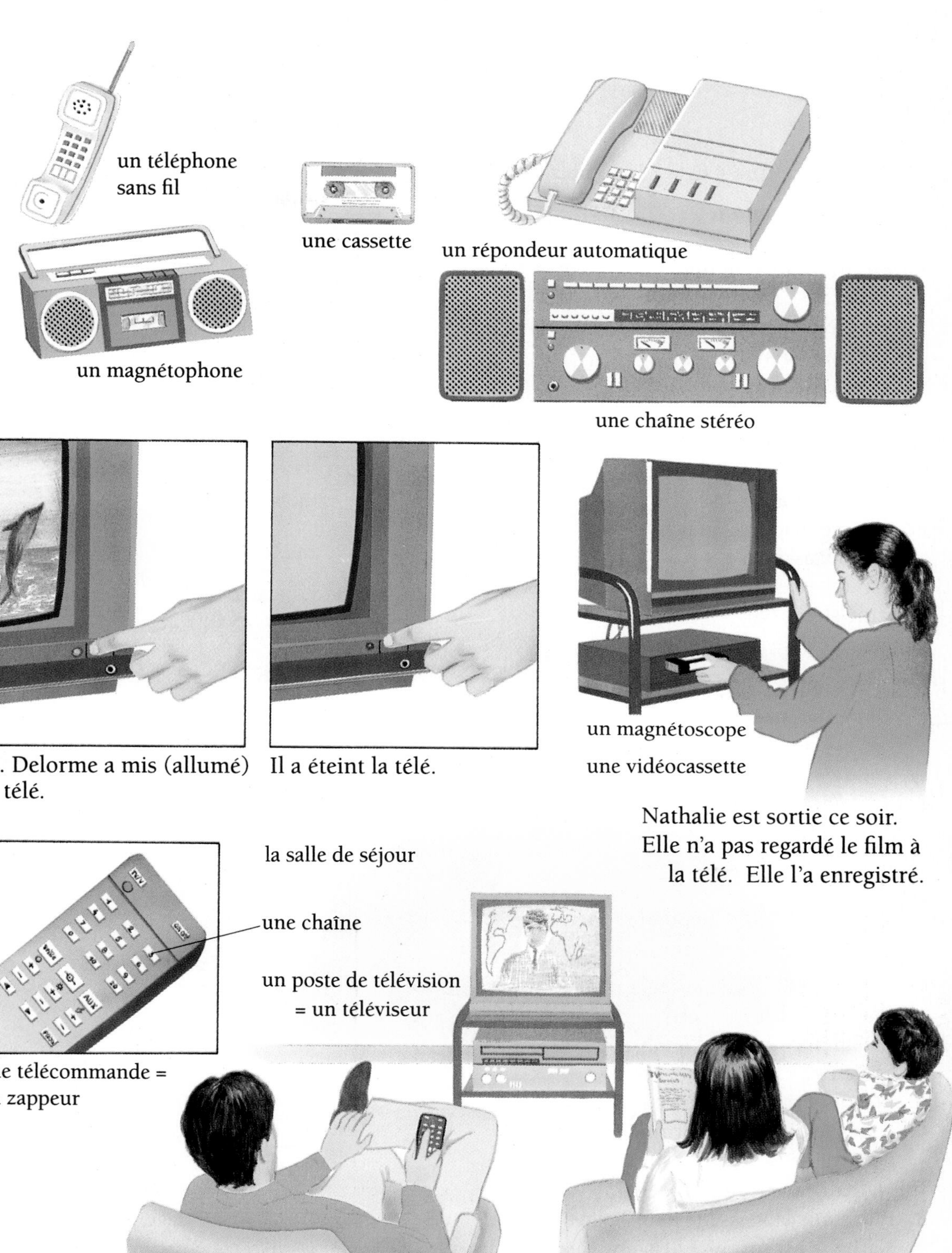

Les Delorme ont seulement un téléviseur. Ils n'ont qu'un poste de télévision.

M. Delorme a changé de chaîne avec le zappeur. Il a regardé son émission préférée.

Exercices

A **Qu'est-ce que c'est?** Identifiez.

1. C'est un évier ou un lave-vaisselle?
2. C'est un robinet ou une cuisine?
3. C'est un téléviseur ou un téléphone sans fil?
4. C'est un magnétoscope ou un magnétophone?
5. C'est un répondeur automatique ou un distributeur automatique?
6. C'est une machine à laver ou un lave-vaisselle?
7. C'est une télécommande ou une chaîne stéréo?

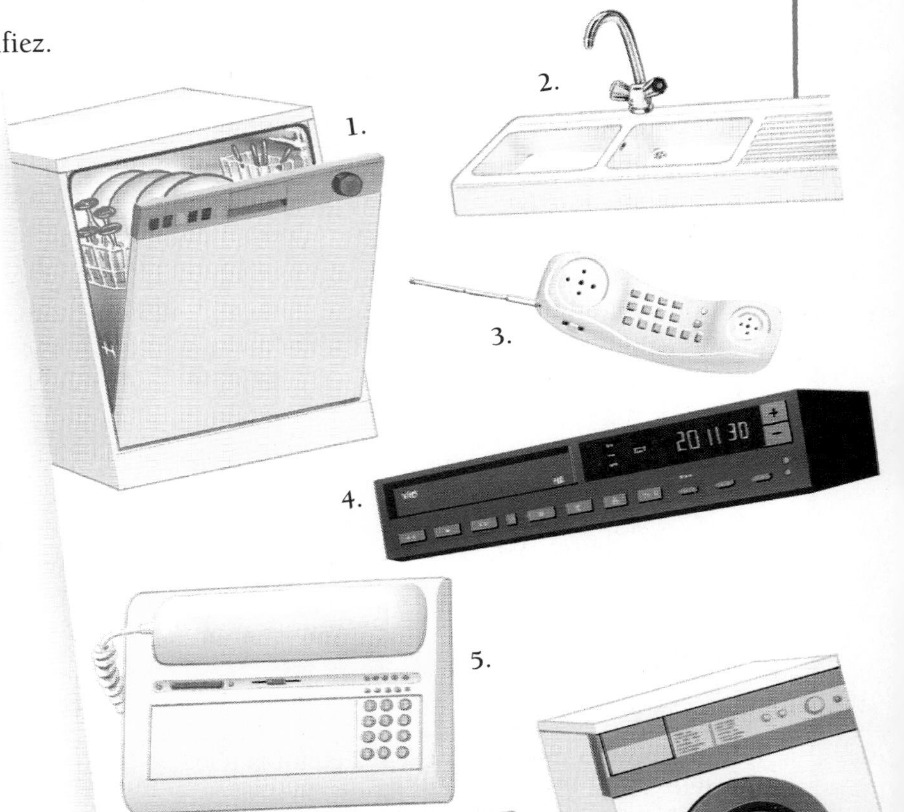

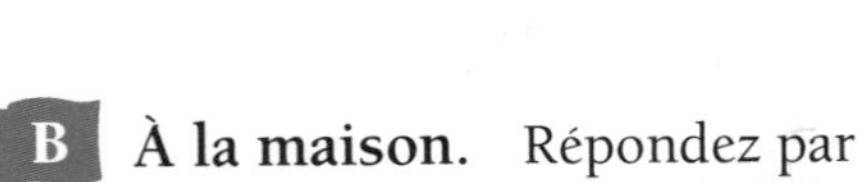

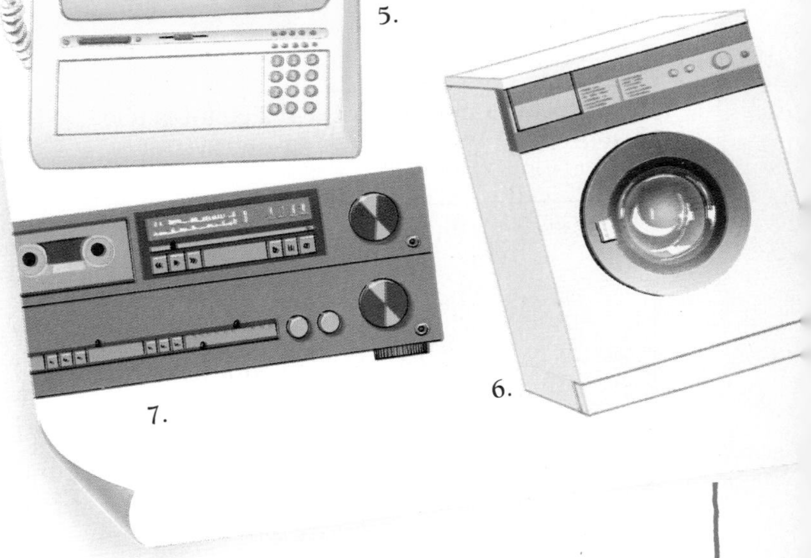

B **À la maison.** Répondez par «oui».

1. La famille Delorme est à la maison?
2. Pierre a mis le couvert?
3. La famille s'est mise à table?
4. Mme Delorme a servi le repas?
5. Elle a servi un pot-au-feu?
6. Après le dîner M. Delorme a débarrassé la table?
7. Nathalie a rincé la vaisselle?
8. Elle a mis la vaisselle dans le lave-vaisselle?
9. Nathalie est sortie? Elle a enregistré le film à la télé?
10. Les Delorme n'ont qu'un poste de télévision?
11. La famille s'est assise dans la salle de séjour?
12. M. Delorme a mis la télé?
13. Il a regardé son émission préférée?
14. Ensuite il a éteint la télévision?

C Quel est le mot? Complétez.

1. Mme Delorme est ___ de M. Delorme et M. Delorme est ___ de Mme Delorme.
2. On prépare le repas dans ___. Au petit déjeuner on mange ___.
3. Avant le dîner on ___ le couvert.
4. Et après le dîner on ___ la table.
5. Après le dîner il faut faire ___.
6. On rince les assiettes dans ___ et ensuite on les met dans ___.
7. Je ne veux pas répondre au téléphone. Alors je mets ___ et j'écoute les messages plus tard.
8. Je ne peux pas regarder mon émission préférée ce soir. Alors je vais l' ___.
9. Je change de chaîne avec ___.
10. Les cassettes sont pour ___ et les vidéocassettes sont pour ___.

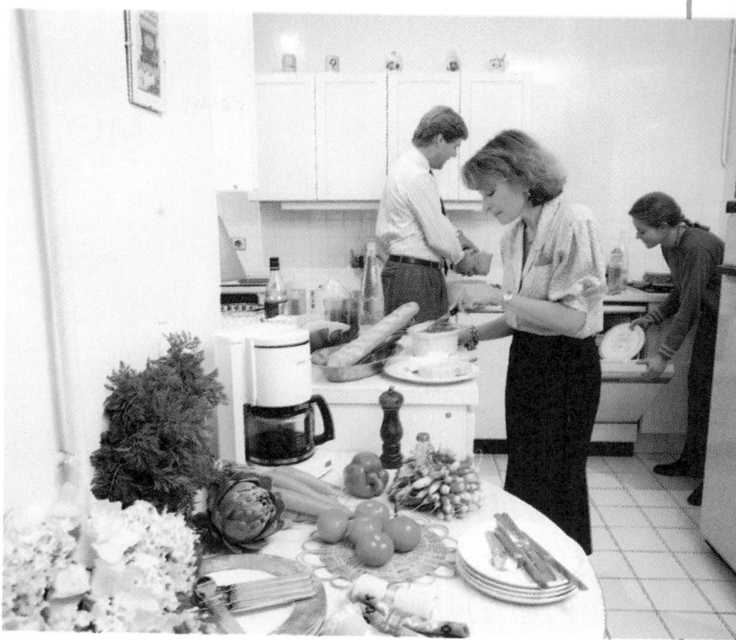

D Non, non. Ce n'est pas ça. Choisissez le contraire.

1. Pierre s'est assis.
2. François a débarrassé la table.
3. Maman a allumé la télé.
4. Carole a ouvert le robinet.

a. Elle a éteint la télé.
b. Il s'est levé.
c. Elle l'a fermé.
d. Il a mis le couvert.

VOCABULAIRE

MOTS 2

Le père de Lisette travaille
dans une usine.
Il est contremaître.
Il parle à une ouvrière.
Dans cette usine on fabrique des jouets.

La mère de Lisette travaille dans un bureau.
Elle se sert souvent du téléphone.
Elle emploie souvent le téléphone.
Un client lui a téléphoné à deux heures.
Elle l'a rappelé à deux heures et demie.

LA MATINÉE DE LISETTE

Lisette s'est réveillée à sept heures.
Elle s'est réveillée de bonne heure.
Elle s'est levée tout de suite.

Elle s'est lavé la figure et les mains.
Elle s'est brossé les dents.

Elle n'a pas pris son temps.
Elle s'est dépêchée.
Elle s'est habillée rapidement.

Elle a couru à l'école.

Exercices

A **Ce matin.** Répondez par «oui».

1. Lisette s'est réveillée à sept heures du matin?
2. Lisette s'est réveillée de bonne heure?
3. Elle s'est levée tout de suite?
4. Elle s'est vite lavée?
5. Elle s'est lavé la figure et les mains?
6. Après le petit déjeuner, elle s'est brossé les dents?
7. Elle s'est habillée rapidement?
8. Elle s'est dépêchée?
9. Elle est partie pour l'école à sept heures et demie?
10. Elle a couru à l'école?
11. Le père de Lisette travaille dans une usine?
12. Son père parle à une ouvrière?
13. On fabrique des jouets dans cette usine?
14. Le père de Lisette est contremaître?

B **La mère de Lisette.** Complétez.

La mère de Lisette ne travaille pas dans une ____ (1). Elle travaille dans un ____ (2). Au ____ (3) elle se ____ (4) souvent du téléphone, c'est-à-dire, elle ____ (5) souvent le téléphone. En ce moment elle parle au téléphone. Elle parle à une amie? Mais non! Elle parle à un ____ (6). Le ____ (7) lui a téléphoné à deux heures et elle l'a ____ (8) à deux heures et demie.

C **Non, au contraire.** Donnez le contraire.

1. Il a mis le couvert.
2. Il s'est couché.
3. Il s'est endormi.
4. Il s'est déshabillé.
5. Il a pris son temps.

Activités de communication orale

Mots 1 et 2

A **Tu as besoin de...** You're visiting a French family. You need to use some gadgets and household appliances but can't remember the words for them in French. Tell your French friend (your partner) what you'd like to do, and he or she tells you what you need.

> **Élève 1: Je voudrais laver mes vêtements ce soir.**
> **Élève 2: Tu as besoin d'une machine à laver.**

B **Le dîner.** Work with a classmate. Take turns finding out about each other's dinner last night: who prepared it, who set the table, what was served, who cleaned up after dinner, etc.

> **Élève 1: Qui a préparé le dîner?**
> **Élève 2: C'est mon père qui a préparé le dîner.**
> **Élève 1: Qu'est-ce qu'il a préparé? (Qui a mis le couvert?...)**

STRUCTURE

Le verbe *s'asseoir* — *Expressing "To Sit" or "To Sit Down"*

1. The verb *s'asseoir,* "to sit down," is irregular in the present tense. Study the following forms.

S'ASSEOIR	
je m'assieds	nous nous asseyons
tu t'assieds	vous vous asseyez
il/elle/on s'assied	ils/elles s'asseyent

Voici des élèves assis au premier rang.

2. The past participle of the verb *s'asseoir* is *assis.*

Exercice

A **Au cours de français.** Donnez des réponses personnelles.

1. Tu t'assieds dans la classe de français?
2. Tu t'assieds devant qui?
3. Qui s'assied devant toi?
4. Qui s'assied derrière toi?
5. Tes copains et toi, vous vous asseyez près du professeur?
6. Tous les élèves s'asseyent au même rang?
7. Qui s'assied toujours au premier rang?
8. Et qui s'assied toujours au dernier rang?

Les actions réciproques au présent — *Telling What You and Others Do For Each Other and How You Feel About Each Other*

Reflexive pronouns can also express a reciprocal action or interaction between two or more people. Study the following.

Jean voit son ami.
Son ami voit Jean. } **Jean et son ami se voient. Ils se voient.**

Je t'aime.
Tu m'aimes. } **Nous nous aimons.**

Tu téléphones souvent à Marie.
Et Marie te téléphone souvent. } **Vous vous téléphonez souvent.**

Exercice

A **Les amis.** Faites une seule phrase d'après le modèle.

Tu adores Isabelle. Isabelle t'adore.
Vous vous adorez.

1. Jacques parle à Suzanne. Suzanne parle à Jacques.
2. Jacques aime Suzanne. Suzanne aime Jacques.
3. Je t'aime. Tu m'aimes.
4. Je te vois. Et tu me vois.
5. Marie-France regarde Daniel. Daniel regarde Marie-France.
6. J'écris à Daniel. Daniel m'écrit.
7. Daniel écrit à Corinne. Corinne écrit à Daniel.
8. Tu téléphones à Pierre. Pierre te téléphone.

Le passé composé des verbes réfléchis

Telling What You or Others Did at One Point in the Past

1. You form the *passé composé* of reflexive verbs with the verb *être*.

MASCULIN	FÉMININ
je me suis levé	**je me suis levée**
tu t'es levé	**tu t'es levée**
il s'est levé	**elle s'est levée**
nous nous sommes levés	**nous nous sommes levées**
vous vous êtes levé(s)	**vous vous êtes levée(s)**
ils se sont levés	**elles se sont levées**

2. A reflexive pronoun can be either a direct object or an indirect object.

DIRECT OBJECT	**Marie s'habille.**
INDIRECT OBJECT	**Marie s'achète une robe.**

3. Although the *passé composé* of reflexive verbs is always formed with *être*, the agreement of the past participle actually follows the pattern of verbs that use *avoir*:
   - If the reflexive pronoun is the direct object, the past participle agrees with it: **Marie s'est habillée.**
   - If the reflexive pronoun is the indirect object, the past participle does not agree with it: **Marie s'est acheté une robe.**

4. In negative sentences, you put the negative words around the reflexive pronoun and the form of the verb *être*. Study the following.

Nous *ne* nous sommes *pas* bien amusés à la fête.

Exercices

A Papa s'est déjà endormi. Répondez d'après le modèle.

Papa va s'endormir?
Mais il s'est déjà endormi.

1. Papa va se laver?
2. Papa va se peigner?
3. Papa va s'habiller?
4. Papa va se mettre à table?

B Maman. Refaites l'Exercice A en remplaçant «Papa» par «Maman».

Maman va s'endormir?
Mais elle s'est déjà endormie.

C Je me suis réveillé(e) de bonne heure.

Donnez des réponses personnelles.

1. Tu t'es réveillé(e) de bonne heure ce matin?
2. Tu t'es levé(e) tout de suite ou tu t'es rendormi(e)?
3. Tu as pris un bain ou tu t'es lavé(e) seulement?
4. Tu t'es habillé(e) avant ou après le petit déjeuner?
5. Tu t'es assis(e) dans la cuisine ou dans la salle à manger?
6. Tu t'es dépêché(e) ou tu as pris ton temps?
7. Tu t'es amusé(e) à l'école?
8. Tu t'es couché(e) à quelle heure hier soir?

D Nous et vous. Complétez au passé composé.

1. Ce matin ma sœur et moi, nous ___ à sept heures. Vous ___ à quelle heure? (se réveiller)
2. Malheureusement nous ___. Vous ___ ou pas? (se rendormir)
3. Par conséquent, nous ___ tard. Vous ___ tard? (se lever)
4. Nous ___. Vous ___ aussi? (se dépêcher)
5. Nous ne ___ pas ___. Vous ne ___ pas ___? (se mettre à table)
6. Nous ne ___ pas ___ ce matin. Vous ne ___ pas ___? (se peigner)

E Les deux cousins et les deux cousines. Mettez au pluriel.

1. Il s'est levé.
2. Il s'est lavé.
3. Il s'est rasé.
4. Il s'est habillé.
5. Il s'est mis à table.
6. Il a pris le petit déjeuner.
7. Elle s'est levée tard.
8. Elle ne s'est pas rasée bien sûr.
9. Elle s'est habillée rapidement.
10. Elle ne s'est pas mise à table.
11. Elle s'est dépêchée.

F Oui, c'est Claudine. Répondez par «oui» ou «non».

1. Claudine s'est lavée?
2. Elle s'est lavé la figure?
3. Elle s'est lavé les mains?
4. Elle s'est peignée?
5. Elle s'est brossé les cheveux?
6. Elle s'est habillée?
7. Elle s'est acheté une nouvelle robe?
8. Elle s'est acheté un petit cadeau?

Les actions réciproques au passé

Telling What You or Others Did To or For Each Other

In the case of reciprocal constructions, the reflexive pronoun can also be either a direct or an indirect object. Study the following.

	OBJET DIRECT
Jean a vu *son ami.* **Son ami a *vu Jean.***	**Ils se sont vus.**

	OBJET INDIRECT
Jean a parlé *à son ami.* **Son ami a parlé *à Jean.***	**Ils se sont parlé.**

Exercices

A Les deux copains. Répondez par «oui» ou «non».

1. Les deux copains se sont vus souvent?
2. Ils se sont salués à l'école?
3. Ils se sont parlé?
4. Ils se sont téléphoné régulièrement?
5. Ils se sont écrit de temps en temps?

B Ce matin. Complétez.

Ce matin je me suis levé___ (1) de bonne heure. Je me suis lavé___ (2) les mains et la figure, je me suis brossé___ (3) les dents et je me suis peigné___ (4). Je me suis dépêché___ (5). À l'école je me suis amusé___ (6). À l'école mes copains et moi, nous nous sommes vu___ (7), nous nous sommes salué___ (8), nous nous sommes dit___ (9) «bonjour», nous nous sommes parlé___ (10). Comme nous nous sommes vu___ (11) et nous nous sommes parlé___ (12), nous ne nous sommes pas écrit___ (13) et nous ne nous sommes pas téléphoné___ (14).

Expressions négatives au passé composé — *Telling What You or Others Did Not Do in the Past*

1. The most commonly used negative expressions are *ne...pas, ne...rien, ne...personne, ne...jamais,* and *ne...plus* ("no longer"). In the present tense you put the negative expressions around the verb.

Je *ne* parle	***pas.***
Je *ne* parle	***jamais.***
Je *ne* parle	***plus.***
Je *ne* vois	***rien.***
Je *ne* vois	***personne.***

2. In the *passé composé,* the negative expressions *ne...pas, ne...rien, ne...jamais,* and *ne...plus* go around the helping verb *avoir* or *être.*

Je	***n'* ai**	***pas***	**parlé.**
Je	***n'* ai**	***rien***	**compris.**
Je	***n'* ai**	***plus***	**parlé.**
Je	***ne* suis**	***jamais***	**allé(e) en France.**

3. Note that *personne,* however, goes after the past participle.

   Je *n'*ai vu *personne.*
   Je *n'*ai parlé à *personne.*

4. Although *ne...que,* which means "only," is not actually a negative expression, it functions the same way as *ne...personne. Que* comes after the past participle.

   Il *n'*a vu *que* trois pièces de théâtre.
   Il *n'*a parlé *qu'*à ses amis.

5. If there is an object pronoun in the sentence, *ne* always comes before the pronoun.

   Je *ne* le vois plus.
   Je *ne* lui ai pas parlé.
   Vous *ne* vous dépêchez jamais.

Exercices

A **Tu n'as rien fait, toi?** Répétez la petite conversation.

OLIVIER: Marc, tu as vu maman?
MARC: Non, je ne l'ai pas vue. Je n'ai vu personne.
OLIVIER: Tu as téléphoné à Paul?
MARC: Non plus! Je n'ai téléphoné à personne.
OLIVIER: Qu'est-ce que tu as fait alors?
MARC: C'est pas tes oignons! Je n'ai rien fait.

Répondez d'après la conversation.

1. Marc a vu sa mère?
2. Il a vu quelqu'un?
3. Il a téléphoné à Paul?
4. Il a téléphoné à quelqu'un?
5. Il a fait quelque chose?

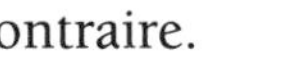

B **Pas vraiment.** Donnez le contraire.

1. J'ai invité tout le monde à la fête.
2. J'ai vu beaucoup de choses.
3. J'y suis souvent allé(e).
4. J'ai écrit à mes copains.
5. J'ai entendu quelque chose.
6. Je lui ai téléphoné régulièrement.

C **Je n'ai que trois billets.** Répondez d'après le modèle.

Tu as cinq billets à vendre? (trois)
Non, je n'ai que trois billets à vendre.

1. Tu as vingt dollars à me prêter? (deux)
2. Tu as trois éclairs au chocolat? (un)
3. Il a beaucoup de cassettes à vendre? (dix)
4. Elles ont passé quelques semaines au bord de la mer? (une)
5. Ton frère et toi, vous avez gagné cinquante dollars? (vingt-cinq)
6. Elle a téléphoné à ses parents? (sa grand-mère)

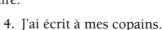

Lot de 3 cassettes vidéo PHILIPS réf. 2 E-180 HG + 1 E-240 HG
10 heures d'enregistrement.

Lot de 3 cassettes vidéo SCOTCH réf. E 240 EG+
12 heures d'enregistrement.
(l'unité: 43F)

CONVERSATION

Scènes de la vie *Tu t'es dépêché*

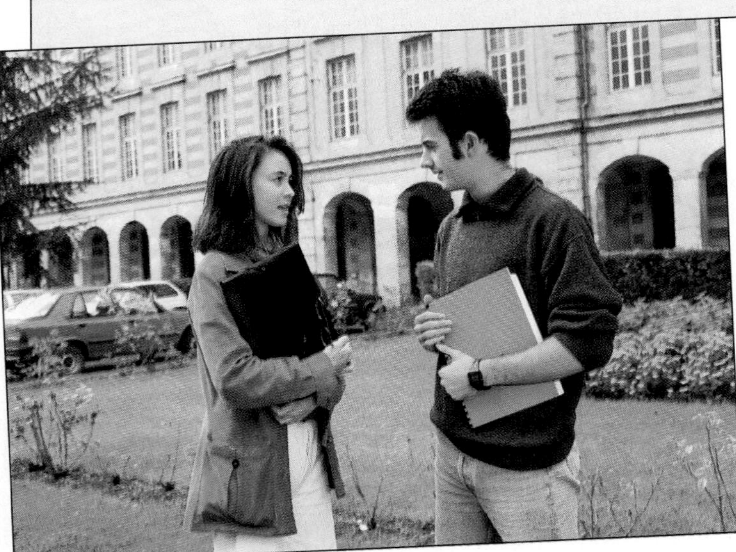

STÉPHANIE: Étienne, tu t'es levé à quelle heure ce matin?

ÉTIENNE: Comme toujours, je me suis levé tard. Je me suis réveillé à l'heure mais je me suis rendormi.

STÉPHANIE: Tu es arrivé à l'école en retard?

ÉTIENNE: Franchement, c'est pas tes oignons! Mais non. Cette année je ne suis jamais arrivé en retard. Mais qu'est-ce que je me suis dépêché, j'ai couru comme un fou!

STÉPHANIE: Qu'est-ce que tu penses faire après les cours?

ÉTIENNE: Oh, moi je ne sais pas. Aucune idée! Qu'est-ce que tu suggères?

A **Étienne s'est dépêché.** Répondez d'après la conversation.

1. Étienne s'est réveillé à l'heure ce matin?
2. Il s'est levé à l'heure? Pourquoi pas?
3. Il est arrivé à l'école en retard?
4. Cette année, il est arrivé combien de fois en retard?
5. Il s'est dépêché pour arriver à l'heure?
6. Qu'est-ce qu'Étienne pense faire après les cours?

Activités de communication orale

A **Le jeu des cinq questions.** Choose an item from the list below. A classmate has to try and guess which one you're thinking of. Then reverse roles and take several turns each.

une cassette	**un poste de télévision**
une chaîne stéréo	**une radio**
un lave-vaisselle	**un répondeur automatique**
une machine à laver	**un téléphone sans fil**
un magnétophone	**une vidéocassette**
un magnétoscope	**un zappeur**

Élève 1: On l'emploie pour enregistrer.
Élève 2: C'est un magnétophone.

B **Tes préférences.** Divide into small groups and choose a leader. Using the list below, the leader finds out where everyone in the group likes to sit. He or she takes notes and reports to the class.

à la cafétéria	**au concert**
au cinéma	**au cours de français**
	dans une voiture

Élève 1: Où est-ce que tu t'assieds au cinéma?
Élève 2: Je m'assieds souvent près de l'écran.
Élève 1 (*à la classe*): Dans mon groupe, il y a deux personnes qui s'asseyent près de l'écran au cinéma et trois personnes qui s'asseyent loin de l'écran. Au concert…

C **Devine ma matinée!** With a classmate, take turns trying to guess each other's routine this morning: what time you woke up, got up, got dressed, whether you hurried, ate breakfast, etc.

Élève 1: À mon avis, tu t'es réveillé à 6 heures et quart.
Élève 2: Non, je me suis réveillé à 7 heures moins le quart. À mon avis tu t'es réveillée à 7 heures et demie…

D **Une journée ennuyeuse.** Think about the most boring day you ever had at home. One of your classmates wants to know if you invited any friends over, saw anyone, called anyone, read anything, studied anything, watched anything on TV, or did anything at all.

Élève 1: Tu as invité des copains chez toi?
Élève 2: Non, je n'ai invité personne.

LECTURE ET CULTURE

LA FAMILLE VERDIER

*D*ans la famille Verdier il y a quatre personnes: Madame Verdier et son mari, Monsieur Verdier, et leurs deux enfants, Alain, qui a seize ans, et Michèle, qui a onze ans—et leur petit chien Milou!

Les Verdier habitent à Aubervilliers, dans la banlieue de Paris. Ils y ont un petit pavillon[1] confortable. Comment se passe une journée typique[2] chez les Verdier? Allons voir!

Ce matin, comme d'habitude, tout le monde s'est levé entre six heures et six heures et demie. Ils ont fait leur toilette et ils ont pris leur petit déjeuner ensemble—du café au lait ou du chocolat et des tartines. Vers sept heures et quart ils ont quitté la maison.

M. Verdier est allé à l'usine où il travaille comme contremaître. Mme Verdier a pris le RER, un train de banlieue relié[3] au métro parisien, pour aller à son travail. Elle est caissière dans une banque à Paris. Comme beaucoup de femmes françaises aujourd'hui, Mme Verdier travaille à l'extérieur. Tout est assez cher et la famille a besoin de deux salaires. Alain et sa sœur sont allés à l'école. Alain est élève dans une école technique et Michèle va au collège.

Aubervilliers, dans la banlieue de Paris

Les Verdier sont rentrés déjeuner? Non, les Verdier, comme beaucoup de familles aujourd'hui, ne rentrent pas chez eux pour le déjeuner. Mme Verdier a des tickets-restaurant que la banque lui donne. Elle déjeune au restaurant avec ses collègues. Si elle commande quelque chose qui coûte plus cher que le montant[4] de son ticket, elle paie la différence (un supplément). M. Verdier déjeune au restaurant de l'entreprise (la compagnie) et les jeunes déjeunent à la cantine de l'école—ou, pour être plus moderne, disons «la cafétéria».

Vers six heures du soir tout le monde est rentré à la maison. Ils se sont dirigés[5] vers la cuisine. Alain a mis le couvert.

---

[1] un petit pavillon *a suburban-type house*
[2] une journée typique *a typical day*
[3] relié *connected*
[4] le montant *amount*
[5] ils se sont dirigés *they headed towards*

Vers sept heures et demie Mme Verdier a servi le dîner. Ce soir elle a servi un pot-au-feu, une salade, du fromage et des fruits. Hier soir ils ont mangé une omelette au fromage. Après le dîner M. Verdier a débarrassé la table et Michèle a fait la vaisselle, c'est-à-dire, elle a rincé les assiettes et puis elle les a mises dans le lave-vaisselle.

Ensuite M. et Mme Verdier sont passés dans la salle de séjour. Ils ont regardé le journal télévisé. Après le journal télévisé M. Verdier a mis la six. Il s'est levé pour changer de chaîne? Absolument pas! Il l'a changée avec son zappeur. Une minute après, Alain est entré dans la salle de séjour, un téléphone sans fil à la main. «Papa, j'ai écouté le répondeur automatique. Il y a un message pour toi. Rappelle ton copain Guy.»

POT-AU-FEU

1 kg. de viande, os non compris
2 carottes moyenne
un navet
2 beaux poireaux
un gros oignon piqué d'un clou de girofle
un petit quartier de panais
une branche de céleri
un bouquet garni
2 litres et demi d'eau
une cuillérée rase de sel
Préparation: 3 à 4 heures après écumage terminé.

Oui, les Verdier ont beaucoup de gadgets. Mais la France est un pays vraiment moderne. La France est un vieux pays, mais ses habitants ont tout le confort moderne. Les Verdier ont une voiture? Oui, ils ont une Renault, une R21. Et ils vont faire un grand voyage en voiture cet été. Ils vont aller au bord de la mer où ils vont passer tout le mois d'août. Les Verdier, comme tous les salariés[6] en France, ont cinq semaines de vacances par an.

[6] salariés *full-time employees*

Étude de mots

A **Quel est le mot?** Choisissez.

1. un pavillon
2. faire sa toilette
3. une usine
4. un ouvrier
5. à l'extérieur de
6. le montant
7. la cantine
8. le couvert

a. une fabrique
b. la somme
c. une petite maison dans la banlieue
d. pas à la maison
e. un travailleur
f. se laver, se peigner, se brosser les dents, etc.
g. l'assiette, le couteau, la fourchette, la cuillère
h. la cafétéria

Compréhension

B Vous avez compris? Choisissez.

1. Il y a quatre / six personnes dans la famille Verdier.
2. Les Verdier habitent en banlieue / en ville.
3. Ils habitent dans un appartement / un pavillon.
4. Ils ont un chat / un chien.
5. M. Verdier travaille dans une banque / une usine.
6. Alain est élève dans un lycée / une école technique.
7. Michèle va au lycée / au collège.

C La journée des Verdier. Répondez.

1. Les Verdier se sont levés de bonne heure?
2. Tout le monde est parti au travail ou à l'école?
3. M. Verdier travaille où?
4. Mme Verdier travaille où?
5. Qui a pris le train pour aller au travail?
6. Les Verdier sont rentrés déjeuner?
7. Ils sont rentrés dîner?

D À vous de dire. Répondez par des phrases complètes.

1. Où est-ce que chaque membre de la famille Verdier a déjeuné?
2. Le soir, qu'est-ce que chaque membre de la famille a fait pour aider Mme Verdier?

E Qu'est-ce qu'ils ont mangé? Décrivez.

1. le petit déjeuner des Verdier
2. le dîner des Verdier

F La vie moderne. Expliquez.

Aujourd'hui, dans beaucoup de familles françaises, les deux parents travaillent à l'extérieur. Pourquoi?

DÉCOUVERTE CULTURELLE

LES APPAREILS MODERNES

Vous avez remarqué que les Verdier, comme beaucoup de familles qui ne sont pas nécessairement très aisées[1] en France, ont une voiture. Ils ont aussi des appareils ménagers (comme, par exemple, une machine à laver ou un lave-vaisselle) et plusieurs autres appareils modernes: un poste de télévision, un téléphone sans fil, un magnétoscope, etc. Mais en France les jeunes n'ont pas de téléviseur dans leur chambre à coucher. C'est très rare. Il n'y a qu'un seul poste pour toute la famille, dans la salle de séjour ou la salle à manger.

Tout le monde a le téléphone. Certaines familles en ont même deux ou trois. Mais les jeunes Français ne passent pas des heures au téléphone. Ils utilisent le téléphone moins que les jeunes Américains.

LE DÉJEUNER EN FRANCE

Comme les Français travaillent de plus en plus loin de leur domicile[2], ils ne rentrent pas déjeuner chez eux. Mais le déjeuner continue à être le repas principal. Il est vrai que la restauration rapide ou le fast-food devient de plus en plus populaire en France. Mais les Français aiment un bon déjeuner et le dîner est souvent un repas assez léger — un pot-au-feu ou une omelette, par exemple.

LE RER

Le RER (Réseau Express Régional) est un réseau[3] de trains qui desservent[4] la banlieue parisienne. Le RER est relié au réseau du métro en ville.

[1] aisées *well-off*
[2] domicile *home*
[3] réseau *system*
[4] desservent *serve*

RÉALITÉS

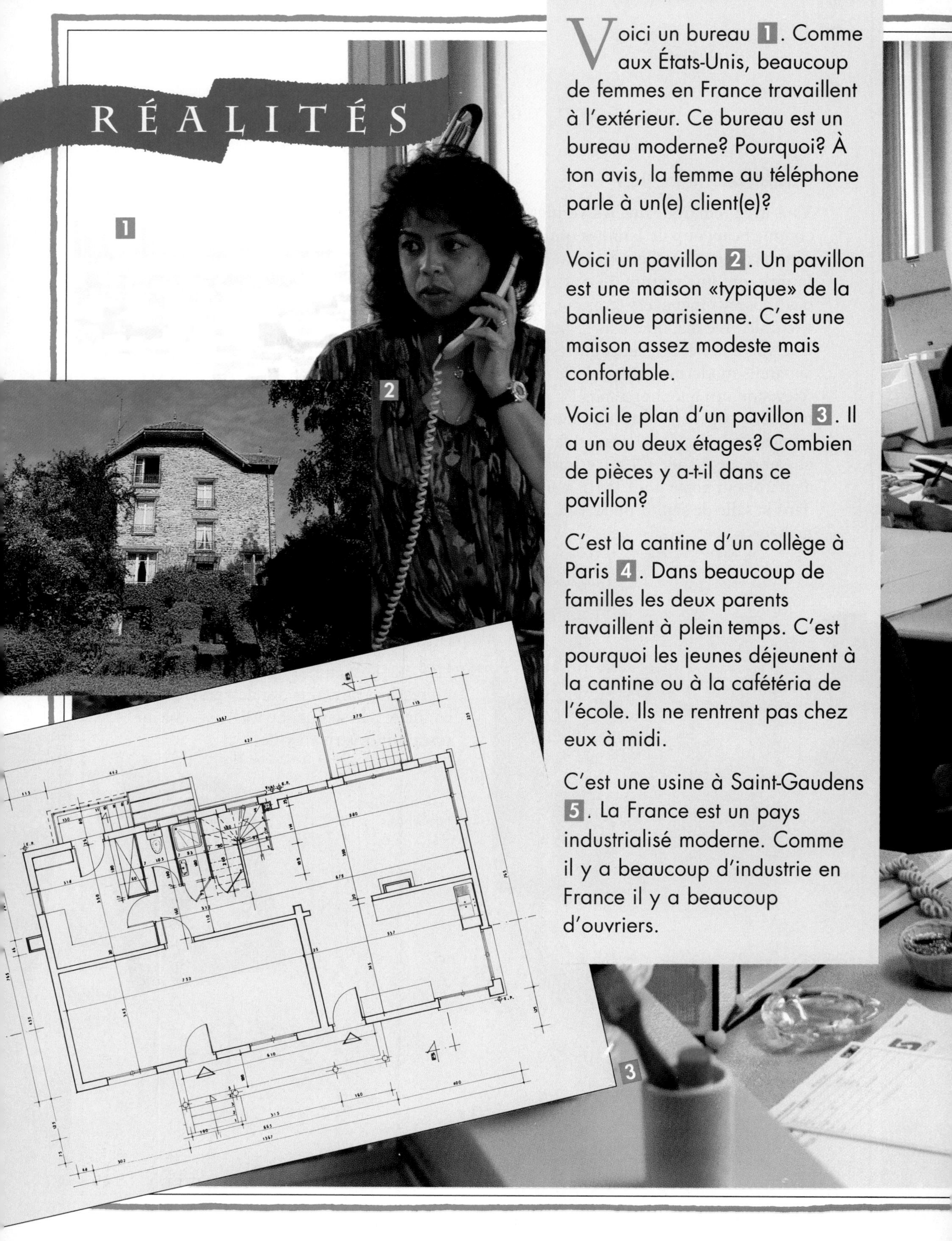

Voici un bureau 1. Comme aux États-Unis, beaucoup de femmes en France travaillent à l'extérieur. Ce bureau est un bureau moderne? Pourquoi? À ton avis, la femme au téléphone parle à un(e) client(e)?

Voici un pavillon 2. Un pavillon est une maison «typique» de la banlieue parisienne. C'est une maison assez modeste mais confortable.

Voici le plan d'un pavillon 3. Il a un ou deux étages? Combien de pièces y a-t-il dans ce pavillon?

C'est la cantine d'un collège à Paris 4. Dans beaucoup de familles les deux parents travaillent à plein temps. C'est pourquoi les jeunes déjeunent à la cantine ou à la cafétéria de l'école. Ils ne rentrent pas chez eux à midi.

C'est une usine à Saint-Gaudens 5. La France est un pays industrialisé moderne. Comme il y a beaucoup d'industrie en France il y a beaucoup d'ouvriers.

4
DEPART
DEPART
5

CULMINATION

Activités de communication orale

A **Une soirée chez un(e) ami(e).** Votre copine française Sophie vous pose des questions sur le dîner que vous avez eu chez un(e) de vos ami(e)s. Répondez à ses questions.

1. Qui a préparé le dîner?
2. Qui a mis le couvert?
3. Qu'est-ce qu'on a servi?
4. Ton ami(e) et toi, vous avez aidé à débarrasser la table et à faire la vaisselle?
5. Qu'est-ce que vous avez fait après le dîner?

Sophie

B **Ma famille.** Tell a classmate about some family habits in your home: who does what chores, what you do after dinner, etc. Your partner has to compare your family's habits with his or her family's.

Activités de communication écrite

A **Lundi et samedi.** Write two schedules, one for Monday and one for Saturday of last week. List everything you did from morning till night, giving the times. Exchange schedules with a classmate. He or she tells the class the differences between your weekday and weekend activities. Then you do the same for your partner.

Lundi Jean s'est levé à 6h30. Samedi matin il s'est levé à 11h...

B **Mes meilleurs amis.** Write a note to your French pen pal describing some of the things you and your friends do together. Be sure to use the appropriate French salutation and closing.

Réintroduction et recombinaison

A **Une maison.** Décrivez votre maison ou appartement.

B **À table.** On va se mettre à table. Avant le repas, qu'est-ce qu'il faut mettre sur la table?

C **La nourriture.** Faites une liste des choses qu'on peut manger en France et aux États-Unis aux repas suivants: le petit déjeuner, le déjeuner et le dîner.

D **Au restaurant.** Préparez une liste des mots qu'on peut employer au restaurant. Écrivez des phrases avec ces mots.

E **Nous le faisons.** Récrivez en utilisant «nous».

1. J'ai seize ans.
2. Je sais son adresse.
3. Je connais ses parents.
4. Je les vois souvent.
5. Je veux les revoir.
6. Je peux aller chez eux.
7. Quand je ne peux pas aller chez eux, je leur écris une lettre.
8. Je mets la lettre dans la boîte aux lettres.
9. J'envoie la lettre.
10. Je ne la reçois pas.

Vocabulaire

NOMS

la cuisine
l'évier (m.)
le robinet
le lave-vaisselle
la vaisselle
la machine à laver
le repas
le petit déjeuner
le déjeuner
le dîner
la tartine
le pot-au-feu

la femme
le mari

la salle de séjour
la télévision
le poste de télévision
le téléviseur
la télécommande
le zappeur
la chaîne
l'émission (f.)
le film
le magnétoscope
la vidéocassette
le magnétophone
la cassette
la chaîne stéréo
le téléphone (sans fil)
le répondeur automatique
le jouet
l'usine (f.)
la fabrique
l'ouvrier (m.)
l'ouvrière (f.)
le contremaître
la contremaîtresse
le bureau
le client
la cliente

ADJECTIF

préféré(e)

VERBES

se réveiller
se laver
se lever
se brosser les dents
s'habiller
se dépêcher
se servir de
s'asseoir

rincer
enregistrer
courir
allumer
éteindre
rappeler

ADVERBES

ensuite
rapidement
seulement

AUTRES MOTS ET EXPRESSIONS

mettre le couvert
se mettre à table
débarrasser la table
faire la vaisselle
changer de chaîne
prendre son temps
de bonne heure
tout de suite
ne...que
ne...plus

CHAPITRE

3

LE TÉLÉPHONE

OBJECTIFS

In this chapter you will learn to do the following:

1. make calls from a public phone in France
2. use proper phone etiquette
3. describe people, things, and events in the past
4. use certain verbs to express routine actions
5. talk about telephone service in France

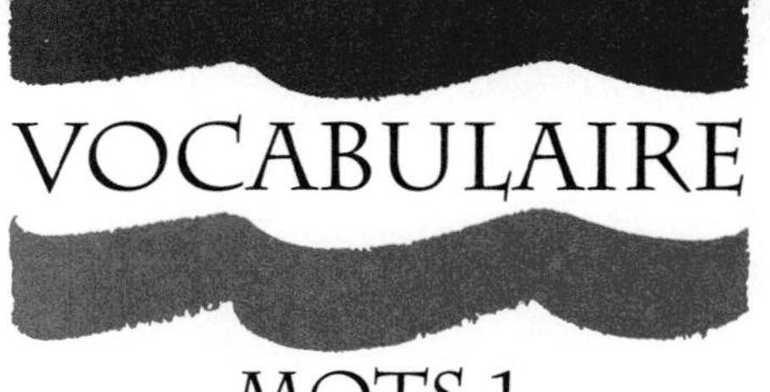

VOCABULAIRE

MOTS 1

un numéro de téléphone

l'indicatif du pays — (44) 71 499 9192 — l'indicatif de la ville

un téléphone à cadran

un annuaire

un téléphone à touches

une cabine téléphonique

un téléphone public

une télécarte

44 23 86 55

le bon numéro

le mauvais numéro

un standardiste

téléphoner = donner un coup de fil
décrocher
attendre
la tonalité
une fente
composer (faire) le numéro
raccrocher
introduire (mettre) une pièce
Ah, zut! J'ai oublié le numéro. Je ne me souviens pas du numéro. Où est l'annuaire?
Ah, zut! Ça sonne occupé. La ligne n'est pas libre.

J'ai envie de parler à Léo. Je vais l'appeler.

un appel interurbain = un appel entre deux villes

Pour faire un appel international, il n'est pas nécessaire de passer par le standardiste. On peut composer le numéro directement.

Exercices

A **Qu'est-ce que c'est?** Identifiez.

1. C'est un téléphone à touches ou à cadran?

2. C'est une standardiste ou une vendeuse?

3. C'est un téléphone public ou un téléphone privé?

4. C'est un téléphone sans fil ou un répondeur automatique?

5. C'est une télécarte ou une pièce?

6. Ce téléphone public est à la maison ou au café?

B **Des coups de fil.** Donnez des réponses personnelles.

1. Tu téléphones souvent?
2. À qui donnes-tu des coups de fil?
3. Quel est ton numéro de téléphone?
4. Quel est l'indicatif de ta ville?
5. Tu as un téléphone sans fil?
6. Ton téléphone a un cadran ou des touches?
7. Tu as un répondeur automatique?
8. Tu mets le répondeur quand tu n'es pas chez toi?
9. Il faut passer par le (la) standardiste pour faire un appel international?
10. Tu fais souvent de mauvais numéros?
11. Il y a des cabines téléphoniques à ton école? Où?

C Quel est le mot? Complétez.

1. Allô, Marc? Ah, je suis désolé, Madame. J'ai le ___ numéro.
2. Si on n'est pas sûr d'avoir le bon numéro, on doit le vérifier dans l' ___.
3. Les téléphones les plus modernes ont des ___, pas de cadran.
4. Ah, zut!! J'ai ___ le numéro. Je ne me ___ pas du numéro.
5. Un téléphone public a une ___ où on met une pièce ou une télécarte. Un téléphone privé n'a pas de ___.
6. Tu téléphones à ton copain? Oui, je lui donne un ___.
7. Ève veut parler à son ami. Elle a ___ de lui parler. Elle va l'___.
8. La ligne n'est pas libre. Ça sonne ___.
9. Un appel entre deux villes est un appel ___.
10. Pour faire un appel international, il n'est pas nécessaire de passer par le ou la ___.
11. Pour faire un appel international, il faut savoir l'___ du pays et l'___ de la ville.

D Comment faire un appel téléphonique? Mettez les phrases suivantes en ordre.

À la fin de la conversation, on raccroche.
On compose le numéro.
On commence à parler.
Si c'est un téléphone public, on introduit une pièce dans la fente.
On attend la tonalité.
L'interlocuteur (la personne à qui on téléphone) répond.
On décroche.

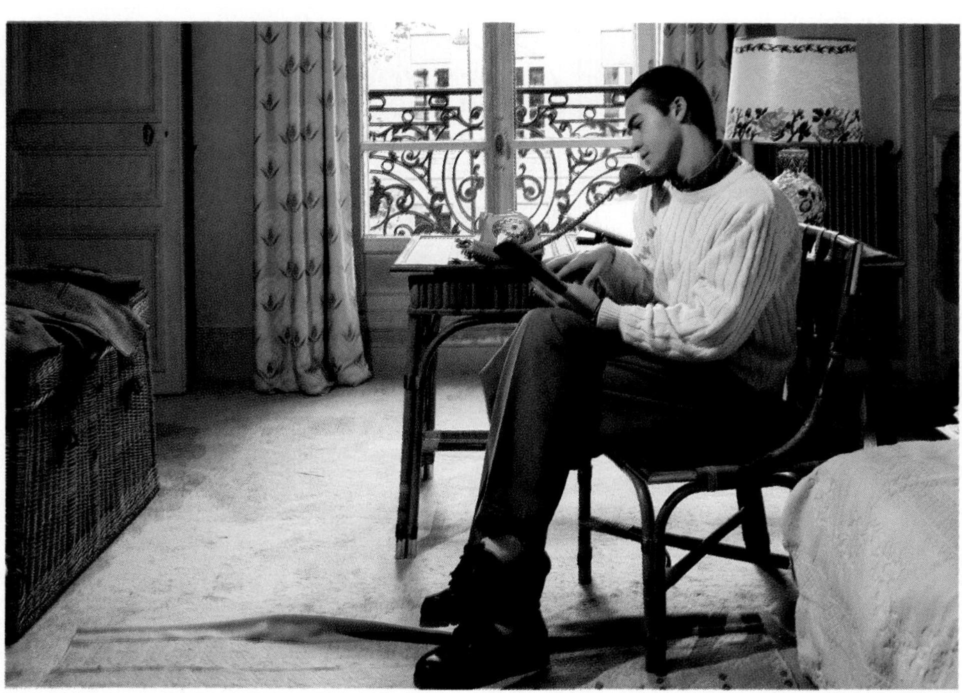

VOCABULAIRE

MOTS 2

LE TÉLÉPHONE DE MA JEUNESSE

Quand j'étais jeune, j'aimais me servir du téléphone.
J'aimais surtout téléphoner des téléphones publics.

Papa me donnait un jeton.
Il me soulevait.
Je mettais (introduisais) le jeton dans la fente.
Le téléphone sonnait.

Exercices

A Une communication téléphonique. Répondez.

1. Allô?
2. Pourrais-je parler à Monsieur Caso, s'il vous plaît?
3. Je suis désolé(e). Il n'est pas là.
4. Quel est votre numéro de téléphone, s'il vous plaît? Monsieur Caso va vous rappeler.

B On va parler au téléphone. Choisissez.

1. Allô?
   a. Allô, oui!
   b. C'est de la part de qui?
   c. Il est là?
2. Monsieur Delacroix, s'il vous plaît.
   a. Je suis désolé. Il est là.
   b. C'est de la part de qui, s'il vous plaît?
   c. Raccrochez, s'il vous plaît.
3. Monsieur Delacroix est là, s'il vous plaît?
   a. Oui, je suis désolé. Il est là.
   b. Non, je suis désolé. Il n'est pas là.
   c. Non. Ne quittez pas!
4. C'est de la part de qui, s'il vous plaît?
   a. Il part?
   b. Ça sonne occupé?
   c. De Gilbert Caso.
5. Pourrais-je parler à M. Baud, s'il vous plaît?
   a. Un moment. Ne quittez pas.
   b. Allô?
   c. De Gilbert Caso.
6. Allô, Marc?
   a. Je regrette, mais c'est une erreur.
   b. Pourrais-je parler à Marc?
   c. Ça sonne occupé.
7. Vous avez fait un mauvais numéro, Monsieur.
   a. Je veux laisser un message.
   b. Je suis désolé, Madame.
   c. C'est de la part de qui?
8. Zut! Ça sonne occupé.
   a. Un moment. Ne quittez pas.
   b. Tu as le bon numéro?
   c. Il n'y a personne?

C Quand Paul était tout jeune. Répondez.

1. Quand Paul était jeune, il aimait utiliser le téléphone?
2. Il aimait surtout se servir des téléphones publics?
3. Qui le soulevait?
4. Qu'est-ce que son père lui donnait?
5. Où mettait-il le jeton?
6. Il composait le numéro?
7. Le téléphone sonnait?

D **J'ai envie d'inviter Corinne.** Répétez la conversation.

CHRISTOPHE: Je vais inviter Corinne. Je vais l'appeler… Ah, zut! Ça sonne occupé.
JEAN-CLAUDE: Tu as le bon numéro?
CHRISTOPHE: Je crois, mais regarde dans l'annuaire, on ne sait jamais.
JEAN-CLAUDE: Simonet… Son père s'appelle Serge, n'est-ce pas?
CHRISTOPHE: Oui.
JEAN-CLAUDE: Simonet, Serge, c'est le 43.55.66.72.
CHRISTOPHE: Oui, c'est ça. Je vais refaire le numéro.
(Il compose le numéro.)
Ça y est! Ça sonne… Ah zut!!
JEAN-CLAUDE: Qu'est-ce qu'il y a?
CHRISTOPHE: C'est le répondeur.

Répondez d'après la conversation.

1. Qui est-ce que Christophe appelle?
2. Pourquoi?
3. La ligne est libre?
4. Il a le bon numéro ou le mauvais numéro?
5. Il se souvient du numéro ou il l'a oublié?
6. Qui le vérifie?
7. Où est-ce qu'il le vérifie?
8. Ça sonne? Corinne répond?

Activités de communication orale

Mots 1 et 2

A **Comment faire?** Vous êtes dans une rue d'une ville des États-Unis. Vous voyez un(e) touriste français(e) (votre camarade de classe) qui essaie de faire un appel téléphonique.

1. Le/La touriste vous demande comment utiliser le téléphone public.
2. Vous lui dites ce qu'il faut faire.
3. Vous lui demandez de répéter les instructions.

B **Tu veux… ?** Vous êtes en France et vous avez rencontré un garçon ou une fille que vous voulez inviter à une fête, au cinéma, etc. Vous lui téléphonez pour voir s'il/si elle est libre. Avec un(e) autre élève préparez votre conversation téléphonique.

C **Bonjour, c'est le répondeur!** You work for a Canadian company that creates pre-recorded messages for answering machines. Make up personalized messages for the people below and present them to the class.

ton (ta) meilleur(e) ami(e) | ton frère ou ta sœur
quelqu'un dans la classe | une personne célèbre

Bonjour! C'est Jean-Pierre. Je ne peux pas répondre au téléphone. Laissez votre nom, votre numéro de téléphone et votre message après le bip sonore.

L' imparfait *Narrating in the Past*

1. In French several tenses are used to express past actions. You have already learned the *passé composé*. The *passé composé* is used to express past actions that started and ended at a specific time in the past. You are now going to learn the imperfect tense.

2. First let's look at how the imperfect tense is formed. To get the stem or root for the imperfect, you drop the *-ons* ending from the *nous* form of the present tense. You add the imperfect endings to this stem. Study the following.

INFINITIVE	**parler**	**finir**	**vendre**	ENDINGS
STEM	**nous *parl-***	**nous *finiss-***	**nous *vend-***	
IMPERFECT	**je parlais tu parlais il/elle/on parlait nous parlions vous parliez ils/elles parlaient**	**je finissais tu finissais il/elle/on finissait nous finissions vous finissiez ils/elles finissaient**	**je vendais tu vendais il/elle/on vendait nous vendions vous vendiez ils/elles vendaient**	**-ais -ais -ait -ions -iez -aient**

3. Note that in the imperfect you pronounce the *je, tu, il /elle/on,* and *ils/elles* forms of the verb the same way. They are, however, spelled differently.

Une rue commerçante à Guérande en Bretagne

4. Except for the verb *être*, the imperfect of all verbs, regular or irregular, is formed the same way. As you have just seen, you drop the *-ons* from the *nous* form of the present tense and add the endings.

INFINITIVE	STEM	IMPERFECT
avoir	**nous *av-***	**j'avais**
savoir	**nous *sav-***	**je savais**
voir	**nous *voy-***	**je voyais**
croire	**nous *croy-***	**je croyais**
vouloir	**nous *voul-***	**je voulais**
pouvoir	**nous *pouv-***	**je pouvais**
dire	**nous *dis-***	**je disais**
lire	**nous *lis-***	**je lisais**
faire	**nous *fais-***	**je faisais**
écrire	**nous *écriv-***	**j'écrivais**
devoir	**nous *dev-***	**je devais**
recevoir	**nous *recev-***	**je recevais**
mettre	**nous *mett-***	**je mettais**
appeler	**nous *appel-***	**j'appelais**
acheter	**nous *achet-***	**j'achetais**
préférer	**nous *préfér-***	**je préférais**
commencer	**nous *commenç-***	**je commençais**
manger	**nous *mange-***	**je mangeais**

5. The only verb that does not follow this rule for the formation of the imperfect is the important verb *être*. Study its forms.

ÊTRE			
j'	**étais**	**nous**	**étions**
tu	**étais**	**vous**	**étiez**
il/elle/on	**était**	**ils/elles**	**étaient**

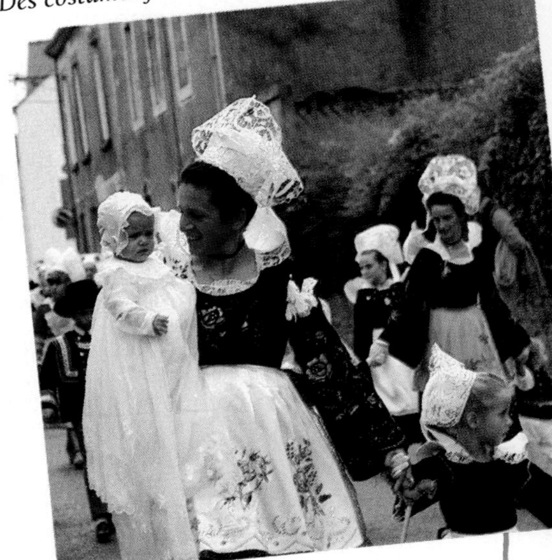
Des costumes folkloriques en Bretagne

6. In French, you use the imperfect to express habitual, repeated actions or to describe an emotional or physical state in the past. The time at which they began or ended is not important.

    Madame Benoît était le professeur de français.
    Elle parlait toujours français en classe.
    Elle chantait souvent.
    De temps en temps elle dansait des danses folkloriques.
    Toute la classe regardait et applaudissait.

Exercices

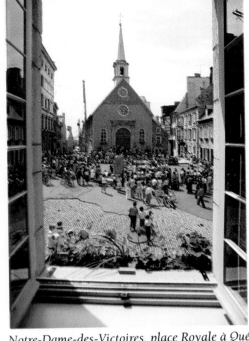

Notre-Dame-des-Victoires, place Royale à Québec

A Elle parlait français, n'est-ce pas?

Répétez la petite conversation.

YANN: Sophie, tu parlais français quand tu étais petite, n'est-ce pas?

SOPHIE: Non, pas vraiment. On parlait anglais chez nous. Mes grands-parents parlaient français mais ils habitaient à Québec.

YANN: Alors tu parlais français quand tu allais au Canada, c'est-à-dire quand tu rendais visite à tes grands-parents.

SOPHIE: Oui, un peu.

Répondez d'après la conversation.

1. On parlait anglais ou français chez Sophie?
2. Qui parlait français?
3. Où habitaient ses grands-parents?
4. Sophie parlait français quand elle allait au Canada?
5. Elle parlait français quand elle rendait visite à ses grands-parents au Canada?

B Quand j'étais jeune. Donnez des réponses personnelles.

1. Quand tu étais jeune, tu téléphonais souvent à tes grands-parents?
2. Tu leur écrivais de temps en temps?
3. Tu les voyais souvent?
4. Tu leur achetais de petits cadeaux?
5. C'était toi qui choisissais les cadeaux pour ta grand-mère?
6. Tu choisissais les cadeaux pour ton grand-père ou c'était ton frère ou ta sœur qui les choisissait?
7. Tes grands-parents t'invitaient souvent chez eux?

C Gilbert adorait sa grand-mère. Complétez.

Quand Gilbert ___ (1) (être) jeune, il ___ (2) (habiter) à Paris. Sa grand-mère ___ (3) (habiter) dans un petit village breton. Gilbert ___ (4) (adorer) sa grand-mère et sa grand-mère l' ___ (5) (adorer) aussi. Il ___ (6) (aimer) téléphoner à sa grand-mère. Il lui ___ (7) (téléphoner) presque toujours de la maison, mais de temps en temps, il lui ___ (8) (téléphoner) d'une cabine téléphonique. Sa grand-mère ___ (9) (être) toujours contente quand Gilbert lui ___ (10) (donner) un coup de fil. Quand le téléphone ___ (11) (sonner), elle ___ (12) (entendre) la sonnerie et y ___ (13) (répondre) tout de suite.

D **On va parler au prof.** Posez des questions à votre professeur d'après le modèle.

aller à quelle école
Quand vous étiez jeune, vous alliez à quelle école?

1. aller à quelle école
2. parler quelle langue
3. aimer vos cours
4. faire du français
5. passer des examens
6. réussir toujours
7. recevoir de bonnes notes
8. lire beaucoup
9. écrire beaucoup
10. s'amuser

E **Les loisirs.** Donnez des réponses personnelles.

1. Quand tu étais jeune, tu allais à la plage, à la piscine, à la montagne ou tu restais chez toi?
2. Tu faisais du ski ou de la natation?
3. Tu aimais mieux les sports d'hiver ou les sports d'été?
4. Tu partais en vacances en voiture?
5. Qui conduisait?
6. Tu prenais quelquefois le train ou l'avion?
7. Ta famille et toi, vous faisiez souvent des pique-niques?
8. Vous faisiez du sport ensemble?
9. Vous vous amusiez bien?

Les emplois de l'imparfait — *Uses of the Imperfect*

1. As you have already learned, the imperfect is used to express continuous, repeated, or habitual actions in the past.

    Quand j'étais très jeune, je me couchais toujours de bonne heure. Je partais pour l'école à sept heures et demie.

2. You also use the imperfect to describe persons, places, and things in the past.

Jean habitait Paris.	Location
Il avait trente ans.	Age
Il était grand.	Appearance
Il était fatigué.	Physical condition
Il était triste.	Emotional state of being
Il avait envie de dormir.	Attitudes
Il voulait rentrer chez lui.	Desires
Il était dix heures du soir.	Time
Il faisait froid.	Weather

3. Verbs that describe mental or emotional states in the past are very often used in the imperfect. The following are some of the most common:

aimer	**croire**	**préférer**
avoir envie de	**désirer**	**pouvoir**
vouloir	**penser**	**savoir**

Exercices

A **Le pauvre jeune homme.** Répondez d'après les indications.

1. Il était quelle heure? (minuit)
2. Il faisait quel temps? (très mauvais)
3. Où était le jeune homme? (dans un désert)
4. Comment s'appelait-il? (Michel)
5. Il avait quel âge? (dix-neuf ans)
6. Il était comment, le pauvre? (malade et triste)
7. Qu'est-ce qu'il voulait faire? (rentrer chez lui)
8. Il ne pouvait pas. Pourquoi? (il était à l'armée)

B **Il était bien triste, le pauvre garçon.** Complétez à l'imparfait.

Quel âge ___$_{1}$ (avoir) le petit garçon? Vous savez? Non, je ne sais pas mais je sais qu'il ___$_{2}$ (être) très jeune. Il ___$_{3}$ (habiter) tout près de Paris. Je crois que sa famille ___$_{4}$ (avoir) une maison en banlieue. Mais le pauvre garçon n' ___$_{5}$ (être) presque jamais vraiment heureux. Il ___$_{6}$ (vouloir) bien apprendre à lire. Mais il ne ___$_{7}$ (pouvoir) pas. Pourquoi? Il n' ___$_{8}$ (être) pas intelligent? Tout au contraire! Il ___$_{9}$ (être) vraiment très intelligent. Mais il ne ___$_{10}$ (pouvoir) pas lire car il ne ___$_{11}$ (pouvoir) pas voir. Il ___$_{12}$ (être) aveugle. Il ___$_{13}$ (avoir) très envie d'apprendre à lire comme les autres enfants de son âge. Il ___$_{14}$ (savoir) ce qu'il ___$_{15}$ (aller) faire. Il ___$_{16}$ (aller) inventer un système d'écriture (un alphabet) pour les aveugles. Il ___$_{17}$ (travailler) jour et nuit pour développer et perfectionner son alphabet. Tous ses camarades de classe ___$_{18}$ (croire) qu'il ___$_{19}$ (vouloir) faire quelque chose d'impossible. Mais le petit garçon ne ___$_{20}$ (faire) pas attention à ses camarades. Il ___$_{21}$ (continuer) son travail.

Mais qui ___$_{22}$ (être) ce garçon? Vous voulez savoir? Il ___$_{23}$ (s'appeler) Louis Braille. C'___$_{24}$ (être) Louis Braille, un jeune Français, qui a créé et développé un système d'écriture pour les aveugles. Le système porte son nom—le système Braille. Vous ne ___$_{25}$ (savoir) pas que Braille est un nom français et que Louis Braille ___$_{26}$ (habiter) tout près de Paris?

Le monument Braille à Coupvray, le village natal de Louis Braille

C **On était comment?** Répondez.

1. Quand ça sonnait occupé tu étais triste ou content(e)?
2. Quand ton père n'était pas là tu étais content(e) ou désolé(e)?
3. Le garçon avait quatre ans. Il était vieux ou jeune?
4. Il avait envie de dormir. Il était fatigué?
5. Il était au lit. Il était malade?
6. Il ne voulait pas manger. Il n'avait pas d'appétit?
7. Qu'est-ce qu'il prenait quand il avait soif?

D **Je ne voulais pas.** Dites ce que vous ne vouliez pas manger quand vous étiez petit(e).

E **Qu'est-ce que tu aimais faire?** Demandez à un copain ou une copine ce qu'il ou elle aimait faire quand il/elle était petit(e).

Élève 1: Tu aimais jouer avec tes jouets?
Élève 2: Oui, j'aimais jouer avec mes jouets.

F **Ce que je savais faire.** Dites des choses que vous ne saviez pas faire quand vous étiez petit(e).

L'infinitif des verbes réfléchis

Using Certain Verbs to Express Routine Actions

When a reflexive verb follows a helping verb, the reflexive pronoun agrees with the subject.

Robert **ne veut pas *se* lever tôt demain matin.**
Mais *moi, je* vais *me* lever très tôt.
Tu **vas *te* lever à cinq heures? Pourquoi?**

Exercice

A **Demain.** Donnez des réponses personnelles.

1. Tu vas te lever à quelle heure demain?
2. Tu vas t'habiller avant de prendre le petit déjeuner?
3. Tu préfères te laver les cheveux le matin ou le soir?
4. Tu veux te coucher de bonne heure ce soir?
5. Tu vas voir ton ami(e) demain? Où est-ce que vous allez vous voir?
6. Ton ami(e) et toi, vous aimez vous parler au téléphone?

Scènes de la vie *Un coup de fil*

M. BERGER: Allô!
MME HADDAD: Allô, oui?
M. BERGER: Maurice Haddad est là, s'il vous plaît?
MME HADDAD: C'est de la part de qui?
M. BERGER: Paul Berger.
MME HADDAD: Je vais voir s'il est là. Ne quittez pas, Monsieur. *(Elle revient.)* Je suis désolée mais il est parti. Vous voulez lui laisser un message?
M. BERGER: Oui, il peut me rappeler cet après-midi. Il a mon numéro de téléphone.

A **Au téléphone.** Répondez d'après la conversation.

1. Qui téléphone, M. Berger ou M. Haddad?
2. À qui est-ce que M. Berger veut parler?
3. M. Haddad répond au téléphone?
4. Mme Haddad va voir s'il est là?
5. M. Haddad est là?
6. Il est parti?
7. M. Berger lui laisse un message?
8. Il laisse son numéro de téléphone?
9. Pourquoi pas?
10. Quand est-ce que M. Haddad peut le rappeler?

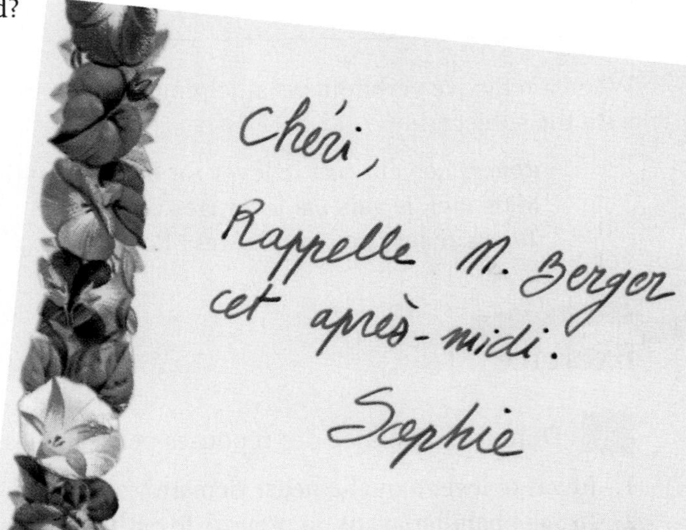

Chéri,
Rappelle M. Berger cet après-midi.
Sophie

Activités de communication orale

A **Les Renseignements.** Vous n'avez pas de Minitel et vous voulez savoir le numéro de téléphone de plusieurs personnes. Vous téléphonez au 12, le Service des Renseignements.

> **Élève 1: Les Renseignements, bonjour.**
> **Élève 2: Bonjour (Madame). Je voudrais le numéro de téléphone de Monsieur Derain, 13 rue Lévis...**
> **Élève 1: Vous pouvez épeler le nom, s'il vous plaît?**
> **Élève 2: D comme Denise, E comme Ernani, R comme Raoul, A comme Anatole, I comme Isidore, N comme Noël.**
> **Élève 1: Alors, c'est le 45.67.89.34.**

B **Je ne suis pas là.** Vous voulez inviter un(e) ami(e) chez vous mais quand vous lui téléphonez, c'est le répondeur automatique (votre camarade) qui répond. Laissez un message. Votre camarade va l'écrire, puis il/elle va vous relire votre message.

1. Laissez votre nom.
2. Donnez la date et l'heure.
3. Dites pourquoi vous téléphonez.
4. Donnez votre numéro de téléphone.

C **Le jeu du téléphone.** Divide into teams by row. Using the imperfect, the last person in each row whispers to the person in front of him or her one sentence about what he or she used to do in the past. Each person whispers the sentence to the next person until the message reaches the front of the row. The first person in each row says the sentence to the class. The team whose final sentence most closely resembles the original wins!

> **Élève 1: Quand j'avais six ans, je me levais toujours de bonne heure.**
> **Élève 2: Quand j'avais dix ans...**

LECTURE ET CULTURE

LE TÉLÉPHONE D'HIER ET D'AUJOURD'HUI

Je m'appelle Jean-Pierre Coluche. Je vais vous parler du téléphone. Quand j'étais très jeune, j'aimais bien utiliser le téléphone. Ça m'amusait beaucoup. Maman me permettait de téléphoner à Grand-mère. Je composais le numéro moi-même. Mais Maman m'aidait un peu car (parce que) de temps en temps je composais un mauvais numéro. Notre téléphone était un appareil à cadran et pas mal de fois, c'est-à-dire assez souvent, mon petit doigt[1] glissait dans le mauvais trou[2].

Pas souvent, mais de temps en temps, je téléphonais à Grand-mère d'un téléphone public. Je m'en souviens bien. Maman allait dans le bureau de tabac où elle achetait un jeton. Papa me prenait dans ses bras et me soulevait car je n'arrivais pas à la fente du téléphone et je voulais toujours mettre le jeton moi-même. Papa décrochait et me donnait le combiné[3]. C'était lui qui faisait le numéro et moi, j'attendais la réponse de Grand-mère. Quand elle répondait, j'appuyais sur[4] un bouton. Si je n'appuyais pas sur le bouton, je pouvais entendre ce que Grand-mère me disait mais elle ne pouvait pas entendre ce que je lui disais.

Que la vie a changé! Et moi, je ne suis pas vieux, vous savez! Aujourd'hui je suis étudiant à l'université. Quand je parle des coups de fil que je donnais à Grand-mère, il n'y a pas très longtemps de cela[5]. Et aujourd'hui acheter un jeton pour faire un appel? Appuyer sur un bouton pour permettre à votre interlocuteur (la personne à qui vous parlez) de vous entendre? Absolument

[1] doigt *finger*
[2] trou *hole*
[3] le combiné *receiver*
[4] j'appuyais sur *I would push*
[5] il n'y a pas très longtemps de cela *it wasn't very long ago*

pas! On peut acheter une télécarte pour faire des appels d'une cabine téléphonique, mais plus de jetons. Et notre nouveau téléphone, il n'a pas de cadran. C'est un téléphone à touches. Il a un clavier, pas de cadran. Et il a une carte à mémoire pour les numéros qu'on appelle souvent. Et moi j'ai un téléphone sans fil.

Me voici avec mon téléphone sans fil dans la cour de mon immeuble. Je crois que je vais donner un coup de fil à Grand-mère. Je l'adorais et je l'adore toujours. «Allô, Grand-mère! Ici ton Jean-Pierre.»

Étude de mots

A Quelle est la définition?

1. utiliser	a. je ne l'oublie pas
2. pas mal de fois	b. un appel téléphonique
3. je m'en souviens	c. employer
4. vieux	d. âgé
5. un coup de fil	e. assez souvent
6. se procurer	f. obtenir, acheter
7. le combiné	g. le récepteur

B Quel est le nom?

Trouvez le nom qui correspond au verbe.

1. permettre	a. l'utilisation
2. téléphoner	b. la permission
3. utiliser	c. l'aide
4. aider	d. le téléphone
5. se souvenir de	e. le souvenir
6. changer	f. le changement

Compréhension

C **Avez-vous compris?** Répondez d'après la lecture.

1. Qui vous parle?
2. Qu'est-ce qu'il aimait utiliser quand il était jeune?
3. À qui est-ce qu'il téléphonait souvent?
4. Sa mère l'aidait à composer le numéro. Pourquoi?
5. Qu'est-ce que sa mère achetait au bureau de tabac?
6. Le père de Jean-Pierre le soulevait. Pourquoi?
7. Qu'est-ce que Jean-Pierre voulait toujours faire?
8. Qu'est-ce que le père de Jean-Pierre lui donnait quand il décrochait?
9. Quand est-ce que Jean-Pierre appuyait sur un bouton?
10. S'il n'appuyait pas sur le bouton, qui ne pouvait pas entendre la conversation?

D **Autrement dit.** Dites d'une autre façon.

1. Je *faisais des appels téléphoniques* à ma grand-mère.
2. Maman *me donnait la permission* de lui téléphoner.
3. Je *composais* le numéro moi-même.
4. Je voulais *introduire* le jeton moi-même dans la fente.
5. Aujourd'hui je ne suis pas très *âgé*.

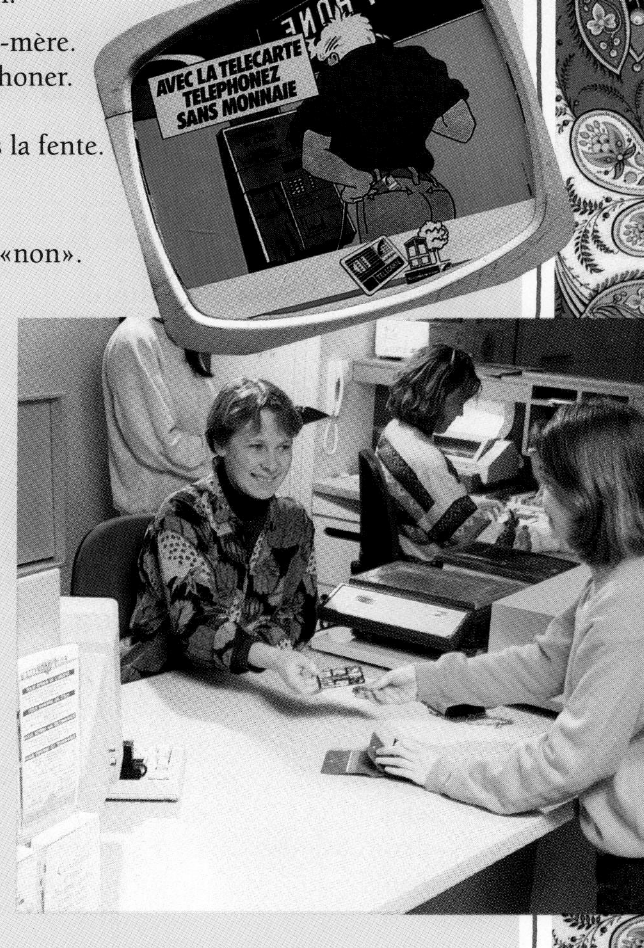

E **Vrai ou faux?** Répondez par «oui» ou «non».

1. Aujourd'hui, on achète des jetons pour utiliser les téléphones publics en France?
2. On peut utiliser une télécarte pour téléphoner de la plupart des téléphones publics?
3. Les nouveaux téléphones ont des cadrans?
4. Un téléphone à touches a un cadran?
5. Jean-Pierre peut téléphoner à Grand-mère de la cour de son immeuble parce qu'il a un téléphone sans fil?

F **Des comparaisons.** Comparez les choses suivantes.

1. Un vieux téléphone public en France et un nouveau téléphone public.
2. Un téléphone à cadran et un téléphone à touches.

DÉCOUVERTE CULTURELLE

Les vieux téléphones publics en France étaient «pittoresques» avec leur fente pour les jetons qu'on achetait dans un bureau de tabac et leur petit bouton sur lequel on appuyait quand l'interlocuteur répondait au téléphone. Mais tout cela a changé.

Aujourd'hui on va souvent au bureau de tabac avant d'appeler d'un téléphone public. Mais pas pour acheter des jetons. On y va pour obtenir une télécarte. On demande la quantité d'unités qu'on désire. Pour téléphoner on introduit la télécarte dans une fente. On peut utiliser la télécarte pour des appels urbains, interurbains et internationaux. Les unités utilisées pour l'appel sont prélevées[1] automatiquement. On peut acheter une télécarte au bureau de poste aussi.

Aujourd'hui beaucoup de familles françaises et surtout[2] beaucoup de commerces français ont des téléphones avec carte à mémoire connectables sur télécopieurs[3], ordinateurs, etc.

Les téléphones sans fil de longue portée[4] sont très populaires en France aussi. Ils fonctionnent mains libres, c'est-à-dire qu'on parle sans avoir le combiné à la main.

[1] prélevées *deducted*
[2] surtout *especially*
[3] télécopieurs *fax machines*
[4] de longue portée *long-range*

Conversation à Trois.
Pour converser avec deux correspondants en même temps sur votre ligne.
Aria.
Le téléphone sans fil qui vous suit partout.
FRANCE TELECOM
Guide pratique Carte Pastel
Votre passeport pour téléphoner.
CARTE PASTEL
internationale
FRANCE TELECOM
FRANCE TELECOM

RÉALITÉS

C'est un vieux téléphone 1. Où est-ce qu'on mettait les pièces? Et pourquoi est-ce qu'on appuyait sur le bouton?

Ce poste moderne est un mini-bureau 2. Tout est là—un ordinateur, un télécopieur, un téléphone avec répondeur et, bien sûr, le Minitel.

Voici une sélection de télécartes 3. On utilise la télécarte dans les téléphones publics en France aujourd'hui pour faire des appels urbains, interurbains et internationaux. Ces cartes sont très jolies, n'est-ce pas? Beaucoup de gens aiment les collectionner.

Voici le Minitel à la poste 4. Aujourd'hui, quand on oublie un numéro de téléphone, on peut utiliser l'annuaire électronique du Minitel.

C'est un nouveau téléphone public 5. C'est un téléphone à cadran ou à touches? On peut utiliser des pièces dans ce téléphone?

1

2

3
Wagner
L'Anneau du Nibelung
Fondation France Télécom
TELECARTE 120 UNITES
TELECARTE 50 UNITES
BIOTHERM HOMME
LA PEAU QUI TIRE VOUS SUPPORTEZ?
4
5

CULMINATION

Activités de communication orale

A L'indicatif régional. Vous êtes en France et vous voulez faire un appel international. Appelez le/la standardiste (votre camarade). Demandez-lui l'indicatif du pays et l'indicatif de la ville où vous voulez téléphoner.

B Les étés de mon enfance. Demandez à un(e) camarade ce qu'il/elle faisait d'habitude en été quand il/elle était petit(e). Demandez-lui où il/elle allait, avec qui, ce qu'il/elle faisait, etc. Changez ensuite de rôles.

COMMENT OBTENIR VOTRE CORRESPONDANT
Automatique

décrochez — tonalité — 19 — tonalité

indicatif du pays	indicatif de la ville	numéro demandé

COMMUNICATIONS:ETRANGER
Indicatifs des pays et indicatifs des villes les plus demandées

Australie indicatif du pays **61**
Melbourne.......3
Sydney.......2

Canada indicatif du pays **1**
Montréal.......514
Québec.......418
Toronto.......416

États-Unis indicatif du pays **1**
Boston.......617
Chicago.......312
Dallas.......214
Houston.......713
Los Angeles.......213
New York.......212
San Francisco.......415
Washington, D.C.......202

Espagne indicatif du pays **34**
Barcelona.......3
Granada.......58
Madrid.......1
Sevilla.......54

Mexique indicatif du pays **52**
Guadalajara.......36
Mexico.......5

Royaume-Uni indicatif du pays **44**
Belfast.......
Liverpool.......
Edimbourg

Activités de communication écrite

A Souvenirs d'enfance. Quand vous étiez petit(e) est-ce que vous alliez quelquefois chez vos grands-parents ou chez un(e) ami(e)? En un paragraphe, décrivez chez qui vous alliez, comment étaient les gens et leur maison, et ce que vous faisiez d'habitude chez eux.

B Un travail collectif. Work in groups and make up a story sentence by sentence in the past. The first person writes a sentence for Category 1 (below) on a piece of paper and passes it to the next person. The second person reads the sentence and continues the story by writing a sentence for Category 2, and so on. When the story is completed, a student reads it to the class.

1. Date
2. Temps
3. Personnages et lieu
4. Description physique ou émotionnelle des personnages
5. Attitudes
6. Désirs
7. Actions habituelles

Élève 1: C'était le 3 janvier.
Élève 2: Il faisait très froid.
Élève 3: J'étais à San Francisco avec mes amis.

Réintroduction et recombinaison

A J'écrivais à mes grands-parents. Complétez à l'imparfait.

1. Quand j' ___ jeune, j' ___ souvent à mes grands-parents. (être, écrire)
2. Moi, j' ___ à Paris et eux, ils ___ à Lyon. (habiter, habiter)
3. Maman ___ au bureau de poste où elle ___ des timbres. (aller, acheter)
4. Moi, je ne ___ pas très bien écrire et Maman m' ___. (savoir, aider)
5. Elle ___ ou ___ l'adresse sur l'enveloppe. (mettre, écrire)
6. Je ___ les timbres. (mettre)

B La communication. Dites si c'est une lettre ou un coup de fil.

1. l'indicatif régional
2. le code postal
3. l'adresse
4. le numéro de téléphone
5. le destinataire
6. l'interlocuteur
7. le timbre
8. la pièce
9. le distributeur automatique
10. le répondeur automatique

C Pas maintenant, hier. Récrivez au passé composé.

1. Il y va maintenant.
2. Il part maintenant.
3. Il arrive à l'aéroport.
4. Il prend l'avion.
5. Il fait enregistrer ses bagages.
6. Il entend l'annonce du départ de son avion.
7. Il va à la porte d'embarquement.
8. Il prend sa place.
9. Il lit le magazine de la ligne aérienne.
10. Il voit un film.

L'horloge parlante

Vivez à l'heure exacte

Appelez le 36 99

Vocabulaire

NOMS

le téléphone
 à cadran
 à touches
l'appel (m.)
le numéro de téléphone
l'indicatif (m.)
 de la ville
 du pays
l'annuaire (m.)
la cabine téléphonique
le/la standardiste
le cadran
la touche
la tonalité
la fente
le jeton
la télécarte
la ligne
le message
le bureau de tabac

ADJECTIFS

libre
occupé(e)
interurbain(e)
public, publique

ADVERBE

directement

VERBES

téléphoner
appeler
décrocher
sonner
raccrocher
soulever
oublier
se souvenir de
introduire (une pièce)

AUTRES MOTS ET EXPRESSIONS

donner un coup de fil
composer (faire) le numéro
attendre la tonalité
sonner occupé
laisser un message
le bon numéro
le mauvais numéro
C'est une erreur.
Allô.
Pourrais-je parler à... ?
C'est de la part de qui?
Un moment, s'il vous plaît.
Ne quittez pas.
Je regrette.
être désolé(e)
avoir envie de
il est nécessaire de
surtout

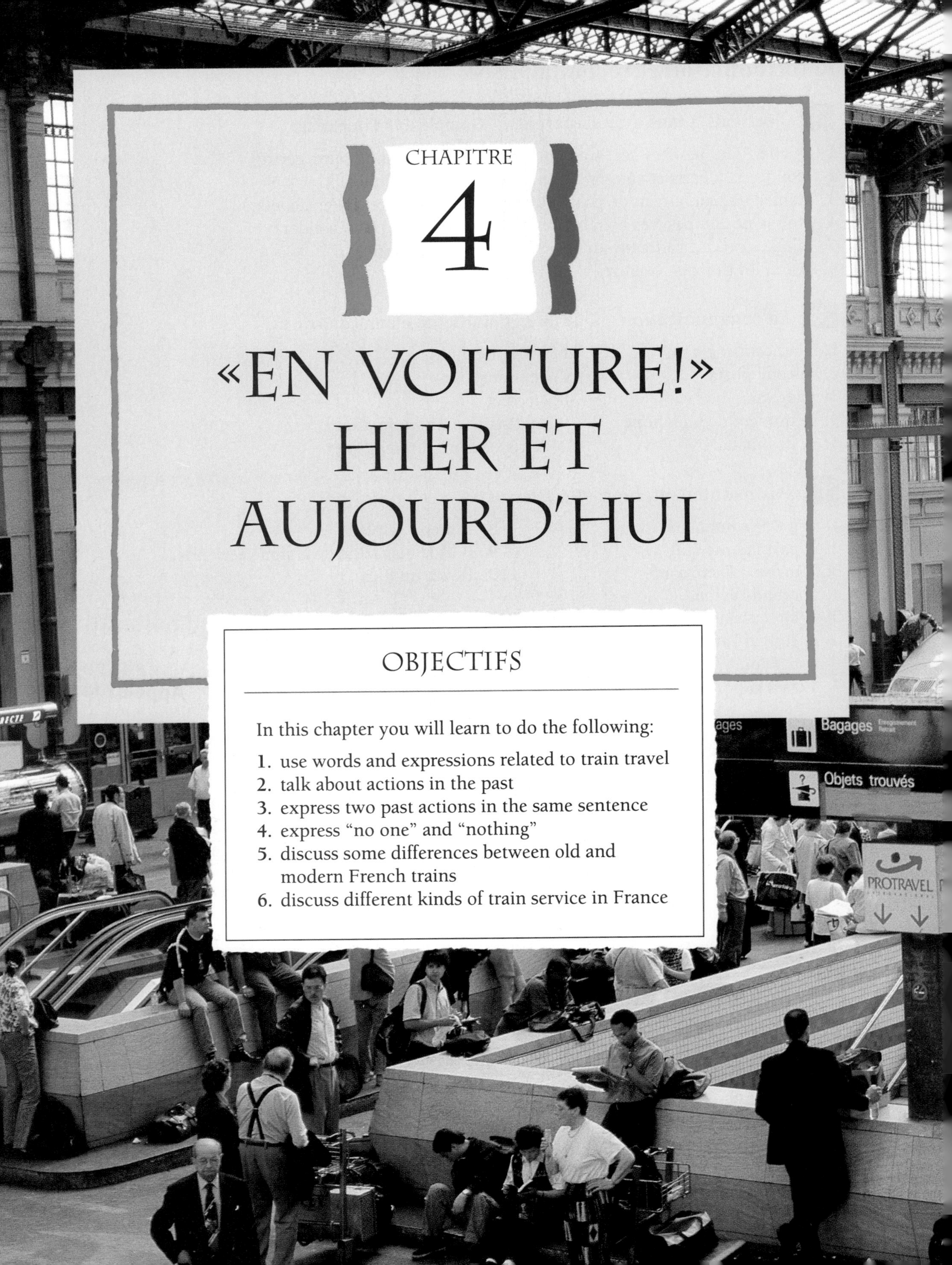

CHAPITRE

4

«EN VOITURE!» HIER ET AUJOURD'HUI

OBJECTIFS

In this chapter you will learn to do the following:

1. use words and expressions related to train travel
2. talk about actions in the past
3. express two past actions in the same sentence
4. express “no one” and “nothing”
5. discuss some differences between old and modern French trains
6. discuss different kinds of train service in France

125 ans d'histoire prestigieuse
LONGINES
1867
1992
Trains au départ
11 37
"Les voies sont affichées
20 mn avant le départ"
Accès 5 à 23
Salle d'Accueil
Quai de service
Accès interdit
C
D
Métro
Salle Diderot
Relais
Toilettes
soie
et d'or
STILL

VOCABULAIRE

MOTS 1

À LA GARE DE DÉPART

Attention à la fermeture des portes! Attention au départ!
TER

une tablette rabattable
un siège réglable
une place numérotée

une nouvelle voiture à couloir central

un vieux wagon à compartiments (à couloir latéral)

une voiture-restaurant

une voiture gril-express

Excusez-moi, Madame, je crois que vous avez ma place.
Mais non, jeune homme. Vous vous trompez.

Marc a réservé sa place.

C'est bien la voiture numéro (n°) 21, n'est-ce pas?
Mais non, c'est la 22.
Je suis désolé. Excusez-moi, Madame.
Ce n'est pas grave.

debout
assis

Les compartiments étaient complets.
Il n'y avait plus de places disponibles.
Il y avait de nombreux voyageurs debout.
Les voyageurs n'étaient pas tous assis.

Vous permettez, Mademoiselle?

Julien est entré dans le dernier compartiment.
Il y avait une place en face d'une jeune fille.

Le contrôleur est entré dans la voiture.
Il a vérifié les billets.
Il a ramassé les billets.
Il les a poinçonnés.

À LA GARE D'ARRIVÉE

L'ami de Camille est venu la chercher à la gare.
Personne n'est venu chercher Julien.

Exercices

A **Le train.** Répondez d'après le dessin.

1. C'est un vieux train ou un train moderne?
2. C'est un wagon à compartiments?
3. C'est une voiture à couloir latéral ou central?
4. Il y a combien de sièges de chaque côté du couloir?
5. Les sièges sont réglables?
6. Les places sont numérotées?
7. La voiture est complète ou pas?
8. Il y a de nombreux voyageurs debout?
9. Les voyageurs sont tous assis?
10. Il y a des places disponibles?
11. Chaque siège a une tablette rabattable?

B **Pardon. Il y a un petit problème.** Répétez la conversation.

DAVID: Excusez-moi, Madame, mais je crois que vous avez ma place.
MME BRUNET: Je suis désolée, jeune homme, mais vous vous trompez. Je sais que c'est ma place. Regardez bien votre billet.
DAVID: J'ai la place numéro 15, voiture numéro 30.
MME BRUNET: Voilà le problème! Ici c'est la voiture numéro 31.
DAVID: Ah, excusez-moi, Madame.
MME BRUNET: Ce n'est pas grave. La voiture numéro 30 est par là.

Répondez d'après la conversation.

1. Où est le jeune homme?
2. Qui a la place numéro 15?
3. Qui a pris la place de David?
4. David s'est trompé?
5. Sa place est dans quelle voiture?
6. Il est dans quelle voiture maintenant?
7. Qu'est-ce qu'il dit pour s'excuser?
8. Que répond Mme Brunet?

C **Le voyage de Julien.** Répondez par «oui».

1. Les compartiments étaient complets?
2. Il n'y avait plus de places disponibles?
3. Les voyageurs étaient tous assis?
4. Julien est entré dans le dernier compartiment?
5. Il y avait une place en face d'une jeune fille?
6. Julien a dit, «Vous permettez, Mademoiselle?»
7. Le contrôleur est entré dans le compartiment pour vérifier les billets?
8. Le contrôleur a ramassé et poinçonné les billets?
9. L'ami de Camille est venu la chercher à la gare?
10. Personne n'est venu chercher Julien?

D **Un voyage en train.** Complétez.

1. Je pars en voyage. Je prends le train à la ___.
2. Avant le départ du train les voyageurs entendent l'annonce: «___!»
3. Mon Dieu! Il n'y a plus de places ___. Le train est complet.
4. Un autre voyageur est debout devant ma place. Je ne peux pas m'asseoir. Alors je dis: «___.»
5. J'ai faim. Je vais aller prendre quelque chose à manger à la ___.
6. Ce soir on va dîner dans la ___ du train.
7. Tu préfères t'asseoir à côté de moi ou ___ moi?
8. Le voyage est fini. Le train arrive dans la ___.
9. Ton ami vient te ___ à la gare?
10. Non. ___ ne vient me chercher.
11. Mon ami m'a dit, « ___, mais je ne peux pas venir te chercher.»

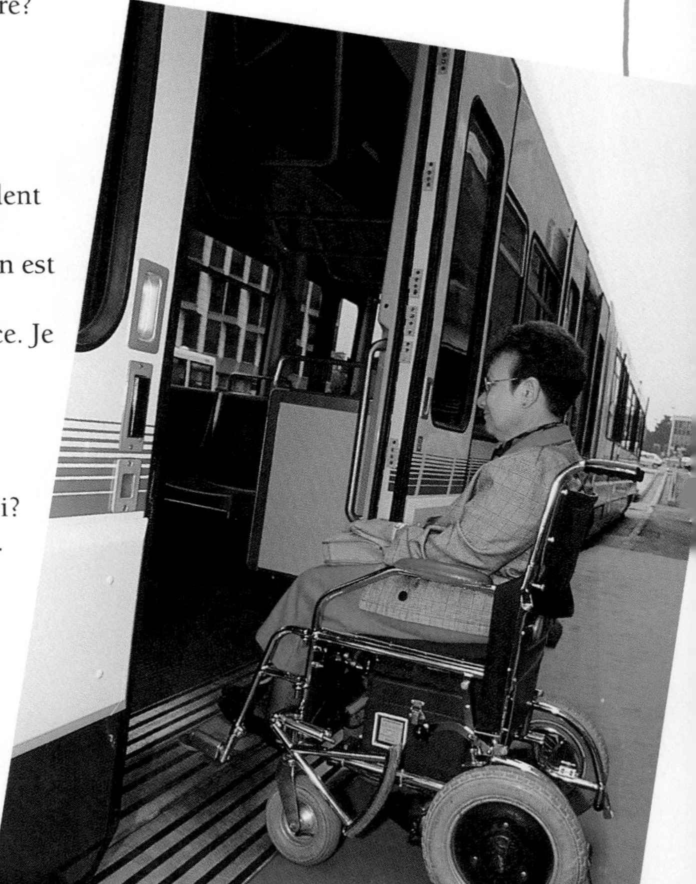

VOCABULAIRE

MOTS 2

le tableau des départs — les grandes lignes

le tableau des arrivées — les lignes (f.) de banlieue

Départs	Départs	Arrivées	Arrivées
Grandes Lignes	Lignes de Banlieue	Grandes Lignes	Lignes de Banlieue
Londres			Roissy
Lille			Mitry-Claye
Bruxelles			Les Noues

Les lignes de banlieue sont les trains qui desservent les villes de banlieue.
Les grandes lignes sont les trains qui desservent les grandes villes de France et des autres pays d'Europe.

Les voyageurs font la queue.
Ils veulent louer (réserver) des places à l'avance.

Ils louent (réservent) leurs places au bureau de location.

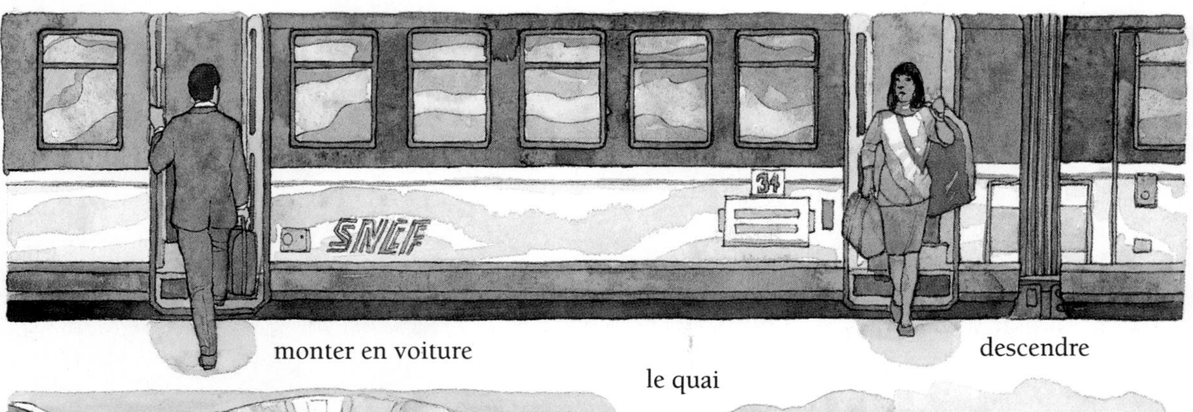

Le train s'est arrêté.
Les voyageurs ont changé de train.
Ils ont pris la correspondance.

Le train est déjà parti.
Le prochain train part à quelle heure?

Les jeunes gens vont visiter les châteaux de la Loire.
Ils ont emporté leur vélo.

Ils ont mis leur vélo dans le fourgon à bagages.

Exercices

A Le train est arrivé. Répondez par «oui».

1. Le train est arrivé en gare?
2. Il est arrivé à l'heure?
3. Le train s'est arrêté?
4. Les voyageurs sont descendus?
5. Ils ont changé de train?
6. Il y avait d'autres voyageurs qui attendaient le train?
7. Ils l'attendaient sur le quai?
8. Les voyageurs sont montés en voiture?
9. Les voyageurs qui étaient en retard ont raté le train?
10. Ils ont dit «Zut!» quand le train est parti sans eux?

Le château de Chambord

B Le train n'est pas direct. Répondez d'après les indications.

1. Où va le train? (à Tours)
2. Il est direct? (non)
3. Il faut changer de train? (oui)
4. Où est-ce qu'il faut prendre la correspondance? (à Saint-Pierre-des-Corps)
5. Où les voyageurs qui vont à Tours descendent-ils du train? (à Saint-Pierre-des-Corps)
6. Les jeunes gens ont emporté leur vélo? (oui)
7. Où est-ce qu'ils ont mis leur vélo? (dans le fourgon à bagages)
8. Ils vont visiter les châteaux de la Loire? (oui)

C Guide du train: SNCF. Lisez le document. Cherchez le contraire.

1. emporter	a. interdit
2. de petits parcours	b. le déchargement
3. le chargement	c. laisser à la maison
4. autorisé	d. de longs parcours
5. disponible	e. pris

Guide du train et du vélo

SNCF

PRENEZ LE TRAIN SANS VOUS PRIVER DE VOTRE VELO !

■ VOUS POUVEZ EMPORTER GRATUITEMENT VOTRE BICYCLETTE EN BAGAGE A MAIN.

Dans plus de 2000 trains de petits parcours, vous pouvez emporter, tous les jours, votre vélo comme un bagage à main. Vous assurez vous-même le chargement de votre vélo dans le fourgon à bagages, et son déchargement.
Attention, le chargement est autorisé dans le fourgon dans la limite de la place disponible. Dans certains types d'autorails, la capacité du fourgon est limitée à 3 bicyclettes.
Les trains sont repérés dans les documents horaires par le pictogramme :

A noter : la SNCF n'est pas responsable des vélos transportés en bagages à main.

D À la gare. Répondez.

1. Quel est le tableau qui indique les arrivées?
2. Et quel est le tableau qui indique les départs?
3. Quelles villes les lignes de banlieue desservent-elles?
4. Quelles villes les grandes lignes desservent-elles?
5. Où va-t-on pour louer une place à l'avance?
6. Quand on rate le train il faut attendre le prochain train?

Activités de communication orale

Mots 1 et 2

A **C'est qui ou quoi?** Choisissez une personne ou une chose dans la liste qui suit. Décrivez-la à un(e) camarade. Votre camarade doit deviner de qui ou de quoi vous parlez. Ensuite changez de rôles.

un fourgon à bagages	**une voiture-restaurant**
un tableau des départs	**un contrôleur**
une tablette rabattable	**un porteur**
un train à compartiments	**un voyageur**
un train moderne	**une voyageuse**
une valise	**un billet**

Élève 1: Le contrôleur le poinçonne.
Élève 2: C'est un billet.

B **Quelle catastrophe!** Your train trip to Strasbourg is a disaster: everything goes wrong! Take turns acting out the following situations with a classmate. Remember to answer with the appropriate remark or apology and say what you'll do to correct your mistake.

1. Another passenger says you're in the wrong seat.
2. The conductor says you're in the wrong class of car.
3. The conductor says you're on the wrong train.
4. The waiter in the *voiture-restaurant* says you're at the wrong table and that you didn't make a reservation.

Élève 1: Excusez-moi, Mademoiselle. Je crois que vous vous êtes trompée de place. J'ai la place 15.
Élève 2: Oh, là, là! Je suis désolée, Monsieur. Je vais regarder mon billet. (Je vais changer de place.)

C **Le train est déjà parti!** Vous arrivez en retard à la Gare de Lyon. Vous avez raté votre train pour Dijon et maintenant vous ne savez pas quoi faire. Un autre voyageur dans la gare veut vous aider. Répondez à ses questions.

1. Je peux vous aider? Vous avez raté votre train?
2. Où alliez-vous?
3. Il y a beaucoup de trains pour Dijon. Regardez le tableau des départs dans le hall. Voulez-vous que je vous le montre?

Un autre voyageur

STRUCTURE

L'imparfait et le passé composé — *Talking About Actions in the Past*

1. The choice of whether to use the *passé composé* or the imperfect tense depends upon whether the speaker is describing an action completed in the past or a continuous, recurring action in the past.

2. You use the *passé composé* to express actions or events that began and ended at a specific time in the past.

   J'ai passé l'été dernier en Bretagne.
   Un jour je suis allé à Cancale.
   À Cancale j'ai acheté des fruits de mer.

3. The following time expressions are often used with the *passé composé*.

   hier — **à huit heures**
   hier soir — **l'année dernière**
   ce matin — **vendredi dernier**
   un jour

4. The imperfect, in contrast to the *passé composé*, is used to express a continuous, habitual, or repeated action in the past. The moment when the action began or ended is unimportant.

   Je passais tous les étés en Bretagne quand j'étais jeune.
   J'allais tous les jours à Cancale où je faisais les courses.
   De temps en temps j'achetais des fruits de mer.

5. The following time expressions are often used with the imperfect.

   de temps en temps — **tous les jours**
   fréquemment — **tous les mois**
   souvent — **toutes les semaines**
   toujours

Cancale, en Bretagne, est connu pour ses huîtres.

Exercices

A On le faisait souvent ou on l'a fait une fois? Répondez.

1. Le train est arrivé à l'heure hier?
   Quand est-ce que le train est arrivé à l'heure?
   Le train arrivait toujours à l'heure?
   Quand est-ce que le train arrivait à l'heure?
2. Le train est parti ce matin du quai onze?
   Quand est-ce que le train est parti du quai onze?
   Le train partait tous les jours du quai onze?
   Quand est-ce que le train partait du quai onze?
3. Tu es allé(e) au cinéma vendredi soir?
   Quand est-ce que tu es allé(e) au cinéma?
   Tu allais au cinéma tous les vendredis soirs?
   Quand est-ce que tu allais au cinéma?
4. Madame Benoît est allée en France l'été dernier?
   Quand est-ce que Madame Benoît est allée en France?
   Madame Benoît allait en France tous les étés?
   Quand est-ce que Madame Benoît allait en France?
5. Tu as regardé la télé hier soir?
   Quand est-ce que tu as regardé la télé?
   Tu regardais la télé tous les soirs?
   Quand est-ce que tu regardais la télé?
6. Tu as reçu une lettre hier?
   Quand est-ce que tu as reçu une lettre?
   Tu recevais des lettres souvent?
   Quand est-ce que tu recevais des lettres?

B Mes vacances. Donnez des réponses personnelles.

Pendant les vacances d'été quand tu étais petit(e)...

1. Tu allais toujours au bord de la mer?
2. Tu prenais le train?
3. Tu écrivais des cartes postales?
4. Tu allais à quelle plage?
5. Tu faisais du ski nautique?
6. Tu bronzais?
7. Tu mangeais des glaces?
8. Tu t'amusais bien?

Et l'été dernier...

1. Tu es allé(e) au bord de la mer?
2. Tu as pris le train?
3. Tu as écrit des lettres?
4. Tu es allé(e) à quelle plage?
5. Tu as nagé?
6. Tu as fait du ski nautique?
7. Tu as bronzé?
8. Tu as mangé des glaces?
9. Tu t'es bien amusé(e)?

C **Hier.** Lisez.

Hier je me suis levé(e) de bonne heure. J'ai fait ma toilette, je me suis habillé(e), j'ai pris mon petit déjeuner et j'ai quitté la maison. Je suis allé(e) à la gare où j'ai attendu le train. Je suis descendu(e) sur le quai. Le train est arrivé et je suis monté(e) en voiture. Je suis arrivé(e) en ville une demi-heure plus tard. Je suis entré(e) dans mon bureau à neuf heures précises.

D **Hier encore.** Dans l'Exercice C, remplacez «je» par «ils» et faites tous les changements nécessaires d'après le modèle.

Hier ils se sont levés de bonne heure...

E **Tous les jours.** Dans l'Exercice C, remplacez «hier» par «tous les jours» et «je» par «Maman». Faites tous les changements nécessaires d'après le modèle.

Tous les jours Maman se levait de bonne heure...

F **Toujours ou pas?** Mettez les verbes à l'imparfait ou au passé composé d'après le modèle.

arriver
Quand Julie avait 12 ans le train arrivait toujours en retard.
Mais hier le train est arrivé en avance.

1. **voyager**
   On ___ souvent en train quand on allait en vacances.
   Mais l'été dernier on ___ en avion.
2. **aller**
   Tu ___ au cinéma tous les vendredis quand tu étais au lycée.
   Mais vendredi dernier tu ___ au théâtre.
3. **passer**
   De temps en temps Madame Napier ___ ses vacances en Provence.
   Mais l'été dernier Madame Napier ___ ses vacances en Bretagne.
4. **dîner**
   En 1990 nous ___ fréquemment à la voiture-restaurant.
   Mais l'année dernière nous ___ rarement à la voiture-restaurant.
5. **recevoir**
   Anne et Solange ___ des lettres toutes les semaines quand elles étaient à l'école.
   Mais l'année dernière elles ___ des lettres en septembre seulement.

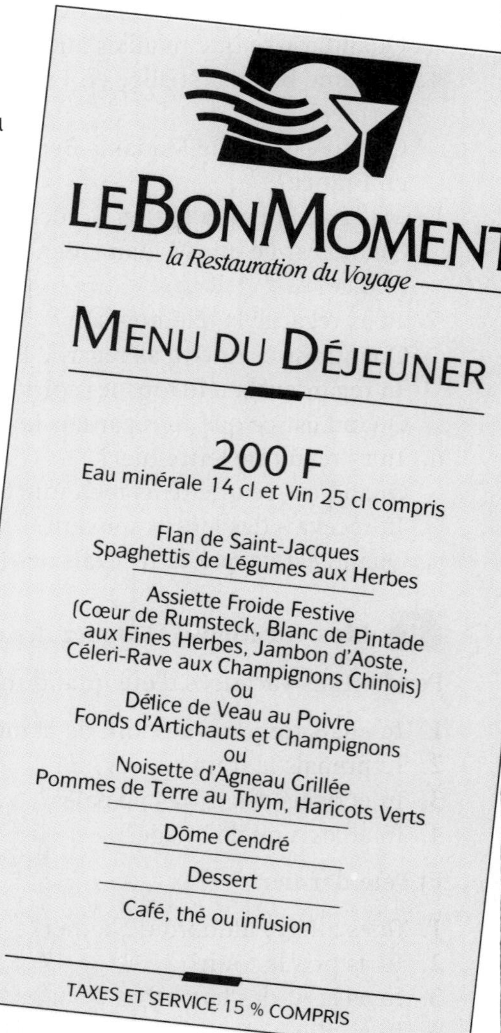

LEBONMOMENT
la Restauration du Voyage
MENU DU DÉJEUNER
200 F
Eau minérale 14 cl et Vin 25 cl compris
Flan de Saint-Jacques
Spaghettis de Légumes aux Herbes
Assiette Froide Festive
(Cœur de Rumsteck, Blanc de Pintade
aux Fines Herbes, Jambon d'Aoste,
Céleri-Rave aux Champignons Chinois)
ou
Délice de Veau au Poivre
Fonds d'Artichauts et Champignons
ou
Noisette d'Agneau Grillée
Pommes de Terre au Thym, Haricots Verts
Dôme Cendré
Dessert
Café, thé ou infusion
TAXES ET SERVICE 15 % COMPRIS

Deux actions au passé dans la même phrase

Expressing Two Past Actions in the Same Sentence

1. Many sentences that relate past actions or events have two verbs that are either in the same tense or in two different tenses. Study the following sentences.

    Jean *est sorti* et Hélène *est entrée.*
    Quand elle *est entrée, j'ai servi* le dîner.

    In each of the above sentences both verbs are in the *passé composé* because they express two simple actions or events that began and ended at a specific time in the past.

2. Study the following sentences.

    Pendant les vacances Charles *allait* à la plage et moi je *travaillais.*
    Quand j'*avais* soif, je *prenais* de l'eau minérale.

    In each of the above sentences the two verbs are in the imperfect because they both describe a habitual or continuous action in the past. The time at which the action began or ended is unimportant.

3. Study the following sentences.

    Quand je *suis arrivé(e),* Jean-Claude *dormait.*
    Ma sœur *jouait* du piano quand Pierre *est entré.*

    In each of the above sentences one verb is in the imperfect and the other is in the *passé composé.* The verb in the imperfect describes the background, what was going on. The verb in the *passé composé* expresses the action or event that interrupted what was going on. Study the diagram below.

    Ma sœur jouait du piano quand Pierre est entré.

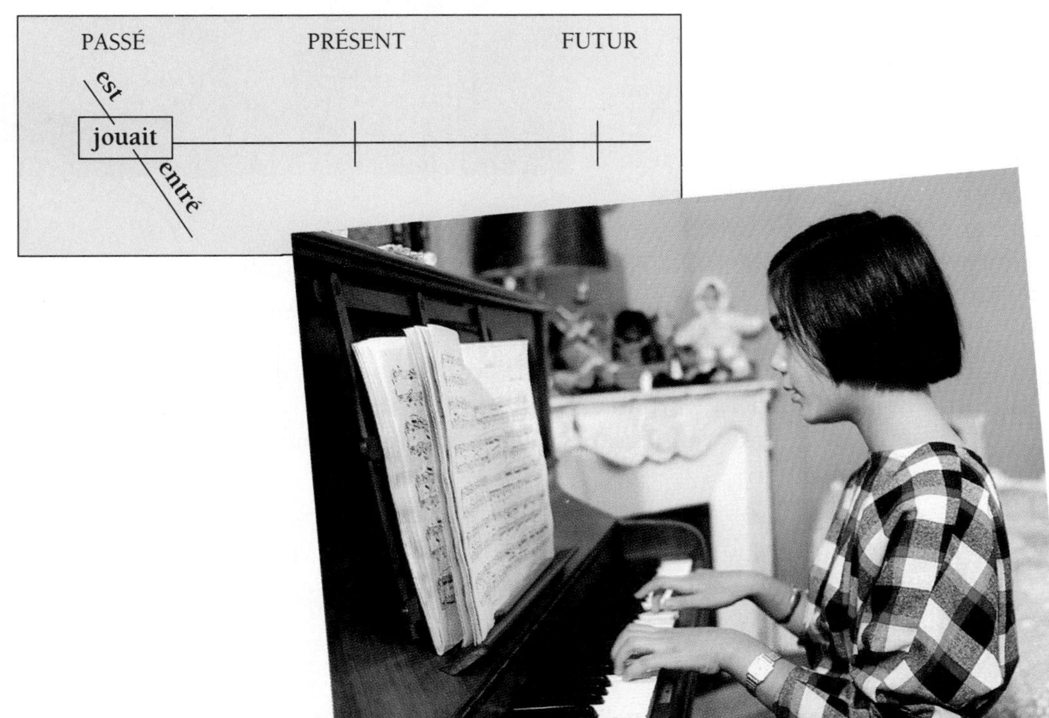

Exercices

A **Quand j'étais jeune.** Donnez des réponses personnelles.

1. Quand tu étais jeune, tu allais à quelle école primaire?
2. Quand la maîtresse parlait, tu écoutais?
3. Tu faisais toujours attention quand la maîtresse parlait?
4. Tu parlais quand elle parlait?
5. Et maintenant tu es élève dans une école secondaire. Tu n'as plus de maîtresse. Tu as un professeur. Hier, ton professeur t'a posé une question difficile? Tu lui as donné la bonne réponse?
6. Tu as levé la main quand le professeur a posé la question?
7. Tu as répondu aux autres questions que le professeur t'a posées?
8. Tu as dit «au revoir» au professeur quand tu as quitté la classe?

B **Le téléphone a sonné. Qui a répondu? Personne! Pourquoi?** Répondez d'après le modèle.

> **Papa / travailler**
> ***Papa n'a pas répondu. Il travaillait.***

1. Papa / travailler dans le jardin
2. Maman / faire la cuisine
3. Suzanne / lire le journal
4. Paul / écrire une composition
5. Le bébé / dormir
6. Anne et Sylvie / s'habiller
7. Je / prendre une douche
8. Tu / dormir comme un bébé

C **Les interruptions.** Répondez par «oui».

1. Jean regardait la télé quand le téléphone a sonné? Il a répondu au téléphone?
2. Sa mère lisait le journal quand Jean l'a appelée au téléphone? Elle est allée au téléphone?
3. Sa mère parlait au téléphone quand Jean est sorti? Il est allé au café?
4. Il allait au café quand il a vu sa copine Brigitte? Ils sont allés au café ensemble?
5. Jean et Brigitte se parlaient quand deux autres copains sont arrivés? Les deux copains se sont assis à leur table?
6. Ils se parlaient quand le serveur est arrivé à la table? Ils ont commandé quelque chose à manger?

D **Ils attendaient le train.** Complétez à l'imparfait et au passé composé.

1. Les voyageurs ___ assis dans la salle d'attente quand ils ___ l'annonce du départ de leur train. (être, entendre)
2. Ils ___ sur le quai quand le train ___. (attendre, arriver)
3. Pendant que le train ___ en gare, quelques voyageurs ___ du train et d'autres voyageurs ___ en voiture. (être, descendre, monter)
4. Quelques voyageurs ___ debout quand le train ___. (être, partir)
5. Marie et Paul ___ leurs places quand ils ___ le contrôleur. (chercher, voir)
6. Ils ___ quand le contrôleur ___ dans le compartiment. (se parler, entrer)

Personne ne... et *Rien ne...* — *Expressing "No one" and "Nothing"*

1. You use the negative expressions *Personne ne...* and *Rien ne...* as the subject of a sentence. Note that you do not use *pas* after the verb.

   ***Personne ne* répond au téléphone.**
   ***Rien n'*a changé ici.**

2. *Rien ne...* is often used with the verbs *se passer* and *arriver*, which both mean "to happen." *Qu'est-ce qui se passe?* and *Qu'est-ce qui arrive?* mean "What's happening?," "What's going on?"

Qu'est-ce qui se passe?	**Qu'est-ce qui est arrivé?**
Rien ne se passe.	**Rien n'est arrivé.**

Exercice

A **Personne.** Répondez d'après le modèle en utilisant «Personne ne» ou «Rien ne».

Quelqu'un est là?
Personne n'est là.

1. Quelqu'un est venu?
2. Quelqu'un a téléphoné au bureau de location?
3. Quelqu'un est allé à la gare?
4. Quelqu'un a loué une place dans le train?
5. Quelque chose a intéressé Laurent?
6. Quelque chose était différent aujourd'hui?
7. Qu'est-ce qui est arrivé?
8. Et qu'est-ce qui s'est passé?

CONVERSATION

Scènes de la vie *Le train pour Tours*

CAROLINE: Pardon, c'est le train pour aller à Tours?
UN HOMME: Oui, mais il n'est pas direct.
CAROLINE: Pas direct?
UN HOMME: Non, il faut prendre la correspondance à Saint-Pierre-des-Corps.
CAROLINE: Prendre la correspondance?
UN HOMME: Oui, il faut changer de train à Saint-Pierre-des-Corps.
CAROLINE: À Saint-Pierre-des-Corps?
UN HOMME: Oui, vous descendez à la prochaine.
CAROLINE: Merci. Vous êtes très aimable.
UN HOMME: Je vous en prie.

A **Caroline prend le train.** Répondez d'après la conversation.

1. À ton avis, Caroline est française ou pas?
2. Où est-ce qu'elle va?
3. Elle y va comment?
4. Le train est direct?
5. Il faut changer de train?
6. Où faut-il prendre la correspondance?
7. Saint-Pierre-des-Corps est la prochaine gare?

Activités de communication orale

A **Ta jeunesse.** Vous parlez à un(e) camarade français(e) de ce que vous faisiez tou(te)s les deux quand vous étiez petit(e)s. Faites d'abord une liste de plusieurs activités: aller en vacances, jouer après les cours, passer la nuit chez des copains, etc.

Élève 1: Comment est-ce que vous alliez en vacances?
Élève 2: On allait en vacances en train.
Élève 1: Nous, on partait toujours en voiture et j'étais toujours malade.

B **Tu te souviens?** Choisissez une des situations suivantes et demandez à un(e) camarade ce qu'il/elle faisait à ce moment-là.

> **M. Un Tel a gagné la médaille d'or aux Jeux Olympiques.**
> **Mlle Une Telle a gagné la médaille d'argent…**
> **On a appris la mort de…**
> **On a appris l'élection de M. Un Tel à la présidence, etc.**
>
> **Élève 1: Qu'est-ce que tu faisais quand tu as appris l'élection de M. Un Tel?**
> **Élève 2: Je dînais.**

C **Une excursion à vélo.** You and some friends (your group) are planning a bicycle excursion to the Loire Valley. Using the map below, decide your departure date, how many days you'll need, and how you'll get yourselves and your bikes from Paris to your starting point.

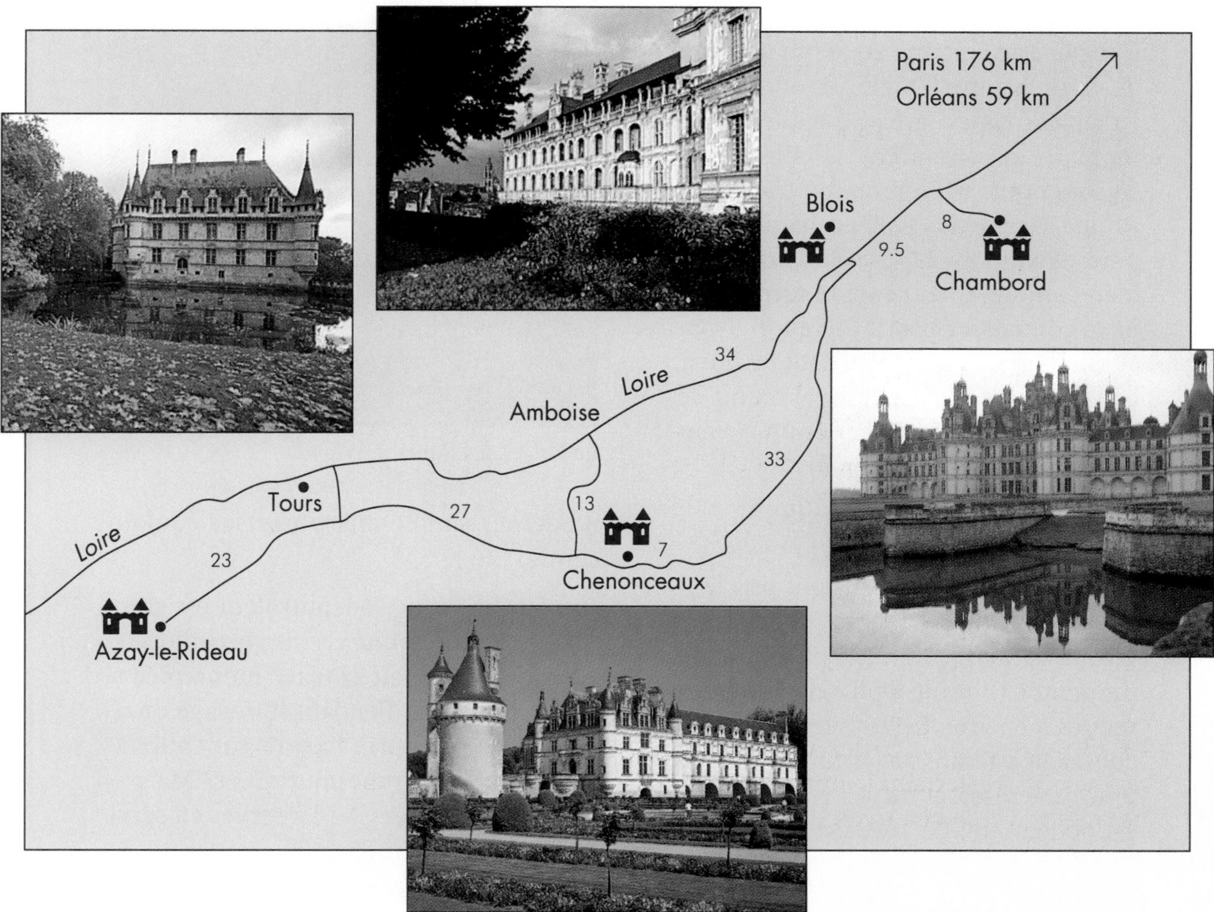

LECTURE ET CULTURE

LES TRAINS D'HIER ET D'AUJOURD'HUI

L'été dernier Carole est allée en France avec d'autres élèves qui faisaient du français avec Mademoiselle Gautier. Ils y ont passé trois semaines fabuleuses et Carole s'est très bien amusée. Ils sont allés à Avignon, une ville très animée à 683 kilomètres au sud-est de Paris et où il règne une certaine atmosphère de joie de vivre. Naturellement, ils ont visité le Palais des Papes[1] et ils sont allés voir les remparts qui entourent[2] la ville et le célèbre pont[3] d'Avignon qui traversait le Rhône. Avez-vous jamais chanté «Sur le pont d'Avignon»? C'est une chanson bien connue. Il faut l'apprendre si vous ne la connaissez pas! À Avignon il y a aussi un grand festival artistique qui a lieu[4] tous les ans. Ce festival réunit des acteurs, des danseurs et des musiciens de tous les pays du monde.

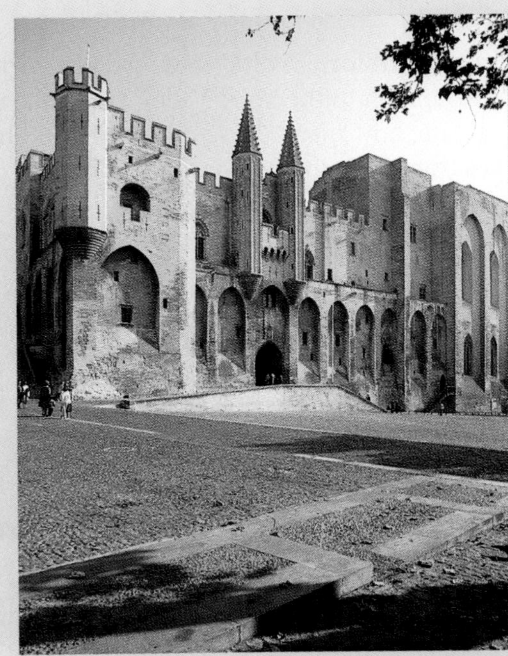

Le Palais des Papes à Avignon

Carole et ses copains sont allés à Avignon en train? Oui, ils ont pris le train. Mais quel train? Ils ont pris le TGV—le Train à Grande Vitesse. Ce train français est l'un des plus rapides du monde. Il roule à plus de 300 kilomètres à l'heure. Le voyage en TGV coûte cher. Il faut payer un supplément pour une réservation. La réservation est obligatoire. Le TGV est un train moderne, sans compartiments, à couloir central.

Pendant le voyage le contrôleur est entré dans la voiture pour vérifier les billets. Chaque élève avait sa place numérotée louée à l'avance. Pendant le voyage on a servi un repas à prix fixe. Ils sont allés à la voiture-restaurant pour dîner? Mais non, pas dans le TGV! Le serveur a servi le dîner sur place, dans leur voiture. Quel service splendide, n'est-ce pas? Mais c'était en première classe. Pour avoir l'expérience de prendre le TGV, les élèves ont payé plus pour voyager en

[1] Papes *popes*
[2] entourent *surround*
[3] pont *bridge*
[4] a lieu *takes place*

première classe parce qu'il n'y avait plus de places en seconde. Dans le TGV en première classe il y a une tablette rabattable à chaque siège et les sièges sont réglables. Quel confort!

Ce n'était pas la première fois que Mademoiselle Gautier, la prof de Carole et des autres élèves, voyageait en France. Quand elle était étudiante, elle allait en France tous les étés. Elle voyageait souvent en train. Mais les vieux trains étaient bien différents du TGV. D'abord, ils n'avaient pas de couloir central avec deux sièges de chaque côté. Les vieux trains avaient des compartiments. Dans un compartiment de première classe il y avait six places et dans un compartiment de seconde il y en avait huit.

Mademoiselle Gautier voyageait toujours en seconde. Elle trouvait ça plus sympathique. Pourquoi? Parce que tout le monde montait en voiture muni de provisions[5]: un filet (ou deux) plein de fromage, de jambon, de pâté, de fruits et un litre de vin rouge. Tous les voyageurs du même compartiment se parlaient et faisaient connaissance[6]. Si quelqu'un n'avait rien à manger, on partageait[7]. C'était vraiment sympa. De temps en temps on sortait dans le couloir pour se dégourdir les jambes[8] et bavarder avec les voyageurs des autres compartiments.

Ces vieux trains existent toujours? Ah oui. Il y en a beaucoup. Mais les TGV deviennent de plus en plus nombreux et desservent de plus en plus de villes. Tout le monde adore la vitesse. Vive la vitesse!

---

[5] muni de provisions *with food*
[6] faisaient connaissance *got acquainted with one another*
[7] partageait *shared*
[8] se dégourdir les jambes *stretch one's legs*

Étude de mots

A Quelle est la définition?

Choisissez les mots qui correspondent.

1. rapide	a. agréable
2. cher	b. sur ses pieds
3. sympa	c. qui coûte beaucoup
4. debout	d. vite
5. bavarder	e. parler

B Quel est le contraire?

Trouvez le contraire.

1. dernier	a. descendre
2. le sud	b. le nord
3. cher	c. prochain
4. monter	d. bon marché
5. quelque chose	e. rien

Compréhension

C **Avez-vous compris?** Répondez d'après la lecture.

1. Quand est-ce que Carole est allée en France?
2. Avec qui est-ce qu'elle y est allée?
3. Où est Avignon?
4. Quand est-ce que le festival d'Avignon a lieu?
5. Quel train est-ce que Carole a pris pour aller à Avignon?
6. Le TGV, qu'est-ce que c'est?
7. Le contrôleur est entré dans la voiture? Pourquoi?
8. On a servi un repas pendant le voyage?
9. Où est-ce qu'on l'a servi?
10. Qu'est-ce qu'il y a à chaque siège en première classe?
11. Mademoiselle Gautier prenait souvent le train?
12. Elle voyageait en quelle classe? Pourquoi?
13. Tous les voyageurs montaient en voiture munis de quoi?
14. Qu'est-ce qu'on partageait?
15. Comment est-ce que les voyageurs faisaient connaissance?

D **Savez-vous la réponse?** Donnez les renseignements suivants.

1. le nom du professeur de Carole
2. le nom de la ville que le groupe a visitée
3. le fleuve qui passe par cette ville
4. le nom d'un palais historique célèbre situé dans cette ville
5. le nom d'une chanson française bien connue

E **Les trains.** Choisissez.

1. Les vieux / nouveaux trains ont des compartiments.
2. Le TGV a un couloir central / latéral.
3. Dans le TGV le repas est servi sur place en première / en seconde.
4. Dans le TGV les sièges sont réglables en première / en seconde.
5. Il y a six / huit places dans un compartiment de seconde.
6. Les voyageurs sortaient dans le compartiment / le couloir.
7. Une baguette est une sorte de pain / de vin.

F **Le TGV.** Décrivez le TGV. Dites tout ce que vous savez sur ce train.

DÉCOUVERTE CULTURELLE

Le train est un moyen de transport très populaire et très confortable en France. Le service est excellent.

En France les trains, ou les chemins de fer, appartiennent en partie à[1] l'État. C'est-à-dire que le gouvernement exerce un certain contrôle sur les trains. La compagnie des trains s'appelle la SNCF—la Société Nationale des Chemins de Fer Français.

Comme vous le savez, le TGV est le Train à Grande Vitesse, un train extrêmement moderne et rapide—et assez cher. Il faut réserver ses places à l'avance. Le nouveau TGV est plus rapide que le célèbre «bullet train» japonais.

La Gare Saint-Lazare à Paris

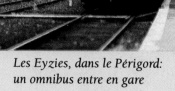

Les Eyzies, dans le Périgord: un omnibus entre en gare

Voici d'autres sortes de trains français.

Trains-rapides-express: les trains qui desservent l'ensemble de la France—les grandes villes du pays, c'est-à-dire «la France radiale».

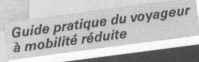

Les T.E.R. (Trains Express Régionaux): les omnibus qui desservent les villes de province et leurs environs[2]—par exemple, Rennes et ses environs.

Le R.E.R. (Réseau Express Régional): les trains qui desservent la banlieue parisienne. Ces trains sont reliés[3] au système de métro en ville.

[1] appartiennent en partie à *are partly owned by, belong partly to*
[2] leurs environs *the surrounding areas*
[3] reliés *connected*

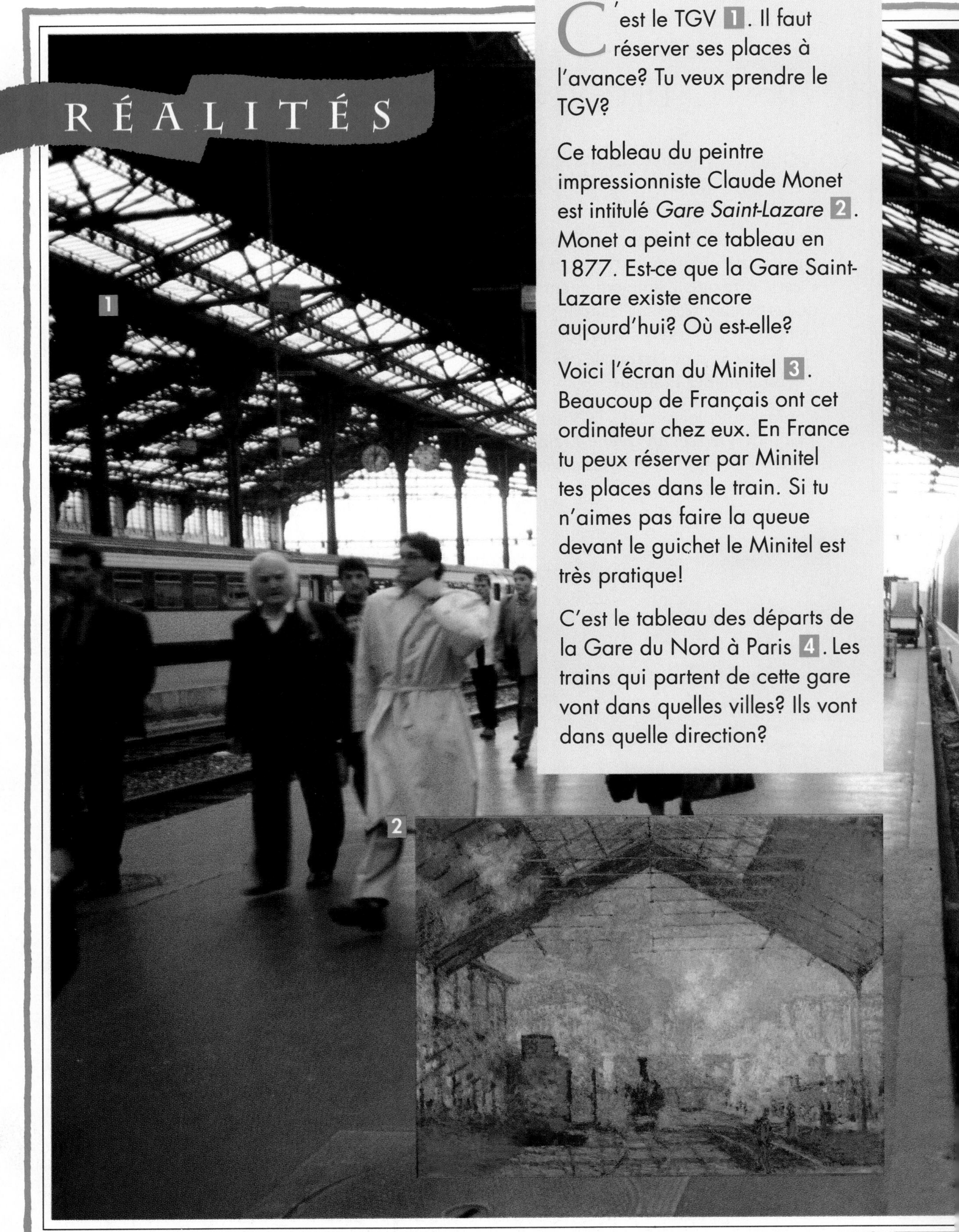

RÉALITÉS

C'est le TGV 1. Il faut réserver ses places à l'avance? Tu veux prendre le TGV?

Ce tableau du peintre impressionniste Claude Monet est intitulé *Gare Saint-Lazare* 2. Monet a peint ce tableau en 1877. Est-ce que la Gare Saint-Lazare existe encore aujourd'hui? Où est-elle?

Voici l'écran du Minitel 3. Beaucoup de Français ont cet ordinateur chez eux. En France tu peux réserver par Minitel tes places dans le train. Si tu n'aimes pas faire la queue devant le guichet le Minitel est très pratique!

C'est le tableau des départs de la Gare du Nord à Paris 4. Les trains qui partent de cette gare vont dans quelles villes? Ils vont dans quelle direction?

3
4
DEPART GRANDES LIGNES
train n. nature départ voie destination et principales gares d'arrêt
12321 12H10 NOYON CHAUNY-ST-QUENTIN MAUBEUGE
76623 12H37 ORRY CHANTILLY CREIL PONT COMPIEGNE
77825 13H00 VILLERS SOISSONS ANIZY-PINON LAON
70057 13H05 PERSAN-BEAUMONT CHAMBLY MERU BEAUVAIS
239 13H39 AULNOYE BRUXELLES LIEGE AACHEN KOLN
76725 13H50 CHANTILLY CREIL LIANCOURT CLERMONT
405 13H55 AMIENS BOULOGNE-M.CALAIS-M.LONDON-VICT
2227 14H09 ARRAS DOUAI LILLE ROUBAIX TOURCOING
2027 14H22 AMIENS ABBEVILLE BOULOGNE CALAIS-VILLE
285 14H38 ST-QUENTIN MONS BRUXELLES AMSTERDAM
LE N DE LA VOIE EST AFFICHE
ENVIRON 20min AVANT LE DEPART DU TRAIN

CULMINATION

Activité de communication orale

A **En Espagne!** You'd like to buy a ticket on the TGV from Paris to Irun, on the Spanish border. Ask the agent (your partner) the following questions about the trip. He or she can use the train schedule on the right to answer your questions.

1. if there are TGV's leaving for Irun
2. what time the trains leave
3. if meals are served on the train
4. what time the trains arrive in Irun

🍽 Service restauration à la place en 1re classe, en réservation : tous les jours de circulation, sauf pour les TGV 8501, 8515, 8519, 8549, 8565, 8469, où ce service est assuré certains jours.

🧸 Espaces "Carré" réservables, en priorité, par les voyageurs "Kiwi" et les voyageurs accompagnés d'enfants.

(*) Le service bar n'est pas offert dans ce TGV.

HORAIRES

N° du TGV		8501	8505	8407	8407	8515	8519
Particularités				🧸	🧸	🧸	🧸
Restauration		🍽	🍽			🍽	🍽
Paris-Montparnasse 1-2	D	6.55	8.10	8.15	8.15	10.00	10.45
Massy TGV	D	7.05					
Saint-Pierre-des-Corps	A	7.56					11.41
Châtellerault	A	8.26					
Poitiers	A	8.43		9.44	9.44		12.21
Angoulême	A	9.29		10.29	10.29		13.06
Libourne	A			11.10	11.10		13.48
Bordeaux	A	10.25	11.08	11.29	11.29	12.57	14.08
Facture	A	b	a	a	11.53	a	a
Arcachon	A	b	a	a	12.09	b	a
Dax	A	11.34	12.17			a	a
Bayonne	A	12.04				14.33	a
Biarritz	A	12.14				14.43	a
Saint-Jean de Luz	A	12.27				14.55	a
Hendaye	A	12.40				15.07	a
Irun	A	12.47				15.14	a

Activités de communication écrite

A **En voyage.** Faites une liste des mots qui concernent le train. Faites des phrases en employant ces mots. Ensuite écrivez un paragraphe.

B **Qu'est-ce qui s'est passé?** You're on the Orient-Express when a mysterious woman in black enters your train car. At the Swiss border the police get on the train looking for the woman, who has disappeared. Work in groups of three and make up a story sentence by sentence. Write down the story as you create it. The first person gives some background information. The second person tells what the woman did when she got on the train. The third person, the passenger, tells what he/she was doing when the woman got on. Continue until you have a complete story to tell the police.

Élève 1: Il était minuit.
Élève 2: Une femme en noir est entrée dans le compartiment.
Élève 3: Je dormais quand elle est entrée.
Élève 1: Il y avait une place disponible…

Réintroduction et recombinaison

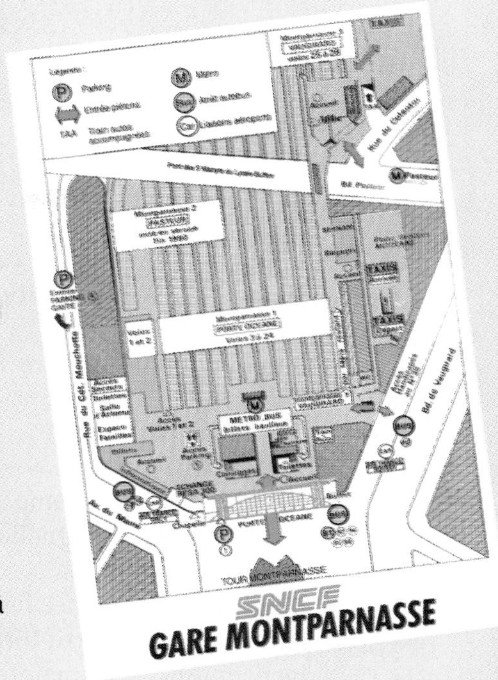

A **En voiture!** Complétez au présent.

1. Les voyageurs ___ le train. (attendre)
2. Le train ___ à onze heures. (partir)
3. On ___ l'annonce du départ du train. (entendre)
4. Les voyageurs ___ sur le quai dans beaucoup de gares aux États-Unis. (descendre)
5. Le train ___ beaucoup de petites villes. (desservir)
6. Il ___ dans toutes les gares. (s'arrêter)

B **Bill est perdu!** Complétez avec «ce» ou «quel».

BILL JOHNSON: Excusez-moi, Monsieur, le train pour Marseille part à ___ heure? Et de ___ quai?

UN VOYAGEUR: Regardons ___ horaire... voilà! Il part à 14h20 de ___ quai.

BILL JOHNSON: Il part de ___ quai, mais de ___ voie?

LE VOYAGEUR: De ___ voie.

BILL JOHNSON: Excusez-moi, Monsieur, ___ voitures sont non-fumeurs?

LE CONTRÔLEUR: Les voitures numéros 36 et 37 sont non-fumeurs.

BILL JOHNSON: Est-ce qu'il y a des places disponibles dans ___ voitures?

LE CONTRÔLEUR: Non, Monsieur, dans les trains qui vont à Marseille il y a toujours beaucoup de monde. Il y a rarement de places disponibles dans ___ trains.

Vocabulaire

NOMS
la gare de départ
la gare d'arrivée
le tableau des départs
le tableau des arrivées
la ligne de banlieue
le quai
le bureau de location
le couloir
le compartiment
la place numérotée
le siège réglable
la tablette rabattable
le wagon à compartiments (à couloir latéral)
la voiture à couloir central
la voiture-restaurant
la voiture gril-express
le fourgon à bagages
le château

ADJECTIFS
assis(e)
complet, complète
disponible
prochain(e)
nombreux, nombreuse

VERBES
louer
réserver
chercher
emporter
vérifier
ramasser
poinçonner
s'arrêter
descendre
desservir

AUTRES MOTS ET EXPRESSIONS
faire la queue
monter en voiture
changer de train
prendre la correspondance
rater le train
Attention à la fermeture des portes!
Attention au départ!
Excusez-moi.
Vous vous trompez.
Ce n'est pas grave.
Vous permettez?
à l'avance
en face de
debout
de temps en temps
fréquemment

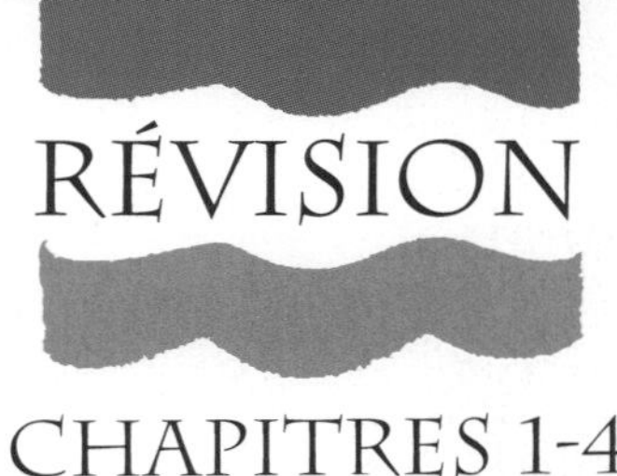

RÉVISION

CHAPITRES 1-4

Conversation *Un appel à l'agence de voyages*

L'EMPLOYÉE: Bonjour, Agence France Tours.
MME ROY: Bonjour, Madame. Monsieur Boileau est là, s'il vous plaît?
L'EMPLOYÉE: C'est de la part de qui?
MME ROY: De Madame Roy.
L'EMPLOYÉE: Ne quittez pas, Madame.
M. BOILEAU: Bonjour, Madame. Quelle surprise! Vous pensez peut-être faire un autre voyage?
MME ROY: C'est ça. Voilà: l'année dernière mon mari et moi, nous sommes allés en Grèce. C'était formidable. Il faisait très beau et on s'est bien amusés. Mais maintenant on voudrait quelque chose de plus aventureux.
M. BOILEAU: Eh bien, un safari au Kenya! Ça vous intéresse?
MME ROY: Ah oui! Ça me tente. Nos voisins en ont fait un il y a deux ans. Ils ont pris des photos magnifiques. Et la nature intéresse beaucoup mon mari. Mais un safari, ça coûte cher, n'est-ce pas?
M. BOILEAU: Non, pas tellement. Je peux vous envoyer des brochures, si vous voulez.
MME ROY: D'accord! Je crois que c'est une très bonne idée, ça—un safari!

A **Un voyage aventureux.** Répondez d'après la conversation.

1. À qui Mme Roy a-t-elle téléphoné?
2. Il a répondu au téléphone?
3. Il était là?
4. Qu'est-ce que Mme Roy pense faire? Avec qui?
5. Où sont-ils allés l'année dernière?
6. Comment était le voyage?
7. Quel temps faisait-il?
8. Pour le prochain voyage, qu'est-ce que M. Boileau suggère?
9. Pourquoi suggère-t-il un safari?
10. Un safari intéresse Mme Roy? Et son mari?
11. Qui a fait un safari? Quand?
12. Qu'est-ce qu'ils ont pris?
13. Qu'est-ce que M. Boileau va envoyer à Mme Roy?

SAFARI KENYA
9 JOURS/7 NUITS
AVEC CHAUFFEUR-GUIDE LOCAL PARLANT FRANÇAIS
8 990 F
(EXEMPLE DE PRIX LE 5/12/1992
EN CHAMBRE DOUBLE)
TOUT COMPRIS
(VOLS, PENSION COMPLETE ET ASSURANCES)
Les grands troupeaux de zèbres, de gnous et de buffles, les lions, les guépards, les girafes et les éléphants d'Amboseli et de Masaï Mara, les flamants roses et les pélicans du lac Nakuru, Nairobi : c'est l'Afrique des grands espaces sauvages, des plus belles et des plus célèbres réserves d'animaux que vous découvrirez au cours de ce safari proposé par les Voyages Diffusion. Avec la possibilité de prolonger vos vacances à Mombasa au bord de l'océan Indien.

Structure

L'accord du participe passé au passé composé

1. When *être* is the helping verb in the *passé composé,* the past participle agrees with the subject.

   Paul **est allé à Paris.** ***Paul et Georges*** **sont allés à Paris.**
   Marie **est allée à Paris.** ***Marie et Claire*** **sont allées à Paris.**

   The past participle also agrees when the subjects are *je, tu, nous,* or *vous.*

	UNE FILLE	UN GARÇON	2 FILLES	2 GARÇONS	MIXTE
Je suis	**restée**	**resté**			
Tu es	**restée**	**resté**			
Nous sommes			**restées**	**restés**	**restés**
Vous êtes	**restée**	**resté**	**restées**	**restés**	**restés**

2. When the helping verb is *avoir* in the *passé composé,* the past participle agrees only when there is a preceding direct object.

   J'ai acheté ma voiture hier. (No agreement.)
   but
   Ma voiture? Je *l'*ai achetée hier.
   C'est *la voiture* que j'ai achetée hier.

3. Even though all reflexive verbs are conjugated with *être* in the *passé composé,* the rule for agreement is that of *avoir:* the past participle agrees with the reflexive pronoun when the reflexive pronoun is the direct object.

   Elle *s'*est lavée. **Ils *se* sont rencontrés.**
   but ***but***
   Elle s'est lavé les cheveux. **Ils se sont parlé.**

A **L'anniversaire de Maman.** Faites l'accord si nécessaire.

Hier Isabelle s'est levé____ (1) très tôt. C'était l'anniversaire de sa mère. Alors, elle l'a laissé____ (2) dormir et lui a fait____ (3) une surprise. D'abord elle est sorti____ (4) et elle est allé____ (5) acheter des croissants tout chauds et une baguette toute chaude aussi. Puis elle est rentré____ (6). Elle a sorti____ (7) les croissants du filet et les a mis____ (8) sur une assiette. Avec la baguette, elle a fait____ (9) des tartines. Elle les a fait____ (10) avec du beurre et de la confiture (*jam*) de fraises, la confiture préférée de sa mère. Puis elle a fait____ (11) du café au lait. Ensuite elle a réveillé____ (12) son frère Olivier. Olivier l'a aidé____ (13) à monter le petit déjeuner à leur mère. Leur mère a été____ (14) très surprise et les a embrassé____ (15).

L'imparfait et le passé composé

1. The use of the *imperfect* or the *passé composé* depends on whether the speaker sees the past action as an event or action with a beginning and an end, or as an action in progress, a state, a situation with no real beginning or end. Compare the following sentences.

   Quand j'ai entendu l'explosion, je lisais.
   Quand j'ai entendu l'explosion, j'ai couru à la fenêtre.

   In the first sentence, the *passé composé* is used to indicate an event or action, and the *imperfect*, a situation. In the second sentence, the *passé composé* is used to indicate two successive events or actions.

2. The following time expressions will generally be used with the indicated tenses.

PASSÉ COMPOSÉ	IMPARFAIT
hier **(lundi, l'an) dernier** **pendant une heure** **à trois heures**	**souvent** **tous les ans (jours, mois)** **de temps en temps** **toujours**

3. The difference between the *imperfect* and the *passé composé* is best shown in context. The more you are exposed to examples in context, the more you will get a feel for when to use one tense or the other.

B **Que faisait-il?** Répondez d'après le modèle.

Quand il a entendu l'explosion, il... (lire)
Quand il a entendu l'explosion, il lisait.

1. ...(travailler)
2. ...(regarder la télévision)
3. ...(être au téléphone)
4. ...(faire une promenade à vélo)
5. ...(écrire une lettre)
6. ...(prendre un bain)
7. ...(mettre le couvert)
8. ...(dormir)

C **Qu'avez-vous fait?** Répondez d'après le modèle.

Quand j'ai entendu l'explosion, je... (courir à la fenêtre)
Quand j'ai entendu l'explosion, j'ai couru à la fenêtre.

1. ...(se lever)
2. ...(téléphoner à la police)
3. ...(sortir dehors)
4. ...(regarder par la fenêtre)
5. ...(se réveiller)

Une promenade à vélo en Bretagne

D **Une rencontre à Paris.** Complétez en utilisant le passé composé ou l'imparfait.

Karl ____1 (rencontrer) Mary à Paris. Quand il l'____2 (rencontrer), elle ____3 (porter) une robe rouge. Ils ____4 (se regarder) et ils ____5 (se sourire). C'est Karl qui ____6 (parler) le premier. Il ____7 (dire):

KARL: Je crois que nous nous ____8 déjà ____ (rencontrer).

MARY: Ah non, je ne crois pas, je ne ____9 jamais ____ (venir) ici avant. Vous ____10 (voir) quelqu'un qui me ____11 (ressembler), peut-être.

KARL: Non, je crois que je vous ____12 (voir) quelque part. Mais ce n'est pas forcément (nécessairement) ici que je vous ____13 (voir) la première fois. Voyons, vous ____14 déjà ____ (aller) à la tour Eiffel?

MARY: Oui, nous y ____15 (aller), ma sœur et moi, hier.

KARL: Alors, vous voyez, j'____16 (avoir) raison! Je vous ____17 déjà ____ (voir)! Moi aussi, je ____18 (être) à la tour Eiffel hier avec mon frère. Nous ____19 (passer) toute la matinée à regarder Paris du haut du deuxième étage. Le temps ____20 (être) magnifique. Il ne ____21 (faire) pas trop froid... Mais vous le savez, vous y ____22 (être) aussi. Vous êtes américaine?

MARY: Oui, et vous allemand?

KARL: Non, suisse.

MARY: Ah vraiment? Quelle coïncidence! Nous ____23 (passer) la semaine dernière en Suisse.

KARL: Et vous ____24 (aimer)?

MARY: Beaucoup. Nous ____25 (aller) à Genève, Lausanne, Neuchâtel et aussi à Zermatt. Que c'est beau!

KARL: Oui, mais il faut venir en hiver. C'est là où c'est bien. Vous faites du ski?

MARY: Oui, j'adore le ski. Quand je ____26 (être) petite, nous ____27 (habiter) dans le Vermont, alors je ____28 (faire) du ski tout le temps.

Activité de communication orale

A **Un voyage super.** Vous invitez des amis à regarder les photos ou les diapositives (*slides*) que vous avez prises pendant un voyage. Vous expliquez à vos camarades où vous étiez, avec qui, ce que vous avez fait, etc.

LITTÉRATURE: VICTOR HUGO (1802-1885)

Avant la lecture

In the following poem, Victor Hugo recalls happy times when Léopoldine, her sister Adèle, and her brothers Charles and François were children. The Hugo family was living in a lovely wooded region, just outside of Paris.

1. The poet uses images referring to birds. What words convey such images?
2. Can you find the words that convey happiness?

Victor Hugo en 1880. Les enfants de Victor Hugo dessinés par Madame Hugo en 1833.

Lecture

Victor Hugo est un personnage très impressionnant dans l'histoire de la littérature française. C'est non seulement un grand poète romantique, mais aussi un écrivain[1] de pièces de théâtre et de romans[2] (c'est lui qui a écrit le roman *Les Misérables* dont on a fait une célèbre comédie musicale).

Victor Hugo pensait que le poète avait pour mission d'être «l'écho sonore» de son époque[3], et c'est pour cela qu'il a également eu une vie politique très active. Son œuvre est une œuvre humanitaire: elle célèbre la famille, l'amour[4], la générosité, la grandeur de tous les êtres humains.

La mort de sa fille Léopoldine en 1843 l'a profondément marqué et a interrompu pendant quelque temps son activité de poète.

[1] écrivain *writer*
[2] romans *novels*
[3] époque *time*
[4] l'amour *love*

Ô SOUVENIRS!

Ô souvenirs! printemps! aurore°! *dawn*
Doux rayon° triste et réchauffant! *soft ray of light*
— Lorsqu'°elle était petite
encore, *when*
Que sa sœur était tout enfant… —
Connaissez-vous sur la colline° *hill*
Qui joint Montlignon à Saint-Leu*
Une terrasse qui s'incline° *slopes*
Entre un bois° sombre et le ciel bleu? *wood*
C'est là que nous vivions°. — Pénètre, *lived*
Mon cœur°, dans ce passé *heart*
charmant! —
Je l'entendais sous ma fenêtre
Jouer le matin doucement.
Elle courait dans la rosée°, *dew*
Sans bruit°, de peur de° m'éveiller; *noise, for fear of*
Moi, je n'ouvrais pas ma
croisée°, *window*
De peur de la faire envoler°. *fly away*
Ses frères riaient°… — Aube° *were laughing; dawn*
pure!
Tout chantait sous ces frais
berceaux°, *arbors*
Ma famille avec la nature,
Mes enfants avec les oiseaux°! *birds*

*Montlignon and Saint-Leu are two villages in the Montmorency Forest, northwest of Paris.

Léopoldine Hugo, par Auguste de Châtillon

Trois scènes du film «Les Misérables»

Après la lecture

A **Un bon souvenir.** Racontez un moment heureux de votre vie.

B **Poète.** Écrivez un petit poème en français pour célébrer ce souvenir.

BIOLOGIE: LE SOMMEIL[1]

Avant la lecture

1. Many people cannot sleep; they suffer from insomnia. What do you think some of the causes are?
2. Think about your sleeping habits. Do you have a regular schedule for going to bed and getting up? Do you go to bed early or late? What are your room and your bed like?

Lecture

Les besoins en sommeil[2] varient d'une personne à une autre. Pour certains, six heures de sommeil suffisent. D'autres ont besoin de neuf heures de sommeil ou même plus. Il y a des gens qui se couchent tôt, d'autres qui se couchent tard. Mais la qualité du sommeil est très importante. Par exemple, on peut dormir dans un environnement plein de bruit[3], mais on dort mal même si on dort pendant dix heures ou plus.

Les rythmes du sommeil

Pendant une nuit, nous avons quatre ou cinq cycles d'une heure et demie ou deux heures. Chaque cycle a cinq stades (degrés) différents. Il y a d'abord un sommeil très léger[4], puis un sommeil léger, un sommeil normal, un sommeil profond[5] et un sommeil agité appelé «le sommeil paradoxal». Pendant les quatre premiers stades, c'est un «sommeil lent»: le corps se repose. Les yeux ne bougent pas, la respiration est régulière et le cœur ralentit (va moins vite). Puis, au cinquième stade, la respiration et le cœur s'accélèrent. Les yeux bougent et la pression artérielle[6] monte. C'est le stade du «sommeil paradoxal». C'est pendant cette période que nous rêvons[7]. Les rêves sont essentiels pour notre équilibre mental. Les mauvais rêves, ou cauchemars, sont importants aussi. Ils nous aident à intégrer les éléments nouveaux de notre vie.

La vie pendant la nuit

Pendant que nous dormons, notre corps est très actif. La nuit, certaines glandes fonctionnent plus vite: l'estomac se remplit d'acide, les cheveux poussent[8] plus vite et c'est essentiellement la nuit que les enfants grandissent (deviennent plus grands). Beaucoup d'hormones sont fabriquées la nuit.

Comment dormez-vous?

Comment bien dormir

Bien dormir, c'est d'abord avoir un bon lit avec un bon matelas. Il est préférable de dormir sans oreiller. Votre chambre ne doit être ni trop chaude, ni trop froide. Et enfin tout le monde a sa position préférée: si vous dormez en boule, vous êtes probablement timide. Si vous dormez sur le ventre, vous avez tendance à être anxieux. Si vous dormez sur le dos, ou le côté, vous êtes content de vous. Savez-vous que 75% des gens dorment sur le côté, ce qui semble dire qu'ils sont contents dans la vie? En tout cas, c'est ce qu'on dit, mais ça n'a jamais été vérifié.

[1] le sommeil *sleep*
[2] les besoins en sommeil *the amount of sleep needed*
[3] bruit *noise*
[4] léger *light*
[5] profond *deep*
[6] la pression artérielle *blood pressure*
[7] nous rêvons *we dream*
[8] poussent *grow*

Après la lecture

A Les rythmes du sommeil. Remettez dans l'ordre.

le sommeil normal
le sommeil paradoxal
le sommeil très léger
le sommeil léger
le sommeil profond

B Dormez-vous bien? Dites quelle est la meilleure manière de dormir pour la santé.

1. Dormir avec ou sans oreiller
2. Dormir sur le ventre ou sur le côté
3. Avoir une chambre chaude ou froide
4. Dormir dans le bruit ou le calme
5. Rêver ou ne pas rêver

C Enquête. Demandez à vos camarades comment ils dorment: pendant combien d'heures, avec ou sans oreiller, sur le ventre ou sur le côté, etc. Comparez les résultats.

ARCHITECTURE: VERSAILLES ET LA GRANDE ARCHE

Avant la lecture

Which do you prefer, old or modern architecture? Why? Use the photos below to help explain your answers.

Lecture

Le château de Chenonceau

Le centre Pompidou

La pyramide du Louvre

La France est bien connue[1] pour la beauté de son architecture. Les châteaux de France sont célèbres dans le monde entier. La pureté des châteaux de la Loire et la splendeur de Versailles sont vraiment légendaires. Mais l'architecture a aussi sa place dans la France moderne. Le centre Pompidou (Beaubourg), la pyramide du Louvre et la Grande Arche en sont la preuve[2].

Le château de Versailles

Louis XIV, le Roi-Soleil, n'aime pas Paris. Il décide de faire construire un château magnifique en dehors de[3] Paris. Il choisit Versailles et fait de Versailles la capitale de la France. C'est en 1682. Et Versailles reste la capitale jusqu'à la Révolution en 1789. La construction de ce château magnifique a duré[4] 50 ans. En 1684, 22 000 ouvriers[5] et 6 000 chevaux[6] travaillent à Versailles. Il y a 3 000 personnes qui habitent dans le château. C'est l'architecte Mansart qui dirige la construction du château.

Pendant tout le règne de Louis XIV, de grandes fêtes magnifiques se succèdent à l'intérieur du château et dans les jardins. Les fêtes sont toujours accompagnées de spectacles splendides de danse et de musique.

Le château de Versailles et ses jardins

L'arche de la Défense

La Grande Arche

À Paris, l'axe qui part de l'arc de triomphe du Carrousel et passe par l'obélisque de la place de la Concorde, les Champs-Élysées et l'arc de triomphe de l'Étoile va maintenant jusqu'à la Défense, le quartier moderne des affaires (commercial). En effet cet axe se termine maintenant par la Grande Arche. En 1982, un grand concours[7] international est organisé pour choisir un architecte. C'est le Danois Johan Otto von Spreckelsen qui gagne.

La Grande Arche est un grand cube de marbre blanc. Elle a 112 m de haut et pèse 300 000 tonnes. Il y a 87 000 m^2 de surface de bureaux. L'espace vide[8] à l'intérieur du cube est large comme les Champs-Élysées. Et incroyable mais vrai, dans cet espace la Grande Arche pourrait abriter[9] Notre-Dame!

Si vous voulez avoir une vue splendide sur tout Paris, prenez un des ascenseurs panoramiques jusqu'au toit-terrasse de la Grande Arche.

[1] connue *known*
[2] la preuve *the proof*
[3] en dehors de *outside*
[4] a duré *lasted*
[5] ouvriers *workers*
[6] chevaux *horses*
[7] concours *competition*
[8] vide *empty*
[9] abriter *house*

La Grande Arche pourrait abriter Notre-Dame

Après la lecture

A L'architecture française. Associez les mots suivants avec Versailles ou la Grande Arche.

1. Mansart
2. 6 000 chevaux
3. un architecte danois
4. l'axe célèbre
5. de grandes fêtes magnifiques
6. 112 mètres de haut
7. une vue splendide sur tout Paris
8. en construction pendant 50 ans

B Le plan de Paris. Regardez le plan de Paris à la page 436 et trouvez les endroits mentionnés dans le texte.

C Les architectes américains. Connaissez-vous des architectes américains célèbres? Qu'est-ce qu'ils ont construit? Où?

D Louis XIV. Appelé le Roi-Soleil, Louis XIV a eu une très longue vie et un très long règne. Lisez son histoire et écrivez un paragraphe dessus.

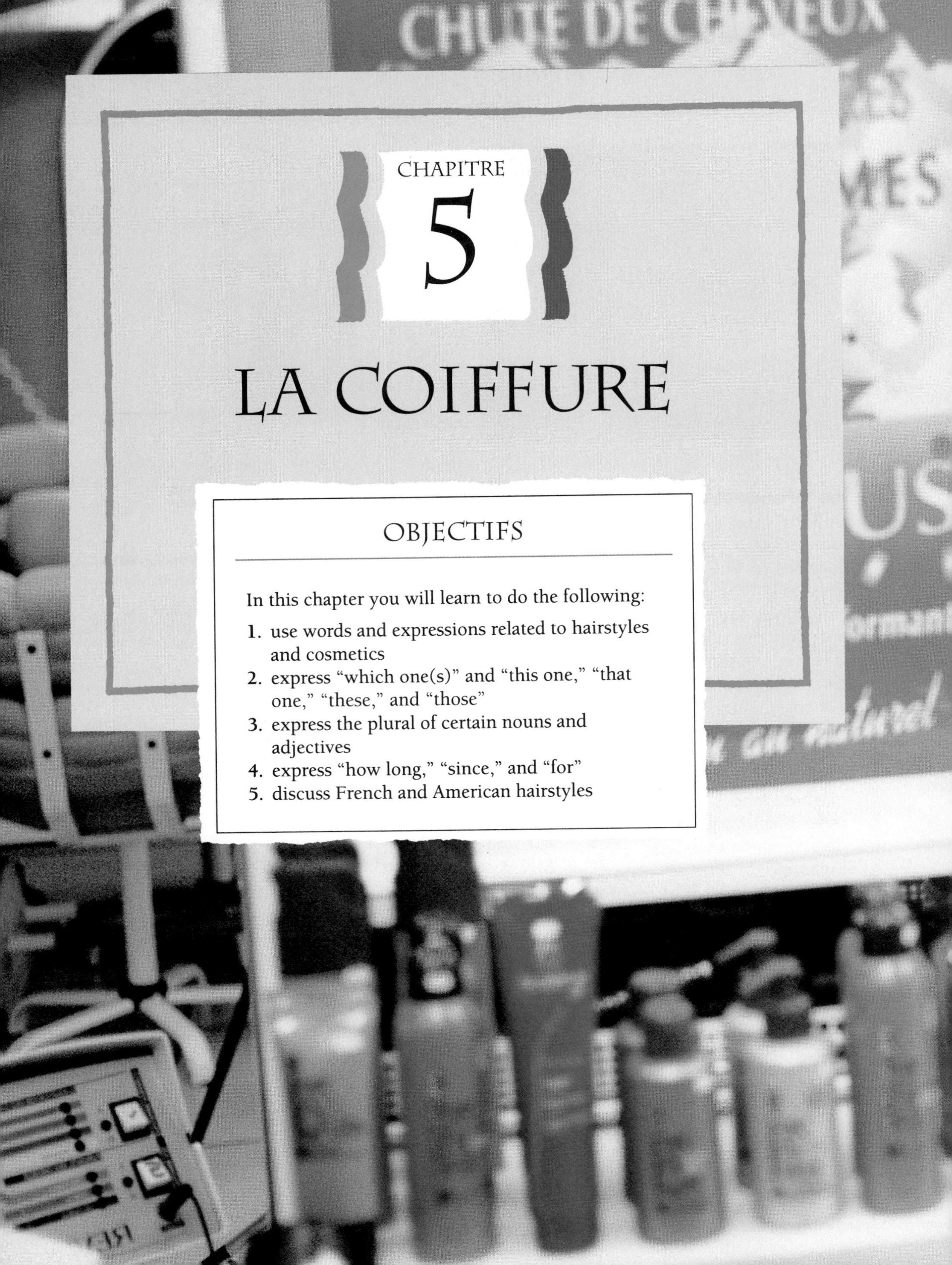

CHAPITRE

5

LA COIFFURE

OBJECTIFS

In this chapter you will learn to do the following:

1. use words and expressions related to hairstyles and cosmetics
2. express "which one(s)" and "this one," "that one," "these," and "those"
3. express the plural of certain nouns and adjectives
4. express "how long," "since," and "for"
5. discuss French and American hairstyles

VOCABULAIRE

MOTS 1

LA COIFFURE

les cheveux raides

une coiffure

les cheveux frisés

les cheveux bouclés

les cheveux longs

les cheveux mi-longs

les cheveux courts

les cheveux blonds

les cheveux roux

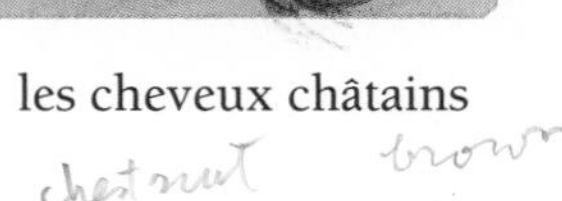

les cheveux châtains

Lequel de ces styles préfères-tu?
Je préfère celui-là.
Comment est-ce que tu te coiffes?
J'ai…
une frange
un chignon
une natte
une queue de cheval
une mèche sur le front
les cheveux en brosse
le haut de la tête
le côté
la nuque
une mise-en-plis
une permanente

Exercices

A **Les cheveux.** Donnez des réponses personnelles.

1. Tu as les cheveux blonds, noirs, bruns, châtains ou roux?
2. Tu as les cheveux raides, bouclés ou frisés?
3. Tu as les cheveux longs, mi-longs ou courts?
4. Tu as une queue de cheval?
5. Tu as une mèche sur le front?
6. Si tu es un garçon, tu as des pattes?
7. Tu as des pattes longues ou courtes?
8. Tu as les cheveux en brosse?
9. Si tu es une fille, tu préfères une mise-en-plis, une permanente ou rien du tout?
10. Tu as une frange?
11. Quelles coiffures aimes-tu pour les filles? Et pour les garçons?
12. Quelles sont celles que tu n'aimes pas pour les filles? Et pour les garçons?

B **Dans la classe.** Répondez.

1. Dans la classe, qui a les cheveux longs? Les cheveux courts?
2. Qui a les pattes longues? Les pattes courtes?
3. Qui a une mèche sur le front?
4. Qui a la raie à droite? À gauche?
5. Qui a les cheveux roux? Les cheveux blonds?
6. Qui a les cheveux châtains? Les cheveux noirs?
7. Qui a une permanente?
8. Qui a les cheveux courts sur les côtés?
9. Qui a les cheveux longs sur la nuque?
10. Qui a les cheveux très courts sur le haut de la tête?

C **Lequel préfères-tu?** Regardez les photos et dites à un(e) camarade lequel des styles (masculins ou féminins) vous préférez. Décrivez le style de coiffure que vous avez choisi.

> **Élève 1: Lequel de ces styles est-ce que tu préfères?**
> **Élève 2: Je préfère celui-là. La fille a les cheveux courts sur les côtés...**

VOCABULAIRE

MOTS 2

LES PRODUITS DE BEAUTÉ

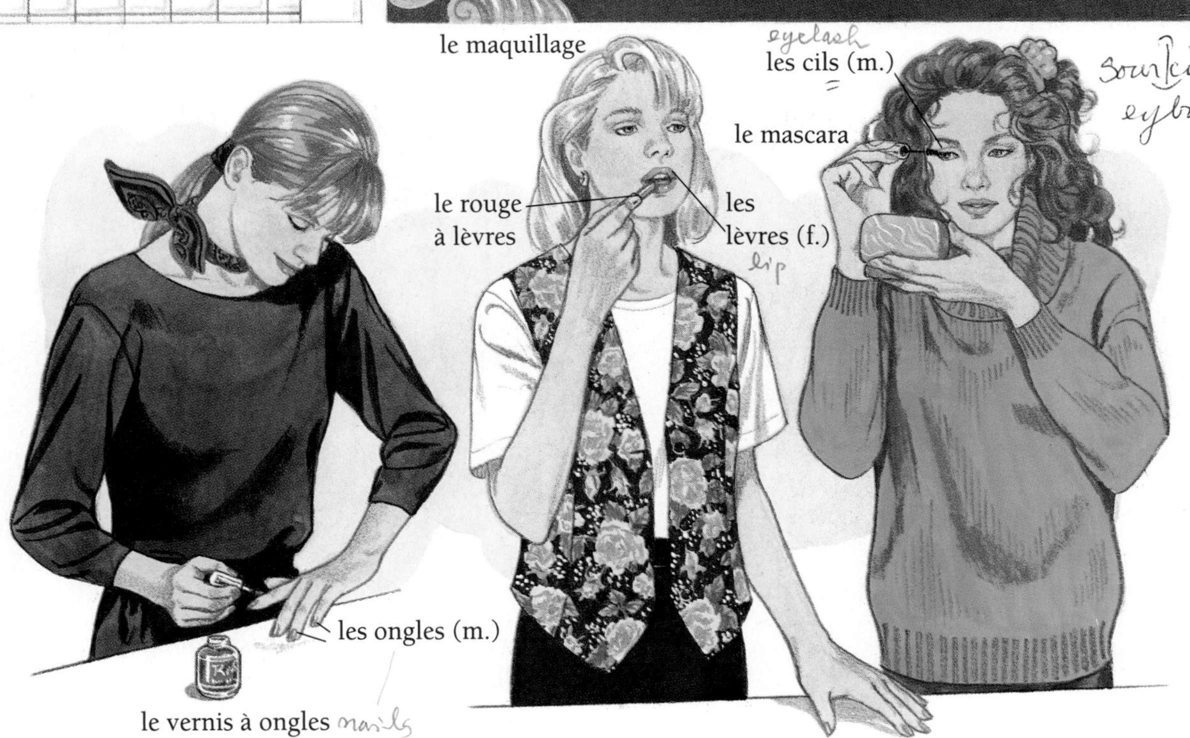

les cheveux mouillés

les cheveux secs

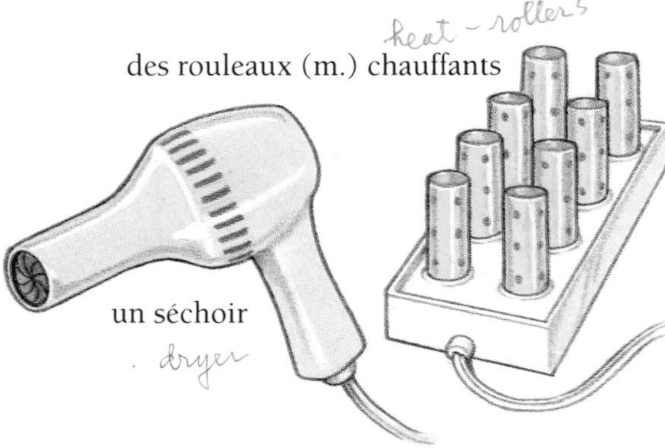

un coiffeur

une coupe au rasoir

un rasoir

des ciseaux (m.)

Le coiffeur lui coupe les cheveux.
Le coiffeur lui fait une coupe aux ciseaux.

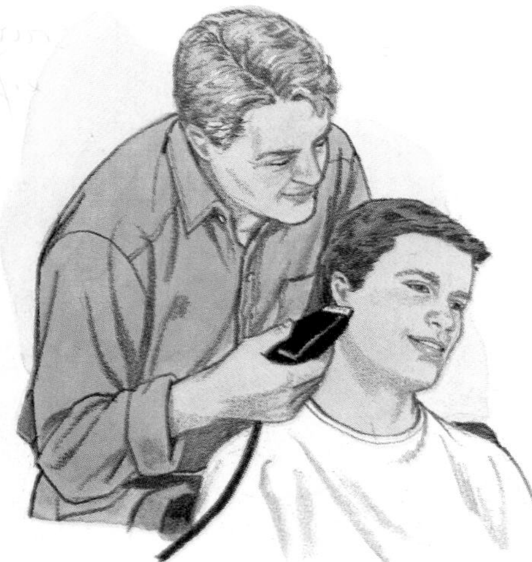

Le coiffeur lui taille les pattes.

une coiffeuse

La coiffeuse lui fait un shampooing.
Elle lui fait un brushing.
Elle lui donne un coup de peigne.

Exercices

1\.
2\.
3\.
4\.
5\.

A **Quelle horreur!** Regardez le dessin et identifiez chacune des choses numérotées.

B **Chez le coiffeur.** Donnez des réponses personnelles.

1. Quand tu vas chez le coiffeur, le coiffeur ou la coiffeuse te fait un shampooing?
2. Il/Elle te coupe les cheveux mouillés ou secs?
3. Il/Elle te sèche les cheveux avec un séchoir ou il/elle les laisse sécher tout seuls?
4. Il/Elle te fait une coupe au rasoir ou aux ciseaux?
5. Il/Elle te fait un brushing?
6. Décris tout ce qu'il/elle te fait.

C **Question de goût.** Répondez.

1. Tu emploies des produits de beauté?
2. Tu aimes le maquillage pour les filles?
3. Tu aimes le vernis à ongles? Le mascara? Le rouge à lèvres?
4. En ce moment, le maquillage est à la mode pour les jeunes filles américaines?
5. Les permanentes sont à la mode ou pas?
6. Les cheveux longs, mi-longs ou courts sont à la mode?
7. Tu te donnes un coup de peigne le matin?
8. Tu te peignes avec un peigne ou tu te brosses les cheveux avec une brosse?

D **C'est pour qui?** Choisissez.

pour hommes **pour femmes** **unisexe**

1. le mascara
2. le shampooing-crème
3. le gel pour les cheveux
4. le parfum
5. l'eau de toilette
6. la crème pour le visage
7. le talc
8. la laque
9. le vernis à ongles

Activités de communication orale

Mots 1 et 2

Anne Delon

A Quels beaux cheveux tu as! Votre amie française Anne Delon veut savoir comment vous vous coiffez. Répondez à ses questions.

1. Tu mets combien de temps pour te coiffer le matin?
2. Qu'est-ce que tu mets sur tes cheveux?
3. Est-ce que tu vas quelquefois chez le coiffeur? Chez quel coiffeur?

B Qui est-ce? Décrivez les cheveux (style, longueur et couleur) d'un(e) de vos camarades. Un(e) autre élève va deviner qui vous décrivez.

> **Élève 1: Elle a les cheveux longs, bruns et frisés.**
> **Elle met beaucoup de gel.**
> **Élève 2: Est-ce que c'est Martine?**

C C'est quoi? Choose several products from the list below and give a classmate clues about each of them—who uses the item, when, and why. Your partner has to guess which item you're describing.

> **Élève 1: Les femmes en mettent sur les ongles.**
> **Élève 2: C'est du vernis à ongles.**

du mascara	**du dentifrice**
du rouge à lèvres	**du parfum**
du vernis à ongles	**du maquillage**
de la laque	**de la crème pour le visage**
du gel	**du shampooing**

Fermé le Lundi

R.C. PARIS B 324 342 237

GEFF COIFFURE

FEMININ - MASCULIN

49 rue Lacépède
75005 PARIS
Tél. : 45 35 16 17

Les pronoms interrogatifs et démonstratifs

Expressing "Which One(s)" and "This One," "That One," "These," or "Those"

1. Review the forms of the interrogative adjectives.

MASCULIN	**Tu aimes quel livre?** **Tu aimes quels livres?**
FÉMININ	**Tu as écouté quelle cassette?** **Tu as écouté quelles cassettes?**

2. In French you use a form of the interrogative pronoun *lequel* to ask "which one(s)."

MASCULIN	**J'ai lu un livre super.** **J'ai lu des livres super.**	**Ah, oui? Lequel?** **Ah, oui? Lesquels?**
FÉMININ	**J'ai entendu une cassette super.** **J'ai entendu des cassettes super.**	**Ah, oui? Laquelle?** **Ah, oui? Lesquelles?**

3. When the question "which one(s)" is asked, one often answers with "this one," "that one," "these," or "those." These are called demonstrative pronouns. Study the following forms of the demonstrative pronouns in French.

MASCULIN	**Quel livre préfères-tu?** **Quels livres préfères-tu?**	**Celui-là.** **Ceux-là.**
FÉMININ	**Quelle cassette préfères-tu?** **Quelles cassettes préfères-tu?**	**Celle-là.** **Celles-là.**

4. The demonstrative pronouns are never used alone. They are followed by:
    - *-là* to single out
      Lequel de ces stylos aimes-tu? J'aime bien *celui-là*.
    - *de* to indicate possession
      C'est ton livre? Non, c'est *celui de* Jean.
    - the relative pronouns *qui* and *que* to identify
      Laquelle de ces filles est ta sœur? C'est *celle qui* parle avec Jean.

5. Note that *-ci* is used to refer to a person or object that is nearer the speaker and *-là* to a person or object farther away.

    Veux-tu ce livre-ci ou ce livre-là?

Exercices

A **Tu préfères lequel?** Répondez d'après le modèle.

Élève 1: Voici deux shampooings. Tu préfères lequel?
Élève 2: Je préfère celui-là.

1. Voici deux gels pour les cheveux. Tu préfères lequel?
2. Voilà deux parfums. Tu préfères lequel?
3. Voici deux eaux de toilette. Tu préfères laquelle?
4. Voici deux crèmes solaires. Tu préfères laquelle?
5. De tous les parfums tu préfères lesquels?
6. De tous les rouges à lèvres tu préfères lesquels?
7. De toutes les crèmes pour le visage tu préfères lesquelles?
8. De toutes les laques pour les cheveux tu préfères lesquelles?

B **Il n'y a pas de différence entre le «look» de Serge et celui de son copain.** Répondez d'après le modèle.

> **Élève 1: Le «look» de Serge est à la mode. Et celui de son copain?**
> **Élève 2: Celui de son copain est à la mode aussi.**

1. La coiffure de Serge est formidable. Et celle de son copain?
2. Les cheveux de Serge sont mouillés. Et ceux de son copain?
3. Les pattes de Serge sont très longues. Et celles de son copain?
4. Le shampooing de Serge coûte cher. Et celui de son copain?
5. La raie de Serge est à gauche. Et celle de son copain?

C **Le shampooing de mes rêves.** Complétez avec une forme de *celui de* ou *celui qui/que.*

Je n'aime plus le shampooing que j'utilise depuis un an. Je vais acheter ____ (1) Michel utilise, ____ (2) s'appele «Ultra». C'est un produit excellent. Et la laque Ultra est excellente aussi. C'est ____ (3) on voit toujours à la télévision. Une actrice célèbre dit que ses cheveux et ____ (4) son mari sont fantastiques parce qu'ils utilisent Ultra. J'aime beaucoup la coiffure de l'actrice mais je déteste ____ (5) son mari. Je préfère les «looks» élégants mais pas ____ (6) sont artificiels. De tous les «looks» à la mode en ce moment, ____ (7) j'aime le mieux sont les «looks» très chic mais naturels.

Modèles de coiffures chez un coiffeur en Guinée

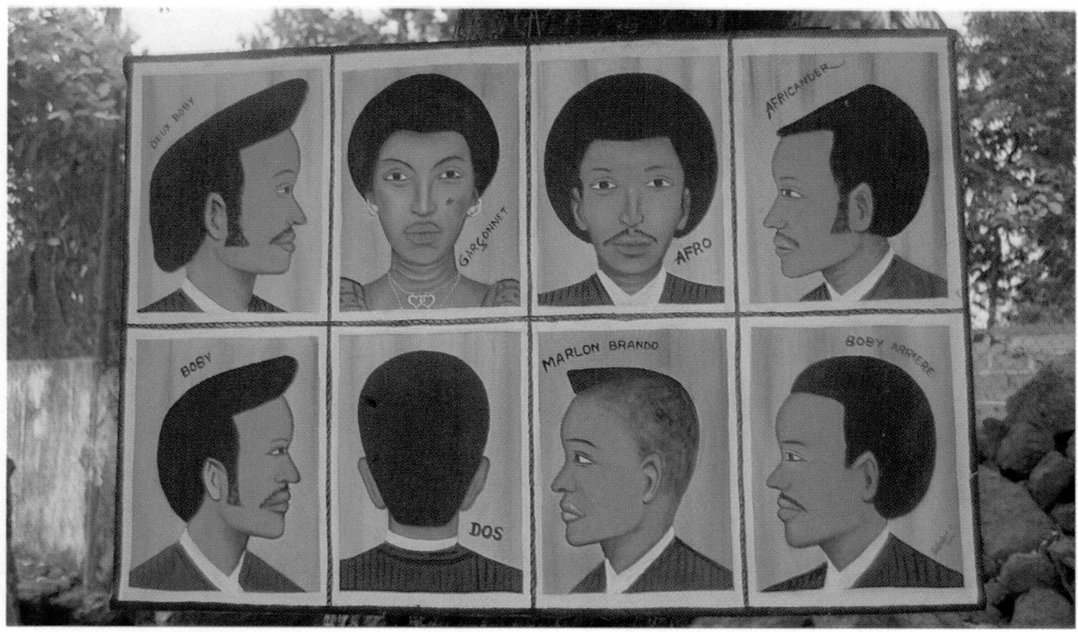

Le pluriel en *-x* — *More About the Plural*

1. Nouns ending in *-eau*, *-eu*, and *-ou* usually form their plural with *-x* rather than *-s*. Study the following.

SINGULIER	PLURIEL
le ciseau **le rouleau** **le cheveu**	**les ciseaux** **les rouleaux** **les cheveux**

2. Most nouns ending in *-al* or *-ail* change to *-aux* in the plural.

SINGULIER	PLURIEL
le journal **le travail**	**les journaux** **les travaux**

3. Remember that most adjectives ending in *-al* in the masculine singular also change to *-aux* in the plural.

MASCULIN SINGULIER	MASCULIN PLURIEL
local **national**	**locaux** **nationaux**

Exercices

A Le pluriel, s'il vous plaît.

Mettez au pluriel.

le bel animal
les beaux animaux

1. le petit rouleau
2. le beau château
3. l'eau de toilette
4. le cheveu long
5. le journal local
6. l'animal brutal
7. le travail public
8. l'hôpital régional

Le château d'Azay-le-Rideau

B Vos préférences. Donnez des réponses personnelles.

1. Tu aimes les animaux?
2. Tu aimes visiter les châteaux?
3. Tu connais les châteaux de la Loire?
4. Tu préfères les cheveux longs ou courts?
5. Pour les garçons, ce sont les cheveux longs ou les cheveux courts qui sont à la mode maintenant?
6. Tu préfères les coupes au rasoir ou aux ciseaux?
7. Tu lis des journaux français ou américains?

Les expressions de temps — *Expressing Time*

1. You use the expression *depuis* with the present tense to describe an action that began at some time in the past and continues into the present.

Vous travaillez ici depuis combien de temps?	**Je travaille ici depuis cinq ans.**
Depuis quand est-ce qu'elle habite ici?	**Elle habite ici depuis 1990.**

2. The following are expressions that mean the same thing as *depuis*.

_Il y a_ cinq ans que je travaille ici.
Voilà cinq ans que je travaille ici.
Ça fait cinq ans que je travaille ici.

Exercice

A Depuis quand? Donnez des réponses personnelles.

1. Tu habites dans la même ville ou dans le même village depuis quand?
2. Tu habites dans la même maison depuis quand?
3. Depuis quand vas-tu à la même école?
4. Depuis quand est-ce que tu fais du français?
5. Tu étudies avec le même prof depuis quand?
6. Depuis combien de temps est-ce que tu as les cheveux longs ou les cheveux courts?
7. Tu vas chez le même coiffeur depuis quand?

Des joueurs de boules à Aix

Scènes de la vie *Une coupe*

LA COIFFEUSE: Qu'est-ce que je vous fais aujourd'hui?
DOMINIQUE: Une coupe, s'il vous plaît. Longs sur la nuque, plus courts sur les côtés.
LA COIFFEUSE: Je vous fais un shampooing?
DOMINIQUE: Oui, s'il vous plaît.
(Plus tard.)
LA COIFFEUSE: C'est assez court comme ça?
DOMINIQUE: Oui, ça va bien.
LA COIFFEUSE: Vous voulez un gel «Wet Look»?
DOMINIQUE: Non, merci. Je n'aime pas le «look» gominé[1]. Je sais que c'est très «in», mais ce n'est pas mon genre.

[1] gominé *plastered down*

A **Chez le coiffeur.** Répondez d'après la conversation.

1. C'est une fille ou un garçon qui parle à la coiffeuse?
2. Quel genre de coiffure est-ce que Dominique préfère?
3. Dominique veut un shampooing?
4. La coiffeuse a coupé les cheveux assez courts?
5. Dominique veut un gel?
6. Dominique aime «le wet look»?

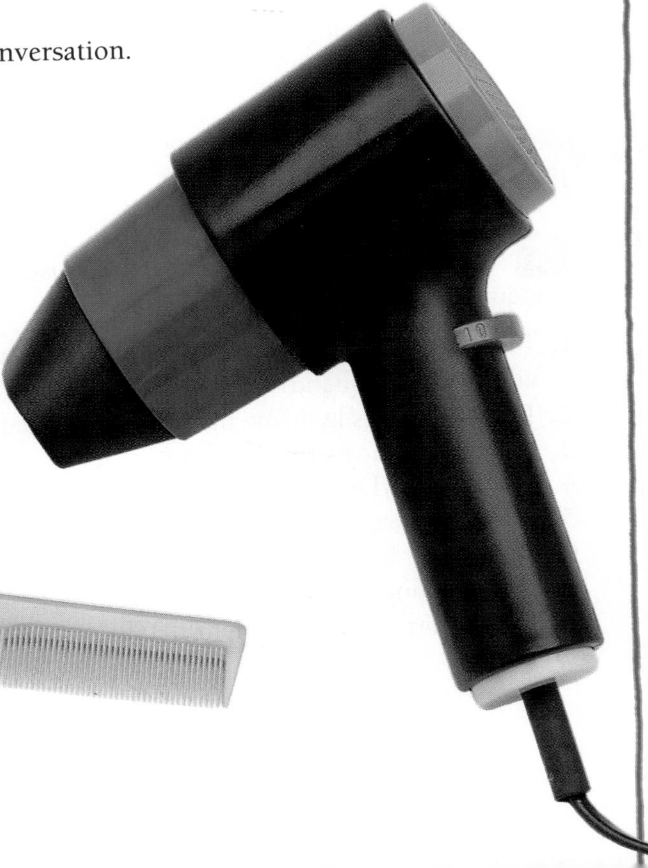

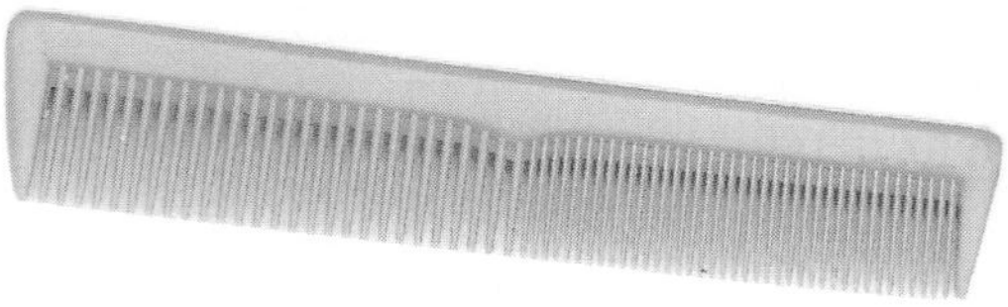

Activités de communication orale

A **Lequel préfères-tu?** Avec un(e) camarade, discutez de vos stars, groupes de rock, films, etc. préférés.

> **Élève 1: J'aime bien Nirvana et Pearl Jam. Lequel préfères-tu?**
> **Élève 2: Moi, je préfère Pearl Jam.**

B **Depuis combien de temps?** Demandez à un(e) camarade depuis combien de temps il/elle a les oreilles percées, les cheveux courts (longs), les cheveux en brosse, une queue de cheval, les cheveux verts, une permanente, etc. Demandez-lui aussi depuis quand il/elle s'habille de cette façon, utilise des produits de beauté, etc.

> **Élève 1: Tu as les oreilles percées depuis combien de temps?**
> **Élève 2: Depuis trois ans.**

C **Quelle transformation!** Compare the "before" and "after" pictures of one of the two models below. Ask a classmate questions about the differences between the two pictures regarding the model's hair (length, color, and style), nails, eyelashes, lips, and makeup.

> **Élève 1: Quelles différences y a-t-il entre la coiffure de Chantal sur la première photo et la deuxième?**
> **Élève 2: Sur la première photo Chantal a les cheveux très raides. Sur la deuxième, elle a les cheveux très frisés! On lui a fait une permanente!**

avant

après

Chantal Dubois

avant

après

Sylvie Fragnière

LECTURE ET CULTURE

NOUVELLES COUPES, NOUVELLES COIFFURES

CLAIRE: Michel, en France en ce moment, quel «look» est «in» au point de vue coiffure?

MICHEL: Eh bien, j'hésite à répondre à cette question. C'est difficile, tu sais. Le style change très vite. C'est dingue![1] Cette année, le court domine. Le «look» est très naturel, décontracté[2].

CLAIRE: C'est incroyable. Le court domine depuis quand? L'année dernière j'étais en France et tout le monde avait les cheveux longs.

MICHEL: Exactement. Comme je t'ai dit, le style change très vite. Aujourd'hui c'est le court, un peu de gel peut-être, mais on ne met plus de laque. Et demain, le long? Je ne sais pas. Mon coiffeur mise sur[3] le retour des cheveux longs. Peut-être! Mais c'est la même chose aux États-Unis, n'est-ce pas?

CLAIRE: Ah, oui. Les coiffures changent tout le temps.

MICHEL: Quel est le «look» «in» maintenant?

CLAIRE: Franchement je ne sais pas.

MICHEL: Tu vois?

[1] dingue *crazy*
[2] décontracté *relaxed, informal*
[3] mise sur *is betting on*

Étude de mots

A **Des correspondances.** Trouvez le nom qui correspond au verbe.

1. hésiter
2. répondre
3. se coiffer
4. retourner
5. changer

a. une coiffure
b. une hésitation
c. un retour
d. un changement
e. une réponse

Le kaléidoscoupe est la manière la plus efficace et la plus astucieuse de choisir la coupe qui vous va. L'une de ces formes mondialement connues signées JEAN LOUIS DAVID s'adaptera forcément à votre personnalité ou à votre problème spécifique de cheveux. Passez le kaléidoscoupe au peigne fin, et montrez à notre coiffeur le modèle qui vous plaît. Il sera alors réalisé par des équipes maîtrisant parfaitement la technique de l'un des modèles griffés JEAN LOUIS DAVID. Plus besoin de savoir parler de sa coupe, il suffit de la montrer. Contrat-coiffure : venez vite l'essayer !

LES BEST-SELLERS

Compréhension

B **Vous avez compris?** Répondez par «oui» ou «non» d'après la lecture.

1. Les styles de coiffure ne changent presque jamais en France.
2. Le court domine toujours.
3. Un «look» décontracté est très élégant et distingué, sophistiqué.
4. D'après Michel, la laque est très «in» en France en ce moment.
5. Le coiffeur de Michel dit que les cheveux longs, c'est fini.

C **L'idée principale.** Choisissez l'idée principale de la lecture.

a. Le «look» décontracté est presque toujours «in» en France.
b. Les styles de coiffure changent très vite en France et aux États-Unis.
c. Le «look» n'est jamais le même en France et aux États-Unis.

DÉCOUVERTE CULTURELLE

LES COIFFURES

En France, comme aux États-Unis, les coiffures changent fréquemment. De temps en temps le style qui est à la mode aux États-Unis est «in» en France aussi. Mais ce n'est pas toujours le cas. Les cheveux sont longs ici et courts en France.

Dans les villes de France surtout et dans celles d'autres pays européens, il y a beaucoup de coiffures unisexe. À l'heure actuelle[1] les coiffures unisexe existent aux États-Unis et deviennent de plus en plus populaires. Mais les changements fréquents de coiffures chez les hommes américains sont plus récents que chez les Français. Aux États-Unis, jusqu'à récemment, le coiffeur coupait les cheveux toujours de la même manière. Il se servait d'une tondeuse[2] pour couper les cheveux et raser la nuque. Il utilisait rarement des ciseaux. En France ça fait longtemps que le coiffeur demande à ses clients, «Vous désirez une coupe aux ciseaux ou au rasoir?» Le shampooing et une coupe avec un certain style, «look» ou allure est assez nouveau pour les hommes américains.

LES PARFUMS

Guerlain, Dior, Nina Ricci, Yves Saint-Laurent, et Chanel sont des marques françaises de parfum célèbres. Plus de 75% des extraits de parfums vendus

---

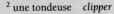

[1] à l'heure actuelle *now, currently*
[2] une tondeuse *clipper*

Grasse, la ville des parfums

Une fabrique de parfums à Grasse

dans le monde sont produits à Grasse, une vieille ville de Haute-Provence. Tout autour de[3] la ville il y a des champs de lavande, de roses, de jasmin, d'orangers et de mimosas qui servent à la fabrication des parfums. Les belles fleurs mauves de la lavande embaument l'air d'été au mois de juillet. Et les femmes de tous les coins du monde apprécient un joli flacon[4] de parfum français.

[3] tout autour de *all around*
[4] flacon *bottle*

RÉALITÉS

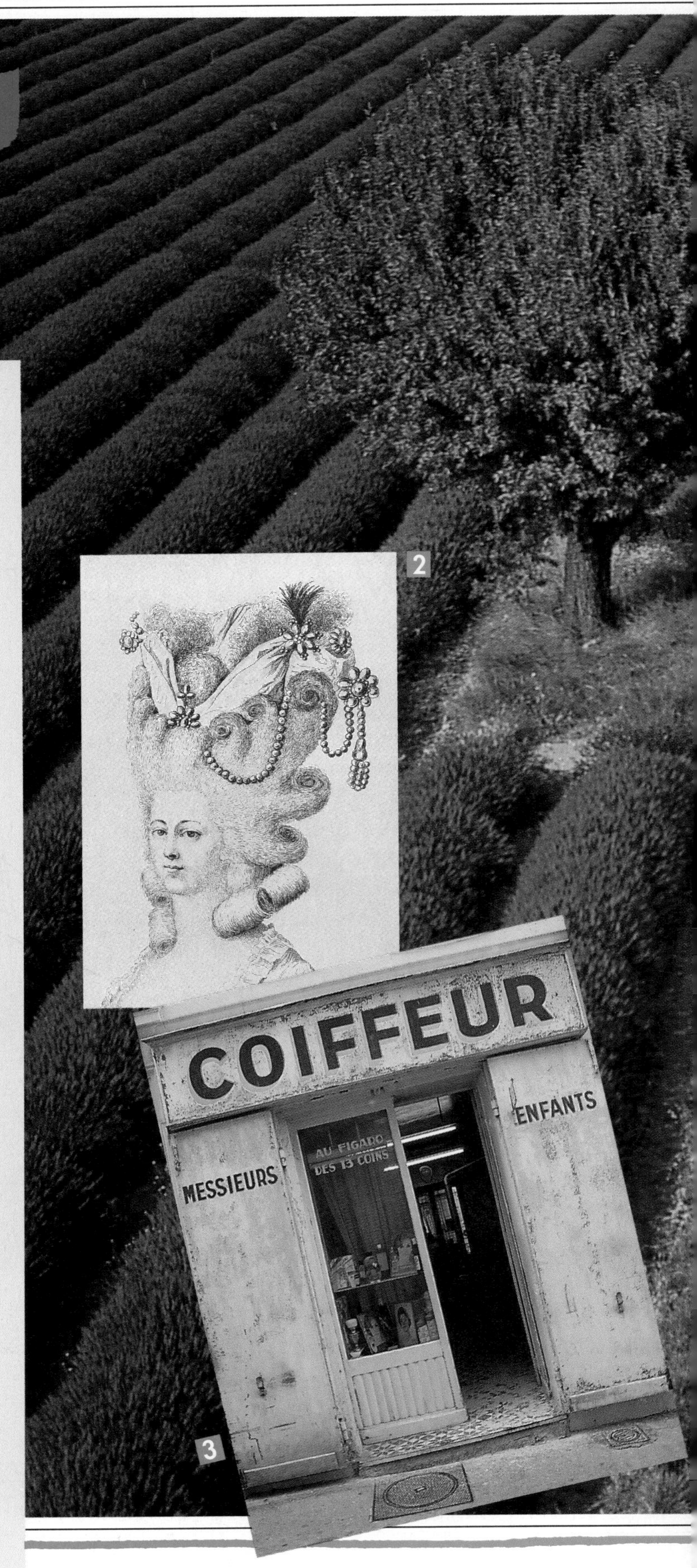

1

Voici un beau champ de lavande en Provence 1. On utilise la lavande dans la fabrication des savons et des parfums.

Regardez cette coiffure extraordinaire du dix-huitième siècle 2.

Voici le salon de coiffure «Au Figaro des Treize Coins» à Marseille 3. Les femmes peuvent se faire couper les cheveux ici?

Cette jeune femme choisit un parfum dans une parfumerie à La Rochelle 4. Quel est ton parfum préféré?

C'est la salle des parfumeurs chez Roger & Gallet 5. On y teste les parfums. Il faut avoir un nez très sensible pour faire ce travail. C'est un travail qui t'intéresse?

Voici un flacon de parfum 6. À ton avis la forme est belle? C'est un parfum de quel grand couturier?

2

3

5
AMARIGE
de
GIVENCHY
PARIS
6
4

CULMINATION

Activités de communication orale

A Au théâtre. Vous avez décidé de monter une pièce de théâtre. Avec un(e) camarade, choisissez une pièce qui vous plaît (*West Side Story,* par exemple) et décidez comment vont être les personnages:

> **Quelle coiffure**
> **Quel costume**
>
> **Élève 1: Comment vont être Tony et Maria?**
> **Élève 2: Je ne sais pas, moi. Il va avoir le look gominé. Elle va avoir les cheveux raides.**
> **Élève 1: Il peut porter un blouson noir. Elle peut porter une robe blanche.**

B Les Best-sellers. Working with a classmate, look at the hairstyle poster on page 129. You choose one of the models and describe his or her hair in as much detail as possible. Your partner has to guess who you're describing. You may each take several turns describing and guessing.

C Qu'est-ce que je suis beau (belle)! Vous êtes invité(e) à une fête. Mais avant d'y aller, vous allez chez le coiffeur pour une coupe de cheveux. Décrivez ce que le coiffeur ou la coiffeuse vous fait.

Activités de communication écrite

A Chez le coiffeur. Using the ads on the right as a guide, write an ad for a real or imaginary French hair salon. Be sure to include the following information.

1. who the salon caters to
2. what kinds of haircuts and services are available
3. a price list
4. a catchy phrase to interest clients in the salon

B À la mode. Décrivez les styles de coiffure pour hommes et femmes qui sont à la mode en ce moment aux États-Unis.

Réintroduction et recombinaison

A **Ma journée.** Donnez des réponses personnelles.

1. Tu te lèves à quelle heure le matin?
2. Ton frère ou ta sœur se lève à la même heure que toi?
3. Tu te laves la figure et les mains?
4. Tu te laves les cheveux tous les matins?
5. Tu te brosses les dents combien de fois par jour?
6. Tu emploies quelle marque de dentifrice?
7. Ton copain et toi, vous restez en forme?
8. Vous faites de la gymnastique?
9. Tu fais du sport? Quel sport?
10. Tu rentres chez toi à quelle heure l'après-midi?

B **On fait sa toilette.** Choisissez le mot.

du rince-bouche **du dentifrice** **du savon** **du déodorant** **une serviette** **du shampooing**

1. On se lave avec ____.
2. On se sèche avec ____.
3. On se rince la bouche avec ____.
4. On se brosse les dents avec ____.
5. On se lave les cheveux avec ____.
6. On met ____ quand on fait de l'exercice.

C **L'école primaire.** Donnez des réponses personnelles.

1. Tu allais à quelle école primaire?
2. Qui était ta maîtresse préférée ou ton maître préféré?
3. Tu allais à l'école à pied ou tu prenais le bus?
4. Tu déjeunais à la cantine ou tu rentrais chez toi?

Vocabulaire

NOMS

le coiffeur
la coiffeuse
la coiffure
les cheveux (m.)
la coupe
  au rasoir
  aux ciseaux
le shampooing
la mise-en-plis
la permanente
le peigne
les ciseaux (m.)
le rasoir
le rouleau (chauffant)
le séchoir
le style
les cheveux en brosse

le chignon
la frange
la mèche
la queue de cheval
la natte
la raie
les pattes (f.)

le côté
le haut
la nuque
le front
les cils (m.)
la lèvre
l'ongle (m.)

le produit de beauté
la crème pour le visage
le shampooing-crème

le gel
la laque
le talc
le parfum
l'eau (f.) de toilette
le maquillage
le rouge à lèvres
le vernis à ongles
le mascara

ADJECTIFS

bouclé(e)
raide
frisé(e)
court(e)
mi-long(ue)
long(ue)
mouillé(e)
sec, sèche
châtain
roux, rousse
unisexe

VERBES

se coiffer
couper
tailler

AUTRES MOTS ET EXPRESSIONS

faire un shampooing
faire une coupe
faire un brushing
donner un coup de peigne

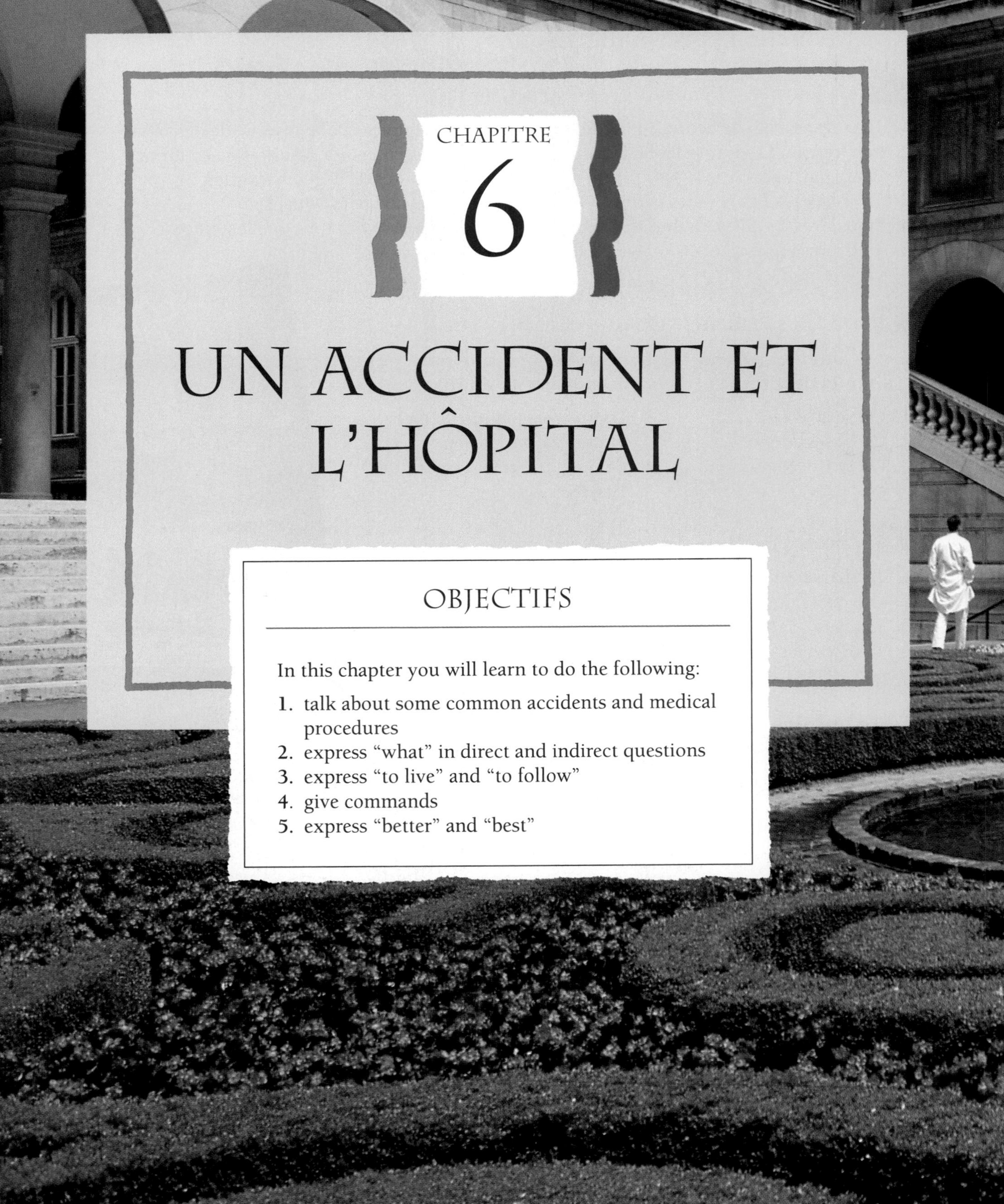

CHAPITRE

6

UN ACCIDENT ET L'HÔPITAL

OBJECTIFS

In this chapter you will learn to do the following:

1. talk about some common accidents and medical procedures
2. express "what" in direct and indirect questions
3. express "to live" and "to follow"
4. give commands
5. express "better" and "best"

VOCABULAIRE

MOTS 1

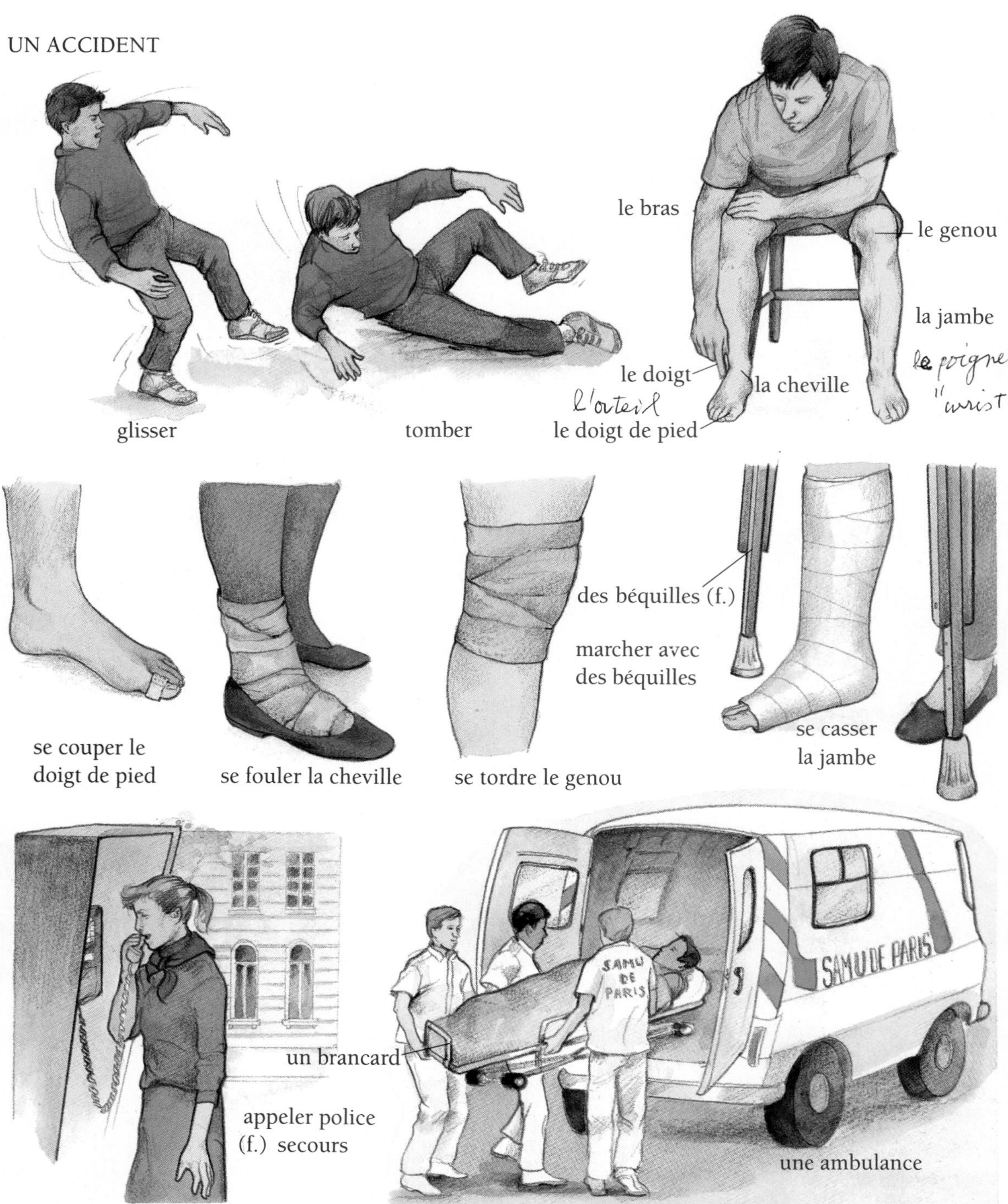

On a emmené le malade à l'hôpital en ambulance.

À LA SALLE DES URGENCES
Qu'est-ce qui est arrivé?
Un accident.
un fauteuil roulant
Vous avez mal?
Où?
Montrez-
moi.
J'ai mal à la jambe.
CHEZ LE MÉDECIN
des
points
(m.) de suture
C'est une petite blessure.
Qu'est-ce qui lui est arrivé?
Elle s'est coupé le doigt.
un infirmier
un pansement
Maryse s'est blessée.
L'infirmière la soigne.
Elle lui met un pansement.

Exercices

A **Qu'est-ce que c'est?** Identifiez d'après les dessins.

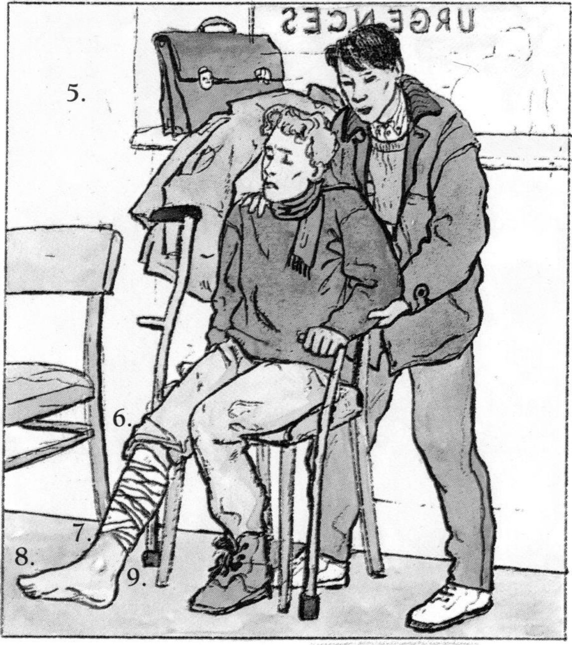

1. C'est un médecin ou une infirmière?
2. C'est une ambulance ou une voiture?
3. C'est un brancard ou un fauteuil roulant?
4. Ce sont des béquilles ou un fauteuil roulant?
5. C'est la salle d'opération ou la salle des urgences?
6. C'est le bras ou le genou?
7. C'est un pansement ou un point de suture?
8. C'est le doigt ou le doigt de pied?
9. C'est la jambe ou la cheville?

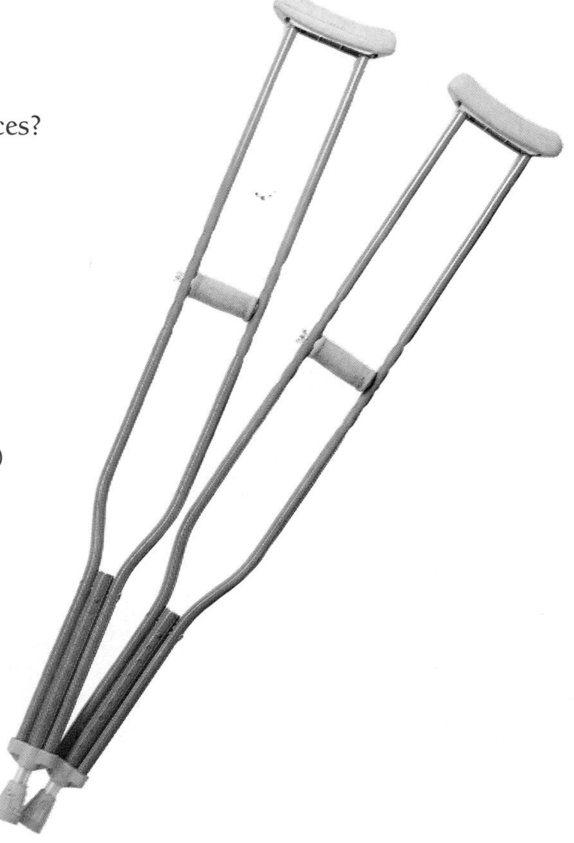

B **Un petit accident.** Répondez.

1. Qui a eu un accident? (François)
2. Il est tombé? (oui)
3. Où est-ce qu'il est tombé? (en face de l'école)
4. Il a glissé sur quoi? (la glace)
5. Il a eu une blessure? (oui)
6. Il a pu se relever? (oui)
7. On a appelé police secours? (non)
8. Où est-il allé? (à l'hôpital)
9. Qui l'a emmené à l'hôpital? (son copain)
10. Où à l'hôpital? (à la salle des urgences)

C **Tu as déjà eu un accident?** Donnez des réponses personnelles.

1. Tu es déjà tombé(e)?
2. Où est-ce que tu es tombé(e)?
3. Qu'est-ce qui t'est arrivé? Tu as glissé?
4. Tu as eu mal? Où?
5. Tu t'es cassé la jambe? le bras? le doigt?
6. Tu t'es foulé la cheville?
7. Tu t'es tordu le genou?
8. On t'a transporté(e) sur un brancard?
9. On t'a emmené(e) à l'hôpital en ambulance?
10. Tu es allé(e) à la salle des urgences?
11. Qui t'a soigné(e)?
12. Tu as dû marcher avec des béquilles?
13. Tu t'es déjà blessé(e)?
14. Tu t'es coupé le doigt?
15. Tu as eu des points de suture?

VOCABULAIRE

MOTS 2

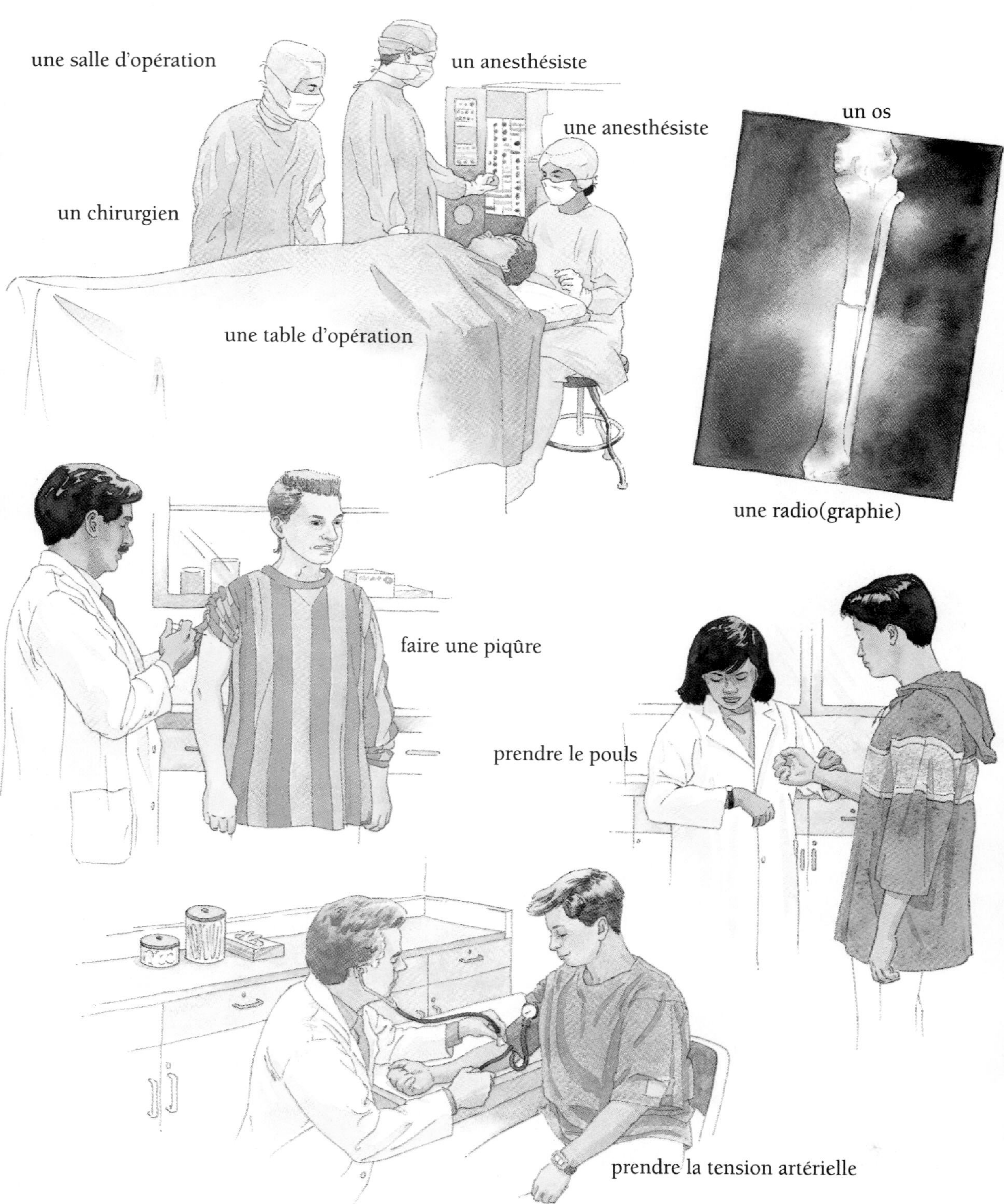
une salle d'opération
un anesthésiste
une anesthésiste
un os
un chirurgien
une table d'opération
une radio(graphie)
faire une piqûre
prendre le pouls
prendre la tension artérielle

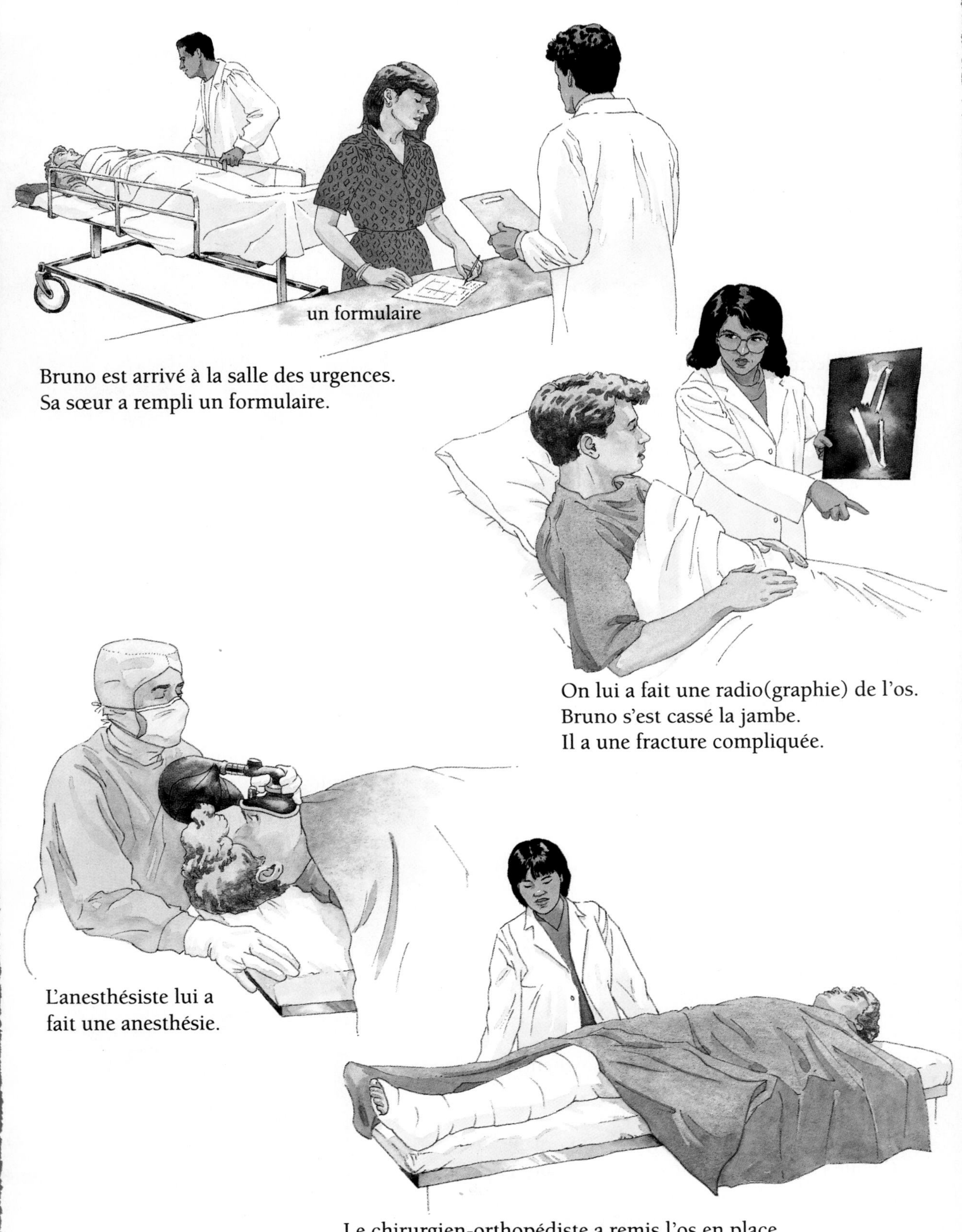

Bruno est arrivé à la salle des urgences.
Sa sœur a rempli un formulaire.

On lui a fait une radio(graphie) de l'os.
Bruno s'est cassé la jambe.
Il a une fracture compliquée.

L'anesthésiste lui a fait une anesthésie.

Le chirurgien-orthopédiste a remis l'os en place.
Il lui a mis la jambe dans le plâtre.

Exercices

A **Une visite médicale.** Jean-Claude est allé chez le médecin parce qu'il veut jouer dans l'équipe de football cette année. Qu'est-ce que le médecin lui a fait? Répondez.

1. Le médecin l'a ausculté?
2. Le médecin lui a dit: «Respirez à fond»?
3. Le médecin lui a pris le pouls?
4. Le médecin lui a pris sa tension artérielle?
5. Le médecin lui a fait une piqûre?
6. Le médecin lui a fait une radio?

B **À l'hôpital.** Choisissez.

1. On a emmené Bruno à l'hôpital en ___.
   a. voiture
   b. fauteuil roulant
   c. ambulance
2. Il est allé tout de suite ___.
   a. à la salle d'opération
   b. chez le médecin
   c. à la salle des urgences
3. Quand Bruno est arrivé à l'hôpital, sa sœur a rempli ___ pour lui.
   a. un formulaire
   b. une piqûre
   c. un os
4. Bruno croit qu'il s'est cassé ___ .
   a. les cils
   b. les lèvres
   c. la jambe
5. On lui a fait une ___ de l'os.
   a. radio
   b. fracture compliquée
   c. piqûre
6. ___ lui a fait une anesthésie.
   a. L'infirmière
   b. L'anesthésiste
   c. Le chirurgien
7. ___ a remis l'os en place.
   a. L'infirmier
   b. Le chirurgien-orthopédiste
   c. Le radiologue
8. Le chirurgien-orthopédiste lui a mis la jambe dans ___.
   a. les béquilles
   b. le brancard
   c. le plâtre

C **C'est quel mot?** Pour chaque définition, donnez le mot exact.

1. Celui qui opère, qui fait des interventions chirurgicales, qui fait des opérations
2. Ceux qui aident les médecins et soignent les malades dans un hôpital
3. Le squelette humain en a beaucoup.
4. Le négatif d'une photo d'un os, d'un organe, etc.
5. Ce que l'anesthésiste fait au malade avant et pendant une opération (ou une intervention chirurgicale)
6. Ce qu'il faut remplir quand on est admis à l'hôpital
7. Le médecin qui est spécialiste des os

Activités de communication orale

Mots 1 et 2

Guy Favet

A **Qu'est-ce qui est arrivé?** Vous avez eu un accident. Votre ami français Guy Favet vous pose des questions au sujet de cet accident. Répondez-lui.

1. Quel accident est-ce que tu as eu?
2. Comment est-ce que c'est arrivé?
3. Tu es allé(e) à l'hôpital?
4. Qu'est-ce que les médecins et les infirmières ont fait pour te soigner?

B **Qui est-ce?** Travaillez avec un(e) camarade. Vous allez décrire un traitement médical. Votre camarade va décider si ce traitement est administré par un infirmier, un médecin généraliste, un chirurgien ou un orthopédiste.

> **Élève 1: Cette personne fait des piqûres.**
> **Élève 2: C'est l'infirmière ou l'infirmier.**

C **Tu t'es déjà cassé le bras?** Make a chart like the one below and interview a classmate to find out which of the following have happened to him or her. Then reverse roles.

	OUI	NON
1. se fouler la cheville 2. se tordre le genou 3. se couper le doigt ou le doigt de pied 4. avoir la jambe ou le bras dans le plâtre 5. marcher avec des béquilles 6. être dans un fauteuil roulant		

Des pronoms interrogatifs et relatifs

Expressing "What" in Direct and Indirect Questions

1. To ask a direct question with "what" in French, you use the interrogative expressions *Qu'est-ce qui* and *Qu'est-ce que. Qu'est-ce qui* is used as the subject and *Qu'est-ce que* is used as the object of the sentence.

    ***Qu'est-ce qui* intéresse Pierre?**
    ***Qu'est-ce que* vous voulez faire aujourd'hui?**

2. To introduce an indirect question with "what" in French, you use *ce qui* and *ce que.* Note that *ce qui,* like *Qu'est-ce qui,* is used as the subject of the indirect question and *ce que,* like *Qu'est-ce que,* is used as the object.

    Elle demande *ce qui* intéresse Pierre.
    Elle demande *ce que* vous voulez faire aujourd'hui.

3. Compare the following forms.

	QUESTION DIRECTE	QUESTION INDIRECTE
SUJET	***Qu'est-ce qui* se passe?**	**Je ne sais pas *ce qui* se passe.**
OBJET	***Qu'est-ce que* Luc a dit?**	**Je ne sais pas *ce que* Luc a dit.**

Note that *ce qui* is usually followed by a verb and *ce que* is usually followed by a subject and a verb.

Exercices

A Je n'ai pas entendu. Répondez par «qu'est-ce qui» ou «qu'est-ce que» d'après le modèle.

***La science-fiction* intéresse Jean-Luc.**
Qu'est-ce qui intéresse Jean-Luc?

1. *Ton livre de biologie* est sur la table.
2. Le malade a eu *un accident.*
3. Il s'est blessé *le genou.*
4. Le frère de Jean s'est coupé *le doigt.*
5. L'infirmière a mis *un pansement* sur la blessure.
6. *La médecine* intéresse beaucoup ma sœur.

B **Dis donc! Tu sais ce qui est arrivé?** Répondez par «oui».

1. Tu sais ce qui est arrivé?
2. Tu sais ce qui se passe maintenant?
3. Tu sais ce que le médecin a dit à Carole?
4. Tu sais ce qu'il a fait?
5. Tu sais ce que le médecin a prescrit?
6. Tu sais ce qu'il a écrit sur l'ordonnance?
7. Tu comprends ce que le pharmacien a dit?

C **Des bêtises! Tu es furax.** Complétez avec «ce qui» ou «ce que».

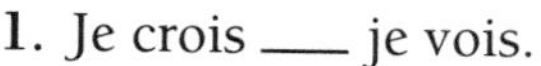

1. Je crois ___ je vois.
2. Je sais ___ se passe.
3. Je comprends ___ je lis.
4. Je ne suis pas d'accord avec ___ tu dis.
5. ___ tu dis n'est pas vrai, je t'assure.
6. ___ je fais, c'est pas tes oignons!

Les verbes *suivre* et *vivre* — *Expressing "To Live" and "To Follow"*

1. The verbs *suivre*, "to follow," and *vivre*, "to live," are irregular in the present tense.

SUIVRE	VIVRE
je suis	**je vis**
tu suis	**tu vis**
il/elle/on suit	**il/elle/on vit**
nous suivons	**nous vivons**
vous suivez	**vous vivez**
ils/elles suivent	**ils/elles vivent**

L'automne suit l'été.
En été nous vivons à la montagne.

2. The verb *suivre* is also used to mean "to take a course."

Je suis un cours de biologie. Mon amie suit un cours de maths.

3. *Vivre* can be used to express "to live" in all its different meanings.

Il vit à Genève. **Il vit bien.**

Habiter means "to live" in the sense of "to dwell."

Il habite à Paris.

4. The past participles of *suivre* and *vivre* are suivi and vécu.

Exercices

A **Personnellement.** Donnez des réponses personnelles.

1. Si tu veux maigrir, tu suis un régime?
2. Tu suis un régime pour rester en forme?
3. Tu suis un cours de français?
4. Tu as suivi un cours de français l'année dernière?
5. Tu as bien suivi les explications du professeur?
6. Toi et tes copains, vous voulez vivre jusqu'à l'âge de 100 ans?
7. Tu veux vivre jusqu'à quel âge?
8. Qu'est-ce que tu en penses? On vit bien aux États-Unis ou pas?
9. As-tu vécu dans un autre pays? Lequel?

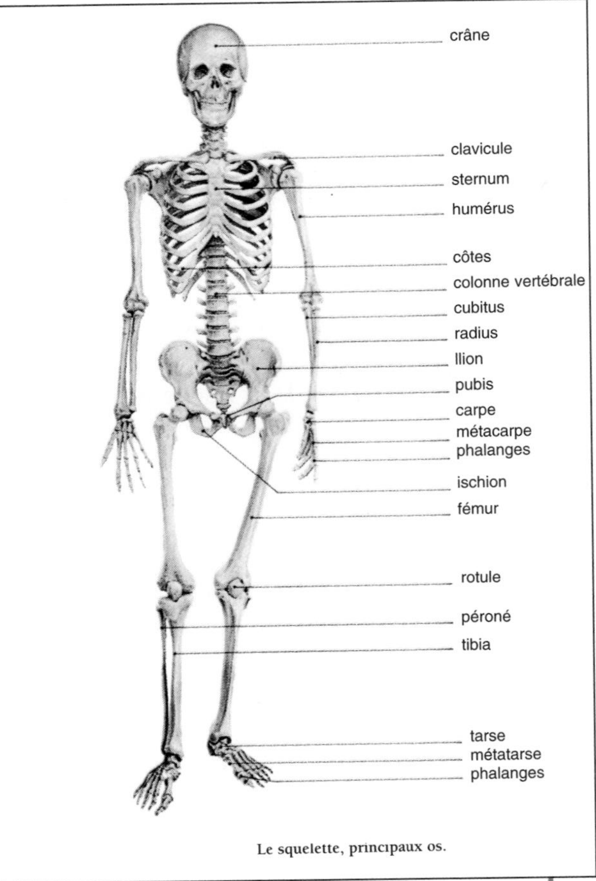

Le squelette, principaux os.

B **Tout le monde va être médecin.** Complétez avec «suivre».

1. Carole va être médecin. Elle ___ un cours de biologie.
2. Et son frère va être médecin. Il ___ un cours de microbiologie.
3. Moi aussi, je pense être médecin. Je ___ un cours d'anatomie.
4. Tous les trois nous ___ un cours de chimie organique.
5. Nos deux copains, David et Thérèse, ___ un cours de physiologie.
6. Les étudiants qui vont être médecins ___ des cours de sciences.
7. Tes amis et toi, vous allez être médecins? Vous ___ aussi des cours de sciences?

Les pronoms avec l'impératif *More About Commands*

1. As you have already learned, object pronouns come directly before the verb.

   La piqûre? Je *la* fais tout de suite.
   Les radios? Je *les* regarde maintenant.
   Je *lui* prends sa température.

2. In the case of the affirmative commands, however, the object pronoun follows the verb and is attached to it by a hyphen.

   La piqûre? Faites-*la* tout de suite.
   Les radios? Regardez-*les* maintenant.
   Prends-*lui* sa température.

3. Note that in negative commands the order is the usual one. The object pronoun comes before the verb.

   La piqûre? Ne *la* faites pas tout de suite.
   Les radios? Ne *les* regardez pas maintenant.
   Ne *lui* prends pas sa température.

4. In affirmative commands you use *moi* instead of *me* and *toi* instead of *te.*

   Ne *me* dites pas ce qui est arrivé.
   but
   Dites-*moi* ce qui est arrivé.

5. With reflexive verbs in the command form, the position of the pronouns is the same as with any other verb. In the negative command the pronoun comes before and in the affirmative command it comes after. Note, too, that *te* changes to *toi* after the verb.

NÉGATIF	AFFIRMATIF
Ne *te* couche pas.	**Couche-*toi.***
Ne *te* lève pas.	**Lève-*toi.***
Ne *vous* levez pas.	**Levez-*vous.***
Ne *nous* dépêchons pas.	**Dépêchons-*nous.***

Exercices

A **Bon! Fais-le si tu veux.** Répondez d'après le modèle.

Je vais regarder la télé.
Bon! Regarde-la si tu veux.

1. Je vais regarder le film.
2. Je vais écouter la cassette.
3. Je vais lire le magazine.
4. Je vais écrire la lettre.
5. Je vais acheter les billets.
6. Je vais mettre le couvert.
7. Je vais faire la vaisselle.
8. Je vais aider Maman.

B **Non, tu ne peux pas. Ne le fais pas.** Répondez d'après le modèle.

Je veux regarder la télé.
Non, tu ne peux pas. Ne la regarde pas.

1. Je veux regarder le film.
2. Je veux écouter la cassette.
3. Je veux lire le magazine.
4. Je veux écrire la lettre.
5. Je veux acheter les billets.
6. Je veux mettre le couvert.
7. Je veux faire la vaisselle.
8. Je veux aider Maman.

C **C'est très bien. Écrivez-lui!** Répondez d'après le modèle.

Je voudrais écrire à Michel.
C'est très bien. Écrivez-lui!

1. Je voudrais téléphoner à mes grands-parents.
2. Je voudrais parler à Simone.
3. Je voudrais écrire à mon copain.
4. Je voudrais obéir à mes parents.
5. Je voudrais dire bonjour au professeur de français.

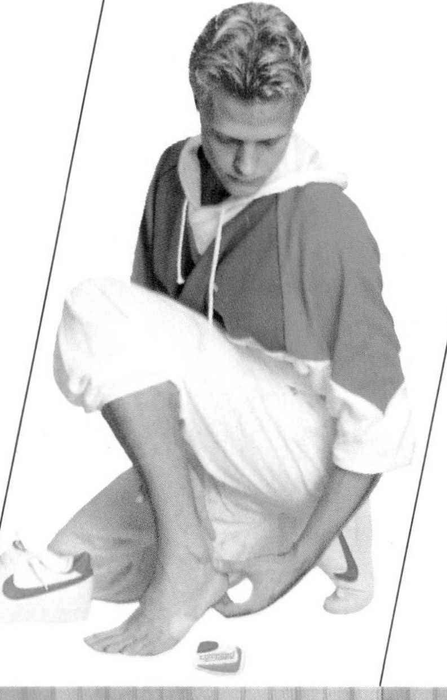

D **Alors, fais-le!** Répondez d'après le modèle.

Je vais me maquiller.
Alors, maquille-toi.

1. Je vais me lever.
2. Je vais me laver.
3. Je vais me sécher.
4. Je vais me raser.
5. Je vais me peigner.
6. Je vais m'habiller.
7. Je vais m'asseoir.
8. Je vais me coucher.

E **Non, ne le fais pas.** Refaites l'Exercice D d'après le modèle.

Je vais me maquiller.
Non, ne te maquille pas.

F **Le médecin vous parle.** Complétez avec «me», «moi» ou «vous».

1. Dites-___ vos symptômes.
2. Montrez-___ ou indiquez- ___ où ça vous fait mal.
3. Ne ___ donnez pas votre radio. Je ne peux pas la regarder maintenant.
4. Asseyez-___, s'il vous plaît.
5. Ne ___ asseyez pas sur cette chaise.
6. Et maintenant, levez- ___.
7. Docteur, je ne peux pas. Aidez- ___, s'il vous plaît.
8. D'accord. Donnez- ___ votre main.
9. Dites- ___ où vous avez mal.

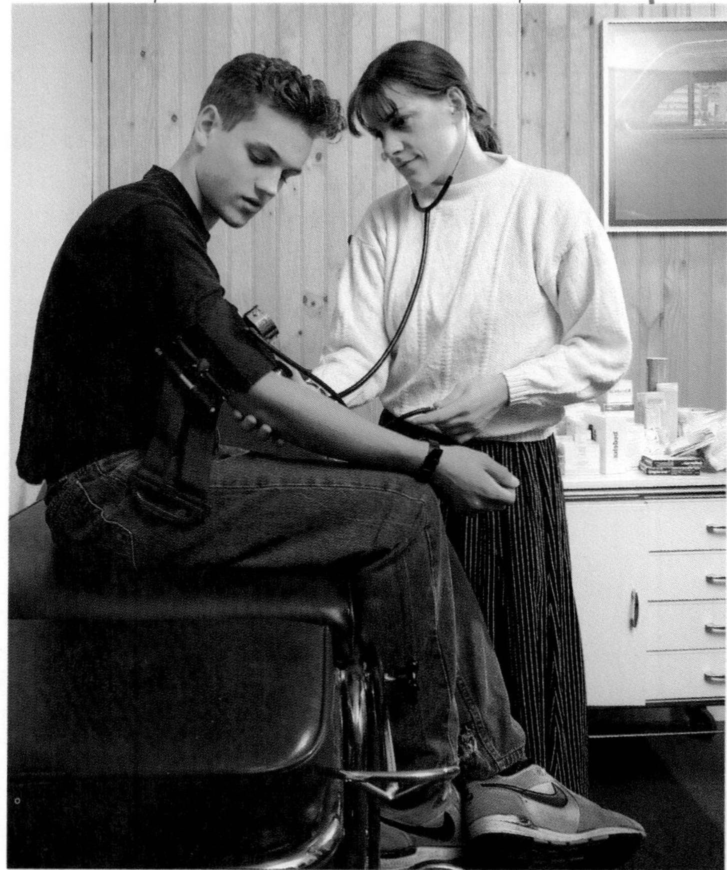

1. Study the forms of the comparative and superlative of the adverb *bien*.

   Il le fait *bien*.
   Mais moi, je le fais *mieux*.
   Et toi, tu le fais *le mieux*.

2. Note the comparative and superlative forms of the adverb *mal: pis, le pis*. Although you will not have to use these forms frequently, you should be able to recognize them.

3. The adjective *bon* is also irregular in the comparative and superlative: *meilleur(e)(s); le (la)(les) meilleur(e)(s)*. Note that since *meilleur* is an adjective it must agree with the noun it modifies in number and gender.

   Robert est *bon* en maths.
   Mais Pierre est *meilleur* en maths que Robert.
   Et Jonathan est *le meilleur* en maths de tous.
   Qui sont *les meilleurs* en maths de votre école?

   Carole est *bonne* en maths.
   Mais Julie est *meilleure* en maths que Carole.
   Et Camille est *la meilleure* en maths de toutes.
   Qui sont *les meilleures* en maths de votre école?

4. Note that the comparative and superlative forms of the adjective *mauvais* are: *pire* and *le (la) pire*.

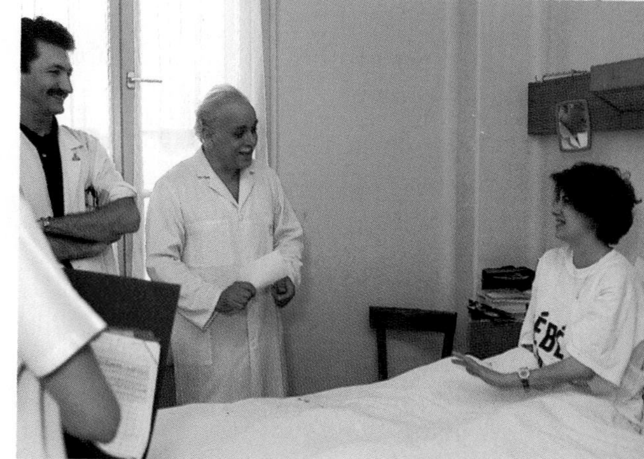

Exercices

A Comment va-t-elle? Répondez d'après les indications.

1. Julie va bien? (non)
2. Comment est elle? (malade)
3. Qu'est-ce qu'elle a? (des crampes)
4. Elle se sent mieux aujourd'hui? (oui, un peu)
5. Elle va se sentir mieux demain? (oui, sans doute)

B Toi ou quelqu'un d'autre? Donnez des réponses personnelles.

1. Tu skies bien?
2. Qui skie mieux que toi?
3. Qui est un meilleur skieur ou une meilleure skieuse que toi?
4. De tous tes amis, qui skie le mieux?
5. Qui est le meilleur skieur ou la meilleure skieuse?
6. Tu nages bien?
7. Qui nage mieux que toi?
8. Qui est un meilleur nageur ou une meilleure nageuse que toi?
9. De tous tes amis, qui nage le mieux?
10. Qui est le meilleur nageur ou la meilleure nageuse?

Scènes de la vie *Éric est tombé*

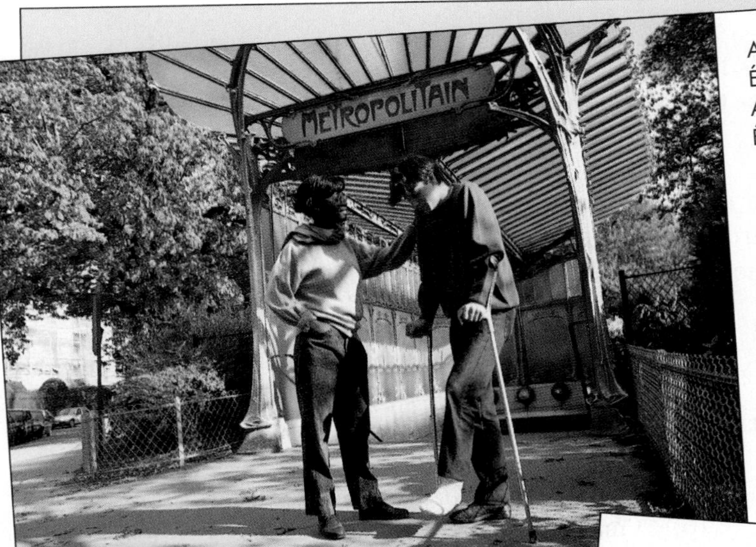

ANNIE: Qu'est-ce qui t'est arrivé?
ÉRIC: Quoi?
ANNIE: Je te demande ce qui t'est arrivé.
ÉRIC: J'ai eu un accident. Tu ne le savais pas?
ANNIE: Absolument pas! Personne ne m'a rien dit. Tu as eu un accident? Quand? Et où?
ÉRIC: Je suis tombé à l'école il y a trois jours.
ANNIE: Tu t'es cassé la jambe?
ÉRIC: Non, je me suis simplement foulé la cheville. C'est pour ça que le médecin ne m'a pas mis la jambe dans le plâtre.

2 FRANCE TELECOM **SERVICES D'URGENCE ET D'ASSISTANCE**

CONSIGNES D'URGENCE SERVICES ET CONSIGNES D'URGENCE SERVICES ET CONSIGNES D'URGENCE SERVICES ET CONSIGNES D'URGENCE SERVICES ET CONS

Complétez immédiatement ces cases, cela peut vous sauver la vie*

URGENCE

SAMU (service d'aide médicale d'urgence)	15		(1) 45 67 50 50
Police	17	ou pour votre localité la gendarmerie :	
Pompiers	18	ou pour votre localité :	
Centre anti-poisons			(1) 40 37 04 04
Gaz (sécurité, dépannage) Électricité (sécurité, dépannage)		voir à EDF-GDF en liste alphabétique	
Sécurité civile		voir consignes d'urgence en cas d'alerte page 3	

ASSISTANCE

SOS amitié	(1) 42 96 26 26 (1) 46 21 31 31 (1) 43 64 31 31 (1) 42 93 31 31 (1) 60 78 16 16 (1) 47 23 80 80 (SOS HELP, langue anglaise)	
Météo ** (prévisions)	Paris et Banlieue régionales à 5 jours France entière à 5 jours montagne et neige marines	36 65 02 75 36 65 00 00 36 65 01 01 36 65 04 04 36 65 08 08
CRICR (centre régional d'information et de coordination routières)		(1) 48 99 33 33

En cas de perte ou de vol :
- carte Pastel — Numéro Vert (seulement de 17h à 9h, de 9h à 17h appelez votre Agence Commerciale de FRANCE TELECOM) 05 29 88 90
- carte bleue — Paris (1) 42 77 11 90

*Reportez-vous à l'inscription «URGENCE (services locaux)» en tête de localité ou au classement alphabétique dans Les Pages Blanches, ou enfin à l'Annuaire Électronique
**5 unités Télécom par appel

A Il est tombé. Répondez d'après la conversation.

1. Qu'est-ce qu'Annie veut savoir?
2. Elle ne savait rien de son accident?
3. Où est-ce qu'il a eu son accident?
4. Quand est-ce qu'il l'a eu?
5. Qu'est-ce qu'il a fait?
6. Il s'est cassé la jambe?
7. Il s'est tordu le genou?
8. Le médecin lui a mis la jambe dans le plâtre? Pourquoi pas?

Activités de communication orale

A Marc attire les accidents! Le pauvre Marc, il a toujours de petits accidents. Regardez les dessins suivants et dites à Marc pourquoi il faut faire très attention. Dites-lui ce qui peut arriver s'il ne fait pas attention. Votre camarade va vous dire quel dessin vous décrivez.

Élève 1: Attention, Marc! Tu vas te fouler la cheville!
Élève 2: C'est le dessin numéro 1.

1.

2.

B Quels cours avez-vous suivis? Posez des questions à un(e) camarade sur sa vie scolaire de l'année dernière. Changez ensuite de rôles. Comparez vos réponses pour voir si vous êtes d'accord ou pas.

1. Quels cours as-tu suivis l'année dernière?
2. Quels cours as-tu aimés le mieux?
3. Qui était le meilleur prof de tous tes profs? Pourquoi?

C Au lycée. Demandez à un(e) camarade ce qu'il/elle considère comme très important dans la vie d'un(e) élève. Changez ensuite de rôles et comparez vos réponses. Préparez un exposé basé sur vos réponses et présentez-le à la classe.

Élève 1: Qu'est-ce qui compte le plus pour toi dans la vie d'un élève?
Élève 2: Ce qui compte le plus pour moi, c'est…

D Un peu de révision. You and a classmate have finished your training class for the local first aid squad and are reviewing for the exam. Suggest a typical emergency situation to your partner and ask him or her what to do. Then reverse roles.

Élève 1: Le malade s'est cassé la jambe. Qu'est-ce que je dois faire?
Élève 2: Fais une radio et mets-lui la jambe dans le plâtre.

LECTURE ET CULTURE

HÔTEL-DIEU, J'ARRIVE!

L'autre jour j'étais avec Marc quand il a eu un petit accident. Je dis un «petit» accident mais c'était assez grave. Nous étions en ville et il ne faisait pas très attention où il marchait. Il y avait des travaux[1] et il y avait donc un trou[2] dans le trottoir. Marc ne l'a pas vu et il est tombé dedans. Il s'est fait très mal et il ne pouvait pas se relever[3]. J'ai tout de suite compris qu'il était blessé.

Je suis allé appeler police secours. J'ai composé le 18. L'ambulance est arrivée en quelques minutes. Les secouristes ont allongé Marc sur un brancard et l'ont emmené à l'Hôtel-Dieu, un grand hôpital en face de Notre-Dame. Je suis allé chercher ma moto qui était garée tout près. J'ai suivi l'ambulance à l'hôpital.

J'ai aidé Marc à remplir les formulaires dans la salle des urgences. Il était un peu inquiet[4]. Un médecin l'a examiné et a ordonné une radiographie. La radiographie a indiqué une fracture compliquée. On a emmené Marc à la salle d'opération où le chirurgien-

[1] des travaux *construction work*
[2] un trou *hole*
[3] se relever *get up*
[4] inquiet *worried*

Hôtel-Dieu à Paris

orthopédiste l'attendait. Les infirmiers lui ont pris la tension artérielle et le pouls. L'anesthésiste a administré une anesthésie et l'orthopédiste a remis l'os en place. Il lui a mis la jambe dans le plâtre et Marc a pu quitter l'hôpital. Le chirurgien lui a fait une ordonnance pour des comprimés pour soulager la douleur[5].

Deux heures plus tard Marc et moi, nous étions devant l'hôpital. Marc était assis dans un fauteuil roulant, la jambe dans le plâtre, et moi avec ma moto. Je savais que je ne pouvais pas le mettre sur la selle[6] de ma moto. Que faire? J'ai téléphoné à son père et heureusement il était là. Je lui ai expliqué que Marc avait eu un petit accident, que ce n'était pas trop grave, et que nous l'attendions devant l'Hôtel-Dieu.

[5] soulager la douleur *relieve the pain*
[6] la selle *seat*

Étude de mots

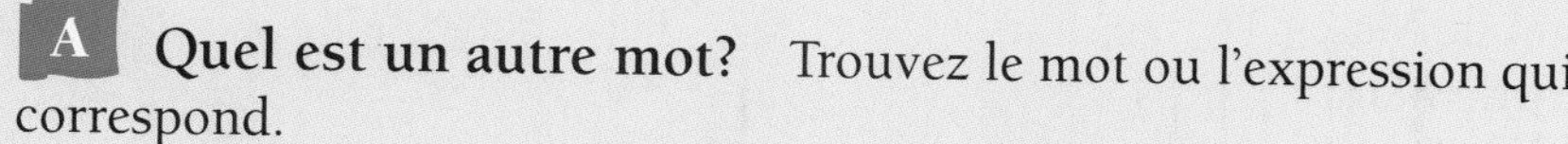

A Quel est un autre mot? Trouvez le mot ou l'expression qui correspond.

1. grave
2. essayer
3. garer
4. une opération
5. des comprimés

a. faire des efforts
b. des pilules
c. sérieux
d. stationner
e. une intervention chirurgicale

B On peut le dire autrement? Dites d'une autre façon.

1. Il *ne regardait pas* où il marchait.
2. *J'ai fait* le 18.
3. Ils *ont mis* Marc sur un brancard.
4. Ils l'*ont transporté* à l'hôpital.
5. La radiographie *a montré* une fracture compliquée.
6. L'anesthésiste lui *a fait* une anesthésie.

Compréhension

C Vous avez compris? Répondez d'après la lecture.

1. Qui a eu un «petit» accident?
2. Comment est arrivé son «petit» accident?
3. Qu'est-ce qu'il n'a pas vu?
4. L'ami de Marc a appelé police secours. Pourquoi?
5. Comment est-ce que Marc est allé à l'hôpital? Et son ami?
6. Où est-ce que les deux copains ont rempli des formulaires?
7. Qu'est-ce que la radiographie a indiqué?
8. Qui attendait Marc dans la salle d'opération?
9. Le chirurgien-orthopédiste a mis la jambe de Marc dans le plâtre? Pourquoi?

D Marc a eu un accident. Complétez.

1. Le médecin a ordonné ___.
2. Les infirmiers lui ont pris ___.
3. L'anesthésiste lui a fait ___.
4. L'orthopédiste a remis ___ en place.

E Après l'accident. Expliquez comment Marc est rentré chez lui.

F Et son ami? On ne sait pas ce que l'ami de Marc a fait quand le père de Marc est arrivé à l'hôpital. Imaginez ce qu'il a fait.

G Des conséquences. Comment Marc a-t-il passé son temps après son «petit» accident?

DÉCOUVERTE CULTURELLE

En France les hôpitaux dépendent du Ministère de la Santé Publique. Il y a de très grands établissements de soins polyvalents[1]. Il y a certains hôpitaux qui sont spécialisés: l'Hôpital Saint-Louis à Paris, par exemple, est pour les maladies de la peau[2]. Ces grands centres hospitaliers sont équipés d'installations techniques très modernes.

Hôpital Saint-Louis à Paris

Il existe en France des cliniques. Mais ce mot ne veut pas dire la même chose en français qu'en anglais. Une clinique en France est un hôpital privé. Les cliniques sont plus petites que les grands centres hospitaliers universitaires (C.H.U.) ou les centres hospitaliers régionaux (C.H.R.).

Les dispensaires sont des établissements de soins médicaux et de petite chirurgie pour les malades qui ne sont pas hospitalisés. Beaucoup de dispensaires offrent des services de médecine préventive. Il y a des dispensaires pour la lutte contre les fléaux[3] sociaux comme l'alcoolisme, la toxicomanie[4], les m.s.t. (les maladies sexuellement transmissibles) et le SIDA.

Les frais médicaux en France sont remboursés à 80% par la Sécurité Sociale.

Beaucoup de Français vont «faire une cure». Qu'est-ce qu'une cure? On traite certaines maladies chroniques dans une station thermale[5]. Le malade qui fait une cure boit des eaux minérales, prend des bains, etc. Il y a même des stations thermales qui ont un casino.

[1] établissements de soins polyvalents *multi-care centers*
[2] peau *skin*
[3] les fléaux *plagues, evils*
[4] la toxicomanie *drug addiction*
[5] une station thermale *spa*

Depuis le temps des Romains, Aix-en-Provence est une ville d'eau (*spa*) célèbre pour ses eaux minérales et curatives 1. La Fontaine de la Rotonde se trouve au bout du Cours Mirabeau, la rue principale de cette station thermale.

C'est le Docteur Luc Montagnier 2. C'est lui qui a été l'un des premiers à isoler le virus du SIDA. Il travaille dans son laboratoire à l'Institut Pasteur de Paris.

C'est l'Hôpital de la Pitié-Salpêtrière à Paris 3. Autrefois, on y traitait les maladies nerveuses et mentales. Tu vois la belle cour intérieure? Derrière ces bâtiments, il y a des jardins à la française.

Voici un petit hôpital dans le village de Houdan, pas très loin de Paris 4. Si tu étais de passage à Houdan et si tu te sentais malade, est-ce que tu voudrais te faire soigner dans cet hôpital?

HOPITAL DE LA SALPETRIERE
3
4
HOPITAL LOCAL
Téléphone

CULMINATION

Activités de communication orale

A **Au commissariat de police.** Beaucoup de gens téléphonent à la police quand ils sont en difficulté. Vous êtes en difficulté et un policier au commissariat (votre camarade) vous dit ce qu'il faut faire.

> **Élève 1: Mon frère s'est coupé le doigt.**
> **Élève 2: Faites-lui un pansement.**

B **Au secours!** Imaginez que vous êtes journaliste en France. Regardez le dessin de l'accident. Téléphonez à votre bureau et donnez tous les détails à votre collègue (votre camarade). Il/Elle va écrire tout ce que vous lui dites. Ensuite votre camarade va vous relire tous les détails sur:

1. qui a été blessé
2. ce qui est arrivé
3. le lieu et l'heure de l'accident
4. les soins médicaux nécessaires

Activités de communication écrite

A **Un accident.** Décrivez, en un paragraphe, un accident que vous avez eu, ou qu'un autre membre de votre famille a eu. Écrivez ce qui est arrivé, comment, quand, etc. Écrivez tout ce que le médecin, l'infirmière ou les secouristes ont dit et fait.

B **Une visite désastreuse à l'hôpital.** Imaginez que vous avez eu un petit accident qui est devenu un vrai cauchemar *(nightmare)*. Du moment où vous avez appelé police secours jusqu'au *(until)* moment où vous avez quitté l'hôpital, tout s'est très mal passé. Dans une lettre, décrivez votre expérience horrible à un(e) ami(e).

> **Chère Sophie,**
> **La semaine dernière je me suis foulé la cheville. Je marchais sur le trottoir et je suis tombé dans un trou. Quand j'ai appelé police secours, ça sonnait occupé...**

Réintroduction et recombinaison

A **Un rhume, c'est ennuyeux.** Donnez des réponses personnelles.

1. Quand tu as un rhume, tu as le nez qui coule?
2. Tu as les yeux qui piquent?
3. Tu as la gorge qui gratte?
4. Tu éternues?
5. Tu as mal à la tête?
6. Tu tousses?
7. Tu vas chez le médecin?
8. Il t'examine, fait un diagnostic et te fait une ordonnance?

B **Chez le médecin.** Complétez avec «le», «la», «l'» ou «lui».

1. Le médecin parle au malade. Il ___ parle.
2. Il examine le malade. Il ___ examine.
3. Le malade ouvre la bouche. Il ___ ouvre.
4. Le médecin regarde la gorge du malade. Il ___ regarde.
5. Le médecin fait l'ordonnance. Il ___ fait.
6. Le médecin donne l'ordonnance au malade. Il ___ donne l'ordonnance.

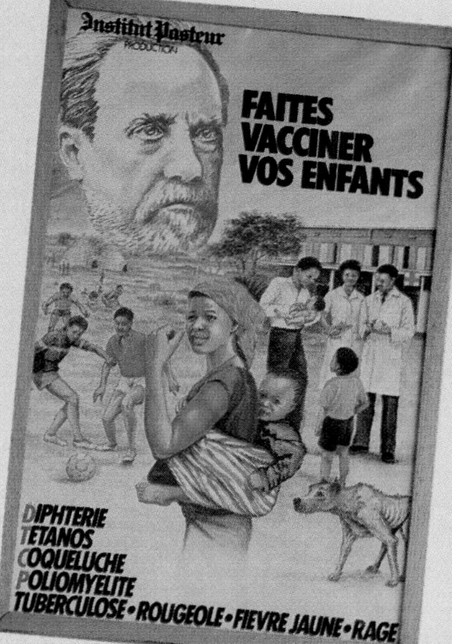

Une affiche de l'Institut Pasteur au Cameroun

C **Je suis allé(e) voir le médecin.** Complétez avec le passé composé ou l'imparfait.

1. Quand je ___ au cabinet du médecin, il y ___ beaucoup de monde qui ___. (arriver, avoir, attendre)
2. Quand je ___ dans le cabinet du médecin, le médecin ___ à l'infirmière. (entrer, parler)
3. Il m'___ de m'asseoir. (dire)
4. Je ___. (s'asseoir)
5. J'___ au médecin que je ___ toujours et que j'___ mal à la gorge. (expliquer, tousser, avoir)

Vocabulaire

NOMS

le bras
le doigt
la jambe
le genou
la cheville
le doigt de pied
l'os (m.)
l'accident (m.)
la blessure
la fracture (compliquée)
la police secours
l'ambulance (f.)
le brancard
le fauteuil roulant
l'hôpital (m.)
le formulaire
la salle des urgences
la radio(graphie)
la salle d'opération
la table d'opération
le chirurgien(-orthopédiste)
l'anesthésiste (m. et f.)
la piqûre
l'infirmier
l'infirmière
le point de suture
le pansement
le plâtre
les béquilles (f.)

VERBES

emmener
transporter
marcher
montrer
soigner
se casser
se fouler
se tordre
se blesser
vivre
suivre

AUTRES MOTS ET EXPRESSIONS

avoir mal (à)
faire une radiographie
faire une piqûre
faire une anesthésie
faire un point de suture
remettre en place
prendre la tension artérielle
prendre le pouls

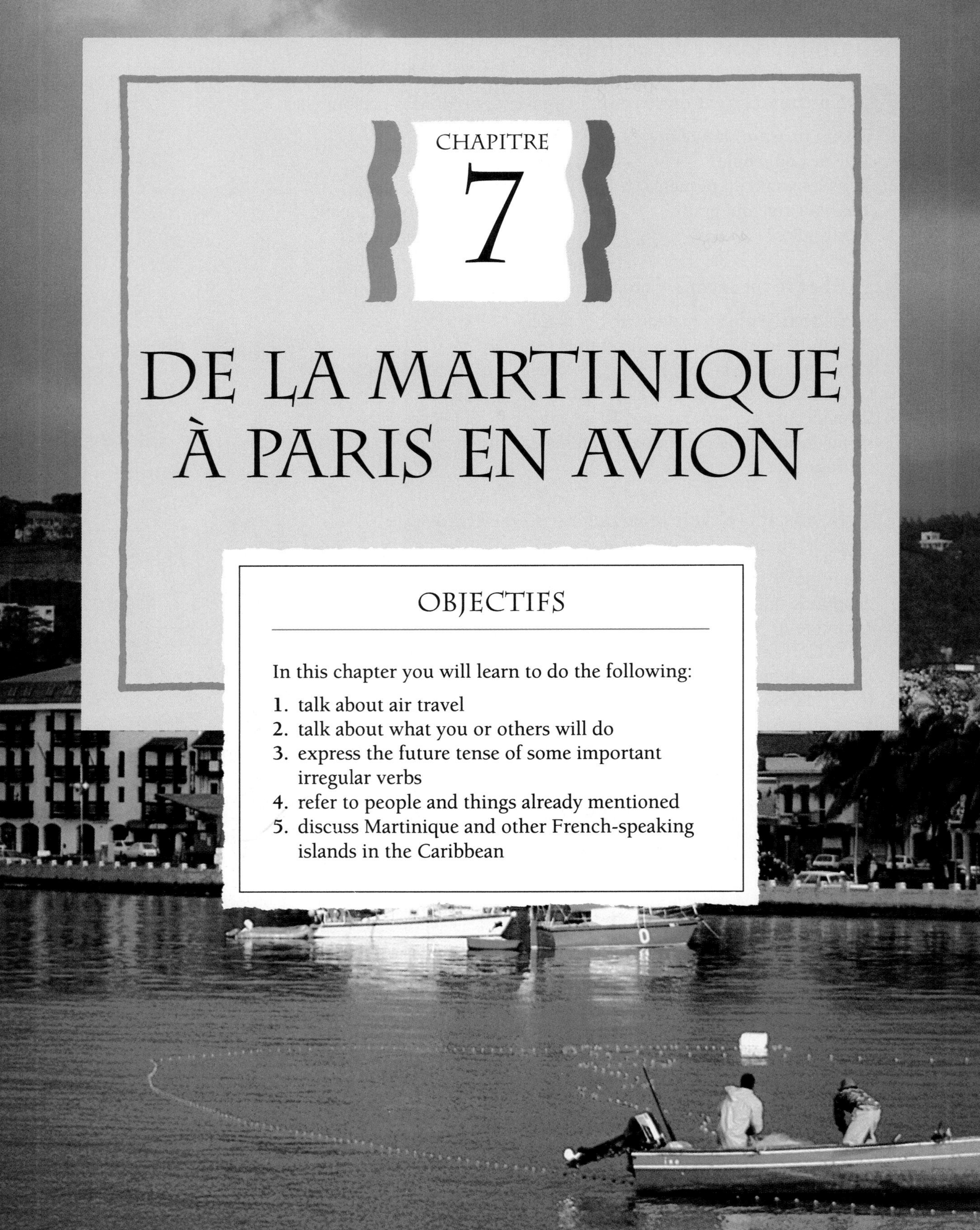

CHAPITRE

7

DE LA MARTINIQUE À PARIS EN AVION

OBJECTIFS

In this chapter you will learn to do the following:

1. talk about air travel
2. talk about what you or others will do
3. express the future tense of some important irregular verbs
4. refer to people and things already mentioned
5. discuss Martinique and other French-speaking islands in the Caribbean

AIR FRANCE
FOTO
AVIS

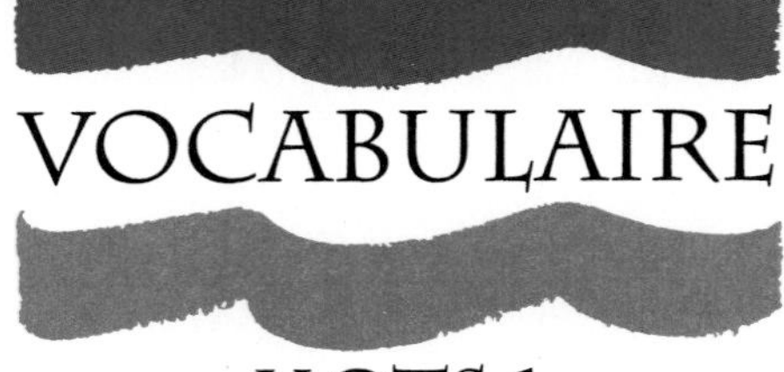

VOCABULAIRE

MOTS 1

Il y a deux sorties (issues) de secours sur les ailes.

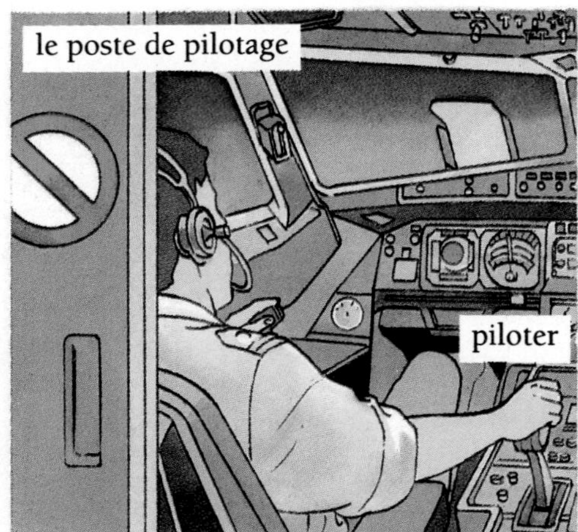

Le commandant de bord pilote l'avion du poste de pilotage.
Il est interdit d'entrer dans le poste de pilotage pendant le vol.

Les passagers mettront leurs bagages à main dans les coffres.

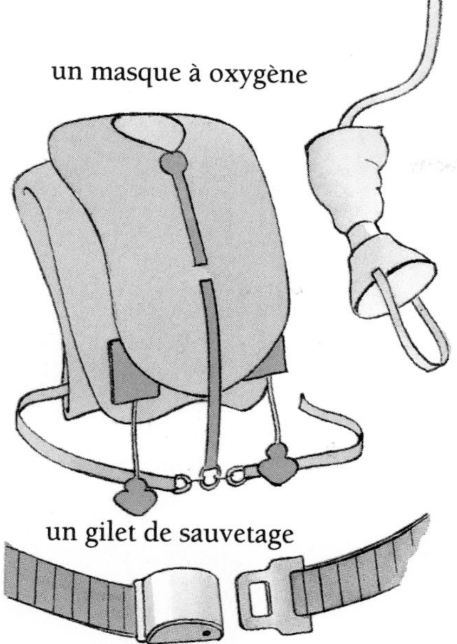

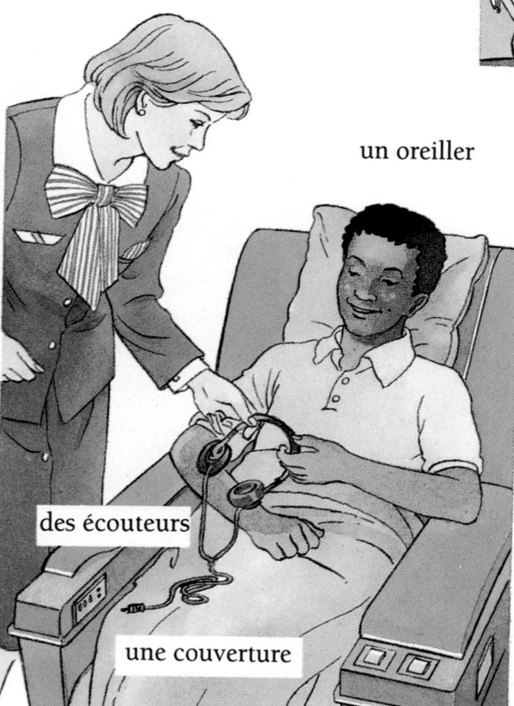

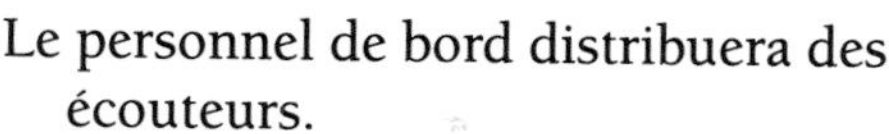
Le personnel de bord distribuera des écouteurs.
Raoul mettra les écouteurs.
Il écoutera de la musique.
Il y aura plusieurs chaînes de musique en stéréo.

On passera un film.
Les passagers regarderont le film.

Exercices

A Qu'est-ce que c'est? Identifiez.

1. C'est un siège réglable ou un coffre à bagages?
2. C'est la cabine des passagers ou le poste de pilotage?
3. C'est une ceinture de sécurité ou un masque à oxygène?
4. C'est un oreiller ou une couverture?
5. C'est la sortie ou l'aile?
6. C'est un steward ou une hôtesse de l'air?
7. C'est une boisson ou un repas?

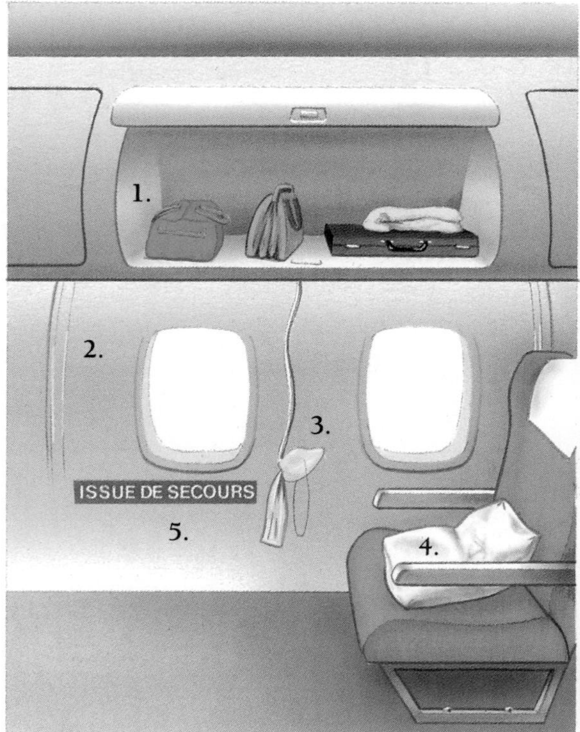

B Qu'est-ce qui arrivera? Répondez par «Absolument!» ou «J'espère que non».

1. On débarquera par une issue de secours.
2. On passera un film pendant le vol.
3. On mettra son gilet de sauvetage pendant le vol.
4. L'avion fera un amerrissage.
5. Les masques à oxygène tomberont.
6. On distribuera des écouteurs.
7. On servira une collation et des boissons.
8. Le pilote choisira une place dans la cabine de classe économique.
9. Les hôtesses de l'air piloteront l'avion.

C À bord de l'avion. Choisissez.

1. Le personnel de bord comprend ___.
   a. les stewards et les hôtesses de l'air
   b. le commandant de bord
   c. les passagers
2. ___ comprend le commandant de bord, les stewards et les hôtesses de l'air.
   a. Le personnel de bord
   b. L'équipage
   c. La liste des passagers
3. En cas d'un changement dans la pression de l'air de la cabine de l'avion, ___ tomberont automatiquement.
   a. les gilets de sauvetage
   b. les couvertures
   c. les masques à oxygène
4. En cas d'un atterrissage dans la mer ou dans l'océan (c'est-à-dire un amerrissage), les passagers mettront ___.
   a. un gilet de sauvetage
   b. une couverture
   c. une tablette rabattable
5. Pendant le décollage et l'atterrissage les passagers attacheront leur ___.
   a. couverture
   b. gilet de sauvetage
   c. ceinture de sécurité
6. ___ de chaque passager doit être en position verticale pendant le décollage et l'atterrissage.
   a. Le masque à oxygène
   b. Le coffre à bagages
   c. Le dossier du siège
7. Pendant le vol on passera ___.
   a. un repas
   b. un film
   c. plusieurs chaînes de musique
8. Une collation, c'est ___.
   a. un petit repas
   b. le départ de l'avion
   c. un plateau
9. Pendant le vol, il est interdit d'___.
   a. attacher sa ceinture de sécurité
   b. entrer dans le poste de pilotage
   c. entrer dans la cabine de classe affaires

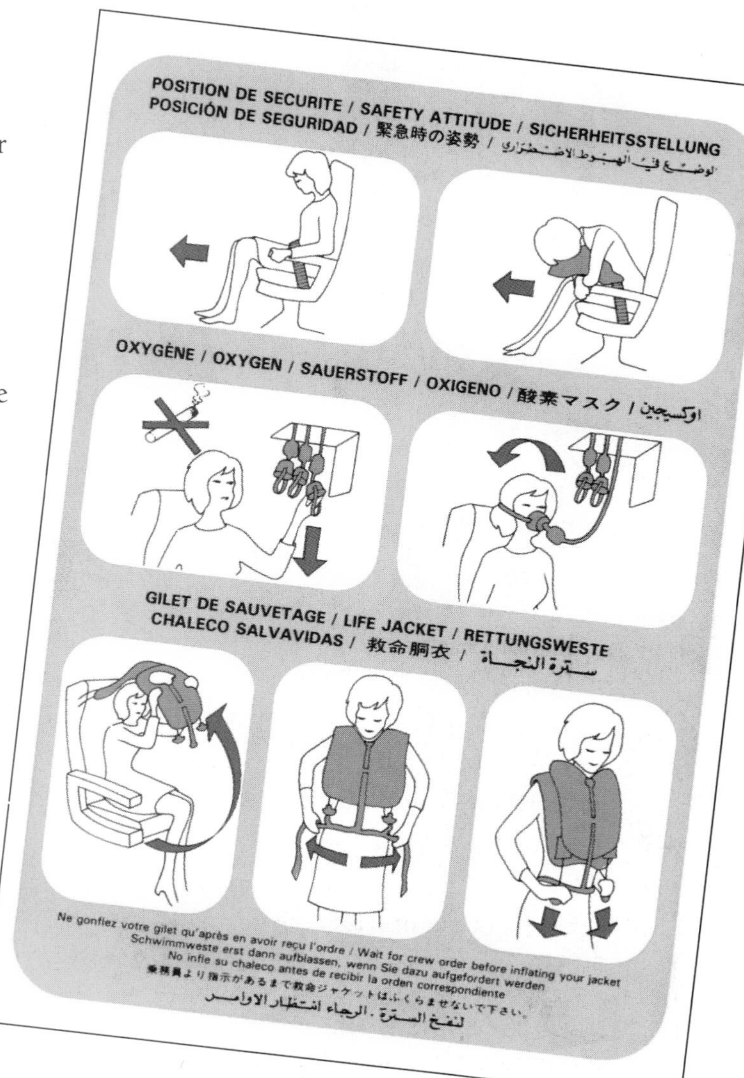

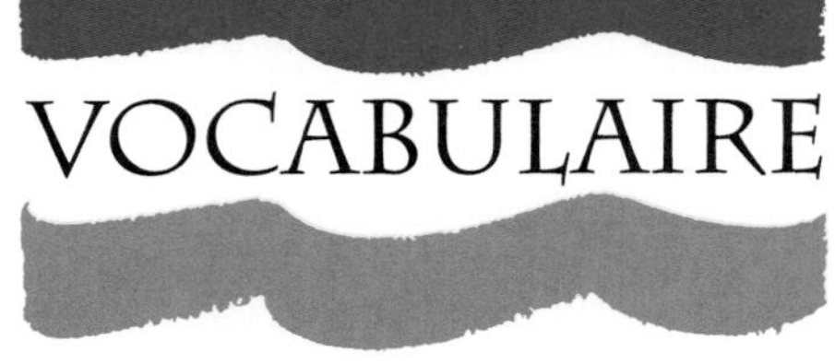

VOCABULAIRE

MOTS 2

embarquer

débarquer

récupérer les bagages

un chariot à bagages

un tapis roulant

prendre l'autocar (m.)

prendre un taxi

arriver à l'aérogare (f.) = arriver au terminal

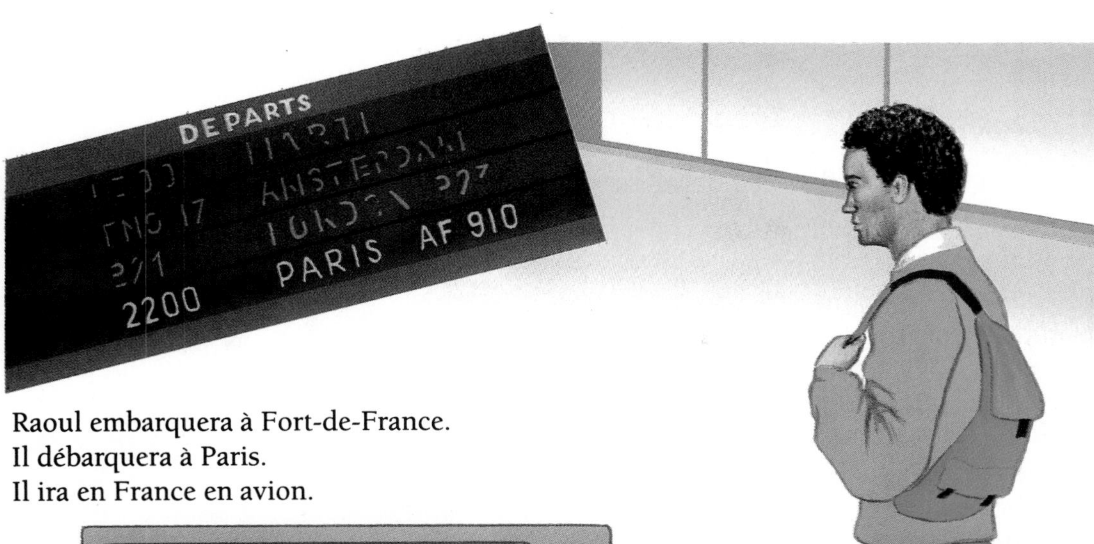

Raoul embarquera à Fort-de-France.
Il débarquera à Paris.
Il ira en France en avion.

Raoul espère que son avion ne partira pas en retard.
Malheureusement il y aura un retard de deux heures.
Mais le vol n'a pas été annulé.
Après ce long vol Raoul sera bien fatigué.

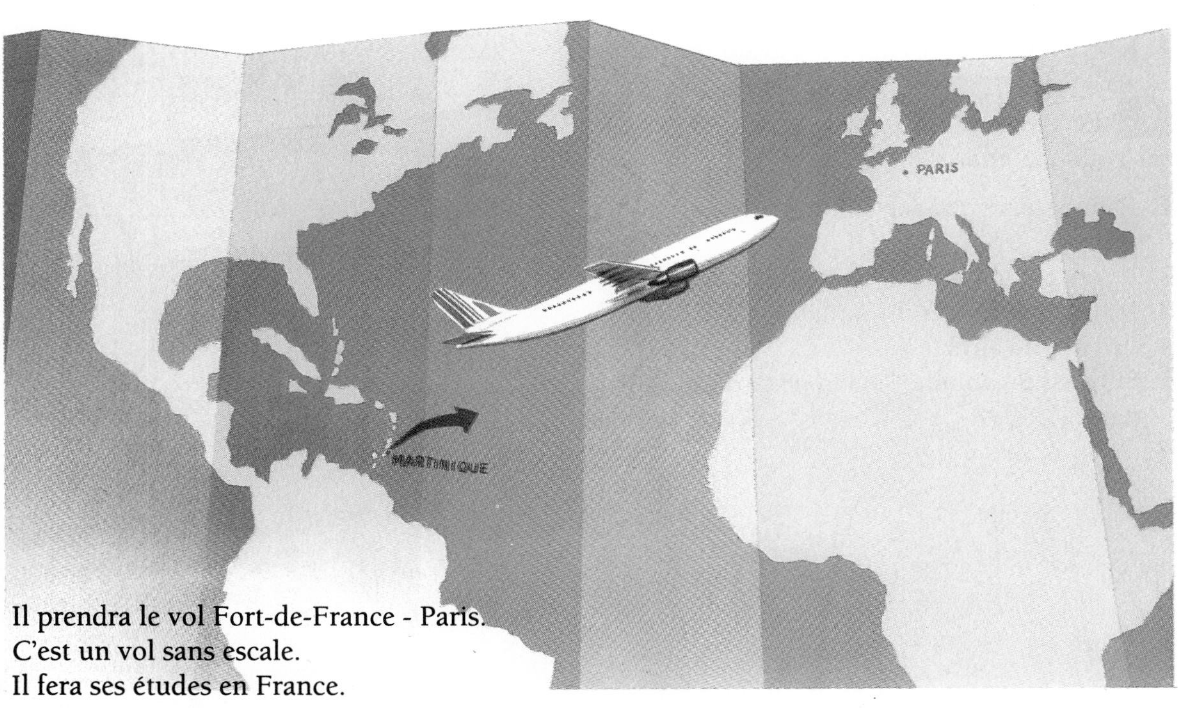

Il prendra le vol Fort-de-France - Paris.
C'est un vol sans escale.
Il fera ses études en France.

Exercices

A Raoul ira en France l'année prochaine. Répondez par «oui».

1. Raoul ira en France?
2. Il ira en France l'année prochaine?
3. Il ira en France en avion?
4. Il prendra le vol Fort-de-France - Paris?
5. C'est un vol sans escale?
6. Raoul embarquera à Fort-de-France?
7. Il débarquera à Paris?
8. Il récupérera ses bagages à l'aéroport?
9. Ses bagages arriveront sur le tapis roulant numéro dix?
10. Les bagages pèsent très lourd. Ils pèsent beaucoup. Raoul ira chercher un chariot à bagages?
11. Il mettra ses bagages sur le chariot?
12. Il prendra le car pour aller en ville?
13. Il arrivera à l'aérogare des Invalides?
14. Il y cherchera un taxi?

Voici une file de taxis devant l'aérogare des Invalides.

B Il le fera comment? Répondez.

1. Raoul ira en France en avion ou en bateau?
2. Il embarquera à Fort-de-France ou à Paris?
3. Il débarquera à Fort-de-France ou à Paris?
4. Il sera fatigué après le vol ou avant le vol?
5. Il prendra un taxi ou un car pour aller en ville?
6. Il fera ses études à la Martinique ou en France?

C Le voyage de Raoul. Répondez par «oui» ou «non».

1. Raoul espère que son avion partira à l'heure?
2. Il sera content s'il y a un retard?
3. Malheureusement il y aura un retard?
4. Le vol sera annulé?
5. Si le vol est annulé, l'avion ne partira pas?

Le marché de la rue Isambert à Fort-de-France

Activités de communication orale

Mots 1 et 2

A **Dans l'avion.** Travaillez avec un(e) camarade. Posez-lui des questions sur ces photos. Votre camarade vous répondra. Changez ensuite de rôles.

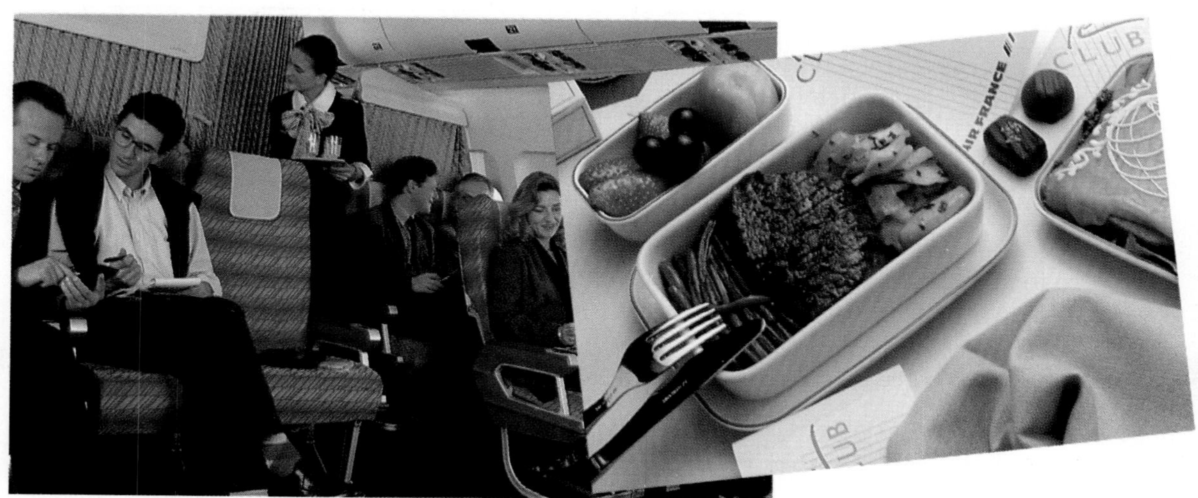

B **Pendant le vol.** Vous allez en avion de Miami à Pointe-à-Pitre. Pendant le vol vous avez besoin de plusieurs choses. Dites ce que vous voulez à l'hôtesse de l'air ou au steward (votre camarade). Il/Elle essaiera de vous aider.

avoir froid	**vouloir écouter de la musique**	**vouloir dormir**
avoir soif	**vouloir manger quelque chose**	
avoir très faim	**vouloir regarder le film**	

Élève 1: **Je voudrais dormir.**
Élève 2: **Vous voulez une couverture?**
Élève 1: **Oui, s'il vous plaît.**

C **Qui est-ce?** Décrivez à un(e) camarade ce qu'une hôtesse de l'air, un steward, un pilote ou un passager fait pendant un vol. Votre camarade identifiera la personne dont vous parlez.

Élève 1: **Il pilote l'avion.**
Élève 2: **C'est le commandant de bord.**

D **Qu'est-ce que c'est?** Travaillez avec un(e) camarade. Décrivez-lui quelque chose qu'on peut trouver à bord d'un avion. Votre camarade devinera (vous dira) ce que vous décrivez.

Élève 1: **On met le repas sur cette chose.**
Élève 2: **C'est un plateau.**

STRUCTURE

Le futur des verbes réguliers

Telling What You and Other People Will Do

1. You have already learned that actions that will take place in the near future can be expressed in French by using the verb *aller* and the infinitive.

   Il va aller en France la semaine prochaine.
   Il va faire ses études à Toulouse.

2. There is also a future tense that corresponds to the English "will." It is very easy to form the future. You add the future endings to the infinitive of *-er* and *-ir* verbs. With *-re* verbs, you drop the *-e* before adding the endings. Study the following forms.

INFINITIVE	PARLER	FINIR	ATTENDRE	ENDINGS
STEM	**parler-**	**finir-**	**attendr-**	
FUTURE	**je parlerai** **tu parleras** **il/elle/on parlera** **nous parlerons** **vous parlerez** **ils/elles parleront**	**je finirai** **tu finiras** **il/elle/on finira** **nous finirons** **vous finirez** **ils/elles finiront**	**j'attendrai** **tu attendras** **il/elle/on attendra** **nous attendrons** **vous attendrez** **ils/elles attendront**	**-ai** **-as** **-a** **-ons** **-ez** **-ont**

Exercices

A Raoul étudiera en France.

Répondez par «oui».

1. Raoul étudiera en France?
2. Il prendra l'avion pour aller en France?
3. Il prendra un vol sans escale?
4. Il choisira une place non-fumeurs?
5. Il arrivera fatigué?
6. Il dînera pendant le vol?
7. Il regardera un film?
8. Il dormira un peu?
9. Il arrivera à Paris à l'heure?
10. Il prendra le car pour aller en ville?

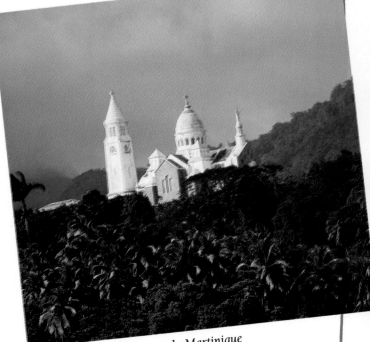

Le Sacré-Cœur de Balata à la Martinique

B **On embarquera.** Faites des phrases d'après le modèle.

embarquer à l'heure
On embarquera à l'heure.

1. décoller à l'heure
2. atterrir en retard
3. s'amuser pendant le vol
4. dîner à bord
5. écouter de la musique
6. mettre des écouteurs
7. dormir un peu
8. attacher sa ceinture de sécurité
9. mettre son gilet de sauvetage
10. respirer à l'aide du masque à oxygène

C **Demain.** Donnez des réponses personnelles.

1. Demain tu arriveras à l'école à quelle heure?
2. Tu y resteras jusqu'à quelle heure?
3. Tu rentreras chez toi à quelle heure?
4. Comment rentreras-tu chez toi?
5. Tu regarderas la télé?
6. À quelle heure est-ce que tu dîneras?
7. Avant le dîner tu mettras le couvert?
8. Qui débarrassera la table?

D **Tu donneras une fête?** Posez des questions à Laurent Legrand.

donner une fête
Laurent, tu donneras une fête?

1. donner une fête
2. inviter des amis
3. préparer des hors-d'œuvre
4. jouer de la guitare
5. mettre des disques
6. danser

E **À l'hôtel.** Répondez d'après les indications.

1. À quelle heure est-ce qu'Agnès arrivera à l'hôtel? (à trois heures)
2. Tu y arriveras à la même heure? (oui)
3. Agnès et toi, à qui parlerez-vous? (au réceptionniste)
4. Qu'est-ce que vous remplirez? (une fiche d'enregistrement)
5. Tu choisiras quelle chambre? (une chambre qui donne sur la cour)
6. Qu'est-ce qu'Agnès demandera? (le prix de la chambre)
7. Qui montera les valises? (le porteur)
8. Qu'est-ce qu'il vous donnera? (la clé)

F **Au futur.** Complétez les mini-conversations en utilisant le futur.

1. **danser**

JULIE: Vous ___ pendant la fête?
ALAIN: Bien sûr que nous ___. Tous nos copains ___.

2. **prendre**

MARIE-FRANCE: Vous ___ le train pour aller au Canada?
BERNARD: Non, je ne crois pas. Nous ___ l'avion.
MARIE-FRANCE: Vos copains aussi ___ l'avion?

Les verbes *être, faire* et *aller* au futur

Expressing the Future of Some Important Irregular Verbs

The verbs *être, faire,* and *aller* have an irregular stem in the future. Study the following.

INFINITIVE	ÊTRE	FAIRE	ALLER
STEM	**ser-**	**fer-**	**ir-**
FUTURE	**je serai** **tu seras** **il/elle/on sera** **nous serons** **vous serez** **ils/elles seront**	**je ferai** **tu feras** **il/elle/on fera** **nous ferons** **vous ferez** **ils/elles feront**	**j'irai** **tu iras** **il/elle/on ira** **nous irons** **vous irez** **ils/elles iront**

Exercices

A **Un voyage à la Martinique.** Répondez par «oui».

1. L'hiver prochain Émilie fera un voyage?
2. Elle ira à la Martinique?
3. Elle fera le voyage en avion?
4. Elle sera fatiguée après le vol?
5. Tu feras le voyage avec Émilie?
6. Vous irez ensemble à la Martinique?
7. Vous y ferez des excursions ensemble?
8. Vous irez à la plage?
9. Vous prendrez des bains de soleil?
10. Vous serez bronzé(e)s?

B **Qu'est-ce que vous ferez?** Complétez les mini-conversations en utilisant le futur.

1. **aller**

JEANNE: Vous ___ à la fête si Éric vous invite?
MICHEL: Bien sûr que nous ___ à la fête. Tous nos copains ___ à la fête si Éric les invite.

2. **faire**

CARINE: Vous ___ un voyage cet été?
PHILIPPE: Oui, nous ___ un voyage au Canada. Marc et Suzanne ___ le voyage avec nous.

3. **être**

LAURE: Vous êtes en retard aujourd'hui mais vous ___ à l'heure demain, n'est-ce pas?
OLIVIER: Oui, nous ___ à l'heure. Les autres élèves aussi ___ à l'heure.

St.-Pierre et la Montagne Pelée

Deux pronoms dans la même phrase

1. It is possible to use both a direct and an indirect object pronoun in the same sentence. Look at the following sentences in which both pronouns are used.

   Le steward nous servira le dîner. Il *nous le* servira.
   Le steward me donnera les écouteurs. Il *me les* donnera.

2. The pronouns *me, te, nous,* and *vous* always precede the pronouns *le, la, l',* or *les*. In the negative *ne* comes before the pronouns. Study the following.

(ne)	*before*	me te nous vous	*before*	le la les	*before*	verbe	*before*	(pas)

   Le commandant ne *nous le* servira pas.
   Le commandant ne *me les* donnera pas.

3. Remember that in the *passé composé,* the past participle must agree with the **direct object pronoun** that precedes it.

Il t'a donné la couverture?	**Oui, il me *l'*a donné*e*.**
Il t'a donné les écouteurs?	**Oui, il me *les* a donné*s*.**

Exercices

A **À bord de l'avion.** Répondez en utilisant des pronoms.

1. L'hôtesse de l'air te dit le titre du film?
2. Elle te donne les écouteurs?
3. Elle t'explique la route du vol?
4. Elle te montre le gilet de sauvetage?
5. Pendant le vol, le steward te sert le dîner?
6. Il te sert le dîner sur un plateau?

B **Pendant le vol.** Refaites l'Exercice A d'après le modèle.

L'hôtesse de l'air vous dit le titre du film?
Oui, elle nous le dit.

C **Qui te l'a acheté(e)?** Répondez d'après le modèle.

J'ai une nouvelle cassette.
Sans blague! Qui te l'a achetée?

1. J'ai un nouveau téléphone sans fil.
2. J'ai une nouvelle moto.
3. J'ai de nouveaux disques.
4. J'ai un nouveau zappeur.
5. J'ai un nouveau magnétoscope.
6. J'ai de nouvelles cassettes.

CONVERSATION

Scènes de la vie *Tu partiras à quelle heure?*

MONIQUE: Ton avion partira à quelle heure?
RAOUL: À vingt heures dix.
MONIQUE: Et tu arriveras à Paris à quelle heure?
RAOUL: Avec le décalage horaire on arrivera à six heures et demie du matin.
MONIQUE: C'est long. Tu seras fatigué. Tu vas dîner avant d'aller à l'aéroport?
RAOUL: Non, je ne crois pas. On nous servira le dîner à bord.
MONIQUE: On passera un film?
RAOUL: Je crois, mais je ne voyage pas souvent, tu sais. C'est la première fois que je vais en France.
MONIQUE: Et tu seras hyper-intelligent quand tu retourneras à la Martinique!
RAOUL: Eh oui! Je serai diplômé de l'Université de Paris!
MONIQUE: C'est vraiment chouette! C'est super! Je te souhaite beaucoup de succès.

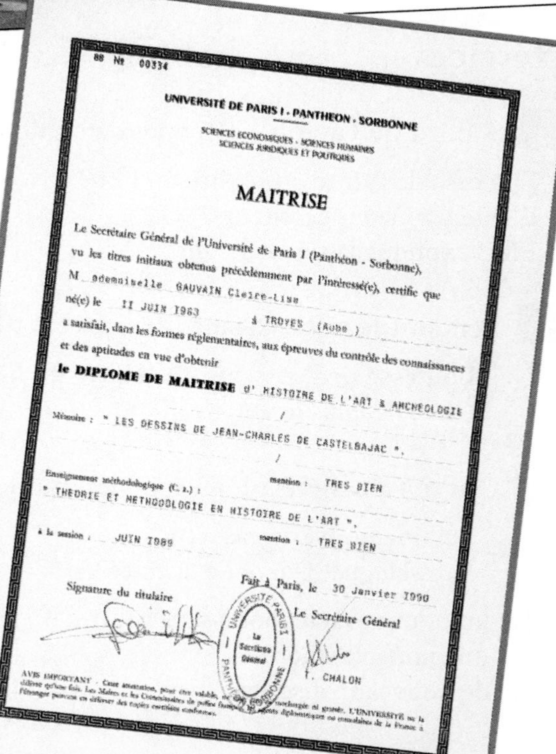

88 Nº 00334

UNIVERSITÉ DE PARIS I - PANTHEON - SORBONNE

SCIENCES ECONOMIQUES - SCIENCES HUMAINES
SCIENCES JURIDIQUES ET POLITIQUES

MAITRISE

Le Secrétaire Général de l'Université de Paris I (Panthéon - Sorbonne), vu les titres initiaux obtenus précédemment par l'intéressé(e), certifie que M ademoiselle GAUVAIN Claire-Lise
né(e) le II JUIN I963 à TROYES (Aube)
a satisfait, dans les formes réglementaires, aux épreuves du contrôle des connaissances et des aptitudes en vue d'obtenir
le DIPLOME DE MAITRISE d' HISTOIRE DE L'ART & ARCHEOLOGIE
Mémoire : " LES DESSINS DE JEAN-CHARLES DE CASTELBAJAC ".
Enseignement méthodologique (C. 2.) : mention : TRES BIEN
" THEORIE ET METHODOLOGIE EN HISTOIRE DE L'ART ",
à la session : JUIN I989 mention : TRES BIEN

Signature du titulaire

Fait à Paris, le 30 Janvier I990
Le Secrétaire Général

UNIVERSITÉ PARIS I — Le Secrétaire Général — PANTHÉON SORBONNE

T. CHALON

AVIS IMPORTANT : Cette attestation, pour être valable, ne doit [illegible] surchargée ni grattée. L'UNIVERSITÉ ne la délivre qu'une fois. Les Maires et les Commissaires de police français, [illegible] agents diplomatiques ou consulaires de la France à l'étranger peuvent en délivrer des copies certifiées conformes.

A **Un vol à Paris.** Répondez d'après la conversation.

1. L'avion partira de Fort-de-France à quelle heure?
2. Et il arrivera à Paris à quelle heure?
3. C'est long, le vol Fort-de-France–Paris?
4. Raoul sera fatigué quand il arrivera à Paris?
5. Il dînera avant d'aller à l'aéroport?
6. Pourquoi pas?
7. On passera un film à bord?
8. Monique dit que quand Raoul rentrera de Paris, il sera très intelligent. Pourquoi?

Activités de communication orale

A Que ferez-vous? Vous allez à Paris en avion. Pendant le vol, vous parlez avec Martine Duclos, qui est assise à côté de vous. Elle vous pose des questions sur votre voyage. Répondez-lui.

1. Qu'est-ce que tu feras quand tu seras à Paris?
2. Combien de temps est-ce que tu resteras?
3. Qu'est-ce que tu feras quand tu retourneras aux États-Unis?

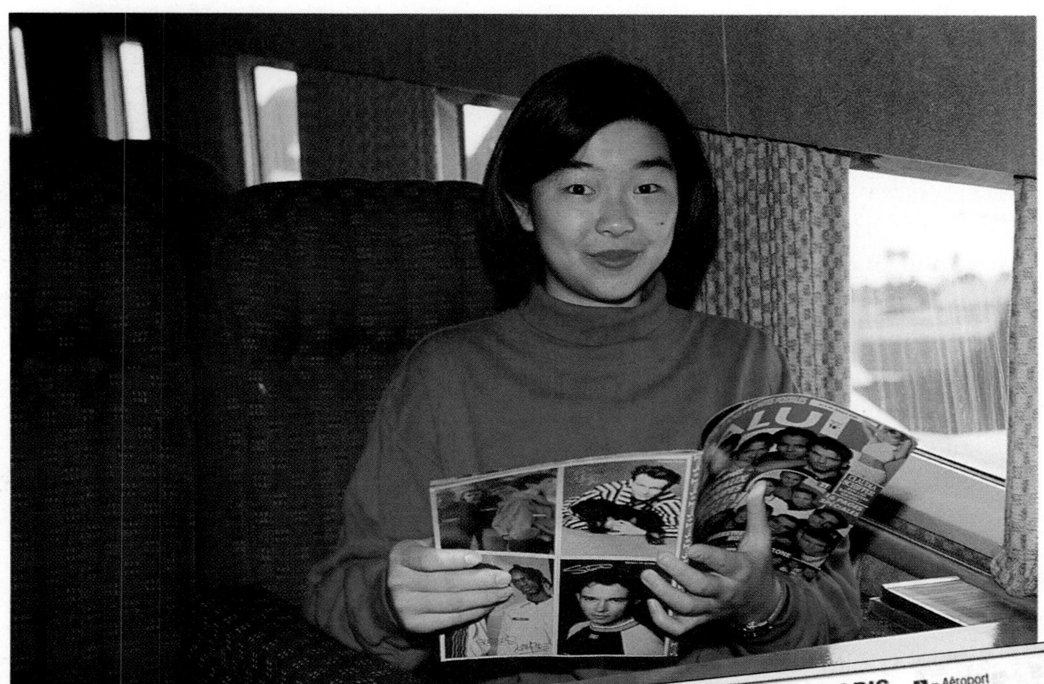

Martine Duclos

B Un voyage en avion. Regardez l'horaire et choisissez une destination. Posez des questions au sujet de votre vol à l'agent de la ligne aérienne (votre camarade). Il/Elle vous répondra d'après l'horaire. Vous voulez savoir:

1. l'heure du départ du vol
2. la durée du vol
3. l'heure de l'arrivée du vol

Toutes heures locales

VILLES DESSERVIES R : Réservation	Code Rapport UTC	DEPART PARIS (■ = Aéroport) JOURS	VALIDITE du	au	DEPART ■ ✕	ARRIVEE ■	APPAREILS	Classe	VOLS sans escales	via : →
POINTE-à-PITRE Guadeloupe Le Raizet 3 km AF bd Legitimus BP 372 ☎ 82 60 00 - R : 82 61 61	PTP -4	-----6-	12/12	9/1	09 00A	X 12 35	747	CYM	AF 566	→
		----5--	18/12	8/1	09 00A	X 14 35	747	CYM	AF 588	
		-2-----			10 00A	X 13 35	747	CYM	AF 584	→
		-2-----			10 00A	X 13 35	747	CYM	AF 590	→
		------7			11 05A	X 16 40	747	CYM	AF 598	
		1--4---			11 45S	X 15 20	747	CYM	AF 520	→
		-----6-			11 45W	X 15 20	747	CYM	AF 520	→
		------7			15 20S	X 18 55	747	CYM	AF 518	→
		------7			15 20S	X 18 55	747	CYM	AF 516	→
		-2-----			15 20S	X 18 55	747	CYM	AF 510	→
		--3----			15 20S	X 18 55	747	CYM	AF 524	→
		----5--			15 20S	X 18 55	747	CYM	AF 514	→
		----5--			17 30S	X 21 05	747	CYM	AF 526	→
		-----6-			17 30A	X 21 05	747	CYM	AF 532	→
		1-----7	13/12	11/1	17 30S	X 21 05	747	CYM	AF 560	→
		Lignes cargo -----6-			07 00S	10 35	747		AF 6838	→
		1------		1/2	08 00S	11 35	747		AF 6820	→
LE MERIDIEN - Saint Francois ☎ 885100 Fax 884071 - La Cocoteraie ☎ 885100 Fax 887 833		--3----			09 20S	15 50	747		AF 6880	
									Coloration tarifaire : consulter la réservation	
PORT-au-PRINCE Haïti International 8 km taxe 20 dollars Champs-de-Mars r 22 17 00	PAP -5	-2-----			10 00A	X 15 40	747/737	CYM	AF 590	
		---4---	17/12	7/1	09 10A	X 16 25	747/737	CY	AF 578 / AF 8442	

LECTURE ET CULTURE

IL SERA DIPLÔMÉ DE L'UNIVERSITÉ DE PARIS

Raoul Castellar habite à Schœlcher, un village tout près de Fort-de-France. Fort-de-France est la capitale de la Martinique. Cette année Raoul est en terminale au Lycée Bellevue à Fort-de-France. Mais en mai il passera le bachot (le bac). Il sera reçu[1] sans aucun doute. Raoul a toujours eu de très bonnes notes.

Au mois d'août il partira pour la France. Il veut être médecin et il étudiera à la Faculté de Médecine de l'Université de Paris. Les cours commenceront en octobre mais Raoul veut être à Paris à la fin d'août. Il veut avoir le temps de s'installer et de se familiariser un peu avec la vie parisienne. Et Raoul veut voyager avant la rentrée universitaire[2]. Il a très envie de[3] connaître la France.

Raoul est de la Martinique et il fera ses études en France. Pourquoi? La Martinique est un département d'outre-mer depuis 1946. Les Martiniquais sont des citoyens[4] français et leur système d'enseignement (d'éducation) est le même que celui de la France métropolitaine. Quand un(e) élève martiniquais(e) est reçu(e) au bachot il ou elle peut s'inscrire à l'université en France. C'est pour cette raison que Raoul ira à l'université en France.

Vous connaissez la Martinique? Non? Vous savez quelque chose de la Martinique? Non? Un peu peut-être? La Martinique n'est pas du tout loin des États-Unis. C'est une île tropicale dans la mer des Caraïbes. Beaucoup de Martiniquais vivent de la culture du sucre[5] et des fruits tropicaux. D'autres vivent du tourisme. Pas mal de Français, de Canadiens (surtout des Québécois) et d'Américains passent leurs vacances d'hiver à la Martinique. Ils fuient[6] le froid du nord et vont s'amuser sur de jolies plages tropicales. Ce n'est pas mal, n'est-ce pas?

---

1 Il sera reçu *he'll pass*
2 avant la rentrée universitaire *before classes start*
3 il a très envie de *he's very eager to*
4 des citoyens *citizens*
5 la culture du sucre *the growing of sugar cane*
6 fuient *flee, escape from*

Les Martiniquais parlent français et créole. Le créole est un dialecte franco-africain. La plupart des[7] Martiniquais sont d'origine africaine. Raoul a très envie de faire la connaissance d'autres jeunes des pays francophones d'Afrique. En France il connaîtra bien sûr des jeunes du Zaïre, du Sénégal, du Mali, de la Côte d'Ivoire, etc. Ce sont tous des pays africains francophones.

[7] la plupart des *most*

Étude de mots

A Quelle est la définition?

1. s'inscrire
2. la rentrée universitaire
3. la terminale
4. faire des études
5. universitaire
6. l'enseignement
7. francophone

a. étudier
b. l'éducation
c. qui parle français
d. de l'université
e. la dernière année de lycée
f. quand les cours recommencent
g. immatriculer, entrer dans

Compréhension

B Vous avez compris? Répondez.

1. À quel lycée va Raoul?
2. Il est en quelle année?
3. Raoul ira où en août?
4. Qu'est-ce qu'il fera en France?
5. Les cours commenceront quand?
6. Pourquoi arrivera-t-il à Paris à la fin d'août?
7. Qu'est-ce que la Martinique?

Un champ de canne à sucre

C Des données sur la Martinique.

Répondez par «oui» ou «non».

1. La Martinique est une péninsule.
2. La Martinique est un pays indépendant.
3. La Martinique est dans la mer Méditerranée.
4. Schœlcher est la capitale de la Martinique.
5. Beaucoup de Martiniquais vivent de la culture des légumes.
6. Il y a beaucoup de stations de sports d'hiver à la Martinique.
7. Il fait toujours chaud à la Martinique.
8. La Martinique a le même système d'enseignement que la France.

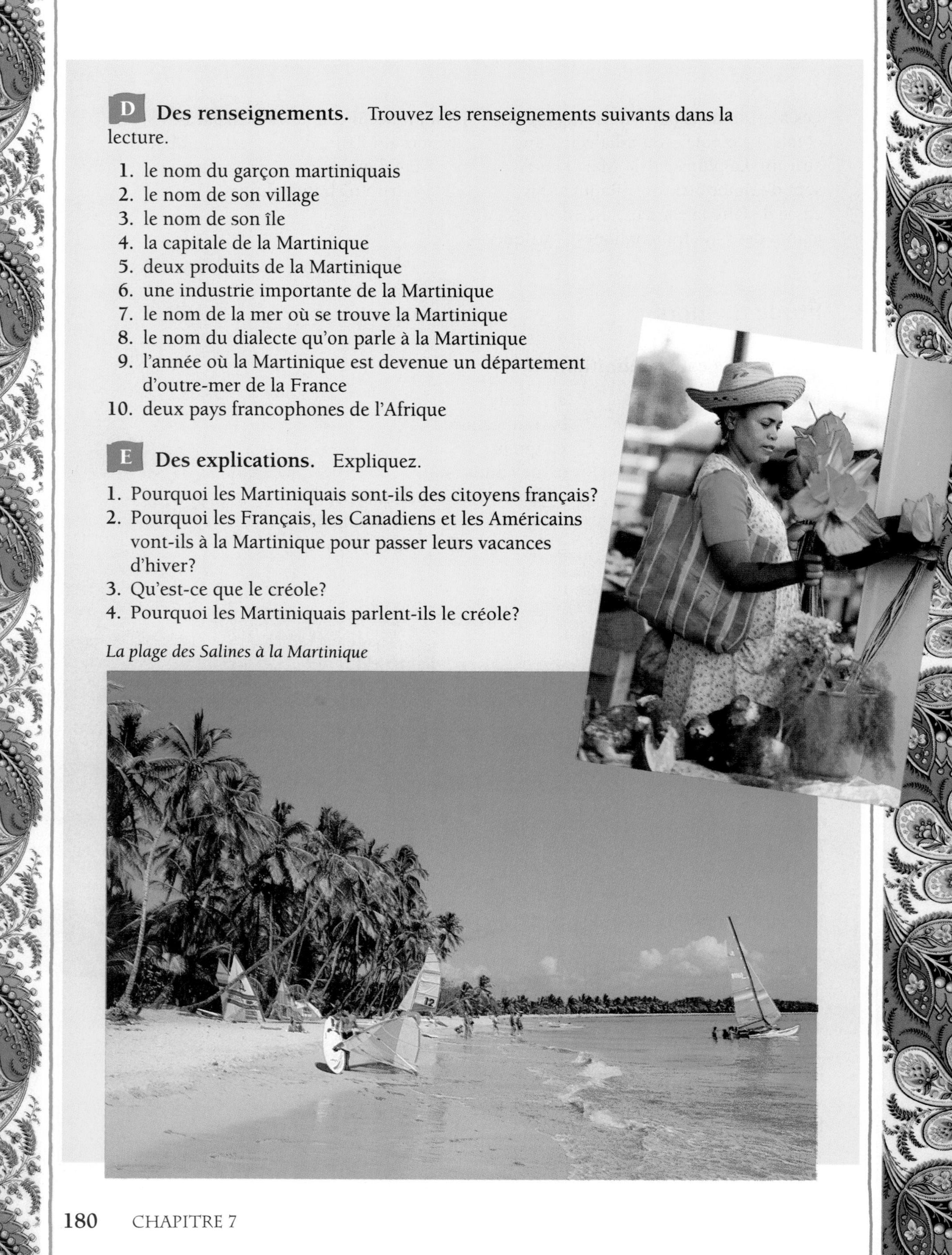

D **Des renseignements.** Trouvez les renseignements suivants dans la lecture.

1. le nom du garçon martiniquais
2. le nom de son village
3. le nom de son île
4. la capitale de la Martinique
5. deux produits de la Martinique
6. une industrie importante de la Martinique
7. le nom de la mer où se trouve la Martinique
8. le nom du dialecte qu'on parle à la Martinique
9. l'année où la Martinique est devenue un département d'outre-mer de la France
10. deux pays francophones de l'Afrique

E **Des explications.** Expliquez.

1. Pourquoi les Martiniquais sont-ils des citoyens français?
2. Pourquoi les Français, les Canadiens et les Américains vont-ils à la Martinique pour passer leurs vacances d'hiver?
3. Qu'est-ce que le créole?
4. Pourquoi les Martiniquais parlent-ils le créole?

La plage des Salines à la Martinique

DÉCOUVERTE CULTURELLE

Comme la Martinique est un département d'outre-mer (D.O.M.) de la France, les Martiniquais sont des citoyens français. Par conséquent, les Martiniquais voyagent avec un passeport de l'Union Européenne. Quand ils arrivent en France, les Martiniquais ne passent ni par l'immigration ni à la douane.

La Guadeloupe, une autre île dans la mer des Caraïbes, est aussi un département d'outre-mer. La capitale de la Guadeloupe est Pointe-à-Pitre. Les Guadeloupéens, comme les Martiniquais, vivent de la culture du sucre, de la culture des fruits tropicaux et du tourisme.

Une très petite, très jolie île française dans la mer des Caraïbes est Saint-Barthélemy.

St.-Barthélemy: une vue de la côte

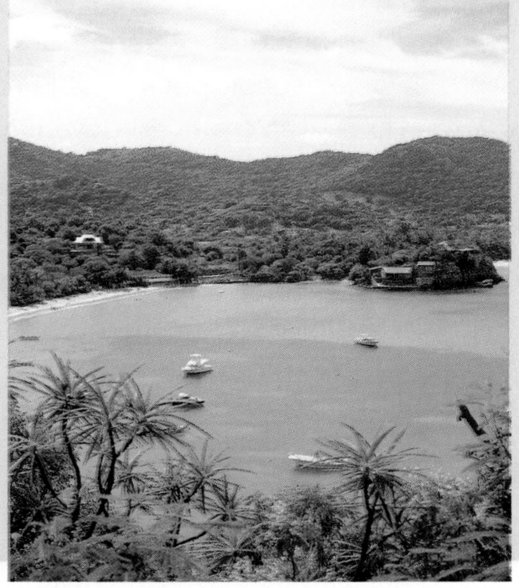

Le carnaval à la Guadeloupe: des enfants déguisés

Haïti est un autre pays francophone dans la mer des Caraïbes. Mais Haïti n'est pas un département de la France. Haïti est un pays indépendant. C'est le seul pays noir de notre hémisphère et la première république indépendante noire du monde. Sa capitale est Port-au-Prince. En Haïti on parle français et créole. Mais le créole qu'on parle en Haïti n'est pas le même créole qu'on parle à la Martinique ou à la Guadeloupe.

Haïti a connu toute une série de crises politiques et économiques. C'est le pays le plus pauvre de notre hémisphère. Mais il faut espérer que la situation changera radicalement dans un proche avenir[1].

[1] dans un proche avenir *in the near future*

RÉALITÉS

1

2

C'est une vue superbe de la Martinique. Au premier plan on voit les fleurs splendides du flamboyant, un arbre qui pousse aux Antilles 1.

Les touristes débarquent à Fort-de-France 2. Ils vont passer une semaine superbe sur une très jolie plage tropicale. Et au mois de février! C'est très chouette!

Beaucoup de touristes vont à la Martinique pour le carnaval 3. À cette époque de l'année il y a des défilés et des bals magnifiques. C'est la seule raison pour laquelle les touristes aiment aller à la Martinique au mois de février ou au mois de mars?

Voici la maison natale de Joséphine de Beauharnais à Trois-Îlets, une petite ville près de Fort-de-France 4. Joséphine de Beauharnais est une Martiniquaise célèbre. Vous voulez savoir pourquoi? Parce qu'en 1796 elle est devenue la femme du futur empereur Napoléon Ier.

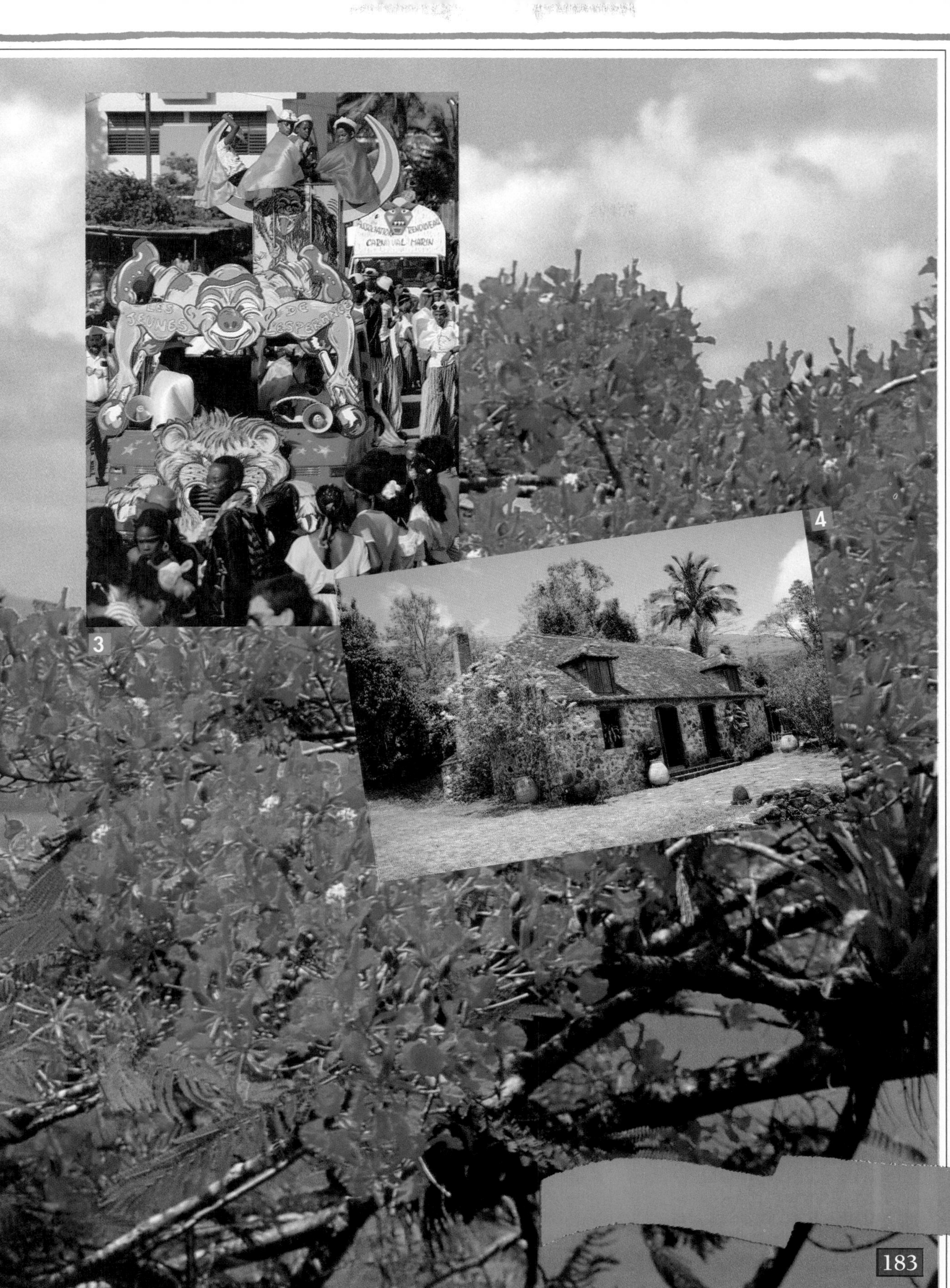
ASSOCIATION RENOUVEAU
CARNIVAL MARIN
LES JEUNES DE L'ESPERANCE
3
4

CULMINATION

Activités de communication orale

A C'est son premier vol. Travaillez en petits groupes. Imaginez qu'un(e) élève va faire son premier voyage en avion. Expliquez-lui tout ce qu'il/elle fera à partir du moment où il/elle arrivera à l'aéroport de départ jusqu'au moment où il/elle quittera l'aéroport d'arrivée.

> **Élève 1: D'abord tu feras enregistrer tes bagages au comptoir de la compagnie aérienne.**
> **Élève 2: Puis tu iras à la porte d'embarquement de ton avion.**

B La Martinique. Your French class has decided to go to Martinique over spring break. You and a classmate are in charge of planning the flight. Working together, decide what airline your group will use, where you'll fly to in Martinique, how long the flight will last, what class you'll fly, what food will be served, what film will be shown, where you'll stay, and what you'll do when you get there. Then report to the class for their reaction. The class decides which group has planned the best trip.

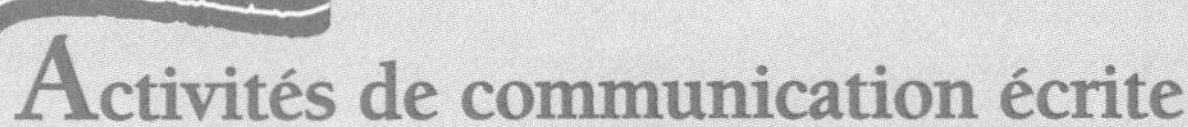

Activités de communication écrite

A Le service à bord. Imaginez que vous avez pris un vol New York—Paris. Écrivez une lettre à la compagnie aérienne. Dans votre lettre, indiquez que le service à bord a été mauvais. Expliquez pourquoi vous n'avez pas été satisfait(e) de votre vol.

B Un beau voyage. Écrivez deux paragraphes sur la Martinique. Dites si vous voulez y aller un jour et pourquoi.

Réintroduction et recombinaison

A Un voyage en avion. Répondez par «oui» ou «non».

1. Toutes les lignes aériennes qui desservent un aéroport ont un comptoir dans cet aéroport pour servir leurs passagers.
2. Avant d'embarquer il faut faire enregistrer tous les bagages, même les petits bagages à main.
3. Au comptoir de la ligne aérienne un agent de la ligne vérifiera vos billets.
4. Si vous faites un voyage international, il faut avoir un passeport.
5. Si vous n'avez pas de passeport, l'agent de la ligne aérienne vous en donnera un.
6. Au comptoir, l'agent vous donnera une carte d'embarquement.
7. Beaucoup de passagers qui voyagent fréquemment préfèrent une place côté couloir parce qu'il y a un peu plus de place pour les jambes.
8. Après un voyage international il faut passer par l'immigration et à la douane.
9. Après un vol intérieur il faut passer par le contrôle de sécurité.

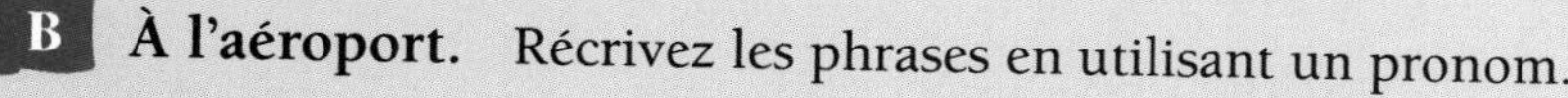

B À l'aéroport. Récrivez les phrases en utilisant un pronom.

1. J'ai *les billets.*
2. Tu as *les passeports*?
3. Tu vois *l'agent de la ligne aérienne*?
4. Tu parles *à l'agent*?
5. Oui, je parle *à l'agent.*
6. Tu donnes ton billet *à l'agent*?
7. Il regarde *ton billet*?
8. Tu donnes ta valise *à l'agent.*
9. Il pèse *ta valise.*
10. À bord, tu parleras *aux hôtesses de l'air*?
11. Tu parleras *aux stewards*?
12. Le personnel de bord dira «bonjour» *aux passagers*?
13. Tu montreras ta carte d'embarquement *au steward*?
14. Il regardera *ta carte d'embarquement*?

Vocabulaire

NOMS
l'avion (m.)
l'appareil (m.)
l'aile (f.)
la cabine
première classe
classe affaires
classe économique
le passager
la passagère
l'équipage (m.)
le pilote
le commandant de bord
le poste de pilotage
le personnel de bord
le steward
l'hôtesse (f.) de l'air
la ceinture de sécurité
le masque à oxygène
le gilet de sauvetage
l'issue (f.) de secours
la sortie de secours
le coffre à bagages
le siège réglable
le dossier du siège
la tablette rabattable
les écouteurs (m.)
la chaîne
la couverture
l'oreiller (m.)
le repas
la collation
le plateau
la boisson
le vol
le décollage
l'atterrissage (m.)
le retard
les bagages (m.)
à main
le tapis roulant
le chariot à bagages
l'aérogare (f.)
le terminal
l'autocar (m.),
le car
le taxi

ADJECTIF
fatigué(e)

VERBES
embarquer
débarquer
piloter
annuler
distribuer
passer un film
récupérer les bagages

AUTRES MOTS ET EXPRESSIONS
il est interdit de
plusieurs
malheureusement
sans escale

CHAPITRE

8

EN ROUTE

OBJECTIFS

In this chapter you will learn to do the following:

1. talk about driving and directions
2. tell what you or others will do
3. express "when" in the future
4. refer to people and things already mentioned
5. talk about how you and others do things
6. compare French and American roads

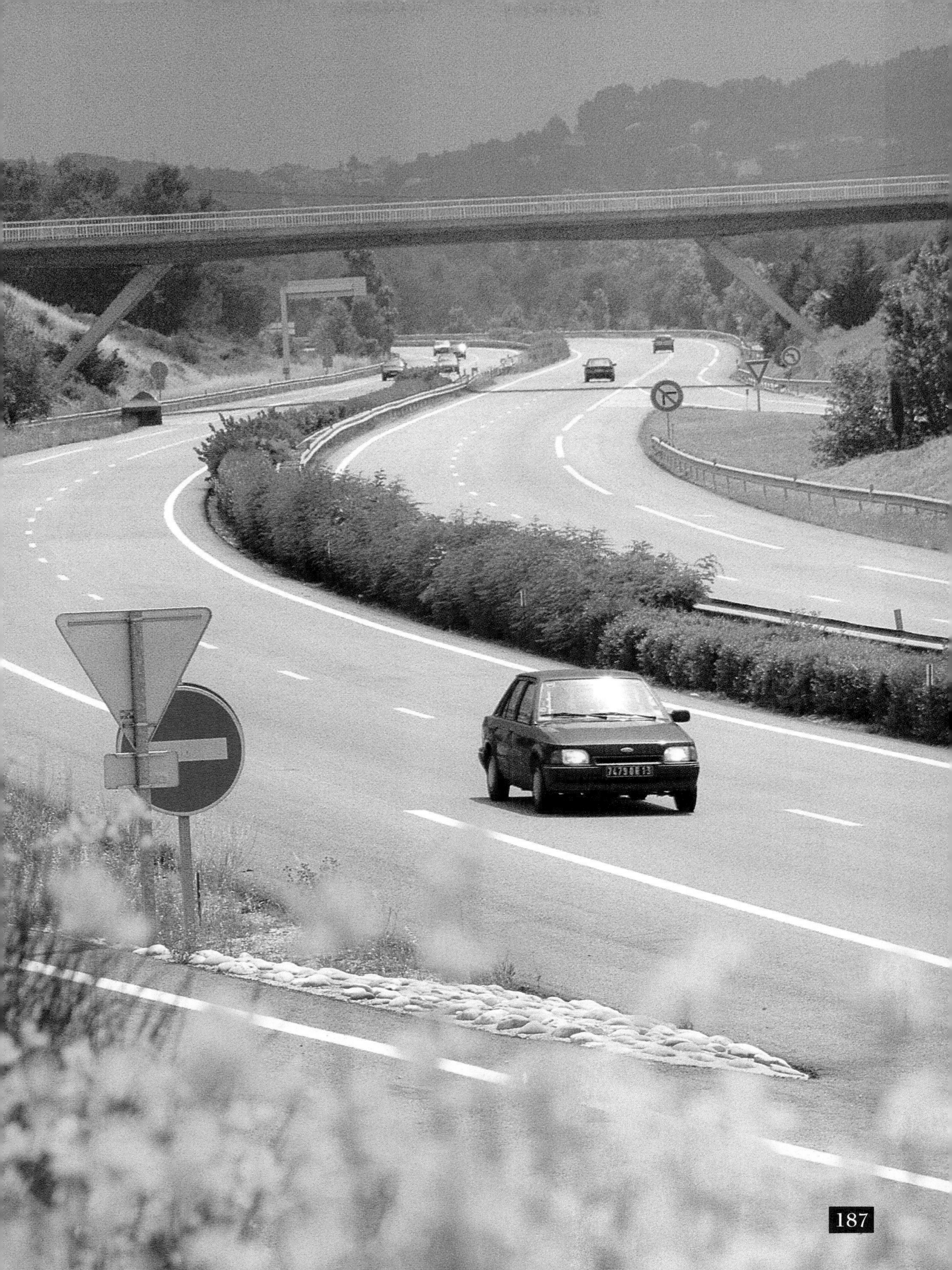

VOCABULAIRE

MOTS 1

un plan de la ville
une carte routière
PARIS
un boulevard périphérique
entourer
une bretelle d'accès
un poste de péage
Sortie
un panneau
une autoroute
une sortie
une flèche
un casque
un motard
une moto
un gendarme

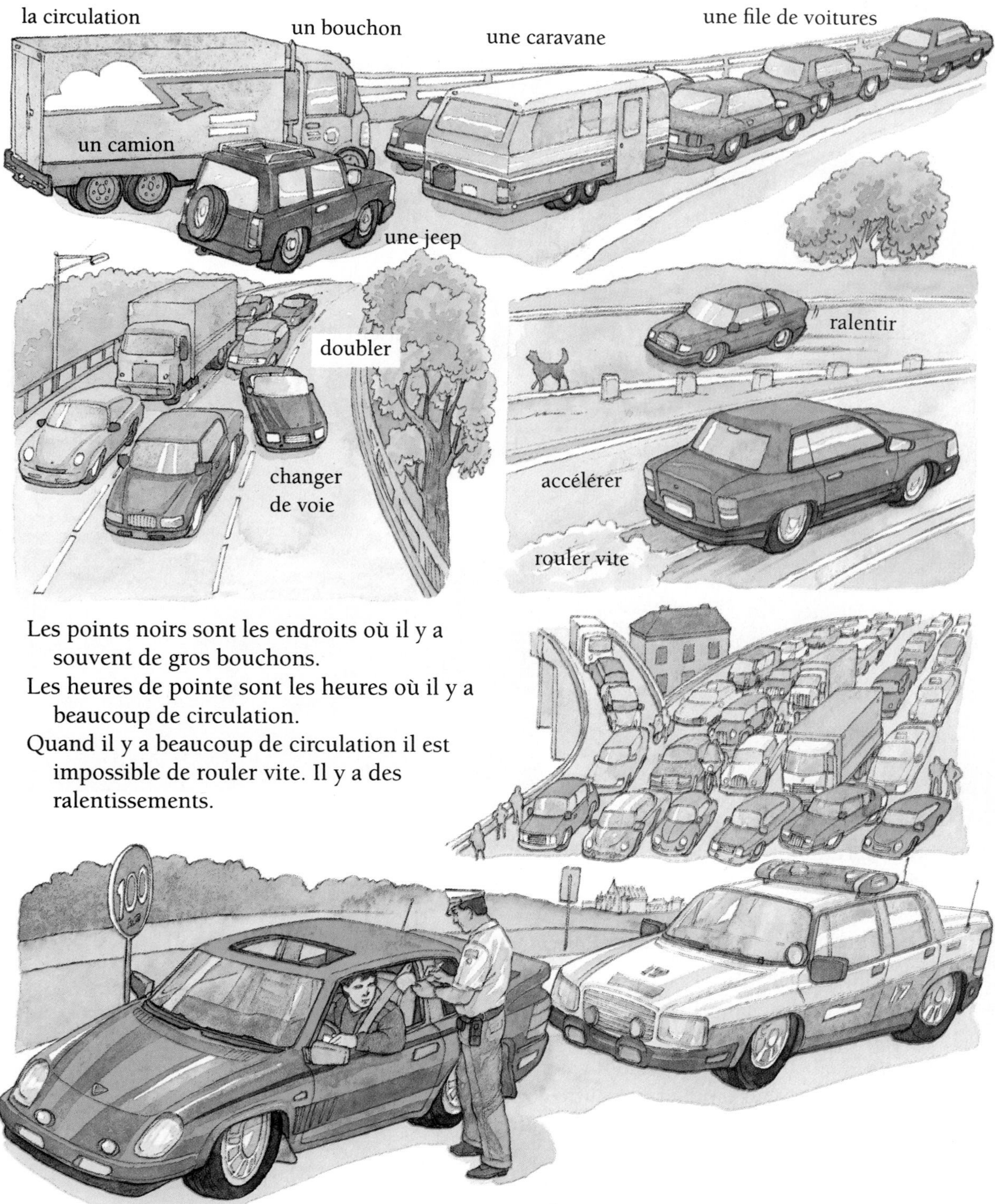

Les points noirs sont les endroits où il y a souvent de gros bouchons.

Les heures de pointe sont les heures où il y a beaucoup de circulation.

Quand il y a beaucoup de circulation il est impossible de rouler vite. Il y a des ralentissements.

Si un automobiliste roule trop vite, il aura une contravention (un P.V.).

S'il ne respecte pas la limitation de vitesse, le gendarme l'arrêtera.

Il lui demandera son permis de conduire et sa carte grise.

L'automobiliste paiera une amende.

Il ne pourra pas se tirer facilement de cette mauvaise situation.

Exercices

A **Qu'est-ce que c'est?** Identifiez.

© MICHELIN, Map No 239 *Auvergne/Limousin*, édition 1992.
Permission No. 9611564

1. C'est une route à deux voies ou à quatre voies?
2. C'est un camion ou une caravane?
3. Le gendarme est à moto ou à pied?
4. C'est un plan de la ville ou une carte routière?

5. Le panneau indique l'accès ou la sortie de l'autoroute?
6. C'est une jeep ou un camion?
7. C'est un poste de péage ou une bretelle d'accès?

B **Sur la route.** Répondez par «oui» ou «non».

1. Il y a une bretelle d'accès à la sortie de l'autoroute?
2. Il est interdit de changer de voie quand on va doubler?
3. Quand il y a un bouchon, il y a beaucoup de circulation?
4. Il y a des ralentissements quand il y a très peu de circulation?
5. Il faut ralentir pour doubler une autre voiture?
6. Le motard surveille la circulation sur l'autoroute?
7. Il faut rouler vite et accélérer quand on arrive à un croisement dangereux?
8. Sur de nombreux panneaux il y a des flèches qui indiquent la direction (le sens) qu'on doit prendre?
9. Les boulevards périphériques entourent les grandes villes?
10. Quand il y a un gros bouchon, il y a une longue file de voitures?

C **Sur l'autoroute.** Répondez.

1. Il y a une autoroute près de chez toi?
2. C'est une autoroute à péage?
3. On paie le péage à la sortie de l'autoroute ou est-ce qu'il y a plusieurs postes de péage sur l'autoroute?
4. Sur l'autoroute y a-t-il des points noirs?
5. Quelles sont les heures de pointe dans ta ville?
6. Faut-il respecter la limitation de vitesse?
7. Si un automobiliste roule trop vite, est-ce que le gendarme l'arrêtera?
8. Qu'est-ce qu'il lui demandera?
9. Qu'est-ce qu'il lui donnera?
10. Qu'est-ce que l'automobiliste paiera?
11. Il pourra se tirer facilement de cette mauvaise situation?
12. Dans l'état où tu habites, est-ce que les motocyclistes sont obligés de porter un casque? Et les cyclistes?

D **Des définitions.** Donnez le mot ou l'expression convenable.

1. rouler moins vite
2. rouler plus vite
3. les heures où il y a beaucoup de circulation
4. les endroits où il y a beaucoup de circulation
5. ce qu'il y a à l'entrée de l'autoroute
6. passer d'une voie à une autre sur l'autoroute
7. dépasser une voiture qui roule dans le même sens
8. la personne qui surveille la circulation sur l'autoroute
9. le contraire de «permis», «autorisé»
10. celui qui conduit une voiture

Exercices

A **À pied en ville.** Répondez.

1. Les piétons attendent sur le trottoir?
2. Ils attendent au coin de la rue?
3. Le feu est vert?
4. Les piétons peuvent traverser la rue?
5. Le feu changera?
6. Les piétons pourront traverser la rue?
7. Ils pourront traverser quand le feu changera?
8. Ils devront traverser dans le passage pour piétons?
9. L'agent de police règle la circulation? Il porte une casquette?
10. Les rues du centre-ville sont encombrées?
11. Une voiture est tombée en panne?
12. La dépanneuse arrivera?

B **C'est le mauvais sens.** Répondez d'après les indications.

1. Il va dans le bon sens ou dans le mauvais sens? (le mauvais sens)
2. Il doit doubler ou faire demi-tour? (faire demi-tour)
3. Et alors il doit aller tout droit ou tourner à droite? (aller tout droit)
4. Il doit aller tout droit jusqu'où? (jusqu'au troisième croisement)
5. Qu'est-ce qu'il y a là? (un stop)
6. Au stop il doit tourner dans quel sens? (à gauche)
7. S'il demande son chemin à l'agent, l'agent saura le lui indiquer?

L'Opéra de Paris: le palais Garnier

C Où est le café? Repondez d'après le dessin.

1. Le café est à droite ou à gauche du théâtre?
2. Le cinéma est à côté du restaurant ou derrière le restaurant?
3. Le parc est à côté du restaurant ou en face du café?
4. La voiture est garée devant l'école ou derrière l'école?
5. Le cinéma est derrière le théâtre ou en face du théâtre?

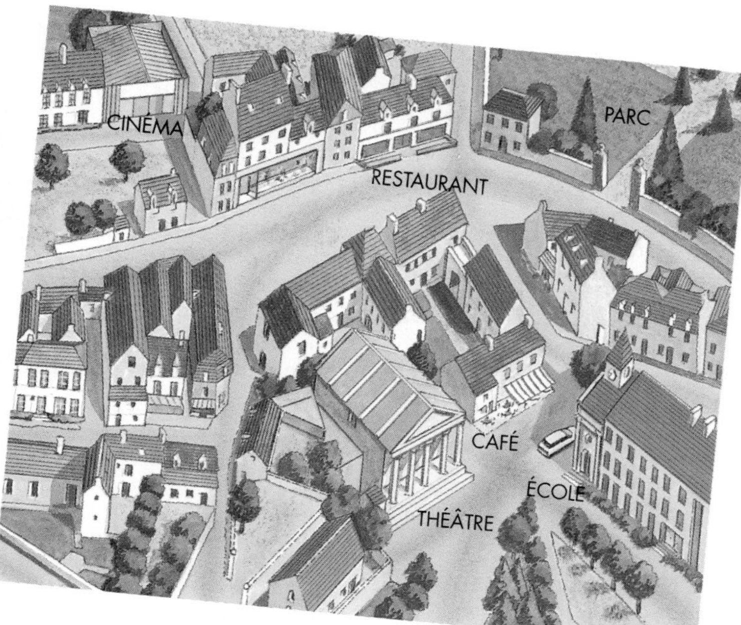

Activités de communication orale

Mots 1 et 2

A Qu'est-ce que c'est? Décrivez à un(e) camarade un objet ou une personne qu'on trouve d'habitude dans la rue ou sur la route. Il/Elle l'identifiera.

> **Élève 1: Cette personne surveille la circulation.**
> **Élève 2: C'est un gendarme.**

B Une soirée. Vous organisez une fête chez vous pour votre anniversaire. Téléphonez à un(e) camarade pour l'inviter à la fête. Indiquez-lui le chemin. Votre camarade prendra des notes et vous les relira pour être sûr(e) qu'il/elle ne s'est pas trompé(e).

C Votre ville... Michel Passavant, un ami français, veut savoir si vous savez conduire et comment est la circulation dans votre ville. Répondez à ses questions.

1. Tu as ton permis de conduire?
2. Tu as une voiture?
3. Où sont les points noirs dans ta ville?
4. Quelles sont les heures de pointe?
5. Il est difficile de circuler dans ta ville?

Michel Passavant

Le futur des verbes irréguliers — *Telling What You or Others Will Do*

Some verbs have an irregular stem for the formation of the future tense. Study the following.

INFINITIVE	STEM	FUTURE
avoir	**aur-**	**j' aurai**
savoir	**saur-**	**je saurai**
voir	**verr-**	**je verrai**
envoyer	**enverr-**	**j' enverrai**
pouvoir	**pourr-**	**je pourrai**
devoir	**devr-**	**je devrai**
recevoir	**recevr-**	**je recevrai**
vouloir	**voudr-**	**je voudrai**
venir	**viendr-**	**je viendrai**

Exercices

A **On ira en ville.** Répondez.

1. On ira en ville la semaine prochaine?
2. On pourra prendre le train?
3. On ira à Notre-Dame?
4. On y verra des gargouilles fantastiques?
5. On voudra dîner en ville?
6. Les garçons pourront aller sans veste au restaurant?
7. On devra téléphoner à l'avance pour réserver?
8. On saura comment aller au restaurant?
9. On aura un dessert super dans ce restaurant?
10. On pourra payer l'addition par chèque?

B **Pauline ne sera pas très contente.** Répondez.

1. L'année prochaine, Pauline recevra de mauvaises notes?
2. Elle voudra les voir?
3. Elle sera contente quand elle verra ses mauvaises notes?
4. Elle voudra les montrer à ses parents?
5. Ses parents seront fâchés quand ils les verront?
6. Elle leur montrera ses notes?
7. Pauline pourra sortir avec ses copains?

C Tu voudras lui organiser une surprise-partie? Répondez.

1. Tu voudras organiser une surprise-partie pour l'anniversaire d'Émilie?
2. Tu enverras des invitations à tous ses amis?
3. Tu leur enverras les invitations demain?
4. Tous ses amis pourront aller à la fête?
5. Ils viendront tous avec des cadeaux?
6. Émilie recevra beaucoup de cadeaux?
7. Elle sera surprise quand elle verra ses amis?

D Tu sais ce que tu vas faire? Répétez la petite conversation.

GUY: Qu'est-ce que tu vas faire demain?
LUC: Je crois que je vais aller à la piscine.
GUY: Tu vas y aller tout seul ou avec ta petite amie?
LUC: Je vais le savoir plus tard. Je vais te donner un coup de fil.

Maintenant répétez la conversation en mettant les verbes au futur.

E Vous irez à Nantes l'année prochaine? Mettez au futur les verbes indiqués.

Vous allez à Nantes? Je vous ____ (1) (dire) ce que vous ____ (2) (pouvoir) faire pour y arriver vite. Vous ____ (3) (prendre) l'A11. Pour quitter la ville vous ____ (4) (prendre) le Boulevard Raspail jusqu'à la Place Denfert-Rochereau. Vous ____ (5) (traverser) la place et vous ____ (6) (continuer) tout droit. Il y a quelques feux avant d'arriver au Boulevard Périphérique. Vous ne ____ (7) (prendre) pas le Boulevard Périphérique. Vous ____ (8) (continuer) tout droit et vous ____ (9) (voir) un panneau qui indique Chartres. C'est l'A11. Vous ____ (10) (passer) par Chartres et vous ____ (11) (continuer) sur l'A11 jusqu'au Mans. Vous ____ (12) (sortir) au Mans et là vous ____ (13) (voir) un panneau qui indique la N23. Vous ____ (14) (prendre) la N23 jusqu'à Nantes. Je ne sais pas si vous ____ (15) (avoir) le temps, mais vous devez vous arrêter quelques minutes pour voir Angers. La N23 passe par Angers.

Montmartre: la basilique du Sacré-Cœur et la Place du Tertre

Le futur après *quand* — *Expressing "When" in the Future*

When the verb in the main clause is in the future, the verb in the clause introduced by *quand* must also be in the future. In English you use the present tense, but in French you always use the future.

Nous partirons quand ils arriveront.
Quand elle ira à Paris elle visitera le Sacré-Cœur.

Exercices

A **Les piétons traverseront la rue quand?** Complétez la phrase.

Les piétons traverseront la rue quand...

1. Le feu change.
2. Le feu est rouge.
3. Les voitures s'arrêtent.
4. L'agent de police leur indique qu'ils peuvent traverser.

B **Un jour j'aurai mon permis de conduire.** Donnez des réponses personnelles.

1. Tu seras content(e) quand tu auras ton permis de conduire?
2. Tu auras ton permis de conduire quand tu auras quel âge?
3. Tu sauras conduire quand tu recevras ton permis?
4. Tu achèteras une voiture quand tu auras assez d'argent?
5. Tu feras de longs voyages quand tu auras ta nouvelle voiture?

C **Quand j'aurai de l'argent.** Faites des phrases d'après le modèle.

avoir de l'argent / acheter quelque chose
Quand j'aurai de l'argent, j'achèterai quelque chose.

1. avoir assez d'argent / acheter une voiture
2. avoir mon permis de conduire / faire des voyages en voiture
3. être sur l'autoroute / faire attention aux panneaux routiers
4. savoir conduire / conduire prudemment
5. voir un motard / ralentir

Deux pronoms dans la même phrase: *le, la, les* avec *lui, leur* — *Referring to People and Things Already Mentioned*

1. You have already seen that *me, te, nous,* and *vous* can be used with the direct object pronouns *le, la,* and *les.* You can also use *lui* and *leur* with *le,la,* and *les.* Note, however, that the order is different. Study the following.

Je donne *le plan à Jean.*	**Je *le lui* donne.**
Je donne *la carte routière à Marie.*	**Je *la lui* donne.**
Je donne *les clés à Marie.*	**Je *les lui* donne.**
J'ai donné *le plan aux copains.*	**Je *le leur* ai donné.**
J'ai donné *la carte routière aux copains.*	**Je *la leur* ai donnée.**
J'ai donné *les clés aux copains.*	**Je *les leur* ai données.**

2. Note that *le, la,* and *les* come before *lui* and *leur.*

(ne)	*before*	le la les	*before*	lui leur	*before*	verbe	(pas)

Une route typique bordée d'arbres

Un panneau routier

Exercices

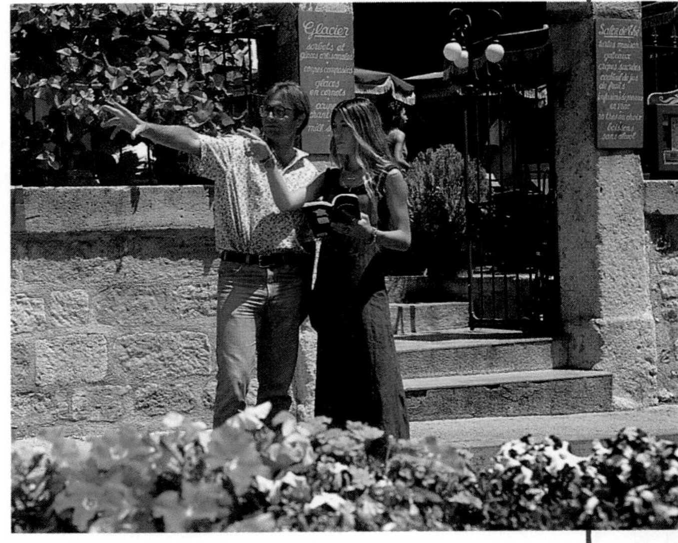

A **Martin la lui donnera, j'en suis certain.** Répondez en utilisant des pronoms.

1. Martin lui donnera l'adresse?
2. Il lui écrira l'adresse?
3. Et il donnera l'adresse à ses amis?
4. Il leur lira l'adresse?
5. Il leur lira l'adresse en anglais ou en français?

B **Que tu es généreux!** Répondez d'après le modèle en utilisant des pronoms.

Les billets d'avion? Tu les as donnés à Michèle?
Oui, je les lui ai donnés.

1. Le téléphone sans fil? Tu l'as donné à Lucien?
2. Le téléviseur? Tu l'as donné à Monique?
3. Les disques? Tu les as donnés à Dominique?
4. La guitare? Tu l'as donnée à Philippe?
5. Les cassettes? Tu les as données à tes amis?
6. Les livres? Tu les as donnés à tes cousins?
7. Les timbres? Tu les as donnés à tes cousines?
8. L'ordinateur? Tu l'as donné à tes frères?

C **Non!** Répondez d'après le modèle en utilisant des pronoms.

Tu as donné les cassettes à Jean-Paul?
Non, je ne les lui ai pas données.

1. Tu as lu le livre au petit enfant?
2. Tu as vendu le magnétophone à Annette?
3. Tu as expliqué la pièce à Paul?
4. Tu as écrit la lettre à tes parents?
5. Tu as montré les cartes routières à Claudine?
6. Tu as envoyé les livres à Luc?

La formation des adverbes

Talking About How You and Others Do Things

1. You form most adverbs in French by adding *-ment* to the feminine form of the adjective. Study the following.

MASCULIN	FÉMININ	ADVERBE
certain	**certaine**	**certainement**
complet	**complète**	**complètement**
annuel	**annuelle**	**annuellement**
sérieux	**sérieuse**	**sérieusement**

2. However, if the masculine form of the adjective ends in a vowel, you add *-ment* to the masculine form.

MASCULIN	ADVERBE
pol*i* vra*i* absol*u*	poliment vraiment absolument

3. Note the spelling of the adverbial form of adjectives that end in *-ent* or *-ant*.

évident	évidemment
prudent	prudemment
courant	couramment

Exercices

A **Un cours de conduite.** Répondez d'après les indications.

1. Il a suivi un cours de conduite? (certainement)
2. Quand l'a-t-il suivi? (récemment)
3. Il a beaucoup appris? (évidemment)
4. Avant de suivre le cours, comment conduisait-il? (dangereusement)
5. Comment conduit-il maintenant? (prudemment)

B **Quel est l'adverbe?** Pour chaque adjectif, donnez l'adverbe et faites une phrase avec cet adverbe.

1. heureux
2. certain
3. poli
4. direct
5. constant
6. fréquent
7. sérieux
8. correct
9. parfait
10. vrai

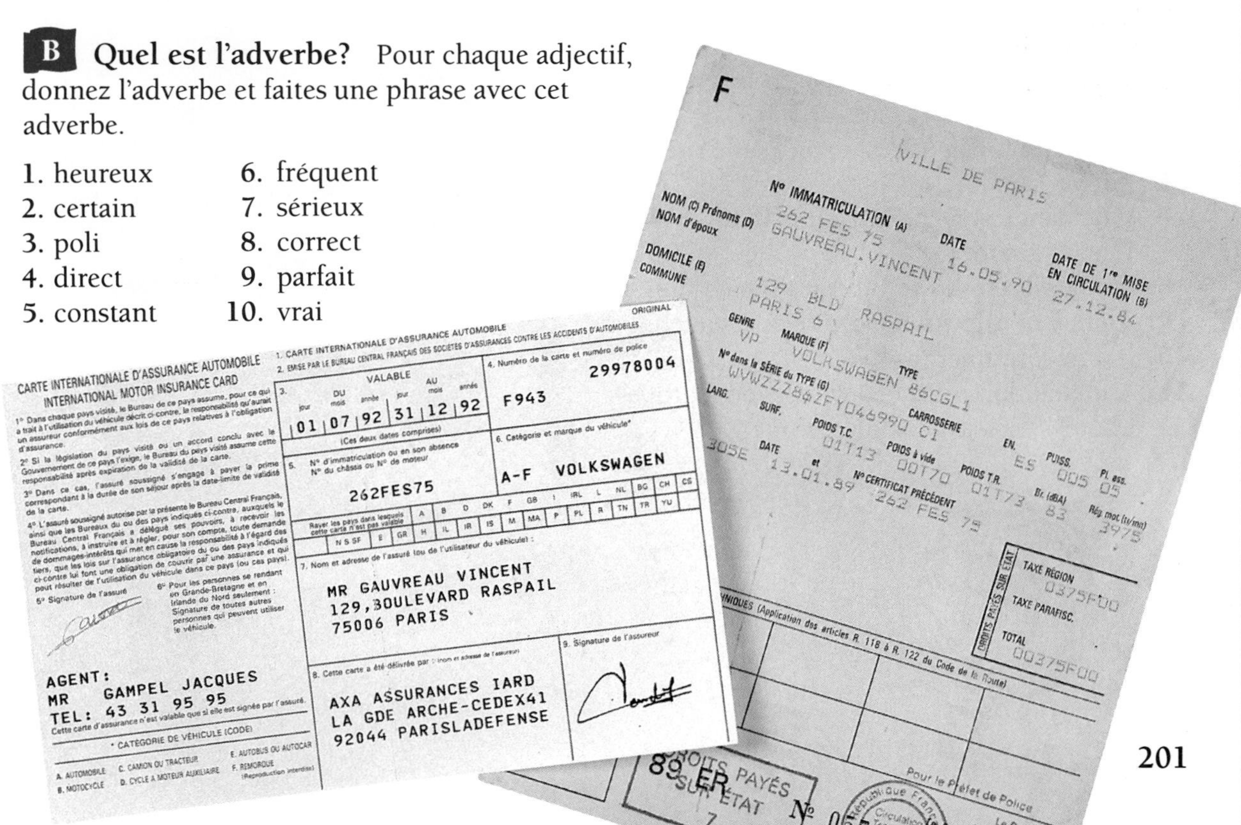

CONVERSATION

Scènes de la vie *Je vais dans le bon sens?*

MICHEL: Pardon, Mademoiselle. L'Hôtel François 1er, c'est bien par là?

UNE FILLE: L'Hôtel François 1er? C'est sur la place François 1er.

MICHEL: Je m'excuse, Mademoiselle, mais je ne suis pas d'ici. Où est la place François 1er, s'il vous plaît?

LA FILLE: Vous allez dans le mauvais sens. Il faut faire demi-tour. Allez tout droit, et à la quatrième rue tournez à gauche. Continuez tout droit jusqu'au premier feu. Au feu tournez à droite. C'est la place François 1er et à cent mètres à gauche vous verrez l'hôtel.

A **Il demande son chemin.** Répondez d'après la conversation.

1. Michel cherche quel hôtel?
2. Il va dans le bons sens ou dans le mauvais sens?
3. Qu'est-ce qu'il faut faire?
4. L'Hôtel François 1er est dans quelle rue?
5. Michel sait où est la place François 1er?
6. Il demande son chemin à une fille?
7. Elle le lui indique?
8. Il doit aller tout droit jusqu'à quelle rue?
9. Alors il doit tourner à droite ou à gauche?
10. Il doit continuer jusqu'où?
11. Au feu il doit tourner à gauche ou à droite?
12. L'hôtel sera à gauche ou à droite?

Activités de communication orale

A **Le plan de Paris.** Vous êtes Place de la Concorde à Paris. Regardez le plan à la page 436 et choisissez un monument (un musée, un parc, etc.) que vous voulez visiter. Dites à votre camarade le chemin que vous allez prendre et il/elle devinera où vous voulez aller.

Élève 1: Je quitte la Place de la Concorde et je traverse le pont. Je tourne à gauche sur le quai d'Orsay et je continue tout droit.
Élève 2: Tu vas au Musée d'Orsay, n'est-ce pas?

Paris: Place de la Concorde

B **Vendeur de voitures.** Vous êtes vendeur/vendeuse de voitures. Un des clients suivants (votre camarade) veut acheter un véhicule et ne sait pas quel type de véhicule choisir—une jeep, un camion, une caravane, une moto, une décapotable, une voiture de sport ou un break. Posez des questions à votre client(e) pour l'aider à faire son choix. Changez ensuite de rôles.

CLIENTS
un(e) étudiant(e)
un homme de 40 ans avec six enfants
un jeune couple
un(e) lycéen(ne)
une vieille dame

une vieille dame

Élève 1: Vous voulez une petite voiture ou une grande voiture?
Élève 2: Une petite voiture qui roule vite.
Élève 1: Ah bon? Alors, je vous propose de choisir une jeep.

VOYAGE AU MONT-SAINT-MICHEL

J'aime bien la France. Quand je te dirai ce que j'y fais, tu sauras pourquoi je l'aime tellement. J'en suis sûr.

L'autre jour j'avais un peu faim et je suis allé dans un petit café pour manger quelque chose. À la table d'à côté il y avait un jeune couple français. Ils ont remarqué (vu) que j'avais un petit drapeau[1] américain sur mon sac à dos. Ils m'ont demandé si j'étais américain.

Un restoroute près de Beaune, en Bourgogne

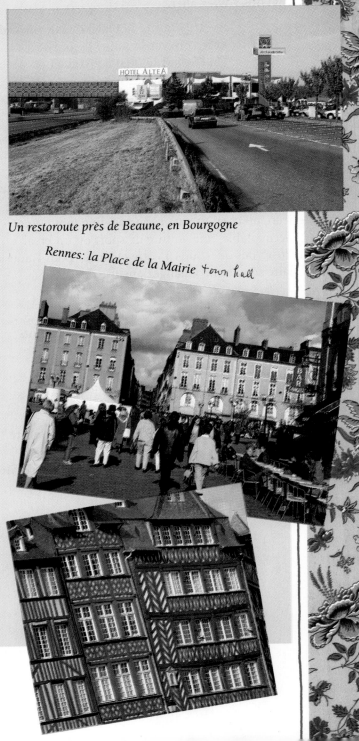

Rennes: la Place de la Mairie

Quand je leur ai dit que oui, ils ont commencé à me parler parce qu'ils voulaient parler anglais. Ils m'ont demandé ce que je faisais en France. Je leur ai répondu que j'avais envie de voir tout le pays et que le lendemain[2] je partais pour Rennes, en Bretagne. Quelle coïncidence! Eux aussi, ils allaient à Rennes pour rendre visite à leurs parents. Ils y allaient en voiture et ils m'ont invité à les accompagner. C'était vraiment sympa de leur part. Pendant tout le voyage nous avons beaucoup parlé—en anglais et en français. Eux, ils voulaient améliorer[3] leur anglais et moi, je voulais améliorer mon français.

Après deux heures de route, ils se sont arrêtés pour faire le plein. Ils m'ont invité à prendre quelque chose au restoroute. J'ai proposé de payer mais ils

---

[1] drapeau *flag*
[2] le lendemain *the next day*
[3] améliorer *to improve*

Une vue aérienne du Mont-Saint-Michel

n'ont pas voulu. Je sais que je me suis fait de très bons amis et je suis certain qu'on se reverra, en France ou en Amérique.

De Rennes j'ai pris le car pour le Mont-Saint-Michel. J'ai passé la nuit dans une auberge de jeunesse[4] où j'ai rencontré Raoul Castellar, un étudiant martiniquais. Aujourd'hui Raoul et moi visitons le Mont-Saint-Michel. C'est très impressionnant! Je ne sais pas comment te le décrire. C'est un îlot, une petite île, mais pas vraiment. Ça dépend de la marée[5]. Quand la marée est haute, le Mont-Saint-Michel est entouré d'eau. Mais quand la marée est basse, la baie est presque à sec et on peut arriver au Mont-Saint-Michel à pied ou en voiture. En haut du mont il y a une abbaye superbe. Et les vieux remparts sont magnifiques. De l'abbaye et du haut des remparts, il y a une vue incroyable.

Demain Raoul et moi irons à La Baule. La Baule est une grande station balnéaire sur la côte sud de la Bretagne. Là nous ferons du camping. Moi, j'ai un sac de couchage[6] et Raoul va s'en acheter un. À La Baule on pourra se baigner[7] s'il ne pleut pas. Mais je sais qu'en Bretagne il pleut souvent. Zut! Qu'est-ce que je ferai s'il pleut, moi qui vais dormir à la belle étoile (en plein air) dans mon sac de couchage? Ça m'est égal. De toute façon je m'amuserai, même si je suis un peu mouillé.

Oui, je m'amuserai. Voilà pourquoi j'aime tellement la France. Je rencontre des tas de gens qui viennent de pays différents avec des cultures différentes: des Tunisiens, des Marocains, des Ivoiriens (de la Côte d'Ivoire), des Sénégalais. Je parle une autre langue, je visite des villes superbes, de charmants villages et des sites historiques et pittoresques.

Tu iras un jour en France? Quand tu viendras ici, tu verras. Tu sauras pourquoi j'aime tellement ce pays. Tu l'aimeras aussi, je t'assure.

La Baule en Bretagne

---

[4] une auberge de jeunesse *a youth hostel*
[5] la marée *the tide*
[6] un sac de couchage *a sleeping bag*
[7] se baigner *to swim*

Étude de mots

A Quelle est la définition? Trouvez le mot ou l'expression qui correspond.

1. un couple
2. faire le plein
3. une auberge
4. un îlot
5. une abbaye
6. un restoroute
7. je voulais

a. un monastère
b. un petit hôtel
c. un restaurant sur l'autoroute
d. un homme et une femme
e. j'avais envie
f. mettre de l'essence dans le réservoir
g. une petite île

Compréhension

B Vous avez compris? Répondez d'après la lecture.

1. Pourquoi le jeune homme est-il allé au café?
2. Qui était à la table d'à côté?
3. Pourquoi ont-ils commencé à parler anglais au jeune homme?
4. Où allait le jeune homme le lendemain?
5. Où allait le jeune couple?
6. Pour quoi faire?
7. Où est descendu le jeune homme?
8. Où est-il allé après Rennes?
9. Comment y est-il arrivé?
10. Où le jeune homme a-t-il passé la nuit?
11. Qui a-t-il rencontré?
12. Qu'est-ce qu'ils ont visité?
13. Où iront-ils demain?
14. Ils feront du camping?
15. Ils se baigneront à La Baule?

C Des renseignements. Répondez d'après la lecture.

1. Qu'est-ce que le Mont-Saint-Michel?
2. Qu'est-ce qu'il y a au Mont-Saint-Michel?
3. Où est le Mont-Saint-Michel?
4. Qu'est-ce que La Baule?
5. Où est La Baule?
6. Quel temps fait-il souvent en Bretagne?

DÉCOUVERTE CULTURELLE

*E*n France le réseau (système) routier est excellent. Il y a de grandes autoroutes à péage. Si vous regardez une carte routière de la France vous verrez:

A Autoroute, presque toujours à péage
N Route Nationale, c'est une route à grande circulation
D Route départementale
V Chemin vicinal (rural), ce sont de petits chemins qui relient des villages. Ils sont souvent très pittoresques.

Vous parlez à quelqu'un en France et vous voulez dire «thruway» ou «freeway». Vous allez choisir quel mot en français? Exprimez les idées suivantes en français—*interstate, county road, country road.*

Le camping est assez populaire en France. En France il y a beaucoup de terrains de camping. Si le camping vous intéresse, vous pourrez vous adresser au Touring Club de France. On vous enverra la brochure «Indicateur du camping-caravaning».

© MICHELIN, Map No 63 Vannes/La Baule/Angers, édition 1992, Permission No. 9611564

Un camping dans le Périgord

RÉALITÉS

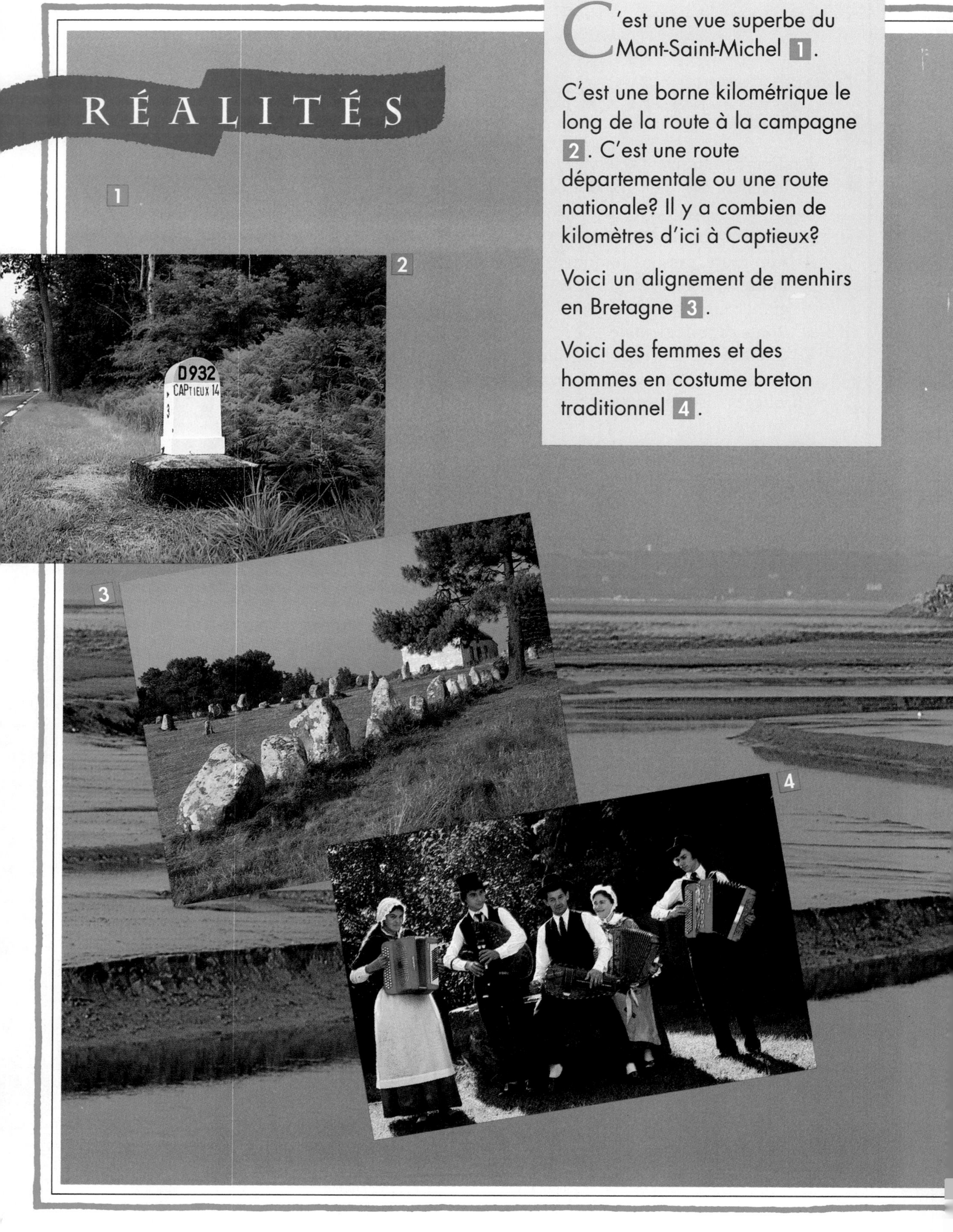

C'est une vue superbe du Mont-Saint-Michel 1.

C'est une borne kilométrique le long de la route à la campagne 2. C'est une route départementale ou une route nationale? Il y a combien de kilomètres d'ici à Captieux?

Voici un alignement de menhirs en Bretagne 3.

Voici des femmes et des hommes en costume breton traditionnel 4.

CULMINATION

Activités de communication orale

A **Que ferez-vous?** Demandez à un(e) camarade ce qu'il/elle fera quand:

il/elle aura des vacances
il/elle aura son permis de conduire
il/elle sera diplômé(e)
il/elle sera adulte

Élève 1: Quand tu auras des vacances, que feras-tu?
Élève 2: Quand j'aurai des vacances, j'irai à San Francisco avec ma famille.

B **Flash circulation.** Vous et votre camarade travaillez pour la station de radio de votre ville. L'un(e) de vous est dans le studio et pose des questions à l'autre, qui se trouve dans une voiture dans la ville.

Élève 1: Comment est la circulation, là où vous êtes?
Élève 2: Eh bien, je suis dans la rue (Main), et il y a un énorme embouteillage. Je conseille aux automobilistes de prendre la rue (High)…

Activités de communication écrite

A **Une visite.** Vos amis français viennent aux USA pour vous rendre visite. Dans une lettre, écrivez-leur comment venir chez vous de l'aéroport.

B **Quelle chance!** Vous avez enfin votre permis de conduire. Vos parents vous ont prêté leur voiture pour la première fois hier. Écrivez tout ce que vous avez fait, où vous êtes allé(e), etc.

Réintroduction et recombinaison

A **Je veux et je vais si je peux.** Répondez.

1. Dites plusieurs choses que vous voulez faire.
2. Dites plusieurs choses que vous allez faire.
3. Dites plusieurs choses que vous pouvez faire.
4. Dites plusieurs choses que vous devez faire.
5. Dites plusieurs choses que vous voulez faire mais que vous ne pouvez pas faire parce que vous devez faire quelque chose d'autre.
6. Dites plusieurs choses que vous ferez quand vous serez adulte.

B Un petit accident. Répondez d'après les indications.

1. Est-ce que l'automobiliste conduisait prudemment? (oui)
2. Il roulait trop vite? (non)
3. Il est arrivé à un croisement? (oui)
4. Il y avait un feu au croisement? (oui)
5. Le feu changeait quand il y est arrivé? (oui)
6. Il a ralenti? (oui)
7. Il s'est arrêté? (oui)
8. Il a brûlé le feu (grillé le feu rouge)? (non, il s'est arrêté)
9. Mais il a eu un accident? (oui)
10. Le conducteur qui le suivait a vu le feu? (non)
11. Il s'est arrêté? (non)
12. Et il est rentré dans l'autre voiture? (oui)
13. L'accident était sérieux? (non)
14. Pourquoi pas? (Les deux voitures ne roulaient pas vite.)

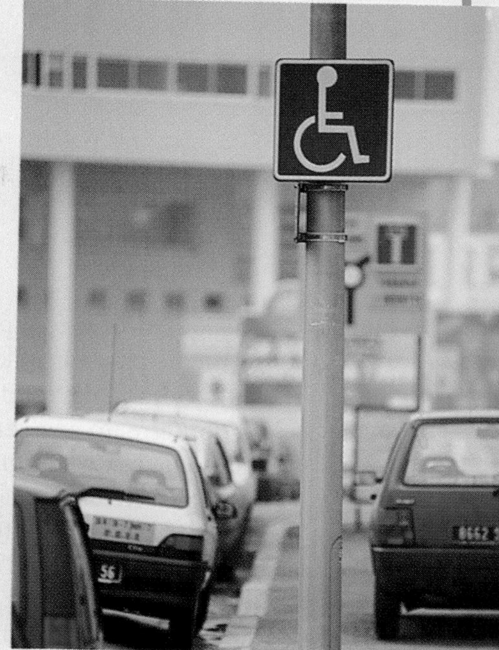

C Comment y aller. Expliquez à quelqu'un qui vous demande son chemin comment aller de chez vous au centre commercial ou au centre-ville.

Vocabulaire

NOMS

le boulevard périphérique
l'autoroute (f.)
la bretelle d'accès
la sortie
le poste de péage
le panneau
la flèche
la circulation
le sens
le ralentissement
le bouchon
l'embouteillage (m.)
la file (de voitures)
le point noir
l'heure (f.) de pointe
l'automobiliste (m. et f.)
le permis de conduire
la carte grise
la carte routière
le plan de la ville
l'agent (m.) de police
la casquette
le gendarme
le motard
le casque
la limitation de vitesse
l'amende (f.)
la contravention
le centre-ville
le trottoir
le coin
le feu
les piétons (m.)
le passage pour piétons
l'endroit (m.)
la voiture
le camion
la caravane
la jeep
la moto(cyclette)
la dépanneuse

ADJECTIFS

gros(se)
encombré(e)

VERBES

accélérer
rouler
ralentir
changer de voie
doubler
tourner
traverser
respecter
arrêter
entourer

AUTRES MOTS ET EXPRESSIONS

faire demi-tour
se tirer d'une mauvaise situation
tomber en panne
demander son chemin
à droite
à gauche
tout droit
à côté de
en face de
devant
derrière

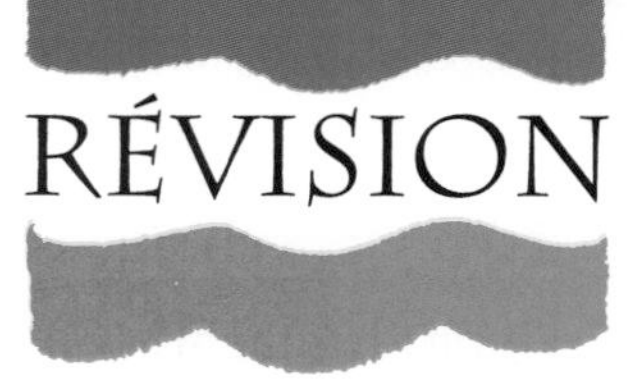

RÉVISION

CHAPITRES 5-8

Conversation *Sur la route*

GILLES: Mais qu'est-ce qui se passe? Ce n'est pas possible. Une heure et on n'a même pas fait un kilomètre. Pourquoi payer pour prendre l'autoroute? Ce n'est pas la peine.

MÉLANIE: Ça doit être un accident! Sors à la prochaine sortie. On prendra la Nationale 6. Ça sera plus long mais on a le temps. Et à la vitesse où on va maintenant on arrivera à la même heure.

GILLES: D'accord. Tu as la carte?

MÉLANIE: Elle est dans le sac à l'arrière.

GILLES: Tu me la passes, s'il te plaît... Merci... Alors, la prochaine sortie, c'est Auxerre-Nord. Là, comme tu as dit, on prendra la Nationale 6 jusqu'à Saulieu... Quand on arrivera à Saulieu, on restera sur la droite et on rejoindra la Départementale 980 jusqu'à Autun. Voilà, c'est simple.

MÉLANIE: Oui, mais maintenant on va voir combien de temps on met pour sortir de l'autoroute!

A Quelle circulation!

Répondez d'après la conversation.

1. Gilles et Mélanie sont sur l'autoroute ou sur une route secondaire?
2. Est-ce que ça roule bien?
3. Pourquoi, d'après Mélanie?
4. Faut-il payer pour prendre l'autoroute en France?
5. Que vont faire Gilles et Mélanie?
6. Où sortiront-ils de l'autoroute?
7. Quelle route prendront-ils?
8. D'après Mélanie, est-ce qu'ils sortiront bientôt de l'autoroute?

© MICHELIN, Map No 238 *Centre Berry-Nivernais*, édition 1992, Permission No. 9611564

Structure

Deux pronoms dans la même phrase

1. When two object pronouns are used, the order is as follows.

(ne)	*before*	me te nous vous	*before*	le la les	*before*	lui leur	*before*	verbe	*before*	(pas)

Tu te laves les cheveux? Non, je me les suis lavés hier!

2. Pronouns usually come before the verb or the helping verbs *avoir* and *être* in the *passé composé.* They cannot be separated from the verb or the helping verb; therefore, negations go around the verb or the helping verb.

   Ses conseils? Je *ne* les suis *jamais.*
   Ses conseils? Je *ne* les ai *jamais* suivis.

   Remember that when a verb is conjugated with *avoir* in the *passé composé,* its past participle agrees with a preceding direct object.

3. In affirmative commands, the pronoun follows the verb. It is linked to the verb by a hyphen. In negative commands, pronouns come before the verb.

   Écoutez-moi. **Ne m'écoutez pas.**
   Regardez-la. **Ne la regardez pas.**

A **C'est une bonne infirmière.** Remplacez les mots en italique par des pronoms.

Elle a donné les pansements aux médecins.
Elle les leur a donnés.

1. Elle a pris *la tension aux malades.*
2. Elle a fait *sa piqûre à Mélanie.*
3. Elle a pris *le pouls à Mme Delors.*
4. Elle a donné *ses médicaments à M. Vernier.*

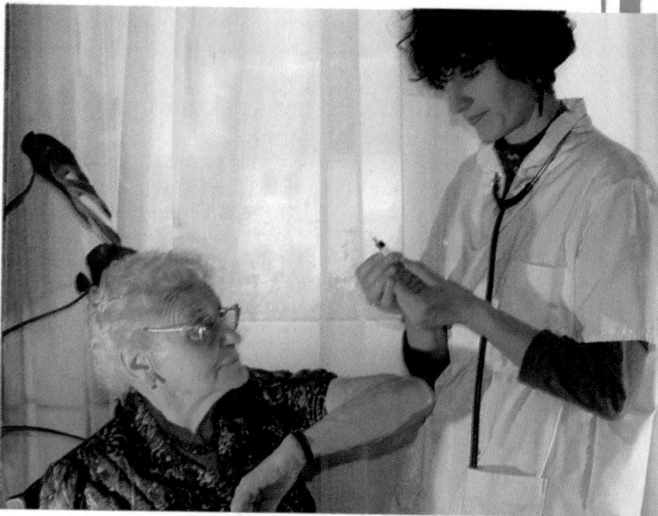

B **D'accord.** Répondez d'après le modèle.

Passe-moi le sac, s'il te plaît.
D'accord! Je te le passe.

1. Donne-moi les billets!
2. Prête-nous ta carte!
3. Envoie-nous les renseignements.
4. Écris-moi son adresse.

Le futur

1. For regular verbs, the future tense is formed by adding the following endings to the infinitive, which is the future stem. However, *-re* verbs drop the final *-e* before adding the endings.

INFINITIVE		FUTURE	
		STEM	ENDING
parler **finir** **attendre**	**je** **tu** **il/elle/on** **nous** **vous** **ils/elles**	***parler*** ***finir*** ***attendr***	**-ai** **-as** **-a** **-ons** **-ez** **-ont**

2. Most irregular verbs that end in *-re* have a regular future stem.

dire	**je *dirai***	**lire**	**je *lirai***	**conduire**	**je *conduirai***
écrire	**j' *écrirai***	**ouvrir**	**j' *ouvrirai***	**prendre**	**je *prendrai***
vivre	**je *vivrai***	**suivre**	**je *suivrai***	**connaître**	**je *connaîtrai***

3. Verbs with spelling changes keep the spelling change in the future stem. Note that *préférer* is an exception. It has a regular future stem: *je préférerai.*

INFINITIVE	PRESENT	FUTURE
acheter	**j'achète**	**j'*achèterai***
appeler	**j'appelle**	**j'*appellerai***
essayer	**j'essaie**	**j'*essaierai***

4. Study the future stems of common irregular verbs.

INFINITIVE	STEM	INFINITIVE	STEM
aller	***ir-***	**pleuvoir**	***pleuvr-***
avoir	***aur-***	**pouvoir**	***pourr-***
courir	***courr-***	**recevoir**	***recevr-***
devoir	***devr-***	**savoir**	***saur-***
envoyer	***enverr-***	**tenir**	***tiendr-***
être	***ser-***	**venir**	***viendr-***
faire	***fer-***	**voir**	***verr-***
falloir	***faudr-***	**vouloir**	***voudr-***

5. When the verb in the main clause is in the future, the verb following *quand* must be in the future too.

Quand j'aurai le temps, j'irai chez le coiffeur.

Une belle plage à la Martinique

C **L'avenir.** Répondez d'après le modèle.

avoir beaucoup d'enfants
Tu auras beaucoup d'enfants.

1. être riche
2. faire de longs voyages
3. aller dans des pays exotiques
4. avoir beaucoup d'amis
5. vouloir beaucoup de choses
6. pouvoir les acheter

D **Ça va changer.** Répondez d'après le modèle.

Nous ne voyons jamais nos amis.
Vous verrez bientôt vos amis.

1. Nous ne sortons jamais.
2. Nous ne voyons jamais les derniers films.
3. Nous n'allons jamais au cinéma.
4. Nous ne savons pas parler français.
5. Nous ne recevons jamais nos amis.
6. Nous ne sommes jamais heureux.

E **Quand?** Complétez avec les verbes entre parenthèses. Utilisez le temps qui convient.

1. Je vous téléphonerai quand je ___ à Paris. (être)
2. Quand je suis arrivé, il ___ déjà là. (être)
3. Quand il est arrivé, il m'___ immédiatement. (téléphoner)
4. Quand on est en retard, on ___. (s'excuser)
5. Quand vous ___ à la Martinique, nous visiterons l'île ensemble. (aller)

Activités de communication orale

A **Un accident.** Racontez (ou inventez) un accident de la route. Vous pouvez inclure les éléments suivants: le type de voitures, le genre de route, la gravité de l'accident (blessés), l'intervention des services de secours, etc.

L'année dernière ma cousine a eu un accident de la route. Elle roulait vite sur l'autoroute quand…

B **À l'avenir.** Vous êtes très sûr(e) de ce que vous voulez faire plus tard, donc vous utilisez le futur quand vous en parlez à votre camarade.

Élève 1: Qu'est-ce que tu feras plus tard?
Élève 2: Je serai médecin. Je suivrai des cours de biologie…

MÉDECINE: SECOURISME

Avant la lecture

1. Imagine there is a car accident and you are the first one on the scene. Make a list of all the things you would do, *in order of priority.*
2. Compare your list with your classmates' and make a final list you all agree upon.

Lecture

Les accidents de voiture sont de plus en plus nombreux. Vous vous dites peut-être que vous ne pouvez rien faire parce que vous n'êtes pas médecin. Il n'en est rien. Voici ce que vous pouvez faire:

- Tout d'abord, allumez les feux de détresse[1] de la voiture pour alerter les autres voitures.
- Coupez ensuite le contact et mettez le frein à main.
- Faites signe de ralentir aux voitures qui arrivent.
- Téléphonez ou faites téléphoner à la police et donnez avec précision le lieu de l'accident, le nombre de blessés[2], etc.
- Parlez au blessé, même s'il n'a pas l'air[3] d'être conscient: cela le rassurera et diminuera les effets de l'état de choc.
- Ne déplacez[4] pas le blessé, mais donnez-lui la main.
- Si la victime est inconsciente et ne respire pas, faites-lui du bouche à bouche: mettez-lui doucement la tête en arrière. Pincez-lui fortement le nez et ouvrez-lui la bouche. Mettez votre bouche sur la sienne et soufflez de l'air dedans. Inspirez et ressoufflez dans la bouche du blessé.

Recommencez jusqu'à ce que le blessé respire seul, sans votre aide. Dans le cas d'un bébé, mettez votre bouche sur sa bouche et son nez.

- Si la victime est inconsciente mais qu'elle respire encore, allongez-la sur le côté. Si vous la mettez sur le dos, elle risque de s'étouffer[5]. Pour qu'elle reste dans cette position, pliez[6] son genou et son coude[7] supérieurs. Couvrez la victime avec un vêtement pour la protéger du froid.

- Si le blessé saigne[8] abondamment, rassurez-le d'abord, car la vue du sang[9] fait souvent peur[10]. Installez le blessé confortablement, si vous le pouvez, et appuyez fortement sur la blessure. Enlevez de temps en temps votre main pour voir si le sang coule toujours. Il vous faudra peut-être une bonne dizaine de minutes avant de pouvoir arrêter l'hémorragie.
- Dans tous les cas, gardez votre sang-froid et ne paniquez pas. Votre aide peut être très précieuse.

1 feux de détresse *hazard lights*
2 blessés *injured*
3 même s'il n'a pas l'air *even if he doesn't seem*
4 déplacez *move*
5 s'étouffer *to choke*
6 pliez *bend*
7 coude *elbow*
8 saigne *bleeds*
9 sang *blood*
10 fait peur *scares people*

Après la lecture

A Un accident de la route. Choisissez.

1. La première chose à faire est ___.
   a. de faire signe aux autres voitures
   b. d'allumer les feux de détresse
   c. de couper le contact
2. Parlez au blessé ___.
   a. même s'il est inconscient
   b. s'il a chaud
   c. s'il a froid
3. Si la victime est consciente, allongez-la ___.
   a. sur le dos
   b. sur le ventre
   c. sur le côté
4. Le bouche à bouche sert à ___.
   a. rassurer la victime
   b. étouffer la victime
   c. faire respirer la victime
5. Si la victime saigne abondamment, il faut ___.
   a. appuyer sur la blessure
   b. voir si le sang coule
   c. voir s'il y a une hémorragie

B Contre les accidents de la route. Dans de nombreux pays, les accidents de la route sont causés par des conducteurs en état d'ivresse (*intoxicated*). D'après vous, quelles mesures peuvent être adoptées pour réduire le nombre de ce genre d'accidents?

C Une lettre. Écrivez une lettre au maire (*mayor*) de votre ville pour lui faire part de vos conclusions.

LITTÉRATURE: JULES VERNE (1828–1905)

Avant la lecture

1. What science fiction films did you see recently? Did you enjoy them or not? Why or why not? Do you think science fiction is art?
2. According to you, which science fiction phenomena will become reality during your lifetime?

Lecture

Jules Verne a introduit en France le roman[1] d'anticipation scientifique ou de science-fiction, comme on l'appelle aujourd'hui. Son père était avocat[2], mais lui préférait être écrivain[3]. Il a commencé par écrire des pièces de théâtre. L'une d'elles a été mise en scène[4] par Alexandre Dumas, l'auteur des *Trois Mousquetaires*. Puis, il a écrit des nouvelles[5] qui parlent déjà de voyages, le thème principal de son œuvre. Jules Verne s'intéressait beaucoup aux travaux scientifiques de son époque qu'il voulait faire connaître au grand public. Des années plus tard, les explorations que Jules Verne avait décrites dans ses romans sont devenues réalité: exploration aérienne dans *Cinq Semaines en ballon*, exploration spatiale dans *De la Terre*[6] *à la Lune*[7], exploration sous-marine dans *Vingt Mille Lieues sous les mers.*

«Vingt Mille Lieues sous les mers» (1870)

La plongée sous-marine de nos jours

Astronautes marchant dans l'espace

«De la Terre à la Lune» (1865)

Le cinéma s'est emparé[8] des romans de Jules Verne et en a fait des spectacles impressionnants. L'acteur anglais David Niven a immortalisé le héros du *Tour du monde en quatre-vingts jours,* Philéas Fogg. Et le grand acteur James Mason a incarné le capitaine Nemo (nemo = «personne», en latin) dans *Vingt Mille Lieues sous les mers.*

La plupart des découvertes de Jules Verne ont été réalisées et même dépassées[9], mais ses livres continuent à fasciner. Il est intéressant de savoir que le premier sous-marin atomique s'est appelé le *Nautilus,* nom du sous-marin du capitaine Nemo, et que l'un des cratères sur la face cachée[10] de la Lune s'appelle *Jules Verne.*

[1] roman *novel*
[2] avocat *lawyer*
[3] écrivain *writer*
[4] mise en scène *directed*
[5] nouvelles *short stories*
[6] Terre *Earth*
[7] Lune *Moon*
[8] s'est emparé *took*
[9] dépassées *surpassed*
[10] cachée *dark*

Après la lecture

A Jules Verne. Vrai ou faux?

1. Jules Verne venait d'une famille de mathématiciens.
2. Une de ses pièces a été mise en scène par Alexandre Dumas.
3. Les romans de Jules Verne parlent surtout de voyages.
4. Le premier sous-marin atomique s'est appelé *Jules Verne.*
5. On a fait des films de certains romans de Jules Verne.
6. Nemo veut dire «invisible».

B Ses romans. Citez les titres des romans où Jules Verne parle:

— d'un voyage autour du monde
— d'une aventure sous-marine
— d'une aventure spatiale

C Ses descendants. Écrivez.

1. Le commandant Cousteau a fait de nombreuses explorations sous-marines. Faites un rapport sur l'une d'elles.
2. Faites un rapport sur la dernière en date des explorations spatiales américaines.

HISTOIRE: JOSÉPHINE ET NAPOLÉON

Avant la lecture

1. Martinique is one of the French West Indies. Read about Martinique at the time of the French Revolution and Napoleon.
2. Read about the prestigious career of Napoleon.

Lecture

Joséphine (Marie-Josèphe) Tascher de la Pagerie est née en 1763 à Trois-Îlets, à la Martinique, aux Antilles. En 1779, elle épouse[1] Alexandre de Beauharnais. Ils vivront en France et auront deux enfants, Eugène et Hortense. Mais en 1789, c'est la Révolution, et les Beauharnais sont des aristocrates. En 1794, Alexandre de Beauharnais est guillotiné. Joséphine et ses enfants échappent à la mort[2].

En 1795, Joséphine rencontre Napoléon Bonaparte et elle l'épouse l'année suivante. Napoléon n'est que général, mais il a d'autres ambitions... Par le coup d'État du 18 brumaire An VII (9 novembre 1799), il prend le pouvoir[3]. En 1804, il se fait sacrer[4] empereur des Français sous le nom de Napoléon Ier, et il sacre lui-même Joséphine, impératrice.

Pendant quelque temps, Joséphine est la femme de l'homme le plus puissant[5] du monde. En effet, Napoléon a conquis l'Italie, l'Espagne, l'Égypte, les Pays-Bas et une grande partie de l'Europe centrale.

Prud'hon: «L'Impératrice Joséphine»

Jacques-Louis David: «Le Sacre»

David: «Bonaparte au Grand-Saint-Bernard»

Mais pour survivre, cet empire a besoin d'un héritier[6], et malheureusement Joséphine ne peut plus avoir d'enfant. Alors, en 1809, malgré[7] l'amour qu'il a encore pour sa femme, Napoléon la répudie pour se marier avec la fille de l'empereur d'Autriche. Joséphine se retire au château de La Malmaison que Napoléon avait acheté pour elle. Elle gardera toujours beaucoup d'influence sur Napoléon, avec qui elle correspondra jusqu'à sa mort, en 1814.

Quant à[8] Napoléon, sa chance tourne[9] en 1812, quand il envahit la Russie et doit battre en retraite. En 1814, battu par les coalitions européennes, il abdique. Il essaie de revenir en 1815, mais il est battu à Waterloo et envoyé en exil dans l'île de Sainte-Hélène, où il mourra en 1821.

[1] épouse *marries*
[2] échappent à la mort *escape death*
[3] le pouvoir *power*
[4] se fait sacrer *has himself crowned*
[5] puissant *powerful*
[6] un héritier *heir*
[7] malgré *in spite of*
[8] quant à *as for*
[9] sa chance tourne *his luck changes*

Après la lecture

A **Napoléon et Joséphine.** Répondez aux questions.

1. Où est la Martinique?
2. Pourquoi Alexandre de Beauharnais a-t-il été guillotiné?
3. Qu'était Napoléon quand il a rencontré Joséphine?
4. En quelle année Napoléon devient-il empereur?
5. Combien d'années a-t-il été empereur?
6. Pourquoi Joséphine et Napoléon ont-ils divorcé?

B **Napoléon après Joséphine.** Napoléon s'est remarié. Faites des recherches, et écrivez la suite de l'histoire.

C **Couples célèbres.** Napoléon et Joséphine font partie des couples célèbres de l'Histoire. Pouvez-vous réunir les personnages suivants?

Roméo
Cléopâtre
Robin
Ferdinand
Marion
Iseult
Juliette
Tristan
Isabelle
Marc Antoine

D **Où est la vérité** *(truth)*? L'Histoire de chaque pays interprète les événements et les personnages historiques de façons différentes. L'image que se font les Américains de Napoléon vient des Anglais qui étaient ses ennemis. Racontez l'histoire de Napoléon «à l'anglaise», puis «à la française».

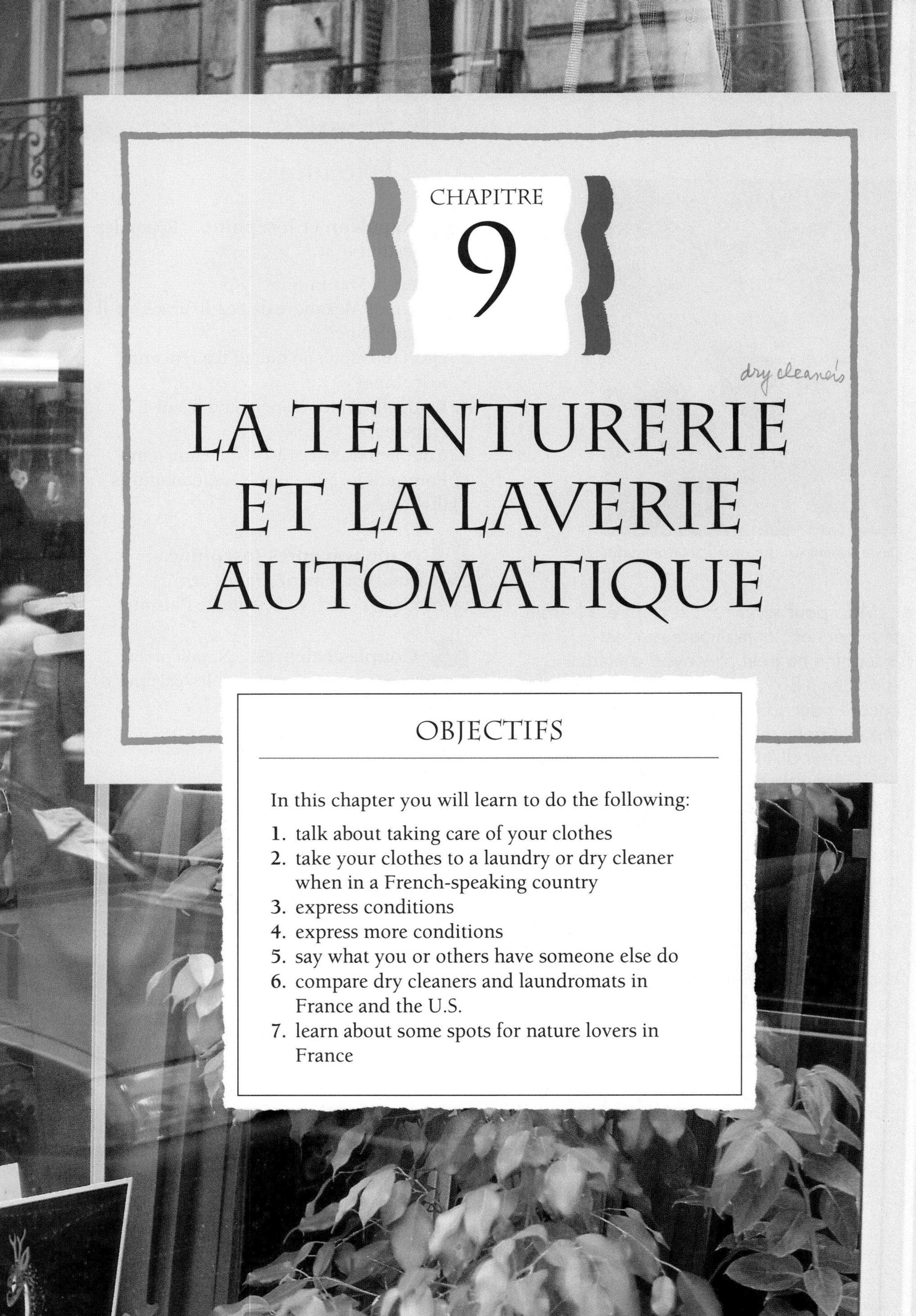

CHAPITRE

9

LA TEINTURERIE ET LA LAVERIE AUTOMATIQUE

OBJECTIFS

In this chapter you will learn to do the following:

1. talk about taking care of your clothes
2. take your clothes to a laundry or dry cleaner when in a French-speaking country
3. express conditions
4. express more conditions
5. say what you or others have someone else do
6. compare dry cleaners and laundromats in France and the U.S.
7. learn about some spots for nature lovers in France

E QUALITE
RTIR DE
40 -
60,-
60,-
40,-
100,-
BLE 100,-
18,90
12,20
15,20

VOCABULAIRE

MOTS 1

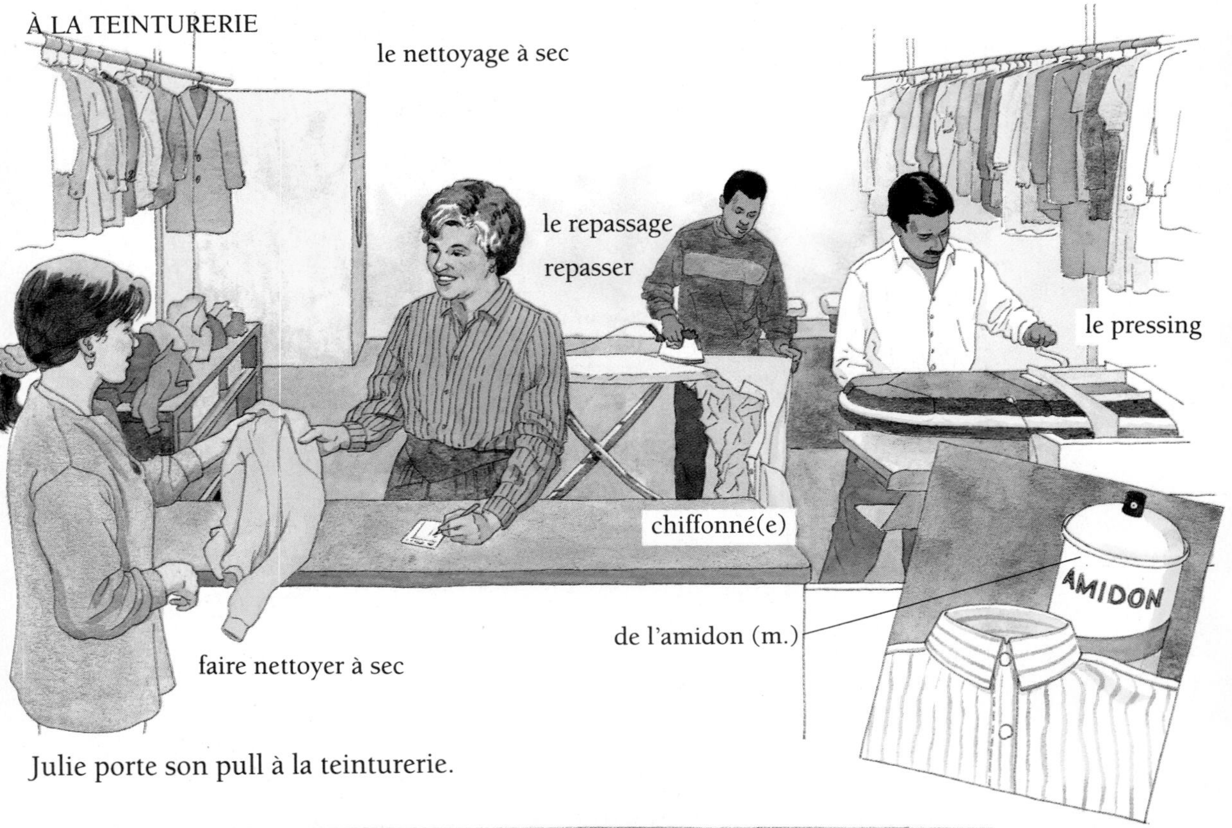

À LA TEINTURERIE

le nettoyage à sec

le repassage

repasser

le pressing

chiffonné(e)

de l'amidon (m.)

AMIDON

faire nettoyer à sec

Julie porte son pull à la teinturerie.

Teinturerie/Pressing

14 vendredi

15 samedi

Elle revient le lendemain.

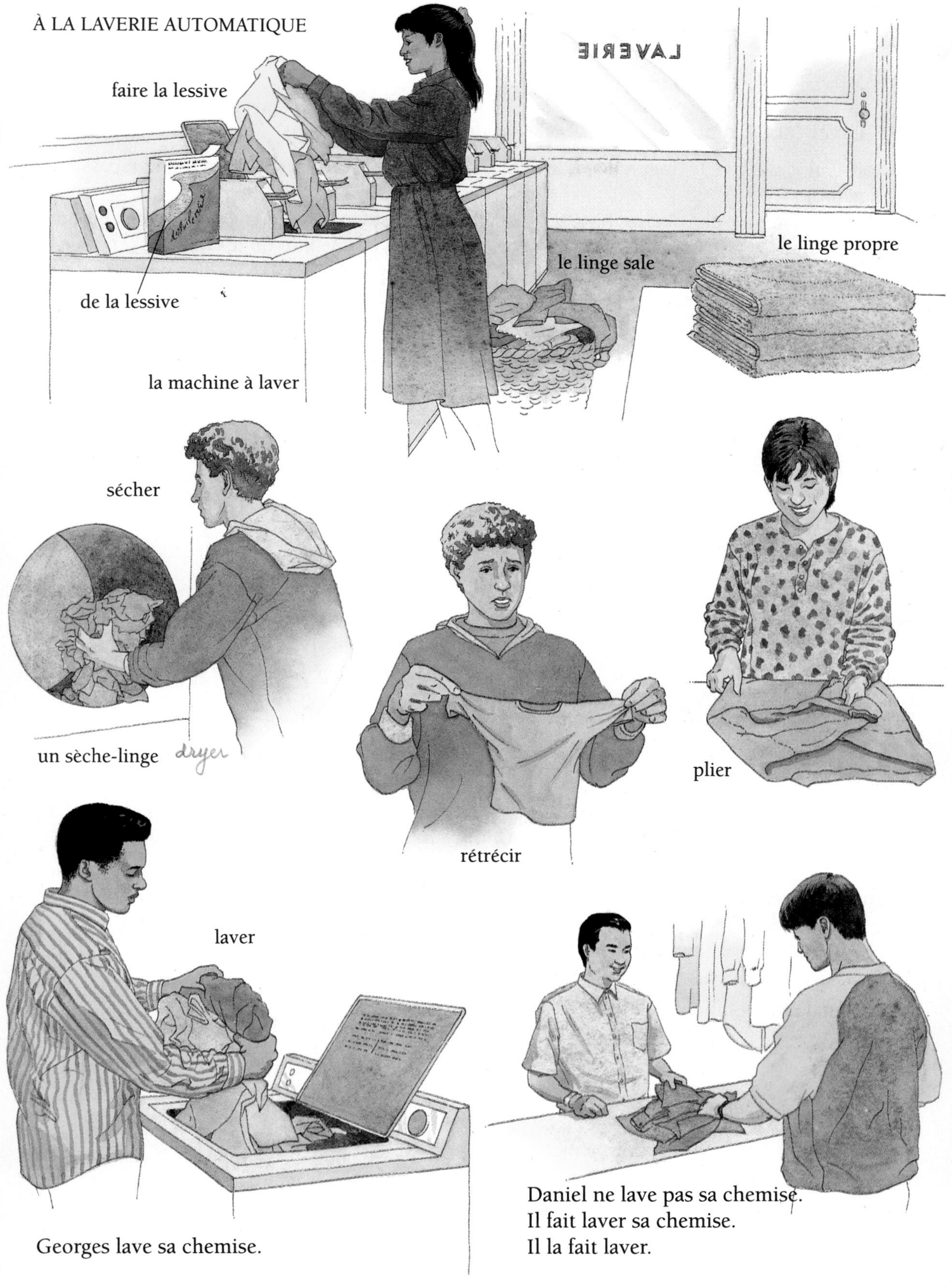
À LA LAVERIE AUTOMATIQUE
LAVERIE
faire la lessive
de la lessive
la machine à laver
le linge sale
le linge propre
sécher
un sèche-linge
dryer
rétrécir
plier
laver
Georges lave sa chemise.
Daniel ne lave pas sa chemise.
Il fait laver sa chemise.
Il la fait laver.

Exercices

A **Laver ou faire nettoyer à sec?** Répondez d'après les dessins.

1. Monsieur Celle lave le linge sale ou le linge propre?
2. Il met le linge sale dans la machine à laver ou dans le lave-vaisselle?
3. Il lave la chemise ou repasse la chemise?
4. Il met de la lessive ou de l'amidon dans la machine à laver?
5. Madame Celle lave la chemise ou repasse la chemise?
6. Elle repasse le linge sale ou le linge chiffonné?
7. Olivier lave le pull ou le fait nettoyer à sec?
8. Pour le nettoyage à sec il doit porter ses vêtements à la laverie automatique ou à la teinturerie?

B **Le linge.** Complétez.

1. Il y a du linge sale. Il faut faire ___.
   a. la lessive
   b. les courses
   c. la cuisine
2. La chemise est sale. Il faut la ___.
   a. plier
   b. laver
   c. repasser
3. On ne peut pas la laver. Il faut ___.
   a. l'amidonner
   b. la mettre dans le lave-vaisselle
   c. la faire nettoyer à sec
4. Le pantalon est chiffonné. Il faut le ___.
   a. plier
   b. laver
   c. repasser
5. Je ne veux pas le repasser moi-même. Je vais le ___.
   a. mettre
   b. faire repasser
   c. laver
6. Pour le nettoyage à sec on porte ses vêtements à ___.
   a. la laverie automatique
   b. la machine à laver
   c. la teinturerie
7. Ce chemisier est délicat. Si je le lave il va ___.
   a. chiffonner
   b. être sale
   c. rétrécir
8. Julie porte son pull à la teinturerie. Le teinturier lui dit qu'il l'aura pour ___.
   a. hier
   b. le lendemain
   c. l'année prochaine

VOCABULAIRE

MOTS 2

D'AUTRES VÊTEMENTS

Le coton, la soie et la laine sont des matières.
Le tricot et le jersey sont des tissus.

Zut alors! J'ai fait une tache sur ma chemise.
une tache
C'est pas possible! J'ai perdu un bouton. Il manque un bouton.
un bouton
J'ai cassé ma fermeture éclair.
une fermeture éclair
Ça y est! J'ai déchiré ma manche.
À ton avis, je peux laver ce pull?
Non, si j'étais toi, je ne le laverais pas.
Pourquoi pas?
Parce que c'est de la laine. Ça rétrécit. À ta place je le porterais à la teinturerie.
Je le ferais nettoyer à sec.

Exercices

A **Qu'est-ce qu'il porte?** Choisissez un camarade de classe et décrivez ce qu'il porte.

B **Qu'est-ce qu'elle porte?** Choisissez une camarade de classe et décrivez ce qu'elle porte.

C **Des vêtements pour homme.** Voici des mannequins. Décrivez ce qu'ils portent. Donnez tous les détails possibles.

D **Des vêtements pour femme.** Voici un autre mannequin. Décrivez tout ce qu'elle porte. Donnez tous les détails possibles.

E **De petits problèmes.** Complétez.

1. Ah, zut! Il manque ___ à ma chemise. Je ne peux pas la porter.
   a. une manche
   b. un bouton
   c. un bâton
2. Il a laissé tomber de la pizza. Il y a ___ sur sa veste.
   a. une fermeture
   b. une manche
   c. une tache
3. Cette veste n'a pas de boutons. Elle a ___.
   a. une manche
   b. un repassage
   c. une fermeture éclair
4. Il ne faut pas la laver car elle est ___.
   a. en coton
   b. en jean
   c. en soie

Activités de communication orale

Mots 1 et 2

A **La lessive.** Travaillez avec un(e) camarade. Faites une liste de vos vêtements et dites en quelle matière ils sont. Votre camarade vous dira s'il/si elle laverait ou ferait nettoyer à sec ces vêtements. Changez ensuite de rôles.

Élève 1: J'ai deux pulls en laine.
Élève 2: À ta place je les ferais nettoyer.

B **Qui fait la lessive chez vous?** Vous êtes dans une laverie automatique en France avec votre amie française Sylvie. Elle veut savoir qui fait la lessive chez vous en Amérique. Répondez-lui.

1. Qui fait la lessive chez toi?
2. Qui repasse?
3. Qui plie le linge propre?
4. Tu fais nettoyer tes pulls ou tu les laves?

Sylvie

C **À la laverie automatique.** Imaginez que vous êtes dans une laverie automatique à Paris. Vous ne savez pas comment procéder. Vous demandez de l'aide à un(e) étudiant(e) français(e) qui fait sa lessive. Employez les expressions suivantes.

attendre une demi-heure
choisir la température
fermer la machine
mettre l'eau de Javel (*bleach*)
mettre la lessive
mettre le linge
mettre les pièces
sortir le linge

Élève 1: Je mets les vêtements?
Élève 2: Non, tu mets d'abord la lessive.
Élève 1: Et après, je mets... ?

Le conditionnel — *Expressing Conditions*

1. You use the conditional in French, as you do in English, to express what would happen under certain circumstances. You form the conditional by adding the endings for the imperfect to the stem used for the future. Study the following forms of the conditional of regular verbs.

INFINITIVE	PARLER	FINIR	VENDRE	ENDINGS
STEM	**parler-**	**finir-**	**vendr-**	
CONDITIONAL	**je parlerais** **tu parlerais** **il/elle/on parlerait** **nous parlerions** **vous parleriez** **ils/elles parleraient**	**je finirais** **tu finirais** **il/elle/on finirait** **nous finirions** **vous finiriez** **ils/elles finiraient**	**je vendrais** **tu vendrais** **il/elle/on vendrait** **nous vendrions** **vous vendriez** **ils/elles vendraient**	**-ais** **-ais** **-ait** **-ions** **-iez** **-aient**

2. The conditional is usually expressed in English by "would."

À ta place, je prendrais le train.	***If I were you, I would take the train.***
Il me donnerait de l'argent, mais il n'en a pas.	***He would give me some money but he doesn't have any.***
Je le ferais mais je n'ai pas le temps.	***I would do it but I don't have the time.***

3. Study the following irregular verbs.

INFINITIVE	CONDITIONAL
être	**je serais**
faire	**je ferais**
aller	**j'irais**
avoir	**j'aurais**
savoir	**je saurais**
pouvoir	**je pourrais**
devoir	**je devrais**
recevoir	**je recevrais**
voir	**je verrais**
envoyer	**j'enverrais**
vouloir	**je voudrais**
venir	**je viendrais**

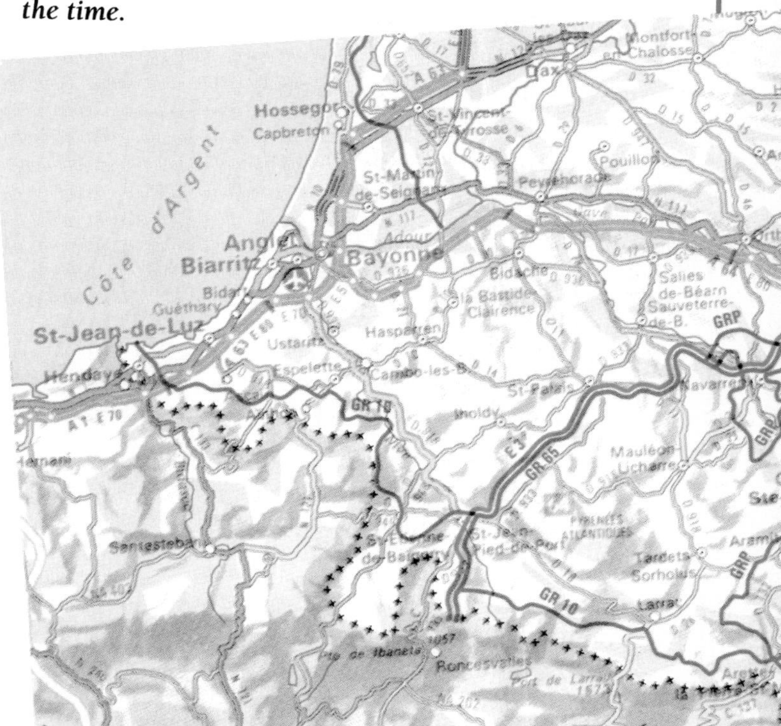

4. You can also use the conditional to make a polite request. You are already familiar with the expression *je voudrais*.

   Je voudrais du pain, s'il vous plaît.

5. Note that *pouvoir* in the conditional means "could." *Devoir* in the conditional means "should."

   Tu pourrais parler au prof.
   Tu devrais étudier plus. Je crois que ça serait une bonne idée.

Exercices

A Le linge sale? Moi, je le laverais. Répondez.

1. À ma place, tu laverais ton linge sale toi-même?
2. Tu le porterais à la laverie automatique?
3. Tu le mettrais dans la machine à laver?
4. Tu le sécherais à la laverie automatique ou à l'hôtel?
5. Tu le plierais?
6. Tu laverais ton pull en laine?
7. Tu le porterais à la teinturerie?
8. Tu le ferais nettoyer à sec?

B Tout ce que je ferais si j'étais riche. Répondez.

1. Tu travaillerais?
2. Tu voyagerais souvent?
3. Où irais-tu?
4. Tu visiterais toutes les grandes villes du monde?
5. Tu dînerais tous les soirs au restaurant?
6. Tu achèterais beaucoup de vêtements?
7. Tu serais très chic?
8. Tu aurais une grande voiture de sport?
9. Tu habiterais dans un grand appartement en ville ou dans une grande maison à la campagne?
10. Tu donnerais de l'argent aux pauvres?

Une belle maison près de Cognac

C Je le connais très bien. Je sais ce qu'il ferait. Complétez au conditionnel.

1. Jean ___. (voyager)
2. Il ___ beaucoup ça. (aimer)
3. Il ___ beaucoup de voyages. (faire)
4. Ses amis et lui ___ beaucoup de villes intéressantes. (visiter)
5. Ils ___ le français. (apprendre)
6. Ils ___ un cours à Paris. (suivre)
7. Ils s'y ___ beaucoup d'amis. (faire)
8. Moi aussi, je ___ voyager. (vouloir)
9. Je ___ avec mes copains. (voyager)
10. Nous ___ dans une île de la mer des Caraïbes peut-être. (aller)
11. Je ___ des bains de soleil. (prendre)
12. Je ___. (bronzer)
13. Et toi, qu'est-ce que tu ___? (faire)
14. Tu ___ mieux aller à la Martinique ou en France? (aimer)

Le Lac d'Orédon dans les Pyrénées

D On ferait du camping. Répondez d'après les indications.

1. Tes copains aimeraient faire du camping? (oui)
2. Ils iraient où? (dans un camping à la montagne)
3. Tu les accompagnerais? (oui)
4. Vous dresseriez une tente? (oui)
5. Tu aiderais tes copains? (bien sûr)
6. Où dormirais-tu? (dans un sac de couchage)
7. Où est-ce que tu mettrais le sac de couchage? (dans la tente)
8. Qui préparerait le petit déjeuner le matin? (Romain)

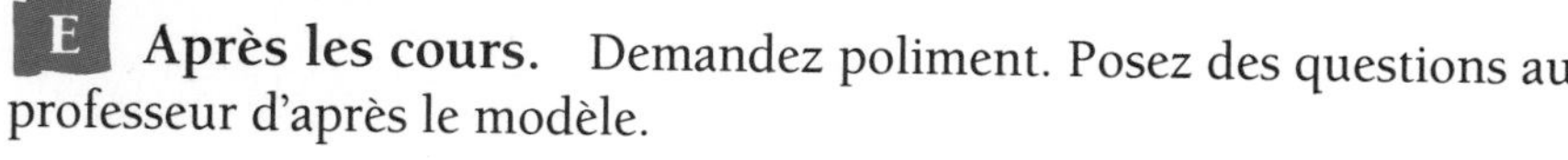

E Après les cours. Demandez poliment. Posez des questions au professeur d'après le modèle.

> **pouvoir m'aider**
> ***Monsieur (Madame), est-ce que vous pourriez m'aider?***

1. être libre après les cours
2. avoir le temps de m'aider
3. vouloir bien m'expliquer le conditionnel
4. pouvoir me donner des devoirs supplémentaires
5. savoir quel livre explique le mieux la grammaire française

Les propositions avec *si* — *Expressing More Conditions*

The *si* clauses, "if" clauses in English, have the following sequence of tenses.

SI + PRÉSENT	FUTUR
Si j'ai de l'argent,	**je ferai un grand voyage.**

SI + IMPARFAIT	CONDITIONNEL
Si j'avais de l'argent,	**je ferais un grand voyage.**

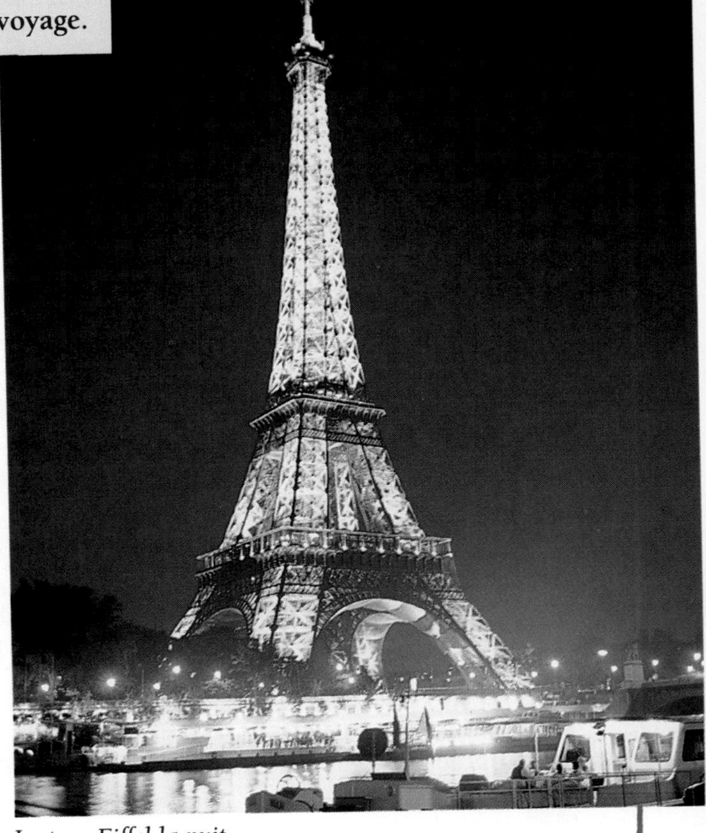

La tour Eiffel la nuit

Exercices

A **Avec des *si*...** Donnez des réponses personnelles.

1. Si tu as de l'argent, tu feras un grand voyage?
2. Si tu fais un voyage, tu iras en France?
3. Si tu vas en France, tu visiteras Paris?
4. Si tu visites Paris, tu monteras sur la tour Eiffel?
5. Si tu montes sur la tour Eiffel, tu prendras des photos?
6. Si tu fais des photos, tu les montreras à tes amis?

B **Encore avec des *si*...** Donnez des réponses personnelles.

1. Si tu avais de l'argent, tu ferais un grand voyage?
2. Si tu faisais un voyage, tu irais en France?
3. Si tu allais en France, tu visiterais Paris?
4. Si tu visitais Paris, tu monterais sur la tour Eiffel?
5. Si tu montais sur la tour Eiffel, tu prendrais des photos?
6. Si tu faisais des photos, tu les montrerais à tes amis?

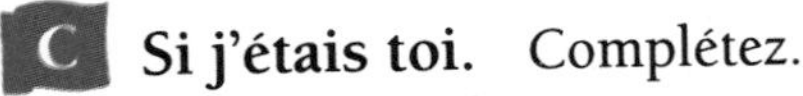

C **Si j'étais toi.** Complétez.

1. Si j' ___ (être) toi je prendrais un imper.
2. Si elle ___ (passer) par Paris elle me téléphonera.
3. Nous viendrons vous voir si nous ___ (avoir) le temps.
4. Il n' ___ (aller) pas à la laverie automatique s'il avait une machine à laver.

Faire et un autre verbe

Saying What You or Others Have Someone Else Do

1. You use the verb *faire* + an infinitive to express what you have someone else do for you. Study the following sentences.

   Je lave ma chemise moi-même.
   Je ne lave pas ma chemise moi-même. Je fais laver ma chemise.
   Il construit sa maison.
   Il ne construit pas sa maison lui-même. Il fait construire sa maison.

2. If an object pronoun is used, it precedes the *faire* construction.

   Je ne lave pas la chemise moi-même.
   Je la fais laver.

Exercices

A Tu le fais toi-même ou tu le fais faire? Répondez d'après les indications.

1. Tu laves le chemisier? (non)
2. Tu le fais laver? (oui)
3. Où est-ce que tu le fais laver? (à la laverie automatique)
4. Tu nettoies la veste? (non)
5. Tu la fais nettoyer à sec? (oui)
6. Où est-ce que tu la fais nettoyer à sec? (à la teinturerie)
7. Tu repasses le pantalon? (non)
8. Tu le fais repasser? (oui)
9. Où est-ce que tu le fais repasser? (à la teinturerie)

B Le prof me fait étudier. Donnez des réponses personnelles.

1. Le/La prof te fait beaucoup parler dans la classe de français?
2. Il/Elle te fait lire?
3. Il/Elle te fait chanter des chansons françaises?
4. Il/Elle te fait passer des examens?
5. Il/Elle te fait faire des devoirs?

Scènes de la vie *À la laverie*

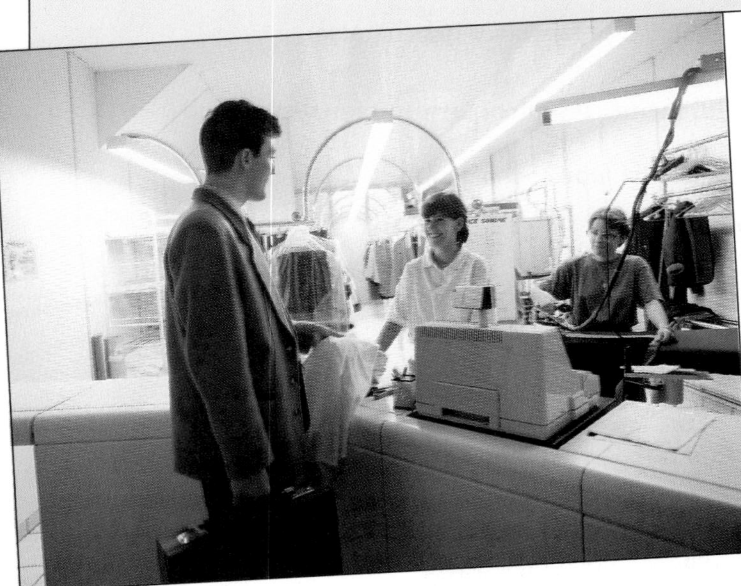

DIDIER: Je voudrais faire laver et repasser ces deux chemises, s'il vous plaît.
L'EMPLOYÉE: Pas de problème, Monsieur. Vous les voulez amidonnées?
DIDIER: Non, pas d'amidon.
L'EMPLOYÉE: D'accord, Monsieur.

A **Pas d'amidon.** Complétez d'après la conversation.

1. Didier a deux ___.
2. Il voudrait les faire ___ et ___.
3. Il ne les veut pas ___.
4. Il ne veut pas d'___.

B **Les chemises de Didier.** Répondez d'après la conversation.

1. Didier va laver ses chemises?
2. Il va les repasser?
3. Il voudrait les faire laver et repasser?
4. Il a combien de chemises?
5. Il voudrait de l'amidon?

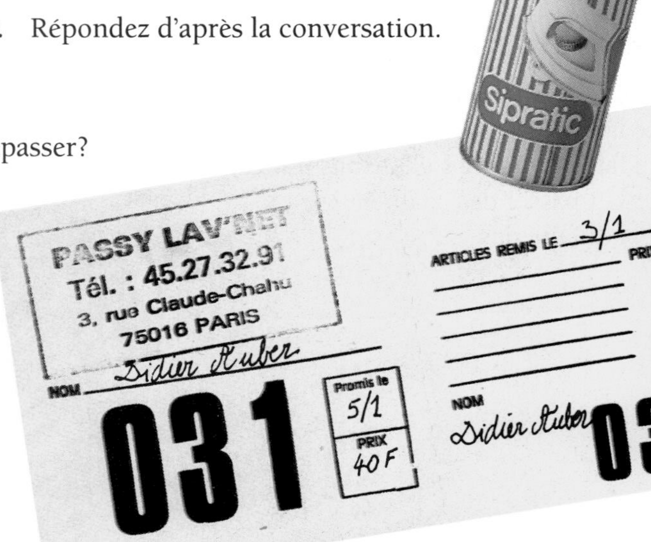

Activités de communication orale

A **J'aimerais...** Vous parlez à un(e) camarade. Dites-lui ce que vous aimeriez faire demain. Demandez-lui s'il/si elle aimerait faire les mêmes choses et pourquoi.

B **Si j'étais...** Demandez à un(e) camarade ce qu'il/elle ferait s'il/si elle était l'une des personnes suivantes. Ensuite changez de rôles.

extraterrestre	professeur
millionnaire	disc-jockey

Élève 1: Qu'est-ce que tu ferais si tu étais millionnaire?
Élève 2: Si j'étais millionnaire, j'achèterais un yacht et je vivrais en France, sur la Côte d'Azur.

C **Mes parents me font faire...** Travaillez avec un(e) camarade. Il/Elle vous dira ce qu'on lui fait faire chez lui/elle. Dites-lui si on vous fait faire la même chose chez vous. Ensuite posez-lui une autre question.

Élève 1: Mes parents me font faire la vaisselle tous les soirs. Et toi?
Élève 2: Moi, mes parents me font mettre le couvert et débarrasser la table. Est-ce que tes parents te font faire la lessive?

LECTURE ET CULTURE

OÙ EST LA LAVERIE?

«Bonjour! Je m'appelle Flore et je fais de la randonnée pédestre[1]. Je viens de terminer[2] une randonnée de deux semaines dans les Pyrénées. Et maintenant, me voici à Bayonne. Après quinze jours dans mon sac à dos tous mes vêtements sont bien sales et chiffonnés. Je vais les faire laver ici à Bayonne avant de partir pour la Camargue. Je voudrais bien les laver moi-même mais ce n'est pas possible car il n'y a pas de machine à laver à l'auberge de jeunesse[3]. Je vais chercher une laverie automatique dans les pages jaunes.

Ah, voilà une laverie tout près d'ici, rue Denis».

Flore a mis son linge sale dans un sac en plastique et elle est allée à la laverie. Elle l'a trouvée sans problème. Elle croyait que la laverie serait automatique et qu'elle pourrait laver son linge elle-même, mais comme dans beaucoup de laveries en France, il y avait un employé, un gentil jeune homme qui a expliqué à Flore qu'il prendrait son linge et le mettrait dans la machine à laver. Elle pourrait le récupérer dans les deux heures.

Deux heures plus tard, Flore est revenue à la laverie et son linge était prêt. Le gentil jeune homme lui a rendu son linge bien propre et soigneusement[4] plié, sauf son pull, qu'il n'a pas lavé parce qu'il est en laine. Flore l'a payé et lui a donné un petit pourboire pour le remercier. Elle est rentrée à l'auberge de jeunesse où elle a remis les vêtements dans son sac à dos. Le lendemain elle est partie pour la Camargue faire une autre randonnée.

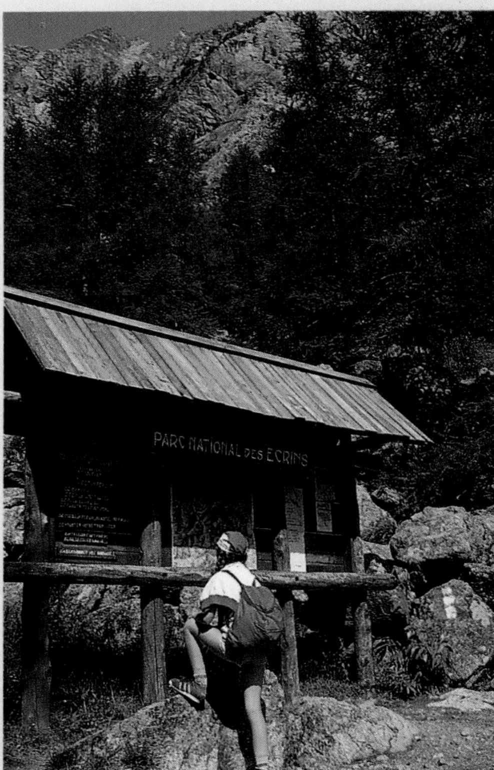

En randonnée dans le Parc national des Écrins

[1] je fais de la randonnée pédestre *I'm backpacking*
[2] je viens de terminer *I have just finished*
[3] l'auberge de jeunesse *youth hostel*
[4] soigneusement *carefully*

Étude de mots

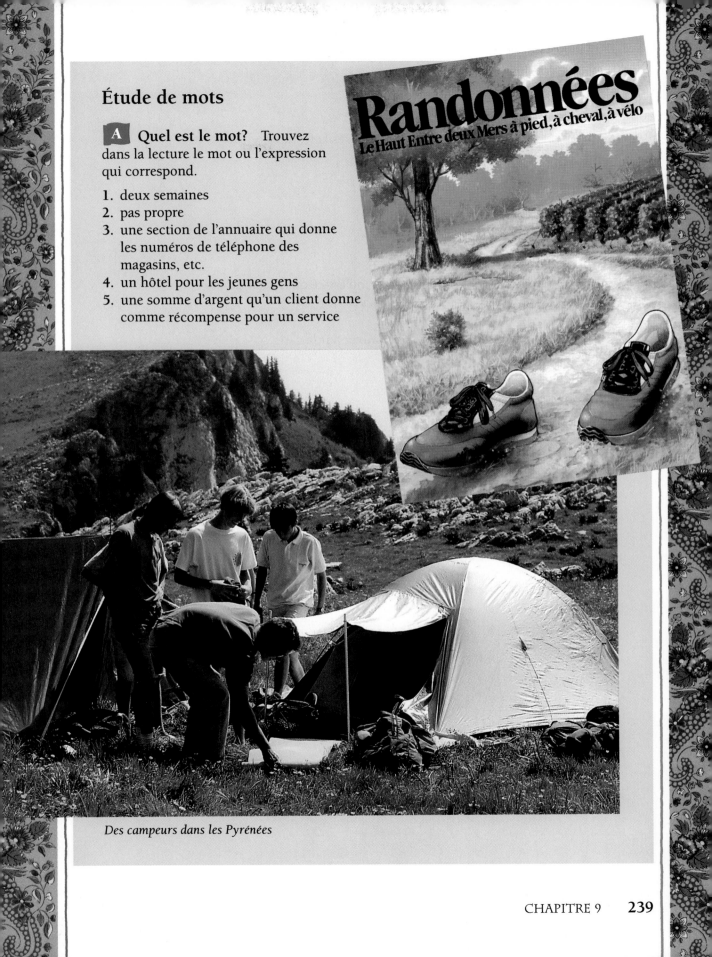

A **Quel est le mot?** Trouvez dans la lecture le mot ou l'expression qui correspond.

1. deux semaines
2. pas propre
3. une section de l'annuaire qui donne les numéros de téléphone des magasins, etc.
4. un hôtel pour les jeunes gens
5. une somme d'argent qu'un client donne comme récompense pour un service

Randonnées
Le Haut Entre deux Mers à pied, à cheval, à vélo

Des campeurs dans les Pyrénées

Compréhension

B **Vous avez compris?** Répondez d'après la lecture.

1. Que fait Flore depuis deux semaines?
2. Où fait-elle de la randonnée pédestre?
3. Elle est maintenant dans quelle ville?
4. Pourquoi a-t-elle beaucoup de linge sale?
5. Où a-t-elle trouvé l'adresse de la laverie?
6. Elle a lavé son linge elle-même?
7. Qui l'a mis dans la machine à laver?
8. Quand il l'a sorti de la machine à laver, qu'est-ce qu'il a fait du linge?
9. Il n'a pas lavé le pull de Flore. Pourquoi?

C **Savez-vous où se trouve...?** Trouvez sur la carte.

1. Bayonne
2. Les Pyrénées
3. La Camargue

DÉCOUVERTE CULTURELLE

Flore a passé quinze jours dans les Pyrénées où elle a fait de la randonnée pédestre. Et maintenant elle va en Camargue. Flore est une vraie naturaliste. Pourquoi veut-elle aller en Camargue? La Camargue est une région très pittoresque dans le delta du Rhône. C'est aujourd'hui un parc naturel régional. En Camargue il y a beaucoup d'oiseaux[1] exotiques. Il y a aussi des troupeaux de taureaux[2] et de chevaux sauvages. Les gardians surveillent ces troupeaux ou «manades». Les gardians sont les «cowboys» français.

Encore un peu de géographie! Les Pyrénées sont les montagnes qui forment la frontière entre la France et l'Espagne. Quelles sont les montagnes qui forment la frontière entre la France et la Suisse? Le Rhône est un fleuve important qui prend sa source dans les Alpes suisses. Il est alimenté[3] par de très grands glaciers. Le Rhône est le plus abondant des fleuves français. Dans le sud, le Rhône forme un delta tout près d'Arles. La Camargue se trouve dans le delta du Rhône. Ce fleuve se jette dans la mer Méditerranée ou dans l'océan Atlantique? Quels sont les autres fleuves français? Quel est le fleuve qui traverse Paris? Vous avez dit la Seine? Vous avez raison!

[1] oiseaux *birds*
[2] troupeaux de taureaux *herds of bulls*
[3] alimenté *fed*

Des gardians en Camargue

Les Pyrénées

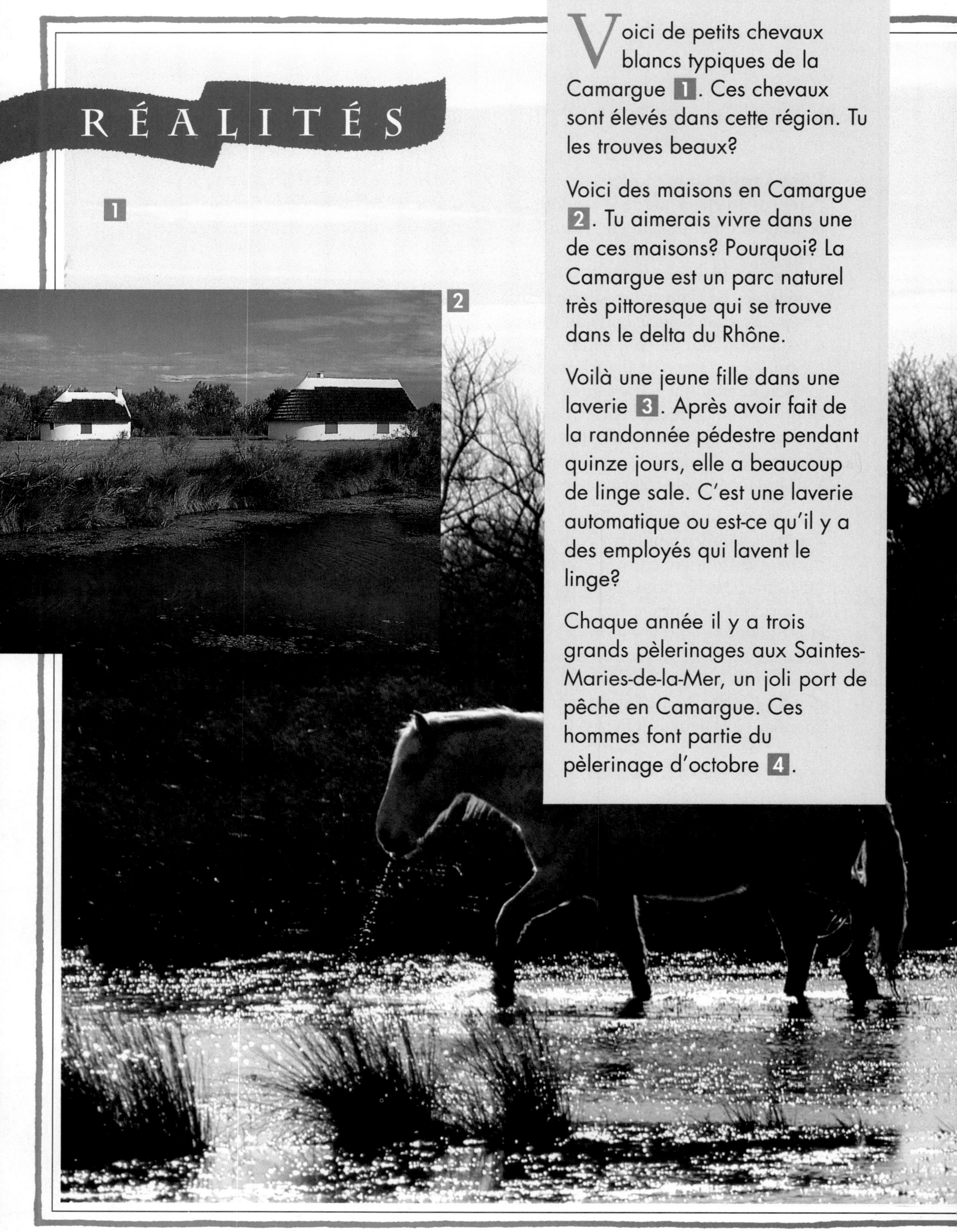

RÉALITÉS

1

2

Voici de petits chevaux blancs typiques de la Camargue 1. Ces chevaux sont élevés dans cette région. Tu les trouves beaux?

Voici des maisons en Camargue 2. Tu aimerais vivre dans une de ces maisons? Pourquoi? La Camargue est un parc naturel très pittoresque qui se trouve dans le delta du Rhône.

Voilà une jeune fille dans une laverie 3. Après avoir fait de la randonnée pédestre pendant quinze jours, elle a beaucoup de linge sale. C'est une laverie automatique ou est-ce qu'il y a des employés qui lavent le linge?

Chaque année il y a trois grands pèlerinages aux Saintes-Maries-de-la-Mer, un joli port de pêche en Camargue. Ces hommes font partie du pèlerinage d'octobre 4.

3
4

CULMINATION

Activités de communication orale

A **Si j'avais...** Demandez à un(e) camarade ce qu'il/elle ferait s'il/si elle avait les choses suivantes. Ensuite changez de rôles.

plus de temps	sa propre voiture
plus d'argent	son propre avion

Élève 1: Qu'est-ce que tu ferais si tu avais plus de temps?
Élève 2: Si j'avais plus de temps, j'irais à la plage tous les jours.

B **Que vais-je bien mettre?** Vous êtes invité(e) dans différents endroits et vous ne savez pas quoi mettre. Vous demandez conseil à un(e) camarade.

Élève 1: Je suis invitée à l'Opéra demain. Qu'est-ce que tu mettrais à ma place?
Élève 2: Je ne sais pas, moi. Ta robe longue noire.
Élève 1: Si tu faisais du ski, qu'est-ce que tu mettrais comme vêtements?
Élève 2: Je mettrais des gants et un bonnet en laine, un anorak et un pantalon de ski.

Activités de communication écrite

A **Si je gagnais la loterie...** Décrivez toutes les choses que vous feriez si vous gagniez la loterie.

B **J'adore la nature!** Imaginez que vous avez fait une randonnée pédestre en Camargue ou dans un parc national américain pendant deux semaines. Dans une lettre à un(e) ami(e), décrivez tout ce que vous avez vu et fait.

C **Quelle horreur!** C'est la première fois que vous faites la lessive pour votre famille et tout se passe très mal. La machine ne marche pas bien, tous les vêtements rétrécissent, vous mettez de l'eau de Javel (*bleach*) sur le chemisier vert de votre mère, vous mettez ensemble le blanc et les couleurs, etc. Décrivez cette expérience horrible et les réactions de votre famille.

Réintroduction et recombinaison

A Des vêtements. Répondez d'après le dessin.

1. C'est la boutique d'un grand couturier ou un grand magasin?
2. C'est le rayon prêt-à-porter?
3. Ce sont des vêtements pour hommes?
4. Il y a des soldes ou pas?
5. Il y a des rabais (réductions)?
6. Quand il y a des rabais, les vêtements sont plus chers ou meilleur marché?

B Le contraire. Trouvez le contraire.

1. large	a. étroit
2. long	b. au-dessus
3. haut	c. bas
4. au-dessous	d. bon marché
5. cher	e. court

C Une petite enquête. Donnez des réponses personnelles.

1. Quelle est la taille de ton chemisier ou de ta chemise?
2. Quelle est la pointure de tes tennis?
3. Tu préfères les manches longues ou les manches courtes?
4. Tu préfères les talons bas ou les talons hauts?
5. Tu préfères faire tes achats dans une boutique ou dans un grand magasin?

Vocabulaire

NOMS
la laverie automatique
la machine à laver
le sèche-linge
le linge
la lessive
l'amidon (m.)
la teinturerie
le pressing
le nettoyage à sec

la veste
le blouson
la chemise
la cravate
le pantalon
le complet
l'imper(méable) (m.)
le tee-shirt
le short
le pull
la chaussure
le chemisier
la jupe
la robe
le tailleur
le collant

le tissu
la matière
le bouton
la fermeture éclair
la manche
la tache

ADJECTIFS
chiffonné(e)
sale
propre

VERBES
porter
laver
sécher
repasser
plier
nettoyer à sec
rétrécir
déchirer
casser

AUTRES MOTS ET EXPRESSIONS
en coton
en cuir
en jean
en laine
en soie
en tricot
en jersey
à ta (sa, votre, etc.) place
faire la lessive
il manque + nom

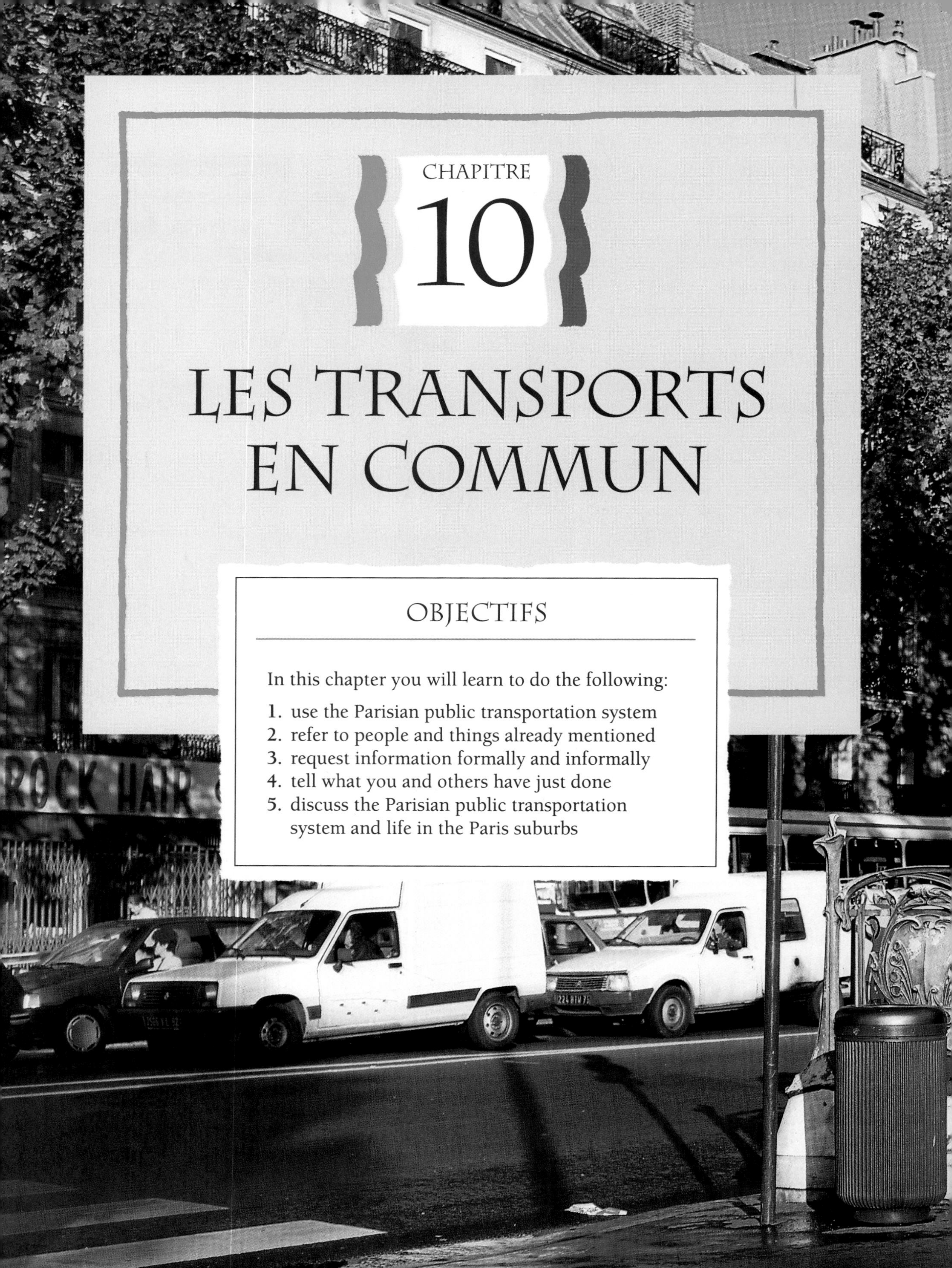

CHAPITRE

10

LES TRANSPORTS EN COMMUN

OBJECTIFS

In this chapter you will learn to do the following:

1. use the Parisian public transportation system
2. refer to people and things already mentioned
3. request information formally and informally
4. tell what you and others have just done
5. discuss the Parisian public transportation system and life in the Paris suburbs

METROPOLITAIN
LIGNES N° 1-5-8
BASTILLE
LIGNES N° 1-5-8

On descend de l'autobus par l'arrière ou par le milieu.
La descente est interdite par l'avant.
On monte par l'avant.

Le garçon veut descendre.

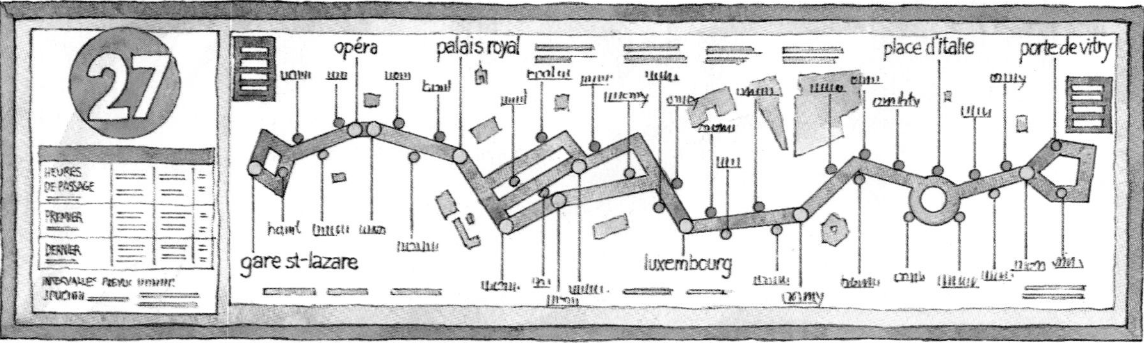

Le terminus est le dernier arrêt.
Le trajet est le voyage que fait un autobus d'un terminus à l'autre.

Exercices

A Un autobus parisien. Répondez d'après la photo.

1. De quelle couleur est l'autobus?
2. Quel est le numéro de l'autobus?
3. Quel est le terminus?

B L'arrêt de l'autobus. Répondez d'après le panneau.

1. Où êtes-vous?
2. Combien de lignes passent par ce point?
3. Le premier bus commence à circuler à quelle heure du lundi au samedi?
4. Le dernier bus est à quelle heure?
5. Quel est le terminus de cette ligne?

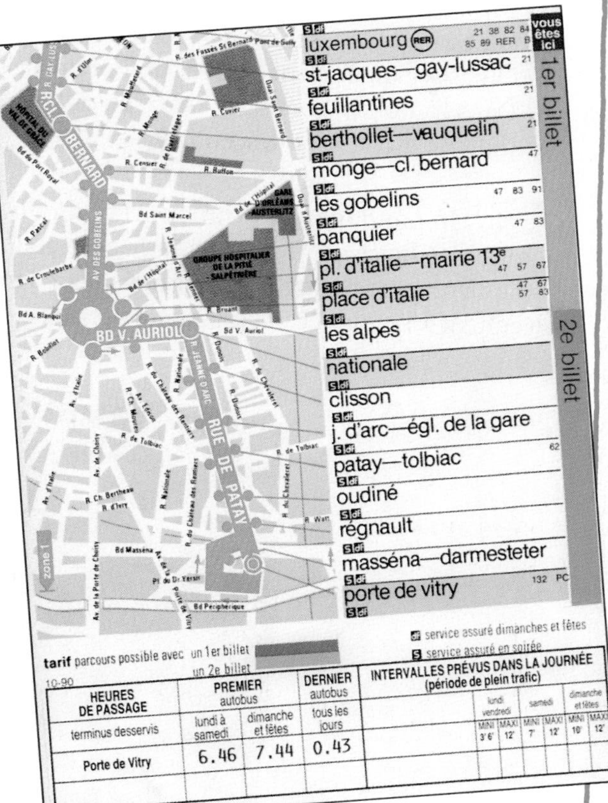

C Les autobus parisiens. Répondez par «oui» ou «non».

1. Les lignes des autobus parisiens sont numérotées?
2. À l'avant de la voiture (de l'autobus) il y a un tableau qui indique tous les arrêts de la ligne?
3. Les autobus parisiens n'ont qu'une seule portière?
4. On utilise les mêmes tickets pour prendre l'autobus et le métro?
5. Il faut valider son ticket avant de monter dans l'autobus?
6. Il faut crier au conducteur quand on veut descendre?
7. Il y a des machines à l'avant de l'autobus pour oblitérer ou valider son ticket?
8. Pour demander un arrêt, il faut appuyer sur un bouton?
9. Il est interdit de descendre de l'autobus par l'arrière?
10. La descente est interdite par le milieu?
11. Beaucoup de passagers s'appuient contre la portière pendant tout le trajet?
12. Le terminus est le dernier arrêt de l'autobus?
13. Il faut pousser tout le monde pour descendre de l'autobus?

Activités de communication orale
Mots 1 et 2

A **Où est le métro?** Vous êtes à Paris et vous voulez prendre le métro. Demandez les renseignements suivants à votre ami(e) français(e) (votre camarade).

1. où se trouve la station de métro la plus proche
2. où on peut acheter des tickets
3. comment on descend sur le quai
4. où on vérifie la direction qu'on doit prendre

B **Les autobus dans votre ville.** Votre ami Étienne veut savoir comment se servir des transports en commun dans votre ville. Répondez à ses questions.

1. Il y a un métro ou seulement des autobus?
2. Où est-ce qu'on peut acheter des tickets?
3. Où est-ce qu'on peut trouver un horaire?
4. Dans l'autobus, comment est-ce qu'on indique qu'on veut descendre?

Étienne

C **Un sondage: Les transports en commun.** Travaillez en petits groupes. Choisissez un chef et un(e) secrétaire. Le chef demandera aux autres comment leurs parents vont au travail et comment les membres du groupe viennent à l'école. Le/La secrétaire présentera les résultats à la classe.

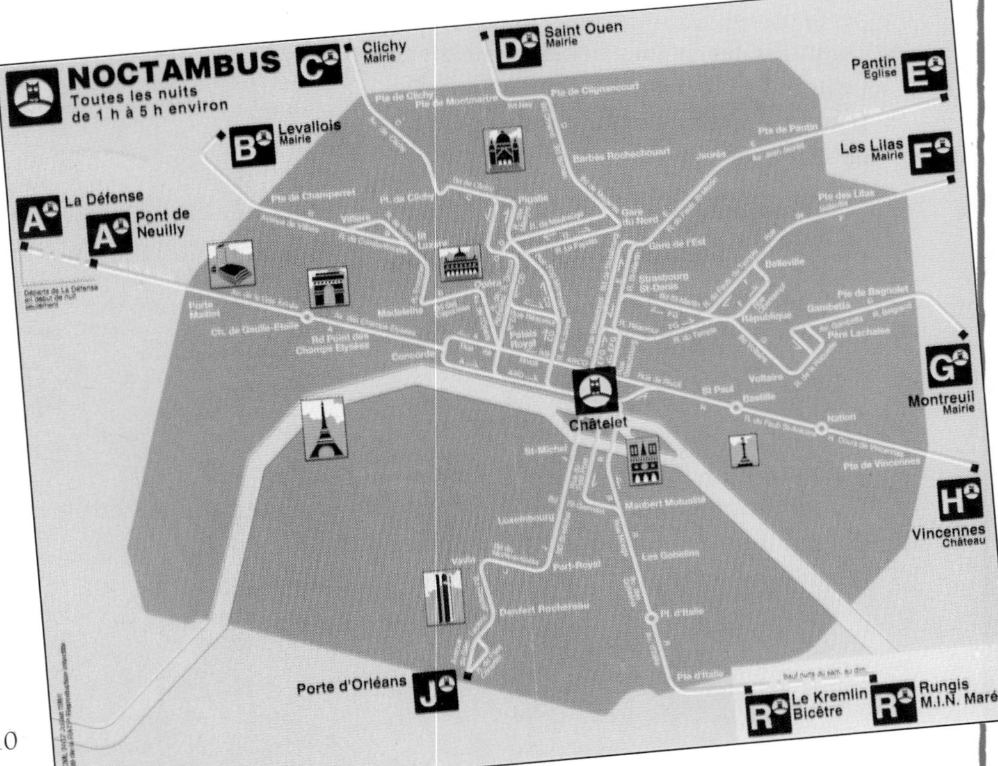

Le pronom *en* avec des personnes

Talking About People Already Mentioned

1. You have already learned that *en* replaces *de* + a thing. You can also use *en* to replace a person when it is used with *un, une, des,* or an expression of quantity (*beaucoup de, assez de,* etc.).

Il a un cousin?	**Oui, il <u>en</u> a un.**
Tu as des frères?	**Oui, j'<u>en</u> ai trois.**
Elle a beaucoup d'amis?	**Oui, elle <u>en</u> a beaucoup.**

2. When a verb is followed by the preposition *de* + a noun referring to a specific person or persons, you use a stress pronoun (*lui, elle, eux, elles*) instead of *en* to replace the noun.

Il parle de son père.	**Il parle <u>de</u> *<u>lui</u>*.**
Il a besoin de sa mère.	**Il a besoin <u>d'*elle*</u>.**

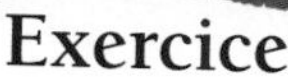

Exercice

A **À toi.** Répondez en utilisant un pronom.

1. Tu parles souvent de tes cours?
2. Tu parles de tes parents?
3. Tu as des amis?
4. Tu as besoin de tes amis?
5. Tu as besoin d'argent?
6. Tu parles de ton professeur de français?

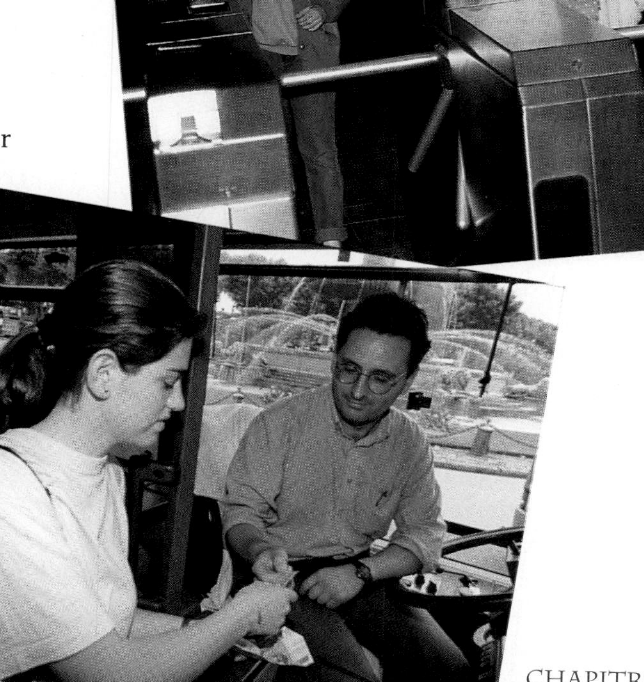

Un autre pronom avec *y* ou *en* — *Referring to People and Things Already Mentioned*

1. When you use *en* with any other pronoun, it always comes last.

L'employé t'a donné combien de tickets?	**Il m'*en* a donné deux.**
Il vend des tickets aux passagers?	**Oui, il leur *en* vend.**
Il parle à Paul du métro?	**Oui, il lui *en* parle.**

2. You seldom use the pronoun *y* with any other pronoun except *en*. When you use *y* and *en* in the same sentence, *en* is always last.

   Il y *en* a deux sur la table.

3. When you use *y* with a pronoun other than *en*, *y* comes last.

Il t'a rencontré à la station de métro?	**Oui, il m'y a rencontré.**

Exercices

A Il ne m'en reste qu'un. Répondez.

1. Paul t'a donné combien de tickets? (trois)
2. Il t'en reste combien maintenant? (un)
3. Tu as donné combien de tickets à René? (un)
4. Et tu as donné combien de tickets à Marie? (un)
5. En tout, tu leur en as donné combien?

B Je lui en ai parlé. Complétez la conversation.

—Vous avez parlé à votre père de vos problèmes financiers?
—Ah, oui. Je ___ ___ ai parlé.
—Il vous a donné de l'argent?
—Oui, il ___ ___ a donné.
—Il ___ ___ a donné beaucoup?
—Bof! Il ___ ___ a donné un peu.
—Et vous ___ ___ avez parlé combien de fois?
—Je ___ ___ ai parlé au moins trois fois.

Marseille: Un distributeur automatique dans le métro

C Il y en a beaucoup. Répondez avec un pronom.

1. Il y a combien de places? (au moins quarante)
2. Il y a combien de places libres? (très peu)
3. Il y a combien de passagers? (beaucoup)
4. Il y a combien de portières dans le bus? (deux)
5. Il y a combien d'appareils pour oblitérer les tickets? (deux)
6. Il y a combien de boutons pour demander un arrêt? (plusieurs)

Requesting Information

1. You have been asking questions since you began your study of French. The most common way to make a question in spoken French is simply to use a rising intonation at the end of a statement. If you use a question word such as *quand, comment, etc.*, you put it at the end of the sentence.

   Jacques part?
   Il part quand?
   Il part avec qui?

2. Another way to form a question in French is to place *est-ce que* before a statement. If a question word is used, *est-ce que* follows it.

   Est-ce que Jacques part?
   Quand est-ce qu'il part?
   Avec qui est-ce qu'il part?

3. A third way of asking a question is by using inversion, that is, reversing the order of the subject and verb.

   Parlez-vous français?
   Où veux-tu aller?
   Combien coûte un ticket de métro?

   a. When the pronouns *il(s), elle(s)* and *on* are inverted, there is a /t/ sound between the subject and verb. This /t/ sound is represented by the *t* or the *d* already present at the end of the verb. If the verb ends in a vowel, you add a *-t-* between the subject and verb.

      Où prend-il le métro?
      Comment vont-elles au bureau?
      À quelle station monte-t-elle?
      Où va-t-on?

   b. When the verb is in the *passé composé*, you invert the subject and the helping verb, *avoir* or *être*.

      Combien as-tu payé?

      The same rule applies to verbs followed by an infinitive.

      Combien peux-tu payer?

   c. With a noun subject, both the noun and the pronoun *il(s)* or *elle(s)* are used.

      Marie parle-t-elle français?

      This type of inversion is used mostly in written French.

1
CE PLAN VOUS EST OFFERT PAR LA RAT
Petit
Plan de Paris
M
BUS
RER
RATP
Edition Avril
F.Boisrond

4. The expression *n'est-ce pas* can be placed after the statement to ask for confirmation. The answer may be "yes" or "no."

Jacques parle francais, n'est-ce pas?
Tu le connais, n'est-ce pas?

Exercices

A J'ai des questions à vous poser. Posez des questions de trois façons différentes.

1. Vous êtes français.
2. Vous parlez français.
3. Vous habitez à Paris.
4. Vous avez un appartement en ville.
5. Vous travaillez à Paris.
6. Vous êtes artiste.
7. Vous allez au travail en bus.

B Tous les jours. Refaites les phrases d'après le modèle.

À quelle heure Marie se lève-t-elle?
À quelle heure est-ce que Marie se lève?

1. À quelle heure son frère se réveille-t-il?
2. Quand le petit garçon se brosse-t-il les dents?
3. Où tes amis s'amusent-ils?
4. À quelle heure vous couchez-vous?
5. Comment les élèves s'habillent-ils?

Attention !
Ne mets pas tes mains sur la porte : tu risques de te faire pincer très fort.

C Des questions. Écrivez des questions d'après le modèle.

Marie habite *à Paris*.
Où Marie habite-t-elle?

1. Marie habite *rue Saint-Dominique*.
2. Marie est *très sympathique*.
3. Marie étudie l'anglais *à l'école*.
4. Marie fait de l'anglais *avec Madame Richards*.
5. Madame Richards vient *d'Angleterre*.
6. Marie va à l'école *en métro*.
7. Marie prend le métro *à neuf heures*.

D De quelle école Robert pense-t-il être diplômé? Récrivez les questions suivantes en utilisant l'inversion.

1. Vous allez à quelle école?
2. Robert pense aller à quelle école?
3. Vous suivez combien de cours ce semestre?
4. Robert va suivre combien de cours?
5. Vous préférez quels cours?
6. Vous allez à l'école comment?
7. Robert va à l'école comment?
8. Vous suivez le cours de français avec qui?
9. Robert pense suivre le cours de français avec qui?
10. Vous étudiez le français depuis quand?

E **Un voyage.** Faites une question en utilisant l'inversion.

1. François a fait un voyage en France l'année dernière. (quand)
2. Il est allé à l'aéroport avec ses copains. (où)
3. L'avion a fait deux escales. (combien)
4. Le vol était complet. (comment)
5. L'avion est arrivé à cinq heures du matin. (à quelle heure)
6. François était fatigué. (comment)
7. Il est allé récupérer ses bagages. (où)
8. Ses bagages sont arrivés sur le tapis roulant numéro huit. (où)

Venir de — *Telling What You and Others Have Just Done*

You use *venir* in the present tense with *de* + infinitive to indicate that an action has just taken place.

Les voyageurs viennent de descendre du métro.	*The passengers just got off the subway.*
Le métro vient de partir.	*The subway just left.*

Exercices

A **La journée d'Alexandre.** Répondez.

1. Il est sept heures et demie du matin. Alexandre vient de se lever ou de se coucher?
2. Il est midi. Il vient de déjeuner ou de dîner?
3. Il est quatre heures et demie de l'après-midi. Il vient d'entrer dans la classe ou de rentrer du lycée?
4. Il est sept heures du soir. Il vient de dîner ou de prendre le petit déjeuner?
5. Il est dix heures du soir. Il vient de regarder la télé ou de dîner?
6. Il est onze heures du soir. Il vient de se lever ou de se coucher?

B **Qu'est-ce que tout le monde vient de faire?** Donnez des réponses personnelles.

1. Moi, je ___.
2. Mon père ___.
3. Mes copains ___.
4. Nous ___.
5. Vous ___.

Scènes de la vie *Le métro*

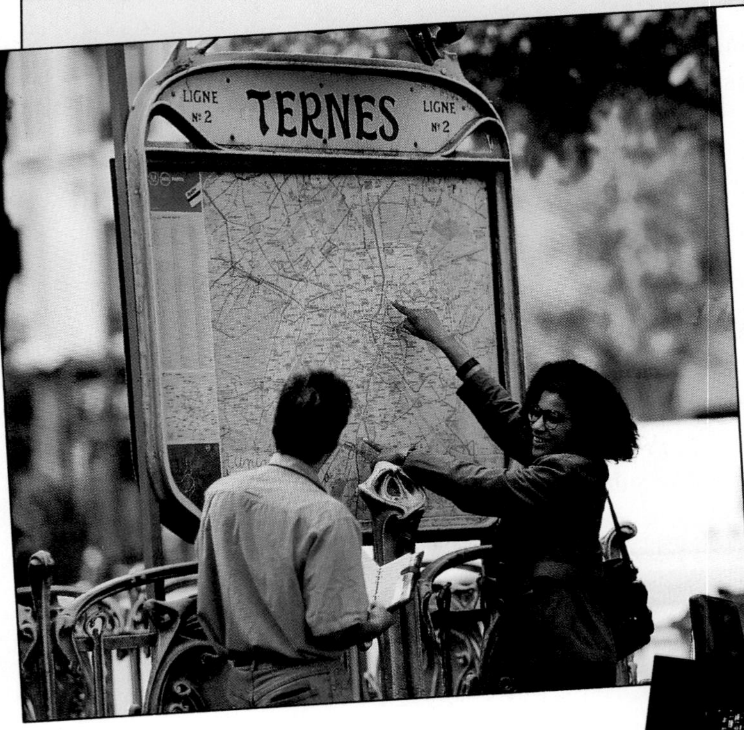

FRANÇOIS: Pardon, Mademoiselle. Je ne suis pas d'ici et je ne sais pas quelle ligne je dois prendre.
LA FEMME: Vous voulez aller où?
FRANÇOIS: À La Motte-Picquet-Grenelle.
LA FEMME: Voilà! Vous êtes ici à Ternes. Vous allez prendre cette ligne direction Porte Dauphine jusqu'à Charles de Gaulle-Étoile.
FRANÇOIS: Charles de Gaulle-Étoile?
LA FEMME: Oui, c'est la prochaine station. À Charles de Gaulle-Étoile vous prenez la correspondance.
FRANÇOIS: Correspondance?
LA FEMME: Oui, vous changez à Charles de Gaulle-Étoile. Vous prenez la direction Nation et vous descendez à La Motte-Picquet.
FRANÇOIS: Merci, Mademoiselle. Vous êtes très aimable.
LA FEMME: Je vous en prie.

A **François prend le métro.** Complétez d'après la conversation.

1. François n'est pas ___.
2. Il ne sait pas ___.
3. Il veut aller ___.
4. François est maintenant ___.
5. Il va prendre la correspondance à ___.
6. «Prendre la correspondance» veut dire ___.
7. À Charles de Gaulle-Étoile il va prendre le métro direction ___.
8. Il va ___ à La Motte-Picquet-Grenelle.

Activités de communication orale

A **Questions.** Travaillez en petits groupes. En cinq minutes, écrivez autant de questions que possible sur le métro et les autobus à Paris. Posez vos questions à un autre groupe. Le groupe qui répondra correctement au plus grand nombre de questions gagnera.

B **Une matinée typique.** Posez des questions à un(e) camarade sur ce qu'il/elle fait le matin. Prenez des notes et présentez-les ensuite à la classe. Puis, changez de rôles. Demandez à votre camarade:

1. à quelle heure il/elle quitte la maison et avec qui
2. comment il/elle va au lycée
3. à quelle heure il/elle y arrive
4. quel est son premier cours, dans quelle salle et quel est le nom du professeur

C **Il y en a...** Un(e) élève d'une autre école (votre camarade) vous pose des questions sur votre école. Il/Elle veut savoir:

1. combien d'élèves il y a dans votre école
2. combien d'élèves il y a dans la plupart des cours
3. combien de clubs il y a
4. combien de bons profs il y a

Élève 1: Il y a combien de profs de français?
Élève 2: Il y en a trois.

D **Où suis-je?** Dites à un(e) camarade plusieurs choses que vous venez de faire et il/elle vous dira où vous êtes allé(e). Ensuite changez de rôles.

Élève 1: Je viens d'acheter des timbres.
Élève 2: Tu es allé(e) à la poste. Et moi, je viens de...

LECTURE ET CULTURE

MÉTRO-BOULOT-DODO

«Métro-boulot-dodo» est une expression qu'on entend souvent en France dans la région parisienne. Mais qu'est-ce que cela veut dire? «Métro» veut dire «voyage», «boulot» est l'argot[1] pour «travail», et «dodo» est l'abbréviation de «dormir» utilisée quand on parle aux bébés.

Cette expression, «métro-boulot-dodo», a une signification sociale, car elle est utilisée pour décrire la vie des banlieusards—c'est-à-dire les gens qui habitent la banlieue de Paris. Comme vous l'avez déjà appris, pas mal de banlieusards en France sont des ouvriers ou des employés de bureau. Les moins aisés[2] habitent des H.L.M. (Habitations à Loyer Modéré). Les H.L.M. ne coûtent pas très cher car elles sont subventionnées[3] par le gouvernement. Les H.L.M. sont de très grands immeubles d'une vingtaine d'étages avec des appartements modestes mais

[1] l'argot *slang*
[2] aisés *well-off, rich*
[3] subventionnées *subsidized*

Les voyageurs attendent le train à Sèvres.

Des H.L.M. dans la banlieue parisienne

propres et confortables. À proximité des H.L.M. il y a souvent un supermarché, des terrains de jeux et de sport, et des garderies d'enfants[4].

Beaucoup de gens, surtout ceux qui habitent une ville comme Paris où il y a beaucoup d'activités culturelles, etc., considèrent que la vie dans les H.L.M. de banlieue est ennuyeuse[5] et monotone. L'expression «métro-boulot-dodo» reflète cette monotonie: on se lève le matin, on prend le métro pour aller au *boulot*—au bureau ou à l'usine—et on rentre le soir pour dormir, ou comme disent les parents à leurs bébés, pour *faire dodo*.

[4] des garderies d'enfant *day-care centers*
[5] ennuyeuse *boring*

Étude de mots

A Les définitions? Trouvez le mot ou l'expression qui correspond.

1. un bébé
2. utilisé
3. un banlieusard
4. la banlieue
5. un ouvrier
6. aisé
7. un immeuble
8. confortable
9. une garderie d'enfants
10. faire dodo

a. un bâtiment qui a des appartements
b. la région autour d'une grande ville
c. dormir
d. un travailleur manuel
e. où tout est fait pour rendre la vie facile
f. celui qui habite la banlieue
g. une crèche municipale
h. assez riche, avec assez de ressources financières
i. employé
j. un très petit enfant

Compréhension

B **Qu'est-ce que cela veut dire?** Expliquez la signification des mots suivants.

1. métro
2. boulot
3. dodo

C **Les H.L.M.** Répondez.

1. Qu'est-ce qu'un banlieusard?
2. Que font beaucoup de banlieusards? Ce sont des médecins, ce sont des ouvriers...?
3. Qu'est-ce qu'une H.L.M.?
4. Qui subventionne les H.L.M.?
5. Qu'est-ce qu'il y a à proximité des H.L.M. ?
6. Comment sont les appartements dans les H.L.M.?
7. Comment les gens qui habitent la ville considèrent-ils la vie dans les H.L.M.?

D **Expliquez.** Avec vos propres mots, expliquez quelle est la signification sociale de l'expression «métro-boulot-dodo».

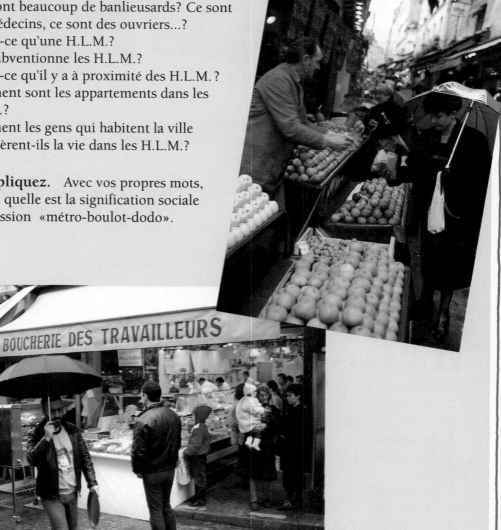

DÉCOUVERTE CULTURELLE

Les métros en France sont composés de plusieurs voitures ou rames de deuxième classe. Les métros n'ont plus de voitures de première classe.

On peut acheter les tickets à l'entrée de la station au guichet ou au distributeur automatique. On peut les acheter un par un ou on peut acheter un carnet. Un carnet a dix tickets. Et n'oubliez pas que vous pouvez utiliser ces tickets dans l'autobus aussi bien que dans le métro. Dans l'autobus, il faut valider le ticket dans la machine qui se trouve à l'avant de la voiture. Si vous n'avez pas de ticket, vous pouvez en acheter un au conducteur, mais c'est plus cher.

Aux heures de pointe (d'affluence), le métro et les autobus sont bien sûr bondés[1]. Il y a un monde fou[2] mais heureusement à ces heures-là, ils passent fréquemment.

Les métros aujourd'hui roulent sur pneus. Ils sont confortables et ne font pas de bruit. Ils sont même presque silencieux.

Pour les autobus, les arrêts sont facultatifs. Ils ne sont pas obligatoires. Il faut indiquer au conducteur que vous voulez descendre. Pour cela, il faut appuyer sur un des boutons pour demander l'arrêt. Un signal «arrêt demandé» s'allume alors à l'avant de la voiture de l'autobus devant le conducteur.

[1] bondés *packed*
[2] un monde fou *crowds of people*

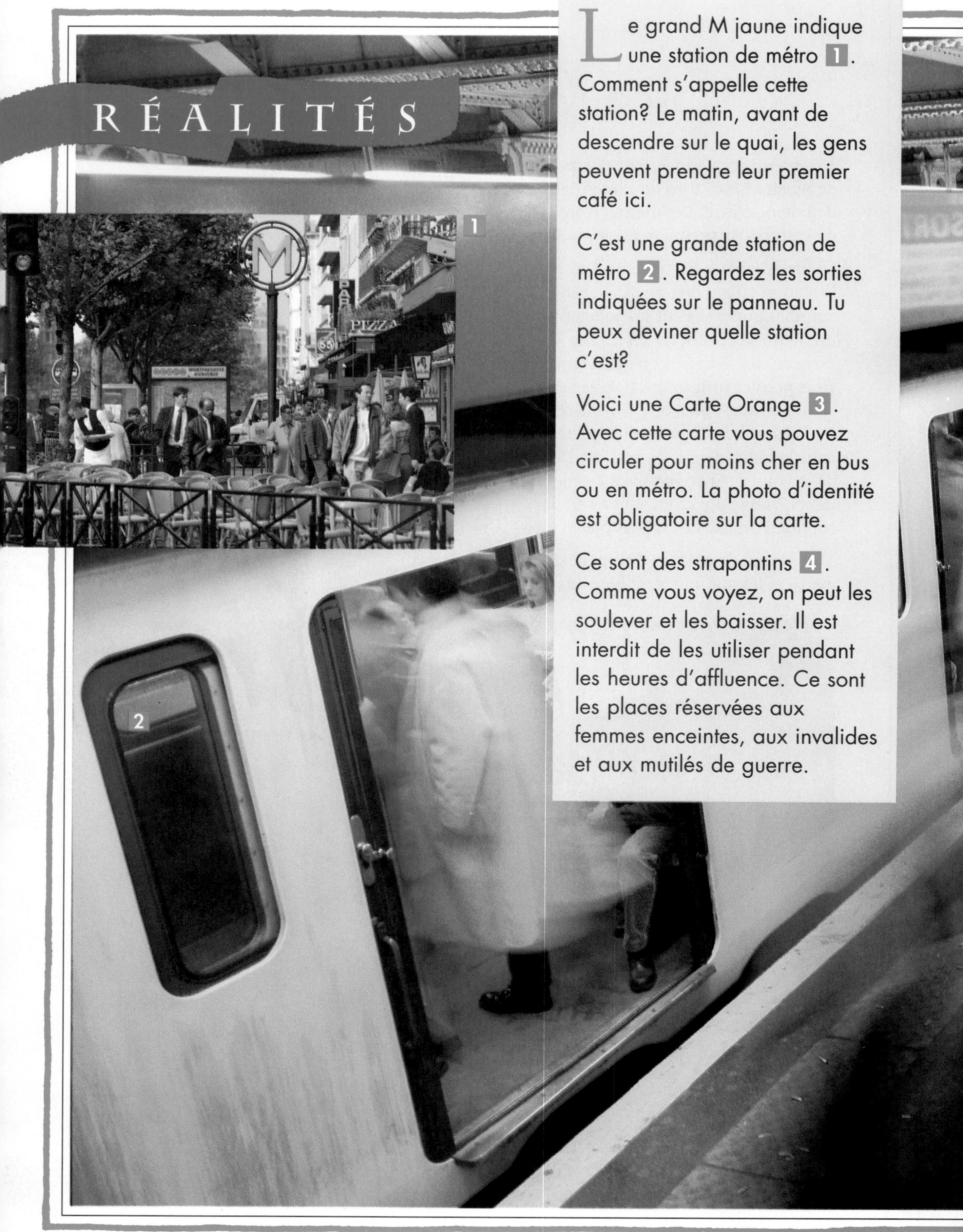

RÉALITÉS

Le grand M jaune indique une station de métro 1. Comment s'appelle cette station? Le matin, avant de descendre sur le quai, les gens peuvent prendre leur premier café ici.

C'est une grande station de métro 2. Regardez les sorties indiquées sur le panneau. Tu peux deviner quelle station c'est?

Voici une Carte Orange 3. Avec cette carte vous pouvez circuler pour moins cher en bus ou en métro. La photo d'identité est obligatoire sur la carte.

Ce sont des strapontins 4. Comme vous voyez, on peut les soulever et les baisser. Il est interdit de les utiliser pendant les heures d'affluence. Ce sont les places réservées aux femmes enceintes, aux invalides et aux mutilés de guerre.

1

2

CORRESPONDANCE
SAINT-GERMAIN-EN-LAYE
CERGY-POISSY
BOISSY-SAINT-LEGER
MARNE-LA-VALLEE
SNCF
BANLIEUE
GRANDES LIGNES
BUS
SORTIE
BOULEVARD DIDEROT
RUE MICHEL CHASLES - RUE DE BERCY
NISTERE DE L'ECONOMIE ET DES FINANCES
VERS LE PALAIS OMNISPORTS
3
STP Carte ORANGE
Nom
Prénom
N° à reporter sur le coupon G331160
RATP SNCF APTR ADATRIF
COUPON JAUNE
coupon hebdomadaire
N° E 560538 2cl
semaine du
15 AVR 1-2
places réservées
les 4 places ci-dessous sont réservées par priorité :
- aux mutilés de guerre
- aux aveugles civils, aux invalides du travail, aux infirmes civils
- aux femmes enceintes et aux personnes accompagnées d'enfants âgés de moins de 4 ans
- aux personnes âgées de 75 ans et plus
1
2
3
4
4

CULMINATION

Activités de communication orale

A Les transports en commun. Travaillez avec un(e) camarade pour comparer les transports en commun de votre ville et ceux de Paris. Décidez quelle ville a les meilleurs transports en commun et justifiez votre opinion.

> **Élève 1: Il y a un métro à Paris.**
> **Élève 2: Il n'y a pas de métro dans ma ville.**

B Dans le métro. Un(e) de vos camarades qui ne connaît pas bien le métro parisien veut aller à plusieurs endroits. Il/Elle choisit ces endroits et vous lui expliquez comment y aller. Changez ensuite de rôles.

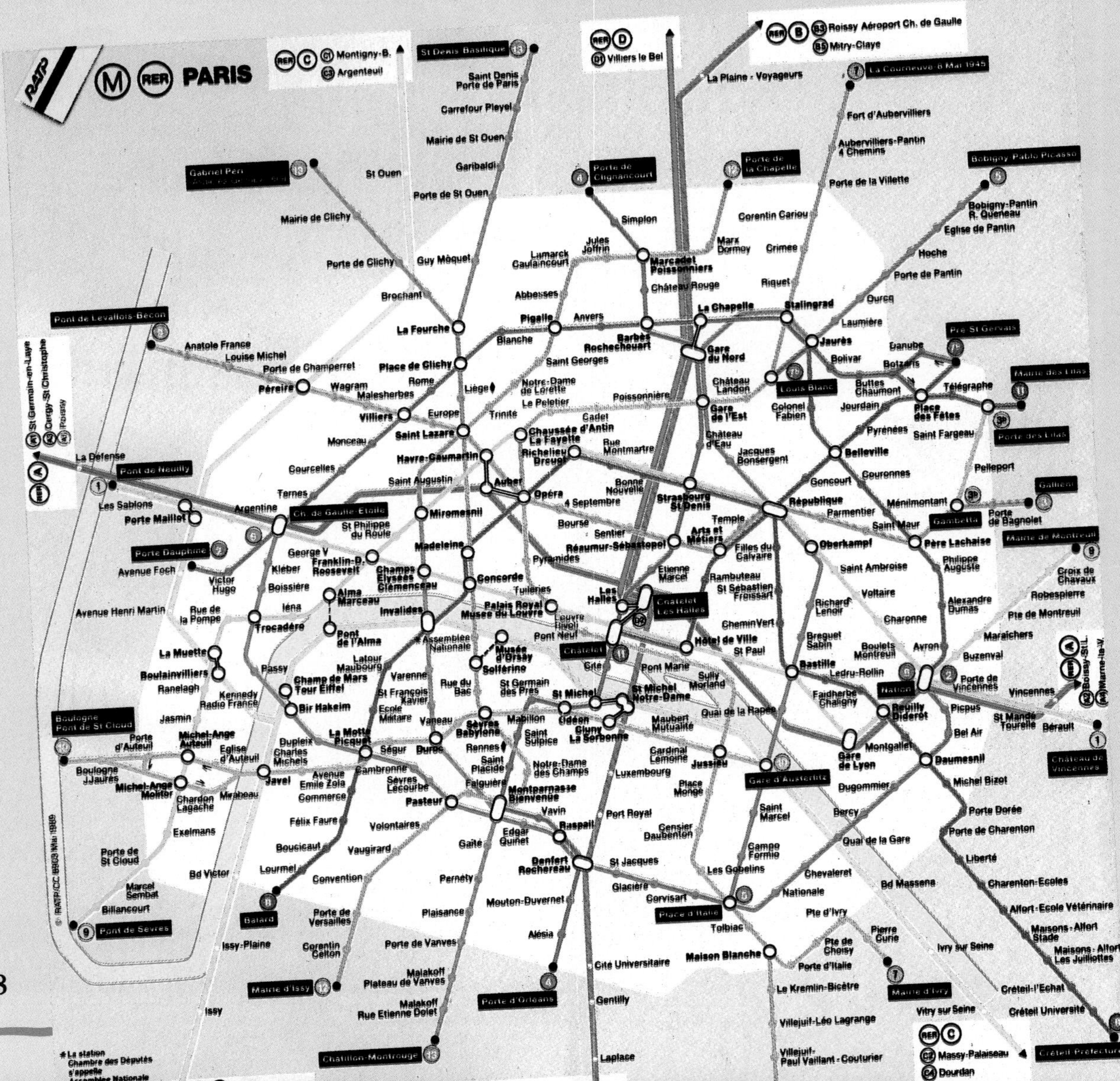

Activité de communication écrite

A **Prenez le bus ou le métro!** Le club d'écologie de votre école fait une campagne pour encourager les gens à prendre le bus ou le métro. Avec un(e) camarade, dessinez une affiche. N'oubliez pas de donner plusieurs raisons pour lesquelles on devrait prendre le bus ou le métro.

Réintroduction et recombinaison

A **Les Dejarnac.** Complétez.

Les Dejarnac ont un ____ (1) (beau) appartement dans un ____ (2) (vieux) immeuble dans un très ____ (3) (beau) quartier de Paris. Ils habitent dans le septième. ____ (4) (Quel) ligne ou ____ (5) (quel) lignes de métro desservent le septième? La ligne numéro douze. Les deux terminus de ____ (6) (ce) ligne sont Mairie d'Issy et Porte de la Chapelle. Les Dejarnac habitent près de la ____ (7) (joli) station de métro Solférino.

La station de métro Solférino dans le 7ème arrondissement

B **La vie de Dominique.** Récrivez les phrases en remplaçant «Dominique» par «les amis de Dominique».

1. Dominique habite à Lyon.
2. Dominique part pour l'école à sept heures.
3. Dominique prend l'autobus.
4. Elle attend l'autobus au coin de la rue.
5. Elle descend de l'autobus devant le lycée.
6. Elle ouvre son sac à dos.
7. Elle écrit des poèmes.
8. Elle dit toujours bonjour à ses amis.

Vocabulaire

NOMS

les transports (m.) en commun

le métro
la station (de métro)
le guichet
le distributeur automatique
le ticket
le carnet
le plan du métro
la ligne
la direction

le quai
l'escalier mécanique (m.)
l'escalator (m.)
le trottoir roulant

l'autobus (m.)
l'arrêt (m.)
le numéro
le conducteur
la machine
l'appareil (m.)
la portière
le bouton
la descente

l'avant (m.)
le milieu
l'arrière (m.)
le terminus
le trajet

ADJECTIFS

interdit(e)
proche

VERBES

monter
descendre
valider
oblitérer
s'appuyer
appuyer sur
pousser
se croiser

AUTRES MOTS ET EXPRESSIONS

là-bas
au coin de
changer de ligne
prendre la correspondance
venir de + infinitif
il est interdit de

CHAPITRE

11

LES FÊTES

OBJECTIFS

In this chapter you will learn to do the following:

1. talk about festivities of all kinds (Bastille Day, Christmas, Hannukah, New Year's, weddings)
2. talk about playing a musical instrument
3. talk about actions that may or may not take place
4. express necessity or possibility
5. give dates and express numbers over 1,000

VOCABULAIRE

MOTS 1

La fête nationale française est le 14 juillet.
Les soldats défilent au pas.
Ils passent devant les tribunes.

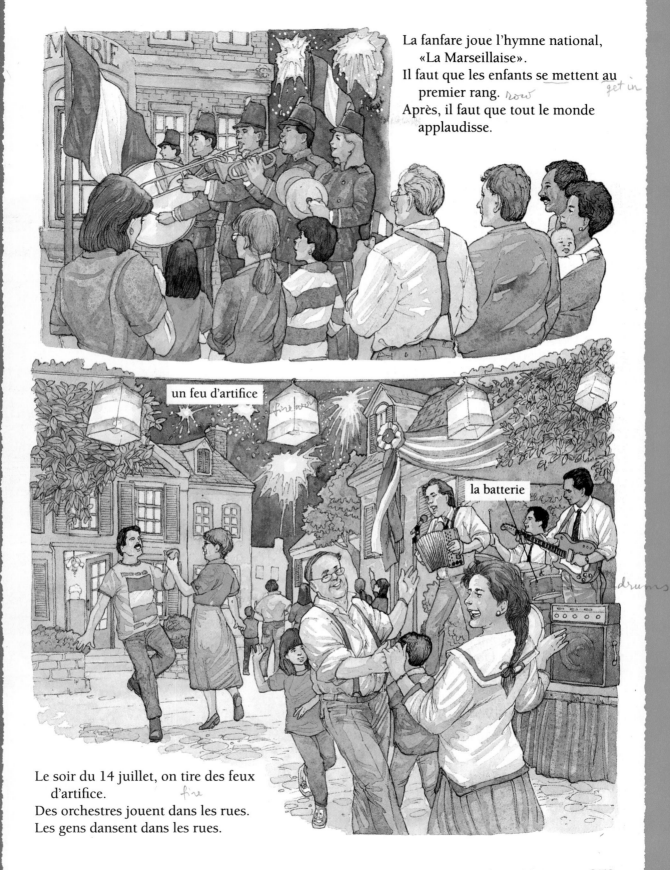

La fanfare joue l'hymne national, «La Marseillaise».
Il faut que les enfants se mettent au premier rang.
Après, il faut que tout le monde applaudisse.

Le soir du 14 juillet, on tire des feux d'artifice.
Des orchestres jouent dans les rues.
Les gens dansent dans les rues.

Exercices

A **Fêtes nationales.** Choisissez.

1. Aux États-Unis, le 4 juillet est ___.
   a. la fête nationale
   b. l'hymne national
   c. le drapeau américain
2. Dans une fanfare, il y a ___.
   a. des trompettes
   b. des guitares
   c. des accordéons
3. On tire des feux d'artifice ___.
   a. le matin
   b. pendant le défilé
   c. le soir
4. Le 14 juillet en France, les soldats ___.
   a. se mettent au premier rang
   b. applaudissent
   c. défilent au pas
5. Le maire et les notables sont ___.
   a. dans la fanfare
   b. dans les tribunes
   c. devant la mairie
6. Après que la fanfare joue l'hymne national, on ___.
   a. danse
   b. se lève
   c. applaudit
7. Les notables sont ___.
   a. des gens importants
   b. des soldats
   c. des musiciens

B **Des célébrations.** Répondez par «oui» ou «non».

1. La fête nationale française est le 14 juillet.
2. La fête nationale française est le même jour que la fête nationale américaine.
3. L'hymne national français s'appelle «La Marseillaise», et l'hymne national des États-Unis s'appelle «The Star-Spangled Banner».
4. On applaudit quand on n'aime pas quelque chose.
5. Aux États-Unis, le 4 juillet, on tire des feux d'artifice.
6. En France le 14 juillet, il y a un grand défilé militaire.
7. Dans une fanfare, les musiciens jouent de la trompette, du trombone, du tambour et des cymbales.
8. Les soldats passent devant le maire et les notables.
9. Le 4 juillet aux États-Unis, les orchestres jouent «La Marseillaise».

C **Un peu de musique.** Donnez des réponses personnelles.

1. Tu joues dans la fanfare ou dans l'orchestre de ton école?
2. Tu as des amis qui y jouent?
3. Est-ce que tu joues d'un instrument?
4. De quel instrument est-ce que tu joues? De la guitare? Du piano? Du violon?
5. De quel instrument est-ce que tu aimerais jouer? De la flûte? Du saxophone? De la batterie?
6. Est-ce qu'il y a des défilés là où tu habites?
7. À quelles dates y a-t-il des défilés?
8. Quand y a-t-il des feux d'artifice?

VOCABULAIRE

MOTS 2

LES FÊTES DE FIN D'ANNÉE

NOËL

Il faut que les enfants soient sages s'ils veulent recevoir des cadeaux de Noël.

un chant de Noël

la messe de minuit

HANOUKA

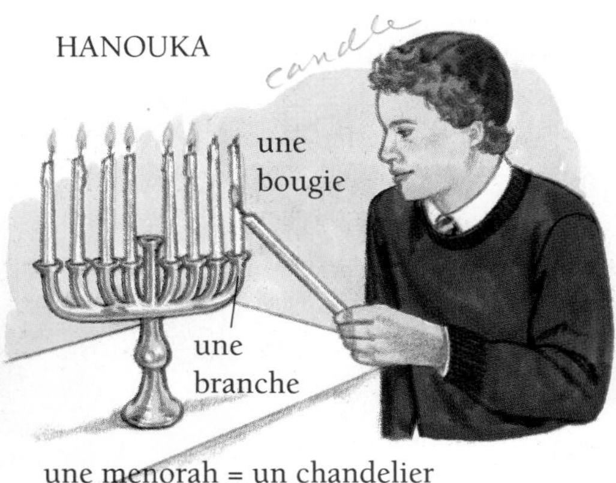

une menorah = un chandelier

Hanouka est la fête des Lumières.
C'est une fête juive.
La fête dure huit jours.
Pendant la fête, les enfants allument les bougies de la menorah.

LE JOUR DE L'AN

Bonne Année!

Bonne Santé!

un serpentin

des guirlandes (f.)

des décorations (f.)

des confettis (m.)

une carte de vœux

Le réveillon est le repas fait pendant la nuit de Noël et la nuit précédant le jour de l'An.
Les festivités qui accompagnent le repas font aussi partie du réveillon.
Tout le monde se souhaite une Bonne Année.

LE MARIAGE

La cérémonie religieuse a lieu à l'église.
On se marie à l'église.

Exercices

A **Noël et Hanouka.** Répondez d'après les indications.

1. On célèbre Noël en quel mois? (décembre)
2. C'est quel jour Noël? (le vingt-cinq)
3. La messe de minuit est quel jour? (le vingt-quatre)
4. Qui apporte les cadeaux de Noël? (le Père Noël)
5. Qui reçoit les cadeaux? (les enfants sages)
6. Où est-ce que les enfants laissent leurs souliers? (devant la cheminée)
7. Qui remplit les souliers de cadeaux? (le Père Noël)
8. Quel est l'arbre de Noël traditionnel? (le sapin)
9. Où vont les catholiques le soir du vingt-quatre décembre? (à la messe de minuit)
10. Qu'est-ce qu'ils chantent pendant la messe de minuit? (des chants de Noël)
11. La menorah, ou le chandelier qu'on utilise pendant la fête des Lumières, a combien de branches? (neuf)
12. Qui célèbre la fête des Lumières? (les Juifs)
13. La fête des Lumières, ou Hanouka, est en quel mois? (décembre)
14. Elle dure combien de jours? (huit)
15. Qu'est-ce que les enfants allument? (les bougies de la menorah)

B **C'est quelle fête?** Décidez.

1. Il y a des défilés.
2. C'est le premier janvier.
3. On va à la messe de minuit.
4. On allume une à une les bougies d'un chandelier à neuf branches.
5. Il y a une fanfare.
6. Cette fête juive dure huit jours.
7. On reçoit des cadeaux dans ses souliers.
8. Il y a des confettis, des guirlandes et des serpentins.
9. Les festivités qui accompagnent le repas font aussi partie du réveillon.

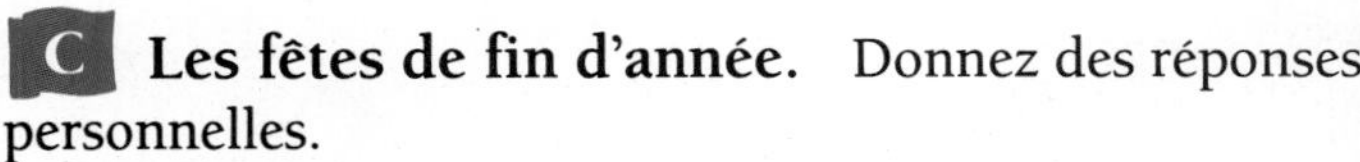

C **Les fêtes de fin d'année.** Donnez des réponses personnelles.

1. Qu'est-ce que tu célèbres comme fête de fin d'année?
2. Comment est-ce que tu la célèbres?
3. Est-ce que tu as un grand repas de famille?
4. Qu'est-ce que tu fais la nuit précédant le jour de l'An? Tu invites des gens? Tu mets des décorations?
5. Tu envoies des cartes de vœux? À quelle date? À qui?
6. Qu'est-ce que tu souhaites à ta famille et à tes amis à Noël?
7. Et qu'est-ce que tu leur souhaites au jour de l'An?

D **Le jour du mariage.** Répondez par «oui» ou «non».

1. Monsieur le maire célèbre la cérémonie religieuse.
2. Il faut que les mariés aient des alliances.
3. Il faut que le Père Noël soit présent au mariage.
4. La cérémonie religeuse a lieu à l'église.
5. Les demoiselles d'honneur se marient avec les garçons d'honneur.

Activités de communication orale

Mots 1 et 2

A **Les fêtes familiales.** Travaillez avec un(e) camarade. Demandez-lui comment il/elle célèbre une fête familiale. Ensuite dites-lui ce que vous faites pendant une fête familiale et comparez vos coutumes.

Élève 1: Chez nous, on décore notre arbre de Noël une semaine avant Noël.
Élève 2: Chez nous, on ne célèbre pas Noël, on célèbre Hanouka.

B **Moments musicaux.** Travaillez en petits groupes. Choisissez un chef et un(e) secrétaire. Le chef demandera les renseignements suivants aux membres du groupe. Le/La secrétaire prendra des notes et présentera les résultats à la classe.

1. qui joue d'un instrument
2. qui joue dans la fanfare du lycée
3. qui joue dans l'orchestre du lycée
4. qui joue dans un groupe

C **C'est quelle fête?** Décrivez une fête à un(e) camarade. Il/Elle essaiera de deviner quelle fête vous décrivez.

Élève 1: On tire des feux d'artifice le soir.
Élève 2: C'est la fête nationale française.

Le subjonctif

Talking about Actions that May or May Not Take Place

1. The verbs studied thus far have been in the indicative mood. The indicative refers to an action that does, did, or will definitely take place. The subjunctive mood, which we are about to learn, is used to express an action that may, but not necessarily, take place.

2. Compare the following sentences.

   Grégoire fait ses devoirs.
   Il faut que Grégoire fasse ses devoirs.

   The first statement above is an independent statement of fact: "Greg does his homework." The second sentence contains a dependent clause: "that Greg do his homework." The sentence is introduced by: "It is necessary." Even though it is necessary for Greg to do his homework, it does not mean that he will in fact do it. Since the action may or may not occur, the verb is in the subjunctive, not the indicative.

3. You form the present subjunctive of regular verbs by dropping the *-ent* ending from the *ils/elles* form of the present indicative and adding the subjunctive endings to this stem. Study the following.

INFINITIVE	PARLER	FINIR	VENDRE	ENDINGS
STEM	**ils *parl*ent**	**ils *finiss*ent**	**ils *vend*ent**	
SUBJUNCTIVE	**que je parle**	**que je finisse**	**que je vende**	**-e**
	que tu parles	**que tu finisses**	**que tu vendes**	**-es**
	qu'il / qu'elle parle	**qu'il / qu'elle finisse**	**qu'il / qu'elle vende**	**-e**
	que nous parlions	**que nous finissions**	**que nous vendions**	**-ions**
	que vous parliez	**que vous finissiez**	**que vous vendiez**	**-iez**
	qu'ils / qu'elles parlent	**qu'ils / qu'elles finissent**	**qu'ils / qu'elles vendent**	**-ent**

4. Most verbs, regular as well as irregular, form the subjunctive this way.

INFINITIVE	STEM	SUBJUNCTIVE	
ouvrir	*ouvrent*	que j'ouvre	que nous ouvrions
partir	*partent*	que je parte	que nous partions
dormir	*dorment*	que je dorme	que nous dormions
servir	*servent*	que je serve	que nous servions
mettre	*mettent*	que je mette	que nous mettions
lire	*lisent*	que je lise	que nous lisions
écrire	*écrivent*	que j'écrive	que nous écrivions
vivre	*vivent*	que je vive	que nous vivions
suivre	*suivent*	que je suive	que nous suivions
dire	*disent*	que je dise	que nous disions
conduire	*conduisent*	que je conduise	que nous conduisions
connaître	*connaissent*	que je connaisse	que nous connaissions

5. Few verbs are irregular in the subjunctive. Those that are, are very important. Study the following irregular verbs in the present subjunctive.

FAIRE	ÊTRE	AVOIR	ALLER
que je fasse	que je sois	que j'aie	que j'aille
que tu fasses	que tu sois	que tu aies	que tu ailles
qu'il / qu'elle fasse	qu'il / qu'elle soit	qu'il / qu'elle ait	qu'il / qu'elle aille
que nous fassions	que nous soyons	que nous ayons	que nous allions
que vous fassiez	que vous soyez	que vous ayez	que vous alliez
qu'ils / qu'elles fassent	qu'ils / qu'elles soient	qu'ils / qu'elles aient	qu'ils / qu'elles aillent

6. Remember that *il faut que* is always followed by the subjunctive.

Il faut que les enfants *soient* sages.
Il faut que tu *ailles* au magasin acheter des cadeaux de Noël.
Il faut qu'on *fasse* le réveillon chez moi cette année.

Exercices

A Il faut qu'on le fasse. Répondez par «oui».

1. Il faut qu'on écrive au Père Noël?
2. Il faut qu'on lise tes cartes de vœux?
3. Il faut qu'on aille au défilé?
4. Il faut qu'on se dise «Bonne Année!»?
5. Il faut que tu partes pour aller au feu d'artifice?
6. Il faut que nous mettions des guirlandes?

B **Pour recevoir des cadeaux du Père Noël.** Répondez par «oui».

1. Il faut que les enfants soient sages toute l'année?
2. Il faut qu'ils aient de bonnes notes à l'école?
3. Il faut qu'ils décorent l'arbre de Noël?
4. Il faut qu'ils mettent leurs souliers devant la cheminée?
5. Il faut qu'ils aillent à la messe de minuit?
6. Il faut qu'ils fassent réveillon avec leurs parents?
7. Il faut qu'ils chantent des chants de Noël?
8. Il faut qu'ils souhaitent «Joyeux Noël» à tout le monde?

C **Le mariage en France.** Répondez par «oui».

1. Il faut que les fiancés annoncent leur mariage?
2. Il faut qu'ils choisissent des alliances?
3. Il faut qu'ils aient une demoiselle et un garçon d'honneur?
4. Il faut qu'ils disent «oui» devant Monsieur le maire?
5. Il faut qu'ils aillent à l'église pour la cérémonie religieuse?

D **Il faut que je fasse tellement de choses.** Donnez des réponses personnelles.

1. Il faut que tu te lèves de bonne heure?
2. Il faut que tu ailles à l'école?
3. Il faut que tu sois toujours à l'heure?
4. Il faut que tu dises «bonjour» au prof?
5. Il faut que tu fasses tes devoirs?
6. Il faut que tu passes un examen?
7. Il faut que tu réussisses à ton examen?

E **Vous êtes occupé(e)s?** Dites à des camarades ce qu'il faut qu'ils fassent. Suivez le modèle.

> **faire vos devoirs**
> ***Il faut que vous fassiez vos devoirs.***

1. étudier pour demain
2. préparer la fête
3. choisir des cadeaux
4. aller au magasin
5. faire des achats
6. aller au marché
7. faire les courses
8. rentrer chez vous
9. préparer le dîner
10. mettre le couvert
11. servir le dîner

Noël à Paris: une rue illuminée

Le subjonctif avec les expressions impersonnelles

Expressing Necessity or Possibility

1. Here are some other expressions that are always followed by the subjunctive in French.

il est nécessaire que	**il est possible que**
il est important que	**il est impossible que**
il est bon que	**il est juste que**
il est temps que	**il vaut mieux que (il est préférable que)**

2. These expressions of necessity or possibility require the subjunctive because the information in the clause introduced by *que* is not necessarily a fact. The action referred to may or may not take place.

Il est nécessaire que vous fassiez vos devoirs.
Il est possible que tu aies trop de choses à faire.
Il est impossible que Jean finisse demain.

Exercices

A Qu'est-ce que vous en pensez? Faites des phrases avec «il est important que» ou «il n'est pas important que».

1. Nous parlons bien.
2. Nous écrivons bien.
3. Nous lisons beaucoup.
4. Nous suivons des cours.
5. Nous disons toujours la vérité.
6. Nous suivons un cours de conduite.
7. Nous conduisons.
8. Nous conduisons prudemment.

B C'est possible ou pas? Faites des phrases d'après le modèle.

Je vais à l'université.
Il est possible que j'aille à l'université.

1. Je vais à l'université.
2. Je réussis aux examens.
3. Je trouve un bon travail.
4. Je me marie.
5. Je choisis un mari (une femme) très riche.
6. J'ai des enfants.
7. J'ai beaucoup de succès.

C À l'école. Donnez des réponses personnelles.

1. Il faut que tu suives combien de cours?
2. Il est nécessaire que tu arrives à l'école à quelle heure?
3. Il est important que tu sois à l'heure?
4. Il est important que tu sois poli(e) avec les profs?
5. Il est possible que tu aies un examen aujourd'hui?
6. Il est bon que tu lises beaucoup de livres?

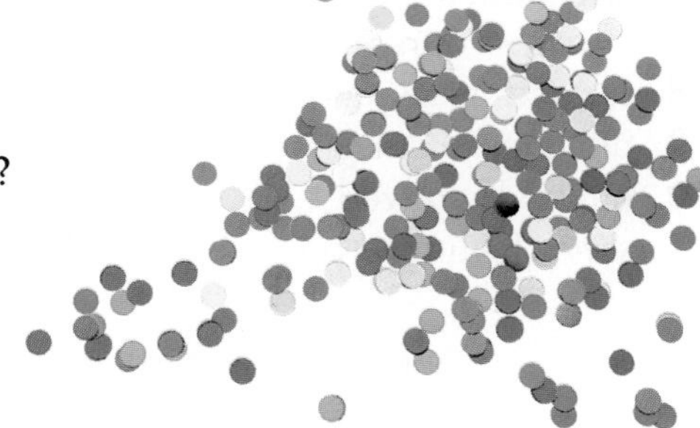

Les nombres au-dessus de 1.000

Giving Dates and Expressing Numbers Over 1,000

1. Note the way the numbers 1,000 and above are expressed in French.

    1.000 mille
    1.001 mille un
    1.100 mille cent ou **onze cents**
    1.492 mille quatre cent quatre-vingt-douze ou **quatorze cent quatre-vingt-douze**

    It is also possible to leave a space instead of using a period: 1 000, 1 492. Dates, however, have no periods or spaces: 1789, 1492, etc.

2. Note that *mille* never takes an *-s*.

    2.000 deux mille
    5.000 cinq mille
    3.500 trois mille cinq cents

3. You use *un* with *million*, and *million* is followed by *de*.

    1.000.000 un million (de personnes)
    2.000.000 deux millions (d'habitants)

Exercices

A **Un peu d'histoire de France.** Lisez à haute voix.

1. La Révolution a commencé en 1789.
2. Jeanne d'Arc est née en 1412.
3. Marie-Antoinette est morte en 1793.
4. Charles de Gaulle a été président de la République de 1958 à 1968.
5. Napoléon a régné de 1804 à 1814.
6. La Tunisie a reçu son indépendance en 1956.

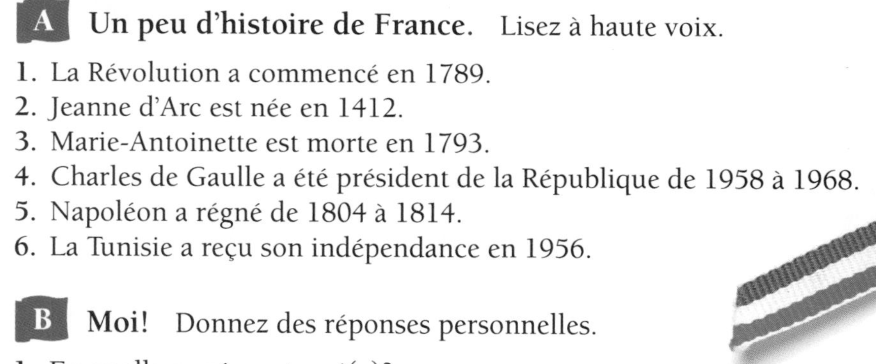

B **Moi!** Donnez des réponses personnelles.

1. En quelle année es-tu né(e)?
2. En quelle année as-tu commencé tes études à l'école primaire?
3. En quelle année termineras-tu tes études secondaires?

CONVERSATION

Scènes de la vie *C'est bientôt le 14 juillet*

ÉRICA: Tu vas aller au défilé du quatorze juillet?
SERGE: Bien sûr... Il *faut* que j'y aille!
ÉRICA: Pourquoi? Tu y vas avec tes parents?
SERGE: Non, mais la fanfare va défiler.
ÉRICA: Oui, et alors?
SERGE: Tu veux rigoler ou quoi? Tu sais bien que je joue dans la fanfare!
ÉRICA: Ah oui? Je ne savais pas! Tu joues de quel instrument?
SERGE: Du trombone.
ÉRICA: Vraiment? Il faut que j'aille voir ça!
SERGE: Et il faudra que tu applaudisses quand je passerai!

A **Ils vont au défilé?** Répondez d'après la conversation.

1. De quoi les deux copains parlent-ils?
2. Serge va au défilé?
3. Pourquoi faut-il qu'il y aille?
4. Il joue de quel instrument?
5. Érica sait que son ami joue du trombone?
6. Érica va aller au défilé? Pourquoi?
7. Quand faudra-t-il qu'elle applaudisse?

Activités de communication orale

A **À faire absolument.** Vous discutez avec un(e) camarade. Dites au moins trois choses qu'il faut que vous fassiez ce soir. Demandez à votre camarade s'il faut qu'il/elle fasse les mêmes choses ou pas.

> **Élève 1: Il faut que j'aille au supermarché. Et toi? Il faut que tu y ailles aussi?**
> **Élève 2: Non, moi, il faut que j'aille au stade.**

B **De bonnes résolutions.** Travaillez avec un(e) camarade. Imaginez que c'est le jour de l'An et que vous et votre camarade prenez trois bonnes résolutions pour la nouvelle année.

> **Élève 1: Il faut que je sois plus gentil(le) avec mon petit frère et ma petite sœur.**
> **Élève 2: Moi, il faut que je sois plus aimable avec mes parents.**

C **Le réveillon.** Travaillez en petits groupes. Imaginez que vous organisez une fête pour le Nouvel An. Dites tout ce qu'il faut que vous ayez, que vous fassiez, etc.

> **Élève 1: Il faut que nous ayons des guirlandes roses et blanches.**
> **Élève 2: Il faut que nous achetions des confettis.**
> **Élève 3: Il faut que tout le monde arrive à 10 heures…**

D **Deux avis valent mieux qu'un.** Faites une liste des choses que vous voudriez faire. Lisez votre liste à un(e) camarade. Votre camarade vous dira ce qu'il faut faire pour réaliser votre objectif. Ensuite changez de rôles.

> **Élève 1: Je voudrais perdre cinq kilos.**
> **Élève 2: Il est important que tu fasses de l'exercice. Il faut que tu manges moins.**

E **Chantons en français!** Travaillez avec les élèves de la chorale (*chorus*) de l'école. Apprenez-leur des chansons françaises (des chants de Noël, l'hymne national français, etc.). Demandez-leur de chanter une de ces chansons au concert annuel.

LECTURE ET CULTURE

LES FÊTES FAMILIALES

*D*eux grandes fêtes familiales en France et aux États-Unis sont le mariage et Noël.

Ce jeune couple se marie à la mairie.

LE MARIAGE

En France, un garçon peut se marier à dix-huit ans, une fille à quinze ans. Pour se marier plus jeune, il faut que le couple demande et obtienne une autorisation spéciale. Le mariage civil est obligatoire et il est célébré avant le mariage religieux. Seuls les mariés, leurs pères et mères, les proches parents[1] et les témoins[2] assistent[3] à la cérémonie qui est célébrée par le maire, dans la salle des mariages de la mairie.

[1] les proches parents *the close relatives*
[2] les témoins *the witnesses*
[3] assistent *attend*

La cérémonie religieuse a lieu à l'église. À la campagne, il n'est pas rare que le cortège aille à l'église à pied. En ville, on y arrive en voiture.

Après la cérémonie, il y a une réception chez les parents de la mariée, dans une salle louée pour l'occasion ou dans un restaurant. Après un déjeuner ou un buffet superbe, la mariée coupe le gâteau de mariage. Au dessert ou au moment où l'on sert le champagne, on porte des toasts aux mariés.

NOËL

Noël est toujours une fête joyeuse. Toute la famille se réunit pour un grand souper. Les enfants mettent leurs souliers devant la cheminée. Il est important que le Père Noël les voie quand il arrive pendant la nuit, parce

On se souhaite «Joyeux Noël».

que c'est lui qui les remplit de cadeaux. Pas mal d'enfants y mettent des bottes qui peuvent contenir plus de cadeaux que des chaussures. De toute façon[4], les enfants savent qu'il est indispensable qu'ils soient sages pendant toute l'année pour recevoir des cadeaux du Père Noël.

Le soir du 24 décembre, beaucoup de gens assistent à la messe de minuit. Après la messe, on rentre à la maison pour le réveillon. Le repas traditionnel commence avec des huîtres ou du boudin blanc[5], il continue avec une dinde farcie aux marrons[6], et il finit avec une bûche de Noël. On mange, on boit[7], on parle et on s'amuse beaucoup. Tout le monde est content d'être réuni et d'attendre le Père Noël!

[4] De toute façon *anyway, in any case*
[5] des huîtres ou du boudin blanc *oysters or white sausage*
[6] farcie aux marrons *stuffed with chestnuts*
[7] boit *drinks*

Étude de mots

A Quelle est la définition? Choisissez.

1. demander
2. obtenir
3. la bûche de Noël
4. civil
5. religieux
6 le souper
7. indispensable
8. sage

a. recevoir
b. le repas du soir
c. avoir besoin, solliciter
d. qui concerne l'Église
e. absolument nécessaire
f. le gâteau de Noël
g. gentil(le), obéissant(e)
h. qui concerne l'État

B Des définitions. Trouvez dans la lecture les mots qui correspondent à ces définitions.

1. de la famille
2. un homme et une femme
3. de rigueur, absolument nécessaire
4. ceux qui se marient
5. le défilé des mariés et de leurs parents et amis
6. pleine de joie
7. un rite de l'Église catholique

Grand-père découpe la dinde et le petit Romain regarde la bûche de Noël.

Compréhension

C **Des renseignements.** Trouvez les renseignements suivants dans la lecture.

1. deux fêtes importantes en France
2. l'âge auquel un garçon peut se marier en France
3. l'âge auquel une fille peut se marier en France
4. celui qui célèbre le mariage civil
5. ceux qui doivent assister au mariage civil

D **Vous avez compris?** Répondez d'après la lecture.

1. Est-ce que le mariage religieux est suffisant en France?
2. Où le mariage civil a-t-il lieu?
3. Où le mariage religieux a-t-il lieu?
4. Où la réception a-t-elle lieu?
5. Quand porte-t-on les toasts?
6. À la campagne, comment est-ce que le cortège va à l'église?
7. En ville, comment le cortège va-t-il à l'église?
8. Que fait la famille pour Noël?
9. Où est-ce que les enfants mettent leurs souliers?
10. Qui les remplit?
11. Avec quoi les remplit-il?
12. Où beaucoup de gens vont-ils le soir du 24 décembre?

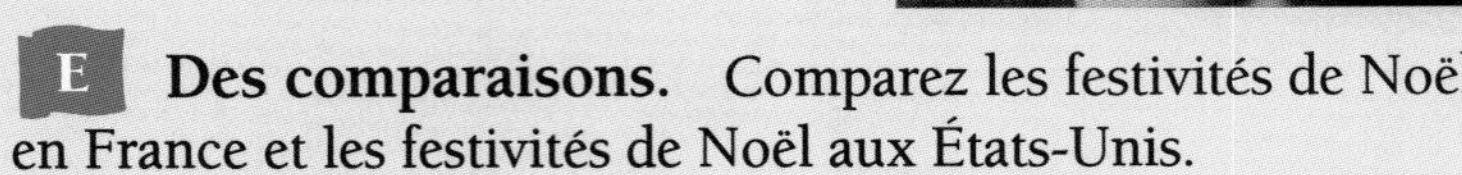

E **Des comparaisons.** Comparez les festivités de Noël en France et les festivités de Noël aux États-Unis.

DÉCOUVERTE CULTURELLE

*L*a fête nationale française est le 14 juillet, date qui marque le commencement de la Révolution de 1789. Ce jour-là, le peuple de Paris prit possession de la forteresse de la Bastille. La Bastille était une prison pour les ennemis du roi[1], et donc symbolisait la tyrannie de la monarchie. Traditionnellement le 14 juillet, il y a dans toute la France des cérémonies officielles le matin, et des réjouissances[2] populaires le soir. À la nuit tombante[3], les gens sortent pour aller voir les feux d'artifice, et pour aller danser dans des bals en plein air.

Aux États-Unis, un garçon peut se marier dans la plupart des états à l'âge de dix-huit ans et une fille à l'âge de seize ans. Remarquez que l'âge légal varie d'un état à l'autre. En France, c'est le même âge dans tout le pays. On peut se marier à quel âge, en France?

De nos jours, il n'est pas rare que les fiancés dressent une «liste» des cadeaux qu'ils voudraient recevoir. Ils la déposent dans un magasin. Les amis et les parents vont au magasin et consultent la liste.

En France, comme aux États-Unis, il y a une communauté juive. Comme les autres Français, les Juifs doivent se marier civilement avant de se marier religieusement. Après le mariage civil, les Juifs ont un mariage religieux célébré par un rabbin. La cérémonie religieuse a lieu dans une synagogue ou dans une salle louée pour la circonstance. Pendant la cérémonie, le marié brise[4] un verre pour assurer le succès du couple.

Le défilé du 14 juillet à Paris

Hanouka, la fête des Lumières, est une fête juive. Elle commémore la reconsécration du temple de Jérusalem par les Maccabées après la révolte contre Antiochos IV, roi de Syrie, en 167 avant Jésus-Christ. À l'époque biblique, une menorah à sept branches restait allumée toute l'année, de jour et de nuit, dans le temple de Jérusalem. La menorah de la fête des Lumières a neuf branches. Ce sont les enfants qui allument les bougies—une bougie chaque soir que dure la fête. La bougie au centre du chandelier est allumée le premier soir, et elle sert à allumer les autres bougies. La fête dure huit jours. Hanouka est une fête joyeuse, surtout pour les enfants qui reçoivent un cadeau chaque jour. Mais il y a aussi des bonbons et des gâteaux pour les adultes.

[1] roi *king*
[2] réjouissances *festivities*
[3] à la nuit tombante *at nightfall*
[4] brise *breaks*

Les Champs-Élysées sont féeriques à Noël 1. Les rues de ta ville sont illuminées comme celles de Paris?

Cette fille mange du gâteau. Ce gâteau s'appelle la «galette des rois» 2. Traditionnellement on la mange le six janvier, le soir de la fête des Rois. Dans la galette il y a une fève (*a bean*). La personne qui la reçoit est le Roi ou la Reine de la soirée et on lui met une couronne sur la tête.

Un mariage à la campagne. Le cortège va à pied à l'église 3.

Voici un grand magasin à Paris, les Galeries Lafayette 4. En ce moment, les clients y vont pour consulter des listes de mariage ou pour acheter des cadeaux de Noël?

Voici le beau tableau «La rue Montorgueil, fête du 30 juin 1878» du peintre Claude Monet 5. Les façades des bâtiments sont décorées de drapeaux tricolores. Pour quelles fêtes est-ce qu'on décore les rues et les bâtiments de drapeaux aux États-Unis?

5
4

CULMINATION

Activités de communication orale

A **Un bon mariage.** Travaillez avec un(e) camarade. Discutez des qualités essentielles que vous aimeriez trouver chez un mari ou une femme idéale. Décidez si vous êtes d'accord ou pas.

> **Élève 1: À mon avis, il est important que le mari aide sa femme avec les enfants. Tu es d'accord?**
> **Élève 2: Oui, je suis d'accord. Il est important aussi que le mari fasse la cuisine…**

B **Un peu d'imagination!** Imaginez que vous allez vous marier avec un(e) Français(e). Votre camarade Véronique, très surprise, vous pose des questions. Répondez-lui.

1. Quand est-ce que vous allez vous marier?
2. Où aura lieu la cérémonie?
3. Ce sera à quelle heure?
4. Vous aurez un déjeuner assis ou un buffet?
5. Combien de personnes est-ce que vous inviterez?

Véronique

C **Ma fête préférée?** Demandez à votre camarade quelle fête il/elle préfère et pourquoi: le 4 juillet, Noël ou le jour de l'An. Ensuite changez de rôles.

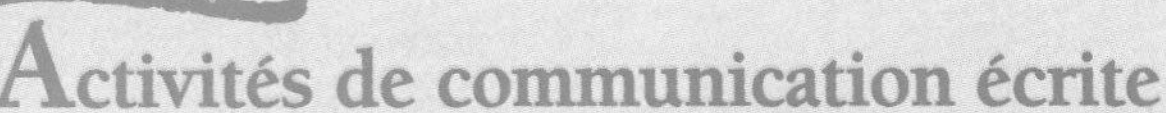

Activités de communication écrite

A **Noël.** Vous êtes français(e). Écrivez une lettre à une amie américaine. Dites-lui ce que vous avez fait à Noël l'année dernière ou ce que vous ferez à Noël l'année prochaine.

B **Faire-part de mariage.** Regardez le faire-part de mariage à droite. Écrivez le faire-part de votre mariage tel que vous l'avez décrit dans l'Activité orale B. N'oubliez pas les renseignements suivants:

1. votre nom et celui de votre fiancé(e)
2. la date du mariage
3. le nom de vos parents
4. le lieu et l'heure du mariage

Madame Maurice Fischer,
Monsieur Oscar Lenotte,
Monsieur et Madame Ivan Lenotte
sont heureux de vous faire part du mariage de Monsieur Jean-Hubert Lenotte, leur petit-fils et fils, avec Mademoiselle Laurence de Brye.

Et vous prient d'assister ou de vous unir d'intention à la Messe de Mariage qui sera célébrée le Samedi 5 Octobre 1991, à 14 heures 30, en l'Église Notre-Dame d'Auteuil.
Le consentement des époux sera reçu par le Père Jean-Luc Rayonneau (s.j.).

Réintroduction et recombinaison

A **Mes petits frères.** Complétez au présent avec le verbe indiqué.

1. Ils ___ des chants de Noël. (apprendre)
2. Ils ___ des leçons de chant. (prendre)
3. Ils ___ leurs cartes de vœux. (envoyer)
4. Ils ___ avec nous à la messe de minuit. (venir)
5. Ils ___ encore au Père Noël. (croire)
6. Ils ___ beaucoup de cadeaux. (recevoir)

B **Le voyage de noces (*Honeymoon*).** Complétez au passé composé avec le verbe indiqué.

1. Paul et Marie ___ hier. (se marier)
2. Leur mariage ___ à Notre-Dame. (avoir lieu)
3. Ils ___ beaucoup de cadeaux. (recevoir)
4. Tout le monde ___ à la réception. (s'amuser)
5. Leurs amis et leurs parents leur ___ beaucoup de succès. (souhaiter)
6. Paul et Marie ___ à la Martinique. (aller)
7. Ils ___ ce matin. (arriver)

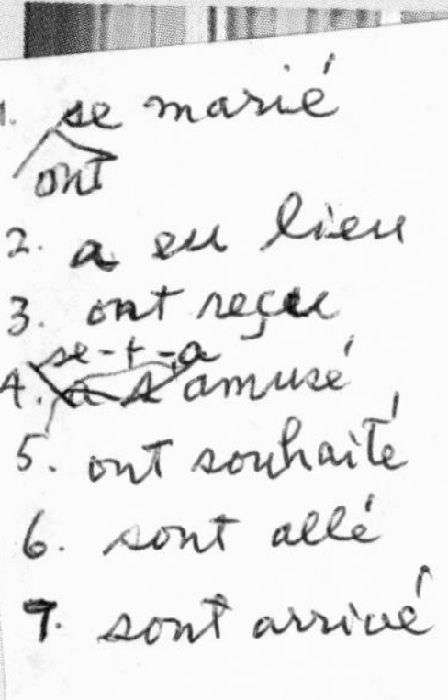

Vocabulaire

NOMS

Le 14 juillet
la fête nationale
le défilé
l'hymne (m.) national
le drapeau
le maire
le notable
la tribune
le soldat
le feu d'artifice

la fanfare
le tambour
les cymbales (f.)
la trompette
le trombone
l'orchestre (m.)
le musicien
l'accordéon (m.)
la guitare
le piano
le violon
la flûte
le saxophone
la batterie

Noël
le Père Noël
l'arbre (m.) de Noël
le sapin
la cheminée
les souliers (m.)
le cadeau de Noël
le chant de Noël
la messe de minuit

Le jour de l'An
la carte de vœux
le réveillon
les confettis (m.)
le serpentin
les décorations (f.)
la guirlande
les festivités (f.)

Hanouka
la fête des Lumières
la menorah
le chandelier
la branche
la bougie

Le Mariage
la cérémonie
le marié
la mariée
les mariés (m.)
la demoiselle d'honneur
le garçon d'honneur
l'alliance (f.)
la mairie
l'église (f.)

VERBES
allumer
applaudir
célébrer
défiler
durer
se marier
se souhaiter

ADJECTIFS
militaire
national(e)
religieux, religieuse
juif, juive
sage

AUTRES MOTS ET EXPRESSIONS
Joyeux Noël!
Bonne Année!

avoir lieu
défiler au pas
jouer d'un instrument de musique
se mettre au premier rang
tirer un feu d'artifice
faire partie de

il est important que
il est impossible que
il est juste que
il est nécessaire que
il est possible que
il est temps que
il est préférable que
il faut que
il vaut mieux que

CHAPITRE

12

AU LYCÉE

OBJECTIFS

In this chapter you will learn to do the following:

1. talk about school supplies and equipment
2. describe your school's facilities and personnel
3. use more verbs expressing actions that may or may not take place
4. express wishes, preferences, and demands concerning oneself and others
5. talk about people laughing and smiling
6. discuss high schools in France and the U.S.

-Zone industrielle
-Centre sidérurgique
-Uranium
-Zinc

VOCABULAIRE

MOTS 1

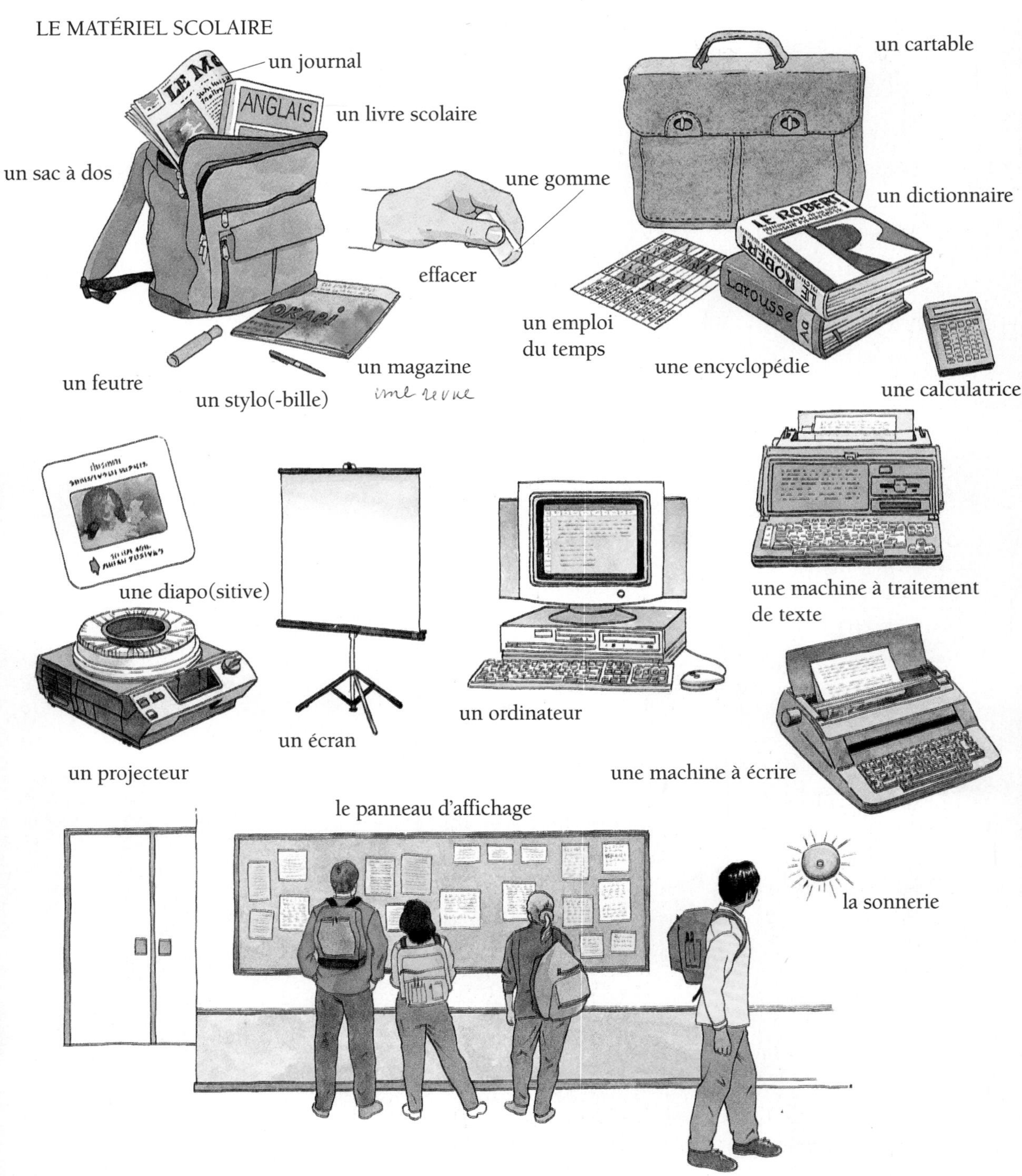

LE MATÉRIEL SCOLAIRE
un journal
un livre scolaire
un sac à dos
une gomme
effacer
un feutre
un stylo(-bille)
un magazine
un cartable
un dictionnaire
un emploi du temps
une encyclopédie
une calculatrice
une diapo(sitive)
un projecteur
un écran
un ordinateur
une machine à traitement de texte
une machine à écrire
le panneau d'affichage
la sonnerie

Le prof veut que vous fassiez vos devoirs.
Il veut que vous appreniez vos leçons.
La prof veut que tous ses élèves fassent leurs devoirs.
Elle veut qu'ils apprennent leurs leçons.
Les profs exigent que vous finissiez vos devoirs.
Ils exigent que vous veniez en classe préparés.

échouer à un examen

recevoir de bonnes notes
être reçu(e) à un examen

Votre professeur veut que vous soyez reçu(e) aux examens.
La prof veut que tous ses élèves soient reçus aux examens.

Tous les profs insistent pour que vous arriviez en classe à l'heure.

Les profs sont sympa. Ils rient avec leurs élèves.
Les élèves aiment que les profs rient avec eux.

Exercices

A **Tu as le matériel scolaire nécessaire?** Donnez des réponses personnelles.

1. Tu portes tes livres dans un cartable ou dans un sac à dos?
2. Tu as à peu près combien de livres scolaires cette année?
3. Tu préfères écrire avec un crayon, un feutre ou un stylo-bille?
4. Tu fais tes devoirs de maths au crayon?
5. Si tu fais une erreur, tu l'effaces avec une gomme?
6. Tu utilises une calculatrice pour faire tes devoirs de maths?
7. Tu suis un cours d'informatique pour apprendre à utiliser un ordinateur?
8. Tu consultes souvent ton emploi du temps ou tu le connais par cœur?
9. Quand tu prépares une rédaction, tu la tapes à la machine?
10. Tu as une machine à écrire, une machine à traitement de texte ou un ordinateur?
11. Dans ton école, est-ce qu'une sonnerie annonce la fin de chaque classe?
12. Tu cherches une définition dans une encyclopédie ou dans un dictionnaire?

B **Qu'est-ce que c'est?** Identifiez.

1. C'est un écran ou un emploi du temps?
2. Ce sont des livres scolaires ou des encyclopédies?
3. C'est un cartable ou un sac à dos?
4. C'est un projecteur ou un panneau d'affichage?
5. C'est un feutre ou un stylo-bille?
6. C'est un film ou une diapo?
7. C'est un ordinateur ou une calculatrice?
8. C'est un magazine ou un journal?

C **Questions d'enseignement.** Répondez par «oui» ou «non».

1. Les profs veulent que tes camarades et toi appreniez vos leçons?
2. Les profs exigent que vous soyez à l'heure?
3. Les profs aiment que vous arriviez en classe en retard?
4. Vos parents exigent que vous ayez de bonnes notes?
5. Vos parents veulent que vous soyez reçu(e) aux examens?
6. Vos camarades de classe veulent que vous échouiez aux examens?
7. Le prof d'anglais exige que vous écriviez vos rédactions à la main?
8. La prof de français insiste pour que vous lui donniez des devoirs tapés à la machine?

D **Ce que je fais.** Donnez des réponses personnelles.

1. Tu lis quels magazines?
2. Tu lis quels journaux?
3. Tu suis combien de cours ce semestre?
4. Tu fais à peu près combien d'exposés par semaine?
5. Tu consultes quelles encyclopédies ou quels dictionnaires?
6. Tu connais des profs qui rient avec leurs élèves?

VOCABULAIRE

MOTS 2

La rentrée des classes est le jour où les cours recommencent après les grandes vacances.

[1] A female principal is called *la directrice.*

[2] A female vice-principal is also called *le censeur.*

la conseillère d'éducation
(le conseiller d'éducation)

la conseillère d'orientation
(le conseiller d'orientation)

La plupart des cours au lycée sont obligatoires.
Quelques cours ne sont pas obligatoires. Ils sont facultatifs.

Le baccalauréat (le bac, le bachot) est l'examen que l'on passe en dernière année de lycée. Si l'on est reçu, on obtient le diplôme du baccalauréat.

Exercices

A **Un lycée.** Complétez.

1. Le directeur d'un lycée s'appelle le ___ si c'est un homme ou la ___ si c'est une femme.
2. La personne qui l'aide est le ___.
3. Les ___ sont les élèves d'un lycée.
4. Le conseiller ou la conseillère d'___ aide les élèves à choisir leurs cours.
5. Le prof de chimie ___ la chimie.
6. Le prof efface le tableau avec une ___.
7. Le/La documentaliste travaille au ___.
8. À la récréation, les élèves vont dans la ___.
9. On utilise souvent une ___ dans la classe de géographie.
10. On déjeune à la ___.
11. Le dessin est facultatif, mais les maths sont ___.
12. En été il y a les ___. Il n'y a pas de cours.
13. La ___ a lieu au mois de septembre.

B **Lycée ou *high school*?** Choisissez le mot ou l'expression qui correspond.

1. *vice-principal*
2. *homeroom teacher*
3. *dean of discipline*
4. *guidance counselor*
5. *study hall*
6. *resource center, media center*

a. le conseiller (la conseillère) d'éducation
b. le conseiller (la conseillère) d'orientation
c. le censeur
d. le Centre de Documentation et d'Information
e. la salle de permanence
f. le professeur principal

C **Mon école.** Donnez des réponses personnelles.

1. Quel est le nom de ton école?
2. Il y a à peu près combien d'élèves dans ton école?
3. Tu es en quelle classe?
4. Qui est le proviseur ou la directrice de ton école?
5. Il y a aussi un censeur? Comment s'appelle-t-il/elle?
6. Qui est ton conseiller ou ta conseillère d'orientation?
7. Qui est ton conseiller ou ta conseillère d'éducation?
8. Est-ce que tu vas à la salle de permanence? Est-ce qu'il y a toujours un(e) surveillant(e) quand tu y es?
9. L'année scolaire est divisée en semestres ou en trimestres?
10. Cette année, quels cours sont obligatoires? Et quels cours sont facultatifs?
11. En quelle année est-ce que tu vas obtenir ton diplôme?

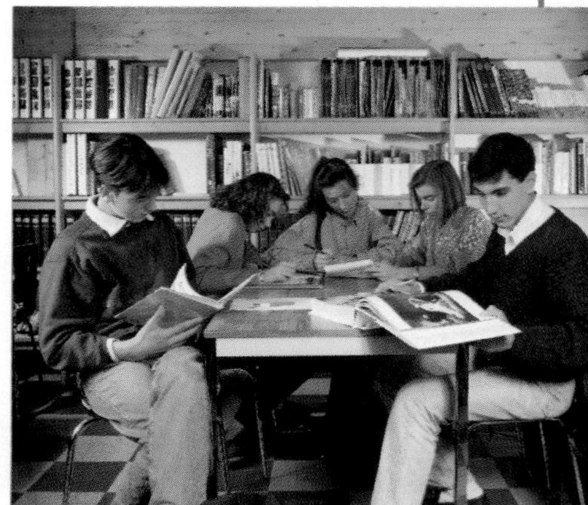

D **Où à l'école?** Complétez.

1. On déjeune à ___.
2. On consulte des encyclopédies, des diapos, etc. au ___.
3. On fait de la gymnastique dans ___.
4. On joue au basket sur ___.
5. On parle au conseiller d'orientation au ___.
6. On fait ses devoirs dans ___.
7. On joue au hand-ball sur ___.
8. On court sur ___.

Activités de communication orale

Mots 1 et 2

A Qu'est-ce que c'est? Décrivez à un(e) camarade un objet qu'on trouve dans la salle de classe. Votre camarade vous dira ce que c'est.

Élève 1: On l'utilise pour effacer le tableau.
Élève 2: C'est une brosse.

Jean-Luc Giraudon

B C'est comment, ton école? Vous parlez à Jean-Luc Giraudon, un jeune Français qui va passer l'année dans votre école. Il vous pose des questions sur votre vie scolaire. Répondez-lui.

1. Quels sont les cours obligatoires?
2. Quels sont les cours facultatifs?
3. Tu avais combien de cours l'année dernière?
4. Quel était ton prof favori l'année dernière?

C Les habitudes de travail. Travaillez en petits groupes. Choisissez un chef et un(e) secrétaire. Le chef demandera les renseignements suivants aux membres du groupe. Le/La secrétaire prendra des notes et présentera les résultats à la classe.

1. Tu écris tes devoirs à la main ou tu les tapes?
2. Où fais-tu tes devoirs? Au CDI, à la salle de permanence ou à la maison?
3. Tu utilises un dictionnaire ou une encyclopédie quand tu fais tes devoirs?
4. Tu écoutes de la musique quand tu fais tes devoirs?
5. Tu fais tes devoirs seul(e) ou avec un(e) ami(e)?

D Dans ton sac à dos. Travaillez avec un(e) camarade. Vous allez deviner ce que votre camarade a dans son sac à dos. Suggérez une chose et votre camarade vous dira si c'est exact. Changez ensuite de rôles.

Élève 1: Tu as trois livres scolaires dans ton sac à dos.
Élève 2: Non, j'en ai quatre. Et toi, tu as deux stylos et un feutre dans ton sac à dos.

E C'est super! Travaillez en petits groupes. Dites ce que vous aimez bien à votre lycée et ce que vous aimez moins. Chaque personne mentionnera au moins deux choses.

Élève 1: Je trouve que nous avons un bon terrain de basket. Et les profs sont fantastiques!
Élève 2: Moi, je n'aime pas la cantine, mais le CDI est excellent.

STRUCTURE

D'autres verbes au présent du subjonctif

More Verbs Expressing Actions That May or May not Take Place

1. Some verbs have two stems in the present subjunctive. All forms except *nous* and *vous* have one stem. The *nous* and *vous* forms have another.

INFINITIF	SUBJONCTIF	
prendre	que je *prenne*	que nous *prenions*
apprendre	que j' *apprenne*	que nous *apprenions*
comprendre	que je *comprenne*	que nous *comprenions*
venir	que je *vienne*	que nous *venions*
recevoir	que je *reçoive*	que nous *recevions*
devoir	que je *doive*	que nous *devions*

2. Verbs that have a spelling change in the present indicative keep the same spelling change in the present subjunctive.

INFINITIF	SUBJONCTIF	
voir	que je *voie*	que nous *voyions*
croire	que je *croie*	que nous *croyions*
appeler	que j' *appelle*	que nous *appelions*
acheter	que j' *achète*	que nous *achetions*
répéter	que je *répète*	que nous *répétions*

Exercices

A **Alice suit un cours de français.** Faites des phrases avec l'expression indiquée.

1. Elle voit le conseiller d'orientation. (il faut que)
2. Elle appelle le conseiller d'éducation. (il est nécessaire que)
3. Elle vient avec nous au cours de français. (il est temps que)
4. Elle apprend le français. (il est bon que)
5. Elle achète un dictionnaire français. (il vaut mieux que)
6. Elle comprend tout. (il est impossible que)
7. Elle reçoit de bonnes notes. (il est juste que)

B Vous aussi. Récrivez les phrases de l'Exercice A en remplaçant «elle» par «vous». Suivez le modèle.

> **Vous comprenez le professeur de français. (il est possible que)**
> ***Il est possible que vous compreniez le professeur de français.***

Le subjonctif avec des expressions de volonté

Expressing Wishes, Preferences and Demands Concerning Others

1. You use the subjunctive with the following verbs which express a wish, a preference, or a demand.

vouloir que	***to want***
souhaiter que	***to wish***
aimer (mieux) que	***to like (better)***
préférer que	***to prefer***
désirer que	***to desire***
exiger que	***to demand, require***
insister pour que	***to insist***

2. These verbs require the subjunctive because they describe wishes or desires concerning people's actions. Regardless of whether one wishes, prefers, demands, or insists that another person do something, one can never be sure that he or she will actually do it. The action may or may not take place. For this reason the subjunctive is used.

> **Les parents de Philippe *veulent qu'il fasse* de la gymnastique.**
> **Ils *exigent qu'il aille* au gymnase tous les jours.**

Exercices

A Je veux que tu... Commencez par «je veux».

1. Tu viens avec moi au lycée.
2. Tu es à l'heure.
3. Tu parles au prof principal.
4. Tu écris une rédaction.
5. Tu vas au Centre de Documentation et d'Information.
6. Tu fais des recherches sur la Révolution de 1789.
7. Tu lis des magazines et des journaux.
8. Tu reçois une bonne note.

B Notre prof de français. Dites ce que votre prof de français exige que vous fassiez, vos camarades et vous.

> **étudier la leçon**
> ***Notre prof de français exige que nous étudiions la leçon.***

1. parler à haute voix
2. lire un journal français
3. écrire de petits paragraphes
4. apprendre les mots nouveaux

C **Je téléphone pour toi.** Répondez par «oui».

1. Tu préfères que je l'appelle?
2. Tu veux que je lui dise de venir?
3. Tu aimerais qu'il aille au café?
4. Tu veux qu'il soit là à six heures?
5. Tu voudrais que Michel vienne avec lui?

D **Il aimerait que nous fassions quelque chose.** Commencez par «il aimerait que».

1. Nous finissons notre travail à l'heure.
2. Nous sortons ce soir.
3. Nous dînons dans son restaurant favori.
4. Nous allons ensuite au cinéma.
5. Nous voyons un film en version originale.
6. Nous prenons un café après le film.

L'infinitif ou le subjonctif

Expressing Wishes, Preferences and Demands Concerning Oneself and Others

You use the subjunctive when the subject of the dependent clause and the subject of the main clause are not the same. You use the infinitive when there is only one subject. Compare the following.

DIFFERENT SUBJECTS	SAME SUBJECT
***Tu* veux que *je* sois reçu à l'examen.**	***Tu* veux être reçue à l'examen.**
***Il* aimerait que *nous* fassions du sport.**	***Il* aimerait faire du sport.**

Exercices

A **La même personne ou quelqu'un d'autre?** Répondez.

1. Maman veut dormir un peu?
2. Elle veut que tu dormes?
3. Ton frère préfère sortir?
4. Ton frère veut que tu sortes?
5. Thomas veut faire ses devoirs?
6. Il veut que tu lui fasses ses devoirs?
7. Florence voudrait acheter un dictionnaire ou elle voudrait que tu l'achètes?
8. Tu veux venir avec nous ou tu veux que Suzanne vienne?

B **Qu'est-ce qu'ils veulent?** Répondez d'après le modèle.

Ils veulent que tu y ailles.
Oui, je sais. Et je veux y aller.

1. Ils veulent que tu fasses le voyage.
2. Ils veulent que tu viennes avec eux.
3. Ils veulent que tu conduises.
4. Ils veulent que tu prennes ta voiture.
5. Ils veulent que tu achètes une carte.
6. Ils veulent que tu partes immédiatement.

C **Votre préférence.** Dites ce que vous préférez.

1. aller à la salle de permanence ou au Centre de Documentation et d'Information
2. parler au conseiller d'éducation ou au conseiller d'orientation
3. lire des journaux ou des magazines
4. mettre vos livres dans un sac à dos ou dans un cartable
5. écrire avec un feutre ou un stylo-bille

D **Que veux-tu que tes amis fassent?** Commencez par «je veux qu'ils».

1. sortir
2. prendre le métro
3. venir me voir
4. aller au café avec moi
5. voir le nouveau film de Whoopi Goldberg
6. le voir en version originale

Les verbes *rire* et *sourire* — *Talking about People Laughing and Smiling*

1. Study the following forms of the present indicative of the verbs *rire*, "to laugh," and *sourire*, "to smile."

RIRE	SOURIRE
je ris	**je souris**
tu ris	**tu souris**
il/elle/on rit	**il/elle/on sourit**
nous rions	**nous sourions**
vous riez	**vous souriez**
ils/elles rient	**ils/elles sourient**

2. Note the past participles of these verbs:

Quand il a vu ses notes, il a *ri*.
La prof a *souri* parce que tout le monde a eu «A» à l'examen.

Exercice

A **Ha, ha!** Répondez.

1. Tu ris quand tu es avec tes copains?
2. Vous riez en classe?
3. Les professeurs sont contents quand les élèves rient trop?
4. Le professeur de français sourit?
5. Tu souris quand tu es content(e)?

CONVERSATION

Scènes de la vie *Sympa, mais stricte*

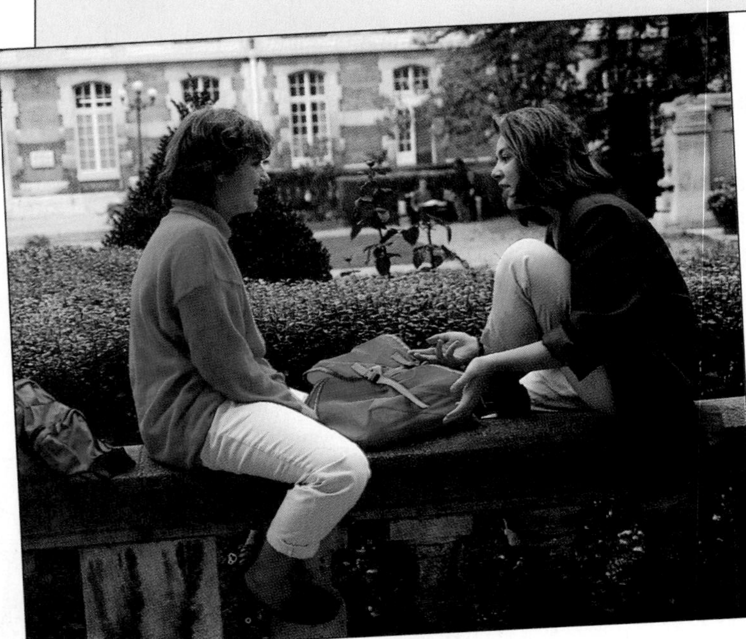

JEANNE: Tu as combien de cours cette année?
SYLVIE: J'en ai cinq. C'est dur, tu sais!
JEANNE: Ils sont tous obligatoires?
SYLVIE: Non, j'en ai deux qui sont facultatifs.
JEANNE: Qui est ton prof principal?
SYLVIE: Madame Lafarge.
JEANNE: Ah, oui. Je la connais. Elle est sympa, non?
SYLVIE: Oui, on rit bien avec elle, mais elle a une manie...
JEANNE: Elle exige que vous soyez toujours à l'heure. C'est ça?
SYLVIE: C'est ça! Une minute de retard, et elle nous envoie chez le censeur!
JEANNE: Ah, oui! Je me souviens...
SYLVIE: Zut! Ça sonne! Il faut que j'y aille, sinon...

A Sylvie et son professeur. Corrigez les phrases.

1. Sylvie a quatre cours cette année.
2. Tous ses cours sont obligatoires.
3. Monsieur Laforgue est son professeur principal.
4. Madame Lafarge n'est pas du tout sympa.
5. Elle permet toujours aux élèves d'arriver en classe en retard.
6. Quand ses élèves sont en retard, elle les envoie chez le proviseur.
7. Sylvie se dépêche parce qu'elle doit aller chez le censeur.

	Lundi	Mardi	Mercredi	Jeudi	
8h - 8h30					
8h30 - 9h30					
9h30 - 10h30	anglais	anglais	sport		
10h30 - 11h30	espagnol				
11h30 - 12h30		français	français	histoire et géographie	
12h30 - 13h					ma
13h30 - 14h	français	histoire et géographie	maths		
14h - 15h					
15h - 16h		espagnol	histoire et géographie	espagnol	
16h - 17h	biologie			maths	franç
17h - 18h					angla

Activités de communication orale

A **Ce que veulent mes parents.** Travaillez avec un(e) camarade. Dites-lui au moins trois choses que vos parents veulent toujours que vous fassiez. Demandez-lui si ses parents veulent qu'il/elle fasse les mêmes choses.

> **Élève 1:** Mes parents veulent toujours que j'aie de bonnes notes. Et toi? Est-ce que tes parents veulent toujours que tu aies de bonnes notes?
> **Élève 2:** Bien sûr! Ils veulent que je sois le premier (la première) de la classe!

B **Le lycée idéal.** Qu'est-ce que vous voudriez changer dans votre lycée? Travaillez en petits groupes. Chaque membre du groupe va proposer un changement. Comparez vos résultats et ceux des autres groupes.

> **Élève 1:** Je voudrais qu'il y ait plus de cours facultatifs.
> **Élève 2:** Je voudrais que les profs donnent moins de devoirs.

C **Tes préférences.** Un(e) camarade vous dira ce qu'il/elle voudrait que vous fassiez avec lui/elle ce week-end. Dites-lui ce que vous préférez faire. Vous pouvez employer la liste suivante. Changez ensuite de rôles.

acheter de nouvelles cassettes
écouter de la musique
étudier
faire tes devoirs
prendre le petit déjeuner au restaurant
venir chez moi
voir un film

> **Élève 1:** Je voudrais bien que tu ailles au cinéma avec moi.
> **Élève 2:** Mais moi j'ai envie d'aller à la fête de Sandra.

SAINTE-MARIE-DE-NEUILLY
Enseignement Privé
Contrat d'association
24, BD VICTOR-HUGO
92200 NEUILLY

NOM RAAB
PRÉNOM Fabienne
CLASSE TA1 NÉ(E) LE

3me TRIMESTRE 19 19

DISCIPLINES	TYPES	NOTES		APPRÉCIATIONS DES PROFESSEURS
Philosophie	E O	14 15	14/5 15/8	Excellent trimestre. Fabienne a acquis une maîtrise de sa pensée qui est précieuse dans la complexité des problèmes. [illegible]
Histoire Géographie		15	17/7	Très bon trimestre, des connaissances solides et une réflexion approfondie
Anglais	O	14,5	7/15	Bien.
Russe	O	13	8,5/16	Le travail de Fabienne s'est nettement amélioré à l'oral comme à l'écrit. Sa participation au cours est beaucoup plus active.
Mathématiques	E	11	9,5/16,5	Ensemble correct, mais les devoirs ont été réussis de façon très inégale. Fabienne ne se donne plus au maximum [illegible] en mathématiques. FD
Français				Très bon trimestre. Fabienne réfléchit et s'exprime.
Latin		11,5	14 12	Méthode plus rigoureuse et bon travail.

LECTURE ET CULTURE

COLLÈGE ET LYCÉE

*E*n France, l'enseignement secondaire est divisé en deux cycles. Le premier cycle, de quatre ans (sixième, cinquième, quatrième, troisième), est enseigné dans un collège. Le deuxième cycle, de trois ans (seconde, première, terminale), est enseigné dans un lycée. C'est-à-dire que de 11 ans à 15 ans, les élèves français font leurs études dans un collège, et que de 15 ans à 18 ans, ils étudient dans un lycée.

En France, comme aux États-Unis, il y a pas mal de magazines destinés aux jeunes comme vous. En général, ces magazines consacrent[1] leur numéro[2] de la fin août à la rentrée des classes. Voyons ce que dit l'un de ces magazines de la rentrée dans un lycée.

Avant de partir pour l'école, il faut prendre le temps de manger un vrai petit déjeuner—des tartines beurrées, des céréales, un yaourt. Le jour de la rentrée, vous ferez connaissance avec votre professeur principal qui vous emmènera[3] dans votre première salle de classe. Ce prof vous donnera votre emploi du temps. Vous aurez au moins six ou sept autres profs, chacun avec sa propre personnalité et sa propre spécialité. Tous voudront que vous ayez de bonnes notes et que vous soyez reçus aux examens.

Le proviseur est le capitaine du lycée. Dans un très grand lycée, le proviseur n'a pas beaucoup de contacts avec les élèves. Le censeur a souvent plus de contacts. Si vous arrivez en retard à l'école ou si vous avez un problème avec un prof, il faudra que vous alliez au bureau de vie scolaire, voir le conseiller d'éducation. C'est lui (ou elle) qui s'occupe de l'ordre et de la discipline. Si vous voulez des renseignements sur les cours que vous devez suivre, etc., vous pouvez aller parler au conseiller d'orientation.

[1] consacrent *devote*
[2] numéro *issue*
[3] emmènera *will take*

Au lycée, rien de changé: comme au collège, vous allez toujours en perm, c'est-à-dire à la salle de permanence, quand vous avez une heure de libre entre deux classes, ou quand un prof est absent. En perm, il y a toujours des surveillants (les pions), qui vous surveillent bien sûr. Comme au collège, les surveillants exigent que vous fassiez vos devoirs et que vous appreniez vos leçons en silence. Si vous ne voulez pas être envoyé(e) chez le conseiller d'éducation, ne riez pas en perm!

Quand vous voulez savoir si un de vos profs est absent, il y a toujours le panneau d'affichage à l'entrée du lycée qui indique les absences des profs, les dates des vacances, les rendez-vous des clubs, etc.

Si vous avez un exposé à préparer, vous pouvez toujours aller au Centre de Documentation et d'Information pour y faire des recherches. S'il y a une encyclopédie ou une diapo que vous n'arrivez pas à trouver, la documentaliste vous aidera. Il faudra que vous suiviez ses conseils[4].

Le déjeuner! Vous le prendrez à la cantine du lycée. Il sera sans doute libre-service[5]: vous choisirez ce que vous voulez manger et vous le mettrez sur un plateau.

Après les cours, vous vous amuserez un peu avec vos copains dans la cour du lycée ou sur le terrain de sport. Mais n'oubliez pas que vous aurez beaucoup de devoirs à faire pour le lendemain!

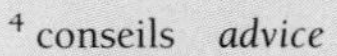

[4] conseils *advice*
[5] libre-service *self-service*

Étude de mots

A Quelle est la définition? Choisissez.

1. terminer
2. les lycéens
3. les pions
4. les devoirs
5. la rentrée
6. le proviseur

a. finir, le contraire de «commencer»
b. le travail qu'il faut faire pour l'école
c. le directeur d'un lycée
d. le début (le commencement) des cours
e. les élèves d'un lycée
f. les surveillants

Compréhension

B Vous avez compris? Répondez d'après la lecture.

1. Qu'est-ce qu'un lycée en France?
2. Les élèves passent combien d'années au lycée?
3. Le premier jour de classe, qui donne aux élèves leur emploi du temps?
4. Les lycéens ont à peu près combien de profs?
5. Où vont-ils si un de leurs profs est absent?
6. Qui surveille les élèves en salle de permanence?
7. Qu'est-ce qu'ils exigent des élèves?
8. Qu'est-ce qui se passe si un élève rit en perm?

C Dans quel endroit? Indiquez où d'après la lecture.

1. On trouve des magazines, des journaux, des diapos, etc.
2. On suit un cours.
3. On a une heure de libre et des devoirs à faire.
4. On déjeune.
5. On s'amuse avec les copains.
6. On trouve le panneau d'affichage.

Un terrain de sport au Lycée Pasteur à Neuilly

DÉCOUVERTE CULTURELLE

Le système scolaire en France est assez compliqué et il change fréquemment. Mais voici une description générale:

ÉCOLE	ÂGE DE L'ÉLÈVE	DURÉE
École maternelle	**de 2 à 6 ans**	**quatre ans**
École primaire	**de 6 à 11 ans**	**cinq ans**
Collège (Secondaire-Premier cycle)	**de 11 à 15 ans**	**quatre ans**
Collège d'enseignement technique (Secondaire-Deuxième cycle-cycle court)	**de 15 à 17 ans**	**deux ans**
Lycée (Secondaire-Deuxième cycle-cycle long)	**de 15 à 18 ans**	**trois ans**

La plupart des élèves en France sont externes. C'est-à-dire qu'ils ne viennent à l'école que pour les cours. Ils habitent chez eux mais déjeunent souvent à la cantine de l'école.

La plupart des écoles sont mixtes, c'est-à-dire que les filles et les garçons étudient ensemble. Et la majorité (à peu près 80%) sont publiques, et non pas privées. L'enseignement public s'appelle aussi l'enseignement laïque, c'est-à-dire non-religieux.

Les écoliers passent à peu près 30 heures par semaine à l'école pendant une période de 32 semaines. Le mercredi est leur jour de congé. Généralement, il n'y a pas cours le samedi après-midi.

Dès la sixième—la première année de collège—tous les élèves étudient une langue étrangère. En quatrième, ils peuvent commencer à étudier le latin. Et en quatrième aussi, ils peuvent commencer à étudier une deuxième langue étrangère! À votre avis, est-ce que les langues ont de l'importance pour les Français?

RÉALITÉS

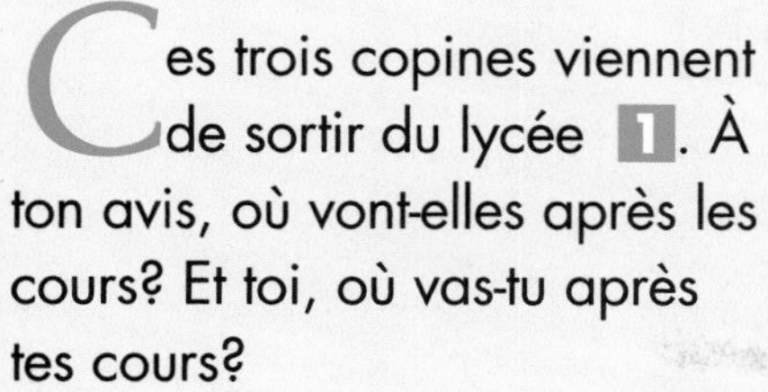

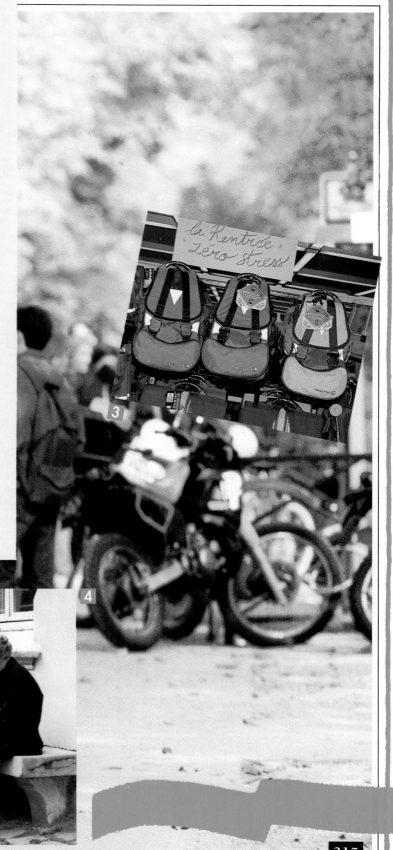

Ces trois copines viennent de sortir du lycée 1. À ton avis, où vont-elles après les cours? Et toi, où vas-tu après tes cours?

En France, de nombreux lycéens se servent d'une mobylette pour aller au lycée 2. Ces garçons quittent le Lycée Beaulieu tous les jours à 4 heures et demie. Et toi, comment vas-tu à l'école? À quelle heure finissent tes cours?

C'est bientôt la rentrée des classes 3. Dans ce magasin on vend des sacs à dos pour la rentrée. Qu'est-ce que tu mets dans ton sac à dos?

Dans la cour du lycée, des élèves discutent de leurs devoirs 4. À ton avis, c'est pendant la récréation ou le matin avant les cours?

CULMINATION

Activités de communication orale

A **Non, non!** Travaillez avec un(e) camarade. Votre camarade va jouer le rôle d'un parent exigeant. Il/Elle va exiger ou insister pour que vous fassiez quelque chose. Et vous, vous allez protester. Changez ensuite de rôles.

> **Élève 1: Je veux que tu rentres avant minuit.**
> **Élève 2: Ah, non! C'est le week-end. Je peux rentrer plus tard.**

B **Chez le conseiller d'éducation.** Vous avez fait quelque chose en classe que votre prof n'a pas aimé. Il faut que vous alliez voir le conseiller (la conseillère) d'éducation (votre camarade). Il/Elle vous demandera ce que vous avez fait. Répondez-lui et il/elle utilisera les verbes suivants pour vous dire ce qu'il faut faire. Changez ensuite de rôles.

insister pour que	**préférer que**
exiger que	**souhaiter que**
vouloir que	**aimer mieux que**

> **Élève 1: Qu'est-ce que tu as fait?**
> **Élève 2: Je rigolais avec un copain pendant que le prof enseignait.**
> **Élève 1: Alors j'exige que tu écoutes ton professeur et que tu ne rigoles plus en classe.**

Activités de communication écrite

A **Mon école.** Votre ami(e) français(e) vous a demandé de lui décrire votre école. Il/Elle veut savoir si votre école est petite ou grande, publique ou privée, combien d'élèves il y a, etc. Écrivez-lui et donnez-lui une description de votre école.

B **Mon cours favori.** Écrivez un paragraphe dans lequel vous décrivez votre cours favori. Expliquez pourquoi c'est votre cours favori.

Réintroduction et recombinaison

A Les cours. Faites une liste des cours que vous suivez ce semestre. Ensuite écrivez au moins deux phrases pour décrire ce que vous faites dans chaque cours.

B À l'école, demain. Complétez au futur.

1. Je ___ de bonne heure demain. (se lever)
2. Je ___ un vrai petit déjeuner. (prendre)
3. Je ___ des fruits et des céréales. (manger)
4. Je ___ pour l'école. (partir)
5. Je ___ le métro. (prendre)
6. Je ___ à l'école à huit heures. (être)
7. Je ___ «bonjour» à mon prof principal. (dire)
8. De neuf heures et demie à dix heures et demie, j'___ en perm car j'___ une heure de libre. (aller, avoir)
9. Je ___ mes devoirs dans la salle de permanence. (faire)
10. Je ___ à la cantine et je ___ tout ce que je ___ manger sur un plateau. (déjeuner, mettre, vouloir)

C À l'école, hier. Refaites l'Exercice B. Changez le mot «demain» de la première phrase en «hier», et faites tous les changements nécessaires.

Vocabulaire

NOMS

le matériel scolaire
le cartable
le sac à dos
le feutre
le stylo(-bille)
la gomme
la brosse
le livre scolaire
le dictionnaire
l'encyclopédie (f.)
la carte
le magazine
le journal
la diapo(sitive)
le projecteur
l'écran (m.)
l'ordinateur (m.)
la machine à traitement de texte
la machine à écrire
la calculatrice

le lycée
la cour du lycée
le panneau d'affichage
la sonnerie
le bureau de vie scolaire
la salle de permanence
le Centre de Documentation et d'Information (CDI)
le gymnase
le terrain de basket
le terrain de hand
la piste de course
la cantine

le lycéen
la lycéenne
le professeur principal
le (la) surveillant(e)
le conseiller (la conseillère) d'éducation
le conseiller (la conseillère) d'orientation
le (la) documentaliste
le proviseur
la directrice
le censeur

la rentrée des classes
l'emploi (m.) du temps
la rédaction
l'exposé (m.)
la note
le baccalauréat (bac, bachot)
le diplôme

ADJECTIFS

facultatif, facultative
obligatoire
principal(e)
scolaire
préparé(e)

VERBES

enseigner
exiger
insister
souhaiter
obtenir
effacer
rire
sourire

AUTRES MOTS ET EXPRESSIONS

apprendre ses leçons
faire ses devoirs
faire une rédaction
faire un exposé
taper à la machine
recevoir de bonnes notes
être reçu(e) à un examen
échouer à un examen

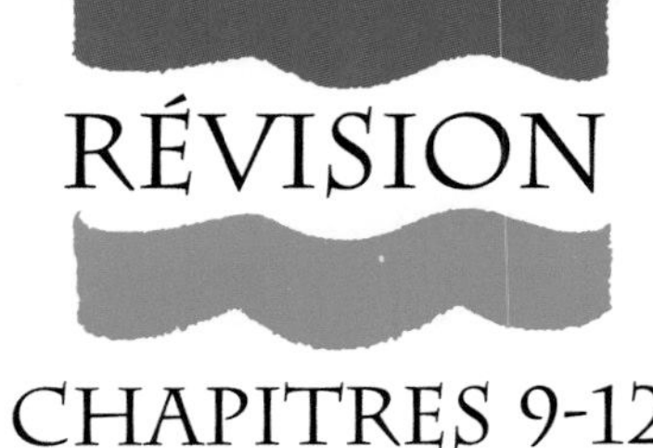

RÉVISION

CHAPITRES 9-12

Conversation *Le mariage de Christine*

LOUISE: Tu vas au mariage de Christine?
ÉMILIE: Oui, bien sûr. Il faut que je lui achète quelque chose. Qu'est-ce que tu lui donnes, toi?
LOUISE: Je ne sais pas, je n'ai pas encore décidé. Mais de toute façon Christine sait bien qu'on est tous fauchés. Je suis sûre qu'elle ne veut pas qu'on dépense trop pour elle. Ce qui compte, c'est qu'on soit là.
ÉMILIE: On pourrait peut-être se cotiser et lui acheter quelque chose tous ensemble.
LOUISE: Ce n'est pas une mauvaise idée. Mais il vaut mieux d'abord qu'on décide ce qu'on va lui acheter.
ÉMILIE: Je ne sais pas, moi. Des verres? Des assiettes?
LOUISE: Je crois que sa mère va lui en donner.
ÉMILIE: Des vidéocassettes?
LOUISE: Il vaut mieux qu'on attende qu'elle ait un magnétoscope!
ÉMILIE: Ouais...évidemment! Ça y est, j'ai une idée! Si tu voulais vraiment rester en contact avec les copains, qu'est-ce que tu ferais?
LOUISE: Ben, je ne sais pas, moi,...je leur téléphonerais souvent.
ÉMILIE: Voilà, c'est ça. On va lui acheter un répondeur automatique!

A **Cadeau de mariage.** Répondez d'après la conversation.

1. Qu'est-ce qu'il faut qu'Émilie achète?
2. Est-ce que Christine croit que ses amis vont lui acheter un cadeau cher? Pourquoi?
3. Pourquoi ne vont-ils pas acheter de verres ou d'assiettes?
4. Pourquoi ne vont-ils pas lui acheter de vidéocassettes?
5. Comment reste-t-on en contact avec ses amis?
6. Quel cadeau suggère Émilie?

Structure

Deux pronoms dans la même phrase

You have seen that two object pronouns can be used in the same sentence. *En* and *y* can be used along with the other object pronouns. Note the order.

me te se nous vous	*before*	le la les	*before*	lui leur	*before*	y	*before*	en	*before*	verbe

Il y a du lait?	Oui, je *t'en* donne.
Tu connais la rue Dufour?	Oui, je vais *t'y* conduire.
Il y a des pommes?	Oui, il y *en* a.

A C'est l'anniversaire de Marie. Remplacez les mots en italique par des pronoms.

1. Marc va apporter *des cadeaux à Marie.*
2. Catherine va nous faire *des sandwichs.*
3. Serge te prête *des cassettes.*
4. Corinne nous fait *des décorations.*
5. Je vais donner *des fleurs aux parents de Marie.*

Le subjonctif

1. The present subjunctive is formed by adding the subjunctive endings to the stem of the *ils* form of the present indicative. Most verbs, regular and irregular, form the subjunctive this way.

PRESENT INDICATIVE	PRESENT SUBJUNCTIVE		
ils *choisiss* -ent ils *mett* -ent	il faut que je il faut que tu il faut qu'il/elle il faut que nous il faut que vous il faut qu'ils/elles	*choisiss* *mett*	-e -es -e -ions -iez -ent

2. Some very common verbs have irregular subjunctives.

aller: il faut que j'aille, que nous allions, qu'ils aillent
avoir: il faut que j'aie, que nous ayons, qu'ils aient
faire: il faut que je fasse, que nous fassions, qu'ils fassent
être: il faut que je sois, que nous soyons, qu'ils soient

3. The subjunctive is used in subordinate clauses introduced by *que* after the following impersonal expressions.

il faut que	**il est bon que**
il vaut mieux que	**il est temps que**
il est préférable que	**il est possible que**
il est important que	**il est impossible que**
il est nécessaire que	**il est juste que**

Il est possible qu'il ne vienne pas seul.
Il est préférable que vous soyez à l'heure.

4. The subjunctive is also used after verbs expressing a wish, a preference, or a demand.

vouloir que	**préférer que**
souhaiter que	**désirer que**
aimer que	**exiger que**
aimer mieux que	**insister pour que**

Ses parents insistent pour qu'il vienne à Noël.
J'aimerais que vous soyez là.

B **Quelques conseils.** Utilisez les expressions entre parenthèses.

1. Fais ta lessive plus souvent. (Il faut que)
2. Va voir tes parents pour Noël. (Il vaut mieux que)
3. Rends-lui l'argent que tu lui dois. (Il est juste que)
4. Il prendra le métro. (Il est possible que)
5. Elle est déjà sortie. (Il est impossible que)
6. Ils prendront un taxi. (Il est préférable que)
7. J'arrête de fumer. (Il est temps que)
8. Je viens avec vous. (Il est important que)

Une jolie station de métro à Montréal, au Canada

C **Prenons des décisions.** Faites des phrases d'après le modèle.

Partons tout de suite. Je préfère ça.
Je préfère que nous partions tout de suite.

1. Partez tout de suite. Je préfère ça.
2. N'arrivez pas en retard. Je l'exige.
3. Viens avec ta mère. Je le souhaite.
4. Passez une semaine avec nous. J'insiste.
5. Ne dépensons pas trop d'argent. Je le veux.
6. Allons au cinéma. J'aimerais ça.
7. Reste avec moi. Je préférerais ça.

Les propositions avec *si*

Si clauses express possibilities or impossibilities. The following sequence of tenses is used.

POSSIBILITÉ	*SI* + PRÉSENT **Si elle a le temps,**	FUTUR **elle ira au cinéma.**
IMPOSSIBILITÉ	*SI* + IMPARFAIT **Si elle avait le temps,**	CONDITIONNEL **elle irait au cinéma.**

D **Le possible et l'impossible.** Complétez avec les verbes entre parenthèses.

1. S'il fait beau, j'___ faire du ski à Noël. (aller)
2. J'inviterai mes amis, si j'___ de l'argent. (avoir)
3. Si mes amis ne partent pas, ils ___ les fêtes chez eux. (passer)
4. Tout le monde ___ content si le réveillon est réussi. (être)
5. S'il n'y ___ pas Noël ou le jour de l'An, il n'y aurait pas de réveillon! (avoir)
6. Si on ___, on ferait un réveillon tous les soirs. (pouvoir)

Noël à Paris: «La Forêt enchantée»

Activités de communication orale

A **Des conseils.** Un(e) de vos ami(e)s (votre camarade) est malheureux/malheureuse (pas heureux/pas heureuse). Il/Elle vous dit ce qu'il/elle a, et vous lui donnez des conseils pour lui faire oublier ses ennuis (*troubles*).

Élève 1: Personne ne m'aime.
Élève 2: Écoute, si tu étais plus gentil(le) avec les autres, ils t'aimeraient mieux.

B **Un voyage imaginaire.** Racontez à vos camarades le voyage que vous feriez si vous aviez beaucoup d'argent. Dites où vous iriez, avec qui, par quel moyen de transport, etc.

ÉDUCATION: CHARLEMAGNE, NAPOLÉON, JULES FERRY

Avant la lecture

Pretend you have to explain the American system of education to a foreigner. Prepare an outline.

Lecture

Pendant très longtemps, le système éducatif français a été religieux et privé et, la plupart du temps réservé à une élite.

Les principes de l'enseignement[1] public ont été déterminés par la Révolution de 1789, mais il faudra attendre cent ans avant qu'ils ne soient établis dans la réalité. Ces principes sont les suivants:

- l'enseignement est public, c'est-à-dire commun à tous, et non réservé à une élite comme avant la Révolution;
- l'enseignement est divisé en trois degrés: primaire, secondaire et supérieur.

Dans l'esprit[2] des Français, trois hommes ont été responsables de la création de l'enseignement en France: Charlemagne, Napoléon et Jules Ferry.

CHARLEMAGNE (742-814)

Charlemagne a commencé par être Charles Ier, roi[3] des Francs, en 768. Un peu plus de vingt ans après, il est devenu Charlemagne, empereur d'un immense empire qui comprenait ce qui est maintenant la France et une grande partie de l'Allemagne et de l'Italie. C'est pourquoi il fait partie de l'histoire de ces trois pays modernes.

En France, on dit souvent que c'est lui qui a «inventé» l'école. Ce n'est pas tout à fait vrai. Il existait déjà des écoles dans les monastères, en général pour les enfants des nobles qui voulaient devenir moines[4]. Mais on peut dire que Charlemagne a encouragé le développement de l'éducation par l'exemple qu'il a donné.

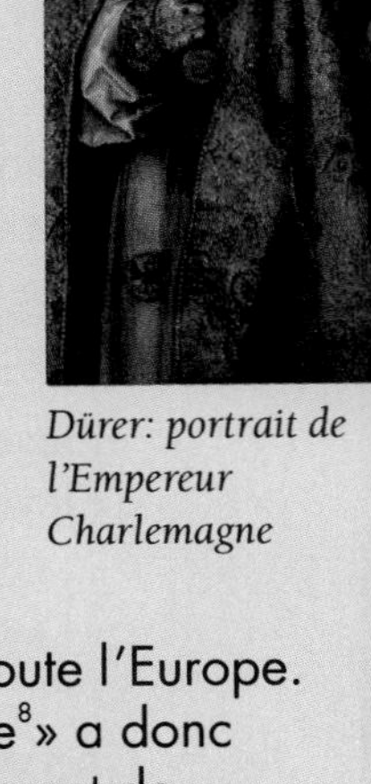
Dürer: portrait de l'Empereur Charlemagne

Comme la plupart des nobles de son époque, qui passaient leur temps à faire la guerre[5], Charlemagne n'était pas très instruit[6]. Mais il s'intéressait à la culture. Une fois empereur, il a commencé à faire des études: latin, mathématiques, astronomie... Et il s'est entouré[7] d'hommes de lettres et d'artistes qui venaient de toute l'Europe. L'empereur «à la barbe fleurie[8]» a donc ainsi contribué au développement de l'éducation en France.

[1] l'enseignement *education*
[2] l'esprit *mind*
[3] roi *king*
[4] moines *monks*
[5] la guerre *war*
[6] instruit *educated*
[7] s'est entouré *surrounded himself with*
[8] à la barbe fleurie *with a flowing white beard*

Napoléon Ier à La Malmaison, par François Gérard

NAPOLÉON Ier (1769-1821)
C'est à Napoléon que l'on doit la création des lycées, mais pour les garçons seulement. C'est aussi lui qui organise les structures de l'enseignement supérieur. L'enseignement devient très centralisé et entièrement dirigé par l'État. Mais il est encore réservé à une élite.

JULES FERRY (1832-1893)
Il faut attendre 1879 et Jules Ferry pour vraiment avoir l'enseignement public que la Révolution de 1789 avait promis à tous les Français.

Jules Ferry était avocat[1] et homme d'État. C'est lui qui, comme ministre de l'Éducation, a fait adopter les réformes qui sont à la base de l'enseignement public en France:

Jules Ferry

- l'enseignement est laïque (la plupart des écoles depuis le Moyen-Âge étaient des écoles religieuses);
- l'enseignement est gratuit[2] (puisque personne n'est obligé de payer, l'enseignement devient accessible à tous, riches ou pauvres);
- l'enseignement primaire est obligatoire;
- l'enseignement secondaire, jusque là réservé aux garçons, est étendu aux filles.

[1] avocat *lawyer* [2] gratuit *free*

Après la lecture

A L'école en France. Vrai ou faux?

1. C'est Charlemagne qui a «inventé» l'école.
2. Charlemagne était très instruit.
3. Il était déjà empereur quand il a appris le latin.
4. Napoléon a développé l'enseignement pour les filles.
5. Il a établi un enseignement très centralisé.
6. Jules Ferry est vraiment le père de l'école en France.
7. Avant Jules Ferry, la plupart des écoles étaient des écoles publiques.
8. Jules Ferry a établi la gratuité de l'enseignement.

B Qui a fait quoi? Quelles ont été leurs contributions en matière d'enseignement?

Charlemagne
Napoléon
Jules Ferry

C Carrières. Choisissez quelqu'un dans la classe et décidez si cette personne fera carrière dans:

la politique
l'enseignement
la diplomatie
les arts

Justifiez votre choix.

D L'enseignement supérieur. Les études supérieures en France sont pratiquement gratuites. Mais les conditions sont difficiles: il y a trop d'étudiants pour le nombre de places disponibles. Discutez des avantages et inconvénients des systèmes français et américains.

LITTÉRATURE: LA CHANSON DE ROLAND

Avant la lecture

La Chanson de Roland is an epic poem which marks the beginning of French literature. It is based on a historical event that took place in 778 in the Pyrenees: a skirmish between the rear guard of Charlemagne's army and Basque highlanders, which claimed the life of Charlemagne's nephew, Roland.

The poem was written two centuries after the event, and its patriotic and religious fervor against the "infidels" reflects feelings prevalent at the end of the 10th century in Christian Europe, feelings which would lead to the Crusades of the 12th and 13th centuries.

From 1096 to 1265, there were eight Crusades. The third one involved the French king Philippe Auguste and the English king Richard Cœur de Lion, a Norman whose language was French. Make a report on that Crusade.

Lecture

La Chanson de Roland est la plus ancienne chanson de geste française. «Geste» veut dire «exploit». Les chansons de geste racontent les aventures de héros, en particulier de chevaliers[1] chrétiens qui luttent[2] contre les «infidèles». Les chansons de geste deviennent très populaires au début du XIIe siècle, au moment où les chrétiens d'Europe partent en croisade à Jérusalem pour la délivrer des Turcs. Les chansons de geste marquent le début de la littérature française.

La Chanson de Roland est un long poème épique qui raconte la mort de Roland, le neveu de Charlemagne, roi des Francs. L'histoire place l'événement en 778. Charlemagne est l'allié de certains chefs arabes d'Espagne qui ont besoin de son aide pour lutter contre d'autres chefs arabes. Charlemagne se bat[3] à leurs côtés

Mort de Roland à Ronceveaux, d'après A. le Neuville

Le cor de Roland

à Pampelune et Saragosse. Mais il doit bientôt revenir en hâte vers la Westphalie où les Saxons se sont soulevés[4] contre lui. Il traverse les Pyrénées à l'ouest, passant par le col de Roncevaux[5].

Roland, lui, est resté en arrière pour surveiller les chariots qui transportent les bagages. Dans l'étroite gorge qu'est le col de Roncevaux, il est facile d'attaquer un petit nombre d'hommes coupés d'une armée, même si c'est la toute puissante[6] armée de Charlemagne. La nuit, des montagnards basques attaquent Roland et ses hommes pour piller les chariots. La légende dit que Roland sonne du cor[7] pour avertir[8] Charlemagne qui revient sur ses pas, mais trop tard: Roland est déjà mort. Il a près de lui sa belle épée[9], Durendal, qu'il a vainement essayé de briser[10] sur un rocher pour qu'elle ne tombe pas entre les mains de ses ennemis: c'est le rocher qui s'est brisé à sa place.

[1] chevaliers *knights*
[2] luttent *fight*
[3] il se bat *he fights*
[4] se sont soulevés *rose up*
[5] le col de Roncevaux *Roncesvalles Pass*
[6] puissante *powerful*
[7] sonne du cor *sounds his horn*
[8] avertir *warn*
[9] épée *sword*
[10] briser *break*

Baudoin rapportant à Charlemagne l'épée et le cor de Roland

Après la lecture

A Charlemagne et Roland. Répondez aux questions.

1. Que veut dire «geste» dans «chanson de geste»?
2. Qui était Charlemagne?
3. Pourquoi traverse-t-il les Pyrénées?
4. Pourquoi Roland est-il resté en arrière?
5. Qui attaque Roland?
6. Comment s'appelle son épée?
7. Pourquoi Roland essaie-t-il de briser son épée?
8. Comment Roland avertit-il Charlemagne?
9. Est-ce que Charlemagne arrive à temps pour sauver Roland?

B Robin des Bois *(Robin Hood).* Racontez l'histoire de Robin des Bois en français.

ARCHITECTURE: L'ART GOTHIQUE LA CATHÉDRALE DE CHARTRES

Avant la lecture

1. What kind of architecture do you find in American churches?
2. These drawings show the main features of Romanesque and Gothic architectures. Study their differences.

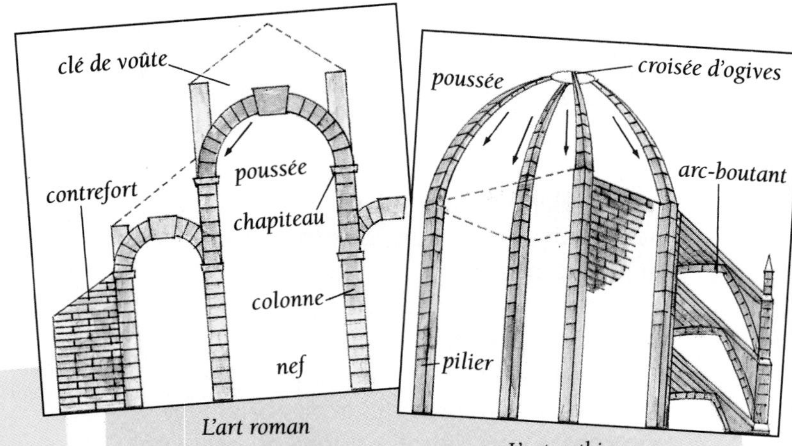

L'art roman

L'art gothique

Lecture

L'art gothique est né en France au XIIe siècle. Il a été adopté ensuite dans tout l'Europe. Avant l'art gothique, il y avait l'art roman. Les églises romanes sont souvent massives et très sombres: leurs murs sont épais[1] et ont de toutes petites ouvertures. Leurs voûtes[2] sont en demi-cercle, ou en «berceau». Les églises gothiques, elles, sont plus hautes et plus claires. Leurs voûtes sont sur des ogives qui se croisent. Ces voûtes sont plus légères et plus hautes parce qu'elles sont supportées par des piliers, eux-mêmes soutenus par des arcs-boutants.

Une basilique romane: La Madeleine de Vézelay

Une cathédrale gothique: la cathédrale de Chartres

Pour beaucoup, la cathédrale de Chartres est la plus belle des cathédrales gothiques. La cathédrale que l'on voit aujourd'hui n'est pas l'originale. En effet, en 1194, la cathédrale brûle[3]. Il ne reste que les tours, la façade, les fondations et la crypte. L'évêque[4] de Chartres et ses associés décident de faire reconstruire la cathédrale. Ils choisissent un architecte qui propose de construire une cathédrale encore plus belle que celle qui a brûlé. On ne connaît pas le nom de cet architecte, mais on l'appelle «le maître de Chartres».

Il faut plus de quarante ans pour reconstruire la cathédrale. Elle est alors plus haute et plus claire qu'avant. Sa voûte en berceau a été remplacée par une superbe voûte en ogive qui repose sur des piliers, ce qui permet aux murs d'être minces[5] et d'avoir de nombreux vitraux[6].

La cathédrale de Chartres: le vitrail «Notre-Dame de la Belle Verrière»

Ces vitraux sont célèbres pour leur beauté, mais aussi pour leur bleu, «le bleu de Chartres», qui n'a jamais été reproduit. Quand la cathédrale de Chartres a été terminée, elle était si belle qu'elle est devenue un modèle pour tous les bâtisseurs[7] de cathédrales.

C'étaient les «compagnons» qui bâtissaient les cathédrales. Ils étaient organisés par métiers[8]: les tailleurs de pierre[9], les charpentiers, les couvreurs qui faisaient les toits[10], les verriers qui faisaient les vitraux. Les jeunes étaient d'abord apprentis pendant plusieurs années. Puis, ils devenaient «aspirants» et travaillaient sous la direction d'un maître. Ils voyageaient à pied de chantier[11] en chantier pour apprendre leur métier. Ensuite, ils devaient faire un travail qui était soumis au jugement des maîtres du métier. Si les maîtres jugeaient le travail parfait, l'aspirant était reçu compagnon. Il faisait serment[12] d'aider ses compagnons et de garder les secrets de fabrication du compagnonnage.

[1] épais *thick*
[2] voûtes *vaults*
[3] brûle *burns*
[4] évêque *bishop*
[5] minces *thin*
[6] vitraux *stained glass windows*
[7] bâtisseurs *builders*
[8] métiers *crafts*
[9] tailleurs de pierre *stone cutters*
[10] toits *roofs*
[11] chantier *construction site*
[12] faisait serment *pledged*

Une voûte en ogive

Après la lecture

A L'art roman et l'art gothique. Complétez.

1. L'art roman est né au Xe _____.
2. Saint-Patrick à New York est une ____ gothique.
3. Quand la cathédrale de Chartres a brûlé, l'évêque a décidé de la ____.
4. Les vitraux de Chartres sont admirés pour leur ____.
5. On ne connaît pas le ____ de l'architecte.
6. On n'a jamais pu ____ le «bleu de Chartres».
7. Au Moyen-Âge, les compagnons étaient groupés par ____.
8. Pour apprendre le métier, les apprentis travaillaient sur de nombreux ____.

B Enquête. Les cathédrales étaient construites à la gloire du dieu chrétien. Le catholicisme est la religion la plus importante en France. Ensuite viennent l'Islam, le protestantisme et le judaïsme. Faites une enquête sur les religions aux États-Unis.

CHAPITRE

13

LE SAVOIR-VIVRE EN FRANCE

OBJECTIFS

In this chapter you will learn to do the following:

1. introduce people formally or informally
2. address people appropriately, using *tu* or *vous*
3. express emotional reactions to the actions of others
4. contrast good manners in France and the U.S.

VOCABULAIRE

MOTS 1

Les amis ont rendez-vous dans un café.
Ils se retrouvent dans un café.
Les garçons se serrent la main.
Les filles s'embrassent.

Et toi, qu'est-ce que tu vas faire?

Les jeunes aiment se tutoyer.
Ils se tutoient facilement.
Le tutoiement est devenu très courant, surtout entre adolescents.

Les garçons et les filles partagent les frais quand ils sortent.
Chacun paie pour soi.

COMMENT SE TENIR À TABLE

Il faut rompre son morceau de pain avec les doigts.
On ne coupe jamais le pain avec un couteau.

La serviette ne sert qu'à s'essuyer les lèvres.
Il est interdit de parler la bouche pleine.
Il faut manger la bouche fermée.

Exercices

A **Le corps.** Identifiez.

B **À vous de décider.** Gaby est bien élevée ou mal élevée? Prenez votre cahier et faites un tableau comme celui-ci.

	BIEN ÉLEVÉE	MAL ÉLEVÉE
1.	√	√
2.		

1. Gaby se lève quand une personne âgée entre.
2. Elle ne regarde jamais la personne à qui elle parle, à qui elle s'adresse.
3. Quand elle rencontre une personne âgée dans l'autobus, par exemple, elle lui offre sa place. Elle ne veut pas que la personne âgée reste debout.
4. Elle fait beaucoup de bruit quand elle mange. Elle mange d'une façon bruyante.
5. Elle ne parle pas avec des mots. Elle fait des bruits. Elle grogne.
6. Elle dit toujours « merci » quand quelqu'un lui donne quelque chose ou fait quelque chose pour elle.
7. Elle aime parler la bouche pleine.
8. Elle se tient mal à table.

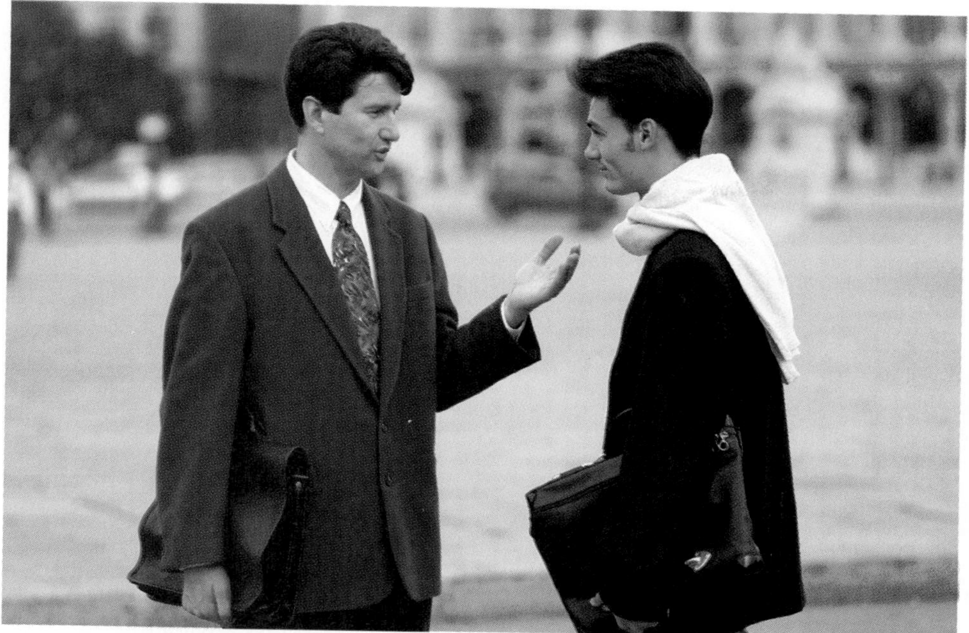

C **C'est poli ou impoli?** Décidez.

1. Quand on mange d'une façon bruyante, on montre qu'on apprécie ce qu'on mange.
2. Cette personne fait toujours beaucoup de bruit.
3. Quand on a rendez-vous avec des amis, on peut arriver avec une heure de retard.
4. Quand il y a un monde fou, c'est-à-dire beaucoup de monde, on bouscule les gens, on les pousse du coude.
5. Quand un garçon rencontre un ami, il lui serre la main.
6. Un jeune homme tutoie une vieille dame qu'il ne connaît pas bien.
7. Quand deux amies se retrouvent, elles s'embrassent sur les joues.
8. À table, on rompt son pain avec les doigts.
9. Et on s'essuie le nez avec sa serviette.
10. Il est absolument indispensable de resquiller quand les gens font la queue et que la queue est longue.

D **Des définitions.** Quel est le mot?

1. caractéristique d'une chose ou personne qui fait du bruit
2. s'adresser à quelqu'un en utilisant «tu»
3. le contraire de «la bouche ouverte»
4. chaque main en a cinq
5. avoir rendez-vous
6. diviser les frais
7. ce qu'on utilise pour couper quelque chose
8. ce qu'on utilise pour s'essuyer les lèvres
9. donner la main

VOCABULAIRE

MOTS 2

LES ÉMOTIONS

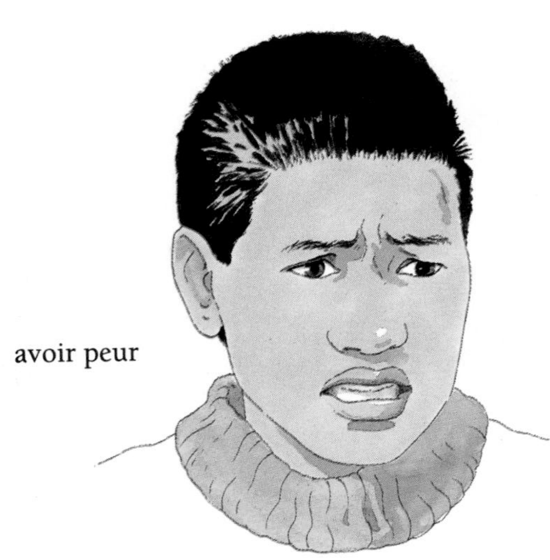

Il a peur que tu ne viennes pas.

Elle a l'air désolée.
Elle est désolée que tu ne puisses pas venir.
Elle regrette que tu ne puisses pas venir.

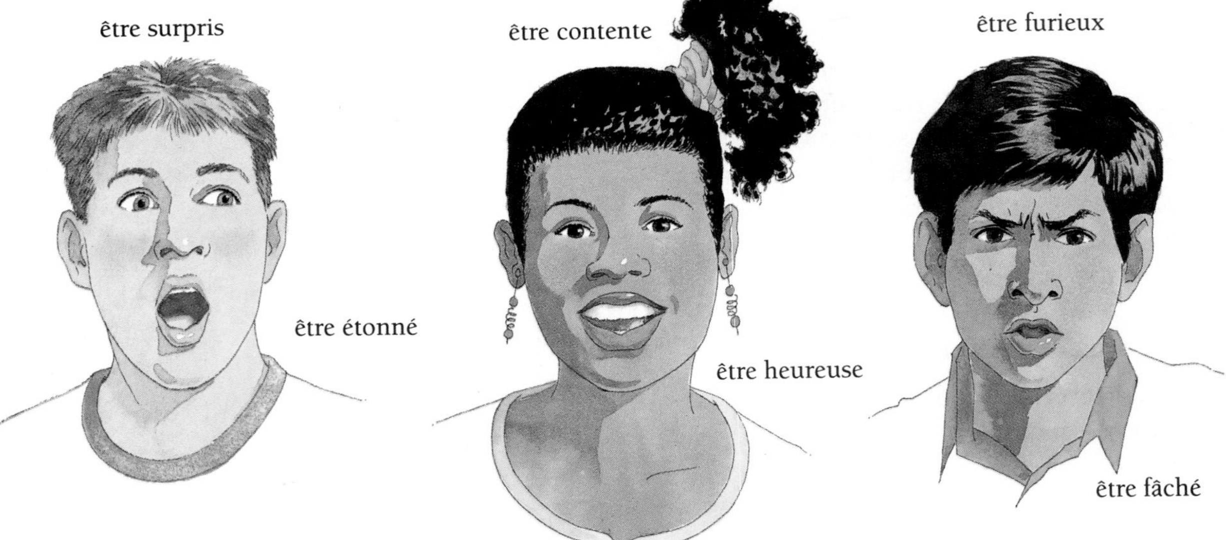

Pierre a l'air surpris (étonné).
Il est étonné que tu ne saches pas son numéro de téléphone.

Marie a l'air contente (heureuse).
Elle est contente que tu veuilles faire sa connaissance.

Il a l'air furieux.
Il est fâché que tu ne sois pas là.

Si vous venez de faire la connaissance de quelqu'un, vous pouvez dire:
— Je suis heureux (-se) de vous connaître.
— Je suis content(e) de vous connaître.
— Je suis enchanté(e) de faire votre connaissance.

Ou vous pouvez dire tout simplement:
— Enchanté(e).
— Bonjour.
— Salut.

Exercices

A **Un ami vous présente à un de ses copains.** Complétez le dialogue. Donnez des réponses simples.

— Paul, tu connais Henri?
— ___.
— Henri, Paul.
— ___.
— Enchanté.

B **Votre mère vous présente au président.** Complétez le dialogue. Soyez extrêmement poli(e).

— Monsieur Bolduc, je vous présente mon fils Cyrille (ma fille Nathalie).
— Bonjour, Cyrille (Nathalie).
— ___.
— Je suis heureux de faire votre connaissance.
— ___.

C **Comment sont-ils?** Répondez d'après les photos.

1. Il a l'air content ou triste?

2. Elle a l'air heureuse ou désolée?

3. Elle a l'air surprise ou fâchée?

4. Elle a l'air fâchée ou contente?

5. Il a l'air étonné ou triste?

6. Il a peur ou pas?

D **Comment réagissez-vous?** Choisissez et faites une phrase d'après le modèle.

> **Vous avez gagné un million de dollars.**
> ***Je suis vraiment très surpris(e).***

1. Le Père Noël vous a apporté beaucoup de cadeaux.
2. Un ami vous présente la fille/le garçon de vos rêves.
3. Vous rencontrez dans la rue une amie que vous n'avez pas vue depuis longtemps.
4. Elle vous dit qu'elle a été très malade.
5. Votre ami(e) vous dit qu'il/elle ne vous aime plus.
6. Vous faites la queue à la poste et quelqu'un cherche à resquiller.
7. Votre meilleure amie vous annonce qu'elle va se marier demain.
8. Quelqu'un vous bouscule et vous fait tomber.

a. furieux (-se)
b. triste
c. étonné(e)
d. heureux (-se)
e. désolé(e)
f. content(e)
g. fâché
h. surpris(e)

E **Laure est très émotive.** Complétez chaque phrase avec le verbe qui convient.

1. Elle est contente que tu ___ faire sa connaissance.
2. Elle est surprise que tu ne ___ pas son adresse.
3. Elle est désolée que tu ne ___ pas là.
4. Elle a peur que tu ne ___ pas venir.
5. Elle regrette que tu ne ___ pas sa sœur.

a. connaisses
b. sois
c. puisses
d. saches
e. veuilles

Activités de communication orale
Mots 1 et 2

A **Une personne bien élevée.** Avec un(e) camarade, faites une liste de ce qu'une personne bien élevée doit faire. Vous devez trouver au moins six bonnes manières.

> **Élève 1: Je trouve qu'une personne bien élevée doit toujours arriver à l'heure aux rendez-vous.**
> **Élève 2: Moi, je pense qu'une personne bien élevée doit répondre aimablement au téléphone.**

B **Une personne mal élevée.** Maintenant, pensez un peu aux manières que vous n'aimez pas. Avec votre camarade, faites une liste de ce qui, selon vous, est mal élevé.

> **Élève 1: Je déteste les personnes qui parlent la bouche pleine.**
> **Élève 2: Et moi, je n'aime pas les personnes qui vous bousculent dans la rue.**

C **Quelques présentations.** Votre cousine se marie. Vous êtes invité(e) ainsi que votre ami(e). Préparez-vous à faire quelques présentations. Travaillez avec deux camarades: l'un(e) joue votre ami(e), l'autre joue tous les autres rôles.

1. Vous présentez votre ami(e) à votre père.
2. Vous présentez votre ami(e) à votre cousine.
3. Vous présentez votre ami(e) à Madame Hébert, la mère du marié.
4. Vous présentez votre petite sœur à votre ami(e).
5. Vous présentez votre petit frère à votre ami(e).

D **Qui est-ce?** Regardez les portraits suivants. Décrivez un de ces personnages à votre camarade. Il/Elle doit deviner qui c'est.

Élève 1: Cette dame a l'air heureuse et mystérieuse.
Élève 2: C'est la Joconde!

Quentin de La Tour: «Autoportrait»

Édouard Manet: «Lola de Valence»

Léonard de Vinci: «La Joconde»

Jean-Baptiste Chardin: «Autoportrait»

STRUCTURE

Les verbes irréguliers *savoir, pouvoir, vouloir* au présent du subjonctif

Expressing the Subjunctive of Some Irregular Verbs

1. The verbs *savoir, pouvoir,* and *vouloir* are irregular in the present subjunctive. Study the following forms.

SAVOIR	POUVOIR	VOULOIR
que je sache	que je puisse	que je veuille
que tu saches	que tu puisses	que tu veuilles
qu'il sache	qu'il puisse	qu'il veuille
qu'elle sache	qu'elle puisse	qu'elle veuille
qu'on sache	qu'on puisse	qu'on veuille
que nous sachions	que nous puissions	que nous voulions
que vous sachiez	que vous puissiez	que vous vouliez
qu'ils sachent	qu'ils puissent	qu'ils veuillent
qu'elles sachent	qu'elles puissent	qu'elles veuillent

2. Now study the following examples.

Il faut *que vous sachiez* faire des présentations.
Je souhaite *qu'elle puisse* venir.
Il est possible *qu'elle veuille* faire ta connaissance.

Exercice

A Les bonnes manières. Faites des phrases.

Ils savent se tenir à table. (il faut)
Il faut qu'ils sachent se tenir à table.

1. Tu sais faire des présentations. (il est important)
2. Nous pouvons faire sa connaissance. (il est possible)
3. Ils peuvent faire ça. (il est impossible)
4. Il veut bien vous serrer la main. (je souhaite)
5. Elle sait parler français. (ils aimeraient)
6. Elle veut bien te présenter son frère. (il faut)
7. Vous voulez faire sa connaissance aussi. (il est possible)
8. Je peux venir le voir. (il est impossible)

Le subjonctif après les expressions d'émotion

Expressing Emotional Reactions to the Actions of Others

1. Verbs and expressions of emotion such as joy, surprise, anger, and fear require the subjunctive because they are subjective. The following are some of the most commonly used expressions that deal with emotions.

avoir peur	**être furieux (-se)**	**être désolé(e)**
être content(e)	**être étonné(e)**	**regretter**
être heureux (-se)	**être surpris(e)**	
être fâché(e)	**être triste**	

2. Study the following examples.

Ils *ont peur* que leur chien ne *sache* pas bien se tenir.
Nous *sommes heureux* que vous *puissiez* venir.
Je *suis désolé* que tu ne *veuilles* pas faire sa connaissance.

Exercices

A Content(e) ou désolé(e)? Dites si vous êtes content(e) ou désolé(e).

1. que Paul ne vienne pas
2. qu'il connaisse votre sœur
3. qu'il ait l'air triste
4. qu'il ne sache pas votre numéro de téléphone
5. qu'il veuille faire la connaissance de vos parents
6. qu'il ne puisse pas vous fixer un rendez-vous

B Françoise vient ou pas? Répondez par «oui».

1. Tu es triste que Françoise ne soit pas encore là?
2. Tu as peur qu'elle ne vienne pas?
3. Tu es surpris(e) qu'elle puisse faire le voyage?
4. Tu es content(e) qu'elle le fasse?
5. Tu es étonné(e) qu'elle sache conduire?
6. Tu es désolé(e) que sa sœur ne veuille pas l'accompagner?

C Je suis contente qu'il vienne. Répétez la conversation.

VIRGINIE: Laurent vient pour Noël?
ANNE: Oui. Je suis contente que Laurent puisse faire le voyage. Mais je suis désolée que Richard ne vienne pas avec lui.
VIRGINIE: Je suis un peu étonnée que Richard ne veuille pas venir avec son frère.

Répondez d'après la conversation.

1. Anne est heureuse que Laurent vienne pour Noël?
2. Elle est désolée que Richard ne puisse pas venir?
3. Virginie est surprise que Richard ne vienne pas avec Laurent?

D **Opinions et émotions.** Complétez.

1. Je regrette que vous...
2. Je suis vraiment étonné(e) que vous...
3. Je suis désolé(e) que vous...
4. J'ai peur que vous...
5. Je suis fâché(e) que vous...
6. Je ne suis pas du tout content(e) que vous...
7. Je suis vraiment furieux (-se) que vous...

Le verbe *boire*

Talking About What People Drink

1. Study the following forms of the present indicative of the verb *boire*, "to drink."

BOIRE	
je bois	nous buvons
tu bois	vous buvez
il/elle/on boit	ils/elles boivent

2. Note that the past participle of *boire* is *bu*.

Comme il avait très soif, il a bu toute une bouteille d'eau.

Orangina Plus.
Ça vous secoue
encore plus.
ORANGINA
Plus
Avec du fructose et des vitamines (C, PP B6, B1)

Exercices

A **Ce que je bois.** Dites si vous en buvez ou pas.

1. Du lait
2. De l'eau minérale
3. Du thé
4. Du café
5. Du coca
6. Du vin
7. Du champagne
8. Du jus d'orange

B **Question de goût.** Complétez avec *boire*.

1. Tu ___ de l'eau avec tes repas?
2. Je ne sais pas si c'est vrai, mais quelqu'un m'a dit qu'on ne doit pas ___ d'eau pendant les repas.
3. Nous les Américains, nous ___ du café pendant les repas, mais les Français jamais, sauf au petit-déjeuner.
4. Les Français ___ du vin pendant le déjeuner ou le dîner. Et ils ___ du café après.
5. Vous ___ votre café avec du lait ou sans lait?
6. Moi, je ___ du coca avec les repas.
7. Qu'est-ce que tu as ___ ce matin au petit déjeuner?

CONVERSATION

Scènes de la vie *Mal élevée, mais championne*

ANNE-SOPHIE: Tu as trouvé quelqu'un pour l'équipe de basket?

CAMILLE: Oui. Fabienne Daumale. Tu la connais?

ANNE-SOPHIE: Je la vois à la cantine. C'est une horreur, cette fille! Elle bouscule tout le monde, elle parle la bouche pleine, mange avec ses doigts, boit à la bouteille. Et en plus, elle a toujours l'air furieuse!...

CAMILLE: Écoute, elle ne se tient peut-être pas très bien à table, mais sur un terrain de basket, elle est extra.

ANNE-SOPHIE: Si tu le dis, je veux bien... Mais, je regrette qu'on ne puisse pas trouver quelqu'un de plus sympa.

CAMILLE: Tiens, la voilà. Je vais vous présenter. Je sais que tu vas changer d'avis. Salut, Fabienne! Tu connais Anne-Sophie?

FABIENNE: De vue seulement. Salut!

ANNE-SOPHIE: Salut!

A **L'esprit d'équipe.** Répondez d'après la conversation.

1. Anne-Sophie et Camille pratiquent quel sport?
2. Est-ce qu'il y a assez de joueuses dans leur équipe?
3. Comment s'appelle celle que Camille a trouvée?
4. Est-ce qu'Anne-Sophie connaît Fabienne?
5. Elle la trouve bien élevée?
6. Pourquoi? Qu'est-ce que Fabienne fait, d'après Anne-Sophie?
7. Pour Camille, est-ce qu'il est important que Fabienne se tienne mal à table?
8. Qu'est-ce qu'Anne-Sophie regrette?
9. Quand Camille présente Anne-Sophie à Fabienne, est-ce qu'Anne-Sophie montre qu'elle est fâchée?
10. Qu'est-ce qu'elle dit à Fabienne?

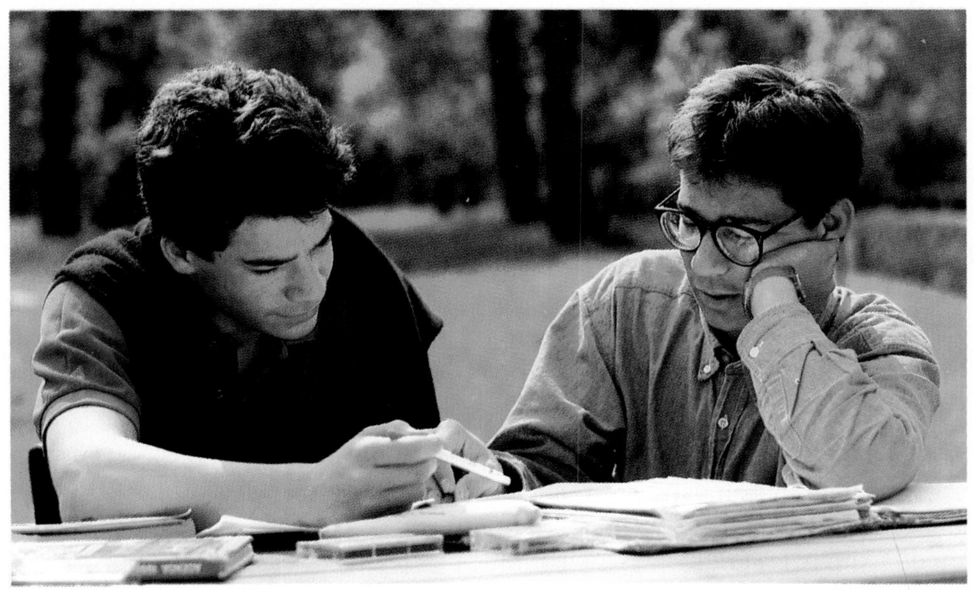

Activités de communication orale

A **Pas content(e).** Un(e) de vos camarades n'est pas content(e) pour une raison quelconque. Vous êtes d'accord (ou pas d'accord).

Élève 1: Je ne suis pas content qu'il fasse mauvais.
Élève 2: Moi non plus, je ne suis pas contente qu'il fasse mauvais.
(Moi si, parce que j'aimerais aller au cinéma.)

B **Le Rose et le Noir.** Votre camarade Pierre est toujours pessimiste: il voit tout en noir. Vous êtes toujours optimiste: vous voyez tout en rose. Avec Pierre vous préparez un pique-nique pour dimanche. Pierre exprime ses inquiétudes mais vous restez optimiste. Par exemple, Pierre dit: «J'ai peur qu'il fasse mauvais dimanche.» Vous lui répondez: «Mais non, il va faire très beau!»

1. J'ai peur qu'il fasse trop froid pour un pique-nique.
2. J'ai peur que la nourriture ne soit pas bonne.
3. J'ai peur que personne ne vienne.

Pierre

LECTURE ET CULTURE

LE SAVOIR-VIVRE EN FRANCE

*D*ans toutes les sociétés du monde, il existe des règles de politesse que l'on doit respecter pour avoir de bonnes manières. Ce qui peut être très poli dans une société n'est pas du tout poli dans une autre. Quelles sont les règles de politesse qu'on doit suivre en France pour ne pas avoir l'air mal élevé?

En général, il faut savoir que les Français attachent plus d'importance aux convenances[1] que nous, les Américains. Autrement dit, nous sommes un peu plus décontractés[2] qu'eux. Par exemple, quand un Français rencontre un ami, ils se serrent la main, même s'ils sont bons amis. Les jeunes le font également quand ils se rencontrent.

Les Français s'embrassent aussi. Une femme embrassera une autre femme ou un homme. On embrasse sur les joues, jamais sur les lèvres. Les embrassades marquent un certain signe d'intimité ou de parenté. Dans le nord du pays les hommes ne s'embrassent presque jamais, mais dans le sud ils s'embrassent très volontiers comme en Espagne, en Italie ou en Grèce.

Quand on dit «bonjour», «au revoir» ou «merci» à quelqu'un, il est presque toujours de rigueur d'ajouter «Madame», «Mademoiselle» ou «Monsieur».

L'emploi des noms est différent aussi. Aux États-Unis on a l'habitude d'appeler par son prénom une personne dont on vient de faire la connaissance. En France, on ne fait pas ça. On peut appeler quelqu'un par son prénom seulement (uniquement) si on est intime avec cette personne, si cette personne est très jeune ou si elle vous a demandé expressément de l'appeler par son prénom.

Quand on les présente, les Français utilisent «Monsieur», «Madame» ou «Mademoiselle», sans le nom de famille. Puis quand ils connaissent quelqu'un, mais ne sont pas intimes—comme avec un voisin, par exemple—ils utilisent «Monsieur», «Madame» ou «Mademoiselle» suivi du nom de famille.

[1] convenances *social customs, conventions*
[2] décontractés *informal*

Ce qui est très important en France, c'est l'emploi du «tu» et du «vous»—le tutoiement et le vouvoiement. En général, on ne tutoie pas: un professeur, un patron ou une patronne[3], une personne plus âgée, un(e) commerçant(e) ou une personne qu'on ne connaît pas très bien. Actuellement les gens tutoient plus facilement. Les jeunes se tutoient toujours quand ils se parlent. Comme c'est vous l'étranger ou l'étrangère, il vaut mieux attendre qu'on vous tutoie avant de tutoyer aussi. Il faut que vous sachiez que les Français ne sont pas contents qu'on prenne l'initiative de les tutoyer, s'ils ne sont pas prêts à le faire.

ORDRE DE LA COURTOISIE FRANCAISE
Fondé en 1952 et régi par la loi de 1901
56, avenue Simon-Bolivar, 75019 Paris
Pour maintenir en France une tradition et une Chevalerie
1997
Madame Yvonne Menard
Croix de Chevalier
Membre de l'Ordre, se fait un honneur de perpétuer une tradition française, et apprécie à sa valeur la Courtoisie et l'obligeance de tous.
Le Grand Chancelier, Le Titulaire,

En France comme partout, il existe des règles concernant l'exactitude. Persuadés que «L'exactitude est la politesse des rois», les Français essaient toujours d'arriver à l'heure exacte à un rendez-vous d'affaires[4]. Mais s'ils sont invités chez des parents ou chez des amis, ils se permettent souvent d'arriver avec un peu de retard.

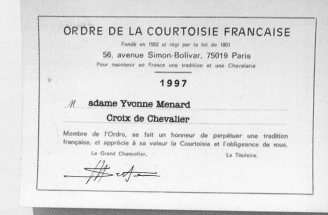

[3] un patron ou une patronne *boss*
[4] un rendez-vous d'affaires *business meeting*

Étude de mots

A Quelle est la définition? Choisissez le mot ou l'expression qui correspond.

1. l'habitude
2. les voisins
3. tutoyer
4. vouvoyer
5. le commerçant

a. dire «vous» à quelqu'un
b. la coutume
c. celui qui vend des marchandises
d. ceux qui habitent à côté
e. dire «tu» à quelqu'un

B Des mots semblables. Il y a des mots qui ressemblent à ceux-ci en anglais? Quels sont ces mots?

1. la société
2. la politesse
3. la formalité
4. l'adulte
5. embrasser
6. intime
7. l'exactitude
8. respecter

«L'exactitude est la politesse des rois.»

C **Le nom et le verbe.** Choisissez le nom qui correspond au verbe.

1. rencontrer	a. l'emploi
2. employer	b. le tutoiement
3. habituer	c. la connaissance
4. connaître	d. l'embrassade
5. tutoyer	e. la rencontre
6. embrasser	f. l'habitude

Compréhension

D **Des coutumes.** Corrigez les phrases d'après la lecture.

1. En général, les Américains attachent plus d'importance aux convenances que les Français.
2. Les Français sont plus décontractés que les Américains.
3. Les Français ne se serrent presque jamais la main.
4. Il n'y a que les adultes qui se serrent la main.
5. Les femmes n'embrassent que les autres femmes.
6. On s'embrasse sur les lèvres.
7. Les hommes dans le nord du pays s'embrassent très volontiers.
8. Il est poli de dire «bonjour» ou «merci» sans rien ajouter.

E **Les noms.** Donnez des réponses personnelles.

1. Quel est ton prénom?
2. Quel est ton nom de famille?
3. Qui appelles-tu par son prénom?
4. Qui appelles-tu par son nom de famille?
5. Compare l'emploi des prénoms en France et aux États-Unis.

F **Les bonnes manières en France.** Répondez d'après la lecture.

1. Qu'est-ce que le savoir-vivre?
2. Qu'est-ce qu'il faut savoir pour ne pas avoir l'air mal élevé en France?
3. En France qui peut-on tutoyer?
4. Et qui doit-on vouvoyer?

M. et Mme Boursicot

vous redisent le plaisir qu'ils ont eu de passer auprès de vous la journée de Noël, dont ils gardent le meilleur souvenir, et vous adressent tous leurs vœux pour la nouvelle année.

Tél. (1) 45 60 03 86 8, Rue Jourdan, 75016 Paris

DÉCOUVERTE CULTURELLE

«S'il vous plaît» et «merci» sont des mots ou expressions qu'on doit utiliser souvent en France et en Amérique. Mais il y a une petite différence intéressante. En Amérique, si quelqu'un vous demande si vous voulez quelque chose, vous répondrez, «*Yes, please*». Mais en France, on dit tout simplement «S'il vous plaît». Aux États-Unis, si quelqu'un vous demande si vous voulez quelque chose et que vous ne le voulez pas, vous direz, «*No, thank you*». En France on dit tout simplement «Merci». Autrement dit, dans certaines circonstances—à table, par exemple—«s'il vous plaît» veut dire «oui» et «merci» veut dire «non».

Il est très important de ne pas paraître mal élevé(e) à table. En France, il est poli d'appuyer légèrement les poignets sur la table (mais jamais les avant-bras ni les coudes) et de garder les mains sur la table pendant le repas.

En France, on ne coupe jamais le pain avec un couteau. Il faut rompre son morceau de pain avec ses doigts.

On boit le café après le repas, pas avec. Avec le repas, on boit du vin et de l'eau minérale.

Marie-France et Jean-François arrivent chez leur amie pour le dîner 1. Ils lui apportent un petit cadeau. En France on n'apporte pas de vin comme cadeau. Le plus souvent, on apporte des fleurs ou des bonbons.

Voici un livre sur le savoir-vivre 2. Comment s'appelle l'auteur de ce livre? Connaissez-vous le nom d'un auteur d'un livre américain sur le savoir-vivre?

Marc et Albert sont de très bons amis 3. Ils se serrent toujours la main quand ils se voient. Tes amis et toi, vous vous serrez la main chaque fois que vous vous voyez?

Madame Nogent salue le boucher 4. Ils se disent toujours «Bonjour, Madame» et «Bonjour, Monsieur». Est-ce que les Américains sont aussi polis que les Français ou sont-ils plus décontractés ?

3
4
Grande
COQUELET
+FRITES
25F

CULMINATION

Activités de communication orale

A **Comparaisons.** Travaillez avec un(e) camarade. Comparez les règles de politesse française et les règles de politesse américaines.

B **Le savoir-vivre aux États-Unis.** Vous parlez à Laure et à Romain, deux amis français. Laure et Romain pensent bientôt faire un voyage aux États-Unis. Ils vous demandent de leur dire les choses qu'ils doivent savoir pour ne pas avoir l'air impolis ou mal élevés quand ils seront aux États-Unis. Parlez à Laure et Romain et dites-leur comment ils doivent traiter les Américains.

Activités de communication écrite

A **Le savoir-vivre en France.** Imaginez que vous écrivez un petit livre sur le savoir-vivre. Faites une liste de cinq choses qu'on doit faire en France pour être poli. Et faites une liste de cinq choses qu'on ne doit pas faire en France parce qu'elles seraient considérées comme impolies ou mal élevées.

B **Les bonnes manières.** Faites une liste de ce que vous considérez comme étant de bonnes manières. Faites-en une autre pour les mauvaises manières. Décrivez ce que vos parents ou vos profs insistent pour que vous fassiez ou pour que vous ne fassiez pas.

C **Vous avez soif?** Composez une publicité pour une nouvelle boisson que vous voulez lancer sur le marché. Dites qui boit cette boisson, quand, pourquoi, avec qui, etc.

Le jus d'orange Tropiques:
la nouvelle
boisson fraîche
des îles!
Je le bois matin, midi et soir!

Réintroduction et recombinaison

A **Les goûts.** Répondez d'après le modèle.

le dessert
Moi, j'aime beaucoup le dessert. Mais je ne mange pas de dessert. Si je mange du dessert, je grossirai.

1. les tartes
2. le chocolat
3. les glaces
4. les bonbons
5. les gâteaux

B **On va prendre le train.** Répondez en utilisant *le, la, les* ou *en*.

1. Thérèse prend le train?
2. Elle prend son billet au guichet?
3. Elle achète deux billets?
4. Elle attend le train sur le quai?
5. Dans le train, elle trouve sa place sans difficulté?
6. Le contrôleur vérifie les billets?
7. Il ramasse les billets?
8. Thérèse lit le journal pendant le voyage?

C **Yves est français.** Répondez par «oui».

1. Yves est allé au café hier soir?
2. Il a vu ses copains et copines?
3. Ils se sont parlé?
4. Ils ont pris quelque chose?
5. Ils ont partagé les frais?
6. Quand les parents d'Yves étaient jeunes, ils allaient aussi au café?
7. Ils se vouvoyaient?
8. Est-ce que les coutumes ont changé?

Vocabulaire

NOMS
la main
le doigt
le pouce
le poignet
l'avant-bras (m.)
le coude
la lèvre
la bouche
la joue
la serviette
le bruit
le savoir-vivre
les présentations (f.)
le tutoiement

ADJECTIFS
bien élevé(e)
mal élevé(e)
bruyant(e)
enchanté(e)
content(e)
heureux, heureuse
fâché(e)
furieux, furieuse
poli(e)
impoli(e)
surpris(e)
étonné(e)
triste
désolé(e)
courant(e)

VERBES
présenter
s'embrasser
se tutoyer
se retrouver
regretter
s'essuyer
couper
servir à
bousculer
resquiller
rompre

AUTRES MOTS ET EXPRESSIONS
avoir l'air
avoir peur
faire la connaissance de
moi de même
se serrer la main
se tenir bien/mal
partager les frais

CHAPITRE

14

LE MAGHREB

OBJECTIFS

In this chapter you will learn to do the following:

1. talk about culture and life in Arabic- and French-speaking North Africa (Tunisia, Algeria, Morocco)
2. express doubt, uncertainty, or disbelief about present or future actions
3. tell what people or things seem to be like
4. describe two related activities

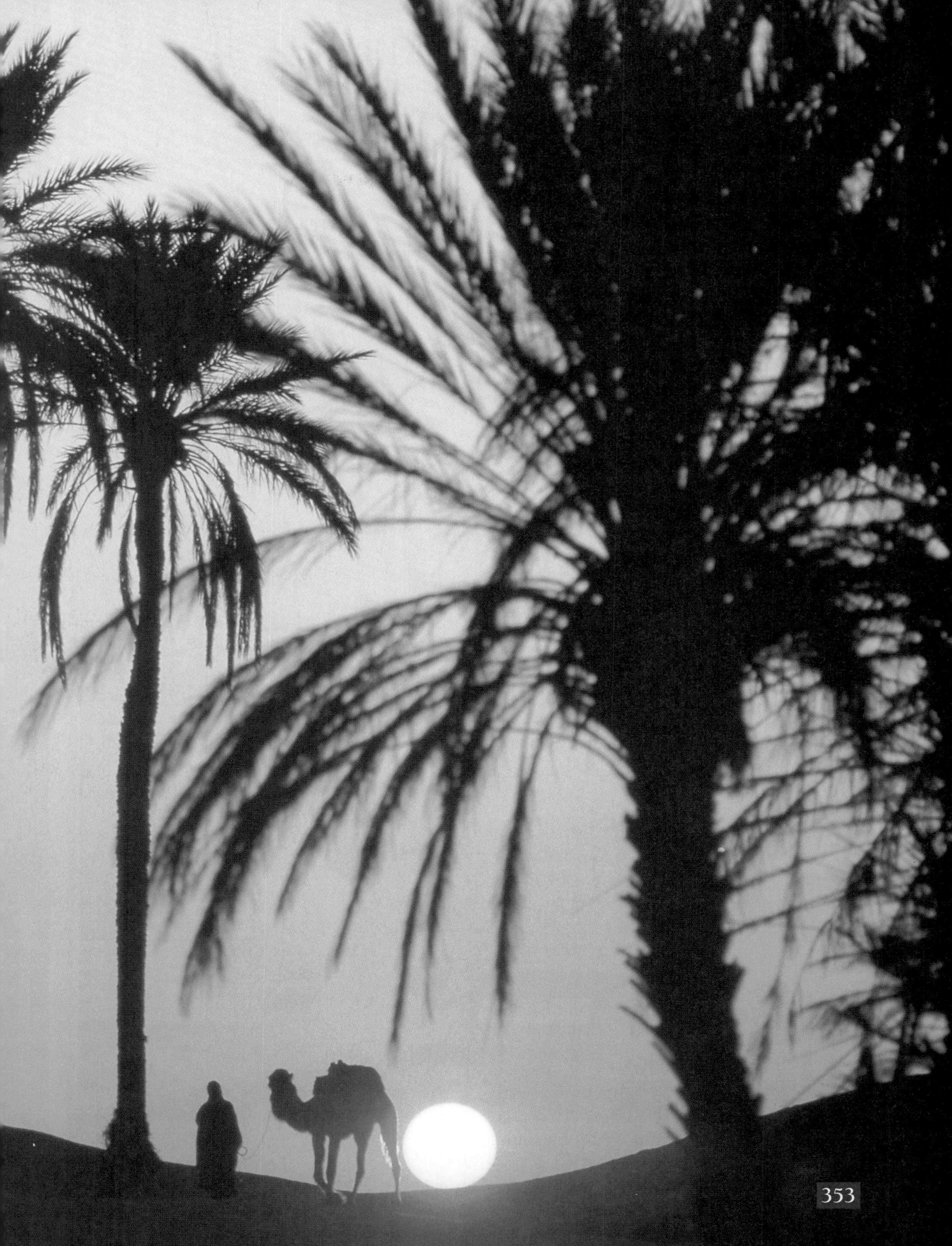

VOCABULAIRE

MOTS 1

Il paraît qu'il faut marchander dans un souk.

un minaret
un muezzin
une mosquée

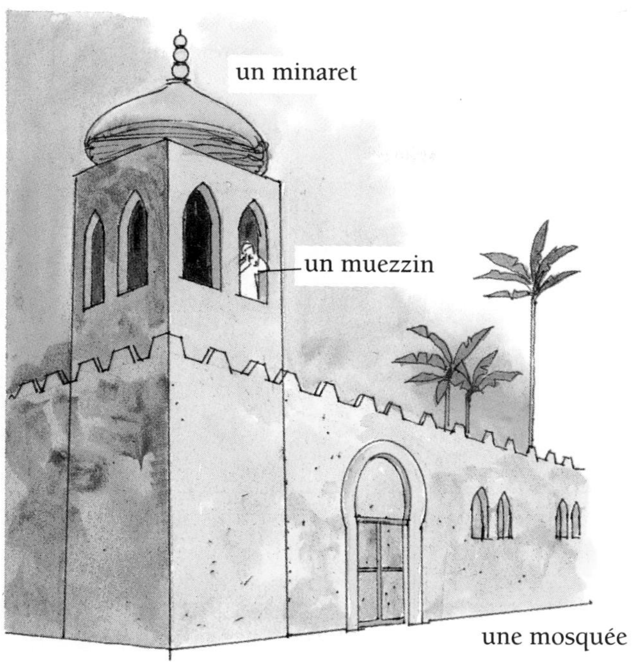

Les musulmans prient en direction de la Mecque.

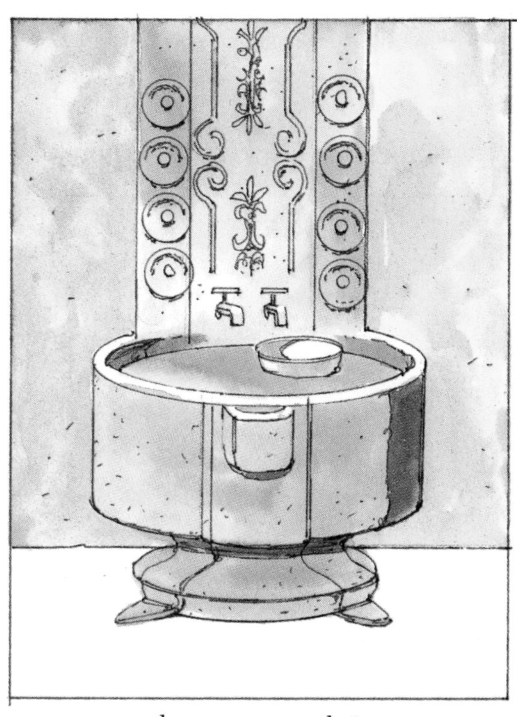

un hammam = un bain turc

La femme prépare un couscous.
Elle le fait cuire sur un braséro.

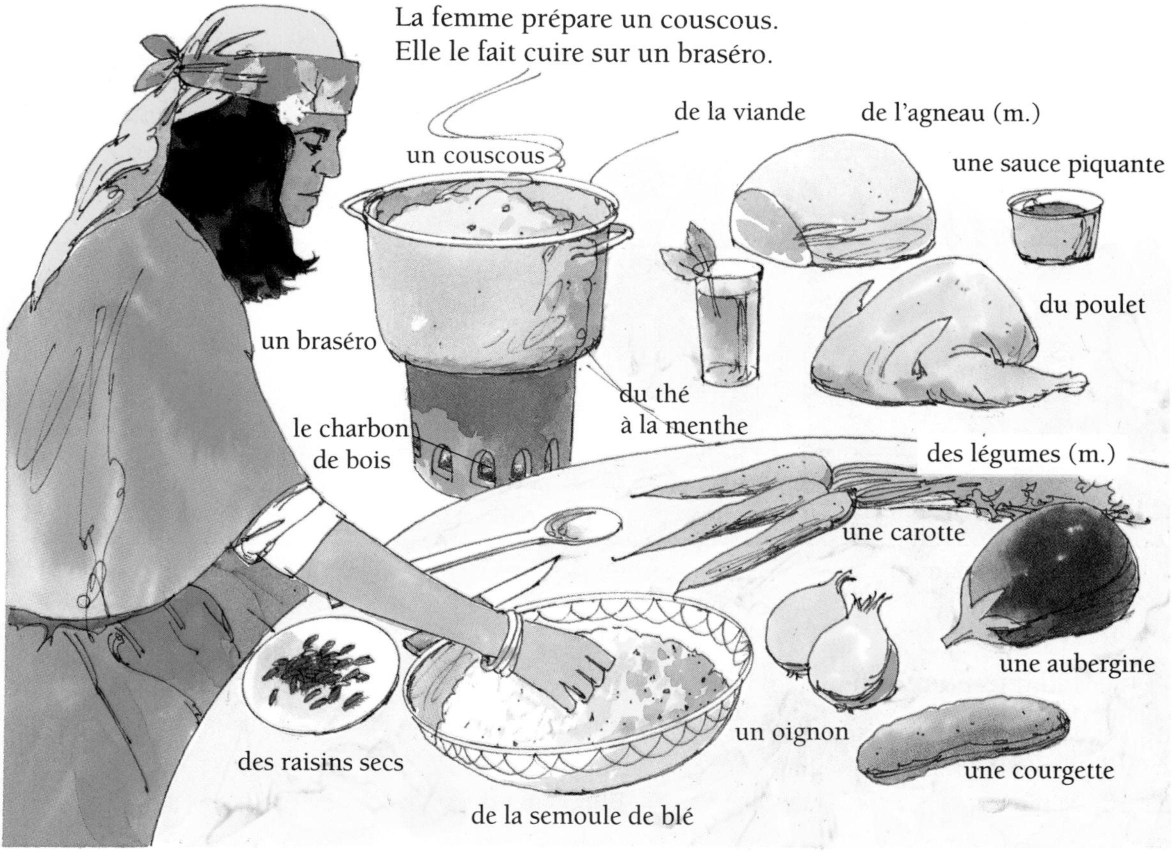

de la viande
de l'agneau (m.)
un couscous
une sauce piquante
du poulet
un braséro
du thé à la menthe
le charbon de bois
des légumes (m.)
une carotte
une aubergine
un oignon
des raisins secs
une courgette
de la semoule de blé

Exercices

A **Qu'est-ce que c'est?** Répondez d'après les dessins.

1. C'est un voile ou un châle?

2. C'est un grand boulevard ou une ruelle?

3. C'est une boutique ou un atelier?

4. C'est un centre commercial ou un souk?

5. C'est une mosquée ou une église?

6. C'est une tour ou un minaret?

7. C'est un muezzin ou un maroquinier?

8. C'est un hammam ou une piscine?

9. C'est en laine ou en cuir?

B **Madame Bouraoui.** Répondez par «oui».

1. Madame Bouraoui porte un voile?
2. Elle s'enveloppe dans un châle?
3. Elle habite dans la médina?
4. Elle prépare le thé à la menthe sur un braséro?
5. Elle y met du charbon de bois?

C **Le couscous.** Faites une liste des ingrédients nécessaires pour préparer un bon couscous.

D **Des définitions.** Quel est le mot?

1. une pièce de tissu destinée à protéger quelqu'un du froid
2. une petite rue étroite
3. ce qu'on peut utiliser pour faire un feu quand on n'a pas le gaz ou l'électricité
4. un édifice religieux musulman
5. parler à Dieu
6. un plat très populaire en Algérie, en Tunisie et au Maroc
7. une boisson chaude qu'on boit beaucoup au Maghreb
8. des personnes qui prient en direction de la Mecque
9. discuter avec un marchand pour acheter quelque chose à meilleur prix
10. la monnaie tunisienne
11. un autre nom pour le Maroc, l'Algérie et la Tunisie

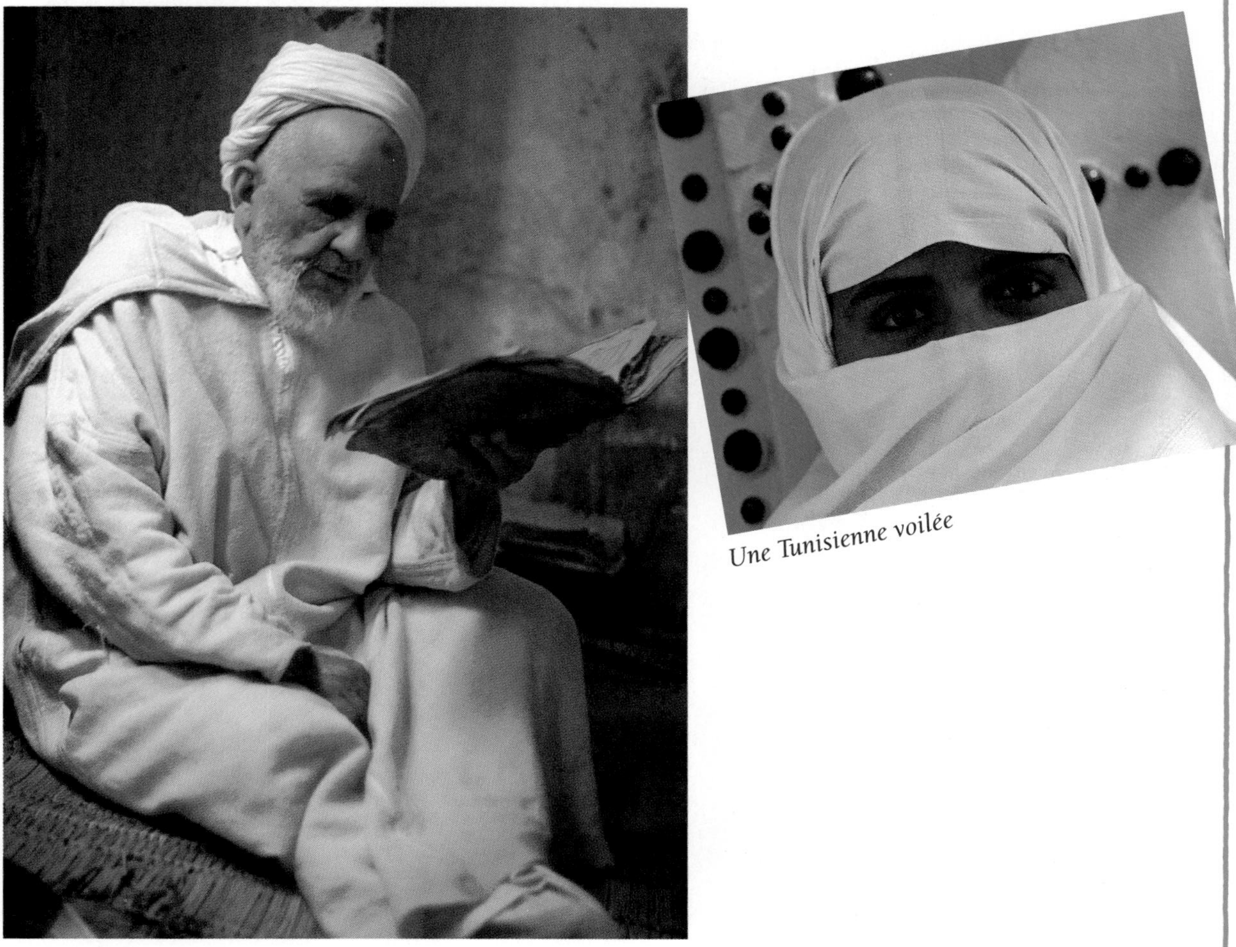

Une Tunisienne voilée

Un musulman en prière

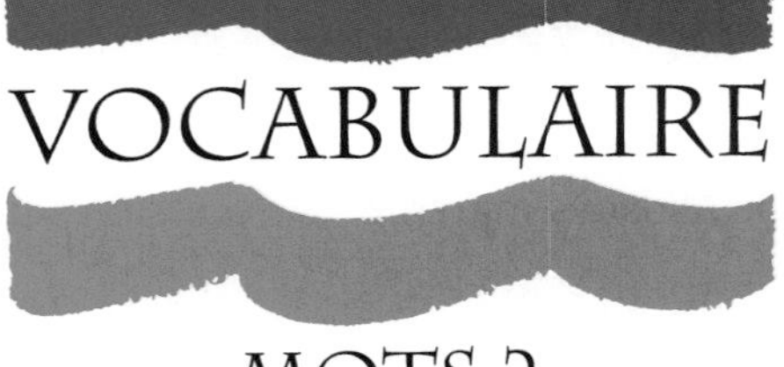

MOTS 2

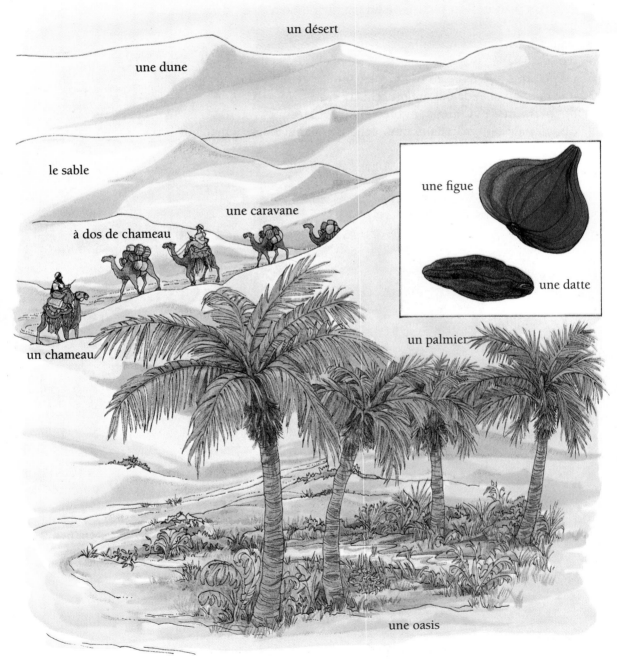

un désert

une dune

le sable

une caravane

à dos de chameau

un chameau

une figue

une datte

un palmier

une oasis

une palmeraie = une plantation de palmiers

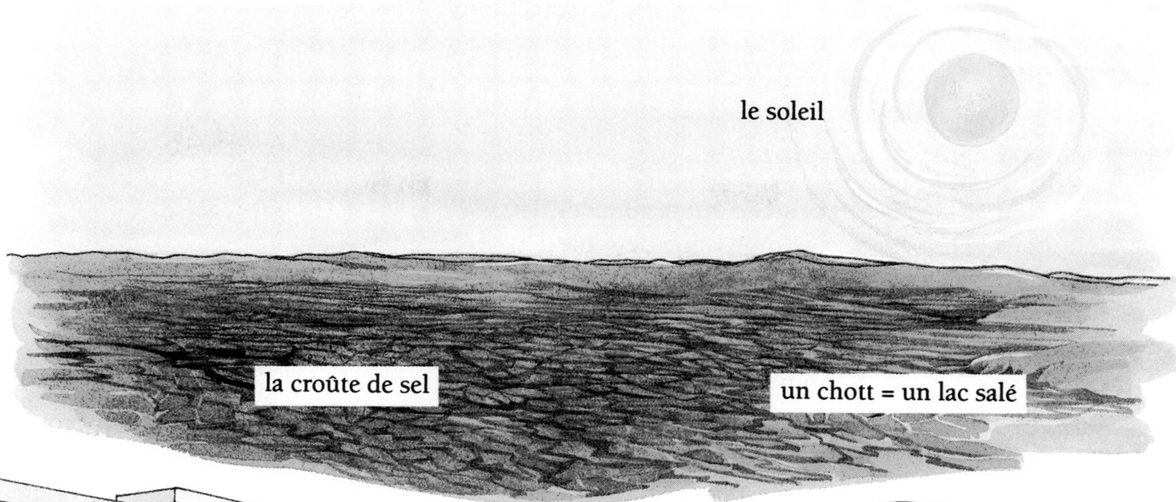

le soleil

la croûte de sel

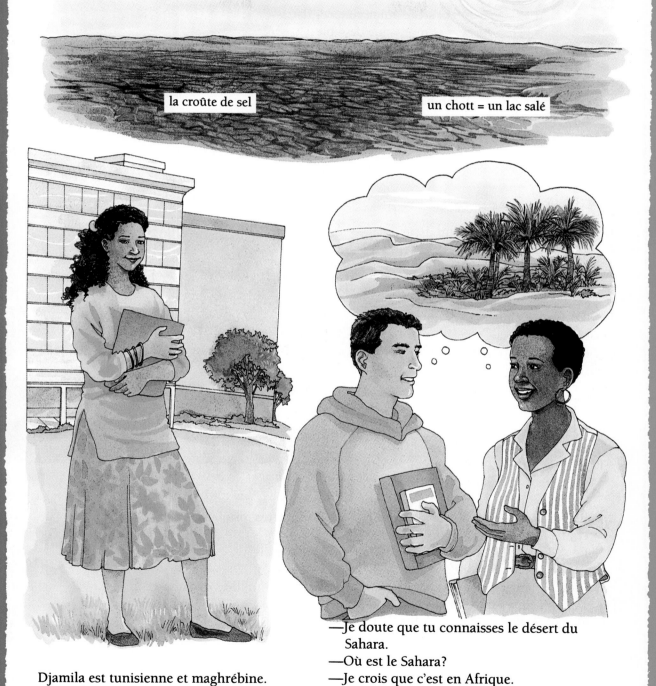

un chott = un lac salé

Djamila est tunisienne et maghrébine.
Elle est étudiante. Elle fait ses études à Monastir.

—Je doute que tu connaisses le désert du Sahara.
—Où est le Sahara?
—Je crois que c'est en Afrique.
—Je ne crois pas que ce soit en Afrique.
—Je suis sûr que c'est en Afrique.

Exercices

A **Quelle est la définition?** Choisissez.

1. un désert
2. le Sahara
3. un Maghrébin
4. un Tunisien
5. une oasis
6. un palmier
7. une palmeraie
8. une dune
9. un chameau
10. un chott

a. un arbre qui donne des dattes
b. une montagne de sable
c. un lac salé dans le désert tunisien
d. un animal qui peut rester sans boire pendant très longtemps
e. un désert d'Afrique
f. un habitant du Maghreb
g. un endroit dans le désert où il y a de l'eau et des palmiers
h. un homme qui vit en Tunisie
i. une région presque sans eau et sans végétation
j. une plantation de palmiers

B **Un désert.** Répondez.

1. Est-ce que le Sahara est un désert?
2. Où est le Sahara?
3. Les déserts ont des oasis?
4. Dans les oasis il y a souvent des palmiers?
5. Y a-t-il des palmiers qui donnent des dattes?
6. Le soleil brille très fort dans le Sahara?

Les jardins de Ghardaïa: une oasis du Sahara

C **Le Sahara.** Complétez.

1. Le Sahara est un grand ___.
2. Le Sahara est en ___.
3. Dans le Sahara il y a quelques ___, c'est-à-dire, des endroits fertiles où il y a de l'eau.
4. En été quand il fait très chaud et que le soleil brille très fort, le sel des chotts forme une ___.
5. Le ___ du Maghreb est un arbre qui donne des dattes.
6. Les ___ et les ___ sont des fruits délicieux.
7. Dans certaines oasis, il y a des ___ immenses avec des milliers de palmiers.
8. Dans le Sahara on peut voyager à dos de ___.
9. Quand on voyage dans le Sahara, on voit souvent des ___ de chameaux qui vont d'une oasis à une autre.
10. Dans certaines régions du Sahara, le ___ forme de grandes dunes.

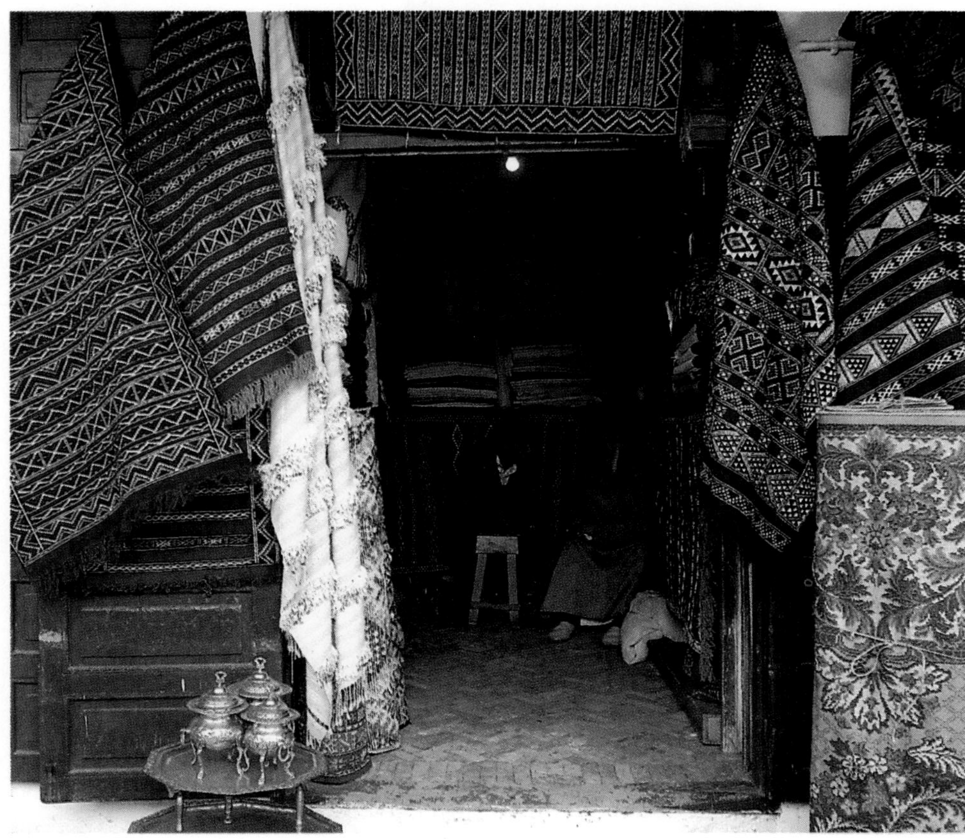

Dans la médina de Marrakech, un marchand de tapis

Activités de communication orale
Mots 1 et 2

A **Les souks.** Vous êtes dans les souks de la médina de Casablanca. On y vend de très beaux objets en cuir. Vous aimeriez bien acheter un sac. Vous parlez au maroquinier (votre camarade).

1. Il vous demande ce que vous voulez.
2. Il vous montre un grand sac. Vous en voulez un petit.
3. Il vous montre un sac rouge, mais vous préférez un sac vert.
4. Il vous donne le sac vert. Vous voulez savoir le prix.
5. Vous croyez que le prix est trop élevé. Vous marchandez.

B **J'ai marchandé.** Décrivez ce qui vient de se passer avec le maroquinier (votre camarade). Dites si vous avez acheté le grand sac ou le petit sac vert. Expliquez pourquoi. Le maroquinier donnera son point de vue sur ce qui s'est passé.

C **Le Sahara.** Comment imaginez-vous le Sahara? Travaillez en petits groupes. Décrivez-le en quelques phrases. Vous pouvez même faire un dessin.

Élève 1: J'imagine qu'il fait très, très chaud au Sahara.
Élève 2: J'imagine qu'il y a des palmiers.

STRUCTURE

Le subjonctif avec les expressions de doute

Expressing Doubt or Uncertainty

1. In French, any verb or expression that implies doubt, uncertainty, or disbelief about present and future actions is followed by the present subjunctive.

Je doute
Je ne pense pas
Je ne crois pas
Je ne suis pas sûr(e)
Je ne suis pas certain(e)
Ça m'étonnerait
Il n'est pas évident
Il n'est pas sûr
Il n'est pas certain
} **qu'ils soient là.**

2. Note that many verbs or expressions of uncertainty or disbelief are actually expressions of certainty or belief in the negative. Expressions of certainty or belief are followed by the indicative. Compare the following pairs of sentences:

CERTAINTY → INDICATIVE	UNCERTAINTY → SUBJUNCTIVE
Je suis sûr qu'ils partiront.	**Je ne suis pas sûr qu'ils partent.**
Je crois qu'elle est musulmane.	**Je ne crois pas qu'elle soit musulmane.**
Il est certain qu'il fera beau.	**Il n'est pas certain qu'il fasse beau.**
Il est probable que j'irai au Maroc.	**Il est peu probable que j'aille au Maroc.**

Exercices

A **Tu en doutes?** Répondez.

1. Tu doutes que je connaisse le Maghreb?
2. Tu doutes que je fasse un voyage au Maghreb l'année prochaine?
3. Tu doutes que j'aille en Tunisie?
4. Tu doutes que je sache faire le thé à la menthe?
5. Tu doutes que j'aie une amie tunisienne.

La baie de Hammamet, en Tunisie

B **Le désert du Sahara.** Répondez.

1. Tu crois que le Sahara est le plus grand désert du monde?
2. Tu crois que le Sahara est en Afrique?
3. Tu crois qu'il fait toujours chaud au Sahara?
4. Tu crois qu'il y fait du vent?
5. Tu crois qu'il y a des oasis?
6. Tu crois que la vie au Sahara est difficile?

Une vieille carte postale: vue du Sahara

C **La géographie, ça n'est pas mon fort!** Complétez.

1. Je doute que le Sahara ___ en Amérique. (être)
2. Je crois que le Sahara ___ en Afrique. (être)
3. Je ne suis pas sûr(e) que le Sahara ___ le plus vaste désert du monde. (être)
4. Moi, je crois que oui. Je suis certain(e) que c'___ le plus vaste désert du monde. (être)
5. Je crois que le Sahara ___ de l'océan Atlantique à la mer Rouge. (s'étendre)
6. Je ne pense pas qu'il y ___ beaucoup d'oasis. (avoir)
7. Ça m'étonnerait qu'on ___ encore rencontrer beaucoup de chameaux au Sahara. (pouvoir)
8. Il est certain qu'il y ___ beaucoup de palmiers dans les oasis. (avoir)

D **Certain ou pas?** Commencez par les expressions indiquées.

1. La capitale de la Tunisie est Tunis. (Je crois)
2. Tunis est une grande ville cosmopolite. (Il est probable)
3. Tunis a une médina. (Il est certain)
4. La médina de Tunis a de très grands souks. (Je ne doute pas)
5. Les marchés arabes s'appellent des souks. (Je crois)
6. Tunis a de jolies banlieues. (Je doute)
7. Vous n'avez pas raison. (Je suis certain[e])
8. Carthage et Sidi-Bou-Saïd sont de très jolis villages de la banlieue de Tunis. (Je suis sûr[e])
9. Nous allons faire un voyage en Tunisie. (Je crois)
10. J'y vais. (Moi, ça m'étonnerait)
11. Il y va. (Il est peu probable)

Les expressions *il me semble que* et *il paraît que*

Telling What People or Things Seem to Be Like

Note that *il paraît que* and *il me semble que* (or *il lui semble que, il vous semble que*, etc.) are followed by the indicative. Study the following.

> **Il paraît qu'elle va passer ses vacances au Maroc.**
> ***Apparently, she's going to spend her vacation in Morocco.***
> **Il me semble qu'elle va souvent au Maroc.**
> ***It seems to me that she goes to Morocco often.***

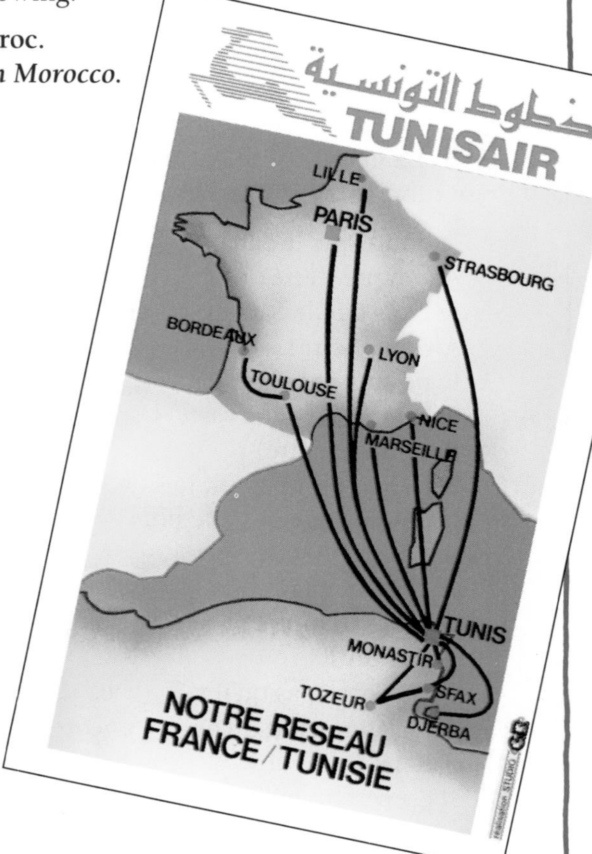

Exercice

A **Elle est malade.** Répondez d'après le modèle.

> **Il paraît qu'elle est malade.**
> ***Je crois que tu as raison. Il me semble qu'elle est malade.***

1. Il paraît qu'elle est malade.
2. Il paraît qu'elle perd des kilos.
3. Il paraît qu'elle maigrit.
4. Il paraît qu'elle a toujours l'air triste.
5. Il paraît qu'elle n'a pas envie de travailler.
6. Il paraît qu'elle n'a aucune énergie.

L'infinitif après les prépositions

Describing Two Related Activities

1. You have already used the infinitive form of the verb in several constructions. Review the following.

   > **Jacqueline va *faire* une petite excursion à Carthage.**
   > **Elle aime *visiter* les sites archéologiques.**
   > **Elle pense y *aller* demain.**

2. You also use the infinitive form of the verb after a preposition in French. Study the following.

   > **Elle est allée au souk *pour faire* des achats.**
   > ***Avant d'aller* au souk elle est allée à la banque.**
   > **Elle y est allée *pour changer* de l'argent.**
   > **Elle ne peut rien acheter *sans payer.***

Exercices

A **En Tunisie!** Répondez.

1. Elle est allée à l'agence de voyage pour prendre ses billets?
2. Elle y est allée avant de partir pour l'aéroport?
3. Elle est partie sans dire «au revoir»?
4. Elle a voyagé en Tunisie sans parler arabe?
5. Elle a visité Tunis et ses environs avant d'aller à Tozeur?
6. Elle est allée à Tozeur pour voir les chotts?

B **Une étudiante sérieuse.** Répondez d'après le modèle.

Elle fait ses devoirs. Ensuite elle regarde la télé.
Elle fait ses devoirs avant de regarder la télé.

1. Elle fait ses devoirs. Ensuite elle téléphone à ses copains.
2. Elle fait ses devoirs. Ensuite elle écoute des cassettes.
3. Elle fait ses devoirs. Ensuite elle regarde une vidéo.
4. Elle fait ses devoirs. Ensuite elle sort.
5. Elle fait ses devoirs. Ensuite elle lit un magazine.

C **Pourquoi faire des études?** Répondez d'après le modèle.

Nous étudions parce que nous voulons apprendre.
Nous étudions pour apprendre.

1. Nous étudions parce que nous voulons réussir.
2. Nous étudions parce que nous voulons avoir de bonnes notes.
3. Nous étudions parce que nous voulons trouver un bon travail.
4. Nous étudions parce que nous voulons apprendre.
5. Nous étudions parce que nous voulons obtenir notre diplôme.

Le chott El Fedjadj en Tunisie

CONVERSATION

Scènes de la vie *Allons dîner à la tunisienne!*

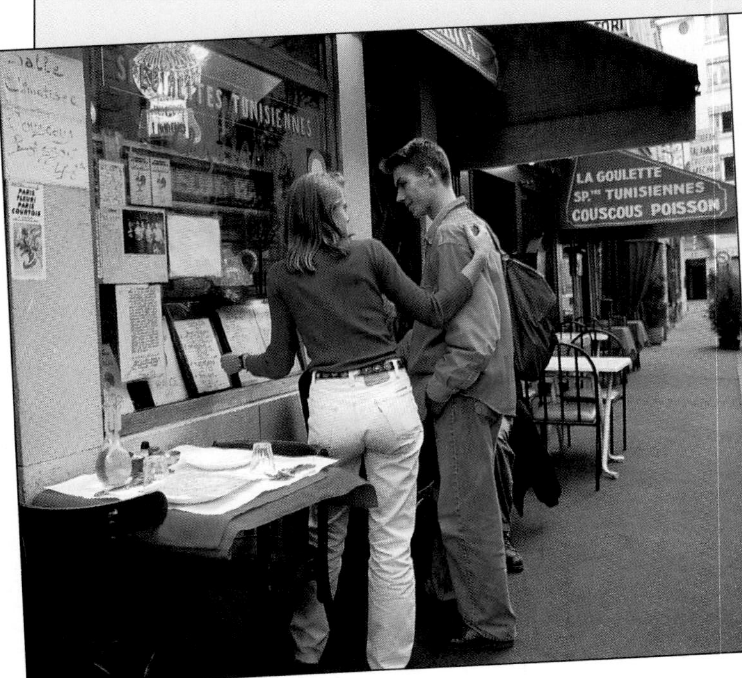

LISETTE: J'ai faim.

MARC: Moi aussi, j'ai une faim de loup.

LISETTE: Tu veux manger tunisien? Ah, zut! J'ai oublié. Toi, l'Américain, ça m'étonnerait que tu connaisses la cuisine tunisienne.

MARC: Ça t'étonnerait que je la connaisse? Tout juste! Je ne la connais pas.

LISETTE: Mais je suis sûre que tu aimeras ça. On va commander un bon couscous.

MARC: Qu'est-ce que tu as dit? Un «cou» quoi?

LISETTE: Un couscous. Répète, *couscous*.

MARC: Couscous. Mais c'est quoi, un couscous?

LISETTE: C'est de la semoule de blé servie avec de la viande, des légumes et une sauce un peu piquante. C'est délicieux!

A Où vont-ils dîner? Répondez d'après la conversation.

1. Lisette est française ou américaine? Qu'est-ce que vous en pensez?
2. Et Marc, il est américain ou français?
3. Ils ont faim?
4. Qui connaît la cuisine tunisienne?
5. Qui ne la connaît pas?
6. Ils vont aller à un restaurant tunisien?
7. Vous pensez qu'ils vont en Tunisie pour dîner?
8. Qu'est-ce qu'ils vont commander?
9. Qu'est-ce qu'un couscous?
10. Vous connaissez la cuisine tunisienne?

B Langage familier. Dites d'une façon plus familière.

1. J'ai très faim.
2. Je vais aller à un restaurant tunisien.

Activités de communication orale

Sophie

A En Tunisie. Vous venez de rentrer d'un voyage en Tunisie. Votre amie Sophie, qui va bientôt y aller aussi, voudrait des renseignements. Répondez à ses questions.

1. On utilise quelle monnaie en Tunisie?
2. Où est-ce que je devrais aller pour acheter des objets en cuir?
3. Qu'est-ce que je devrais manger?
4. Qu'est-ce qu'il y a dans un couscous?

B Connaissez-vous le Maghreb? Parmi les affirmations suivantes, certaines sont exactes et certaines sont fausses. Discutez-en avec un(e) camarade.

1. Le Sahara est le plus grand désert du monde.
2. Casablanca est en Algérie.
3. L'Algérie a 22.600.000 habitants.
4. La Mecque est en Arabie Saoudite.
5. Les chotts se trouvent dans les grandes villes maghrébines.
6. La baie de Hammamet est au Maroc.

> Élève 1: **Je crois que c'est vrai que le Sahara est le plus grand désert du monde.**
>
> Élève 2: **Moi, je ne suis pas sûr(e) que ce soit vrai, mais je ne sais pas la bonne réponse.**

C À votre avis. Voici une liste de sujets. Avec votre camarade, discutez de ces sujets en utilisant «je pense» ou «je crois» et «je ne pense pas» ou «je ne crois pas».

1. Les cheveux longs sont plus jolis que les cheveux courts.
2. Les cours facultatifs sont plus intéressants que les cours obligatoires.
3. La technologie cause la pollution.
4. Les médias ont une bonne influence sur les jeunes.
5. Les jeunes d'aujourd'hui sont mal élevés.
6. La musique rock est meilleure que la musique classique.

B. 1. Vrai.
2. Faux. (Casablanca est au Maroc.)
3. Vrai.
4. Vrai.
5. Faux. (Les chotts se trouvent dans le désert.)
6. Faux. (Voir la photo à la page 362.)

LECTURE ET CULTURE

UNE MAGHRÉBINE VOUS PARLE

Bonjour, mes amis! Je m'appelle Farida Ashour. Je suis Maghrébine. C'est-à-dire que je suis du Maghreb. Je doute que vous connaissiez le Maghreb. Il est possible que vous ne sachiez même pas où ça se trouve. En arabe, le Maghreb veut dire «là où le soleil se couche». C'est le nom qu'on donne aux trois pays d'Afrique du Nord: Maroc, Algérie et Tunisie. Moi, je suis tunisienne et comme les Marocains et les Algériens, je parle arabe et français.

Pourquoi le français? Parce que la Tunisie, l'Algérie et le Maroc étaient, il n'y a pas encore si longtemps, des colonies françaises. Elles sont devenues indépendantes entre 1955 et 1962, et l'influence française est encore très forte. Par exemple, tous les enfants du Maghreb apprennent le français comme deuxième langue dès l'école primaire.

Comme je vous l'ai dit, je suis tunisienne. Je suis de Tunis, notre capitale. Je fais des études universitaires à Tunis. Ma sœur est agent de police. Et vous savez que je vous parle d'un pays islamique. Dans certains pays islamiques, les femmes ne peuvent pas sortir dans la rue sans être voilées. Vous verrez de temps en temps des femmes voilées en Tunisie mais la plupart des Tunisiennes ne portent pas le voile. Notre ancien président, M. Bourguiba, a insisté sur l'émancipation des femmes. Presque toutes les écoles en Tunisie sont mixtes, et beaucoup de femmes vont à l'université et participent à la vie active. Bourguiba a aboli la polygamie en 1960. Mais encore aujourd'hui, il n'est pas rare qu'un jeune couple ne se connaisse pas avant de se marier. Ce sont les familles des mariés qui organisent et décident le mariage. Ça commence à changer un peu, mais le «dating» tel que[1] vous le connaissez n'existe pas chez nous.

La plupart des Tunisiens sont musulmans; par conséquent, nous ne mangeons pas de porc et nous ne buvons pas d'alcool. Les hommes prient cinq fois par jour vers la Mecque, la

[1] tel que *as*

Marrakech: la place Djemaa-el-Fna

Des artisans dans un atelier au Maroc

ville sainte[2] des musulmans. Nous n'avons pas de clergé, mais nous avons des imams ou guides religieux qui interprètent le Coran. Si vous nous rendez visite en Tunisie, vous entendrez le muezzin appeler à la prière du haut du minaret de nos mosquées.

Je vous ai dit que les Tunisiennes ne portent pas le voile. Mais si vous allez dans les souks de Tunis vous verrez beaucoup de femmes en sifsari. Le sifsari est une sorte de voile ou très grand châle en tissu blanc. Il est très ample et la femme s'enveloppe dedans. La plupart du temps, le sifsari couvre la tête et le corps, mais laisse le visage à découvert[3]. Toutefois[4], certaines femmes utilisent le sifsari pour se couvrir une partie du visage.

Vous me demandez ce que c'est qu'un souk? Un souk est un marché arabe couvert. Il y a beaucoup de ruelles dans un souk. De chaque côté de ces ruelles il y a de petites boutiques et ateliers qui offrent tous les mêmes produits. Ainsi[5] il y a le souk des maroquiniers, qui vendent toutes sortes d'objets en cuir. Quand on se promène dans les souks, il faut faire attention, car il est très facile de se perdre dans ces ruelles. Mais je vous assure qu'il n'est pas dangereux de se promener dans les souks et que c'est vraiment fascinant. Et puis si vous savez marchander, vous vous amuserez bien.

Pour trouver les souks, il faut aller dans la médina. La médina est la partie ancienne de nos villes et on l'appelle souvent le quartier arabe pour le différencier des quartiers récents d'origine européenne.

[2] sainte *holy*
[3] à découvert *exposed, uncovered*
[4] toutefois *still, nevertheless*
[5] ainsi *thus*

Un marché à Fès, au Maroc

Étude de mots

A Qu'est-ce qui va ensemble? Choisissez le contraire.

1. le soleil se couche
2. le nord
3. une colonie
4. l'école primaire
5. boire
6. une ruelle

a. l'école secondaire
b. un boulevard
c. le soleil se lève
d. manger
e. le sud
f. un pays indépendant

Compréhension

B **Farida.** Répondez d'après la lecture.

1. Comment s'appelle la jeune fille qui nous parle?
2. Elle est d'où?
3. Où est le Maghreb?
4. Quelle est sa nationalité?
5. Quelle est sa religion?
6. Quelle est sa première langue?
7. Quelle est sa deuxième langue?
8. Où fait-elle ses études?

C **Des renseignements.** Trouvez les renseignements suivants dans la lecture.

1. les trois pays du Maghreb
2. la capitale de la Tunisie
3. la langue officielle des pays du Maghreb
4. la deuxième langue étudiée à l'école
5. la religion officielle des pays du Maghreb
6. le nom du président de la Tunisie de 1957 à 1987
7. un marché arabe couvert
8. le quartier ancien d'une ville du Maghreb
9. un édifice religieux islamique
10. l'homme qui appelle à la prière du haut du minaret

D **Oui ou non?** Corrigez les phrases fausses.

1. La plupart des Tunisiennes sont voilées.
2. Les mosquées ont des minarets
3. L'Islam n'a pas de clergé.
4. Le grand livre religieux des musulmans est la Bible.
5. La médina est la partie moderne d'une ville du Maghreb.
6. La médina est toujours d'origine européenne.

Deux vues du Sahara: un mirage et un couple à dos de chameau

DÉCOUVERTE CULTURELLE

*U*n hammam est un bain turc. Pour obéir à leur religion, les musulmans doivent aller une fois par semaine au hammam.

Les femmes maghrébines qui n'habitent pas dans des maisons modernes font la cuisine sur des «canouns». Ce sont de petits braséros en terre cuite qui contiennent du charbon de bois.

Les pays du Maghreb ne sont pas industrialisés. Ce sont tous des pays en voie de développement. Comme dans tous les pays en voie de développement, le chômage[1] est un problème sérieux. Il y a des gens qui cherchent du travail sans pouvoir en trouver. À cause du chômage, beaucoup de Maghrébins émigrent en France pour y chercher du travail. Les Maghrébins constituent le plus grand groupe de travailleurs immigrés en France.

Le Sahara tunisien commence par les chotts. Les chotts sont des lacs salés en hiver qui se recouvrent d'une croûte de sel en été. Les chotts sont spectaculaires car l'été, ils scintillent[2] et créent des mirages. Il est très facile de se perdre dans les chotts car on croit qu'on voit un village quand en fait il n'y a rien. Ce n'est qu'un mirage. Et entre les chotts et les dunes de sable, il y a des oasis qui sont comme de petites îles fertiles dans le désert. On y trouve de l'eau et des palmiers, et des hommes qui cultivent les palmeraies avec l'aide de leurs chameaux.

Ruines romaines à Carthage, en Tunisie

Au 9e siècle avant Jésus-Christ, la reine[3] phénicienne Didon fonde Carthage. Carthage devient la capitale d'une grande république maritime. Au 3e siècle avant Jésus-Christ, les guerres puniques opposent Rome et Carthage. Aujourd'hui Carthage est une très jolie banlieue de Tunis. Beaucoup de gens aisés qui travaillent à Tunis y habitent. La partie de Carthage où se trouvent les ruines les plus importantes a été déclarée parc archéologique national.

[1] chômage *unemployment*
[2] scintillent *glitter*
[3] reine *queen*

Le marché de Ghardaïa en Algérie
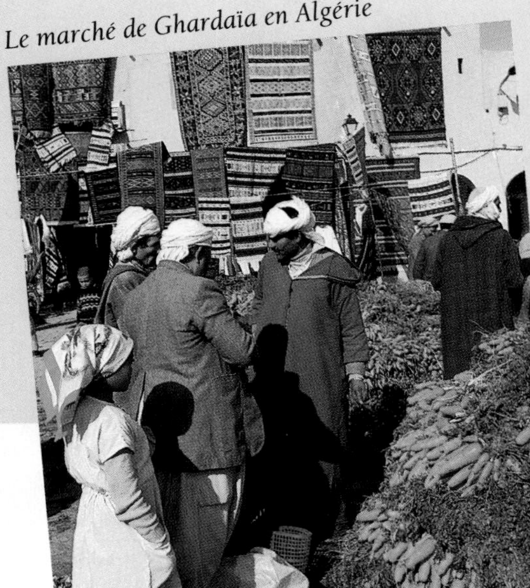

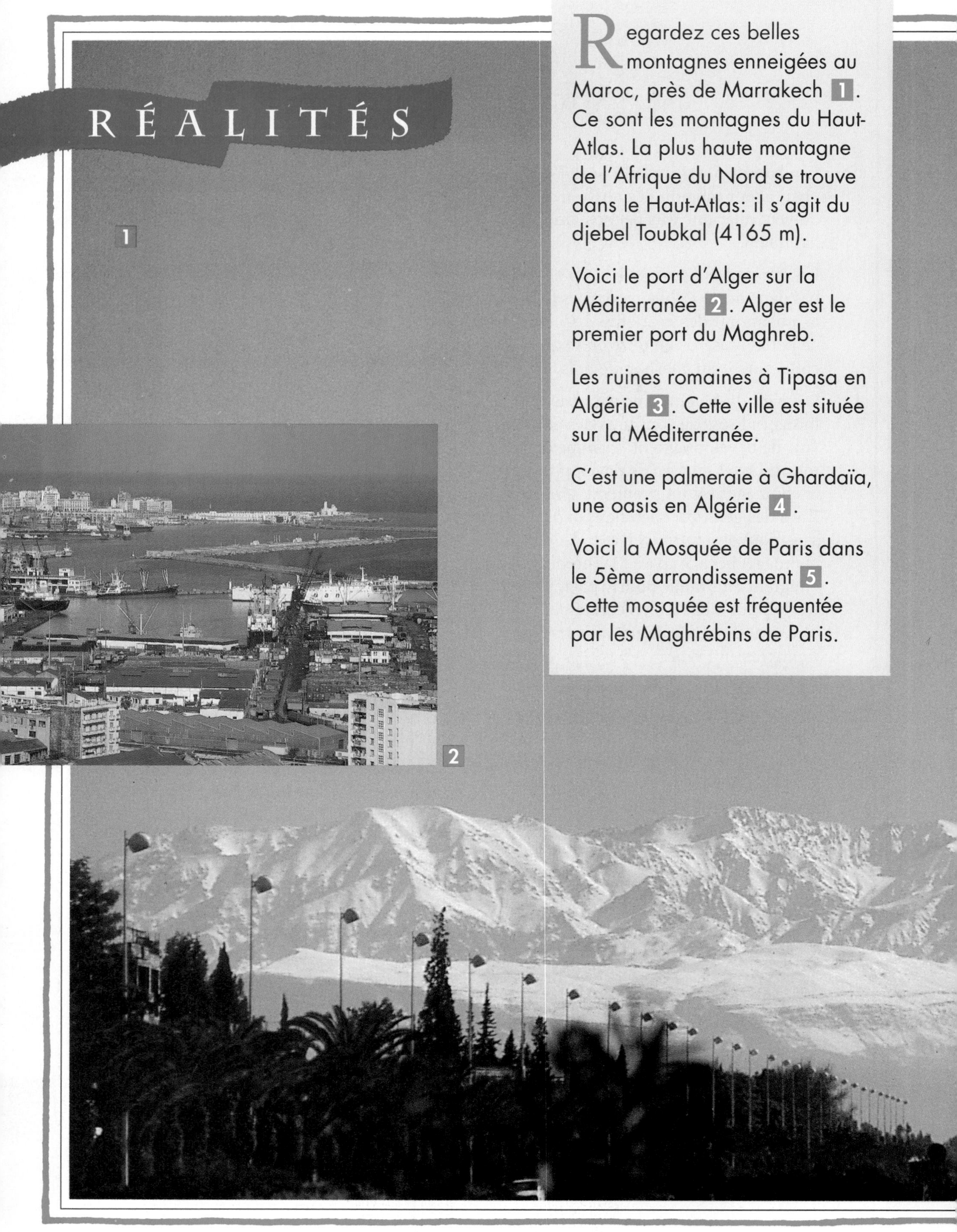

RÉALITÉS

Regardez ces belles montagnes enneigées au Maroc, près de Marrakech 1. Ce sont les montagnes du Haut-Atlas. La plus haute montagne de l'Afrique du Nord se trouve dans le Haut-Atlas: il s'agit du djebel Toubkal (4165 m).

Voici le port d'Alger sur la Méditerranée 2. Alger est le premier port du Maghreb.

Les ruines romaines à Tipasa en Algérie 3. Cette ville est située sur la Méditerranée.

C'est une palmeraie à Ghardaïa, une oasis en Algérie 4.

Voici la Mosquée de Paris dans le 5ème arrondissement 5. Cette mosquée est fréquentée par les Maghrébins de Paris.

1

2

3
4
5

CULMINATION

Activités de communication orale

A **Un voyage en Tunisie.** Travaillez avec un(e) camarade. Vous êtes agent de voyage. Votre client(e) (votre camarade) veut faire un voyage en Tunisie. Dites ce qu'il faut absolument qu'il/elle fasse pendant son voyage. Votre camarade peut être d'accord avec vous ou non. Faites plusieurs recommandations.

Élève 1: Il faut absolument que vous visitiez un marché couvert.
Élève 2: Oui, je voudrais bien voir un marché couvert.
Élève 1: Il faut absolument que vous mangiez un couscous.
Élève 2: Merci, mais je n'aime pas le couscous.

B **Un dîner maghrébin.** Avec vos camarades, préparez un couscous et d'autres plats maghrébins à la maison. (Voir la recette «Couscous marocain aux sept légumes» à la page 148 du Student Tape Manual Teacher's Edition.) Apportez ces plats à l'école. Invitez d'autres classes de français à les manger avec vous. Si possible, essayez de trouver de la musique nord-africaine à jouer pendant le dîner. N'oubliez pas de parler français.

Activités de communication écrite

A **Mon journal.** Vous revenez d'un voyage au Maghreb. Décrivez ce que vous avez vu, mangé et observé.

B **Des comparaisons.** Écrivez une lettre à un(e) ami(e) en comparant le climat, le paysage, la vie, la nourriture, les vêtements et les villes du Maghreb et ceux de votre pays. Quelles en sont les différences?

Une porte dans les remparts de Fès, au Maroc

Réintroduction et recombinaison

A **Le dernier film que tu as vu.** Répondez en utilisant un pronom.

1. Tu as aimé le film?
2. Tu as vu le film hier soir?
3. Tu es allé(e) au cinéma avec qui?
4. Tu as lu les sous-titres?
5. Tu as compris le dialogue?
6. Tu as vu la vedette?
7. Tu as admiré les costumes?

B **Un peu de géographie.** Complétez avec une préposition.

1. Je veux aller ___ Tunisie.
2. La Tunisie est ___ Afrique.
3. On peut aller ___ France ___ Tunisie en avion ou en bateau.
4. Je voudrais bien aller aussi ___ Maroc.
5. Tu vas aller ___ Rabat, la capitale ___ Maroc?
6. Tunis est la capitale ___ Tunisie.

Vocabulaire

NOMS

l'Afrique (f.)
le Maghreb
le Maroc
l'Algérie (f.)
la Tunisie
la Mecque
le Sahara

le désert
le soleil
le sable
la dune
le chott
le lac salé
la croûte de sel

l'oasis (f.)
la palmeraie
la plantation
le palmier
la datte
la figue
le chameau
la caravane

les musulmans (m.)
la mosquée
le minaret
le muezzin
le hammam
le bain turc
le voile
le châle

la médina
le souk
le marché arabe couvert
la ruelle
l'atelier (m.)
le maroquinier
l'objet (m.) en cuir

le dinar

le thé à la menthe
le braséro
le charbon de bois

le couscous
la semoule de blé
l'agneau (m.)
l'aubergine (f.)
la courgette
les raisins secs
la sauce piquante

ADJECTIFS

maghrébin(e)
tunisien(ne)
salé(e)

VERBES

marchander
s'envelopper
prier
douter

AUTRES MOTS ET EXPRESSIONS

il paraît
il me (te, lui, etc.) semble
il est certain
il est sûr
il est évident
ça m'étonnerait
être sûr(e)
être certain(e)
faire cuire

CHAPITRE 15

LES AGRICULTEURS EN FRANCE

OBJECTIFS

In this chapter you will learn to do the following:

1. talk about farms and farm animals
2. express emotions about past events
3. use the subjunctive after certain conjunctions
4. compare farms in France and the U.S.

Simplicity

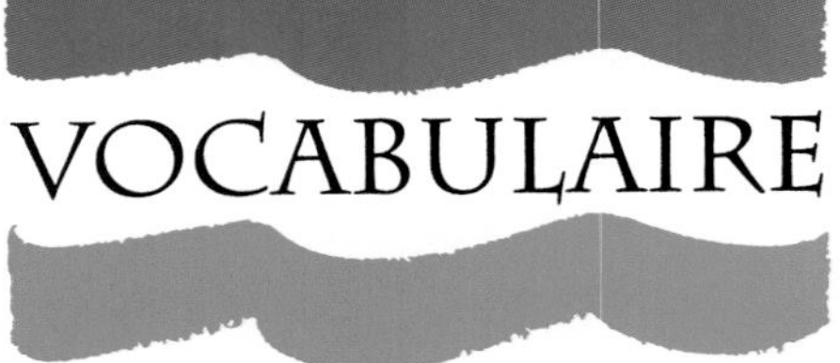

MOTS 1

À LA CAMPAGNE

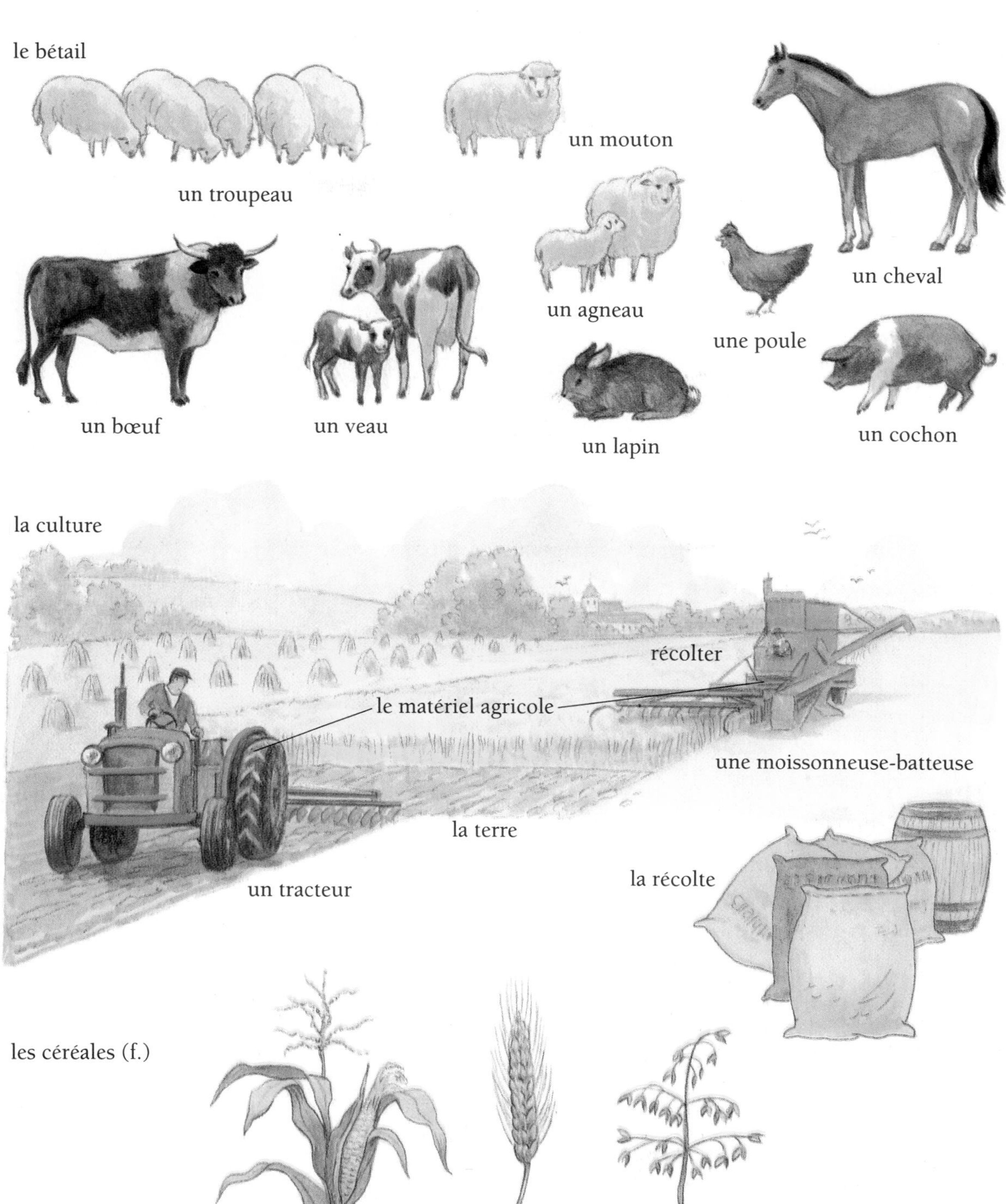

L'élevage est la production et l'entretien des animaux domestiques, surtout du bétail.
La culture est l'action de cultiver (travailler) la terre.

Exercices

A Un bâtiment ou un animal? Choisissez.

1. une grange
2. une poule
3. une étable
4. une vache
5. un cochon
6. un lapin
7. un hangar
8. un cheval
9. un veau
10. un agneau

Une ferme en Normandie

B Ils ont faim! Que mangent les animaux suivants? Choisissez.

Que mange le lapin?
Le lapin mange des carottes.

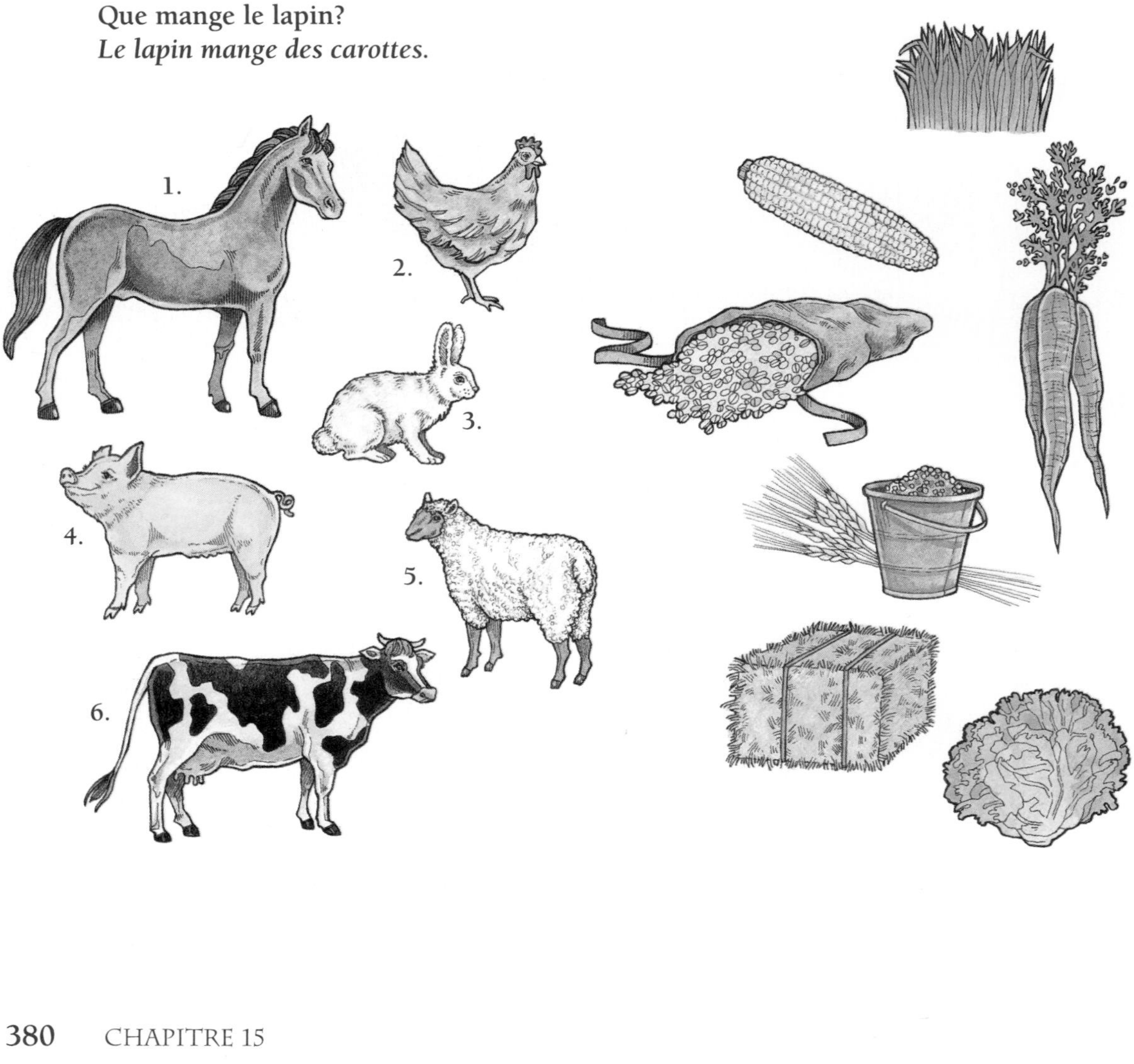

C L'élevage ou la culture? Choisissez.

1. les champs
2. les prés
3. une étable
4. le bétail
5. les céréales
6. les animaux domestiques
7. un troupeau
8. la récolte

D L'agriculture. Répondez.

1. Les fermes se trouvent à la campagne ou à la ville?
2. L'agriculture moderne emploie des chevaux et bœufs ou des tracteurs et des moissonneuses-batteuses?
3. Les animaux qui sont gardés ensemble forment une étable ou un troupeau?
4. On met le matériel agricole dans un hangar ou une grange?
5. On met la récolte dans la grange ou l'étable?
6. Les vignobles produisent des céréales ou du raisin pour le vin?
7. La culture est l'action de cultiver la terre ou la production et l'entretien des animaux domestiques?
8. On récolte le blé avec des moissonneuses-batteuses ou avec des tracteurs?

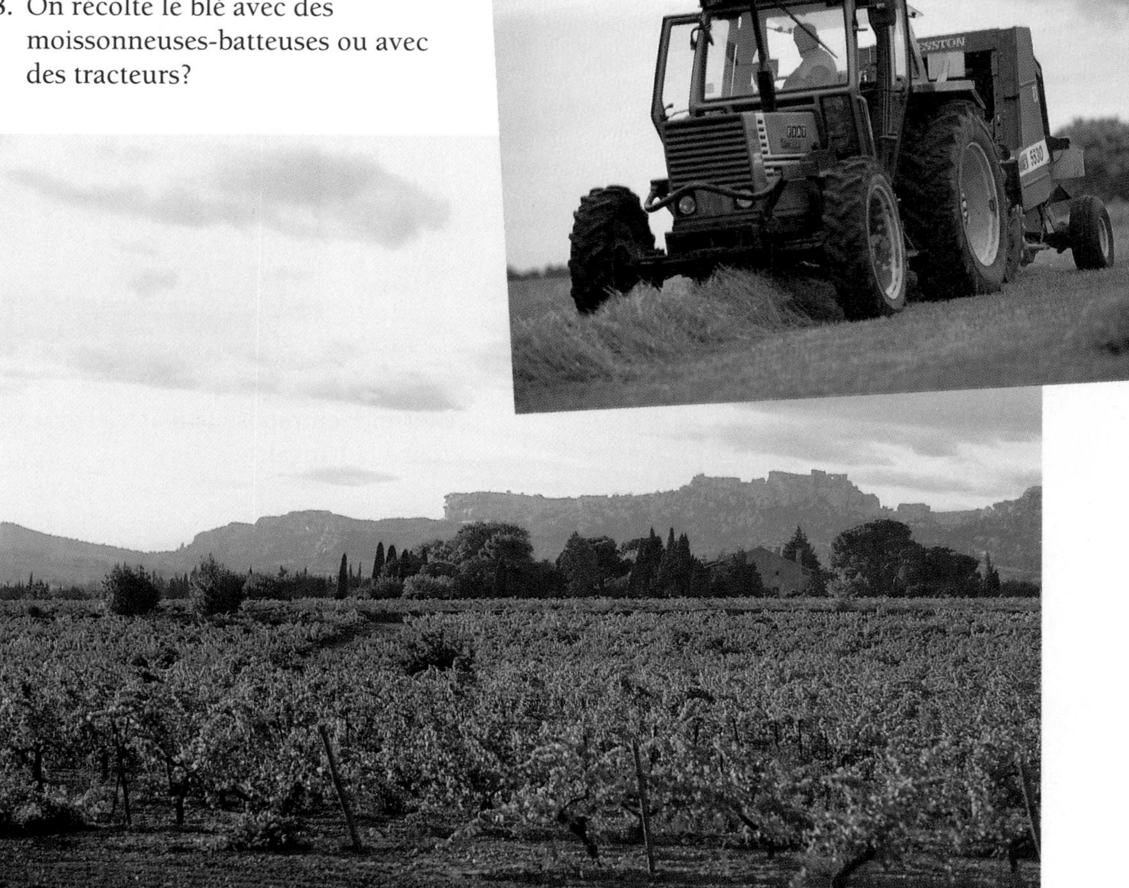

Des vignobles dans le Midi

VOCABULAIRE

MOTS 2

LA VIE DU FERMIER

le lever du soleil

le coucher du soleil

une exploitation

Le fermier entrepose le matériel agricole dans le hangar.

Le fermier gagne de l'argent pourvu qu'il ait une bonne récolte.

Il travaille jusqu'à ce que le soleil se couche.
Il travaille jusqu'au coucher du soleil.

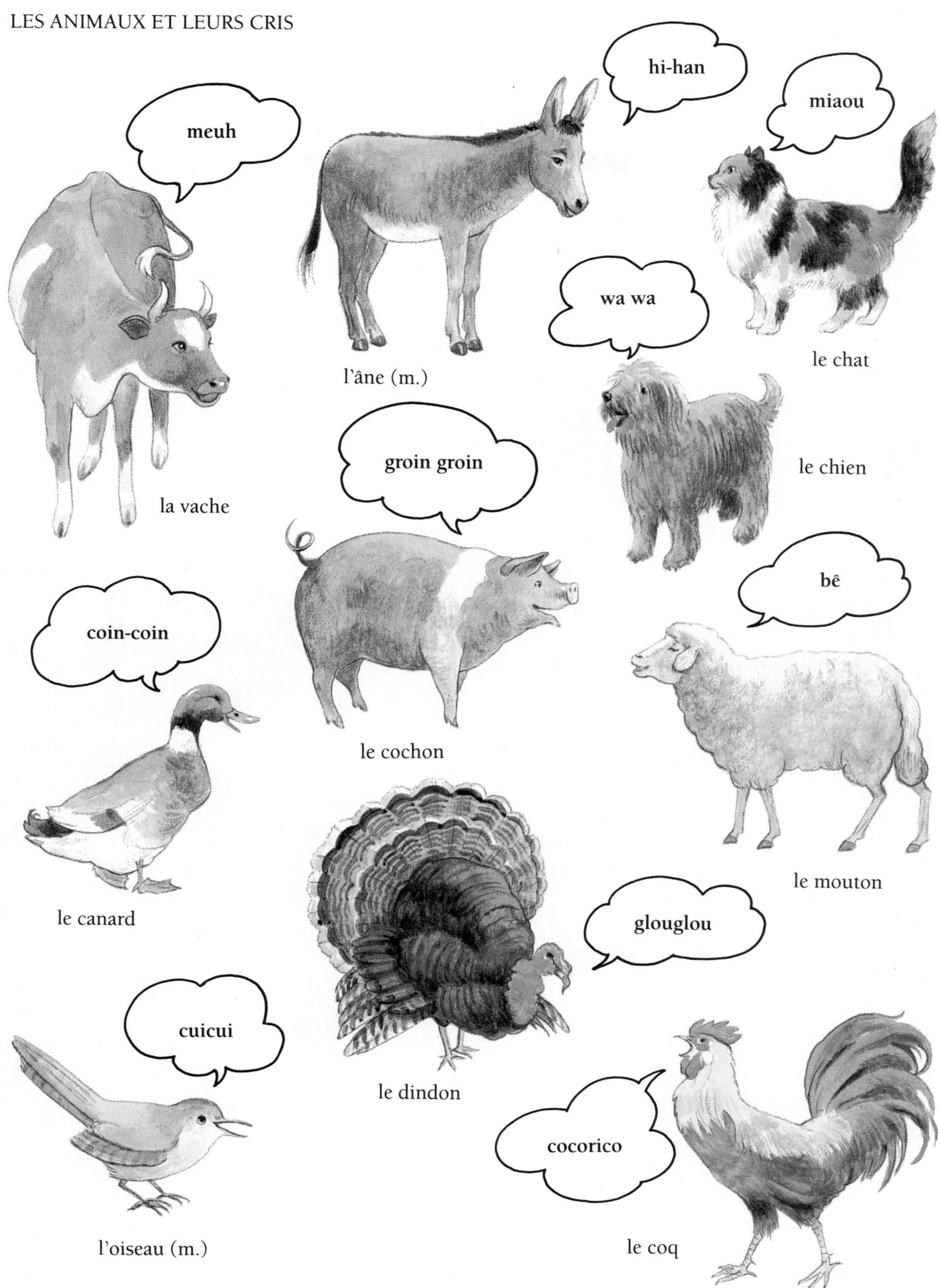
meuh
la vache
hi-han
l'âne (m.)
miaou
le chat
wa wa
le chien
groin groin
le cochon
coin-coin
le canard
bê
le mouton
glouglou
le dindon
cuicui
l'oiseau (m.)
cocorico
le coq

Exercices

A La terminologie agricole. Choisissez le mot ou l'expression qui correspond.

1. les céréales
2. la culture
3. entreposer
4. une ferme
5. le matériel agricole
6. récolter
7. le troupeau
8. le bétail
9. l'élevage

a. mettre dans un entrepôt
b. les bœufs, les chevaux, etc.
c. la production et l'entretien des animaux
d. un groupe d'animaux de la même espèce
e. l'action de cultiver la terre
f. les tracteurs et les moissonneuses-batteuses
g. une exploitation
h. amasser
i. le blé et autres grains

B Une ferme. Complétez.

1. Le jour commence avec le ___.
2. Le ___ se lève au lever du soleil.
3. Le jour finit avec le ___.
4. Une ferme s'appelle une ___.
5. Le fermier ___ son matériel agricole dans le hangar.
6. Il est important qu'il ait un lieu pour l'___ de son matériel.

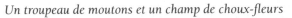

Un troupeau de moutons et un champ de choux-fleurs

C Les cris des animaux. Répondez.

1. Que fait la vache?
2. Et l'âne?
3. Et le dindon?
4. Et le cochon?
5. Et l'oiseau?
6. Et le chat?
7. Et le chien?
8. Et le canard?
9. Et le mouton?
10. Et le coq?

D Encore un peu de terminologie agricole. Choisissez le nom qui correspond au verbe.

1. récolter
2. élever
3. cultiver
4. entreposer
5. entretenir

a. la culture
b. l'entreposage
c. la récolte
d. l'entretien
e. l'élevage

Activités de communication orale

Mots 1 et 2

A **À la ferme.** Vous parlez à un(e) ami(e) français(e) (votre camarade). Quand votre ami(e) était petit(e), il/elle habitait dans une ferme. Vous voulez savoir:

1. où se trouvait cette ferme
2. s'il y avait des prés autour de la ferme
3. quels étaient les bâtiments
4. quels animaux il y avait

B **Qui suis-je?** Un(e) élève imitera en français le cri d'un animal. Les autres élèves devineront quel animal c'est.

> **Élève 1: Meuh!**
> **Les autres élèves: C'est la vache.**

C **Les produits agricoles.** Travaillez avec un(e) camarade. Faites une liste de la nourriture que vous avez chez vous. Votre camarade vous dira avec quoi chaque produit est fait ou d'où il vient. Ensuite changez de rôles.

> **Élève 1: Il y a du pain.**
> **Élève 2: On fait le pain avec du blé.**

D **À la ferme.** Travaillez avec un(e) camarade. Sans le nommer, décrivez un animal, un bâtiment ou quelque chose d'autre qu'on trouve dans une ferme. Votre camarade devinera ce que c'est. Ensuite changez de rôles.

> **Élève 1: Le fermier entrepose ça dans le hangar.**
> **Élève 2: C'est le matérial agricole.**

STRUCTURE

Le passé du subjonctif — *Expressing Emotions About Past Events*

1. You form the past subjunctive by using the present subjunctive of the verb *avoir* or *être* and the past participle.

PARLER	ALLER	SE LEVER
que j' **aie parlé** que tu **aies parlé** qu'il **ait parlé** qu'elle **ait parlé** qu'on **ait parlé** que nous **ayons parlé** que vous **ayez parlé** qu'ils **aient parlé** qu'elles **aient parlé**	que je **sois allé(e)** que tu **sois allé(e)** qu'il **soit allé** qu'elle **soit allée** qu'on **soit allé** que nous **soyons allé(e)s** que vous **soyez allé(e)(s)** qu'ils **soient allés** qu'elles **soient allées**	que je **me sois levé(e)** que tu **te sois levé(e)** qu'il **se soit levé** qu'elle **se soit levée** qu'on **se soit levé** que nous **nous soyons levé(e)s** que vous **vous soyez levé(e)(s)** qu'ils **se soient levés** qu'elles **se soient levées**

2. The past subjunctive is used after the same expressions or verbs as the present subjunctive. It indicates that an action or event was completed in the past.

Je regrette que vous soyez arrivés en retard.
Mais je suis content que vous soyez venus chez nous.

Des oliviers devant une maison près d'Arles

Des vignobles en Provence

Exercices

A L'accident de Jacques. Répondez d'après le modèle.

Jacques s'est blessé hier.
Je regrette que Jacques se soit blessé hier.

1. Jacques a eu un accident.
2. Il est tombé.
3. Il est allé à l'hôpital.
4. Il s'est cassé la jambe.
5. Le médecin lui a mis la jambe dans le plâtre.

B Le mauvais temps. Répondez d'après le modèle.

Il a fait très chaud ici.
Je suis désolé(e) qu'il ait fait très chaud.

1. Il a fait très sec tout l'été.
2. Toutes les plantes sont mortes.
3. Les fermiers ont eu une très mauvaise récolte.
4. Les agriculteurs ont perdu beaucoup d'argent.
5. Ils ont gagné très peu d'argent.

C Un mariage. Commencez chaque phrase par «Robert est content que».

1. Nous avons décidé de nous marier.
2. Nous lui avons envoyé un faire-part.
3. Nous l'avons invité à la réception.
4. Marie a été invitée aussi.
5. Marie a accepté l'invitation.

Le subjonctif après des conjonctions

Using the Subjunctive After Certain Conjunctions

1. You use the subjunctive after the following conjunctions.

bien que	***although***
pourvu que	***provided that***
à moins que	***unless***
sans que	***without***
pour que	***in order that, so that***
avant que	***before***
jusqu'à ce que	***until***

Robert fera le voyage *bien qu*'il n'*ait* pas assez d'argent.
Il ira *pourvu que* tu y *ailles* aussi.
Et je sais que tu ne feras pas le voyage *à moins que* ton frère (ne) le *fasse*.

2. When the subjects of the main and subordinate clauses are the same, *pour que, sans que, avant que,* and *à moins que* + subjunctive become *pour, sans, avant de* and *à moins de* + infinitive.

Ils travaillent pour gagner de l'argent.

3. In careful speech, the conjunctions *à moins que* and *avant que* are often used with *ne*. The *ne* does not, however, make the sentence negative.

Il faut que je parte *avant qu*'il *n*'arrive.
Il est impossible qu'elle le sache *à moins que* vous *ne* lui ayez dit.

Exercices

A La vie du fermier. Répondez par «oui» ou «non».

1. Le fermier se lève de bonne heure?
2. De temps en temps, il se lève avant que le soleil ne se lève?
3. Il travaille bien qu'il pleuve?
4. Il travaille bien qu'il fasse mauvais temps?
5. Il travaille dur pour avoir une bonne récolte?
6. Tout le monde est content que les fermiers aient une bonne récolte?
7. Les fermiers gagnent assez d'argent pourvu que la récolte soit bonne?
8. Il est possible que les fermiers perdent de l'argent à moins que la récolte ne soit bonne?

La Touraine: un fermier trait ses chèvres

B **De toute façon j'irai.** Répondez par «oui».

1. Vous irez à la campagne bien qu'il fasse mauvais temps?
2. Vous irez en voiture bien qu'il y ait beaucoup de circulation?
3. Vous attendrez jusqu'à ce qu'il y ait moins d'embouteillages?
4. Vous attendrez jusqu'à ce que les heures de pointe soient passées?
5. Vous conduirez pendant la nuit à moins que vous ne soyez trop fatigué(e)?
6. Vous arriverez chez eux sans qu'ils le sachent?

C **Les fermiers.** Complétez.

1. Les fermiers travaillent bien qu'il ___. (faire mauvais)
2. Ils travaillent bien qu'il ___ très mauvais temps. (faire)
3. Malheureusement les récoltes ne poussent pas à moins qu'il n'y ___ du soleil ou de la pluie en quantité suffisante. (avoir)
4. À moins qu'il ___ demain, les légumes vont mourir. (pleuvoir)
5. Les agriculteurs n'auront pas assez de revenu à moins que la récolte ne ___ bonne. (être)
6. Ils ne pourront pas continuer sans que le gouvernement (l'État) ___. (intervenir)
7. L'État leur donnera de l'argent pour qu'ils ___ continuer à exploiter leurs fermes. (pouvoir)

Des champs cultivés près d'Albi

D **Pourquoi la prof enseigne-t-elle?** Complétez.

La prof enseigne pour que ses élèves...

1. apprendre
2. être mieux informés
3. pouvoir discuter avec intelligence
4. parler bien le français
5. savoir beaucoup de choses
6. être bien élevés
7. réussir dans la vie
8. être bien préparés pour faire des études universitaires

Scènes de la vie *L'herbe est toujours plus verte chez le voisin.*

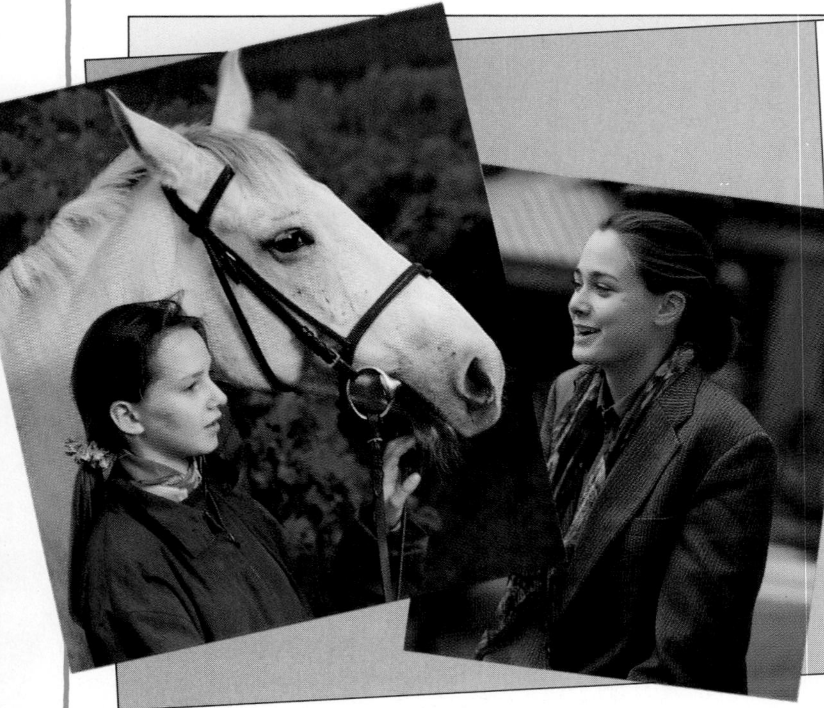

CHANTAL: Comme tu as de la chance de vivre en ville!

CAROLINE: Pourquoi? Tu n'aimes pas vivre à la campagne?

CHANTAL: Ça non, alors! J'en ai assez de conduire les vaches au pré, de garder les moutons et de donner à manger aux cochons...

CAROLINE: C'est vrai? Je devrais changer de place avec toi! Moi j'adorerais ça, être fermière: donner de l'herbe aux lapins, de l'avoine aux chevaux, du maïs aux poules...

CHANTAL: Mais dis donc, tu en sais des choses! Tu as vu ça au cinéma?

CAROLINE: Tu rigoles, mais quand j'avais dix ans j'ai passé l'été dans une ferme. À la fin je voulais rester là-bas. Mes parents ont dû me kidnapper pour que je revienne à la maison!

A **Rat des villes et rat des champs.** Répondez d'après la conversation.

1. Qui est de la ville?
2. Qui est de la campagne?
3. Qui préfère la ville?
4. Qui préfère la campagne?
5. Pourquoi est-ce que Chantal en a assez de vivre à la campagne?
6. Qu'est-ce que Caroline ferait si elle était fermière?
7. Qu'est-ce qui s'est passé quand elle avait dix ans?
8. Est-ce qu'elle a aimé ces vacances à la ferme?

Des vaches dans un pâturage en Dordogne

Activités de communication orale

A Une jolie ferme. Travaillez en petits groupes. Chaque groupe écrira autant de questions que possible au sujet des deux photos et posera ces questions aux autres groupes. Le groupe qui répondra correctement au plus grand nombre de questions gagnera.

B Des expressions avec des animaux. Travaillez avec un(e) camarade. Choisissez une des expressions suivantes sans la nommer. Expliquez-la en d'autres mots à votre camarade. Il/Elle vous dira quelle expression c'est.

avoir une faim de loup
avoir une fièvre de cheval
avoir un rire de cheval
compter les moutons
être malade comme un chien
être mère poule
être fier (*proud*) comme un coq
Il fait un temps de chien (de cochon).
jouer au chat et à la souris
manger comme un cochon
Quand le chat n'est pas là, les souris dansent.
suer comme un bœuf

Élève 1: J'ai très, très faim.
Élève 2: Tu as une faim de loup.

Il sue comme un bœuf!

LECTURE ET CULTURE

LES AGRICULTEURS

La plupart des agriculteurs français sont des propriétaires-exploitants. C'est-à-dire que ce sont des agriculteurs qui sont propriétaires de la terre qu'ils cultivent. Il y a aussi des fermiers qui louent la terre qu'ils cultivent. Les propriétaires de cette terre sont des avocats[1] ou des industriels qui habitent la ville. Ils n'ont rien à voir avec[2] l'exploitation de la ferme. Le fermier qui loue la terre est propriétaire de la récolte.

En Touraine on fabrique du fromage de chèvre

Une grande exploitation en Provence

On va faire connaissance avec la famille Fauvet. La famille Fauvet est une famille d'agriculteurs. Ils ont une ferme à quelques kilomètres de Soual dans le Sud-Ouest de la France. Monsieur Fauvet est un propriétaire-exploitant. Sa ferme n'est pas très grande. Il a quinze hectares[3], mais pas d'un seul tenant[4]. Il possède ici tout près de la maison un petit champ et à trois kilomètres au nord, un autre champ. Ces petits champs isolés s'appellent des îlots.

La vie de Monsieur Fauvet et de sa femme, comme la vie des agriculteurs du monde entier, est réglée sur le lever et le coucher du soleil. M. Fauvet se lève tôt et se couche tôt pour profiter des heures de jour et travailler la terre.

Les Fauvet habitent une petite maison en pierre[5]. La maison est entourée d'une

---

[1] avocats *lawyers*
[2] rien à voir avec *nothing to do with*
[3] hectares *hectares (1 hectare = 2.47 acres)*
[4] d'un seul tenant *in one piece*
[5] en pierre *stone, made of stone*

étable, d'une grange et d'un hangar où M. Fauvet entrepose le matériel. Il travaille du matin au soir. Après le dîner, comme la plupart des familles rurales, les Fauvet regardent la télé. En semaine, seule Solange, la fille cadette[6], reste à la maison. Gilbert, âgé de 17 ans et Madeleine, âgée de 15 ans, font leurs études dans un lycée à Albi. Ils sont internes et ne rentrent chez eux que pour les week-ends. Gilbert et Madeleine, comme beaucoup d'enfants d'agriculteurs, disent que la vie de fermier ne les intéresse pas. Quand ils termineront leurs études, ils veulent aller travailler en ville.

Les agriculteurs d'une petite exploitation ont beaucoup de problèmes économiques. Il faut souvent qu'ils s'endettent pour acheter du matériel agricole moderne. Bien que ces machines coûtent très cher, elles sont nécessaires à la bonne exploitation de la terre. Il faut que l'exploitant les achète. Le revenu que lui rapporte sa petite propriété, surtout les années où la récolte n'est pas bonne, n'est pas suffisant pour couvrir ses frais. Il faut de temps en temps que les agriculteurs demandent au gouvernement de les aider, de les subventionner. C'est vraiment pour ces raisons économiques que les jeunes ne sont pas très tentés par la vie à la campagne.

[6] la fille cadette *youngest daughter*

Une ferme à Trémolat, en Dordogne

Étude de mots

A Qui est-ce?

1. celui qui se dédie à l'agriculture
2. celui qui a une propriété
3. celui qui a une petite propriété agricole, et qui la travaille, la cultive, l'exploite

B Quel est le contraire? Choisissez.

1. louer
2. d'un seul tenant
3. le matin
4. le lever
5. tôt
6. interne
7. beaucoup de
8. cher
9. le revenu

a. bon marché
b. externe
c. acheter
d. peu de
e. en îlots
f. le coucher
g. le soir
h. les frais
i. tard

Compréhension

C **Les Fauvet.** Répondez d'après la lecture.

1. Où est la ferme des Fauvet?
2. Où est Soual?
3. M. Fauvet est quel type d'agriculteur?
4. Sa propriété est d'un seul tenant?
5. Les Fauvet ont une maison en bois?
6. De quoi la maison est-elle entourée?
7. Où M. Fauvet entrepose-t-il son matériel agricole?
8. Que font les Fauvet après le dîner?
9. Les Fauvet ont combien d'enfants?
10. Combien d'enfants font leurs études en ville?

D **Les fermiers.** Choisissez.

1. La plupart des agriculteurs en France sont des ___.
   a. industriels
   b. propriétaires-exploitants
2. ___ est le propriétaire de la récolte.
   a. Le proprietaire de la terre
   b. Le fermier qui loue la terre
3. La vie des agriculteurs est réglée sur ___.
   a. le lever et le coucher du soleil
   b. le matériel agricole
4. Les enfants des familles d'agriculteurs veulent ___.
   a. rester à la campagne
   b. aller travailler en ville
5. ___ fait partie du matériel agricole moderne.
   a. Le tracteur
   b. Le cheval

E **Une analyse.** Analysez pourquoi les agriculteurs ont des problèmes économiques ou financiers.

F **Savez-vous pourquoi?** Expliquez pourquoi la plupart des enfants d'agriculteurs veulent quitter la campagne et aller chercher du travail en ville.

Un champ de blé près des Eyzies, en Dordogne

DÉCOUVERTE CULTURELLE

Vous avez lu que Monsieur Fauvet a une ferme de quinze hectares, mais pas d'un seul tenant. Il a plusieurs petits champs appelés «îlots». Pourquoi ces îlots existent-ils en France? Le responsable de cette division est le code civil de Napoléon. Si un paysan[1] avait trois fils et trois champs, chacun de valeur égale, il ne pouvait pas léguer[2] un champ entier à chacun de ses trois fils. Il était obligé de donner un tiers (1/3) de chaque champ à chaque fils. C'est à cause de ce régime que la campagne française est devenue une mosaïque d'îlots. Pour remédier à cette situation, il y a eu un remembrement[3] des terres. Les exploitants ont échangé entre eux des îlots pour arriver à avoir une exploitation d'un seul tenant.

La Vallée d'Ossau dans les Pyrénées

On peut distinguer en France deux types d'exploitation. Il y a de grandes exploitations extrêmement modernisées et de petites exploitations qui suivent des méthodes d'agriculture plus traditionnelles. Les grandes exploitations se trouvent surtout dans les plaines du nord et dans le Bassin Parisien. Les petites exploitations se trouvent surtout dans le Sud-Ouest.

En 1960, en France, 25 pour cent de la population active était dans l'agriculture. Aujourd'hui, c'est 6 pour cent. Mais il y a des paysans qui adorent la campagne. Ils ne changent pas leur mode de vie, et ils ne le changeraient pour rien au monde.

[1] un paysan *peasant*
[2] léguer *bequeath, leave*
[3] remembrement *regrouping*

Vue aérienne de la campagne provençale

RÉALITÉS

Voici de petits arbres fruitiers près de Trémolat en Dordogne 1. Tu vois les jolies fleurs? Ce sont des coquelicots.

C'est une maison typique en Normandie 2. Tu vois les pommiers et les vaches? La Normandie est connue pour ses pommes et ses produits laitiers.

Voici un village à la campagne 3. Aimeriez-vous mieux habiter dans un petit village comme celui-ci ou dans une grande ville comme Paris? Voyez-vous des tracteurs dans les rues de votre ville ou village?

Cet homme travaille dans un vignoble en Bourgogne 4. Il cueille les grappes de raisin au mois de septembre. La récolte du raisin s'appelle les vendanges.

L'homme sur le tracteur verse le raisin dans une cuve 5.

Voici un champ de tournesols en Provence 6. Ce champ ressemble à un tableau, n'est-ce pas? Quel artiste a peint un tableau magnifique représentant des tournesols dans le Midi de la France?

4
5
6

CULMINATION

Activités de communication orale

A **À la campagne.** Avec un(e) camarade, comparez la vie d'un agriculteur en France et celle d'un agriculteur aux États-Unis. Comparez leurs problèmes.

> **Élève 1: En France les agriculteurs se lèvent à 5 heures du matin.**
> **Élève 2: Aux États-Unis aussi.**

B **À la ville ou à la campagne?** Vous aimez la campagne et votre camarade française, Anne, aime la ville. Discutez avec elle des avantages et des inconvénients de la vie à la ville et à la campagne.

1. J'adore la ville parce qu'il y a beaucoup de choses à faire. Pas toi?
2. J'aime m'asseoir à la terrasse d'un café et regarder les gens qui passent. Pas toi?
3. J'aime sortir le soir. Pas toi?

Anne

Activités de communication écrite

A **J'adore la campagne.** Faites une description d'une des photos qui vous plaît dans le chapitre. Écrivez au moins un paragraphe.

B **Moi je préfère...** Faites deux listes: une des avantages et des inconvénients de la vie à la campagne, et une autre pour la vie à la ville. Expliquez où vous préféreriez habiter et pourquoi.

C **Dans une ferme.** Vous allez passer l'été dans une ferme en France. Dans une lettre à vos hôtes *(hosts)*, demandez-leur où se trouve leur ferme, comment elle est, quels animaux ils ont, ce qu'ils cultivent, et de vous décrire une journée typique. Échangez vos lettres avec vos camarades qui y répondront.

Réintroduction et recombinaison

A **Les animaux.** Donnez le pluriel.

1. L'agneau devient un mouton.
2. L'oiseau chante.
3. Le cheval mange de l'avoine.
4. Voilà un troupeau de moutons.
5. La vache est un animal domestique.

Une vieille étable en pierre près de Tours

B **Toujours le meilleur.** Complétez avec «meilleur» ou «mieux».

1. Robert est le ___ élève de la classe.
2. Paul est un très bon élève, il n'y a pas de doute. Mais Roger est ___.
3. La vedette chante ___ que les autres.
4. Je crois qu'elle a une ___ voix, plus jolie.

C **Une visite à la ferme.** Complétez au passé.

1. Quand j'___ dans le Sud-Ouest de la France, j'___ la ferme des Charpentier. (être, visiter)
2. Les Charpentier ___ dans une jolie petite maison en pierre. (habiter)
3. Mme Charpentier m'___ à prendre un café. (inviter)
4. J'___ le hangar où M. Charpentier ___ tout son matériel agricole. (voir, entreposer)
5. Il n'y a pas de doute, M. Charpentier ___ dur. (travailler)

Vocabulaire

NOMS

le fermier
l'agriculteur (m.)
l'exploitant (m.)

la ferme
l'exploitation (f.)
le bâtiment
la grange
l'étable (f.)
le hangar

le matériel agricole
le tracteur
la moissonneuse-batteuse

la production
l'entreposage (m.)
l'entretien (m.)

le lever du soleil
le coucher du soleil

la campagne
la terre
l'herbe (f.)
le foin
le pré
le champ
le vignoble

la culture
la récolte
les céréales (f.)
le blé
le maïs
l'avoine (f.)
l'élevage (m.)

le bétail
le troupeau
l'animal (m.) domestique
la vache
le bœuf
le veau
le cheval
l'âne (m.)
le mouton
l'agneau (m.)
le cochon
le lapin
le coq
la poule
le dindon
le canard
le chien

le chat
l'oiseau (m.)
le cri

VERBES

cultiver
récolter
entreposer

CONJONCTIONS

avant que
à moins que
bien que
jusqu'à ce que
pour que
pourvu que
sans que

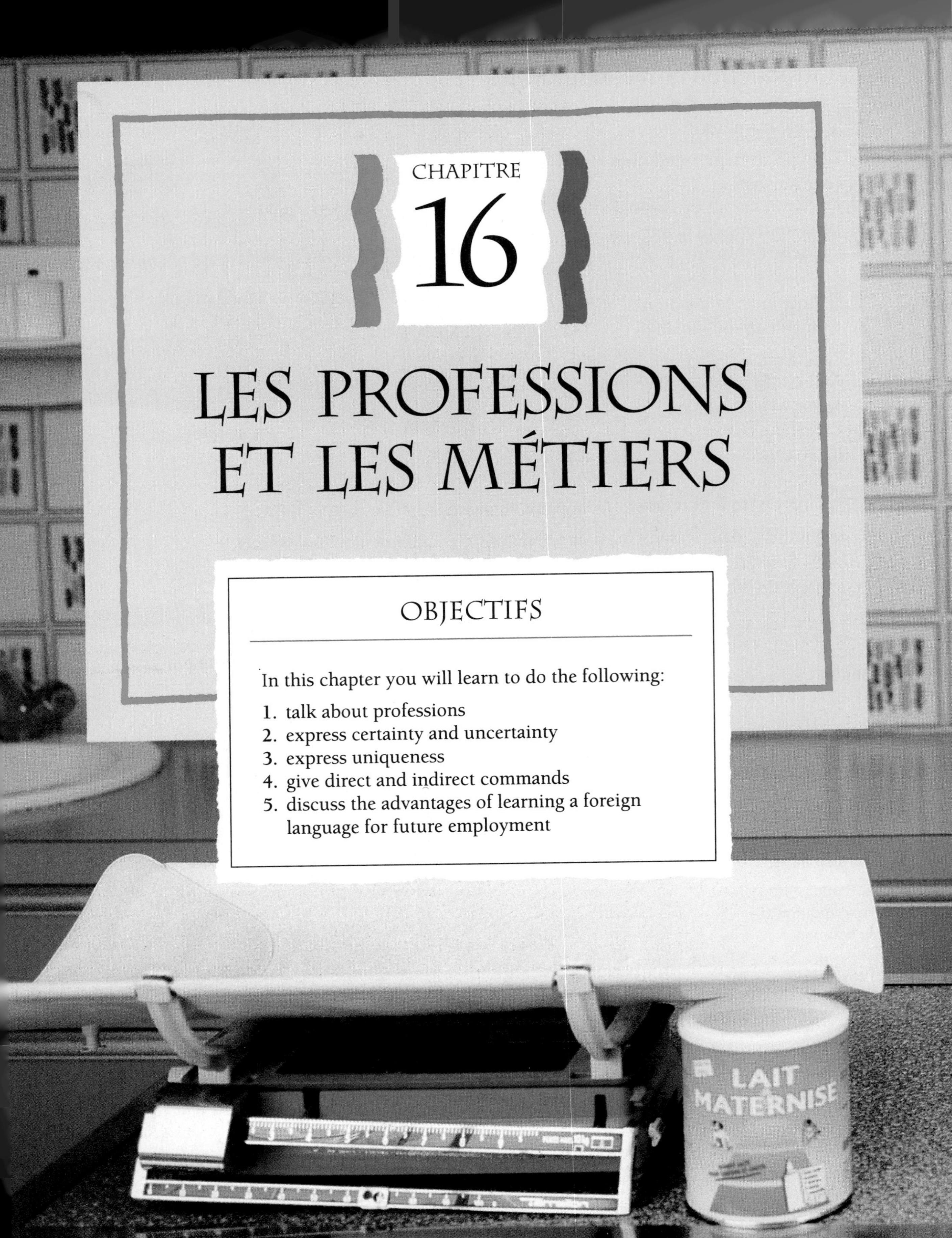

CHAPITRE

16

LES PROFESSIONS ET LES MÉTIERS

OBJECTIFS

In this chapter you will learn to do the following:

1. talk about professions
2. express certainty and uncertainty
3. express uniqueness
4. give direct and indirect commands
5. discuss the advantages of learning a foreign language for future employment

VOCABULAIRE

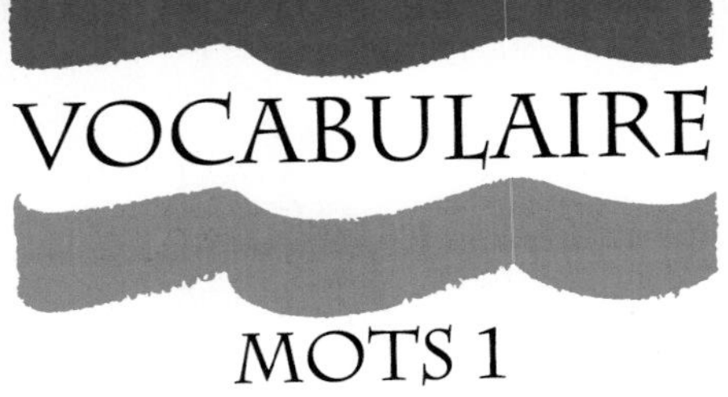

MOTS 1

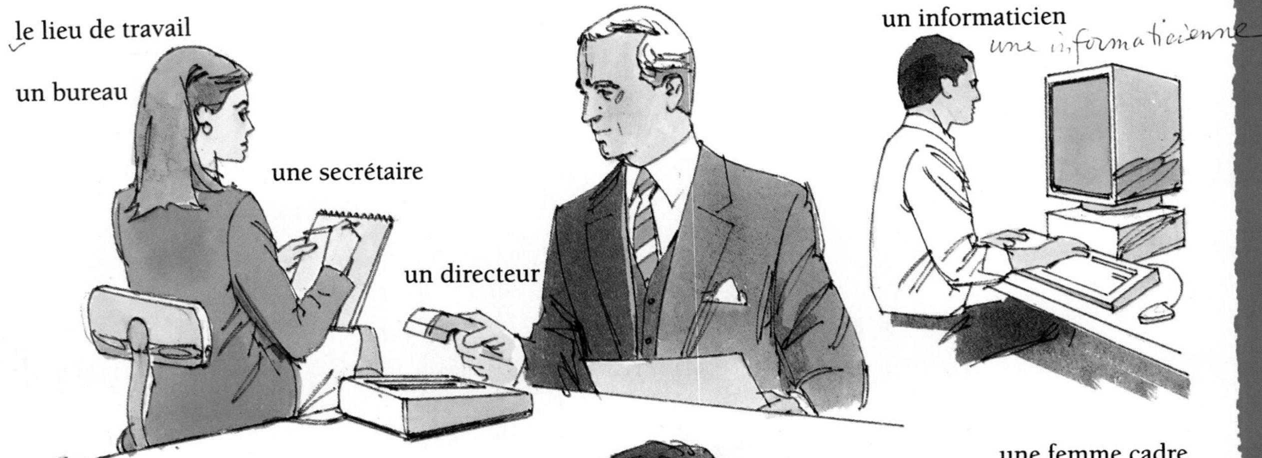

le lieu de travail
un bureau
une secrétaire
un directeur
un informaticien
une informaticienne

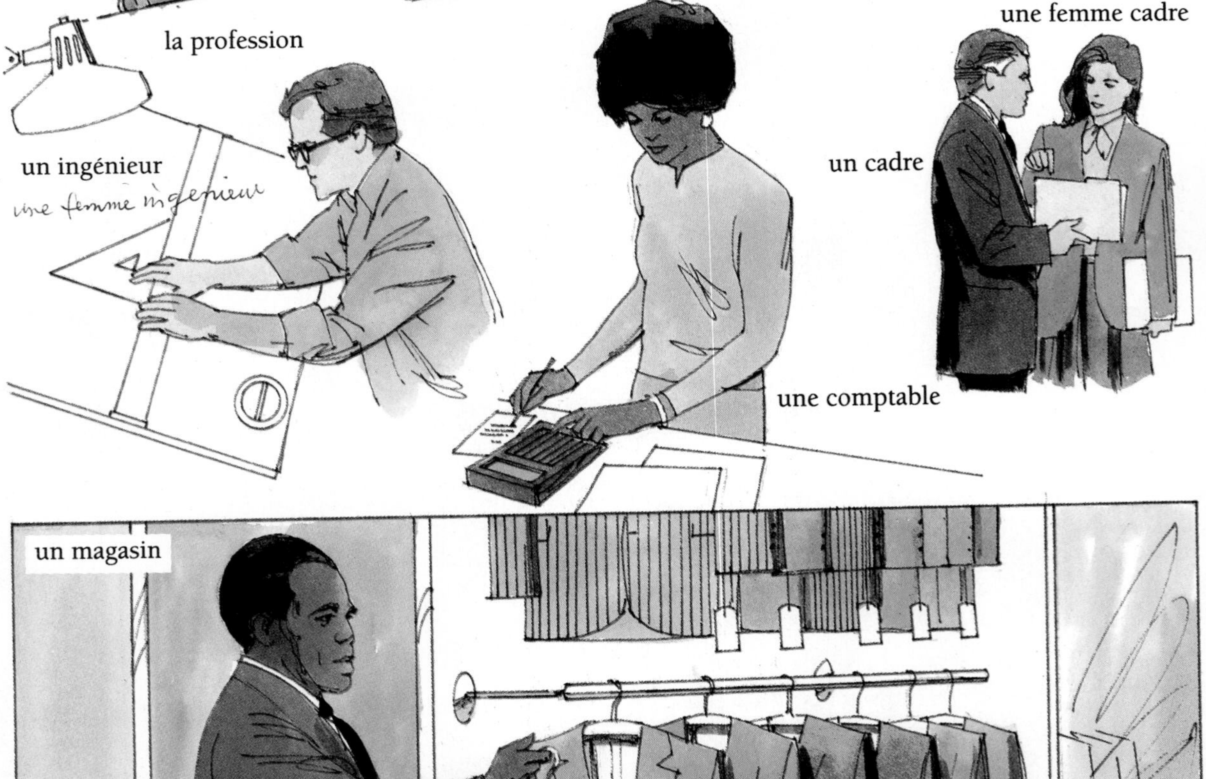

la profession
un ingénieur
une femme ingénieur
une femme cadre
un cadre
une comptable

un magasin
un commerçant

une commerçante

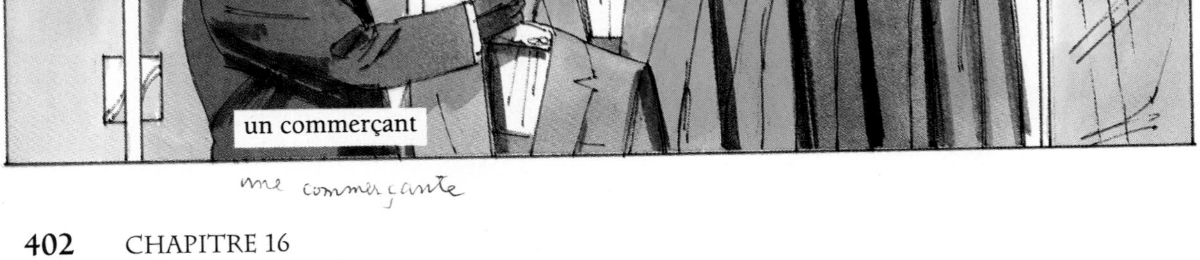

une mairie
une assistante sociale
un fonctionnaire

un tribunal
une avocate
un juge

un théâtre
un comédien = un acteur
une comédienne = une actrice
un chanteur
une danseuse
un technicien
le métier

Exercices

A **Les lieux de travail.** Répondez d'après les dessins.

1. C'est une école ou un bureau?

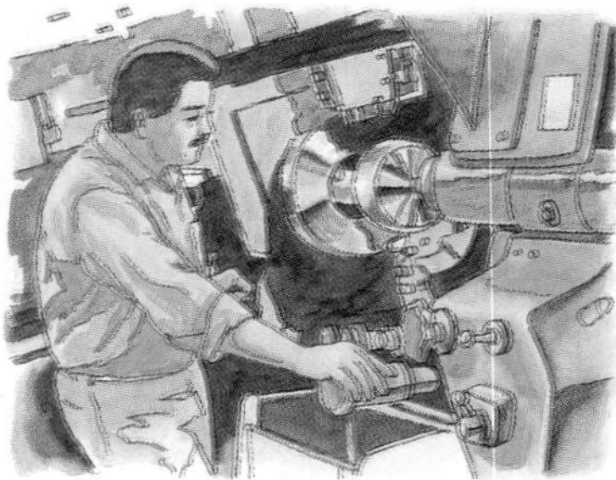

2. C'est un bureau ou une usine?

3. C'est une mairie ou une église?

4. C'est une boutique ou un grand magasin?

5. C'est un hôpital ou une pharmacie?

6. C'est un atelier ou une boutique?

7. C'est un théâtre ou un cinéma?

8. C'est un tribunal ou une ferme?

B **Qui travaille où?** Répondez. Utilisez toutes les professions et métiers que vous connaissez.

1. Qui travaille dans une usine?
2. Qui travaille dans une mairie?
3. Qui travaille dans un hôpital?
4. Qui travaille dans un bureau?
5. Qui travaille à bord d'un avion?
6. Qui travaille dans une école?
7. Qui travaille dans une banque?
8. Qui travaille dans une pharmacie?
9. Qui travaille dans un train?
10. Qui travaille dans un hôtel?
11. Qui travaille dans un théâtre?
12. Qui travaille dans un magasin?
13. Qui travaille dans une station-service?
14. Qui travaille dans une teinturerie?

C **Qui fait ce travail?** Répondez.

1. Il/Elle aide le chirurgien.
2. Il/Elle fait des ordonnances.
3. Il/Elle opère ou fait des interventions chirurgicales.
4. Il/Elle aide les criminels à se défendre devant le juge.
5. Il/Elle vend des marchandises.
6. Il/Elle chante.
7. Il/Elle danse.
8. Il/Elle tient les livres de compte.
9. Il/Elle coupe les cheveux.
10. Il/Elle aide les élèves à prendre des décisions.
11. Il/Elle travaille dans une usine.
12. Il/Elle travaille au CDI.
13. Il/Elle crée des routes, des bâtiments, etc.

Cet homme travaille dans une usine à Cognac.

D **Une profession que j'aimerais.** Répondez d'après le modèle.

agent de police
Oui, j'aimerais être agent de police. (Non, je n'aimerais pas être agent de police).

1. médecin
2. directeur/directrice d'une usine
3. avocat(e)
4. dentiste
5. pharmacien/pharmacienne
6. acteur/actrice
7. pilote
8. comptable
9. assistant(e) social(e)
10. informaticien/informaticienne
11. fonctionnaire

Ce scientifique fait de la recherche au CNRS à Paris.

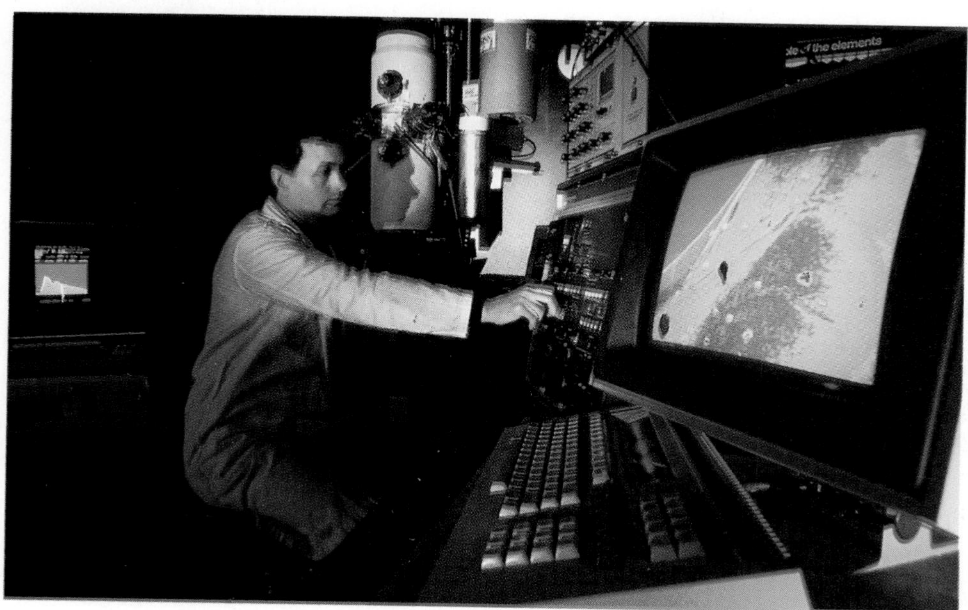

VOCABULAIRE

MOTS 2

une demande d'emploi

Paris, le 3 octobre

Éditions Gaillard
Service du Personnel
7, rue Magellan
75008 Paris

Messieurs,

Suite à votre annonce dans LE MONDE du 15 septembre dernier, je me permets de poser ma candidature au poste d'information.
Comme le montrera mon curriculum vitae que je joins à cette lettre, je viens de terminer mes études en informatique et j'ai effectué

Il est libre immédiatement. Il peut commencer à travailler demain.

une entreprise

travailler pour une grosse société

un salaire

une employée

un employeur

Elle travaille à plein temps (40 heures par semaine).

être à son compte

Elle travaille à mi-temps (à peu près 20 heures par semaine).

Il est au chômage.
Il y a chômage quand il n'y a pas d'emplois.

Exercices

A **Elle cherche du travail.** Répondez d'après les indications.

1. Régine cherche du travail? (oui)
2. Qu'est-ce qu'elle lit? (une annonce dans le journal)
3. Quelle compagnie ou société cherche des candidats? (Isère, S.A. [Société Anonyme])
4. Que fait Régine? (poser sa candidature)
5. Où va Régine? (au service du personnel de la compagnie)
6. Qu'est-ce qu'elle remplit? (une demande d'emploi)
7. Qu'est-ce qu'elle donne à la réceptionniste au service du personnel? (son curriculum vitae)
8. Elle a des références? (bien sûr)
9. Régine est diplômée en quoi? (informatique)
10. Qu'est-ce qu'elle va avoir? (un entretien)
11. Quand est-ce qu'elle peut commencer à travailler? (immédiatement)

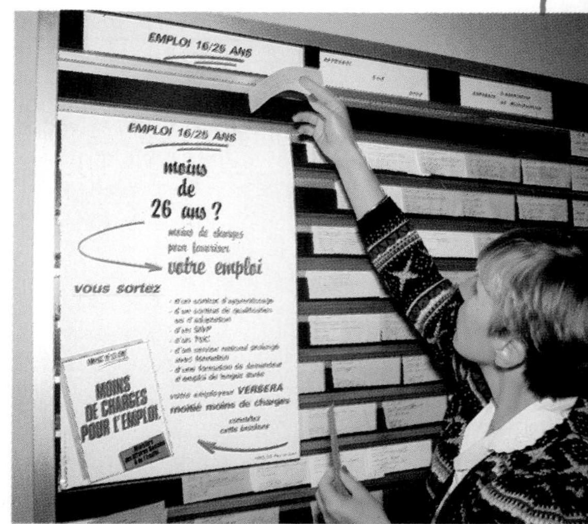

Nantes: Une jeune femme cherche du travail à l'ANPE.

B **Des définitions.** Trouvez les mots qui correspondent.

1. les petites annonces
2. un poste
3. être à son compte
4. être libre immédiatement
5. travailler à plein temps
6. être au chômage
7. travailler à mi-temps
8. un bureau de placement
9. une entreprise
10. un(e) employé(e)

a. travailler à peu près 20 heures par semaine
b. un emploi
c. être sans travail
d. ce qu'on lit dans le journal quand on cherche du travail
e. une société
f. l'endroit où on va quand on cherche du travail
g. pouvoir commencer à travailler tout de suite
h. travailler pour soi
i. quelqu'un qui travaille pour un employeur
j. travailler 40 heures par semaine

C **Mon travail.** Donnez des réponses personnelles.

1. Tu travailles ou tu aimerais travailler?
2. Où?
3. Tu travailles ou tu aimerais travailler à plein temps ou à mi-temps?
4. Tu as un salaire? C'est un bon salaire ou pas?

D **Ce domaine vous intéresse?** Répondez d'après le modèle.

l'architecture
Oui, l'architecture m'intéresse. (Non, l'architecture ne m'intéresse pas.)

1. les sciences naturelles
2. les sciences politiques
3. la médecine
4. l'enseignement
5. la criminologie
6. les finances et la comptabilité
7. la chirurgie
8. l'informatique
9. le commerce
10. la publicité
11. le marketing
12. le tourisme
13. la danse
14. l'art

Activités de communication orale

Mots 1 et 2

A **Qu'est-ce qu'ils font, tes parents?** Vous parlez à un(e) ami(e) français(e) (votre camarade). Demandez-lui ce que ses parents font.

Élève 1: Que fait ton père?
Élève 2: Il est comptable.
Élève 1: Et ta mère, qu'est-ce qu'elle fait?

B **Tu travailles après les cours?** Travaillez en petits groupes. Choisissez un chef et un(e) secrétaire. Le chef demandera aux autres:

1. qui travaille
2. ce qu'il/elle fait
3. où il/elle travaille
4. combien d'heures par semaine il/elle travaille
5. combien il/elle gagne de l'heure

Le/La secrétaire prendra des notes et présentera les résultats à la classe.

C **Ce que je veux faire plus tard.** Demandez à un(e) camarade ce qu'il/elle veut faire plus tard et pourquoi. Ensuite changez de rôles.

Élève 1: Qu'est-ce que tu veux faire plus tard?
Élève 2: Je voudrais être prof parce que j'aime enseigner.

D **Quelle est sa profession ou son métier?** Travaillez en petits groupes. Sur une feuille de papier, décrivez plusieurs professions ou métiers sans les nommer. Pour chaque profession ou métier, indiquez ce qu'on fait et où on travaille. Ensuite lisez vos descriptions à la classe. Les autres groupes devineront quelles professions ou métiers vous décrivez.

Groupe 1: Cette personne travaille dans un bureau et tape à la machine.
Groupe 2: C'est un/une secrétaire.

Le subjonctif dans les propositions relatives

Expressing Certainty and Uncertainty

1. You know that clauses introduced by the relative pronouns *qui* and *que* describe people or things.

    Nous avons un secrétaire qui parle très bien le français.

2. It is possible to use the subjunctive in a relative clause. It indicates uncertainty as to whether the person or thing in question exists or not. Compare the following.

CERTAINTY	UNCERTAINTY
J'ai un ami qui *sait* conduire. **Il a un métier qui *est* intéressant.**	**Je cherche quelqu'un qui *sache* conduire.** **Il cherche un métier qui *soit* intéressant.**

Exercices

A **On cherche un représentant.** Répondez par «oui».

1. La Société Isère cherche un représentant?
2. Ils ont un poste qui paie bien?
3. Ils cherchent quelqu'un qui ait de l'expérience dans la vente?
4. Ils veulent quelqu'un qui ait voyagé?
5. Ils ont besoin d'une personne qui connaisse des langues?
6. Ils cherchent un candidat qui soit libre immédiatement?

B **On a besoin de certaines qualifications.** Complétez.

1. La Société Isère cherche quelqu'un qui ___ de l'expérience, qui ___ bien le français et l'anglais et qui ___ voyager. (avoir, connaître, pouvoir)
2. Le directeur du personnel m'a dit qu'ils ont besoin de quelqu'un qui ___ libre immédiatement. (être)
3. Ils ont eu des candidats. Il y a une candidate qui ___ de l'expérience, qui ___ et qui ___ commencer à travailler immédiatement. (avoir, vouloir, pouvoir)
4. Malheureusement elle ne parle que le français et la société continue à chercher quelqu'un qui ___ parler anglais et qui ___ le marché américain. (savoir, connaître)

Le subjonctif après un superlatif

Expressing Uniqueness

1. You use the subjunctive in a relative clause that modifies a superlative or an expression such as *le seul, le premier, le dernier*, or *personne* and *rien*. These expressions all indicate uniqueness and therefore express the speaker's opinion, not facts.

   C'est le meilleur livre que j'aie jamais lu.
   Martine est la seule personne qui sache le faire.
   Il n'y a personne qui puisse le faire.
   C'est le dernier emploi qu'il ait eu.

2. The subjunctive is not used if there is no idea of uniqueness.

   Le dernier livre que j'ai lu, c'était *Eugénie Grandet*.

Exercices

A **Tu exagères!** Complétez.

1. C'est le meilleur livre que j'___ jamais ___. (lire)
2. C'est la meilleure photo que j'___ jamais ___. (prendre)
3. C'est la plus belle ville où je ___ jamais ___. (aller)
4. C'est le plus bel homme que j'___ jamais ___. (connaître)
5. C'est la plus belle femme que j'___ jamais ___. (voir)
6. C'est la voiture la plus luxueuse que j'___ jamais ___. (conduire)
7. C'est le seul homme qui ___ conduire cette voiture. (savoir)
8. C'est la seule personne qui ___ le faire. (pouvoir)

B **Il est déprimé.** Répondez par «non».

1. Il n'y a rien qui le fasse rire?
2. Il n'y a rien qui l'intéresse?
3. Il n'y a rien qu'il veuille faire?
4. Il n'y a rien qu'il fasse avec plaisir?

C **Qui? Personne?** Répondez d'après le modèle.

Qui le sait?
Il n'y a personne ici qui le sache.

1. Qui le sait?
2. Qui connaît ces trois langues?
3. Qui a de l'expérience?
4. Qui peut faire ce travail?
5. Qui veut remplir une demande d'emploi?

Le subjonctif comme impératif — *Giving Direct and Indirect Commands*

1. Note that the command forms of the verbs *être, avoir,* and *savoir* resemble the subjunctive forms.

ÊTRE	AVOIR	SAVOIR
Sois! **Soyons!** **Soyez!**	**Aie!** **Ayons!** **Ayez!**	**Sache!** **Sachons!** **Sachez!**

2. You can use a subjunctive clause alone to express a command directed at a third party. These clauses start with *que.*

Qu'il parte tout de suite!	*Let him leave right away!*
Qu'ils viennent demain!	*Let them come tomorrow!*

3. *Que* is not used in common expressions such as:

Vive(nt) les vacances!	*Hurray for vacation!*
Ainsi soit-il!	*So be it!*

Exercices

A **Eh, Marc!** Dites quelque chose à votre copain Marc. Complétez.

1. Marc, ___ sage!
2. ___ prudent!
3. ___ à l'heure!
4. ___ poli!
5. ___ de la patience!
6. ___ de la pitié!
7. ___ confiance!
8. ___ du courage!
9. N'___ pas peur!

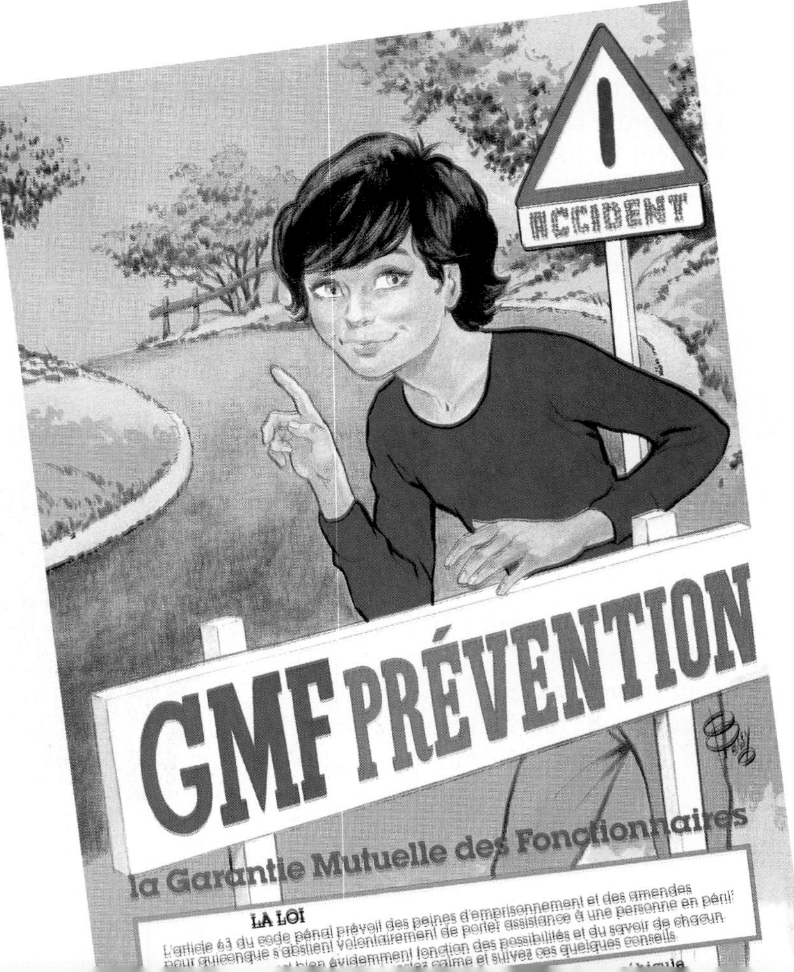

B **Eh, les amis!** Maintenant dites la même chose à Marc et Caroline.

C **Qu'elle le fasse!** Répondez d'après le modèle.

Elle veut parler au directeur.
Qu'elle parle au directeur!

1. Elle veut chercher du travail.
2. Elle veut travailler à plein temps.
3. Elle veut aller en France.
4. Elle veut travailler pour une entreprise multinationale.
5. Elle veut faire le tour du monde.
6. Elle veut connaître tous les pays du monde.

mairie de paris
informations 42.76.47.47.
VOUS SORTEZ DU
COLLEGE OU DU LEP
VOUS AVEZ DU MAL
A TROUVER
UN EMPLOI
TEL: 42-03-99-10
9H-17H JUSQU'AU 10

D **Bon! Alors qu'il le fasse.** Répondez d'après le modèle.

Il peut le voir.
Qu'il le voie!

1. Il peut le faire.
2. Il peut l'apprendre.
3. Il peut la conduire.
4. Il peut prendre la leçon d'espagnol maintenant.
5. Il peut y aller.

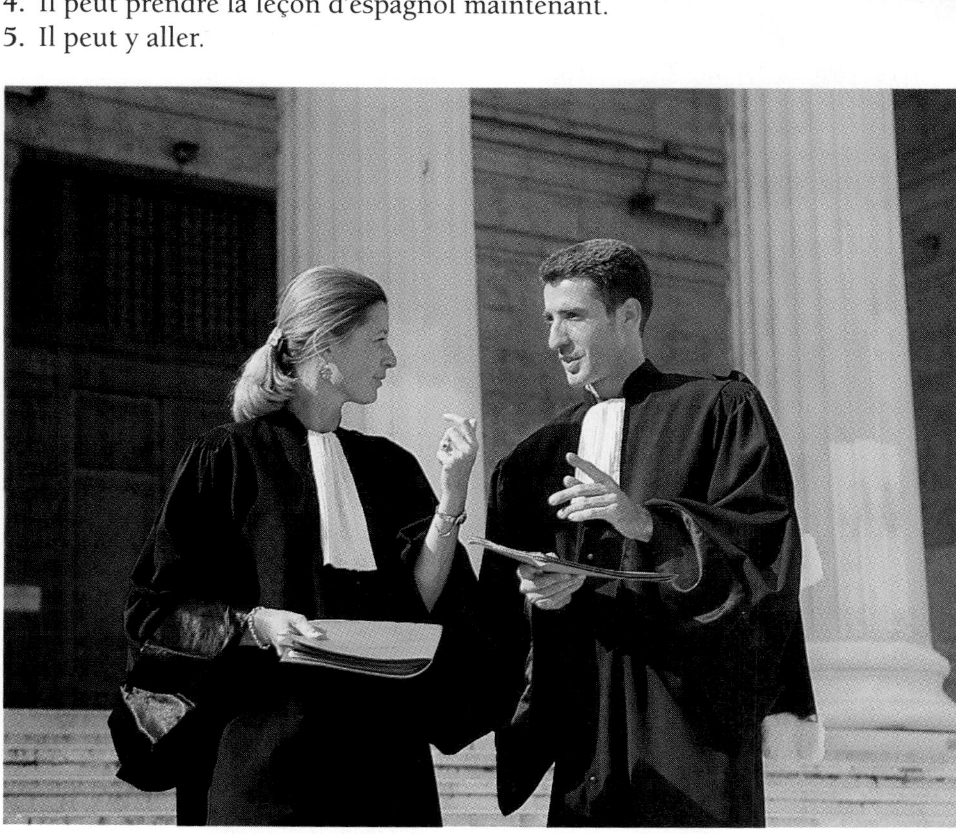

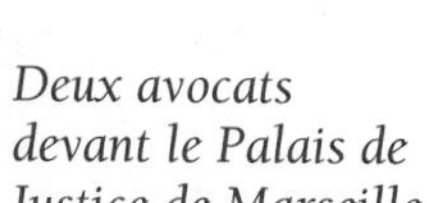
Deux avocats devant le Palais de Justice de Marseille

CONVERSATION

Scènes de la vie *Au bureau de placement*

CONSEILLÈRE: Votre CV est intéressant. Quel genre de travail cherchez-vous?
SOPHIE: Secrétaire dans une grosse société.
CONSEILLÈRE: J'ai une possiblité, mais l'employeur a besoin de quelqu'un qui connaisse bien l'anglais et l'espagnol.
SOPHIE: J'ai vécu dix ans à New York et quatre ans à Madrid.
CONSEILLÈRE: Alors ce poste est pour vous! Vous travaillerez pour une multinationale américaine, ici à Paris. Le salaire est excellent. Le seul problème c'est que vous devez pouvoir voyager.
SOPHIE: Ce n'est pas un problème.
CONSEILLÈRE: Alors, je leur envoie tout de suite votre dossier et demande pour vous un entretien. Et n'ayez pas peur! Vous êtes la candidate idéale!

A **À la recherche d'un emploi.** Répondez d'après la conversation.

1. Que fait Sophie dans ce bureau de placement?
2. Qu'est-ce qu'elle a apporté avec elle?
3. Qu'est-ce qu'elle cherche comme poste?
4. Est-ce que la conseillère a une possibilité?
5. De quoi a besoin l'employeur?
6. Est-ce que Sophie parle bien l'anglais et l'espagnol? Pourquoi?
7. La conseillère parle de quel genre d'entreprise?
8. Quel problème peut-il y avoir?
9. Est-ce que Sophie veut essayer d'obtenir ce poste?
10. Que va faire pour elle la conseillère?

Françoise Bernet
65, Rue Archereau
Paris 75019
47.61.59.35

FORMATION

1986-90: **Double Maîtrise** en Droits français et anglais
Programme Erasmus.
1990: Université de Paris I Panthéon-Sorbonne.
1986-89: Université de King's College. Londres.

1985-86: Université de Paris IV-Assas. 1ère année de Droit.

1984-85: Hypokhâgne classique. Lycée Fénelon. Paris.
(Préparation à l'Ecole Normale Superieure)

Juin 84: Baccalauréat **A1**: Lettres et Mathématiques
Mention Assez Bien

Scolarité: Sainte-Marie de Neuilly

LANGUES

Anglais: bilingue
Russe: lu et parlé. Cours de perfectionnement au Centre de Langue et Culture Russe (Lycée Fénelon).

EXPERIENCE PROFESSIONNELLE

Août 89: Biddle & Co. Cabinet d'avocats. Londres. 20 associés. Stagiaire au "Droit immobilier".
Juil 89: Druces & Attlee. Cabinet d'avocats. Londres. 15 associés. Stagiaire au Contentieux.
Août 86: Johnston Stokes & Masters. Cabinet d'avocats. Hong-Kong. 200 juristes. Stagiaire auprès de plusieurs associés.

Un curriculum vitae

Activités de communication orale

A Les meilleures professions ou métiers. Travaillez avec un(e) camarade. Faites une liste des meilleures professions ou métiers par ordre de préférence. Ensuite échangez vos listes. Demandez à votre camarade s'il/si elle voudrait faire ces professions ou métiers.

> **Élève 1: Tu aimerais être comptable?**
> **Élève 2: Non, ça paie bien, mais je ne suis pas assez fort(e) en maths.**

B Les meilleures choses. Votre camarade français, Marc, sait que vous avez très bon goût. Il vous demande votre avis sur plusieurs choses. Répondez-lui.

1. Quel est le meilleur film que tu aies jamais vu?
2. Quel est le meilleur livre que tu aies jamais lu?
3. Quel est le meilleur repas que tu aies jamais mangé?
4. Quel est le meilleur professeur que tu aies jamais eu?

Marc

C Qu'est-ce qui vous intéresse? Travaillez en petits groupes. Choisissez un chef. Le chef jouera le rôle de conseiller/conseillère d'orientation dans votre école. Les autres membres du groupe lui parleront de ce qui les intéresse et lui demanderont de leur recommander une profession ou un métier. Il/Elle répondra.

> **Élève 1: Je m'intéresse à la biologie.**
> **Élève 2: Tu pourrais être médecin ou infirmier/infirmière.**

D Je cherche quelqu'un… Vous êtes le directeur/la directrice du personnel d'une société multinationale et le président de l'entreprise veut engager quelques personnes pour les postes suivants. Demandez-lui quelles sont les qualifications nécessaires pour deux ou trois des postes. Changez ensuite de rôles.

avocat(e)	**secrétaire**
comptable	**ingénieur**
interprète	

> **Élève 1: Pour le poste d'informaticien, qu'est-ce que vous cherchez?**
> **Élève 2: Je cherche quelqu'un qui connaisse parfaitement les ordinateurs qu'on utilise ici.**

LECTURE ET CULTURE

LE FRANÇAIS ET VOTRE CARRIÈRE

Vous ne savez pas si le français vous sera utile dans votre carrière parce que vous n'avez pas encore décidé ce que vous ferez ni où vous travaillerez quand vous aurez votre diplôme. Mais il n'y a pas de doute que la connaissance d'une langue étrangère telle que[1] le français sera un atout[2].

De nos jours le commerce international est d'importance majeure. Ainsi, de nombreuses grosses sociétés américaines sont devenues multinationales. C'est-à-dire qu'elles se sont implantées à l'étranger[3]. Pour cette raison, il est possible que vous soyez engagé(e) par une compagnie ou société américaine et que votre bureau se trouve dans un pays francophone.

Souvenez-vous bien que le français en soi[4] n'est pas forcément une carrière.

Mais le français avec une autre spécialisation est un outil[5] de valeur incalculable. Si vous connaissez la comptabilité, la médecine, le marketing, le commerce, etc. et qu'en plus vous connaissez le français, vous pourrez faire un travail intéressant, voyager à l'étranger et gagner beaucoup d'argent. Vive le français!

[1] telle que *such as*
[2] un atout *advantage*
[3] à l'étranger *abroad*
[4] en soi *in itself*
[5] outil *tool*

RAIN BIRD
LE CHOIX DES PROFESSIONNELS DU MONDE ENTIER

Filiale européene (150MF de CA, 80 pers.) de Rain Bird International (sté américaine, 3000 pers.), nous sommes spécialisés dans l'étude, la production et la commercialisation de produits d'irrigation et d'arrosage pour professionnels et particuliers. Pour notre gamme grand public, nous créons le poste de

Responsable des Ventes
220-250 KF

En liaison avec notre siège aux Etats-Unis et les Responsables Marketing Europe, vous aurez à définir et mettre en œuvre une stratégie de développement du secteur grand public en France et en Europe (proposition de gammes de produits). Vous aurez aussi la responsabilité directe des ventes France et Europe auprès des centrales et grossistes. A 28/32 ans, de formation Ingénieur Agronome, ESC, CESMA, ISA..., vous avez 3 à 5 ans d'expérience marketing et un tempérament d'entrepreneur.

ANGLAIS IMPÉRATIF

Déplacements fréquents (Etats-Unis, Europe et France). Poste basé à Aix-en-Provence.

Étude de mots

A **Quel est le mot?** Cherchez le mot dans la lecture.

1. faire un voyage
2. beaucoup de
3. une compagnie
4. une profession
5. qui est d'un autre pays
6. un avantage
7. un objet qu'on utilise pour faire un travail

Compréhension

B **Votre carrière.** Répondez.

1. Croyez-vous que le français vous sera utile dans votre carrière?
2. Vous avez choisi une carrière? Si vous répondez oui, quelle carrière avez-vous choisie?
3. De nos jours, qu'est-ce qui est très important?
4. Qu'est-ce qui est un outil de valeur incalculable?

C **Vous avez compris?** Répondez d'après la lecture.

1. Il est possible de travailler pour une société américaine et de travailler à l'étranger?
2. Beaucoup de grosses sociétés américaines sont implantées à l'étranger?
3. La connaissance d'une langue telle que le français pourra vous être utile dans beaucoup de carrières différentes?

L'American Express à Paris

DÉCOUVERTE CULTURELLE

On parle depuis longtemps de la présence des sociétés américaines à l'étranger. Mais de nos jours de plus en plus de sociétés d'autres pays sont devenues multinationales. Par conséquent, on voit beaucoup de sociétés européennes, japonaises, sud-américaines, etc. aux États-Unis. Ces sociétés multinationales emploient bien sûr des ressortissants *(citizens)* des pays où elles sont installées. Par conséquent, il est possible qu'un jour vous travailliez pour une société française ici aux États-Unis. Voici des entreprises françaises qui ont des filiales importantes aux États-Unis: Air France, le Crédit Lyonnais, Fabergé, L'Oréal, Michelin.

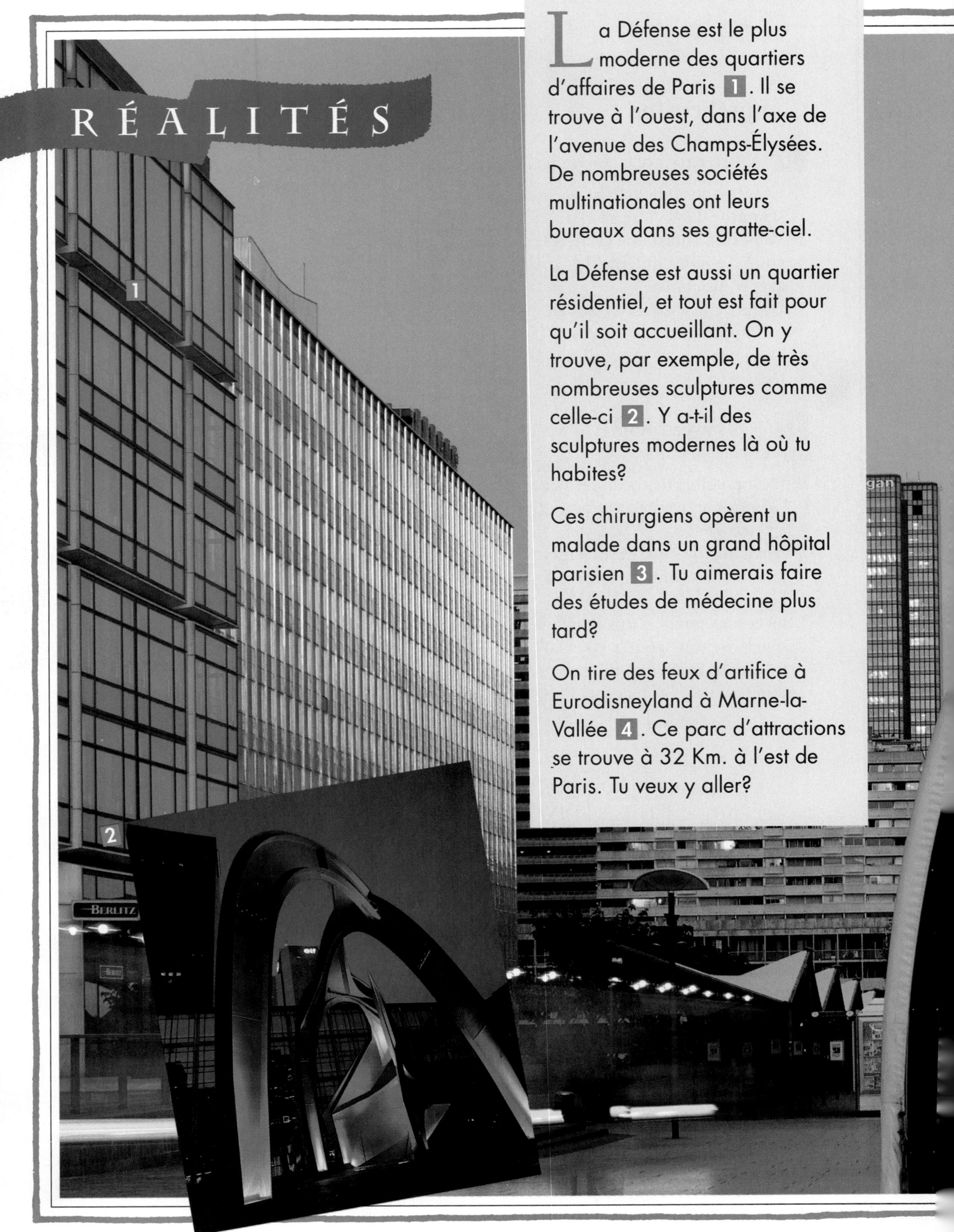

RÉALITÉS

La Défense est le plus moderne des quartiers d'affaires de Paris 1. Il se trouve à l'ouest, dans l'axe de l'avenue des Champs-Élysées. De nombreuses sociétés multinationales ont leurs bureaux dans ses gratte-ciel.

La Défense est aussi un quartier résidentiel, et tout est fait pour qu'il soit accueillant. On y trouve, par exemple, de très nombreuses sculptures comme celle-ci 2. Y a-t-il des sculptures modernes là où tu habites?

Ces chirurgiens opèrent un malade dans un grand hôpital parisien 3. Tu aimerais faire des études de médecine plus tard?

On tire des feux d'artifice à Eurodisneyland à Marne-la-Vallée 4. Ce parc d'attractions se trouve à 32 Km. à l'est de Paris. Tu veux y aller?

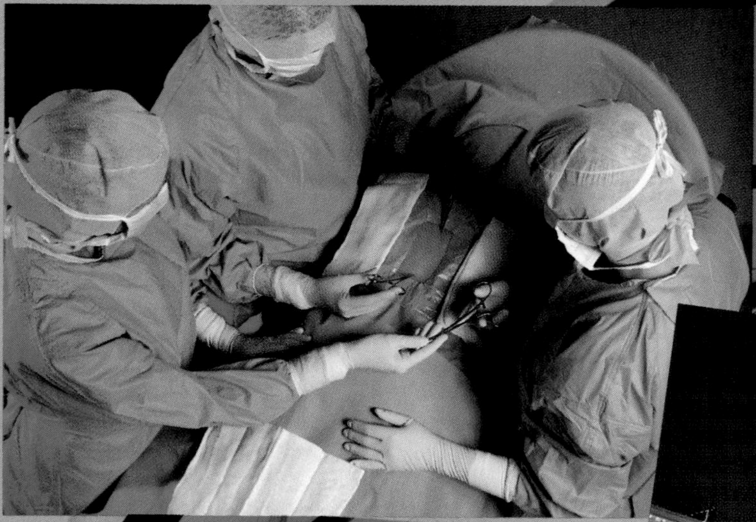

3

4

CULMINATION

Activités de communication orale

A **Un entretien.** Travaillez avec un(e) camarade. Lisez les petites annonces du journal *Le Monde* et choisissez-en une qui vous intéresse. Votre camarade vous accordera un entretien pour ce poste. Préparez ensemble votre conversation et présentez-la à la classe.

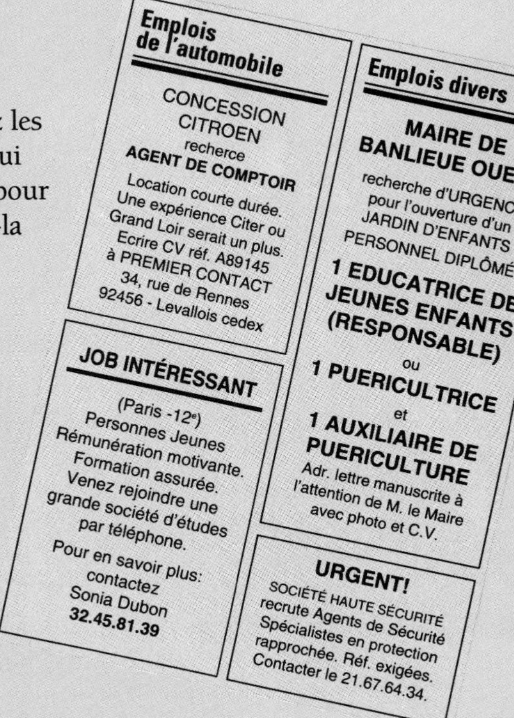

Emplois de l'automobile

CONCESSION CITROEN
recherce
AGENT DE COMPTOIR
Location courte durée. Une expérience Citer ou Grand Loir serait un plus. Ecrire CV réf. A89145 à PREMIER CONTACT 34, rue de Rennes 92456 - Levallois cedex

JOB INTÉRESSANT

(Paris -12e)
Personnes Jeunes
Rémunération motivante.
Formation assurée.
Venez rejoindre une grande société d'études par téléphone.
Pour en savoir plus: contactez Sonia Dubon
32.45.81.39

Emplois divers

MAIRE DE BANLIEUE OUEST
recherche d'URGENCE pour l'ouverture d'un JARDIN D'ENFANTS PERSONNEL DIPLÔMÉ:
1 EDUCATRICE DE JEUNES ENFANTS (RESPONSABLE)
ou
1 PUERICULTRICE
et
1 AUXILIAIRE DE PUERICULTURE
Adr. lettre manuscrite à l'attention de M. le Maire avec photo et C.V.

URGENT!

SOCIÉTÉ HAUTE SÉCURITÉ recrute Agents de Sécurité Spécialistes en protection rapprochée. Réf. exigées. Contacter le 21.67.64.34.

B **«Career Day».** C'est *Career Day* dans votre école. Votre professeur vous a demandé de préparer un petit discours sur l'importance des langues étrangères. Dans votre discours dites pourquoi le français peut vous être utile plus tard. Donnez votre discours à une autre classe de français.

C **Voulez-vous travailler à l'étranger?** Travaillez avec un(e) camarade. Demandez-lui s'il/si elle aimerait travailler pour une société multinationale et pourquoi. Si votre camarade dit «oui», demandez-lui s'il/si elle préférerait travailler à l'étranger ou aux États-Unis et pourquoi.

Élève 1: Tu aimerais travailler pour une société multinationale?
Élève 2: Oui, parce que j'aimerais pouvoir utiliser mon français.
Élève 1: Tu préférerais travailler ici ou à l'étranger?

Activités de communication écrite

A **Pour trouver du travail.** Avec un(e) camarade faites une liste détaillée de tout ce qu'il faut faire pour trouver du travail. Que faut-il lire, comment doit-on procéder ensuite, comment faut-il s'habiller le jour de l'entretien, etc.? Comparez votre liste et celles de vos camarades.

B **Vos aptitudes.** Travaillez avec les élèves de commerce et de psychologie et votre professeur de français pour écrire un test d'orientation professionnelle. Faites passer ce test aux classes de français.

Réintroduction et recombinaison

A Tous les temps. Complétez.

1. chanter
   a. Il ___ aujourd'hui.
   b. Il ___ hier.
   c. Il ___ toujours quand il était enfant.
   d. Il ___ demain.
   e. Il ___ s'il n'avait pas mal à la gorge.
   f. Je veux qu'il ___.
2. aller
   a. Je ___ en France tous les ans.
   b. Je ___ en France l'année dernière.
   c. J'___ toujours en France quand mes cousins y habitaient.
   d. J'___ en France l'année prochaine.
   e. J'___ en France si j'avais plus d'argent.
   f. Il veut que j'___ en France.
3. prendre
   a. Ils ___ l'avion chaque fois qu'ils vont en Floride.
   b. Ils ___ l'avion hier.
   c. Ils ___ toujours l'avion parce qu'ils n'aimaient pas le train.
   d. Ils ___ l'avion quand ils iront en Floride.
   e. Ils ___ l'avion si les billets coûtaient moins cher.
   f. Tu préfères qu'ils ___ l'avion?

Vocabulaire

NOMS

le lieu de travail
la profession
le métier

la (grosse) société
l'entreprise (f.)
le bureau
le directeur, la directrice
le/la secrétaire
le/la comptable
l'informaticien(ne)
l'ingénieur, la femme ingénieur
le cadre, la femme cadre

la mairie
le/la fonctionnaire
l'assistant(e) social(e)

le tribunal
le juge
l'avocat(e)

le magasin
le commerçant, la commerçante

le théâtre
l'acteur (m.), l'actrice (f.)
le comédien, la comédienne
le chanteur, la chanteuse
le danseur, la danseuse
le technicien, la technicienne
le service du personnel
l'employeur, l'employeuse
l'employé(e)
l'emploi (m.)
le travail
le poste
la carrière
le salaire
le chômage
le bureau de placement
la (petite) annonce
la demande d'emploi
la candidature
le candidat, la candidate
le curriculum vitae (CV)
l'entretien (m.)

AUTRES MOTS ET EXPRESSIONS

à peu près
travailler à plein temps
travailler à mi-temps
être à son compte
être au chômage
chercher du travail
poser sa candidature
être candidat à un poste
être libre immédiatement

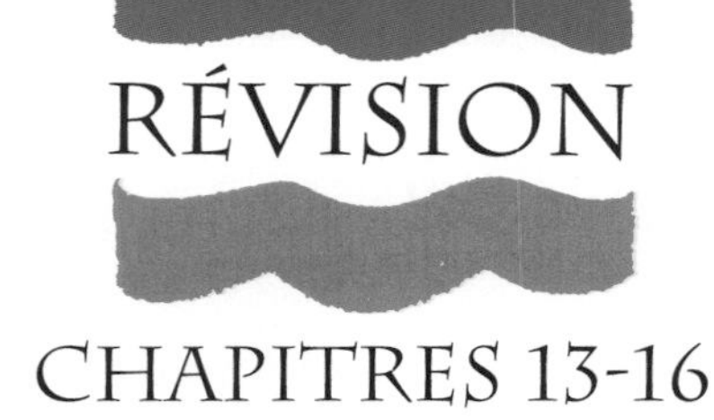

RÉVISION

CHAPITRES 13-16

Conversation *Une fête surprise*

ÉRIC: Mais où est-ce que Caroline et Rachid peuvent bien être? Ça m'étonne qu'ils ne soient pas encore là!
ANNE: Oui, c'est vrai. Pourvu qu'il ne leur soit pas arrivé quelque chose!
ÉRIC: Jean-Luc va être furieux qu'on ne soit pas là à temps.
ANNE: Oui, il veut vraiment que ce soit une surprise pour Véronique.
ÉRIC: Moi, je suis sûr qu'elle sait qu'on a organisé une fête pour elle.
ANNE: Oh, ça m'étonnerait qu'elle le sache.
ÉRIC: En tout cas, c'est formidable qu'elle ait été reçue à ses derniers examens de chirurgie.
ANNE: Oui, surtout qu'il paraît que ce n'était pas facile.
ÉRIC: Enfin, il faut l'appeler «Docteur Charpentier», maintenant!
ANNE: Je regrette, mais pour moi, ce sera toujours «Véro»!

A **Bravo, Véronique!** Répondez d'après la conversation.

1. Que font Éric et Anne?
2. De quelle origine est le nom Rachid?
3. Où vont les quatre amis?
4. Chez qui?
5. Pourquoi est-ce qu'il donne cette fête?
6. Quelle carrière Véronique a-t-elle choisie?
7. Est-ce qu'elle a fini ses études?
8. Comment doit-on l'appeler, maintenant?
9. Est-ce que ses amis vont l'appeler comme ça?

Structure

L'emploi du subjonctif

The subjunctive (present or past) is used in subordinate clauses introduced by *que* to express actions that may or may not happen. However, the subjunctive is used only when the subject of the main clause is different from that of the subordinate clause. If the subjects are the same, the infinitive is used.

> ***Je*** **veux qu'*il parte.* But *Je* veux *partir.***
> ***Il*** **est content que *je parte.* But *Il* est content de *partir.***

The subjunctive (present or past) is used in the following cases.

1. After expressions of opinion, emotions, wishes, and demands

> ***Il faut*** **que *j'aille* au Maroc.**
> **Je suis *contente* que tu *aies* pu venir.**
> **Elle *voudrait* que vous *soyez* là.**

Such expressions include:

il faut que	**il est bon que**
il vaut mieux que	**il est temps que**
il est préférable que	**il est possible que**
il est important que	**il est impossible que**
il est nécessaire que	**il est juste que**
être content(e) que	**être étonné(e) que**
être heureux (-se) que	**être surpris(e) que**
être fâché(e) que	**être triste que**
être furieux (-se) que	**être désolé(e) que**
avoir peur que	**préférer que**
regretter que	**désirer que**
vouloir que	**exiger que**
souhaiter que	**aimer mieux que**
aimer que	**insister pour que**

Une mosquée à Marrakech

2. After expressions of doubt, uncertainty, or disbelief

> **Je *doute* qu'il *vienne.***
> ***Il est possible*** **que vous *veniez.***
> ***Ça m'étonnerait*** **qu'ils *aient fini.***

Such expressions include:

il est possible que	**il n'est pas évident que**
il n'est pas certain que	**ne pas penser que**
il n'est pas sûr que	**ne pas croire que**
douter que	
ça (m') étonnerait que	

3. After certain conjunctions expressing restriction or purpose

   Je vais lui téléphoner *pour qu'*il *vienne.*

   Such conjunctions include:

bien que	**pour que**	**sans que**
pourvu que	**avant que**	
à moins que	**jusqu'à ce que**	

4. In relative clauses to express uncertainty or uniqueness

   Je *cherche* un appartment qui *soit* près d'ici.
   C'est *la seule* personne qui *ait compris.*

   Expressions of uniqueness include:

   le seul, la seule, les seuls, les seules
   le premier, la première, les premiers, les premières
   le dernier, la dernière, les derniers, les dernières
   personne
   rien
   all superlatives

A **Que de restrictions!** Utilisez les conjonctions suivantes:

bien que	**pour que**	**avant que**	**sans que**
pourvu que	**à moins que**	**jusqu'à ce que**	

1. ___ il ne soit pas encore parti!
2. Dépêche-toi de finir ___ ton père rentre.
3. Il a été reçu à son examen ___ il n'ait rien fait pendant l'année.
4. Tu resteras ici ___ tu aies fini tes devoirs.
5. Je peux venir avec vous ___ ma mère ait besoin de moi.
6. ___ il fasse froid, il est sorti sans anorak.
7. Je lui ai donné de l'argent ___ elle s'achète une robe.
8. Ils sont entrés ___ nous les voyions.

B **Que d'émotions!** Changez les phrases d'après le modèle.

Je suis triste qu'il ne vienne pas avec nous.
Je suis triste qu'il ne soit pas venu avec nous.

1. Nous sommes désolés qu'il aille à la montagne sans nous.
2. Elle est fâchée que vous ne veniez pas la voir.
3. J'ai bien peur que vous ne réussissiez pas.
4. Ils sont étonnés que tu fasses ce travail.
5. Nathalie est heureuse que Pierre puisse venir faire du ski avec elle.
6. Je regrette que vous ne m'en parliez pas.
7. Il est furieux qu'ils prennent des décisions sans lui.

En randonnée dans les Hautes-Alpes

C **Maintenant ou avant.** Mettez les verbes entre parenthèses au présent ou passé du subjonctif.

1. Nous sommes désolés qu'il ___ la cheville. (se tordre)
2. Je souhaite qu'ils ___ de bonnes études. (faire)
3. Vous n'êtes pas surpris qu'elle ne ___ pas là. (être)
4. Oh, là, là! Quelle chute! Pourvu qu'il ne ___ pas ___ la jambe! (se casser)
5. Nous aimerions que vous ___ dîner samedi. (venir)
6. Il n'est pas encore là. J'ai peur qu'il ___ notre rendez-vous. (oublier)

D **De deux phrases, une seule phrase.** Combinez les deux phrases suivantes d'après le modèle.

> **je pense / je pars demain**
> ***Je pense partir demain.***

1. nous ne pensons pas / il a obtenu le poste
2. ils ne sont pas contents / on ne leur a pas téléphoné
3. elle a fait signe avant / elle a tourné à gauche
4. nous attendons / nous pouvons récupérer nos bagages
5. je ne suis pas sûr(e) / nous avons pris la bonne route
6. il regrette / je n'ai pas écouté ses conseils

E **Quel mode?** Utilisez le subjonctif, l'indicatif ou l'infinitif.

1. Il a déjà son billet! Je suis sûre qu'il ___. (resquiller)
2. Je regrette que tu ne me le ___ pas ___. (présenter)
3. Nous aimerions beaucoup les ___. (rencontrer)
4. Voulez-vous ___ avec moi demain? (déjeuner)
5. C'est le seul poste que nous ___. (avoir)
6. Ils sont entrés sans ___. (sonner)
7. Nous sommes absolument certains qu'ils ___ demain. (arriver)
8. Je crois qu'il faut que vous ___ une pièce d'abord. (introduire)

Une jolie vue du Loir près de Cloyes-sur-Loir

Activité de communication orale

A **Chez le conseiller d'orientation.** Vous parlez au conseiller/à la conseillère d'orientation de votre école (votre camarade) de ce que vous voulez faire plus tard. Il/Elle vous donne des conseils. Changez ensuite de rôles.

> **Élève 1: J'aimerais peut-être élever des chevaux.**
> **Élève 2: Il faudrait que vous alliez vivre un peu à la campagne…**

POLITIQUE: CHARLES DE GAULLE (1890-1970)

Avant la lecture

1. What do you know about the Second World War? Who were the principal American and European statesmen of the time?
2. The major European countries had colonies in Africa. Which African countries are former French colonies?

Lecture

Le général Charles de Gaulle a été un des plus grands hommes d'État que la France ait connu. Il commence sa carrière militaire à l'École des officiers de Saint-Cyr. Pendant la Première Guerre mondiale, il est blessé[1] et fait prisonnier par les Allemands. Entre les deux guerres, il voit avec appréhension le danger que représente Hitler, mais personne en France ne veut l'écouter.

Le général de Gaulle sur les Champs-Élysées à la Libération de Paris

L'appel du général de Gaulle au peuple français, le 18 juin 1940

Au début de la Deuxième Guerre mondiale, lorsque la France capitule devant l'Allemagne, il part pour l'Angleterre, et le 18 juin 1940, il lance un appel à la BBC—la radio anglaise—où il encourage les Français à continuer la lutte[2]. De 1940 à 1944, il organise les Forces françaises libres qui combatteront avec les Alliés, et il coordonne la Résistance française de l'intérieur contre l'occupation allemande.

À la Libération, en juin 1944, le général de Gaulle revient en France et devient président du Gouvernement provisoire de la République française. Il remet la France sur pied. Mais la Constitution ne permet pas à de Gaulle de gouverner comme il le veut, et il donne sa démission[3] en janvier 1946.

En 1958, la guerre d'Algérie divise les Français. Aucun gouvernement ne sait comment y mettre fin[4]. L'Algérie est alors un territoire français, avec une population de neuf millions de musulmans et un million de non-musulmans d'origine européenne. Les Algériens musulmans veulent leur indépendance, mais les non-musulmans, partisans de «l'Algérie française», s'y opposent.

En janvier 1959, le général de Gaulle devient président de la République. C'est alors qu'il proclame le principe de l'autodétermination, ou droit des peuples à disposer d'eux-mêmes. Les Algériens voteront pour décider s'ils veulent rester français ou devenir indépendants. Les partisans de l'Algérie française organisent de violentes manifestations pour essayer de renverser[5] de Gaulle. Ils ne réussissent pas, et en 1962 l'Algérie devient indépendante.

Jusqu'en 1969, année où il se retire de la vie publique, de Gaulle travaille au rapprochement des pays d'Europe. Ainsi en 1963, il signe le traité de coopération franco-allemande qui marque la réconciliation de la France avec l'Allemagne.

Lorsqu'il meurt en 1970, le président Georges Pompidou annonce: «Le général de Gaulle est mort. La France est veuve[6]».

[1] blessé *wounded*
[2] lutte *fight*
[3] donne sa démission *resigns*
[4] y mettre fin *to put an end to it*
[5] renverser *to overthrow*
[6] veuve *a widow*

Le portrait officiel du Président Charles de Gaulle

Le discours du général de Gaulle à Alger, le 4 juin 1958

Après la lecture

A Le général de Gaulle. Répondez aux questions.

1. Qu'est-ce que le général de Gaulle a accompli en tant que militaire?
2. Qu'est-ce qu'il a accompli en tant qu'homme d'État?

B Un grand homme d'État. Choisissez un homme d'État que vous admirez et écrivez sa biographie en français.

C Jeanne d'Arc. Comme Jeanne d'Arc, de Gaulle pensait qu'il avait pour mission de sauver la France. Lisez la vie de Jeanne d'Arc et faites un parallèle entre Jeanne d'Arc et de Gaulle.

BOTANIQUE: LA VIE D'UN ARBRE

Avant la lecture

Define the following: photosynthesis and chlorophyll.

Lecture

Un arbre est un être vivant. Comme les êtres humains, il a besoin de nourriture: protéines, lipides et sucres. Comment se nourrit-il? Grâce à l'eau et au soleil.

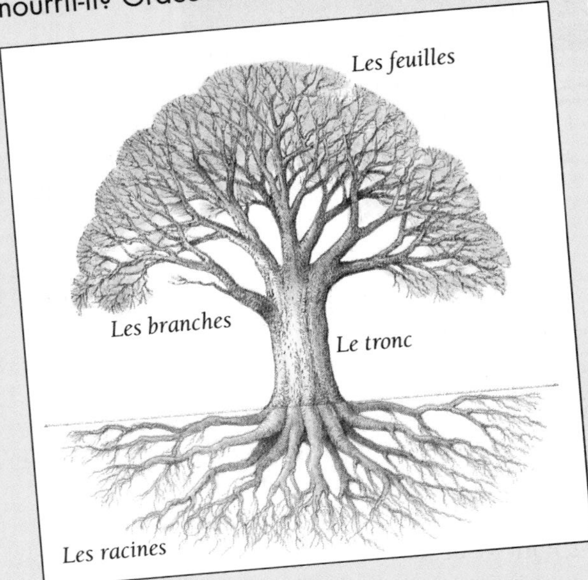

Dessin d'un arbre

Les racines de l'arbre absorbent l'eau qui forme la sève brute[1]. La sève brute monte dans l'arbre par des tubes appelés «vaisseaux conducteurs de sève». Elle monte jusqu'aux feuilles et là, il y a «photosynthèse».

La photosynthèse est une réaction chimique qui fabrique la sève élaborée, riche en protéines et en oxygène. Cette réaction se fait à partir de[2] l'eau de la sève brute et du gaz carbonique[3] de l'air. Mais il faut aussi du soleil. Cette énergie solaire, les feuilles la captent grâce à la chlorophylle. C'est la chlorophylle qui donne aux feuilles leur couleur verte.

La sève élaborée redescend ensuite dans l'arbre par d'autres vaisseaux conducteurs, situés dans un petit anneau[4], juste sous l'écorce de l'arbre. Cet anneau est la seule partie vivante de l'arbre — en effet, le cœur du tronc est du bois mort. Chaque année, un nouvel anneau se forme. On peut déterminer l'âge d'un arbre au nombre de ses anneaux.

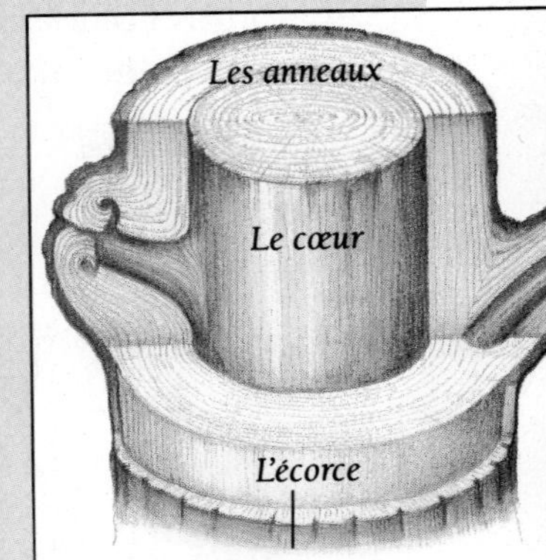

Coupe transversale du tronc d'un arbre

Les arbres vivent à un rythme différent, selon les saisons. Au printemps, les bourgeons[5] éclatent, les fleurs apparaissent, et bientôt les feuilles aussi. En automne, la sève ne circule pratiquement plus, les feuilles ne font plus de photosynthèse, donc leur couleur verte disparaît et d'autres pigments apparaissent. Puis les feuilles tombent et forment une couche[6] qui protège les racines du froid. Petit à petit, les feuilles se décomposent pour former de l'humus qui pénètre dans le sol et le nourrit de ses sels minéraux.

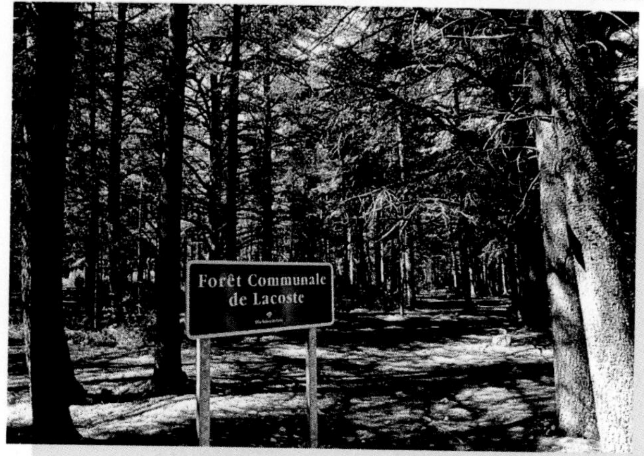

La plupart des forêts du monde sont en danger, et pourtant les êtres humains ont absolument besoin des arbres pour survivre. La respiration des plantes est l'inverse de celle des hommes: les plantes absorbent du gaz carbonique et rejettent de l'oxygène. Les hommes absorbent de l'oxygène et rejettent du gaz carbonique. Nous nous complétons donc parfaitement. On dit souvent que la grande forêt d'Amazonie est le poumon[7] de la Terre.

Chaque minute qui passe voit disparaître trente hectares de forêt. Le déboisement[8] est critique parce que c'est toute la chaîne vivante qui est détruite. En effet, les arbres ne sont pas seulement indispensables pour les hommes, ils le sont aussi pour les insectes et autres animaux qui vivent dans la forêt. Un arbre nourrit une grande variété d'animaux: scarabées, écureuils[9], daims[10], etc. Dans certaines régions du monde, en France en particulier, il y a des programmes de reboisement, mais une forêt ne renaît pas en quelques années. Espérons qu'il n'est pas trop tard!

[1] sève brute *rising sap*
[2] à partir de *from*
[3] gaz carbonique *carbon dioxide*
[4] anneau *ring*
[5] bourgeons *buds*
[6] couche *cover*
[7] poumon *lung*
[8] déboisement *deforestation*
[9] écureuils *squirrels*
[10] daims *deer*

Après la lecture

A Les arbres. Vrai ou faux?

1. Un arbre n'a pas besoin de soleil.
2. La sève brute est riche en protéines et en oxygène.
3. Les couleurs des feuilles en automne sont dues à la chlorophylle.
4. Le cœur du tronc est la partie vivante de l'arbre.
5. Les feuilles protègent les racines de l'arbre pendant l'hiver.
6. L'humus est formé par des feuilles décomposées.
7. Les êtres humains et les plantes respirent de la même façon.
8. Les animaux ont besoin de la forêt.
9. Une forêt met longtemps à renaître.
10. Il y a très peu de forêts en danger dans le monde.

B La vie d'un arbre. Mettez en ordre les phrases suivantes:

— Il y a photosynthèse.
— Les racines absorbent l'eau.
— La sève brute monte jusqu'aux feuilles.
— Il fait du soleil.
— Il pleut.
— La sève élaborée redescend dans l'arbre.

C Si les arbres parlaient. Imaginez qu'un arbre près de chez vous puisse parler. Que dirait-il?

D Contre le déboisement. La plupart des forêts du monde sont en danger. Que devrait-on faire pour arrêter le déboisement de la planète?

LITTÉRATURE: LA LITTÉRATURE DE LANGUE FRANÇAISE HORS DE FRANCE

Avant la lecture

1. Faites une liste des pays francophones que vous connaissez.
2. Trouvez de quels pays viennent ces écrivains célèbres. Ils écrivent tous en français, mais ils ne sont pas français: Antonine Maillet, Birago Diop, Maurice Maeterlinck, Camara Laye, Jacques Roumain, Rachid Boudjedra, Charles Ramuz.

Lecture

Pendant longtemps, les écrivains de langue française ont pris la France comme modèle. Mais de nos jours, après deux guerres mondiales et les changements politiques et sociaux qui ont suivi, ces écrivains ont pris conscience de leur identité culturelle. Tout comme la création, la diffusion de la littérature de langue française n'est plus concentrée en France, Belgique et Suisse, mais existe au Maghreb (Algérie, Tunisie, Maroc), en Afrique noire, au Québec et aux Antilles.

TAHAR BEN JELLOUN

Tahar Ben Jelloun est né à Fès, au Maroc, en 1944. Romancier et poète, il reçoit le prix Goncourt en 1987, pour son roman *La Nuit sacrée*. Dans cet extrait de *La Réclusion solitaire* (1976), il compare les travailleurs immigrés à des arbres.

«Nous sommes un pays déboisé de ses hommes. Des arbres arrachés[1] à la terre, comptabilisés et envoyés au froid. Quand nous arrivons en France, nos branches ne sont plus lourdes, les feuilles sont légères; elles sont mortes. Nos racines sont sèches et nous n'avons pas soif.

Si je nous compare à un arbre, c'est parce que tout tend à mourir en nous et la sève ne coule plus. Tout le monde trouve ‹normal› ce déboisement sélectif. Mais que peut un arbre arraché à l'aube[2] de sa vie? Que peut un corps étranger dans une terre fatiguée?»

(*La Réclusion solitaire*, Tahar Ben Jelloun, Éditions du Seuil, Paris, 1981, pp. 56-57)

[1] arrachés *torn* [2] aube *dawn*

LÉOPOLD SÉDAR SENGHOR

Léopold Sédar Senghor est né à Djilor, au Sénégal, en 1906. Avec l'écrivain martiniquais Aimé Césaire, il fonde le mouvement de la «négritude[1]». Senghor se lance ensuite dans la politique. De 1963 à 1980, il sera président de la République du Sénégal.

Dans ses poèmes et ses écrits, Léopold Sédar Senghor célèbre la grandeur de la négritude et l'espoir de réconciliation des races. Le texte suivant est un extrait de *Négritude et humanisme* (1964).

"Un homme de l'Occident se représente difficilement la place qu'occupent les activités sociales, et parmi celles-ci, la littérature et l'art, dans le calendrier négro-africain. Elles n'occupent pas seulement «le dimanche» et les «soirées théâtrales», mais pour prendre l'exemple de la zone soudanienne, les huit mois de la saison sèche. On est alors tout occupé à ses relations avec les *Autres:* génies, Ancêtres, membres de la famille, de la tribu, du royaume[2], voire[3] étrangers. Ce ne sont que fêtes, et la Mort elle-même est une occasion de fête, de la *Fête* par excellence: fête des moissons[4] et fête des semailles[5]; naissances, initiations, mariages, funérailles; fêtes des corporations et fêtes des confréries. Et tous les soirs, ce sont les contes[6] des veillées[7] autour du foyer[8], les danses et les chants, les jeux gymniques, les drames et les comédies qu'éclairent[9] de hautes flammes. Et le travail qui célèbre les noces[10] de l'Homme et de la Terre, est encore relation et *poésie.* Ainsi les chants de travail: chants du paysan, du piroguier[11], du pâtre[12]. Car en Afrique noire, (...) toute littérature, tout art est poésie."

(*Liberté I: Négritude et humanisme,* Léopold Sédar Senghor, Éditions du Seuil, Paris, 1964)

[1] négritude *Black pride*
[2] royaume *kingdom*
[3] voire *nay, even*
[4] moissons *harvest*
[5] semailles *sowing*
[6] contes *stories*
[7] veillées *evening gatherings*
[8] foyer *fire*
[9] éclairent *lighted*
[10] noces *nuptials*
[11] piroguier *boatman*
[12] pâtre *shepherd*

La Fête des Vieux en Côte d'Ivoire

Après la lecture

A Nord-africains en France. Répondez aux questions.

1. Quels sont les mots qui se rapportent à la vie d'un arbre?
2. Pourquoi ces hommes vont-ils travailler en France?
3. Y a-t-il des travailleurs immigrés aux États-Unis? De quel(s) pays viennent-ils? Que font-ils?

B En Afrique noire. Répondez aux questions.

1. À quelle époque de l'année ont lieu les activités sociales dans la zone soudanienne?
2. Qui sont les *Autres?*
3. Quelles sont les occasions de fête? Quelle est l'occasion de la *Fête* par excellence?
4. En quoi consistent les activités pendant les fêtes?
5. Que célèbre le travail?
6. Qu'est-ce que le travail, la littérature et l'art ont en commun en Afrique noire?
7. Y a-t-il aux États-Unis un mouvement semblable à celui de la «négritude» (en littérature ou dans les arts)? Faites des recherches.

APPENDICES

CARTES

LA FRANCE
Mer
lande
L'ANGLETERRE
Amsterdam
LES PAYS-BAS
la Tamise
Londres
La Mer
du Nord
le Rhin
L'ALLEMAGNE
Calais
Bruxelles
la Meuse
Bonn
Lille
LA BELGIQUE
La Manche
le Main
Amiens
LE LUXEMBOURG
Luxembourg
Cherbourg
Les Îles
Anglo-
Normandes
Le Havre
Rouen
le Rhin
Reims
Caen
la Seine
la Marne
Metz
la Meuse
la Moselle
Paris
Strasbourg
le Danube
est
Nancy
la Seine
Troyes
LES VOSGES
Rennes
Le Mans
Chaumont
Ballon de Guebwiller
1424 m
48°
Orléans
la Loire
Mulhouse
le Rhin
Angers
Tours
la Saône
Dijon
L'AUTRICHE
Nantes
Besançon
LE JURA
Berne
LA SUISSE
Poitiers
le Lac Léman
LA FRANCE
la Loire
Crêt de la Neige
1723 m
ALPES
La Rochelle
Genève
L'Océan
Atlantique
Vichy
le Rhône
Chamonix
Limoges
Clermont-
Ferrand
Lyon
Mont Blanc
4807 m
Le puy de Sancy
1886 m
St-Étienne
LES
L'ITALIE
la Dordogne
Grenoble
le Pô
Bordeaux
LE MASSIF
CENTRAL
le Rhône
Rodez
la Garonne
44°
Nîmes
Avignon
Nice
Bayonne
Toulouse
Montpellier
Aix-en-
Provence
Cannes
MONACO
Marseille
LES PYRÉNÉES
Vignemale
3298 m
Toulon
Perpignan
L'ANDORRE
l'Èbre
La Corse
La Mer
Méditerranée
Ajaccio
L'ESPAGNE
N
O
E
0
100
200
Kilomètres
Madrid
La
Sardaigne
8°
52°
0°

PARIS
N
O
E
S
Vers Lille, Bruxelles et Aéroport Charles-de-Gaulle
Vers Lille et Bruxelles
Vers Rouen
Boulevard Périphérique
17E ARR
18E ARR
MONTMARTRE
SACRÉ-CŒUR
19E ARR
Parc des Buttes-Chaumont
CITÉ DES SCIENCES ET DE L'INDUSTRIE
9E ARR
Gare Saint Lazare
Gare du Nord
Gare de l'Est
10E ARR
PALAIS DES CONGRÈS
ARC DE TRIOMPHE
Pl Charles-de-Gaulle
LA MADELEINE
OPÉRA
8E ARR
2E ARR
1ER ARR
3E ARR
11E ARR
20E ARR
Pl de la République
Pl de la Concorde
Jardin des Tuileries
LOUVRE
CENTRE POMPIDOU
HÔTEL DE VILLE
PL DES VOSGES
PALAIS DE CHAILLOT
7E ARR
MUSÉE D'ORSAY
TOUR EIFFEL
Parc du Champ de Mars
INVALIDES
ÉCOLE MILITAIRE
ST-GERMAIN-DES-PRÉS
ÎLE DE LA CITÉ
NOTRE-DAME
ÎLE ST-LOUIS
4E ARR
Pl de la Bastille
OPÉRA-BASTILLE
Pl de la Nation
16E ARR
6E ARR
Jardin du Luxembourg
SORBONNE
PANTHÉON
QUARTIER LATIN
5E ARR
Jardin des Plantes
Gare de Lyon
MINISTÈRE DES FINANCES
12E ARR
15E ARR
TOUR MONTPARNASSE
Gare Montparnasse
Gare d'Austerlitz
PALAIS OMNISPORTS
GRANDE BIBLIOTHÈQUE DE FRANCE
Pl d'Italie
13E ARR
14E ARR
Pl Denfert Rochereau
BOIS DE BOULOGNE
BOIS DE VINCENNES
PARC ZOOLOGIQUE
LA DÉFENSE
ÎLE DE LA GRANDE JATTE
ÎLE DE PUTEAUX
ÎLE SAINT GERMAIN
Seine
Canal Saint Denis
Canal de l'Ourcq
Canal St-Martin
Route d'Asnières
Bd de Verdun
Bd Circulaire
Bd Bineau
Av de Villiers
Av du Général de Gaulle
Bd J Jaurès
Rue Victor Hugo
Bd Berthier
Av de St Ouen
Av de Clichy
Bd Bessières
Bd Ney
Bd Ornano
Bd Barbès
Rue de la Chapelle
Rue Marx Dormoy
Bd de la Chapelle
Rue de Flandre
Av Jean Jaurès
Av Jean Lolive
Rue de Paris
Bd Sérurier
Bd MacDonald
Bd Pereire
Bd G St Cyr
Av de la Grande Armée
Av de Wagram
Bd des Batignolles
Bd de Courcelles
Bd Malesherbes
Pl de Clichy
Bd de Clichy
Bd de Rochechouart
Rue d'Amsterdam
Rue de Clichy
Rue La Fayette
Bd Haussmann
Av de Friedland
Av Foch
Bd de l'Amiral Bruix
Bd du Cdt Charcot
Av de Madrid
Allée de Longchamp
Route de la Reine Marguerite
Av Victor Hugo
Av Kléber
Av d'Iéna
Av Marceau
Av des Champs Élysées
Av de l'Opéra
Rue de Rivoli
Bd de Sébastopol
Bd de Strasbourg
Magenta
R de Turbigo
Bd du Temple
Bd Beaumarchais
Rue du Faubourg du Temple
Bd de la Villette
Rue de Belleville
Bd de Belleville
Bd de Ménilmontant
Av de la République
Av Gambetta
Rue Belgrand
Bd Mortier
Bd Davout
Av Ph Auguste
Bd Voltaire
Rue St Antoine
Rue du Faubourg St Antoine
Cours de Vincennes
Diderot
Bd Lannes
Av G Mandel
Av H Martin
Av P Doumer
Quai d'Orsay
Quai Branly
Av Bosquet
Av de la Motte-Picquet
Bd des Invalides
Bd St Germain
Rue de Rennes
Rue de Sèvres
Av de Breteuil
Av Mozart
Bd Suchet
Av de Versailles
Quai de Grenelle
Bd de Grenelle
Av Émile Zola
Quai André Citroën
Bd Garibaldi
Rue de la Convention
Rue Lecourbe
Rue de Vaugirard
Bd du Montparnasse
Bd St Michel
Bd de Port Royal
Bd Raspail
Bd Arago
Av Denfert Rochereau
Bd de l'Hôpital
Quai de la Rapée
Av Daumesnil
Bd de Bercy
Bd de Reuilly
Bd de Picpus
Bd Soult
Bd Poniatowski
Quai de Bercy
Quai de la Gare
Bd Vincent Auriol
Av des Gobelins
Rue de Tolbiac
Bd St Jacques
Bd A Blanqui
Av du Maine
Av du Général Leclerc
Rue d'Alésia
Av Jean Moulin
Rue Balard
Rue de Vouillé
Bd Lefèbvre
Bd Victor
Rue E Renan
Bd Brune
Bd Kellermann
Bd Masséna
Av de Choisy
Av d'Italie
Bd Exelmans
Rue Michel-Ange
Quai Louis Blériot
Quai St-Exupéry
Av de la Porte d'Auteuil
Route de la Reine
Av E Vaillant
Quai du Point-du-Jour
Quai de Stalingrad
Av Victor Cresson

LE MONDE FRANCOPHONE

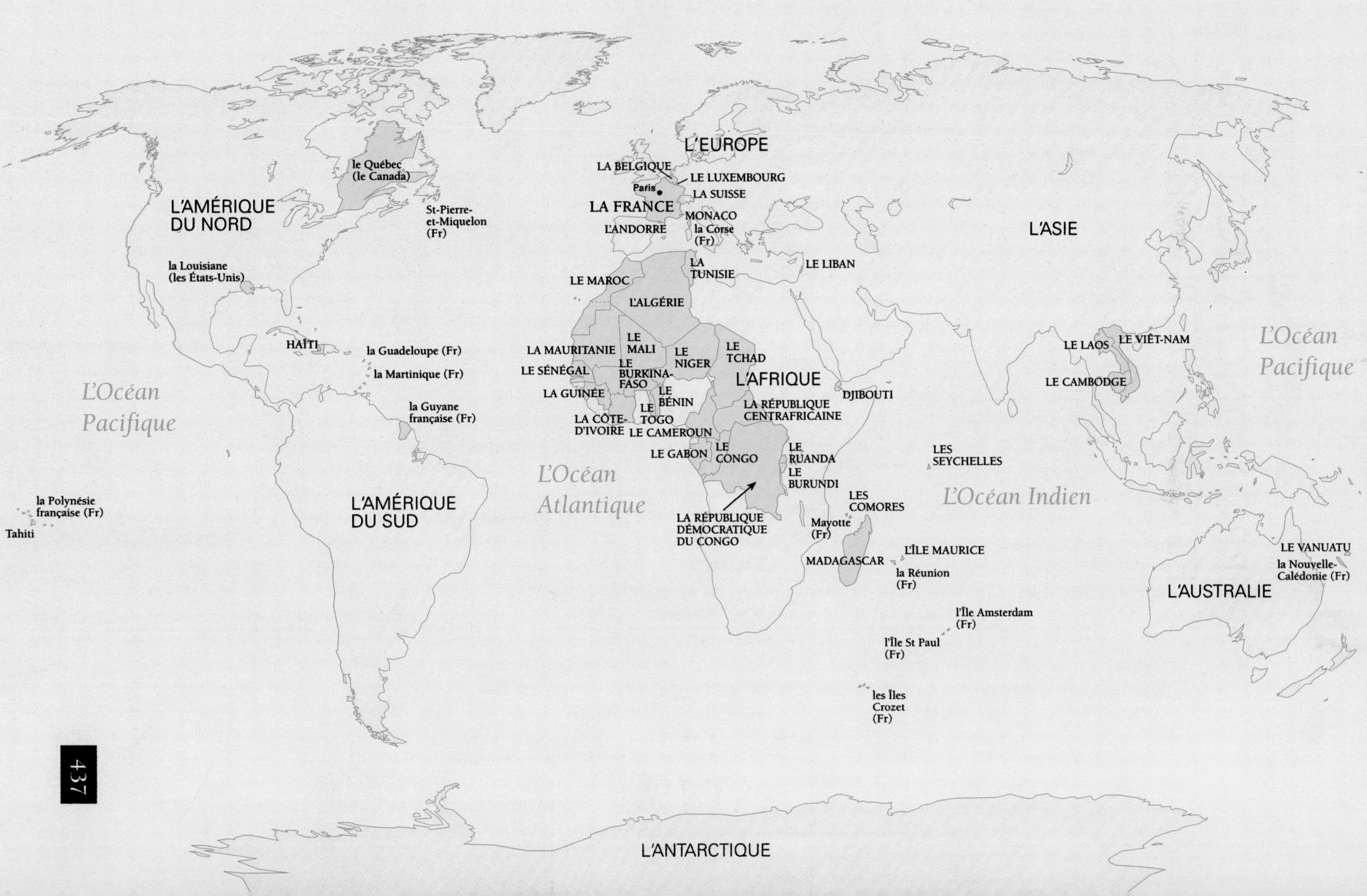

PRONONCIATION ET ORTHOGRAPHE

I. La transcription phonétique

[a]	la, là, avec	[ã]	dans, encore, temps
[é]	télé, chez, dîner, les	[õ]	non, regardons
[è]	elle, êtes, frère	[ẽ]	fin, demain
[i]	qui, il, lycée, dîne	[œ̃]	un
[ü]	tu, une		
[u]	vous, où, bonjour	[y]	fille, travailler
[ó]	au, beaucoup, allô		
[ò]	homme, alors	[sh]	chez, Michel
[œ́]	deux, veut	[zh]	je, âge
[œ̀]	heure, sœur	[g]	garder, goûter, Guy

II. L'alphabet français

a b c d e f g h i j k l m n o p q r s t u v w x y z
Voyelles: a e i(y) o u
Consonnes: b c d f g h j k l m n p q r s t v w x z

III. Les accents

There are five written accent marks on French letters. These accents are part of the spelling of the word and cannot be omitted.

1. *L'accent aigu* (´) occurs over the letter *e*.

   le téléphone **élémentaire**

2. *L'accent grave* (`) occurs over the letters *a*, *e*, and *u*.

   voilà **le frère** **où**

3. *L'accent circonflexe* (^) occurs over all vowels.

   le château **la fenêtre** **le dîner** **l'hôtel** **août**

4. *La cédille* (ç) appears only under the letter *c*. When the letter *c* is followed by an *a*, *o* or *u* it has a hard /k/ sound as in *c*ave, *c*oca, *c*ulmination. The cedilla changes the hard /k/ sound to a soft /s/ sound.

   ça **garçon** **commençons** **reçu**

5. *Le tréma* (¨) indicates that two vowels next to each other are pronounced separately.

   Noël **égoïste**

VERBES

avoir (to have)

j'ai
tu as
il a
nous avons
vous avez
ils ont

j'ai eu p. com.

⋮

ayant p. participle

A. Verbes réguliers

INFINITIF	**parler** *to talk*	**finir** *to finish*	**répondre** *to answer*
PRÉSENT	je parle tu parles il parle nous parlons vous parlez ils parlent	je finis tu finis il finit nous finissons vous finissez ils finissent	je réponds tu réponds il répond nous répondons vous répondez ils répondent
IMPÉRATIF	parle parlons parlez	finis finissons finissez	réponds répondons répondez
PASSÉ COMPOSÉ	j'ai parlé tu as parlé il a parlé nous avons parlé vous avez parlé ils ont parlé	j'ai fini tu as fini il a fini nous avons fini vous avez fini ils ont fini	j'ai répondu tu as répondu il a répondu nous avons répondu vous avez répondu ils ont répondu
IMPARFAIT	je parlais tu parlais il parlait nous parlions vous parliez ils parlaient	je finissais tu finissais il finissait nous finissions vous finissiez ils finissaient	je répondais tu répondais il répondait nous répondions vous répondiez ils répondaient
FUTUR	je parlerai tu parleras il parlera nous parlerons vous parlerez ils parleront	je finirai tu finiras il finira nous finirons vous finirez ils finiront	je répondrai tu répondras il répondra nous répondrons vous répondrez ils répondront
CONDITIONNEL	je parlerais tu parlerais il parlerait nous parlerions vous parleriez ils parleraient	je finirais tu finirais il finirait nous finirions vous finiriez ils finiraient	je répondrais tu répondrais il répondrait nous répondrions vous répondriez ils répondraient
SUBJONCTIF PRÉSENT	que je parle que tu parles qu'il parle que nous parlions que vous parliez qu'ils parlent	que je finisse que tu finisses qu'il finisse que nous finissions que vous finissiez qu'ils finissent	que je réponde que tu répondes qu'il réponde que nous répondions que vous répondiez qu'ils répondent
SUBJONCTIF PASSÉ	que j'aie parlé que tu aies parlé qu'il ait parlé que nous ayons parlé que vous ayez parlé qu'ils aient parlé	que j'aie fini que tu aies fini qu'il ait fini que nous ayons fini que vous ayez fini qu'ils aient fini	que j'aie répondu que tu aies répondu qu'il ait répondu que nous ayons répondu que vous ayez répondu qu'ils aient répondu

B. Verbes réfléchis

se laver *to wash oneself*
je me lave tu te laves il se lave nous nous lavons vous vous lavez ils se lavent
lave-toi lavons-nous lavez-vous
je me suis lavé(e) tu t'es lavé(e) il s'est lavé nous nous sommes lavé(e)s vous vous êtes lavé(e)(s) ils se sont lavés
je me lavais tu te lavais il se lavait nous nous lavions vous vous laviez ils se lavaient
je me laverai tu te laveras il se lavera nous nous laverons vous vous laverez ils se laveront
je me laverais tu te laverais il se laverait nous nous laverions vous vous laveriez ils se laveraient
que je me lave que tu te laves qu'il se lave que nous nous lavions que vous vous laviez qu'ils se lavent
que je me sois lavé(e) que tu te sois lavé(e) qu'il se soit lavé que nous nous soyons lavé(e)s que vous vous soyez lavé(e)(s) qu'ils se soient lavés

C. Verbes avec changements d'orthographe

INFINITIF	**acheter**[1] *to buy*	**appeler** *to call*	**commencer**[2] *to begin*	**envoyer**[3] *to send*
PRÉSENT	j'achète tu achètes il achète nous achetons vous achetez ils achètent	j'appelle tu appelles il appelle nous appelons vous appelez ils appellent	je commence tu commences il commence nous commençons vous commencez ils commencent	j'envoie tu envoies il envoie nous envoyons vous envoyez ils envoient
IMPÉRATIF	achète achetons achetez	appelle appelons appelez	commence commençons commencez	envoie envoyons envoyez
PASSÉ COMPOSÉ	j'ai acheté tu as acheté il a acheté nous avons acheté vous avez acheté ils ont acheté	j'ai appelé tu as appelé il a appelé nous avons appelé vous avez appelé ils ont appelé	j'ai commencé tu as commencé il a commencé nous avons commencé vous avez commencé ils ont commencé	j'ai envoyé tu as envoyé il a envoyé nous avons envoyé vous avez envoyé ils ont envoyé
IMPARFAIT	j'achetais tu achetais il achetait nous achetions vous achetiez ils achetaient	j'appelais tu appelais il appelait nous appelions vous appeliez ils appelaient	je commençais tu commençais il commençait nous commencions vous commenciez ils commençaient	j'envoyais tu envoyais il envoyait nous envoyions vous envoyiez ils envoyaient
FUTUR	j'achèterai tu achèteras il achètera nous achèterons vous achèterez ils achèteront	j'appellerai tu appelleras il appellera nous appellerons vous appellerez ils appelleront	je commencerai tu commenceras il commencera nous commencerons vous commencerez ils commenceront	j'enverrai tu enverras il enverra nous enverrons vous enverrez ils enverront
CONDITIONNEL	j'achèterais tu achèterais il achèterait nous achèterions vous achèteriez ils achèteraient	j'appellerais tu appellerais il appellerait nous appellerions vous appelleriez ils appelleraient	je commencerais tu commencerais il commencerait nous commencerions vous commenceriez ils commenceraient	j'enverrais tu enverrais il enverrait nous enverrions vous enverriez ils enverraient
SUBJONCTIF PRÉSENT	que j'achète que tu achètes qu'il achète que nous achetions que vous achetiez qu'ils achètent	que j'appelle que tu appelles qu'il appelle que nous appelions que vous appeliez qu'ils appellent	que je commence que tu commences qu'il commence que nous commencions que vous commenciez qu'ils commencent	que j'envoie que tu envoies qu'il envoie que nous envoyions que vous envoyiez qu'ils envoient
SUBJONCTIF PASSÉ	que j'aie acheté que tu aies acheté qu'il ait acheté que nous ayons acheté que vous ayez acheté qu'ils aient acheté	que j'aie appelé que tu aies appelé qu'il ait appelé que nous ayons appelé que vous ayez appelé qu'ils aient appelé	que j'aie commencé que tu aies commencé qu'il ait commencé que nous ayons commencé que vous ayez commencé qu'ils aient commencé	que j'aie envoyé que tu aies envoyé qu'il ait envoyé que nous ayons envoyé que vous ayez envoyé qu'ils aient envoyé

[1] Verbes similaires: *emmener, se lever, peser, se promener, soulever*
[2] Verbe similaire: *effacer*
[3] Verbe similaire: *renvoyer*

Verbes avec changements d'orthographe				D. Verbes irréguliers
INFINITIF	**manger**[4] *to eat*	**payer**[5] *to pay*	**préférer**[6] *to prefer*	**aller** *to go*
PRÉSENT	je mange tu manges il mange nous mangeons vous mangez ils mangent	je paie tu paies il paie nous payons vous payez ils paient	je préfère tu préfères il préfère nous préférons vous préférez ils préfèrent	je vais tu vas il va nous allons vous allez ils vont
IMPÉRATIF	mange mangeons mangez	paie payons payez	préfère préférons préférez	va allons allez
PASSÉ COMPOSÉ	j'ai mangé tu as mangé il a mangé nous avons mangé vous avez mangé ils ont mangé	j'ai payé tu as payé il a payé nous avons payé vous avez payé ils ont payé	j'ai préféré tu as préféré il a préféré nous avons préféré vous avez préféré ils ont préféré	je suis allé(e) tu es allé(e) il est allé nous sommes allé(e)s vous êtes allé(e)(s) ils sont allés
IMPARFAIT	je mangeais tu mangeais il mangeait nous mangions vous mangiez ils mangeaient	je payais tu payais il payait nous payions vous payiez ils payaient	je préférais tu préférais il préférait nous préférions vous préfériez ils préféraient	j'allais tu allais il allait nous allions vous alliez ils allaient
FUTUR	je mangerai tu mangeras il mangera nous mangerons vous mangerez ils mangeront	je paierai tu paieras il paiera nous paierons vous paierez ils paieront	je préférerai tu préféreras il préférera nous préférerons vous préférerez ils préféreront	j'irai tu iras il ira nous irons vous irez ils iront
CONDITIONNEL	je mangerais tu mangerais il mangerait nous mangerions vous mangeriez ils mangeraient	je paierais tu paierais il paierait nous paierions vous paieriez ils paieraient	je préférerais tu préférerais il préférerait nous préférerions vous préféreriez ils préféreraient	j'irais tu irais il irait nous irions vous iriez ils iraient
SUBJONCTIF PRÉSENT	que je mange que tu manges qu'il mange que nous mangions que vous mangiez qu'ils mangent	que je paie que tu paies qu'il paie que nous payions que vous payiez qu'ils paient	que je préfère que tu préfères qu'il préfère que nous préférions que vous préfériez qu'ils préfèrent	que j'aille que tu ailles qu'il aille que nous allions que vous alliez qu'ils aillent
SUBJONCTIF PASSÉ	que j'aie mangé que tu aies mangé qu'il ait mangé que nous ayons mangé que vous ayez mangé qu'ils aient mangé	que j'aie payé que tu aies payé qu'il ait payé que nous ayons payé que vous ayez payé qu'ils aient payé	que j'aie préféré que tu aies préféré qu'il ait préféré que nous ayons préféré que vous ayez préféré qu'ils aient préféré	que je sois allé(e) que tu sois allé(e) qu'il soit allé que nous soyons allé(e)s que vous soyez allé(e)(s) qu'ils soient allés

4 Verbes similaires: *changer, exiger, nager, voyager*
5 Verbes similaires: *appuyer, employer, essayer, essuyer, nettoyer, tutoyer*
6 Verbes similaires: *accélérer, célébrer, espérer, oblitérer, récupérer, sécher, suggérer*

Verbes irréguliers

INFINITIF	**s'asseoir** *to sit*	**boire** *to drink*	**conduire** *to drive*	**connaître** *to know*
PRÉSENT	je m'assieds tu t'assieds il s'assied nous nous asseyons vous vous asseyez ils s'asseyent	je bois tu bois il boit nous buvons vous buvez ils boivent	je conduis tu conduis il conduit nous conduisons vous conduisez ils conduisent	je connais tu connais il connaît nous connaissons vous connaissez ils connaissent
IMPÉRATIF	assieds-toi asseyons-nous asseyez-vous	bois buvons buvez	conduis conduisons conduisez	connais connaissons connaissez
PASSÉ COMPOSÉ	je me suis assis(e) tu t'es assis(e) il s'est assis nous nous sommes assis(es) vous vous êtes assis(e)(s) ils se sont assis	j'ai bu tu as bu il a bu nous avons bu vous avez bu ils ont bu	j'ai conduit tu as conduit il a conduit nous avons conduit vous avez conduit ils ont conduit	j'ai connu tu as connu il a connu nous avons connu vous avez connu ils ont connu
IMPARFAIT	je m'asseyais tu t'asseyais il s'asseyait nous nous asseyions vous vous asseyiez ils s'asseyaient	je buvais tu buvais il buvait nous buvions vous buviez ils buvaient	je conduisais tu conduisais il conduisait nous conduisions vous conduisiez ils conduisaient	je connaissais tu connaissais il connaissait nous connaissions vous connaissiez ils connaissaient
FUTUR	je m'assiérai tu t'assiéras il s'assiéra nous nous assiérons vous vous assiérez ils s'assiéront	je boirai tu boiras il boira nous boirons vous boirez ils boiront	je conduirai tu conduiras il conduira nous conduirons vous conduirez ils conduiront	je connaîtrai tu connaîtras il connaîtra nous connaîtrons vous connaîtrez ils connaîtront
CONDITIONNEL	je m'assiérais tu t'assiérais il s'assiérait nous nous assiérions vous vous assiériez ils s'assiéraient	je boirais tu boirais il boirait nous boirions vous boiriez ils boiraient	je conduirais tu conduirais il conduirait nous conduirions vous conduiriez ils conduiraient	je connaîtrais tu connaîtrais il connaîtrait nous connaîtrions vous connaîtriez ils connaîtraient
SUBJONCTIF PRÉSENT	que je m'asseye que tu t'asseyes qu'il s'asseye que nous nous asseyions que vous vous asseyiez qu'ils s'asseyent	que je boive que tu boives qu'il boive que nous buvions que vous buviez qu'ils boivent	que je conduise que tu conduises qu'il conduise que nous conduisions que vous conduisiez qu'ils conduisent	que je connaisse que tu connaisses qu'il connaisse que nous connaissions que vous connaissiez qu'ils connaissent
SUBJONCTIF PASSÉ	que je me sois assis(e) que tu te sois assis(e) qu'il se soit assis que nous nous soyons assis(es) que vous vous soyez assis(e)(s) qu'ils se soient assis	que j'aie bu que tu aies bu qu'il ait bu que nous ayons bu que vous ayez bu qu'ils aient bu	que j'aie conduit que tu aies conduit qu'il ait conduit que nous ayons conduit que vous ayez conduit qu'ils aient conduit	que j'aie connu que tu aies connu qu'il ait connu que nous ayons connu que vous ayez connu qu'ils aient connu

Verbes irréguliers

INFINITIF	**croire** *to believe*	**devoir** *to have to, to owe*	**dire** *to say*	**dormir** *to sleep*
PRÉSENT	je crois tu crois il croit nous croyons vous croyez ils croient	je dois tu dois il doit nous devons vous devez ils doivent	je dis tu dis il dit nous disons vous dites ils disent	je dors tu dors il dort nous dormons vous dormez ils dorment
IMPÉRATIF	crois croyons croyez	dois devons devez	dis disons dites	dors dormons dormez
PASSÉ COMPOSÉ	j'ai cru tu as cru il a cru nous avons cru vous avez cru ils ont cru	j'ai dû tu as dû il a dû nous avons dû vous avez dû ils ont dû	j'ai dit tu as dit il a dit nous avons dit vous avez dit ils ont dit	j'ai dormi tu as dormi il a dormi nous avons dormi vous avez dormi ils ont dormi
IMPARFAIT	je croyais tu croyais il croyait nous croyions vous croyiez ils croyaient	je devais tu devais il devait nous devions vous deviez ils devaient	je disais tu disais il disait nous disions vous disiez ils disaient	je dormais tu dormais il dormait nous dormions vous dormiez ils dormaient
FUTUR	je croirai tu croiras il croira nous croirons vous croirez ils croiront	je devrai tu devras il devra nous devrons vous devrez ils devront	je dirai tu diras il dira nous dirons vous direz ils diront	je dormirai tu dormiras il dormira nous dormirons vous dormirez ils dormiront
CONDITIONNEL	je croirais tu croirais il croirait nous croirions vous croiriez ils croiraient	je devrais tu devrais il devrait nous devrions vous devriez ils devraient	je dirais tu dirais il dirait nous dirions vous diriez ils diraient	je dormirais tu dormirais il dormirait nous dormirions vous dormiriez ils dormiraient
SUBJONCTIF PRÉSENT	que je croie que tu croies qu'il croie que nous croyions que vous croyiez qu'ils croient	que je doive que tu doives qu'il doive que nous devions que vous deviez qu'ils doivent	que je dise que tu dises qu'il dise que nous disions que vous disiez qu'ils disent	que je dorme que tu dormes qu'il dorme que nous dormions que vous dormiez qu'ils dorment
SUBJONCTIF PASSÉ	que j'aie cru que tu aies cru qu'il ait cru que nous ayons cru que vous ayez cru qu'ils aient cru	que j'aie dû que tu aies dû qu'il ait dû que nous ayons dû que vous ayez dû qu'ils aient dû	que j'aie dit que tu aies dit qu'il ait dit que nous ayons dit que vous ayez dit qu'ils aient dit	que j'aie dormi que tu aies dormi qu'il ait dormi que nous ayons dormi que vous ayez dormi qu'ils aient dormi

Verbes irréguliers

INFINITIF	**écrire** *to write*	**être** *to be*	**faire** *to do, to make*	**lire** *to read*
PRÉSENT	j'écris tu écris il écrit nous écrivons vous écrivez ils écrivent	je suis tu es il est nous sommes vous êtes ils sont	je fais tu fais il fait nous faisons vous faites ils font	je lis tu lis il lit nous lisons vous lisez ils lisent
IMPÉRATIF	écris écrivons écrivez	sois soyons soyez	fais faisons faites	lis lisons lisez
PASSÉ COMPOSÉ	j'ai écrit tu as écrit il a écrit nous avons écrit vous avez écrit ils ont écrit	j'ai été tu as été il a été nous avons été vous avez été ils ont été	j'ai fait tu as fait il a fait nous avons fait vous avez fait ils ont fait	j'ai lu tu as lu il a lu nous avons lu vous avez lu ils ont lu
IMPARFAIT	j'écrivais tu écrivais il écrivait nous écrivions vous écriviez ils écrivaient	j'étais tu étais il était nous étions vous étiez ils étaient	je faisais tu faisais il faisait nous faisions vous faisiez ils faisaient	je lisais tu lisais il lisait nous lisions vous lisiez ils lisaient
FUTUR	j'écrirai tu écriras il écrira nous écrirons vous écrirez ils écriront	je serai tu seras il sera nous serons vous serez ils seront	je ferai tu feras il fera nous ferons vous ferez ils feront	je lirai tu liras il lira nous lirons vous lirez ils liront
CONDITIONNEL	j'écrirais tu écrirais il écrirait nous écririons vous écririez ils écriraient	je serais tu serais il serait nous serions vous seriez ils seraient	je ferais tu ferais il ferait nous ferions vous feriez ils feraient	je lirais tu lirais il lirait nous lirions vous liriez ils liraient
SUBJONCTIF PRÉSENT	que j'écrive que tu écrives qu'il écrive que nous écrivions que vous écriviez qu'ils écrivent	que je sois que tu sois qu'il soit que nous soyons que vous soyez qu'ils soient	que je fasse que tu fasses qu'il fasse que nous fassions que vous fassiez qu'ils fassent	que je lise que tu lises qu'il lise que nous lisions que vous lisiez qu'ils lisent
SUBJONCTIF PASSÉ	que j'aie écrit que tu aies écrit qu'il ait écrit que nous ayons écrit que vous ayez écrit qu'ils aient écrit	que j'aie été que tu aies été qu'il ait été que nous ayons été que vous ayez été qu'ils aient été	que j'aie fait que tu aies fait qu'il ait fait que nous ayons fait que vous ayez fait qu'ils aient fait	que j'aie lu que tu aies lu qu'il ait lu que nous ayons lu que vous ayez lu qu'ils aient lu

Verbes irréguliers

INFINITIF	**mettre**[1] *to put*	**ouvrir**[2] *to open*	**partir**[3] *to leave*	**pouvoir** *to be able to*
PRÉSENT	je mets tu mets il met nous mettons vous mettez ils mettent	j'ouvre tu ouvres il ouvre nous ouvrons vous ouvrez ils ouvrent	je pars tu pars il part nous partons vous partez ils partent	je peux tu peux il peut nous pouvons vous pouvez ils peuvent
IMPÉRATIF	mets mettons mettez	ouvre ouvrons ouvrez	pars partons partez	(pas d'impératif)
PASSÉ COMPOSÉ	j'ai mis tu as mis il a mis nous avons mis vous avez mis ils ont mis	j'ai ouvert tu as ouvert il a ouvert nous avons ouvert vous avez ouvert ils ont ouvert	je suis parti(e) tu es parti(e) il est parti nous sommes parti(e)s vous êtes parti(e)(s) ils sont partis	j'ai pu tu as pu il a pu nous avons pu vous avez pu ils ont pu
IMPARFAIT	je mettais tu mettais il mettait nous mettions vous mettiez ils mettaient	j'ouvrais tu ouvrais il ouvrait nous ouvrions vous ouvriez ils ouvraient	je partais tu partais il partait nous partions vous partiez ils partaient	je pouvais tu pouvais il pouvait nous pouvions vous pouviez ils pouvaient
FUTUR	je mettrai tu mettras il mettra nous mettrons vous mettrez ils mettront	j'ouvrirai tu ouvriras il ouvrira nous ouvrirons vous ouvrirez ils ouvriront	je partirai tu partiras il partira nous partirons vous partirez ils partiront	je pourrai tu pourras il pourra nous pourrons vous pourrez ils pourront
CONDITIONNEL	je mettrais tu mettrais il mettrait nous mettrions vous mettriez ils mettraient	j'ouvrirais tu ouvrirais il ouvrirait nous ouvririons vous ouvririez ils ouvriraient	je partirais tu partirais il partirait nous partirions vous partiriez ils partiraient	je pourrais tu pourrais il pourrait nous pourrions vous pourriez ils pourraient
SUBJONCTIF PRÉSENT	que je mette que tu mettes qu'il mette que nous mettions que vous mettiez qu'ils mettent	que j'ouvre que tu ouvres qu'il ouvre que nous ouvrions que vous ouvriez qu'ils ouvrent	que je parte que tu partes qu'il parte que nous partions que vous partiez qu'ils partent	que je puisse que tu puisses qu'il puisse que nous puissions que vous puissiez qu'ils puissent
SUBJONCTIF PASSÉ	que j'aie mis que tu aies mis qu'il ait mis que nous ayons mis que vous ayez mis qu'ils aient mis	que j'aie ouvert que tu aies ouvert qu'il ait ouvert que nous ayons ouvert que vous ayez ouvert qu'ils aient ouvert	que je sois parti(e) que tu sois parti(e) qu'il soit parti que nous soyons parti(e)s que vous soyez parti(e)(s) qu'ils soient partis	que j'aie pu que tu aies pu qu'il ait pu que nous ayons pu que vous ayez pu qu'ils aient pu

[1] Verbe similaire: *remettre*
[2] Verbes similaires: *couvrir, découvrir, offrir, souffrir*
[3] Verbe similaire: *sortir*

Verbes irréguliers

INFINITIF	**prendre**[4] *to take*	**recevoir** *to receive*	**rire**[5] *to laugh*	**savoir** *to know*
PRÉSENT	je prends tu prends il prend nous prenons vous prenez ils prennent	je reçois tu reçois il reçoit nous recevons vous recevez ils reçoivent	je ris tu ris il rit nous rions vous riez ils rient	je sais tu sais il sait nous savons vous savez ils savent
IMPÉRATIF	prends prenons prenez	reçois recevons recevez	ris rions riez	sache sachons sachez
PASSÉ COMPOSÉ	j'ai pris tu as pris il a pris nous avons pris vous avez pris ils ont pris	j'ai reçu tu as reçu il a reçu nous avons reçu vous avez reçu ils ont reçu	j'ai ri tu as ri il a ri nous avons ri vous avez ri ils ont ri	j'ai su tu as su il a su nous avons su vous avez su ils ont su
IMPARFAIT	je prenais tu prenais il prenait nous prenions vous preniez ils prenaient	je recevais tu recevais il recevait nous recevions vous receviez ils recevaient	je riais tu riais il riait nous riions vous riiez ils riaient	je savais tu savais il savait nous savions vous saviez ils savaient
FUTUR	je prendrai tu prendras il prendra nous prendrons vous prendrez ils prendront	je recevrai tu recevras il recevra nous recevrons vous recevrez ils recevront	je rirai tu riras il rira nous rirons vous rirez ils riront	je saurai tu sauras il saura nous saurons vous saurez ils sauront
CONDITIONNEL	je prendrais tu prendrais il prendrait nous prendrions vous prendriez ils prendraient	je recevrais tu recevrais il recevrait nous recevrions vous recevriez ils recevraient	je rirais tu rirais il rirait nous釋ririons vous ririez ils riraient	je saurais tu saurais il saurait nous saurions vous sauriez ils sauraient
SUBJONCTIF PRÉSENT	que je prenne que tu prennes qu'il prenne que nous prenions que vous preniez qu'ils prennent	que je reçoive que tu reçoives qu'il reçoive que nous recevions que vous receviez qu'ils reçoivent	que je rie que tu ries qu'il rie que nous riions que vous riiez qu'ils rient	que je sache que tu saches qu'il sache que nous sachions que vous sachiez qu'ils sachent
SUBJONCTIF PASSÉ	que j'aie pris que tu aies pris qu'il ait pris que nous ayons pris que vous ayez pris qu'ils aient pris	que j'aie reçu que tu aies reçu qu'il ait reçu que nous ayons reçu que vous ayez reçu qu'ils aient reçu	que j'aie ri que tu aies ri qu'il ait ri que nous ayons ri que vous ayez ri qu'ils aient ri	que j'aie su que tu aies su qu'il ait su que nous ayons su que vous ayez su qu'ils aient su

[4] Verbes similaires: *apprendre, comprendre*

[5] Verbe similaire: *sourire*

Verbes irréguliers

INFINITIF	**servir**[6] *to serve*	**suivre** *to follow*	**venir**[7] *to come*	**vivre** *to live*
PRÉSENT	je sers tu sers il sert nous servons vous servez ils servent	je suis tu suis il suit nous suivons vous suivez ils suivent	je viens tu viens il vient nous venons vous venez ils viennent	je vis tu vis il vit nous vivons vous vivez ils vivent
IMPÉRATIF	sers servons servez	suis suivons suivez	viens venons venez	vis vivons vivez
PASSÉ COMPOSÉ	j'ai servi tu as servi il a servi nous avons servi vous avez servi ils ont servi	j'ai suivi tu as suivi il a suivi nous avons suivi vous avez suivi ils ont suivi	je suis venu(e) tu es venu(e) il est venu nous sommes venu(e)s vous êtes venu(e)(s) ils sont venus	j'ai vécu tu as vécu il a vécu nous avons vécu vous avez vécu ils ont vécu
IMPARFAIT	je servais tu servais il servait nous servions vous serviez ils servaient	je suivais tu suivais il suivait nous suivions vous suiviez ils suivaient	je venais tu venais il venait nous venions vous veniez ils venaient	je vivais tu vivais il vivait nous vivions vous viviez ils vivaient
FUTUR	je servirai tu serviras il servira nous servirons vous servirez ils serviront	je suivrai tu suivras il suivra nous suivrons vous suivrez ils suivront	je viendrai tu viendras il viendra nous viendrons vous viendrez ils viendront	je vivrai tu vivras il vivra nous vivrons vous vivrez ils vivront
CONDITIONNEL	je servirais tu servirais il servirait nous servirions vous serviriez ils serviraient	je suivrais tu suivrais il suivrait nous suivrions vous suivriez ils suivraient	je viendrais tu viendrais il viendrait nous viendrions vous viendriez ils viendraient	je vivrais tu vivrais il vivrait nous vivrions vous vivriez ils vivraient
SUBJONCTIF PRÉSENT	que je serve que tu serves qu'il serve que nous servions que vous serviez qu'ils servent	que je suive que tu suives qu'il suive que nous suivions que vous suiviez qu'ils suivent	que je vienne que tu viennes qu'il vienne que nous venions que vous veniez qu'ils viennent	que je vive que tu vives qu'il vive que nous vivions que vous viviez qu'ils vivent
SUBJONCTIF PASSÉ	que j'aie servi que tu aies servi qu'il ait servi que nous ayons servi que vous ayez servi qu'ils aient servi	que j'aie suivi que tu aies suivi qu'il ait suivi que nous ayons suivi que vous ayez suivi qu'ils aient suivi	que je sois venu(e) que tu sois venu(e) qu'il soit venu que nous soyons venu(e)s que vous soyez venu(e)(s) qu'ils soient venus	que j'aie vécu que tu aies vécu qu'il ait vécu que nous ayons vécu que vous ayez vécu qu'ils aient vécu

6 Verbe similaire: *desservir*
7 Verbes similaires: *devenir, revenir, se souvenir*

Verbes irréguliers

INFINITIF	**voir** *to see*	**vouloir** *to want*
PRÉSENT	je vois tu vois il voit nous voyons vous voyez ils voient	je veux tu veux il veut nous voulons vous voulez ils veulent
IMPÉRATIF	vois voyons voyez	veuille voulons veuillez
PASSÉ COMPOSÉ	j'ai vu tu as vu il a vu nous avons vu vous avez vu ils ont vu	j'ai voulu tu as voulu il a voulu nous avons voulu vous avez voulu ils ont voulu
IMPARFAIT	je voyais tu voyais il voyait nous voyions vous voyiez ils voyaient	je voulais tu voulais il voulait nous voulions vous vouliez ils voulaient
FUTUR	je verrai tu verras il verra nous verrons vous verrez ils verront	je voudrai tu voudras il voudra nous voudrons vous voudrez ils voudront
CONDITIONNEL	je verrais tu verrais il verrait nous verrions vous verriez ils verraient	je voudrais tu voudrais il voudrait nous voudrions vous voudriez ils voudraient
SUBJONCTIF PRÉSENT	que je voie que tu voies qu'il voie que nous voyions que vous voyiez qu'ils voient	que je veuille que tu veuilles qu'il veuille que nous voulions que vous vouliez qu'ils veuillent
SUBJONCTIF PASSÉ	que j'aie vu que tu aies vu qu'il ait vu que nous ayons vu que vous ayez vu qu'ils aient vu	que j'aie voulu que tu aies voulu qu'il ait voulu que nous ayons voulu que vous ayez voulu qu'ils aient voulu

E. Verbes impersonnels

falloir *to be necessary*	**pleuvoir** *to rain*
il faut	il pleut
il a fallu	il a plu
il fallait	il pleuvait
il faudra	il pleuvra
il faudrait	il pleuvrait
qu'il faille	qu'il pleuve
qu'il ait fallu	qu'il ait plu

F. Verbes avec *être* au passé composé

aller (*to go*)	**je suis allé(e)**
arriver (*to arrive*)	**je suis arrivé(e)**
descendre (*to go down, to get off*)	**je suis descendu(e)**
entrer (*to enter*)	**je suis entré(e)**
monter (*to go up*)	**je suis monté(e)**
mourir (*to die*)	**je suis mort(e)**
naître (*to be born*)	**je suis né(e)**
partir (*to leave*)	**je suis parti(e)**
passer (*to go by*)	**je suis passé(e)**
rentrer (*to go home*)	**je suis rentré(e)**
rester (*to stay*)	**je suis resté(e)**
retourner (*to return*)	**je suis retourné(e)**
revenir (*to come back*)	**je suis revenu(e)**
sortir (*to go out*)	**je suis sorti(e)**
tomber (*to fall*)	**je suis tombé(e)**
venir (*to come*)	**je suis venu(e)**

VOCABULAIRE FRANÇAIS–ANGLAIS

The *Vocabulaire français–anglais* contains all productive and receptive vocabulary from Levels 1 and 2. The numbers following each entry indicate the chapter and vocabulary section in which the word is introduced. For example, **3.2** means that the word first appeared in Level 2, *Chapitre 3, Mots 2.* Numbers preceded by I indicate vocabulary introduced in Level 1; I-BV refers to the introductory *Bienvenue* chapter. Words without chapter references indicate receptive vocabulary (not taught in the *Mots* sections) in *À bord.*

The following abbreviations are used in this glossary.

adj.	adjective
adv.	adverb
conj.	conjunction
dem. adj.	demonstrative adjective
dem. pron.	demonstrative pronoun
dir. obj.	direct object
f.	feminine
fam.	familiar
form.	formal
ind. obj.	indirect object
inf.	infinitive
inform.	informal
interr.	interrogative
interr. adj.	interrogative adjective
interr. pron.	interrogative pronoun
inv.	invariable
m.	masculine
n.	noun
past part.	past participle
pl.	plural
poss. adj.	possessive adjective
prep.	preposition
pron.	pronoun
sing.	singular
subj.	subject
subjunc.	subjunctive

A

à at, in, to, I-3.1
à la, à l' at the, in the, to the, I-5
à l'avance in advance, 4.2
à bord de on board, I-7.2
à côté next door, I
à côté de next to, I-5
À demain. See you tomorrow., I-BV
à demi-tarif half-price, I
à destination de to (plane, train, etc.), I-7.1
à domicile to the home, I
à dos de chameau on camel(back), **14.2**
à droite de to, on the right of, I-5
à l'étranger abroad, in a foreign country, I
à gauche de to, on the left of, I-5
à l'heure on time, I-8.1
à l'intérieur inside, I
à mi-temps part-time, I-3.2
à la mode in style, "in", I
à moins que (+ subjunc.) unless, **15**
à mon (ton, son, etc.) avis in my (your, his, etc.) opinion, I-10.2
à partir de from . . . on; based on, I
à peu près about, approximately, **16.2**
à pied on foot, I-5.2
à plein temps full-time, I-3.2
à point medium-rare (meat), I-5.2
à propos de concerning, as regards, I
à quelle heure? at what time?, I-2
à ta (sa, votre, etc.) place if I were you (him, her, etc.), **9.2**
À tout à l'heure. See you later., I-BV
l' **abbaye (f.)** abbey
abdiquer to abdicate
abolir to abolish
abondant(e) abundant
abriter to house
absolument absolutely, I
absorber to absorb, I
accélérer to speed up, go faster, I-12.1
accepter to accept, I
l' **accessoire (m.)** accessory, I
l' **accident (m.)** accident, I-14.2
accompagné(e) (de) accompanied (by), I
accomplir to accomplish
l' **accordéon (m.)** accordion, **11.1**
accueillant(e) welcoming
accueilli(e): bien accueilli(e) well-received, I
l' **achat (m.)** purchase, I
faire des achats to shop, I-10.1
acheter to buy, I-6.1
l' **acidité (f.)** acidity, I
l' **acier (m.)** steel
l' **acte (m.)** act, I-16.1
l' **acteur (m.)** actor (m.), I-16.1
actif, active active, I-10
l' **action (f.)** action, I
l' **activité (f.)** activity, I
l' **actrice (f.)** actress, I-16.1
actuel(le) current, present
actuellement currently
l' **addition (f.)** check, bill (restaurant), I-5.2
admirer to admire, I
l' **adolescent(e)** adolescent, teenager, I
adopter to adopt, I
adorable adorable, I
adorer to love, I-3.2
l' **adresse (f.)** address, **1.2**
l' **adulte (m. et f.)** adult, I
adverse opposing, I-13.1
aérien(ne) air, flight (adj.), I-9; aerial
les tarifs aériens airfares, I
l' **aérogare (f.)** terminal with bus to airport, I-7.2
l' **aérogramme (m.)** airgram, **1.1**
l' **aéroport (m.)** airport, I-7.1
aérospatial(e) aerospace, I
les **affaires (f. pl.)** business; belongings, I
l' **affiche (f.)** poster
affolé(e) panic-stricken, I
s' **affronter** to collide, I
africain(e) African, I
l' **Afrique (f.)** Africa, **14.2**
l' **âge (m.)** age, I-4.1
Tu as quel âge? How old are you? (fam.), I-4.1
âgé(e) old, I
l' **agence (m.) de voyages** travel agency
l' **agenda (m.)** appointment book, I-2.2
l' **agent (m.)** agent (m. and f.), I-7.1
l'agent de police police officer (m. and f.), **8.2**
l' **agglomération (f.)** populated area, I
s' **agir de** to be a matter of, be about
agité(e) agitated, I
l' **agneau (m.)** lamb, **14.1**
agréable pleasant, I
l' **agriculteur (m.)** farmer (m. and f.), **15.2**
l' **aide (f.)** help
aider to help, I
l' **aile (f.)** wing, **7.1**
aimable nice (person), I-1.2
aimer to like, love, I-3.2
ainsi thus
l' **air (m.)** air, I
en plein air outdoor(s), I
aisé(e) well-off
ajouter to add, I
l' **alcoolisme (m.)** alcoholism
alerter to alert
l' **algèbre (f.)** algebra, I-2.2
l' **Algérie (f.)** Algeria, **14.1**
l' **aliment (m.)** food, I
l' **alimentation (f.)** nutrition, diet, I
alimenter to feed
l' **Allemagne (f.)** Germany, I-16
l' **allemand (m.)** German (language), I
allemand(e) German, I
aller to go, I-5.1
aller à la pêche to go fishing, I-9.1
aller pêcher to go fishing, I
l' **allergie (f.)** allergy, I-15.1
allergique allergic, I-15.1
l' **aller-retour (m.)** round-trip ticket, I-8
l' **aller simple (m.)** one-way ticket, I-8.1
l' **alliance (f.)** wedding ring, **11.2**
l' **allié (m.)** ally
Allô. Hello. (when answering telephone), **3.2**
allonger to stretch out
allumer to light, **11.2**; to turn on (a TV, etc.), **2.1**
l' **allure (f.)** allure, attractiveness
alors so, then, well then, I
les **Alpes (f. pl.)** the Alps, I
l' **alpinisme (m.)** mountain climbing, I
l' **altitude (f.)** altitude, I
l' **amateur (m.): l'amateur d'art** art lover, I
l' **ambulance (f.)** ambulance, **6.1**

améliorer to improve
aménager to renovate, transform, I
l' **amende (f.)** fine, **8.1**
l' **Américain(e)** American (person), I
américain(e) American, I-1.1
l' **Amérique (f.)** America, I-16
l'Amérique du Nord North America, I-16
l'Amérique du Sud South America, I-16
l' **ami(e)** friend, I-1.2
l' **amidon (m.)** starch, **9.1**
l' **amitié (f.)** friendship, I
Amitiés Love (to close a letter)
l' **amour (m.)** love
amusant(e) funny, I-1.1
s' **amuser** to have fun, I-11.2
l' **an (m.): avoir... ans** to be . . . years old, I-4.1
le jour de l'An New Year's Day, **11.2**
l' **ananas (m.)** pineapple
l' **anatomie (f.)** anatomy, I
l' **ancêtre (m.)** ancestor
ancien(ne) old, I
l' **âne (m.)** donkey, **15.2**
l' **anesthésie (f.)** anesthesia, **6.2**
faire une anesthésie to give anesthesia, **6.2**
l' **anesthésiste (m. et f.)** anesthesiologist, **6.2**
l' **angine (f.)** throat infection, tonsillitis, I-15.1
l' **anglais (m.)** English (language), I-2.2
l' **Anglais(e)** Englishman (woman), I
l' **Angleterre (f.)** England, I-16
l' **animal (m.)** animal, I
l'animal domestique farm animal, **15.1**
animé(e) lively, animated, I
l' **anneau (m.)** ring
l' **année (f.)** year, I-4.1
l'année dernière last year, I-13
l'année scolaire school year
Bonne Année! Happy New Year!, **11.2**
l' **anniversaire (m.)** birthday, I-4.1
Bon (Joyeux) anniversaire! Happy birthday!, I
C'est quand, ton anniversaire? When is your birthday? (fam.), I-4.1
l' **annonce (f.)** announcement, I-8.1
la petite annonce classified ad, **16.2**
annoncer to announce, I-8.1
l' **annuaire (m.)** telephone book, **3.1**
annuellement yearly, annually, **8**
annuler to cancel, **7.2**
l' **anorak (m.)** ski jacket, I-14.1
antérieur(e) previous, former, I
l' **anthropologie (f.)** anthropology, I
l' **antibiotique (m.)** antibiotic, I-15.1
l' **anticyclone (m.)** high pressure area, I
antillais(e) West Indian, I
les **Antilles (f. pl.)** West Indies
antipathique unpleasant (person), I-1.2
l' **Antiquité (f.)** ancient times, I
anxieux, anxieuse anxious, I
août (m.) August, I-4.1
apparaître to appear
l' **appareil (m.)** machine, appliance
apparenté: le mot apparenté cognate, I
l' **appartement (m.)** apartment, I-4.2
appartenir to belong
l' **appel (m.)** call, **3.1**; appeal
l'appel interurbain long-distance call, **3.1**
appeler to call, **3.1**
s'appeler to be called, be named, I-11.1
applaudir to applaud, **11.1**
apporter to bring, I
apprécier to appreciate
l' **appréhension (f.)** apprehension
apprendre (à) to learn (to), I-9.1
apprendre à quelqu'un à faire quelque chose to teach someone to do something, I-14.1
apprendre ses leçons to learn one's lessons, **12.1**
l' **apprenti(e)** apprentice
apprenti(e) apprenticed
approprié(e) appropriate
appuyer sur to press, **10.2**
s'appuyer contre to lean (against), **10.2**
après after, I-3.2
l' **après-midi (m.)** afternoon, I-2
l' **arbitre (m.)** referee, I-13.1
l' **arbre (m.)** tree, I
l'arbre de Noël Christmas tree, **11.2**
l' **arc-boutant (m.)** flying buttress
l' **arche (f.)** arch, I
l' **archipel (m.)** archipelago, I
l' **architecte (m. et f.)** architect, I
l' **architecture (f.)** architecture, I
l' **argent (m.)** money, I-3.2
l'argent liquide cash, I-18.1
l'argent de poche allowance, I
l' **Argentine (f.)** Argentina, I-16
l' **argot (m.)** slang, I
l' **aristocrate (m. et f.)** aristocrat, I
l' **arme (f.)** weapon, I
l' **armée (f.)** army, I
arraché(e) torn
l' **arrêt (m.)** stop, **10.2**
arrêter to stop, **8.1**
s'arrêter to stop oneself, I-12.1
l' **arrière (m.)** back (of an object), **10.2**
l' **arrivée (f.)** arrival, I-7.2
le tableau des départs et des arrivées arrival and departure board, I
arriver to arrive, I-3.1; to happen, I
l' **arrondissement (m.)** district (in Paris), I
l' **art (m.)** art, I-2.2
les **articles (m. pl.) de sport** sporting goods, I
l' **artisan(e)** craftsperson
artistique artistic, I
l' **ascenseur (m.)** elevator, I-4.2
l' **asepsie (f.): pratiquer l'asepsie** to sterilize, disinfect, I
l' **Asie (f.)** Asia, I-16
aspiré(e) pulled in, I
l' **aspirine (f.)** aspirin, I-15.1
s' **asseoir** to sit (down), **2.1**
assez fairly, quite; enough, I
assez de (+ noun) enough (+ noun), I-18
l' **assiette (f.)** plate, I-5.2
ne pas être dans son assiette to be feeling out of sorts, I-15.1
assis(e) seated, I-8.2
l' **assistant(e)** assistant, I
l'assistant(e) social(e) social worker, **16.1**
assister (à) to attend
l' **association (f.)** association, I
associer to associate, I

l' **assurance (f.)** insurance, I
assurer to insure, **1.2**; to assure
l' **astronome (m. et f.)** astronomer, I
l' **atelier (m.)** workshop, **14.1**
l' **atmosphère (f.)** atmosphere, I
atomique atomic
l' **atout (m.)** advantage
attendre to wait (for), I-8.1
attendre la tonalité to wait for the dial tone, **3.1**
l' **attente (f.): la salle d'attente** waiting room, I-8.1
l' **attention (f.)** attention
Attention! Careful! Watch out!, I
«Attention au départ!» "The train is leaving!", **4.1**
«Attention à la fermeture des portes!» "Watch the closing doors!", **4.1**
faire attention to pay attention, I-6; be careful, I-9.1
atterrir to land, I-7.1
l' **atterrissage (m.)** landing (plane), **7.1**
attirer to attract, I
attraper un coup de soleil to get a sunburn, I-9.1
au at the, to the, in the, on the (m. sing.), I-5
au bord de la mer by the ocean; seaside, I-9.1
au contraire on the contrary, I
au début at the beginning
au-dessous: la taille au-dessous the next smaller size, I-10.2
au-dessus: la taille au-dessus the next larger size, I-10.2
au-dessus de above, I
au fond de at the bottom of, I
au moins at least, I
au revoir goodbye, I-BV
au sujet de about, I
l' **aube (f.)** dawn
l' **auberge (f.) de jeunesse** youth hostel, I
l' **aubergine (f.)** eggplant, **14.1**
aucun(e) any, none
audacieux, audacieuse audacious, bold, I
augmenter to increase, I
aujourd'hui today, I-2.2
l' **aurore (f.)** dawn
ausculter to listen with a stethoscope, I-15.2
aussi also, too, I-1.1; as (comparisons), I-10
l' **Australie (f.)** Australia, I-16
autant de as many
l' **auteur (m.)** author (m. and f.), I
l' **autobus (m.)** bus, **10.2**
l' **autocar (m.)** bus, coach, I-7.2
l' **autodétermination (f.)** self-determination
l' **auto-école (f.)** driving school, I-12.2
automatique: le distributeur automatique de billets automated teller machine (ATM)
automatiquement automatically
l' **automne (m.)** autumn, I-13.2
l' **automobiliste (m. et f.)** motorist, **8.1**
l' **autoroute (f.)** highway, I
l'autoroute à péage toll highway, I-12.2
autour de around, I
autre other, I-BV
Autre chose? Anything else? (shopping), I-6.2
les autres others
autrefois in the past
l' **Autriche (f.)** Austria
aux at the, to the, in the, on the (pl.), I-5
l' **avance (f.): à l'avance** in advance, I
en avance early, ahead of time, I-8.1
avancé(e) advanced, I
l' **avant (m.)** front, **10.2**
avant before (prep.), I-7.1
avant de (+ inf.) before (+ verb), I
avant-hier the day before yesterday, I-13
avant que (+ subjunc.) before (conj.), **15**
l' **avantage (m.)** advantage
l' **avant-bras (m.)** forearm, **13.1**
avec with, I-5.1
Avec ça? What else? (shopping), I-6.2
l' **avenir (m.)** future
dans un proche avenir in the near future
l' **aventure (f.)** adventure, I
aventureux, aventureuse adventurous
avertir to warn
l' **avion (m.)** airplane, I-7.1
en avion by plane, plane (adj.), I-7.1
par avion (by) airmail, **1.2**
l' **avis (m.)** opinion, I
à mon avis in my opinion, I-10.2
l' **avocat(e)** lawyer, **16.1**
l' **avoine (f.)** oats, **15.1**
avoir to have, I-4.1
avoir l'air to seem, **13.2**
avoir... ans to be . . . years old, I-4.1
avoir besoin de to need, I-11.1
avoir de la chance to be lucky, I
avoir envie de to feel like (doing something), **3.1**
avoir faim to be hungry, I-5.1
avoir une faim de loup to be very hungry, I
avoir lieu to take place, **11.2**
avoir mal à to have a(n) . . . -ache, to hurt, I-15.2
avoir l'occasion de (+ inf.) to have the opportunity (+ inf.), I
avoir peur (de) to be afraid (of), **13.2**
avoir raison to be right, I
avoir soif to be thirsty, I-5.1
avoir tendance à (+ inf.) to tend (+ inf.), I
avril (m.) April, I-4.1

B

le **baccalauréat (bac, bachot)** French high school exam, **12.2**
le **bacon** bacon, I
bactérien(ne) bacterial, I-15.1
les **bagages (m. pl.)** luggage, I-7.1
les bagages à main carry-on luggage, I-7.1
la **baguette** loaf of French bread, I-6.1
la **baie** bay
se **baigner** to swim
le **bain** bath, I-11.2
prendre un bain to take a bath, I-11.1
le bain de soleil: prendre un bain de soleil to sunbathe, I-9.1
le bain turc Turkish bath, **14.1**
le **bal** ball, formal dance
la **balance** scale, **1.2**
le **balcon** balcony, I-4.2
la **balle** ball (tennis, etc.), I-9.2; franc (slang), I-18.2
le **ballon** ball (soccer, etc.), I-13.1
la **banane** banana, I-6.2

la **bande dessinée** comic strip, I
la **banlieue** suburbs, I
le/la **banlieusard(e)** suburbanite
la **banque** bank, I-18.1
le **banquier**, la **banquière** banker, I
baptiser to christen, I
la **barbe** beard
à la barbe fleurie with a flowing white beard
Barcelone Barcelona, I-16
bas(se) low, I-10
à talons bas low-heeled (shoes), I-10
la **base: de base** basic, I
le **base-ball** baseball, I-13.2
la **basilique** basilica
le **basket(-ball)** basketball, I-13.2
le **bateau** boat, I
le **bâtiment** building, **15.1**
le **bâtisseur** builder
le **bâton** ski pole, I-14.1
la **batterie** drums, **11.1**
se **battre** to fight
battre en retraite to retreat in battle
battu(e) beaten
bavarder to chat, I-4.2
beau (bel) (m.) beautiful, handsome, I-4
Il fait beau. It's nice weather., I-9.2
beaucoup a lot, I-3.1
beaucoup de a lot of, many, I-10.1
beaucoup de monde a lot of people, a crowd
la **beauté** beauty, I
les **Beaux-Arts (m. pl.)** fine arts, I
beige (inv.) beige, I-10.2
le **beignet chinois** fortune cookie
le/la **Belge** Belgian (person), I
belge Belgian, I
la **Belgique** Belgium, I
belle (f.) beautiful, I-4
les **béquilles (f. pl.)** crutches, **6.1**
le **berceau** arbor; barrel vault
le **béribéri** beriberi, I
le **besoin** need, I
avoir besoin de to need, I-11.1
le **bétail** livestock, **15.1**
la **bêtise** stupid thing, nonsense, I
le **beurre** butter, I-6.2
la **bibliothèque** library
le **bicentenaire** bicentennial, I
bien fine, well, I-BV
bien accueilli(e) well-received, I
bien cuit(e) well-done (meat), I-5.2
bien élevé(e) well-mannered, **13.1**
bien que (+ subjunc.) although (conj.), **15**
bien sûr of course, I
bientôt soon, I
Bienvenue! Welcome!, I
la **bière** beer, I
le **billet** bill (currency), I-18.1; ticket, I-7.1
le billet aller-retour round-trip ticket, I-8.1
la **biologie** biology, I-2.2
le/la **biologiste** biologist, I
bizarre strange, odd, I
la **blague: Sans blague!** No kidding!, I
blanc, blanche white, I-10.2
la **blanchisserie** laundry
le **blé** wheat, **15.1**
le/la **blessé(e)** injured person
se **blesser** to hurt oneself, **6.1**
la **blessure** cut, wound, **6.1**
bleu(e) blue, I-10.2
bleu marine (inv.) navy blue, I-10.2
blond(e) blond, I-1.1
bloquer to block, I
le **blouson** jacket, I-10.1
le **bœuf** beef, I-6.1; ox, **15.1**
boire to drink, **13**
le **bois** wood, the woods
la **boisson** beverage, I-5.1
la **boîte aux lettres** mailbox, **1.1**
la **boîte de conserve** can of food, I-6.2
bon(ne) correct; good, I-9
Bonne Année! Happy New Year!, **11.2**
bon marché (inv.) inexpensive, I
le bon numéro the right number, **3.1**
Bonne Santé! Good health!
bondé(e) packed
Bonjour. Hello., I-BV
le **bonnet** ski cap, hat, I-14.1
le **bord: à bord de** aboard (plane, etc.), I-7.2
au bord de la mer by the ocean, seaside, I-9.1
bordé(e) (de) bordered, lined with, I
le **bordereau** receipt, I
la **borne** road marker
la **bosse** mogul (skiing), I-14.2
la **botanique** botany, I
la **botte** boot, I
la **bouche** mouth, I-15.1
la **boucherie** butcher shop, I-6.1
le **bouchon** traffic jam, **8.1**
bouclé(e) wavy, **5.1**
le **boudin blanc** white sausage
bouger to move, I
la **bougie** candle, **11.2**
le **bouillon de poulet** chicken soup, I
la **boulangerie-pâtisserie** bakery, I-6.1
la **boule** ball
en boule curled up in a ball
la boule de neige snowball, I-14.2
les boules French bowling
le **boulevard périphérique** beltway, **8.1**
le **boulot** job (slang)
le **bourgeon** bud
bousculer to shove, **13.1**
bout (inf. bouillir) boils (verb), I
la **bouteille** bottle, I-6.2
la **boutique** shop, boutique, I
le **bouton** button **9.2**; bud, I
le **brancard** stretcher, **6.1**
la **branche** branch, **11.2**
le **bras** arm, **6.1**
le **braséro** charcoal grill, **14.1**
Bravo! Good! Well done!, I
le **break** station wagon, I-12.1
le **Brésil** Brazil, I-16
la **Bretagne** Brittany, I
la **bretelle d'accès** on-ramp, **8.1**
le/la **Breton(ne)** person from Brittany, I
breton(ne) from Brittany
la **brioche** sweet roll, I
briser to break
bronzé(e) tan, I
bronzer to tan, I-9.1
la **brosse** brush, I; blackboard eraser, **12.2**
se **brosser (les dents, etc.)** to brush (one's teeth, etc.), I-11.1
le **bruit** noise, **13.1**
brûler to burn
brun(e) brunette, I-1.1; brown, I-10.2
le **brushing: faire un brushing** to blow-dry someone's hair, **5.2**
brute: la sève brute rising, crude sap
bruyant(e) noisy, **13.1**
la **bûche: la bûche de Noël** Christmas cake in shape of a log
le **bulletin de notes** report card, I
le **bulletin météorologique** weather report, I

le **bureau** desk, I-BV; office, **2.2;** bureau, I
le bureau de change foreign exchange office (for foreign currency), I-18.1
le bureau de location reservations office, **4.2**
le bureau de placement employment agency, **16.2**
le bureau de poste post office, **1.1**
le bureau de tabac tobacco shop, **3.1**
le bureau de vie scolaire school office, **12.2**
le **bus: en bus** by bus, I-5.
le **but** goal, I-13.1
marquer un but to score a goal, I-13.1

C

ça that (dem. adj.), I-BV
Ça coûte cher. It's (That's) expensive., I
Ça fait combien? How much is it (that)?, I-6.2
Ça fait... francs. That's . . . francs., I-6.2
Ça fait mal. It (That) hurts., I-15.2
ça m'étonnerait I would be very surprised, **14**
Ça va. Fine., OK., I-BV
Ça va? How's it going?, How are you? (inform.), I-BV
la **cabine** cabin (plane), I-7.1
la cabine classe affaires business-class cabin, **7.1**
la cabine classe économique coach-class cabin, **7.1**
la cabine première classe first-class cabin, **7.1**
la cabine téléphonique telephone booth, **3.1**
le **cabinet** office (doctor's), I
caché(e) dark, hidden
le **cadeau** gift, present, I-10.2
le cadeau de Noël Christmas gift, **11.2**
cadet(te) younger, youngest
le **cadran** dial, **3.1**
le téléphone à cadran dial phone, **3.1**
le **cadre,** la **femme cadre** executive, **16.1**
le **café** café; coffee, I-5.1
le café au lait coffee with milk, I

la **cafétéria** cafeteria
le **cahier** notebook, I-BV
la **caisse** cash register, checkout counter, I-6.2
le **caissier,** la **caissière** cashier, I
le **calcium** calcium, I
le **calcul** calculation, I
la **calculatrice** calculator, I-BV
calculer to calculate, I
le **calendrier** calendar
calme quiet, calm, I
calmer: Calmez-vous. Calm down., I
la **calorie** calorie, I
le/la **camarade** companion, friend, I
le/la camarade de classe classmate
le **camion** truck, **8.1**
le **camp** side (in a sport or game), I-13.1
le camp adverse opponents, other side, I-13.1
la **campagne** country(side), **15.1**
la maison de campagne country house, I
le **campeur** camper
le **camping** campground
le **Canada** Canada, I-16
canadien(ne) Canadian, I-9
le **canard** duck, **15.2**
le/la **candidat(e)** applicant, **16.2**
être candidat(e) à un poste to be an applicant for a position, **16.2**
la **candidature** candidacy, **16.2**
poser sa candidature to apply for a position, **16.2**
le **canne à sucre** sugar cane
le **canoë** canoe, I
la **cantine** school cafeteria, **12.2**
le **capitaine** captain
la **capitale** capital, I
capituler to capitulate
capter to collect, receive
le **car** bus (coach), I
car because, for
le **caractère: à caractère familial** family-style, I
la **caractéristique** characteristic, I
la **caravane** caravan, **14.2**; trailer, **8.1**
le **carnet** book of ten subway tickets, **10.1**
le carnet d'anniversaires birthday book, I
la **carotte** carrot, I-6.2
carré(e) square
le **carrefour** crossroads, I-12.2
la **carrière** career, **16.2**
le **cartable** bookbag, **12.1**

la **carte** card, **12.2**; menu, I-5.1; map, I
la carte à mémoire speed-dial feature on a telephone
la carte d'anniversaire birthday card, I
la carte de crédit credit card, I-17.2
la carte de débarquement landing card, I-7.2
la carte d'embarquement boarding pass, I-7.1
la carte grise automobile registration card, **8.1**
la carte postale postcard, **1.1**
la carte routière road map, **8.1**
la carte verte insurance card, **8.1**
la carte de vœux greeting card, **11.2**
le **cas** case
en tout cas in any case, I
le **casier** cubbyhole
le **casque** helmet, **8.1**
la **casquette** cap, **8.2**
le **casse-cou** daredevil, I
casser to break, **9.2**
se casser to break (an arm, a leg, etc.), **6.1**
la **cassette** cassette, I-3.2
la **catégorie** category, I
la **cathédrale** cathedral, I
le **catholicisme** Catholicism
le/la **catholique** Catholic
le **cauchemar** nightmare, I
la **cause** cause, I
causer to cause, I
ce (cet) (m.) this, that (dem. adj.), I-8
ce que c'est what it is, I
Ce n'est rien. You're welcome., I-BV
la **ceinture de sécurité** seat belt, I-12.2
célèbre famous, I-1.2
célébrer to celebrate, **11.2**
célibataire single, unmarried, I
celle (f. sing.) this one, that one (dem. pron.), **5**
celles (f. pl.) these, those (dem. pron.), **5**
la **cellule** cell, I
la cellule nerveuse nerve cell, I
celui (m. sing.) this one, that one (dem. pron.), **5**
celui-là that one (over there)
le **censeur** vice-principal, **12.2**
cent hundred, I-5.2

les **centaines (f. pl.)** hundreds, I
centralisé(e) centralized
le **centre** center, middle, I
au centre de in the heart of, I
le centre commercial shopping center, I
le Centre de Documentation et d'Information (CDI) school library, media center, **12.2**
le **centre-ville** downtown area, **8.2**
les **céréales (f. pl.)** cereal, grains, **15.1**
la **cérémonie** ceremony, **11.2**
certain(e) certain, I
être certain(e) to be certain, **14**
il est certain (que) it's certain (that), **14**
pour certains for some people, I
certainement certainly, **8**
ces (pl.) these, those (dem. adj.), I-8
c'est it is, it's, I-BV
c'est-à-dire that is, I
C'est ça. That's right., I
C'est combien? How much is it?, I-BV
C'est une erreur. You have the wrong number., **3.2**
C'est de la part de qui? Who's calling?, **3.2**
C'est quand, ton anniversaire? When is your birthday? (fam.), I-4.1
C'est quel jour? What day is it?, I-2.2
C'est tout? Is that all?, I-6.2
cette (f.) this, that (dem. adj.), I-8
ceux (m. pl.) these, those (dem. pron.), **5**
chacun(e) each (one), I
la **chaîne** channel, **2.1**
la chaîne hôtelière hotel chain, I
la chaîne stéréo stereo, **2.1**
la **chaise** chair, I-BV
le **châle** shawl, **14.1**
le **chalet** chalet, I
la **chambre** room (in a hotel), I-17.1
la chambre à coucher bedroom, I-4.2
la chambre à deux lits double room, I-17.1
la chambre à un lit single room, I-17.1
libérer la chambre to vacate the room, I-17.2
le **chameau** camel, **14.2**
à dos de chameau on camel(back), **14.2**
le **champ** field, **15.1**
le champ de manœuvres parade ground, I
le/la **champion(ne)** champion, I
le **championnat** championship, I
la **chance** luck, I
avoir de la chance to be lucky, I
le **chandelier** candelabra, **11.2**
le **changement** change
changer (de) to change, I-8.2; to exchange, I-18.1
changer de chaîne to change the channel, **2.1**
changer de ligne to change (subway) lines, **10.1**
changer de place to change places
changer de train to change trains, **4.2**
changer de voie to change lanes, **8.1**
le **chant** song
le chant de Noël Christmas carol, **11.2**
chanter to sing, I-3.2
le **chanteur,** la **chanteuse** singer, **16.1**
le **chantier** construction site
chaque each, every, I-16.1
le **charbon de bois** charcoal, **14.1**
la **charcuterie** deli(catessen), I-6.1
charger to put in charge, I
le **chariot** shopping cart, I
le chariot à bagages luggage cart, **7.2**
charmant(e) charming, I
le **charpentier** carpenter
le **chat** cat, I-4.1
avoir un chat dans la gorge to have a frog in one's throat, I-15.2
châtain brown (hair), **5.2**
le **château** castle, mansion, **4.2**
chaud(e) warm, hot, I
Il fait chaud. It's hot. (weather), I-9.2
chauffer to heat, I
les **chaussettes (f. pl.)** socks, I-10.1
les **chaussons (m. pl.)** slippers
les **chaussures (f. pl.)** shoes, I-10.1
les chaussures de ski ski boots, I-14.1
les chaussures de tennis sneakers, tennis shoes, I-9.2
le **chef** head, boss, chief, I
la **cheminée** fireplace, **11.2**
la **chemise** shirt, I-10.1
le **chemisier** blouse, I-10.1
le **chèque (bancaire)** check, I-18.1
le chèque de voyage traveler's check, I-17.2
cher, chère dear; expensive, I-10
Ça coûte cher. It's (That's) expensive., I
chercher to look for, seek, I-5.1
chercher du travail to look for work, **16.2**
le **cheval (pl. les chevaux)** horse, **15.1**
le **chevalier** knight
les **cheveux (m. pl.)** hair, I-11.1
les cheveux en brosse brush cut, **5.1**
la **cheville** ankle, **6.1**
la **chèvre** goat
chez at the home (business) of, I-5
chez soi home, I
chic (inv.) chic, stylish, I
le **chien** dog, I-4.1
chiffonné(e) wrinkled, **9.1**
le **chiffre** number, I
le **chignon** bun (of hair), **5.1**
le **Chili** Chile, I-16
la **chimie** chemistry, I-2.2
chimique chemical, I
le/la **chimiste** chemist, I
la **Chine** China, I-16
chinois(e) Chinese, I
la **chirurgie** surgery
le **chirurgien** surgeon (m. and f.), **6.2**
le chirurgien-orthopédiste orthopedic surgeon, **6.2**
le **chocolat: au chocolat** chocolate (adj.), I-5.1
choisir to choose, I-7.1
le **choix** choice, I
le **choléra** cholera, I
le **cholestérol** cholesterol, I
le **chômage** unemployment, **16.2**
être au chômage to be unemployed, **16.2**
la **chose** thing, I
le **chott** salt lake, **14.2**
Chouette! Great! (inform.), I-2.2
le **chou-fleur** cauliflower
chrétien(ne) Christian

Chroniques martiennes *Martian Chronicles*
la **chute: faire une chute** to fall, I-14.2
ciao goodbye (inform.), I-BV
ci-dessus above, I
le **ciel** sky, I-14.2
la **cigale** grasshopper, cicada, I
les **cils (m. pl.)** eyelashes, **5.2**
le **cinéma** movie theatre, movies, I-16.1
le/la **cinéphile** movie buff, I
cinq five, I-BV
cinquante fifty, I-BV
le **cintre** hanger, I-17.2
la **circonstance** circumstance
la **circulation** traffic, I-12.2; circulation, I
la circulation à double sens two-way traffic, I
circuler to circulate
les **ciseaux (m. pl.)** scissors, **5.2**
citer to cite, mention, I
le/la **citoyen(ne)** citizen
le **citron pressé** lemonade, I-5.1
le/la **civilisé(e)** civilized person, I
clair(e) light
la **classe** class (people), I-2.1
en classe économique coach class (in plane), I
le **classement** classification, I
classer to classify, I
le **clavier** keyboard
la **clé** key, I-12.1
le/la **client(e)** customer, I-10.1
le **climat** climate, I
la **clinique** private hospital
les **clous (m. pl.)** pedestrian crossing, I-12.2
le **club** club
le club d'art dramatique drama club, I
le club de forme health club, I-11.2
le **coca** Coca-Cola, I-5.1
le **cochon** pig, **15.1**
le **code postal** zip code, **1.2**
le **cœur** heart, I
le **coffre** trunk (of car), I
le coffre à bagages luggage compartment, **7.1**
se **coiffer** to fix one's hair, **5.1**
le **coiffeur, la coiffeuse** hair stylist, **5.2**
la **coiffure** hairstyle, **5.1**
le **coin** corner, **8.2**
au coin de at the corner of, **10.1**
du coin neighborhood (adj.), I

le **col de Roncevaux** Roncesvalles Pass
le **colis** package, **1.2**
le **collaborateur,** la **collaboratrice** co-worker, associate, I
le **collant** pantyhose, I-10.1
la **collation** snack, **7.1**
le **collège** junior high, middle school, I
le/la **collègue** colleague
la **colline** hill
la **colonie de vacances** summer camp, I
combattre to combat, fight, I
combien (de) how much, how many, I-6.2
Ça fait combien? How much is it (that)?, I-6.2
C'est combien? How much is it (that)?, I-BV
le **combiné** telephone receiver
comble packed (stadium), I-13.1
la **comédie** comedy, I-16.1
la comédie musicale musical comedy, I-16.1
le/la **comédien(ne)** actor (actress), **16.1**
comique funny, I-1.2
le **commandant de bord** captain (plane), **7.1**
commander to order, I-5.1
comme like, as; for, I
le **commencement** beginning, I
commencer to begin, I
comment how; what, I-1.2
Comment est... ? What is . . . like? (description), I-1.1
Comment t'appelles-tu? What's your name? (fam.), I-1.1
Comment vas-tu? How are you? (fam.), I-BV
Comment vous appelez-vous? What's your name? (form.), 11.1
le/la **commerçant(e)** merchant, **16.1**
le **commerce** business
commun(e) common, I
en commun in common, I
la **communauté** community, I
le **compact disc** compact disc, I-3.2
la **compagnie aérienne** airline, I-7.1
le **compagnon** fellow-worker, journeyman
le **compagnonnage** guild
le **compartiment** compartment, I-7.2

le **complet** suit (man's), I-10.1
complet, complète full, complete, **4.1**
complètement completely
compléter to complete, I
le **comportement** behavior, I
composer to compose, I
composer le numéro to dial a telephone number, **3.1**
composter to stamp, validate (a ticket), I-8.1
comprendre to understand, I-9.1; to include, **7**
le **comprimé** pill, tablet I-15.2
compris(e) included (in the bill), I
Le service est compris. The tip is included., I-5.2
comptabilisé(e) accounted for
le/la **comptable** accountant, **16.1**
le **compte: le Compte-Chèques Postal** postal checking account
le compte d'épargne savings account, I-18.1
être à son compte to be self-employed, **16.2**
le **comptoir** counter, I-7.1
concerner to concern
le/la **concierge** concierge, caretaker, I
le **concours** competition, contest, I
le **conducteur,** la **conductrice** driver, I-12.1
conduire to drive, I-12.2
la **conduite: les leçons (f.) de conduite** driving lessons, I-12.2
les **confettis (m. pl.)** confetti, **11.1**
confiant(e) confident, I-1.1
le **confort** comfort, I
confortable comfortable, I
la **confrérie** brotherhood
congé: le jour de congé day off
la **connaissance: faire la connaissance de** to meet, I
connaître to know, I-16.2
connu(e) known, I
la **conquête** conquest, I
conquis(e) conquered
consacrer to devote
conscient(e) conscious
le **conseiller,** la **conseillère d'éducation** dean of discipline, **12.2**
le **conseiller,** la **conseillère d'orientation** guidance counselor, **12.2**
les **conseils (m. pl.)** advice
la **conséquence** consequence
conséquent: par conséquent consequently

conservateur, conservatrice conservative, I
conserve: la boîte de conserve can of food, I-6.2
conserver to conserve, I
la **consigne** checkroom, I-8.1
la consigne automatique locker, I-8.1
consommer to consume, I
construit(e) built, I
la **consultation** medical visit, I
le **contact: mettre le contact** to start (a car), I-12.1
contaminer to contaminate, I
le **conte** story, tale, I
contenir to contain, I
content(e) happy, I-1.1
le **contenu** contents, **1.2**
continu(e) continual, ongoing, I
continuer to continue, I
la **contractuelle** meter maid, I-12.2
le **contraire** opposite, I
au contraire on the contrary, I
la **contravention** traffic ticket, I-12.2
contre against, I-13.1
par contre on the other hand, however, I
le **contremaître,** la **contremaîtresse** foreman (woman), **2.2**
le **contrôle de sécurité** security (airport), I-7.1
passer par le contrôle de sécurité to go through security (airport), I
le **contrôleur** conductor (train), I-8.2
convenable correct, I
les **convenances (f. pl.)** social customs, conventions
convenir to fit, be suitable
la **conversation** conversation, I
la **coopération** cooperation, I
coordonner to coordinate
le **copain** friend, pal (m.), I-2.1
la **copine** friend, pal (f.), I-2.1
le **coq** rooster, **15.2**
le **coquelicot** poppy
la **coqueluche** whooping cough, I
le **cor** horn
le **Coran** Koran
le **corps** body, I
correspondre to correspond, I
corriger to correct, I
le **cortège** procession, party
le **costume** costume, I-16.1
la **côte** coast, I
la Côte d'Azur French Riviera, I
la Côte d'Ivoire Ivory Coast, I-16
le **côté** side, **5.1**
côté couloir aisle (seat), I-7.1
côté fenêtre window (seat), I-7.1
se **côtiser** to chip in
le **coton: en coton** cotton (adj.), **9.2**
la **couche** layer
coucher to put (someone) to bed, I-11
se **coucher** to go to bed, I-11.1
le **coucher du soleil** sunset, **15.2**
la **couchette** bunk (on a train), I-8.2
le **coude** elbow, **13.1**
couler to flow
la **couleur** color, I-10.2
De quelle couleur est... ? What color is . . . ?, I-10.2
les **coulisses (f. pl.): dans les coulisses** backstage, I
le **couloir** aisle, corridor, I-8.2
la voiture à couloir central train car with central aisle, **4.1**
la **coupe** haircut, **5.2**; winner's cup I-13.2
la coupe aux ciseaux haircut with scissors, **5.2**
la coupe au rasoir razor haircut, **5.2**
couper to cut, **5.2**
se faire couper les cheveux to get a haircut, **5**
la **cour** courtyard, I-4.2; court, I
courageux, courageuse courageous, brave, I
couramment fluently, **8**
courant(e) common, **13.1**; current
le **coureur** runner, I-13.2
le coureur cycliste racing cyclist, I-13.2
la **courgette** zucchini, **14.1**
courir to run, **2.2**
la **couronne** crown
couronné(e) crowned, I
le **courrier** mail, **1.1**
le **cours** course, class, I-2.2
le cours facultatif elective, **12.2**
le cours obligatoire required course, **12.2**
le cours du change exchange rate, I-18.1
la **course** race, I-13.2
la course cycliste bicycle race, I
les **courses (f. pl.): faire les courses** to go grocery shopping, I-6.1
court(e) short, I-10.2
le **court de tennis** tennis court, I-9.2
le **couscous** couscous (dish made of semolina, meats, and vegetables), **14.1**
le/la **cousin(e)** cousin, I-4.1
le **couteau** knife, I-5.2
coûter to cost, I
Ça coûte cher. It's (That's) expensive., I
la **coutume** custom, I
le **couturier** designer (of clothes), I-10.1
le **couvert** table setting, I-5.2
mettre le couvert to set the table, I-8
couvert(e): Le ciel est couvert. The sky is overcast., I-14.2
la **couverture** blanket, I-17.2
le **couvreur** roofer
couvrir to cover, I-15
le **crabe** crab, I-6.1
la **craie: le morceau de craie** piece of chalk, I-BV
le **cratère** crater
la **cravate** tie, I-10.1
le **crayon** pencil, I-BV
la **crêche** day-care center, I
créer to create, I
la **crème** cream, I-6.1
la crème pour le visage face cream, **5.2**
la crème solaire suntan lotion, I-9.1
le **crème** coffee with cream (in a café), I-5.1
la **crémerie** dairy store, I-6.1
le **créole** Creole (language), I
créole creole
la **crêpe** crepe, pancake, I-5.1
la **crêperie** crepe restaurant, I
crevé(e) exhausted, I
la **crevette** shrimp, I-6.1
le **cri** sound, **15.2**
crier to shout, I
la **crise** crisis, I
la **critique** criticism, I
le/la **critique** critic, I
critique critical
critiquer to criticize, I
croire to believe, think, I-10.2
la **croisade** crusade
la **croisée** window
le **croisement** intersection, I-12.2
se **croiser** to cross (intersect), **10.1**

la **croissance** growth, I
le **croissant** croissant, crescent roll, I-6.1
le **croque-monsieur** grilled ham and cheese sandwich, I-5.1
croustillant(e) crusty, I
la **croûte de sel** salt crust, **14.2**
la **croyance** belief, I
le **cube** cube, I
le **cubisme** Cubism, I
cueillir to pick, gather
la **cuillère** spoon, I-5.2
le **cuir: en cuir** leather (adj.), **9.2**
les objets (m. pl.) en cuir leather goods, **14.1**
la **cuisine** kitchen, I-4.2; cuisine (food), I
faire la cuisine to cook, I-6
cuit(e): bien cuit(e) well-done (meat), I-5.2
cultivé(e) cultivated
cultiver to cultivate, **15.1**
la **culture** culture, I; farming (raising crops), **15.1**
culturel(le) cultural, I
la **cure** cure, I
le **curriculum vitae (CV)** résumé, **16.2**
la **cuve** basin
le **cycle: le cycle de l'eau** water cycle, I
le **cyclisme** cycling, bicycle riding, I-13.2
le **cycliste** cyclist, I
les **cymbales (f. pl.)** cymbals, **11.1**

D

d'abord first, I-11.1
d'accord O.K., I-3
être d'accord to agree, I-2.1
le **daim** deer
la **dame** lady, I
le **danger: en danger** in danger, I
dangereux, dangereuse dangerous, I
dans in, I-BV
la **danse** dance, I
danser to dance, I-3.2
le **danseur,** la **danseuse** dancer, **16.1**
d'après according to, I
la **date: Quelle est la date aujourd'hui?** What is today's date?, I-4.1
la **datte** date (fruit), **14.2**
de from, I-1.1; of, belonging to, I-5
de bonne heure early, **2.2**
de côté aside, I-17.2
de loin by far, I
de nos jours today, nowadays, I
de plus en plus more and more, I
De quelle couleur est... ? What color is . . . ?, I-10.2
de rêve dream (adj.), I
De rien. You're welcome. (informal), I-BV
de temps en temps from time to time, occasionally, **4**
le **débarquement** landing, deplaning, I
débarquer to get off (plane), I-7.2
débarrasser la table to clear the table, **2.1**
déboisé(e) stripped
le **déboisement** deforestation
déborder to overflow, I
debout standing, I-8.2
le **début** beginning, I
au début at the beginning
le/la **débutant(e)** beginner, I-14.1
le **décalage horaire** time difference, I
la **décapotable** convertible (car), I-12.1
décembre (m.) December, I-4.1
le **déchet** waste, I
déchirer to tear, **9.2**
décider (de) to decide (to), I
déclarer to declare, call, I
le **décollage** take-off (plane), **7.1**
décoller to take off (plane), I-7.1
se **décomposer** to decompose
décontracté(e) relaxed, informal
le **décor** set (for a play), I-16.1
le **décorateur (de porcelaine)** painter (of china), I
les **décorations (f. pl.)** decorations, **11.2**
découper to carve (meat)
découvert: à découvert exposed, uncovered
la **découverte** discovery, I
découvrir to discover, I-15
décrire to describe, I
décrocher to pick up a telephone receiver, **3.1**
dedans inside
dédié(e) dedicated, I
se **dédier** to dedicate (oneself)
défense de doubler no passing (traffic sign), I
le **défilé** parade, **11.1**
défiler to march, **11.1**
défiler au pas to march in step, **11.1**
définir to define, I
la **définition** definition, I
se **dégourdir (les jambes)** to stretch (one's legs)
le **degré** degree, I-14.2
Il fait... degrés. (Celsius) It's . . . degrees. (Celsius), I-14.2
dehors outside, I
en dehors de outside (of), I
déjà already, I-14
déjeuner to eat lunch, I-5.2
le **déjeuner** lunch, **2**
délicieux, délicieuse delicious, I-10
le **delta** delta, I
demain tomorrow, I-2.2
À demain. See you tomorrow., I-BV
la **demande d'emploi** job application, **16.2**
demander to ask (for), I
demander son chemin to ask the way, **8.2**
se **demander** to wonder, I
demi(e) half, I
et demie half past (time), I
le **demi-cercle** semi-circle; top of the key (on a basketball court), I-13.2
le **demi-kilo** half a kilo, 500 grams, I
la **démission: donner sa démission** to resign
le **demi-tarif: à demi-tarif** half-price, I
la **demoiselle d'honneur** maid of honor, **11.2**
la **dent** tooth, I-11.1
avoir mal aux dents to have a toothache, I-15
se brosser les dents to brush one's teeth, I-11.1
le **dentifrice** toothpaste, I-11.1
le **déodorant** deodorant, I-11.1
la **dépanneuse** tow-truck, **8.2**
le **départ** departure, I-7.1
le **département** one of 95 official regional divisions of France
le département d'outre-mer French overseas department, I
dépassé(e) surpassed
se **dépêcher** to hurry, **2.2**
dépendre (de) to depend (on), I
dépenser to spend (money), I-10.1
déplacer to move

la **dépression** low-pressure area (weather), I
depuis since, for, I-8.2
dériver to derive, I
dernier, dernière last, I-10
derrière behind, I-BV
des some, any, I-3; I-6; of the, from the, I-5
désagréable unpleasant, I-1.2
descendre to get off, I-8.2; to take down, I-8; to go down, I-14.1
la **descente** getting off (a bus), **10.2**
le **désert** desert, **14.2**
se **déshabiller** to get undressed, I
désirer to want, I
Vous désirez? May I help you? (store); What would you like? (restaurant), I
désolé(e) sorry, **13.2**
être désolé(e) to be sorry, **3.2**
le **dessert** dessert, I
desservir to serve, fly to, etc. (transportation), **4.2**
le **dessin** illustration, I
le dessin animé cartoon, I-16.1
la **dessinatrice** illustrator, I
dessous: au-dessous smaller (size), I-10.2; below
dessus: au-dessus larger (size), I-10.2; above
le/la **destinataire** addressee, **1.2**
la **destruction** destruction, I
le **détergent** detergent, I
détester to hate, I-3.2
détruit(e) destroyed
deux two, I-BV
les deux roues (f. pl.) two-wheeled vehicles, I
tous (toutes) les deux both, I
deuxième second, I-4.2
la Deuxième Guerre mondiale World War II, I
deuxièmement second of all, secondly, I
devant in front of, I-BV
le **développement** development, I
devenir to become, I-16
deviner to guess
la **devise** currency, I
le **devoir** homework (assignment), I-BV
faire les devoirs to do home work, I-6
devoir to owe, I-18.2; must, to have to (+ verb), I-18
le **diagnostic: faire un diagnostic** to diagnose, I-15.2
le **diamant** diamond
la **diapo(sitive)** (photo) slide, **12.2**
dicter to dictate, I
le **dictionnaire** dictionary, **12.1**
le **dieu** god
la **différence** difference, I
différencier to distinguish, differentiate
différent(e) different, I
difficile difficult, I-2.1
la **difficulté: être en difficulté** to be in trouble, I
dimanche (m.) Sunday, I-2.2
diminuer to diminish
le **dinar** dinar (unit of currency in North Africa), **14.1**
la **dinde** turkey (food)
le **dindon** turkey (animal), **15.2**
le **dîner** dinner, I-4.2
dîner to eat dinner, I-4.2
dingue crazy
la **diphtérie** diphtheria, I
la **diplomatie** diplomacy
le **diplôme** diploma, **12.2**
diplômé(e): être diplômé(e) to get a degree from, I
dire to say, tell, I-12.2
directement directly, **3.1**
le **directeur**, la **directrice** manager, **16.1**
la directrice high school principal (f.), **12.2**
la **direction: prendre la direction...** to take the . . . line (subway), **10.1**
diriger to direct, I
se **diriger** to head (towards)
discuter to discuss, I
le **diseur**, la **diseuse de bonne aventure** fortune-teller
disparaître to disappear, I
disponible available, **4.1**
le **disque** record, I-3.2
la **disquette** diskette (computer)
la **distance** distance, I
distingué(e) distinguished, I
distribuer to distribute, to deliver (mail), **1.1**
le **distributeur automatique** stamp machine, **1.1;** ticket machine, **10.1**
le distributeur automatique de billets automated teller machine (ATM), I
divisé(e) divided, I
le **divorce** divorce, I
divorcer to divorce
dix ten, I-BV
dix-huit eighteen, I-BV
dix-neuf nineteen, I-BV
dix-sept seventeen, I-BV
la **dizaine** around ten
le **docteur** doctor (title), I
le **documentaire** documentary, I-16.1
le/la **documentaliste** school librarian, **12.2**
dodo sleep (slang)
le **doigt** finger, **6.1**
le doigt de pied toe, **6.1**
le **dollar** dollar, I-3.2
le **dolmen** dolmen (prehistoric stone monument)
le **domaine** domain, field, I
le **domicile** home
à domicile to the home, I
dominer to dominate
donc so, therefore
donner to give, I-3.2
donner à manger à to feed, I
donner un coup de fil to call on the telephone, **3.1**
donner un coup de peigne to comb, **5.2**
donner un coup de pied to kick, I-13.1
donner sa démission to resign
donner une fête to throw a party, I-3.2
donner sur to face, overlook, I-17.1
dont of which, from which
doré(e) golden
dormir to sleep, I-7.2
dormir à la belle étoile to sleep outdoors
le **dortoir** dormitory, I
le **dos** back (body), I
à dos de chameau on camel(back), **14.2**
le **dossier** file
le dossier du siège back of the seat, **7.1**
la **douane** customs, I-7.2
passer à la douane to go through customs, I-7.2
doublé(e) dubbed (movies), I-16.1
doubler to pass (car), **8.1**
doucement gently
la **douche** shower, I
prendre une douche to take a shower, I-11.1
la **douleur** pain
douloureux, douloureuse painful, I
le **doute: sans aucun doute** without a doubt, I

douter to doubt, **14.2**
doux, douce soft
la **douzaine** dozen, I-6.2
douze twelve, I-BV
le **drame** drama, I-16.1
le **drap** sheet, I-17.2
le **drapeau** flag, **11.1**
dresser to draw up (a list)
dribbler to dribble (basketball), I-13.2
le **droit: le droit de vote** right to vote
droite: à droite de to, on the right of, I-5
du of the, from the (m. sing.), I-5; some, any, I-6
du coin neighborhood (adj.), I
du tout: pas du tout not at all, I
la **dune** dune, **14.2**
la **durée** length (of time), I
durer to last, **11.2**

E

l' **eau (f.)** water, I
l'eau de Javel bleach
l'eau minérale mineral water, I-6.2
l'eau de toilette cologne, **5.2**
l' **échange (m.)** exchange, I
échapper (à) to escape
s' **échapper** to escape, I
l' **écharpe (f.)** scarf, I-14.1
échouer à un examen to fail an exam, **12.1**
éclairer to light
l' **école (f.)** school, I-1.2
l'école maternelle pre-school
l'école primaire elementary school, I
l'école secondaire junior high, high school, I
l' **écolier,** l'**écolière** pupil, schoolchild, I
l' **écologiste (m. et f.)** ecologist, I
l' **économie (f.)** economy, I
les **économies (f. pl.): faire des économies** to save money, I-18.2
économique economical, I
en classe économique in coach class (plane), I-7
l' **écorce (f.)** bark (of a tree)
écouter to listen (to), I-3.1
l' **écouteur (m.)** headphone, **7.1**
l' **écran (m.)** screen, I-7.1
l' **écrevisse (f.)** crawfish, I
écrire to write, I-12.2
l' **écrit (m.)** writing
l' **écrivain (m.)** writer (m. and f.), I
l' **écureuil (m.)** squirrel
éducatif, éducative educational, I
l' **éducation (f.): l'éducation civique** social studies, I-2.2
l'éducation (f.) physique physical education, I
effacer to erase, **12.1**
effectuer to perform
efficace efficient, I
égal: Ça m'est égal. I don't care.
également as well, also
égaliser to tie (score), I
l' **église (f.)** church, **11.2**
élaboré(e) worked on (adj.), refined
l' **électricité (f.)** electricity, I
électrique electric, I
électronique electronic
l' **élément (m.)** element, I
l' **élevage (m.)** farming (raising livestock), **15.1**
l' **élève (m. et f.)** student, I-1.2
élevé(e) high, I-15.
bien élevé(e) well brought-up, I
éliminer to eliminate, I
l' **élite (f.)** elite
elle she, it, I-1; her (stress pron.), I-9
elle-même herself
elles they (f.), I-2; them (stress pron.), I-9
l' **embarquement (m.)** boarding, leaving, I
embarquer to board (plane, etc.), I-7.2
embaumer to perfume
l' **embouteillage (m.)** traffic jam, **8.2**
l' **embrassade (f.)** embrace
s' **embrasser** to kiss (each other), **13.1**
Je t'embrasse Love (to close a letter)
émigrer to emigrate, I
l' **émission (f.)** TV show, **2.1**
emmener to bring, take (a person somewhere), **6.1**
émotif, émotive emotional
s' **emparer** to take
l' **empereur (m.)** emperor, I
l' **empire (m.)** empire
l' **emploi (m.)** job, **16.2**
la demande d'emploi job application, **16.2**
l'emploi du temps schedule, I
l' **employé(e)** employee, **16.2**
l'employé(e) des postes postal employee, **1.2**
employer to use, **1**
l' **employeur,** l'**employeuse** employer, **16.2**
emporter to bring (something), **4.2**
emprunter to borrow, I-18.2
en of it, of them, etc., I-18.2; in; as, I
en avance early, ahead of time, I-8.1
en avion plane (adj.), by plane, I-7.1
en baisse coming down (in value), I
en bas to, at the bottom, I
en boule in a ball, I
en ce moment right now, I
en classe in class, I
en commun in common, I
en dehors de outside (of); besides, I
en effet in fact, I
en exclusivité first-run (movie), I
en face de across from, opposite, **4.1**
en fait in fact, I
en fonction de in terms of, in accordance with, I
en général in general, I
en hausse going up (in value), I
en haut de on, to the top of, I
en plein(e) (+ noun) right in, on, etc. (+ noun), I
en plein air outdoor(s), I
en plus de besides, in addition, I
en première (seconde) in first (second) class, I-8.1
en provenance de arriving from (flight, train), I-7.1
en retard late, I-8.2
en solde on sale, I-10.2
en tout cas in any case, I
en version originale original language version, I-16.1
en ville in town, in the city, I
enceinte pregnant
enchanté(e) delighted, **13.2**
encombré(e) congested (road), **8.2**

encore still (adv.); another; again, I
encourager to encourage, I
l' **encyclopédie (f.)** encyclopedia, **12.1**
s' **endetter** to go into debt
s' **endormir** to fall asleep, I-11.1
l' **endroit (m.)** place, **8.1**
l' **énergie (f.)** energy, I
énergique energetic, I-1.2
l' **enfant (m. et f.)** child (m. and f.), I-4.1
enfin finally, I
engager to hire
l' **engrais (m.)** fertilizer, I
enlever to lift, remove
enneigé(e) covered with snow
l' **ennemi (m.)** enemy
l' **ennui (m.)** trouble, problem
ennuyeux, ennuyeuse boring
énormément enormously, I
l' **enquête (f.)** survey, opinion poll, I
enragé(e) rabid, enraged, I
enregistrer to record, **2.1**
enrhumé(e): être enrhumé(e) to have a cold, I-15.1
l' **enseignement (m.)** education; teaching, I
enseigner to teach, **12.2**
ensemble together, I-5.1
ensuite then, I-11.1
entendre to hear, I-8.1
l' **enthousiasme (m.)** enthusiasm, I
entier, entière entire, whole, I-10
entourer to surround, **8.1**
l' **entracte (m.)** intermission, I-16.1
entraîner to carry along, I
entre between, among, I-9.2
l' **entrée (f.)** entrance, I-4.2; admission, I
l' **entreposage (m.)** storage, **15.2**
entreposer to store, **15.2**
l' **entreprise (f.)** company, **16.2**
entrer to enter, I-3.1
l' **entretien (m.)** interview, **16.2**; upkeep, care, **15.1**
envahir to invade
l' **enveloppe (f.)** envelope, **1.1**
s' **envelopper dans** to wrap oneself up (in), **14.1**
l' **environnement (m.)** environment, I
envoler to fly away
envoyer to send, I-13.1
envoyé(e) en exil sent into exile

épais(se) thick
l' **épée (f.)** sword
l' **épice (f.)** spice
épicé(e) spicy, I
l' **épicerie (f.)** grocery store, I-6.1
l' **époque (f.)** period, times, era
épouser to marry
l' **équilibre (m.)** balance, I
équilibré(e) balanced, I
l' **équipage (m.)** flight crew, **7.1**
l' **équipe (f.)** team, I-13.1
équipé(e) equipped
l' **équipement (m.)** equipment, I
l' **érable (m.)** maple (tree)
le sirop d'érable maple syrup, I
erreur: C'est une erreur. You have the wrong number., **3.2**
l' **escalator (m.)** escalator, **10.1**
escale: sans escale nonstop (flight), **7.2**
l' **escalier (m.)** staircase, I-17.1
l'escalier mécanique (m.) escalator, **10.1**
l' **espace (m.)** space, I
l' **Espagne (f.)** Spain, I-16
l' **espagnol (m.)** Spanish (language), I-2.2
espagnol(e) Spanish, I
l' **espèce (f.)** species, group
les **espèces (f. pl.): payer en espèces** to pay cash, I-17.2
l' **espionnage (m.)** spying, I
l' **esprit (m.)** spirit
l' **essence (f.)** gas(oline), I-12.1
(l'essence) ordinaire regular gas, I-12.1
(l'essence) super sans plomb super unleaded gas, I-12.1
essentiel(le) essential, I
essentiellement essentially, I
s' **essuyer** to wipe (one's hands, etc.), **13.1**
l' **est (m.)** east, I
estimer to consider, I
l' **estomac (m.)** stomach, I
et and, I-1
et toi? and you? (fam.), I-BV
l' **étable (f.)** cowshed, **15.1**
établir to establish, I
l' **établissement (m.)** establishment
l'établissement de soins polyvalents multi-care center
l' **étage (m.)** floor (of a building), I-4.2
l' **étal (m.)** (market) stall, I
l' **état (m.)** state, I

en état d'ivresse intoxicated
l'homme (m.) d'état statesman, diplomat
les **États-Unis (m. pl.)** United States, I-13.2
l' **été (m.)** summer, I-9.1
en été in summer, I-9.1
éteindre to turn off (the T.V., etc.), **2.1**
étendu(e) extended
éternuer to sneeze, I-15.1
étonné(e) astonished, **13.2**
étonner: ça m'étonnerait I would be very surprised, **14**
s' **étouffer** to choke
étranger, étrangère foreign, I-16.1
à l'étranger abroad, in a foreign country
être to be, I-2.1
être à l'heure to be on time, I-8.1
être d'accord to agree, I-2.1
être de passage to be passing through
être désolé(e) to be sorry, **3.2**
être en avance to be early, I-8.1
être en bonne (mauvaise) santé to be in good (poor) health, I-15.1
être en retard to be late, I-8.2
être enrhumé(e) to have a cold, I-15.1
être reçu(e) à un examen to pass an exam, **12.1**
être vite sur pied to be back on one's feet in no time, I-15.2
ne pas être dans son assiette to be feeling out of sorts, I-15.2
l' **être: l'être (m.) humain** human being, I
l'être vivant living being
étroit(e) tight (shoes), narrow, I-10.2
l' **étudiant(e)** (university) student, I
étudier to study, I-3.1
européen(ne) European, I-9
eux them (m. pl. stress pron.), I-9
s' **évaporer** to evaporate, I
éveiller to wake (someone) up
l' **événement (m.)** event
éventuellement possibly, I

l' **évêque (m.)** bishop
évidemment obviously, **8**
évident: il est évident it's obvious, **14**
l' **évier (m.)** sink, **2.1**
évoquer to evoke, I
exact: C'est exact. That's correct.
l' **exactitude (f.)** exactness, promptness
exagérer to exaggerate
l' **examen (m.)** test, exam, I-3.1
passer un examen to take a test, I-3.1
réussir à un examen to pass a test, I-7
examiner to examine, I-15.2
excellent(e) excellent, I
exceptionnel(le) exceptional, I
Excusez-moi. Excuse me., I'm sorry., **4.1**
l' **exemple (m.)** example, I
par exemple for example, I
exercer to exert, to exercise
s' **exercer** to practice, I
exigeant(e) exacting, particular
exiger to require, **12.1**
l' **expansion (f.)** expansion, I
l' **expéditeur,** l'**expéditrice** sender, **1.2**
l' **expédition (f.)** expedition, I
expliquer to explain, I
l' **exploitant (m.)** farmer, **15.2**
l' **exploitation (f.)** farm, **15.2**
l' **explorateur (m.)** explorer, I
explorer to explore, I
l' **exposé (m.)** oral report, **12.1**
faire un exposé to give an oral report, **12.1**
exposer to exhibit, I
l' **exposition (f.)** exhibit, show, I-16.2
l' **express (m.)** espresso, black coffee, I-5.1
expressément expressly, purposely
s' **exprimer** to express oneself, I
exquis(e) exquisite, I
l' **extérieur (m.)** exterior, outside, I
externe day (student), non-resident
extra terrific (inform.), I-2.2
l' **extrait (m.)** extract
extraordinaire extraordinary, I
l' **extraterrestre (m.)** extraterrestrial
extrêmement extremely, I

F

la **fabrication** manufacture
la **fabrique** factory, **2.2**
fabriqué(e) made, I
fabriquer to make, **2.2**
fabuleux, fabuleuse fabulous, I
fâché(e) angry, I-12.2
facile easy, I-2.1
la **façon** way, manner, I
de toute façon anyway
d'une façon générale in a general way, I
le **facteur** mail carrier, **1.1**
la **facture** bill (hotel, etc.), I-17.2
facultatif, facultative elective, **12.2**
le cours facultatif elective (n.), **12.2**
faire to do, make, I-6.1
faire du (+ nombre) to take size (+ number), I-10.2
faire des achats to shop, make purchases, I-10.1
faire de l'aérobic to do aerobics, I-11.2
faire une anesthésie to give anesthesia, **6.2**
faire l'annonce to announce, I
faire attention to pay attention, I-6; to be careful, I-9.1
faire un brushing to blow-dry someone's hair, **5.2**
faire du camping to go camping
faire une chute to fall, take a fall, I-14.2
faire connaissance to meet, get acquainted
faire la connaissance de to meet (for the first time), **13.2**
faire une coupe (au rasoir, aux ciseaux) to give a haircut (with a razor, scissors), **5.2**
faire les courses to do the grocery shopping, I-6.1
faire cuire to cook, **14.1**
faire la cuisine to cook, I-6
faire demi-tour to make a U-turn, **8.2**
faire les devoirs to do homework, I
faire un diagnostic to diagnose, I-15.2
faire des économies to save money, I-18.2
faire enregistrer to check (luggage), I-7.1
faire des études to study, I-6
faire de l'exercice to exercise, I-1.2
faire un exposé to give an oral report, **12.1**
faire du français (etc.) to study French (etc.), I-6
faire de la gymnastique to do gymnastics, I-11.2
faire (+ inf.) to have something done for oneself
faire du jogging to jog, I-11.2
faire la lessive to do the laundry, **9.1**
faire le levé topographique to survey (land), I
faire de la monnaie to make change, I-18.1
faire de la natation to swim, go swimming, I
faire la navette to go back and forth, I
faire le numéro to dial a telephone number, **3.1**
faire une ordonnance to write a prescription, I-15.2
faire partie de to be a part of, I
faire du patin to skate, I-1.2
faire du patin à glace to ice-skate, I-14.2
faire du patin à roulettes to roller-skate, I
faire peur à to frighten, I
faire un pique-nique to have a picnic, I-6
faire une piqûre to give an injection, **6.2**
faire de la planche à voile to go windsurfing, I-9.1
faire le plein to fill up (a gas tank), I-12.1
faire de la plongée sous-marine to go deep-sea diving, I-9.1
faire des points de suture to give stitches, **6.2**
faire une promenade to take a walk, I-9.1
faire la queue to wait in line, I-8.1
faire une radiographie to do an X-ray, **6.2**
faire de la randonnée pédestre to go backpacking
faire une rédaction to write a composition or paper, **12.1**

faire un régime to go on a diet, I
faire serment to pledge
faire un shampooing to shampoo, **5.2**
faire signe de (+ inf.) to signal (someone) to do (something)
faire du ski to ski, I-14.1
faire du ski nautique to waterski, I-9.1
faire du sport to play sports, I
faire du surf to go surfing, I-9.1
faire du surf des neiges to go snowboarding, I
faire sa toilette to wash and groom oneself, I-11.1
faire la vaisselle to do the dishes, **2.1**
faire les valises to pack (suitcases), I-7.1
faire un voyage to take a trip, I-7.1
se faire couper les cheveux to get a haircut
le **faire-part** invitation
le **fait** fact, I
fait(e) à la main handmade
familial(e) family (adj.)
se **familiariser (avec)** to familiarize oneself with
familier, familière informal
la **famille** family, I-4.1
la famille à parent unique single-parent family, I
le/la **fana** fan, I
la **fanfare** marching band, **11.1**
fantaisiste whimsical, I
fantastique fantastic, I-1.2
farci(e) stuffed
fasciner to fascinate
fatigué(e) tired, **7.2**
fauché(e) broke (slang), I-18.2
faut: il faut (+ noun) (noun) is (are) necessary, I
il faut (+ inf.) one must, it is necessary to (+ verb), I-9.1
il faut que (+ subjunc.) it is necessary that, **11**
le **fauteuil roulant** wheelchair, **6.1**
faux, fausse false, I
favori(te) favorite, I-10
la **femme** woman, I-2.1; wife, I-4.1
la femme cadre (woman) executive
la femme ingénieur (woman) engineer
la femme médecin (woman) dcotor
la **fenêtre** window, I
côté fenêtre window (seat) (adj.), I-7.1
la **fente** slot, **3.1**
la **ferme** farm, **15.1**
fermé(e) closed, I-16.2
la **fermeture éclair** zipper, **9.2**
le **fermier** farmer, **15.2**
la **fertilité** fertility, I
les **festivités (f. pl.)** festivities, **11.1**
la **fête** holiday; party, I-3.2
la fête des Lumières Festival of Lights, **11.2**
la Fête des Mères (Pères) Mother's (Father's) Day, I
la fête nationale national holiday, **11.1**
le **feu** traffic light, I-12.2
les feux (m. pl.) d'artifice fireworks, **11.1**
le feu de détresse hazard light (on a car)
le feu orange yellow traffic light, I-12.2
la **feuille** leaf, I
la feuille de papier sheet of paper, I-BV
le **feutre** felt-tip pen, **12.1**
la **fève** dried bean
février (m.) February, I-4.1
la **fiche d'enregistrement** registration card (hotel), I-17.1
la **fièvre** fever, I-15.1
la fièvre jaune yellow fever, I
avoir une fièvre de cheval to have a high fever, I-15.2
la **figue** fig, **14.2**
la **figure** face, I-11.1
la **file (de voitures)** line (of cars), **8.1**
le **filet** net shopping bag, I-6.1; net (tennis, etc.), I-9.2; rack (train), I
la **filiale** branch office
la **fille** girl, I-BV; daughter, I-4.1
le **film** film, movie, I-16.1
le film d'amour love story, I-16.1
le film d'aventures adventure movie, I-16.1
le film étranger foreign film, I-16.1
le film d'horreur horror film, I-16.1
le film policier detective movie, I-16.1
le film de science-fiction science-fiction movie, I-16.1
le **fils** son, I-4.1
fin(e) fine, I
fines herbes: aux fines herbes with herbs, I-5.1
finalement finally, I
finir to finish, I-7
fixe: à prix fixe at a fixed price, I
le **flacon** bottle
flamand(e) Flemish
flambé(e) flaming, I
le **flamboyant** West Indian tree with bright red flowers
la **flamme** flame
flâner to stroll, I
le **fléau** plague, evil
la **flèche** arrow, **8.1**
le **fleuve** river, I
flotter to float, I
la **fluctuation** fluctuation, I
la **flûte** flute, **11.1**
le **foie** liver, I
avoir mal au foie to have indigestion, I-15
le **foin** hay, **15.1**
la **fois** time (in a series), I
le/la **fonctionnaire** government worker, civil servant, **16.1**
le **fonctionnement** functioning, I
fonctionner to function, work, I
fond: au fond de at the bottom of, I
le **fondateur,** la **fondatrice** founder, I
fonder to found, I
le **foot(ball)** soccer, I-13.1
le football américain football, I
la **force** force, power, I
le **forcing: faire le forcing** to put pressure on, I
la **forêt** forest, I
le **forfait-journée** lift ticket (skiing), I
la **forme** form, shape, I
le club de forme health club, I-11.2
être en forme to be in shape, I-11.2
la forme (physique) physical fitness, I
rester en forme to stay in shape, I-11.2
se mettre en forme to get in shape, I-11.2
former to form; to train, I
le **formulaire** form, data sheet, **6.2**
la **formule** formula, I
le **fort** fort, I
fort(e) strong; good, I

fort (adv.) hard, I-9.2
fortement strong, hard
fou, folle crazy, I
le **foulard** scarf, I
la **foule: venir en foule** to crowd (into), I
se **fouler** to sprain, **6.1**
la **fourchette** fork, I-5.2
le **fourgon à bagages** luggage car (train), **4.2**
la **fourmi** ant, I
le **foyer** fire(side)
la **fracture (compliquée)** (multiple) fracture, **6.2**
frais, fraîche fresh, cool
les **frais (m. pl.)** expenses, charges, I-17.2
partager les frais to "go dutch," to share expenses, **13.1**
la **fraise** strawberry, I
le **franc** franc, I-18.1
le **français** French (language), I-2.2
le/la **Français(e)** Frenchman (woman), I
français(e) French (adj.), I-1.1
la **France** France, I-16
franchement frankly, I
francophone French-speaking, I
la **frange** bangs, **5.1**
frapper to hit, I-9.2
le **frein à main** emergency brake
freiner to brake, put on the brakes, I-12.1
fréquemment frequently, **4**
fréquent(e) frequent, I
fréquenter to frequent, patronize
le **frère** brother, I-1.2
le **fric** money, dough (slang), I-18.2
avoir plein de fric to have lots of money (slang), I-18.2
frisé(e) curly, **5.1**
les **frissons (m. pl.)** chills, I-15.1
les **frites (f. pl.)** French fries, I-5.1
froid(e) cold, I-14.2
avoir froid to be cold, I
Il fait froid. It's cold. (weather), I-9.2
le **fromage** cheese, I-5.1
le **front** front (weather), I; forehead, **5.1**
la **frontière** border, I
le **fruit** fruit, I-6.2
les fruits de mer seafood, I
le **fruitier** fruit tree
fuir to flee, escape from
fumer to smoke, I
fumeurs (adj. inv.) smoking (section), I-7.1
non-fumeurs no smoking (section), I-7.1
les **funérailles (f. pl.)** funeral
furax furious (slang)
furieux, furieuse furious, **13.2**
la **fusée** rocket, I
le **futur** future, I

G

le **gadget** gadget
le/la **gagnant(e)** winner, I-13.2
gagner to earn, I-3.2; to win, I-9.2
la **galaxie** galaxy, I
le **galet** pebble, I
le **Gange** Ganges River, I
le **gant** glove, I-14.1
le gant de toilette washcloth, I-17.2
le **garage** garage, I-4.2
le **garçon** boy, I-BV
le garçon d'honneur best man, **11.2**
garder to guard, I; to keep
la **garderie d'enfants** day-care center
le **gardian** French "cowboy"
le **gardien de but** goalie, I-13.1
la **gare** train station, I-8.1
la gare d'arrivée station train arrives at, **4.2**
la gare de départ station train leaves from, **4.2**
garer la voiture to park the car, I-12.2
gastronomique gastronomic, gourmet, I
le **gâteau** cake, I-6.1
gauche: à gauche de to, on the left of, I-5
le **gaz** gas, I
le gaz carbonique carbon dioxide
le **gel** gel, **5.2**
geler to freeze, I
Il gèle. It's freezing. (weather), I-14.2
le **gendarme** police officer, **8.1**
le **général** general, I-7
général: en général in general, I
généralement generally, I
généraliser to generalize, I
généraliste: le médecin généraliste general practitioner, I
généreux, généreuse generous, I-10, I
la **générosité** generosity, I
le **génie** genius
le **genou** knee, **6.1**
le **genre** type, kind, I-16.1
les **gens (m. pl.)** people, I
gentil(le) nice (person), I-9
la **géographie** geography, I-2.2
la **géométrie** geometry, I-2.2
géométrique geometric, I
la **geste** exploit, heroic achievement
le **gilet de sauvetage** life vest, **7.1**
la **glace** ice cream, I-5.1; mirror, I-11.1; ice, I-4.2
le **glacier** glacier
la **glande** gland, I
glisser to slip, slide, I
la **gloire** glory
la **glucide** carbohydrate, I
le **golfe** gulf, I
gominé(e) plastered down
la **gomme** eraser, **12.1**
la **gorge** throat, I-15.1
avoir un chat dans la gorge to have a frog in one's throat, I-15.2
avoir la gorge qui gratte to have a scratchy throat, I-15.1
avoir mal à la gorge to have a sore throat, I-15.1
gothique gothic
gourmand(e) fond of eating
goûter to taste
le **gouvernement** government, I
gouverner to govern
grâce à thanks to, I
le **gradin** bleacher (stadium), I-13.1
la **graisse** fat, I
la graisse animale animal fat, I
la **grammaire** grammar
le **gramme** gram, I-6.2
grand(e) tall, big, I-1.1
le grand couturier clothing designer, I-10.1
le grand magasin department store, I-10.1
de grand standing luxury (adj.), I
la Grande-Bretagne Great Britain, I-16
les Grands (m. pl.) Lacs the Great Lakes, I
pas grand-chose not much, I
grandir to grow (up) (children), I

la **grand-mère** grandmother, I-4.1
le **grand-père** grandfather, I-4.1
les **grands-parents (m. pl.)** grandparents, I-4.1
la **grange** barn, **15.1**
la **grappe** bunch
le **gratte-ciel** skyscraper
gratuit(e) free
la **gratuité** costing no money
grave serious, I
Ce n'est pas grave. Don't worry about it. (after an apology), **4.1**
la **gravité** seriousness
la **griffe** label, I
le **gril-express** snack bar (train), **4.1**
la **grippe** flu, I-15.1
gris(e) gray, I-10.2
grogner to grunt
gros(se) large, big
Grosses bises Love and kisses (to close a letter)
grossir to gain weight, I-11.2
la **Guadeloupe** Guadeloupe, I
la **guerre** war
la Deuxième Guerre mondiale World War II, I
la Première Guerre mondiale World War I
le **guichet** ticket window, I-8.1; box office, I-16.1; counter window (in a post office), **1.2**
le **guide** guidebook, I-12.2
guillotiner to execute by guillotine
la **guirlande** garland, **11.2**
la **guitare** guitar
le **gymnase** gym(nasium), I-11.2
la **gymnastique** gymnastics, I-2.2
faire de la gymnastique to do gymnastics, I-11.2

H

habillé(e) dressy, I-10.1
s' **habiller** to get dressed, I-11.1
l' **habitant(e)** resident, I
habiter to live (in a city, house, etc.), I-3.1
l' **habitude (f.): comme d'habitude** as usual
d'habitude usually
le **hall** lobby, I-17.1
le **hammam** Turkish bath, **14.1**
handicapé(e) handicapped
le **hangar** shed, **15.1**
Hanouka Hanukkah, **11.2**
les **haricots (m. pl.) verts** green beans, I-6.2
la **hâte: en hâte** in haste, in a hurry
haut(e) high, I-10.2
avoir... mètres de haut to be . . . meters high, I
du haut de from the top of, I
en haut de to, at the top of
la haute couture high fashion, I
à talons hauts high-heeled (shoes), I
le **haut** top, **5.1**
le **haut-parleur** loudspeaker, I-8.1
l' **hectare (m.)** hectare (= 2.47 acres)
l' **hémisphère (m.)** hemisphere
l' **hémorragie (f.)** hemorrhage
l' **herbe (f.)** grass, **15.1**
l' **héritier (m.)** heir
le **héros** hero, I
hésiter to hesitate
l' **heure (f.)** time (of day), I-2
à quelle heure? at what time?, I-2
À tout à l'heure. See you later., I-BV
de bonne heure early, **2.2**
être à l'heure to be on time, I-8.1
les heures (f.) de pointe, les heures d'affluence rush hour, **8.1**
Il est quelle heure? What time is it?, I-2
heureusement fortunately
heureux, heureuse happy, I-10.2
l' **hexagone (m.)** hexagon, I
hier yesterday, I-13.1
avant-hier the day before yesterday, I-13
hier matin yesterday morning, I-13
hier soir last night, I-13
l' **histoire (f.)** history, I-2.2
l' **hiver (m.)** winter, I-14.1
en hiver in winter, I-14.2
le **H.L.M.** low-income housing, I
le **hockey** hockey, I
le hockey sur glace ice hockey, I
l' **homme (m.)** man, I-2.1
l'homme d'affaires businessman
l'homme d'état diplomat, statesman
les **honoraires (m. pl.)** fees (doctor), I
l' **hôpital (m.)** hospital, **6.1**
l' **horaire (m.)** schedule, timetable, I-8.1
l' **hormone (f.)** hormone, I
hors des limites out of bounds, I-9.2
hospitalier, hospitalière hospital (adj.)
l' **hôte (m.)** host
l' **hôtel (m.)** hotel, I-17.1
l' **hôtesse (f.) de l'air** flight attendant (f.), I-7.2
huit eight, I-BV
l' **huître (f.)** oyster
humain(e) human, I
humanitaire humanitarian
humide wet, humid, I
humoristique humorous, I
l' **hydrate (m.) de carbone** carbohydrate, I
l' **hymne (m.) national** national anthem, **11.1**
hyper extremely
hystérique hysterical, I

I

l' **idéal(e)** ideal, I
l' **idée (f.)** idea, I
identifier to identify, I
il he, it, I-1
Il est... heure(s). It's . . . o'clock, I-2
Il est quelle heure? What time is it?, I-2
il faut (+ noun) (noun) is (are) needed, I
il faut (+ inf.) it is necessary to, one must (+ verb), I-9.1
Il n'y a pas de quoi. You're welcome., I-BV
il vaut mieux it is better, I
il y a there is, there are, I-4.2; ago
l' **île (f.)** island, I
illuminé(e) illuminated, lighted
illustré(e) illustrated, I
l' **ilôt (m.)** small island, plot of land
ils they (m.), I-2
l' **immeuble (m.)** apartment building, I-4.2
l' **immigration (f.)** immigration, I-7.2

passer à l'immigration to go through immigration (airport), I-7.2
immigré(e) immigrant
impatient(e) impatient, I-1.1
l' **impératrice (f.)** empress
l' **imper(méable) (m.)** raincoat, **9.2**
s' **implanter** to establish oneself (business)
impoli(e) impolite, **13.1**
important(e) important, I
il est important que (+ subjunc.) it's important that, **11**
impossible: il est impossible que (+ subjunc.) it's impossible that, **11**
impressionnant(e) impressive
les **Impressionnistes (m. pl.)** Impressionists (painters), I
inauguré(e) inaugurated, I
incarner to play (role)
s' **incliner** to slope
inclure to include, I
inconnu(e) unknown, I
inconscient(e) unconscious
l' **inconvénient (m.)** disadvantage
incroyable incredible, I
l' **Inde (f.)** India, I
l' **indicatif (m.) de la ville** area code, **3.1**
l' **indicatif du pays** country code, **3.1**
l' **indication (f.)** cue, I
indiquer to indicate, I
industrialisé(e) industrialized, I
l' **industrie (f.)** industry, I
infectieux, infectieuse infectious, I
l' **infection (f.)** infection, I-15.1
infiltrer to seep (into), I
l' **infirmier, l'infirmière** nurse, **6.1**
influencer to influence, I
l' **informaticien(ne)** computer scientist, **16.1**
l' **informatique (f.)** computer science, I-2.2
l' **ingénieur**, la **femme ingénieur** engineer, **16.1**
l' **inondation (f.)** flood, I
inquiet, inquiète worried
l' **inquiétude (f.)** worry, concern
s' **inscrire** to register
insister to insist, **12.1**
inspirer to inhale
installer to settle (someone)
s' **installer** to get settled, move in
l' **institut (m.)** institute, I
l' **institution (f.)** institution, I
les **instructions (f. pl.)** instructions, I-9.1
instruit(e) educated
l' **instrument (m.)** instrument, I
intelligent(e) intelligent, I-1.1
interdit(e) forbidden, prohibited, I
Il est interdit de stationner. No parking., I-12.2
intéressant(e) interesting, I-1.1
intéresser to interest, I
s' **intéresser à** to be interested in, I
l' **intérieur (m.)** interior, inside, I
intérieur(e) domestic (flight) (adj.), I-7.1
l' **interlocuteur**, l'**interlocutrice** person being spoken to
international(e) international, I-7.1
interne boarding (student), resident
interpréter to interpret
interrompre to interrupt
interurbain(e) long-distance (phone call), **3.1**
intitulé(e) titled
introduire to introduce
introduire (une pièce) to put in (a coin), **3.1**
l' **inverse (m.)** opposite
l' **investissement (m.)** investment
inviter to invite, I-3.2
l' **islam (m.)** Islam
islamique Islamic
isoler to isolate, I
l' **issue (f.) de secours** emergency exit, **7.1**
l' **Italie (f.)** Italy, I-16
italien(ne) Italian, I-9

J

jamais ever, I
ne... jamais never, I
la **jambe** leg, **6.1**
le **jambon** ham, I-5.1
janvier (m.) January, I-4.1
le **Japon** Japan, I-16
japonais(e) Japanese, I
le **jardin** garden, I-4.2
le **jasmin** jasmine
jaune yellow, I-10.2
je I, I-1.2
Je t'en prie. You're welcome. (fam.), I-BV
je voudrais I would like, I-5.1
Je vous en prie. You're welcome. (form.), I-BV; Please, I beg of you., I
le **jean** jeans, I-10.1
en jean denim (adj.), **9.2**
la **jeep** jeep, **8.1**
le **jersey: en jersey** jersey (adj.), **9.2**
jeter to throw, I
le **jeton** token, **3.2**
le **jeu** game
les jeux de la lumière play of light, I
jeudi (m.) Thursday, I-2.2
la **jeune fille** girl, I
jeune young, I-4.1
les **jeunes (m. pl.)** young people, I
la **jeunesse** youth
le **jogging: faire du jogging** to jog, I-11.2
la **joie** joy
joindre to join
joli(e) pretty, I-4.2
la **joue** cheek, **13.1**
jouer to play, to perform, I-16.1
jouer à (un sport) to play (a sport), I-9.2
jouer d'un instrument de musique to play a musical instrument
le **jouet** toy, **2.2**
le **joueur**, la **joueuse** player, I-9.2
le **jour** day, I-2.2
C'est quel jour? What day is it?, I-2.2
le jour de l'An New Year's Day, **11.2**
de nos jours today, nowadays, I
par jour a (per) day, I-3
tous les jours every day, I
le **journal** newspaper, I-8.1
le journal intime diary, I
le journal télévisé newscast, I
la **journée** day, I
Joyeux Noël! Merry Christmas!, **11.2**
le **judaïsme** Judaism
le **juge** judge (m. and f.), **16.1**
juif, juive Jewish, **11.2**
les **Juifs (m. pl.)** Jews
juillet (m.) July, I-4.1
le 14 juillet July 14, French national holiday, **11.1**
juin (m.) June, I-4.1
la **jupe** skirt, I-10.1
la **jupette** tennis skirt, I-9.2
le **Jura** Jura Mountains, I
le **jury** selection committee, I

jusqu'à (up) to, until (prep.), I-13.2, I
jusqu'à ce que (+ subjunc.) until (conj.), **15.2**
jusqu'en bas de la piste to the bottom of the trail, I
juste: il est juste que (+ subjunc.) it's right that, **11**

K

le **kilo(gramme)** kilogram, I-6.2
le **kilomètre** kilometer, I
le **kiosque** newsstand, I-8.1
le **kleenex** tissue, Kleenex, I-15.1

L

la the (f.), I-1; her, it (dir. obj.), I-16
là there, I
là-bas over there, I-BV
le **laboratoire** laboratory, I
le **lac** lake, I
les Grands Lacs (m. pl.) the Great Lakes, I
le lac salé salt lake, **14.2**
laïc, laïque lay, non-religious
la **laine** wool, **9.2**
en laine wool (adj.), **9.2**
laisser to leave (something behind), I
laisser un message to leave a message, **3.2**
laisser un pourboire to leave a tip, I-5.2
le **lait** milk, I-6.1
laitier: le produit laitier dairy product
la **laitue** lettuce, I-6.2
lancer to throw, I-13.2;
lancer un appel to make an appeal
se **lancer** to get started
la **langue** language, I-2.2
le **lapin** rabbit, **15.1**
la **laque** hairspray, **5.2**
laquelle which one (f. sing. interr. pron.), **5**
large loose, wide, I-10.2
le **latin** Latin, I-2.2
la **lavande** lavender
laver to wash, I-11.1
la machine à laver washing machine, **2.1**
se **laver** to wash oneself, I-11.1
se laver les cheveux (la figure, etc.) to wash one's hair (face, etc.), I-11
la **laverie automatique** laundromat, **9.1**
le **lave-vaisselle** dishwasher, **2.1**
le the (m.), I-1; him, it (dir. obj.), I-16.1
la **leçon** lesson, I-9.1
la leçon de conduite driving lesson, I-12.2
la **lecture** reading, I
légendaire legendary, I
la **légende** legend, caption, I
léger, légère light
léguer to bequeath, leave
le **légume** vegetable, I-6.2
le **lendemain** the next day
lent(e) slow, I
lentement slowly, I
lequel which one (m. sing. interrog. pron.), **5**
les the (pl.), I-2; them (dir. obj.), I-16
lesquelles which ones (f. pl. interr. pron.), **5**
lesquels which ones (m. pl. interr. pron.), **5**
la **lessive** detergent, **9.1**
faire la lessive to do the laundry, **9.1**
la **lettre** letter, **1.1**
leur their (sing. poss. adj.), I-5; (to) them (ind. obj.), I-17
leurs their (pl. poss. adj.), I-5
levant rising, I
le **levé: faire le levé topographique** to survey, I
se **lever** to get up, I-11.1
le **lever du soleil** sunrise, **15.2**
la **lèvre** lip, **5.2**
le **lexique** vocabulary, I
libérer la chambre to vacate the room, I-17.2
libre free, I-2.2
être libre immédiatement to be available immediately, **16.2**
libre-service self-service, I
le **lieu** place, I
avoir lieu to take place, **11.2**
le lieu de travail workplace, **16.1**
la **ligne** line, **3.1**
les grandes lignes main lines (trains), I
les lignes de banlieue commuter trains, **4.2**
la **limitation de vitesse** speed limit, I
les **limites (f. pl.)** boundaries (on tennis court), I-9.2
hors des limites out of bounds I-9.2
la **limonade** lemon-lime drink, I
le **linge** laundry, **9.1**
la **lipide** fat, I
lire to read, I-12.2
le **lit** bed, I-8.2
le **litre** liter, I-6.2
littéraire literary, I
la **littérature** literature, I-2.2
la **livre** pound, I-6.2
le **livre** book, I-BV
le livre scolaire textbook, **12.1**
la **location** rental, I
loin de far from, I-4.2
les **loisirs (m. pl.)** leisure activities, I-16
Londres London, I
le **long: le long de** along, I
long(ue) long, I-10.2
de longue portée long-range
longtemps (for) a long time, I
la **longueur** length, I
lorsque when; while, I
louer to rent, I; to reserve (train seat), **4.2**
lourd(e) heavy, I
lui him (m. sing. stress pron.), I-9; (to) him, (to) her (ind. obj.), I-17.1
la **lumière** light, I
lundi (m.) Monday, I-2.2
la **lune** moon
les **lunettes (f. pl.)** (ski) goggles, I-14.1
les lunettes de soleil sunglasses, I-9.1
la **lutte** fight
lutter to fight, I
le **luxe** luxury, I
luxueux, luxueuse luxurious, I
le **lycée** high school, I-1.2
le/la **lycéen(ne)** high school student, **12.2**

M

ma my (f. sing. poss. adj.), I-4
la **machine** machine, **10.2**
la machine à écrire typewriter, **12.1**
la machine à laver washing machine, **2.1**
la machine à traitement de texte word processor, **12.1**

Madame (Mme) Mrs., Ms., I-BV
Mademoiselle (Mlle) Miss, Ms., I-BV
le **magasin** store, I-3.2
le **magazine** magazine, I-3.2
le **Maghreb** region of northwest Africa including Algeria, Morocco, and Tunisia, **14.1**
le/la **Maghrébin(e)** person from the Maghreb
maghrébin(e) from the Maghreb region of northwest Africa, **14.2**
le **magnétophone** tape recorder, **2.1**
le **magnétoscope** video recorder (VCR), **2.1**
magnifique magnificent, I
mai (m.) May, I-4.1
maigrir to lose weight, I-11.2
le **maillot de bain** bathing suit, I-9.1
la **main** hand, I-11.1
fait(e) à la main handmade, I
se serrer la main to shake hands, **13.1**
maintenant now, I-2
le **maire** mayor, **11.2**
la **mairie** town hall, **16.2**
mais but, I-1
Mais oui (non)! Of course (not)!, I
le **maïs** corn, **15.1**
la **maison** house, I-3.1
le **maître** master, I
le maître d'hôtel maitre d', I-5.2
mal badly, I
avoir mal à to have a(n) . . . -ache, to hurt, I-15.1
mal élevé(e) rude, **13.1**
Où avez-vous mal? Where does it hurt?, I-15.2
Pas mal. Not bad., I-BV
pas mal de a lot, quite a few
pas mal de fois rather often
le/la **malade** sick person, patient, I-15.1
malade sick, I-15.1
la **maladie** illness, I
la maladie sexuellement transmissible sexually transmitted disease
malgré in spite of
malheureusement unfortunately, **7.2**
la **manade** herd of cattle (or horses)
la **Manche** English Channel, I
la **manche** sleeve, I-10.1
à manches longues (courtes) long- (short-)sleeved, I-10
manger to eat, I
la **mangue** mango, I
la **manie** mania
la **manière** manner, way, I
avoir de bonnes manières to have good manners, I
la **manifestation** demonstration
manquer: il manque (+ noun) (noun) is (are) missing, **9.2**
le **maquillage** makeup, **5.2**
se **maquiller** to put on makeup, I-11.1
le **marathon** marathon, I
le **marbre** marble, I
le/la **marchand(e) (de fruits et légumes)** (produce) seller, I-6.2; merchant
marchander to bargain, **14.1**
la **marchandise** merchandise, I
le **marché** market, I-6.2
le marché arabe couvert Arab covered market, **14.1**
marcher to walk, **6.1**
mardi (m.) Tuesday, I-2.2
la **marée** tide, I
le **mari** husband, I-4.1
le **mariage** marriage, **11.2**
le **marié** groom, **11.2**
marié(e) married, I
la **mariée** bride, **11.2**
se **marier** to get married, **11.2**
les **mariés (m.)** bride and groom, **11.2**
le **marin** sailor, I
le **Maroc** Morocco, I-16
le **maroquinier** leather worker, **14.1**
la **marque** make (of car), I-12.1
marquer un but to score a goal, I-13.1
le **marron** chestnut
marron (inv.) brown, I-10.2
mars (m.) March, I-4.1
martiniquais(e) from Martinique, I
la **Martinique** Martinique, **7.1**
le **mascara** mascara, **5.2**
le **masque à oxygène** oxygen mask, **7.1**
la **masse** mass, I
massif, massive massive
le **match** game, I-9.2
le **matériel agricole** farm equipment, **15.1**
le **matériel scolaire** school supplies, **12.1**
maternel(le): l'école maternelle pre-school
les **mathématiques (f. pl.)** mathematics, I
les **maths (f. pl.)** math, I-2.2
la **matière** subject (school), I-2.2; matter, I; material, **9.2**
le **matin** morning, in the morning, I-2
du matin A.M. (time), I-2
la **matinée** morning, **2.2**
mauvais(e) bad; wrong, I
Il fait mauvais. It's bad weather., I-9.2
le mauvais numéro the wrong number, **3.1**
mauve mauve (color)
le **mazout** fuel oil, I
me (to) me (dir. and ind. obj.), I-15.2
la **mèche** lock of hair, **5.1**
la **Mecque** Mecca, **14.1**
le **médecin** doctor (m. and f.), I-15.2
chez le médecin at, to the doctor's, I-15.2
la femme médecin (woman) doctor
la **médecine** medicine (medical profession), I-15
médical(e) medical, I
le **médicament** medicine (remedy), I-15.2
la **médina** medina (old Arab section of northwest African towns), **14.1**
meilleur(e) better (adj.), I-10
le meilleur, la meilleure the best, **6**
Meilleurs souvenirs Yours (to close a letter)
le **membre** member, I
même same (adj.), I-2.1; even (adv.), I; itself
la lettre même the letter itself
lui-même (moi-même, etc.) himself (myself, etc.)
ménager, ménagère household
le **menhir** menhir (prehistoric stone monument)
la **menorah** menorah, **11.2**
mensuel(le) monthly
mental(e) mental, I
la **menthe: le thé à la menthe** mint tea, **14.2**
le **menu: le menu touristique** budget (fixed price) meal, I
la **mer** sea, I-9.1
la mer des Caraïbes Caribbean Sea, I

la mer Méditerranée Mediterranean Sea, I
merci thank you, I-BV
mercredi (m.) Wednesday, I-2.2
la **mère** mother, I-4.1
la mère poule mother hen
le **méridien** meridian, I
merveilleux, merveilleuse marvelous, I-10.2
mes my (pl. poss. adj.), I-4
le **message** message, **3.2**
laisser un message to leave a message, **3.2**
la **messe de minuit** midnight mass, **11.2**
la **mesure** measurement, I
sur mesure tailored (to one's measurements), tailor-made
mesurer to measure, I
le **métabolisme** metabolism, I
la **météo** weather forecast, I
la **météorologie** meteorology, the study of weather
météorologique meteorological, I
le **métier** profession, trade, **16.1**; craft
le **mètre** meter, I
métrique metric, I
le **métro** subway, I-4.2
en métro by subway, I-5.2
la station de métro subway station, I-4.2
métropolitain(e) metropolitan
mettre to put (on), to place, I-8.1; to put on (clothes), I-10; to turn on (appliance), I-10, I
mettre au point to come out with, develop, I
mettre de l'argent de côté to put money aside, save, I-18.2
mettre le contact to start the car I-12.1
mettre le couvert to set the table, I-8
mettre fin à to put an end to
mettre une lettre à la poste to mail a letter, **1.1**
mettre en scène to direct (a play)
se mettre en forme to get in shape, I-11.1
se mettre au premier rang to get in the front row, **11.1**
se mettre à table to sit down for a meal, **2.1**
le **Mexique** Mexico, I-16
le **microbe** microbe, I
la **microbiologie** microbiology, I
le **microscope** microscope, I
midi (m.) noon, I-2.2
mieux better (adv.), **6**
le mieux (the) best (adv.), **6**
le **milieu** middle, **10.2**
le **militaire** soldier, I
militaire military
mille (one) thousand, I-6.2
les **milliers (m. pl.)** thousands, I
le **million** million
mi-long(ue) medium length, **5.1**
le **mimosa** mimosa
le **minaret** minaret, tower of a mosque, **14.1**
mince thin
le **minéral** mineral, I
le **ministère** ministry, I
minuit (m.) midnight, I-2.2
la **mise-en-plis** set (with hair curlers), **5.1**
miser sur to bet on
la **mission** mission, I
la **mi-temps** half (sporting event), I
moche terrible, ugly, I-2.2
le **modèle** model, I
moderne modern, I
moderniser to modernize, I
modeste modest, reasonably priced, I
moi me (sing. stress pron.), I-1.2, I-9
Moi de même. Likewise. (responding to an introduction), **13.2**
moi-même myself
le **moine** monk
moins less, I
à moins que (+ subjunc.) unless, **15**
au moins at least, I
Il est une heure moins dix. It's ten to one. (time), I-2
moins... que less . . . than, I
le **mois** month, I-4.1
la **moissonneuse-batteuse** combine harvester, **15.1**
les **moissons (f. pl.)** harvest
le **moment: en ce moment** right now, I
Un moment, s'il vous plaît. One moment, please., **3.2**
mon my (m. sing. poss. adj.), I-4
la **monarchie** monarchy, I
le **monastère** monastery
le **monde** world, I
beaucoup de monde a lot of people, I-13.1
un monde fou crowds of people
tout le monde everyone, everybody, I-BV
le **moniteur,** la **monitrice** instructor, I-9.1; camp counselor, I
la **monnaie** change; currency, I-18.1
faire de la monnaie to make change, I-18.1
Monsieur (M.) Mr., sir, I-BV
le **montagnard** mountain-dweller
la **montagne** mountain, I-14.1
à la montagne in the mountains, I
le **montant** amount
monter to go up, get on, get in, I-8.2; to take upstairs, I-17.1
monter une pièce to put on a play, I-16.1
monter en voiture to board (a train), **4.2**
montrer to show, I-17.1
moral(e) moral, I
le **morceau de craie** piece of chalk, I-BV
mordu(e) bitten, I
la **mort** death, I
mort(e) dead, I
mortel(le) fatal, I
Moscou Moscow, I
la **mosquée** mosque, **14.1**
le **mot** word, I
le mot apparenté cognate, I
le **motard** motorcycle cop, I-12.2
le **moteur** engine (car, etc.), I-12.1
la **moto(cyclette)** motorcycle, I-12.1
le **mouchoir** handkerchief, I-15.1
mouillé(e) wet, **5.2**
mourir to die, I-17
la **moutarde** mustard, I-6.2
le **mouton** sheep, **15.1**
le **mouvement** movement, I
mouvementé(e) eventful, I
moyen(ne) average, intermediate, I
le **Moyen-Âge** the Middle Ages
le **moyen de transport** mode of transportation, I
le **muezzin** in Muslim countries, the person who calls the faithful to prayer, **14.1**
municipal(e) municipal, I
le **mur** wall
musclé(e) muscular, I
le **musée** museum, I-16.2
le **musicien** musician, **11.1**
la **musique** music, I-2.2

musulman(e) Muslim
les **musulmans (m. pl.)** Muslims, **14.1**
le **mutilé de guerre** wounded veteran
la **mythologie** mythology, I

N

nager to swim, I-9.1
le **nageur,** la **nageuse** swimmer, I
la **naissance** birth
naître to be born, I-17
la **nappe** tablecloth, I-5.2
natal(e) where someone was born
la **natation** swimming, I-9.1
la **nation** nation, I
national(e) national, **11.1**
la **natte** braid, **5.1**
la **nature** nature, I
nature plain (adj.), I-5.1
la **navette: faire la navette** to go back and forth, I
ne... jamais never, I-12
ne... pas not, I-1.2
ne... personne no one, nobody, I-12.2
ne... plus no longer, **2**
ne... que only, **2.1**
ne... rien nothing, I-12.2
né: il est né he was born, I
nécessaire necessary, I
il est nécessaire de it's necessary to, **3.1**
il est nécessaire que (+ subjunc.) it's necessary that, **11**
négatif, négative negative, I
la **négritude** black pride
la **neige** snow, I-14.2
neige (inf. neiger): Il neige. It's snowing., I-14.2
nerveux, nerveuse nervous, I; emotional (illness)
les cellules nerveuses nerve cells, I
n'est-ce pas? isn't it?, doesn't it (he, she, etc.)?, I-1.2
le **nettoyage à sec** dry cleaning, **9.1**
nettoyer à sec: faire nettoyer à sec to dry-clean, **9.1**
neuf nine, I-BV
neutraliser to neutralize, I
le **neveu** nephew, I-4.1
le **nez** nose, I-15.1
avoir le nez qui coule to have a runny nose, I-15.1
ni... ni neither . . . nor, I
la **nièce** niece, I-4.1
le **niveau** level, I
vérifier les niveaux to check under the hood, I-12.1
les **noces (f. pl.)** nuptials
le voyage de noces honeymoon
Noël Christmas, **11.2**
Joyeux Noël! Merry Christmas!, **11.2**
noir(e) black, I-10.2
le tableau noir blackboard, I-3.1
le **nom** name, I-16.2; noun, I
le **nombre** number, I-5.2
nombreux, nombreuse numerous, **4.1**
nommer to name, mention, I
non no, I
non-fumeurs no smoking (section), I-7.1
non seulement not only, I
le **nord** north, I
normal(e) normal, I
normalement normally, usually, I
nos our (pl. poss. adj.), I-5
la **nostalgie** nostalgia, I
le **notable** dignitary, **11.1**
la **note** bill (currency), I-17.2; grade (on a test, etc.), **12.1**
recevoir de bonnes notes to get good grades, **12.1**
notre our (sing. poss. adj.), I-5
nourrir to feed, I
se **nourrir** to get food, nourishment
la **nourriture** food, nutrition, I
nous we, I-2; us (stress pron.), **9;** (to) us (dir. and ind. obj.), I-15
nouveau (nouvel) new (m.), I-4
nouvelle new (f.), I-4
la **nouvelle** short story
les **nouvelles (f. pl.)** news, I
novembre (m.) November, I-4.1
le **nuage** cloud, I-9.2
la **nuit** night, I
à la nuit tombante at nightfall
le **numéro** number, **1.2**; issue (of a magazine)
le bon (mauvais) numéro the right (wrong) number, **3.1**
le numéro de téléphone telephone number, **3.1**
Quel est le numéro de téléphone de... ? What is the phone number of . . . ?, I-5.2
numéroté(e) numbered, **4.1**
la **nuque** nape of the neck, **5.1**

O

l' **oasis (f.)** oasis, **14.2**
obéir (à) to obey, I-7
l' **objet (m.)** object, I
les objets en cuir leather goods, **14.1**
obligatoire mandatory, I; required, **12.2**
obligé(e) required
obliger to oblige, I
oblitérer to invalidate (a bus ticket), **10.2**
obtenir to obtain, **12.2**
l' **Occident (m.)** the West
occidental(e) western
occupé(e) busy, I-2.2
sonner occupé to be busy (telephone), **3.1**
occuper to occupy, I
l' **océan (m.)** ocean, I
octobre (m.) October, I-4.1
l' **odeur (f.)** scent, smell, I
l' **œil (m. pl. yeux)** eye, I
l' **œuf (m.)** egg, I-6.2
l'œuf sur le plat fried egg, I
l' **œuvre (f.)** work (of art), I-16
officiel(le) official, I
l' **officier (m.)** officer
offrir to offer, give I-15
l' **ogive (f.)** pointed Gothic arch
l' **oignon (m.)** onion, I-6.2
C'est pas tes oignons! None of your business!
l' **oiseau (m.)** bird, **15.2**
l' **omelette (f.)** omelette, I-5.1
l'omelette aux fines herbes omelette with herbs, I-5.1
l'omelette nature plain omelette, I-5.1
on we, they, people, I-3
On y va.(?) Let's go., Shall we go?, I-5
l' **oncle (m.)** uncle, I-4.1
l' **ongle (m.)** nail (finger, toe), **5.2**
onze eleven, I-BV
l' **opéra (m.)** opera, I-16.1
l' **opération (f.)** operation
opérer to operate, I
opposer to oppose, I-13.1
s' **opposer à** to be opposed to
l' **or (m.)** gold, I
l' **orage (m.)** storm

l' **orange (f.)** orange (fruit), I-6.2
orange (inv.) orange (color), I-10
l' **oranger (m.)** orange tree
l' **Orangina (m.)** orange soda, I-5.1
l' **orchestre (m.)** orchestra, **11.1**
ordinaire regular (gasoline), I-12.1
l' **ordinateur (m.)** computer, I-BV
l' **ordonnance (f.)** prescription, I-15.2
faire une ordonnance to write a prescription, I-15.2
l' **ordre (m.): en ordre** in order
l' **oreille (f.)** ear, I-15.1
avoir mal aux oreilles to have an earache, I-15
l' **oreiller (m.)** pillow, I-17.2
les **oreillons (m. pl.)** mumps, I
organisé(e) organized, I
l' **organisme (m.)** organism, I
original(e) original, I
l' **origine (f.): à l'origine** originally, I
d'origine américaine (française, etc.) from the U.S. (France, etc.)
orner to decorate, I
l' **os (m.)** bone, **6.2**
ôter to take off (clothing), I
ou or, I-1.1
où where, I-BV
oublier to forget, **3.1**
l' **ouest (m.)** west, I
oui yes, I-1, I
l' **outil (m.)** tool
ouvert(e) open, I-16
l' **ouverture (f.)** opening, I
l' **ouvrier,** l'**ouvrière** worker, **2.2**
ouvrir to open, I-15
ovale oval, I
l' **oxygène (m.)** oxygen, I

P

les **pages (f. pl.) jaunes** yellow pages
le **pain** bread, I-6.1
la **paire** pair, I-10
le **palais** palace, I
la **palmeraie** palm grove, **14.2**
le **palmier** palm tree, **14.2**
le **panier** basket, I-13.2
paniquer to panic
le **panneau** backboard (basketball), I-13.2; road sign, **8.1**
le panneau d'affichage bulletin board, **12.1**
panoramique panoramic, I
le **pansement** bandage, **6.1**
le **pantalon** pants, I-10.1
le **Pape** Pope
la **papeterie** stationery store, I
le **papier** paper, I-6
la feuille de papier sheet of paper, I-BV
le papier hygiénique toilet paper, I-17.2
le **paquet** package, I-6.2
par by, through, I
par avion (by) airmail, **1.2**
par dessus over (prep.), I-13
par exemple for example, I
par jour a (per) day, I-3
par semaine a (per) week, I-3.2
le **paragraphe** paragraph, I
paraît: il paraît it appears; apparently, **14.1**
le **parallèle** parallel, I
le **parc** park, I-11.2
le parc d'attractions amusement park
parce que because, I-9.1
parcourir to travel, go through, I
pardon excuse me, pardon me, I
le **parebrise** windshield, I-12
le **parent** relative
les parents (m. pl.) parents, I-4.1
parfait(e) perfect, I
le **parfum** perfume, **5.2**
parisien(ne) Parisian, I-9
le **parking** parking lot, I
le **parlement** parliament, I
parler to speak, talk, I-3.1
parler au téléphone to talk on the phone, I-3.2
parmi among, I
partager to share
partager les frais to "go dutch," to share expenses, **13.1**
participer (à) to participate (in), I
particulièrement particularly, I
la **partie** game, match, I-9.2; part, I
en partie partly
faire partie de to be a part of, I
la partie en simple (en double) singles (doubles) match (tennis), I-9.2
partir to leave, I-7.1
à partir de from . . . on (date); based on
partout everywhere, I
le **pas** step
pas not, I
pas de (+ noun) no (+ noun), I
Pas de quoi. You're welcome. (inform.), I-BV
pas du tout not at all, I
Pas mal. Not bad., I-BV
pas mal de quite a few, I
le **passage: être de passage** to be passing through
le passage pour piétons pedestrian crossing, **8.2**
le **passager,** la **passagère** passenger, I-7.1
le **passé** past, I
le **passeport** passport, I-7.1
passer to spend (time), I-3; to pass, go through, I-7.2
passer à la douane to go through customs, I-7.2
passer à l'immigration to go through immigration, I
passer par le contrôle de sécurité to go through security (airport), I-7
passer un examen to take an exam, I-3.1
passer un film to show a movie, I-16.1
se **passer** to happen, I
passionné(e) de excited by, I
passionner to excite, I
le **pâté** pâté, I-5.1
patient(e) patient, I-1.1
le **patin** skate, skating, I
faire du patin to skate, I-14.2
faire du patin à glace to ice-skate, I-14.2
faire du patin à roulettes to roller-skate, I
le patin à glace ice skate, I-14.2
le **patinage** skating, I-14.2
le **patineur,** la **patineuse** skater, I-14.2
la **patinoire** skating rink, I-14.2
le **pâtre** shepherd
le/la **patron(ne)** boss
les **pattes (f. pl.)** sideburns, **5.1**
le **pâturage** pasture
le/la **pauvre** poor thing, I-15.1
pauvre poor, I-15.1
le **pavillon** small house, bungalow, I
payer to pay, I-6.1

payer en espèces to pay cash, I-17
le **pays** country, I-7.1
le **paysage** landscape, I
le **paysan** peasant
les **Pays-Bas (m. pl.)** the Netherlands, I-16
le **péage: l'autoroute à péage** toll road, I
la **pêche** fishing
aller à la pêche to go fishing, I-9.1
faire une belle pêche to catch a lot of fish, I
le port de pêche fishing port, I
la **peau** skin
le **peigne** comb, **5.2**
donner un coup de peigne (à quelqu'un) to comb (someone's hair), **5.2**
se **peigner** to comb (one's hair), I-11.1
peindre to paint, I
la **peine: Ce n'est pas la peine.** It's not worth it. Don't bother.
le/la **peintre** painter, artist, I-16.2
la **peinture** painting, I-16.2
péjoratif, péjorative pejorative, disparaging, I
le **pèlerinage** pilgrimage
le **penalty** penalty (soccer), I
pendant during, for (time), I-3.2
pendant que while, I
pénétrer to penetrate
la **pénicilline** penicillin, I-15.2
penser to think, I-10.1
le **penseur** thinker, I
la **pension** small hotel, I
perdre to lose, I-8.2
perdre des kilos to lose weight, I
perdre patience to lose patience, I-8.2
le **père** father, I-4.1
le Père Noël Santa Claus, **11.2**
la **périphérie** outskirts, I
périphérique: le boulevard périphérique beltway, ring road, **8.1**
la **perle** pearl, I
la **permanente** permanent (hair), **5.1**
permettre to permit, allow, I-14
Vous permettez? May I (sit here)?, **4.1**
le **permis** license, I
le permis de conduire driver's license, I-12
le **personnage** character, I
la **personne** person, I
ne... personne no one, nobody, I-12.2
Personne ne (+ verb) No one (+ verb), **4**
personnel(le) personal, I
le **personnel de bord** flight attendants, I-7.2
personnellement personally, I-16.2
la **perte** loss, I
peser to weigh, **1.2**
petit(e) short, small, I-1.1
le/la petit(e) ami(e) boyfriend (girlfriend)
la petite annonce classified ad, **16.2**
le petit déjeuner breakfast, I-9
prendre le petit déjeuner to eat breakfast, I-9
la **petite-fille** granddaughter, I-4.1
le **petit-fils** grandson, I-4.1
le **pétrolier** oil tanker, I
peu (de) few, little, I-18, I
à peu près about, **16.2**
un peu (de) a little, I
la **peur: avoir peur de** to be afraid of, **13.2**
de peur de for fear of
faire peur à to frighten, I
la **pharmacie** pharmacy, I-15.2
le/la **pharmacien(ne)** pharmacist, I-15.2
la **photo** photograph, I
la **photosynthèse** photosynthesis
la **phrase** sentence, I
la **physique** physics, I-2.2
physique physical, I
la forme physique physical fitness, I-13
le **piano** piano, **11.1**
la **pièce** room, I-4.2; play, I-16.1; coin, I-18.1
le **pied** foot, I-13.1
à pied on foot, I-5.2
la **pierre** stone, I
le/la **piéton(ne)** pedestrian, I-12.2
le **pilier** pillar
piller to pillage
le/la **pilote** pilot, **7.1**
le/la pilote de ligne airline pilot, I
piloter to pilot, **7.1**
pincer to pinch
piquant(e) spicy
la sauce piquante spicy sauce, **14.1**
le **pique-nique: faire un pique-nique** to have a picnic, I-6
la **piqûre** injection, shot, **6.2**
faire une piqûre to give (someone) a shot, **6.2**
la **piscine** pool, I-9.2
la piscine couverte indoor pool, I
la **piste** track, I-13.2; ski trail, I-14.1
la piste de course track (for running), **12.2**
pittoresque picturesque, I
le **placard** closet, I-17.2
la **place** seat (plane, etc.), I-7.1; parking space, I-12.2; place, I
la place numérotée numbered seat, **4.1**
la **plage** beach, I-9.1
la **plaine** plain, I
le **plan** map, I
le plan du métro subway map, **10.2**
le plan de la ville street map, **8.1**
la **planche à voile: faire de la planche à voile** to windsurf, I-9
la **plantation** grove, **14.2**
la **plante** plant, I
la **plaque d'immatriculation** license plate
le **plastique: en plastique** plastic (adj.), I
le **plat** dish (food), I
le **plateau** plateau, I; tray, **7.1**
la **platine** platinum
le **plâtre** cast (for broken arm, etc.), **6.2**
mettre (la jambe, etc.) dans le plâtre to put (someone's leg, etc.) in a cast, **6.2**
plein(e) full, I-13.1
avoir plein de fric to have lots of money (slang), I-18.2
faire le plein to fill up (a gas tank), I-12.1
pleut (inf. pleuvoir): Il pleut. It's raining., I-9.2
plier to bend; to fold, **9.1**
la **plongée sous-marine: faire de la plongée sous-marine** to go deep-sea diving, I-9.1
plonger to dive, I-9.1
la **pluie** rain, I
les pluies acides acid rain, I
la **plupart (des)** most (of), I-8.2
le **pluriel** plural, I

plus more (comparative), I-10
en plus de in addition to, I
plus ou moins more or less
plus tard later, I
plusieurs several, I-18
le **pneu** tire, I-12.1
le pneu à plat flat tire, I-12.1
la **poche** pocket, I-18.1
le **poème** poem, I
la **poésie** poetry, I
le **poète** poet (m. and f.), I
le **poids** weight, **1.2**
le **poignet** wrist, **13.1**
poinçonner to punch (a hole in), **4.1**
le **point** point; period, I
à point medium-rare (meat), I-5.2
le point noir high-traffic area, **8.1**
le point de suture (surgical) stitch, **6.2**
le point de vue point of view
la **pointure** size (shoes), I-10.2
Vous faites quelle pointure? What (shoe) size do you take?, I-10.2
le **poisson** fish, I-6.1
la **poissonnerie** fish store, I-6.1
le **pôle** pole, I
poli(e) polite, **13.1**
la **police secours** emergency aid, **6.1**
poliment politely
la **poliomyélite** polio, I
la **politique** politics
polluer to pollute, I
la **pollution** pollution, I
la **Polynésie française** French Polynesia
la **pomme** apple, I-6.2
la **pomme de terre** potato, I-6.2
le **pommier** apple tree
le/la **pompiste** gas station attendant, I-12.1
le **pont** bridge
populaire popular, I-1.2
la **porcelaine** porcelain, china, I
le **port** port, harbor, I
le port de pêche fishing port, I
le **portail** doorway (church)
la **porte** gate (airport), I-7.1; door, I-17.1
le **portefeuille** wallet, I-18.1
le **porte-monnaie** change purse, I-18.1
porter to take (carry), **9.1**; to wear, I-10.1
porter un toast to toast, make a toast
le **porteur** porter, I-8.1
la **portière** door (of a vehicle), **10.2**
le **portrait** portrait, I
le **Portugal** Portugal, I-16
poser: poser sa candidature to apply for a position, **16.2**
poser une question to ask a question, I-3.1
la **possibilité** possibility, I
possible: il est possible que (+ subjunc.) it's possible that, **11**
la **poste** post office, **1.1**
mettre une lettre à la poste to mail a letter, **1.1**
le **poste** position (job), **16.2**
le **poste de péage** tollbooth, **8.1**
le **poste de pilotage** cockpit, **7.1**
le **poste de télévision** television (set), **2.1**
le **pot** jar, I-6.2
le **pot-au-feu** braised beef with vegetables, **2.1**
le **pouce** inch, I; thumb, **13.1**
la **poule** hen, chicken (animal), **15.1**
le **poulet** chicken (food), I-6.1
le **pouls** pulse, **6.2**
le **poumon** lung
la **poupée** doll, I
pour for; in order to, I-2
pour que (+ subjunc.) so that, **15**
le **pourboire** tip (restaurant), I-5.2
laisser un pourboire to leave a tip, I-5.2
le **pourcentage** percentage, I
pourquoi why, I-9.1
pourtant yet, still, nevertheless, I
pourvu que (+ subjunc.) provided that, **15.2**
pousser to grow, I; to push, **10.2**
pouvoir to be able to, I-6
Pourrais-je parler à... ? May I speak to . . . ?, **3.2**
le **pouvoir** power
pratique practical
pratiquer un sport to play a sport, I-11.2
le **pré** meadow, **15.1**
précieux, précieuse precious, I
précis(e) precise, exact, I
à l'heure précise right on time, I
la **prédiction** prediction
préférable: il est préférable que (+ subjunc.) it's preferable that, **11**
préféré(e) favorite, 2.1
préférer to prefer, I-5
le **préfixe** prefix, I
prélever to deduct
prélevé(e) deducted
premier, première first, I-4.1
en première in first class, I-8.1
les tout (inv.) premiers (m. pl.) the very first, I
premièrement first of all, I
prendre to take, I-9.1; to buy; to eat (drink) (in café, restaurant, etc.)
prendre un bain (une douche) to take a bath (shower), I-11.1
prendre un bain de soleil to sunbathe, I-9.1
prendre un billet to buy a ticket, I-9
prendre conscience de to become aware of
prendre la correspondance to change trains, **4.2**
prendre des kilos to gain weight, I
prendre part à to take part in, I
prendre le petit déjeuner to eat breakfast, I-9
prendre possession de to take possession of, I
prendre un pot to have a drink, I
prendre le pouls to take someone's pulse, **6.2**
prendre rendez-vous to make an appointment, I
prendre son temps to take one's time, **2.2**
prendre la tension artérielle to take someone's blood pressure, **6.2**
prendre le train (l'avion, etc.) to take the train (plane, etc.), I-9
préparé(e) prepared, **12.1**
préparer to prepare, I-4.2
près de near, I-4.2
prescrire to prescribe, I-15.2
les **présentations (f. pl.)** introductions, **13.2**
présenter to introduce, **13.2**; to present, I
la **préservation** preservation, I

presque almost, I
pressé(e) in a hurry, I
le **pressing** dry-cleaner's, **9.1**
la **pression artérielle** blood pressure, I
prêt(e) ready, I
prêt-à-porter ready-to-wear (adj.), I-10
le rayon prêt-à-porter ready-to-wear department, I-10.1
prêter to lend, I-18.2
la **preuve** proof, I
la **prévision** prediction, I
prévoir to predict, I
prie: Je vous en prie. Please, I beg of you., I; You're welcome., I-BV
prier to pray, **14.1**
la **prière: en prière** at prayer, praying
primaire: l'école (f.) primaire elementary school, I
principal(e) main, principal
le professeur principal homeroom teacher, **12.2**
la **principauté** principality
le **principe** principle
le **printemps** spring, I-13.2
pris(e) taken, I-5.1
le **prisonnier** prisoner
privé(e) private, I
le **prix** price, cost, I-10.1
à prix fixe at a fixed price, I
probable: il est probable que it's probable, **14**
probablement probably, I
le **problème** problem, I-11.2
prochain(e) next, I-8.2
proche close, **10.1**
proclamer to proclaim
la **production** production, **15.1**
produire to produce
le **produit** product, I
le produit de beauté cosmetic, **5.2**
le produit laitier dairy product
le/la **prof** teacher (inform.), I-2.1
le **professeur** teacher (m. and f.), I-2.1
le professeur principal homeroom teacher, **12.2**
la **profession** profession, **16.1**
professionnel(le) professional, I
profiter de to take advantage of, profit from, I
profond(e) deep, I
profondément profoundly, deeply

le **programme** TV program, I
le **progrès** progress, I
progressif, progressive progressive, I
le **projecteur** projector, **12.1**
le **projet** project, plan, I
la **promenade: faire une promenade** to take a walk, I-9.1
se **promener** to walk, I-11.2
proposer to suggest, I
propre clean, **9.1**; own (adj.), I
la **propriété** property
protéger to protect, I
la **protéine** protein, I
le **protestantisme** Protestantism
provenance: en provenance de arriving from (train, plane, etc.), I-7.1
provençal(e) from Provence, the south of France, I
la **Provence** region in the South of France
provenir to come from
le **proviseur** principal, **12.2**
les **provisions (f. pl.)** groceries, I
muni de provisions with food
provisoire provisional
prudemment carefully, I-12.2
public, publique public, **3.1**
le **public** public (n.); audience, I
la **publicité** advertisement, I
les **puces: le marché aux puces** flea market, I
puisque since
puissant(e) powerful, I
le **pull** sweater, I-10.1
punir to punish, I-7
pur(e) pure, I
la **pureté** purity, I
la **pyramide** pyramid, I

Q

le **quai** platform (railroad), I-8.1
la **qualité** quality, I
quand when, I-3.1
quant à as for
quarante forty, I-BV
le **quart: et quart** a quarter past (time), I-2
moins le quart a quarter to (time), I-2
le **quartier** neighborhood, district, I-4.2
quatorze fourteen, I-BV
quatre four, I-BV
quatre-vingt-dix ninety, I-5.2
quatre-vingts eighty, I-5.2
que that, which, whom, I
quel(le) which, what, I-7
Quel est le numéro de téléphone de... ? What is the phone number of . . . ? I-5.2
Quelle est la date aujourd'hui? What is today's date?, I-4.1
Quel temps fait-il? What's the weather like?, I-9.2
quelque some, I
quelque chose à manger something to eat, I-5.1
quelquefois sometimes, I-5
quelques some, I-8.2
quelqu'un someone, I-12
qu'est-ce que what (interr. pron.), **6**
Qu'est-ce que c'est? What is it?, I-BV
Qu'est-ce qu'il a? What's wrong with him?, I-15.1
qu'est-ce qui what (interr. pron.), **6**
Qu'est-ce qui arrive (se passe)? What's happening?, I
la **question: poser une question** to ask a question, I-3.1
la **queue: faire la queue** to wait in line, I-8.1
la queue de cheval ponytail, **5.1**
qui who, I-BV; whom, I-11; which, that, I
C'est de la part de qui? Who's calling?, **3.2**
Qui ça? Who (do you mean)?, I-BV
Qui est-ce? Who is it?, I-BV
quinze fifteen, I-BV
quitter to leave (a room, etc.), I-3.1
Ne quittez pas. Hold on. (telephone), **3.2**
quoi what (after prep.), I-14
quotidien(ne) daily, everyday

R

raccrocher to hang up (telephone), **3.1**
racine root
raconter to tell (about), I
radicalement radically
la **radio** radio, I-3.2
la **radio(graphie)** X-ray, **6.2**

radioactif, radioactive radioactive, I
la **rage** rabies, I
raide steep, I-14.2; straight (hair), **5.1**
la **raie** part (in hair), **5.1**
le **raisin** grape(s)
les raisins secs raisins, **14.1**
la **raison** reason, I
ralentir to slow down, **8.1**
le **ralentissement** delay, **8.1**
ramasser to collect, **4.1**
la **randonnée pédestre** backpacking
en randonnée backpacking, hiking
le **randonneur,** la **randonneuse** hiker, I
le **rang** row
rapide quick, fast, I
rapidement quickly, **2.2**
rappeler to call back, **2.2**
le **rapport** relationship; report,I
rapporter to report, I
le **rapprochement** reconciliation
la **raquette** racket, I-9.2
rare rare, I
rarement rarely
se **raser** to shave, I-11.1
le **rasoir** razor, shaver, **5.1**
la coupe au rasoir razor cut, **5.1**
rassembler to collect, gather together, I
rassurer to reassure
rater le train to miss the train, **4.2**
le **rayon** department (in a store), I-10.1; ray of light
les rayons X X-rays
la **réaction** reaction, I
réagir to react
réaliser to realize (an ambition), achieve, I
la **réalité** reality, I
le **reboisement** reforestation
récemment recently
la **réception** front desk (hotel), I-17.1
le/la **réceptionniste** desk clerk, I-17.1
la **recette** recipe, I
recevoir to receive, I-18.1
recevoir de bonnes notes to get good grades, **12.1**
la **recherche** research
faire de la recherche to do research, I
rechercher to seek, I
réciproque reciprocal
la **récolte** harvest, **15.1**
récolter to harvest, **15.1**
recommandé(e) recommended, I
la **réconciliation** reconciliation
reconnu(e) recognized, I
reconstruire to rebuild
la **récréation** recess, I
récrire to rewrite, I
récupérer to claim (luggage), I-7.2
la **rédaction** paper, composition; writing, **12.1**
faire une rédaction to write a paper, **12.1**
redistribuer to redistribute, pass (something) out again
réduire to reduce
refaire to do over, make over
réfléchi(e) reflexive
refléter to reflect, I
regarder to look at, watch I-3.1
se **regarder** to look at oneself, look at one another, I
le **régime: faire un régime** to go on a diet, I
le régime alimentaire diet, I
la **région** region, I
la **règle** rule, I
le **règlement** rule, I
régler to direct (traffic), I
le **règne** reign, I
régner to reign
regretter to be sorry, **13.2**
Je regrette. I'm sorry., **3.2**
régulier, régulière regular, I
régulièrement regularly, I
rejeter to give off
la **réjouissance** festivity
relativement relatively, I
le **relevé (de compte)** statement (bank), I-18
se **relever** to get up
relié(e) connected, I
religieux, religieuse religious, **11.2**
se **remarier** to remarry
remarquer to notice, I
rembourser to pay back, reimburse, I-18.2
remédier to remedy
le **remembrement** regrouping
remettre: remettre en place to reset (a bone), **6.2**
remettre sur pied to put (someone) back on his/her feet
les **remparts (m. pl.)** ramparts
remplir to fill out, I-7.2
renaître to be reborn
la **rencontre** meeting, I
rencontrer to meet, I
le **rendez-vous** meeting, appointment
prendre rendez-vous to make an appointment, I
rendre to give back, I-18.2; to make
les **renseignements (m. pl.)** information, I
la **rentrée des classes** beginning of school year, **12.2**
rentrer to go home, I-3.1
renverser to overthrow
renvoyer to return (tennis ball), I-9.2
la **répartition** distribution, I
le **repas** meal, **2.1**
le **repassage** ironing, **9.1**
repasser to iron, **9.1**
répéter to repeat, I
le **répondeur automatique** answering machine, **2.1**
répondre to answer, I-8
la **réponse** answer, I
se **reposer** to rest, I
repoussé(e) pushed back, I
représenter to represent, I
la **reprise** reshowing, I
reproduire to reproduce, I
la **république** republic, democracy, I
répudier to repudiate, cast off
le **réseau** system
la **réserve** resource, supply, I
réservé(e) reserved, I
réserver to reserve, **4.2**
le **réservoir** gas tank, I-12.1
résidentiel(le) residential, I
la **résistance** resistance, I
résoudre to solve
respecter to obey, **8.1**
la **respiration** breathing, I
respirer (à fond) to breathe (deeply), I-15.2
responsable responsible
resquiller to cut ahead (in line), **13.1**
ressembler à to resemble, I
ressentir to feel, I
le **ressortissant** citizen, national
le **restaurant** restaurant, I-5.2
la **restauration** food service, I
la restauration rapide fast food
rester to stay, remain, I-17
rester en forme to stay in shape, I-11.1
le **restoroute** roadside restaurant
le **retard** delay, **7.2**

en retard late, I-8.2
se **retirer** to retire
retomber to fall back down, I
le **retour** return, I
à votre retour when you return, I
la **retransmission** rebroadcast, I
rétrécir to shrink, **9.1**
se **retrouver** to meet (again), 13.1
réunir to bring together, I; to reunite
réussir (à) to succeed, to pass (exam), I-7
le **rêve** dream, I
se **réveiller** to wake up, I-11.1
le **réveillon** Christmas or New Year's dinner, **11.2**
la **révélation** revelation, I
revenir to come back, I-16
rêver to dream, I
revoir to see again
la **révolution** revolution, I
révolutionner to revolutionize, I
le **rez-de-chaussée** ground floor, I-4.2
le **rhume** cold (illness), I-15.1
avoir un rhume to have a cold, I-15.1
riche rich, I
la **richesse** wealth, I
le **rideau** curtain I-16.1
le lever du rideau at curtain time (theatre), I
rien nothing, **2**
Il n'en est rien. Not so.; Nothing could be further from the truth.
ne... rien nothing, anything, I-12.2
Rien d'autre. Nothing else., I-6.2
Rien ne (+ verb) Nothing (+ verb), **4**
rien à voir avec nothing to do with
rigoler to joke around, I-3.2
Tu veux rigoler?! Are you kidding?!, I
rigueur: de rigueur necessary, obligatory
rincer to rinse, **2.1**
rire to laugh, **12.1**
risquer to risk
le **rite** rite, ritual, I
la **rivière** river, I
le **riz** rice, I
la **robe** dress, I-10.1; robe, I
Robin des Bois Robin Hood
le **robinet** faucet, **2.1**
le **rocher** rock
le **roi** king, I
le **rôle** role, I
romain(e) Roman
le **roman** novel, I
le roman policier detective novel, mystery, I
roman(e) Romanesque
le **romancier**, la **romancière** novelist
rompre to break, **13.1**
le **rond** circle
rond(e) round, I
rose pink, I-10.2
la **rosée** dew
le **rosier** rosebush, I
la **roue** wheel, I-12.1
la roue de secours spare tire, I-12.1
les deux roues two-wheeled vehicles, I
rouge red, I-10.2
le **rouge à lèvres** lipstick, **5.2**
la **rougeole** measles, I
le **rouleau chauffant** electric roller, **5.2**
le **rouleau de papier hygiénique** roll of toilet paper, I-17.2
rouler (vite) to go, drive (fast), I-12.1
la **route** road, I-12.1
En route! Let's go!, I
prendre la route to take to the road, I
routier road (adj.), I
roux, rousse redheaded, **5.1**
le **royaume** kingdom
la **rubéole** German measles, I
la **rue** street, I-3.1
la **ruelle** alley, **14.1**
le **rugby** rugby, I
les **ruines (f. pl.)** ruins
rural(e) rural, I
le/la **Russe** Russian (person), I
le **rythme** rhythm, I

S

sa his, her (f. sing. poss. adj.), I-4
le **sable** sand, I-9.1
le **sac** bag, I-6.1; pocketbook, purse, I-18.1
le sac à dos backpack, I-BV
le sac de couchage sleeping bag
sacrer to crown
le **safari** safari
sage good (child's behavior), **11.2**
le **Sahara** Sahara, **14.2**
saignant(e) rare (meat), I-5.2
saigner to bleed
saint(e) holy
la **saison** season, I
la belle saison summer, I
la **salade** salad, I-5.1
le **salaire** salary, **16.2**
le **salarié** full-time employee
sale dirty, **9.1**
salé(e) salt (adj.) **14.2**
le lac salé salt lake, **14.2**
la **salle** room, I
la salle à manger dining room, I-4.2
la salle d'attente waiting room, I-8.1
la salle de bains bathroom, I-4.2
la salle de cinéma movie theatre, I-16.1
la salle de classe classroom, I-2.1
la salle d'opération operating room, **6.2**
la salle de permanence study hall, **12.2**
la salle de séjour living room, I-4.2
la salle des urgences emergency room, **6.1**
le **Salon** official art show, I
le **salon de coiffure** hair salon
saluer to greet
Salut. Hi., I-BV
samedi (m.) Saturday, I-2.2
le **sandwich** sandwich, I-5.1
le **sang** blood
le **sang-froid** calm
garder votre sang-froid to keep calm
sans without, I-12.1
sans aucun doute without a doubt, I
Sans blague! No kidding!, I
sans escale non-stop (flight), **7.2**
sans plomb unleaded, I-12.1
sans que (+ subjunc.) without (conj.) **15**
la **santé** health, I-15.1
être en bonne (mauvaise) santé to be in good (poor) health, I-15.1
le **sapin** pine tree, **11.2**
le sapin de Noël Christmas tree, **11.2**
satisfait(e) satisfied

la **sauce piquante** spicy sauce, **14.1**
la **saucisse de Francfort** hot dog, I-5.1
le **saucisson** salami, I-6.1
sauf except, I-16.2
sauvage wild
sauver to save, I
le **savant** scientist, I
savoir to know (information), I-16.2
le **savoir-vivre** good manners, **13**
le **savon** soap, I-11.1
le **saxophone** saxophone, **11.1**
scandalisé(e) scandalized, shocked, I
le **scarabée** beetle
la **scène** stage; scene, I-16.1
les **sciences (f. pl.)** science, I-2.2
les sciences humaines social sciences, I
les sciences naturelles natural sciences, I
scintiller to glitter
scolaire school (adj.), **12.1**
le **scorbut** scurvy, I
le **score** score, I-9.2
le **sculpteur** sculptor (m. and f.), I-16.2
la **sculpture** sculpture, I-16.2
la **séance** show (movie) I-16.1
sec, sèche dry, **5.2**
le **sèche-linge** clothes dryer, **9.1**
sécher to dry, **9.1**
se sécher to dry (off), I-17.2
la **sécheresse** dryness, drought, I
le **séchoir** (hair) dryer, **5.2**
secondaire: l'école (f.)
secondaire junior high, high school, I
la **seconde** second (time), I
seconde: en seconde in second class, I-8.1
le **secourisme** first aid
le/la **secouriste** certified first-aid practitioner
le/la **secrétaire** secretary, **16.1**
seize sixteen, I-BV
le **séjour** stay, I
le **sel: la croûte de sel** salt crust, **14.2**
le sel minéral mineral salt
sélectif, sélective selective
la **selle** seat (bicycle, motorcycle)
selon according to, **1.2**
les **semailles (f. pl.)** sowing
la **semaine** week, I-2.2; allowance, I
par semaine a (per) week, I-3.2
semblable similar, alike
sembler to seem, I
il me (te, lui, etc.) semble que it seems to me (you, him, her, etc.) that, **14.1**
la **semoule de blé** semolina wheat, **14.1**
le **Sénégal** Senegal, I-16
le **sens** direction, **8.2**; meaning, I
sens interdit wrong way (traffic sign), I
sens unique one way (traffic sign), I
sensible sensitive
se **sentir** to feel (well, etc.), I-15.1
séparer to separate, I
sept seven, I-BV
septembre (m.) September, I-4.1
la **série** series, I
sérieusement seriously, **8**
sérieux, sérieuse serious, I-10
le **serpentin** streamer, **11.2**
serré(e) tight, I-10.2
serrer la main to shake hands, **13.1**
le **serveur,** la **serveuse** waiter, waitress, I-5.1
le **service** tip; service, I-5.2
le service du personnel personnel department, **16.2**
Le service est compris. The tip is included., I-5.2
la **serviette** napkin, I-5.2; towel, I-17.2
servir to serve (food), I-7.2; to serve (a ball in tennis, etc.), I-9.2
servir à to be used for, **13.1**
se **servir de** to use, **2.2**
ses his, her (pl. poss. adj.), I-5.
seul(e) alone; single; only (adj.), I
tout(e) seul(e) all alone, by himself/herself, I
seulement only (adv.), **2.1**
la **sève** sap
la sève brute rising, crude sap
tirer la sève to tap (maple sugar)
sévère strict, I
le **sexe** sex, I
le **shampooing** shampoo, **5.2**
le **shampooing-crème** shampoo-conditioner, **5.2**
le **short** shorts, I-9.2
si if, **9**; yes (after neg. question), I
le **SIDA (Syndrome Immuno-Déficitaire Acquis)** AIDS, I
le **siècle** century, I
le **siège** seat, I-7.1
le siège réglable adjustable seat, **4.1**
le **sien,** la **sienne** his (pron.), hers
siffler to (blow a) whistle, I-13.1
le **signal** sign, I
signer to sign, I-18.1
la **signification** meaning
signifier to mean, I
s'il te plaît please (fam.), I-BV
s'il vous plaît please (form.), I-BV
simplement simply, I
sincère sincere, I-1.2
sinon otherwise, or else
le **sirop: le sirop d'érable** maple syrup, I
situé(e) located, I
six six, I-BV
le **ski** ski, skiing, I-14.1
faire du ski to ski, I-14.1
faire du ski nautique to water-ski, I-9.1
le ski alpin downhill skiing, I-14.1
le ski de fond cross-country skiing, I-14.1
le **skieur,** la **skieuse** skier, I-14.1
social(e) social, I
la **société** company, **16.2**; society, I
la grosse société large company, **16.2**
la **sociologie** sociology, I
la **sœur** sister, I-1.2
soi: chez soi home, I
en soi in itself
la **soie** silk, **9.2**
en soie silk (adj.), **9.2**
soigner to take care of, **6.1**
soigneusement carefully
le **soir** evening, in the evening, I-2
ce soir tonight, **2.1**
du soir P.M. (time), I-2
la **soirée** evening, I; evening party
la soirée théâtrale evening at the theater
soit is, exists (subjunctive), I
soixante sixty, I-BV
soixante-dix seventy, I-5.2
le **sol** ground, I-13.2
le **soldat** soldier, **11.1**
le **solde** (bank) balance
les **soldes (f. pl.)** sale (in a store) I-10.2

le **soleil** sun, **14.2**
le coucher du soleil sunset, **15.2**
le lever du soleil sunrise, **15.2**
le soleil levant rising sun, I
Il fait du soleil. It's sunny., I-9.2
soluble dans l'eau water-soluble, I
soluble dans la graisse fat-soluble, I
sombre dark, I
la **somme** sum, I
le **sommeil** sleep, I
le **sommet** summit, mountaintop, I-14.1
son his, her (m. sing. poss. adj.), I-4
le **sondage** (opinion) survey
sonner to ring, **3.1**; to sound
sonner occupé to be busy (telephone), **3.1**
la **sonnerie** bell, **12.1**
la **sorte** sort, kind, I
la **sortie** exit, I-7.1
la sortie de secours emergency exit, **7.1**
sortir to go out, take out, I-7
soudanien(ne) from Sudan
souffler to blow
souffrir to suffer, I-15.2
souhaiter to wish, **12**
se **souhaiter** to wish each other, **11.2**
le **souk** Arab market, **14.1**
soulager to relieve
soulever to lift, **3.2**
se **soulever** to rise up
les **souliers (m. pl.)** shoes, **11.2**
soumis(e) submitted
la **soupe à l'oignon** onion soup, I-5.1
le **souper** supper
la **source** source, I
sourire to smile, **12**
la **souris** mouse
sous under, I
le **sous-marin** submarine
les **sous-titres (m. pl.)** subtitles, I-16.1
soutenu(e) supported
souterrain(e) underground, I
le **souvenir** memory
se **souvenir de** to remember, **3.1**
souvent often, I-5
spatial(e) space (adj.)
se **spécialiser** to specialize, I
le **spectacle** show, I
le **spectateur** spectator, I-13.1
la **splendeur** splendor, I
splendide splendid, I
le **sport: faire du sport** to play sports, I
pratiquer un sport to play a sport, I
le sport collectif team sport, I
le sport d'équipe team sport, I
les sports d'hiver winter sports, skiing, I-14.1
sport (inv.) casual (clothes), I-10.1
sportif, sportive athletic, I
le **stade** stadium, I-13.1; stage (of a process), I
le/la **standardiste** telephone operator, **3.1**
la **station** station; resort, I
la station balnéaire seaside resort, I-9.1
la station de métro subway station, I-4.2
la station de sports d'hiver ski resort, I-14.1
la station-service gas station, I-12.1
la station thermale spa
le **stationnement** parking, I
stationnement interdit no parking (traffic sign), I
stationner to park, I-12.2
Il est interdit de stationner. No parking. (traffic sign), I-12.2
la **statue** statue, I
le **steak frites** steak and French fries, I-5.2
le **steward** flight attendant (m.), I-7.2
stop stop (traffic sign), I
le **strapontin** folding seat (on subway, etc.)
strict(e) strict, I
le **style** style, **5.1**
le **stylo** (ballpoint) pen, I-BV
le **stylo-bille** ballpoint pen, **12.1**
subventionner to subsidize
se **succéder** to follow one another, I
le **succès** success, I
le **sucre** sugar, I
sucré(e) sweet, with sugar, I
le **sud** south, I
sudaméricain(e) South American
le **sud-est** southeast, I
le **sud-ouest** southwest
suer: suer comme un bœuf to sweat like a pig
suffire to suffice, be enough, I
la **Suisse** Switzerland
suisse Swiss, I
suivant(e) following, I
suivre to follow, **6**
le **sujet** subject, I
super terrific, super, I-2.2; super (gasoline), I-12.1
superbe superb, I
la **superficie** area (geography), I
supérieur(e) upper
le **supermarché** supermarket, I-6.1
supersonique supersonic, I
le **supplément** surcharge (train fare), I
payer un supplément to pay a surcharge, I
sur on, I-BV
sûr(e) sure, I
être sûr(e) to be sure, **14.2**
il est sûr que it's sure that, **14**
la **surface** surface, I
surgelé(e) frozen, I-6.2
surpris(e) surprised, **13.2**
surtout especially, above all, **3.2**
le **surveillant**, la **surveillante** monitor, **12.2**
surveiller to watch, keep an eye on, I-12.2
le **survêtement** warmup suit, I-11.2
survivre to survive
le **sweat-shirt** sweatshirt, I-10.1
sympa (inv.) nice (abbreviation for **sympathique**), I-1.2
sympathique nice (person), I-1.2
le **symptôme** symptom, I
le **syndicat d'initiative** tourist office, I
le **synonyme** synonym, I
le **système** system, I

T

ta your (f. sing. poss. adj.), I-4
la **table** table, I-BV
la table d'opération operating table, **6.2**
le **tableau** blackboard, I-BV; painting, I-16.2
le tableau des arrivées arrival board, **4.2**
le tableau des départs departure board, **4.2**
le tableau des départs et des arrivées arrival and departure board, I

la **tablette rabattable** pull-down tray, **4.1**
la **tache** spot, stain, **9.2**
la **taille** size (clothes), I-10.2
la taille au-dessous next smaller size, I-10.2
la taille au-dessus next larger size, I-10.2
Vous faites quelle taille? What size do you take?, I-10.2
tailler to trim, **5.2**
le **tailleur** suit (woman's), I-10.1; tailor, I
le tailleur de pierre stone cutter
le **talc** talcum powder, **5.2**
le **talon** heel, I-10.2
à talons hauts (bas) high- (low-)heeled (shoes), I
le **tambour** drum, **11.1**
tant: en tant que as
la **tante** aunt, I-4.1
taper à la machine to type, **12.1**
le **tapis** carpet, rug
le tapis roulant luggage carousel, **7.2**
tard late, I
plus tard later, I
le **tarif** fare, I
les tarifs aériens airfares, I
la **tarte** pie, tart, I-6.1
la tarte aux fruits fruit tart, pie, I
la **tartine** slice of bread (with butter, jam, etc.), **2.1**
tas: des tas de lots of, many
la **tasse** cup, I-5.2
le **taureau** bull
le **taux** level, rate, I
le **taxi** taxi, I-7.2
te (to) you (fam.) (dir. and ind. obj.), I-15.
le **technicien,** la **technicienne** technician, **16.1**
technique technical, I
technologiquement technologically, I
le **tee-shirt** T-shirt, I-9.2
la **teinturerie** dry cleaner's, **9.1**
le **teinturier** dry cleaner (person)
la **télé** TV, I-3.2
à la télé on TV, I
la **télécarte** prepaid telephone card, **3.1**
la **télécommande** television remote control, **2.1**
le **télécopieur** fax machine
le **téléphone** telephone, I
le téléphone à cadran dial phone, **3.1**
le téléphone sans fil cordless telephone, **2.1**
le téléphone à touches touch-tone phone, **3.1**
téléphoner to telephone, **3.2**
téléphonique telephone (adj.)
le **télésiège** chairlift, I-14.1
le **téléviseur** television (set), **2.1**
la **télévision** television, **2.1**
tellement so much
tel(le) que as, such as
le **témoin** witness (m. and f.)
la **température** temperature, I-14.1
le **temps** weather, I-9.2; time
de temps en temps from time to time, **4**
il est temps que (+ subjunc.) it's time that, **11**
Quel temps fait-il? What's the weather like?, I-9.2
la **tendance: avoir tendance à (+ inf.)** to tend (+ inf.), I
tendre à (+ inf.) to tend (+ inf.)
se **tenir bien/mal** to behave well/badly, **13.1**
le **tennis** tennis, I-9.2
les tennis (f. pl.) sneakers, I
la **tension artérielle** blood pressure, **6.2**
tenter to tempt
le **terminal** terminal (bus, etc.), **7.2**
terminale: en terminale in the last year of school
terminer to finish
se **terminer** to end, finish
le **terminus** last stop (of bus, train line), **10.2**
le **terrain** field, ground, court
le terrain de basket basketball court, **12.2**
le terrain de camping campground
le terrain de football soccer field, I-13.1
le terrain de hand handball court, **12.2**
le terrain de sport playing field
la **terrasse** terrace, I-4.2
la terrasse d'un café sidewalk café, I-5.1
la **terre** earth, soil, **15.1**
la Terre the Earth, I
la terre cuite terra cotta, earthenware
la **Terre-Neuve** Newfoundland, I
terrible terrible; terrific (inform.), I-2.2
le **territoire** territory, I
le **tétanos** tetanus, I
la **tête** head, I-13.1
avoir mal à la tête to have a headache, I-15.1
le **thé: le thé citron** tea with lemon, I-5.1
le thé à la menthe mint tea, **14.2**
le **théâtre** theater, I-16.1
la **théorie** theory, I
le **ticket** bus or subway ticket, **10.1**
le **ticket-restaurant** restaurant voucher
Tiens! Hey!, Well!, Look!, I-10.1
le **tilleul** linden tree, I
le **timbre** stamp, **1.1**
timide timid, shy, I-1.2
tirer des feux d'artifice to shoot off fireworks, **11.1**
se **tirer d'une mauvaise situation** to get out of a bad situation, **8.1**
le **tissu** fabric, **9.2**
le **titre** title
toi you (sing. stress pron.), I-9
la **toilette: faire sa toilette** to wash and groom oneself, I-11.1
les **toilettes (f. pl.)** bathroom, I-4.2
le **toit** roof
le **toit-terrasse** rooftop-terrace, I
la **tomate** tomato, I-6.2
tomber to fall, I-17
tomber en panne to break down (car), **8.2**
ton your (m. sing. poss. adj.), I-4
la **tonalité** dial tone, **3.1**
attendre la tonalité to wait for the dial tone, **3.1**
la **tondeuse** clipper
la **tonne** ton, I
le **topographe** topographer (m. and f.), I
se **tordre** to twist (one's knee, etc.), **6.1**
tôt early, I
total(e) total, I
la **touche** key (on a keyboard), **3.1**
à touches touch-tone (adj.), **3.1**
toucher to cash (a check), I-18.1; to touch, I
toujours always, I-5; still
la **tour** tower
la tour Eiffel Eiffel Tower, I

le **tour: À votre tour.** (It's) your turn., I
Le Tour du monde en quatre-vingts jours *Around the World in Eighty Days*
le/la **touriste** tourist, I
tourner to turn, **8.2**
sa chance tourne his luck changes
le **tournesol** sunflower
tous, toutes all, every, I-7
tous (toutes) les deux both, I
tousser to cough, I-15.1
tout(e) the whole, the entire, I-7; all, any
À tout à l'heure. See you later., I-BV
C'est tout? Is that all?, I-6.2
en tout cas in any case, I
les tout (inv.) premiers (m. pl.) the very first, I
tout à fait exactly
tout autour de all around (prep.), I
tout de suite right away, I-11.2
tout droit straight ahead, **8.2**
tout le monde everyone, everybody, I-BV
tout(e) seul(e) all alone, I-5.2
toutefois still, nevertheless
la **toxicomanie** drug addiction
toxique toxic, I
le **tracteur** tractor, **15.1**
la **tragédie** tragedy, I-16.1
le **train** train, I-8.1
le train à grande vitesse (TGV) high-speed train, I
traire to milk
le **traité** treaty
le **trajet** distance, I; trip, **10.2**
transporter to transport, **6**
les **transports (m. pl.) en commun** public transportation, **10**
le **travail** work, **2.2**
chercher du travail to look for work, **16.2**
travailler to work, I-3.1
travailler à mi-temps to work part-time, **16.2**
travailler à plein temps to work full-time, **16.2**
le **travailleur** worker
travailleur, travailleuse hard-working, I
les **travaux (m. pl.)** construction work, road work
traverser to cross, I-12.2
treize thirteen, I-BV
trente thirty, I-BV
très very, I-1.2
la **tribu** tribe
le **tribunal** court, **16.1**
la **tribune** grandstand, **11.1**
le **tricolore: le drapeau tricolore** French flag, I
le **tricot** knit, **9.2**
en tricot knit (adj.), **9.2**
la **trigonométrie** trigonometry, I-2.2
triste sad, **13.2**
trois three, I-BV
troisième third, I-4.2
le **trombone** trombone, **11.1**
se **tromper: Vous vous trompez.** You're mistaken., **4.1**
la **trompette** trumpet, **11.1**
le **tronc** trunk
trop too (excessive), I-10.2
trop de too many, too much, I
le **trophée** trophy, I
tropical(e) tropical, I-9
le **trottoir** sidewalk, I-12.2
le trottoir roulant moving sidewalk, **10.1**
le **trou** hole
le **trouble digestif** indigestion, upset stomach, I
le **troupeau** herd, **15.1**
trouver to find, I-5.1; to think (opinion), I-10.2
se **trouver** to be located, found, I
tu you (fam. subj. pron.), I-1
la **tuberculose** tuberculosis, I
tuer to kill, I
la **Tunisie** Tunisia, I-16
le/la **Tunisien(ne)** Tunisian man, woman
tunisien(ne) Tunisian, **14.2**
le **tutoiement** informal address using *tu*, **13.1**
se **tutoyer** to address (each other) as *tu*, **13.1**
le **type** guy (inform.), I
la **typhoïde** typhoide, I
typique typical, I

U

un, une a, one, I-BV
unique: l'enfant unique only child, I
unir to unite, I
unisexe unisex, **5.2**
l' **unité (f.)** unit, I
l' **univers (m.)** universe
universitaire university, I
l' **université (f.)** university, I
urbain(e) urban
l'appel inter-urbain long-distance call, **3.1**
l' **usine (f.)** factory, **2.2**
l' **ustensile (m.)** utensil, I
utiliser to use, I
en utilisant using, I

V

les **vacances (f. pl.)** vacation, I
en vacances on vacation, I
le **vaccin** vaccination (shot), I
la **vaccination** vaccination, I
vacciner to vaccinate, I
la **vache** cow, **15.1**
vachement really (inform.), I
la **vague** wave, I-9.1
vainement in vain
le **vaisseau** vessel
la **vaisselle** dishes, **2.1**
faire la vaisselle to do the dishes, **2.1**
la **valeur** value, **1.2**
valider to validate, **10.2**
la **valise** suitcase I-7.1
faire les valises to pack, I-7.1
la **vallée** valley, I-14.1
valoir to be worth
la **vanille: à la vanille** vanilla (adj.), I-5.1
la **vapeur d'eau** water vapor, I
la **variation** variation, I
varié(e) varied, I
varier to vary, I
la **variété** variety, I
vaste vast, enormous, I
vaut: il vaut mieux que (+ subjunc.) it's better that, **11**
le **veau** calf, **15.1**
la **vedette** star (actor or actress), I-16.1
le **végétal** vegetable, plant, I
végétarien(ne) vegetarian, I
la **veillée** evening gathering
le **vélo** bicycle, I-13.2
à vélo by bicycle, I
le vélo tout terrain (VTT) mountain bike, I
le **vélodrome** bicycle racing track, I
le **vélomoteur** moped, I-12.1
les **vendanges (f. pl.)** grape harvest
le **vendeur,** la **vendeuse** salesperson, I-10.1
vendre to sell, I-8.1
vendredi (m.) Friday, I-2.2
venir to come, I-16

venir de (+ inf.) to have just (done something), **10.1**
le **vent** wind, I-14.2
Il fait du vent. It's windy., I-9.2
la **vente** sale, I
le **ventre** abdomen, stomach, I-15.1
avoir mal au ventre to have a stomachache, I-15.1
le **ver à soie** silkworm, I
le **verbe** verb, I
vérifier to check, verify, I-7.1
vérifier les niveaux to check under the hood, I-12.1
véritable real, I
le **vernis à ongles** nail polish, **5.2**
le **verre** glass, I-5.2
le **verrier** glass-maker
vers around (time); towards, I
le **versement** deposit, I
verser to empty, pour (out); deposit
la **version originale** original language version (of a movie), I-16.1
vert(e) green, I-10.2
vertical(e) vertical, I
la **veste** (sport) jacket, I-10.1
vestimentaire: normes vestimentaires dress code, I
le **veston** (suit) jacket, I
les **vêtements (m. pl.)** clothes, I-10.1
Veuillez agréer, Madame (Mademoiselle, Monsieur), l'expression de mes sentiments distingués Sincerely yours (to close a letter)
la **veuve** widow
la **viande** meat, I-6.1
la **victoire** victory, I
le **vide** vacuum, space, I
vide empty, I
la **vidéo(cassette)** videocassette, I-3.2
la **vie** life, I
vieille old (f.), I-4.1
vieux (vieil) old (m.), I-4.1
vif, vive bright (color), I
vigilant(e) vigilant, watchful, I
le **vignoble** vineyard, **15.1**
la **villa** house, I
le **village** village, small town, I
la **ville** city, town, **1.2**
le **vin (rouge, blanc)** (red, white) wine, I
vingt twenty, I-BV
Vingt Mille Lieues sous les mers *Twenty Thousand Leagues Under the Sea*
violent(e) violent, I
le **violon** violin
viral(e) viral, I-15.1
la **virgule** comma, I
le **virus** virus, I
la **visite** visit, I
visiter to visit (a place), I-16.2
la **vitamine** vitamin, I
vite fast (adv.), I-12.2
la **vitesse** speed
la limitation de vitesse speed limit, **8.1**
le **vitrail (pl. les vitraux)** stained-glass window
la **vitrine** (store) window, I
Vive... ! Long live . . . !, Hooray for . . . !, I
vivre to live, **6**
voici here is, here are, I-1.1
la **voie** track (railroad), I-8.1; lane (of a road), I-12.1
voilà there is, there are (emphatic), I
le **voile** veil, **14.1**
voilé(e) veiled, wearing a veil
voir to see, I-10.1, I
voir tout en rose to look at things through rose-colored glasses
voire nay, even
le/la **voisin(e)** neighbor, I-4.2
la **voiture** car, I-4.2
en voiture by car, I-5.2
«En voiture!» "All aboard!", I-8
la voiture à couloir central train car with central aisle, **4.1**
la voiture de sport sports car, I-12.1
la voiture gril-express train snack bar, **4.1**
monter en voiture to board the train, I-8
la **voiture-lit** sleeping car, I-8.2
la **voiture-restaurant** dining car, I
le **vol** flight, I-7.1
le vol intérieur domestic flight, I-7.1
le vol international international flight, I-7.1
le **volley-ball** volleyball, I-13.2
le **volume** volume, I
vos your (pl. poss. adj.), I-5
voter to vote
votre your (sing. poss. adj.), I-5
voudrais: je voudrais I would like, I-5.1
vouloir to want, I-6.1
vous you (sing. form., pl.), I-2; you (stress pron.), I-9; (to) you (dir. and ind. obj.), I-15
la **voûte** vault, arch
le **vouvoiement** formal address as *vous*
se **vouvoyer** to address (each other) as *vous*
le **voyage** trip, I
faire un voyage to take a trip I-7.1
le voyage de noces honeymoon (trip)
voyager to travel, I-8.1
le **voyageur**, la **voyageuse** passenger, I-8.1
le voyageur à mobilité réduite handicapped traveler
vrai(e) true, real, I
vraiment really, I-2.1
la **vue** view, I
la **vulgarité** vulgarity, I

W

le **wagon à compartiments (à couloir latéral)** train car with compartments (with side aisle), **4.1**
le **walkman** Walkman, I-3.2
le **week-end** weekend, I-2.2

Y

y there, I-5.2; I-18.2
le **yaourt** yogurt, I-6.1
les **yeux (m. pl; sing. œil)** eyes, I-15.1
avoir les yeux qui piquent to have stinging eyes, I-15.1

Z

le **zappeur** television remote control, **2.1**
zéro zero, I-BV
la **zone** area, zone, section, I-7.1
en pleine zone tempérée right in the temperate zone, I
la **zoologie** zoology, I
Zut! Darn!, I-12.2

VOCABULAIRE ANGLAIS–FRANÇAIS

The *Vocabulaire anglais–français* contains all productive vocabulary from Levels 1 and 2. The numbers following each entry indicate the chapter and vocabulary section in which the word is introduced. For example, **2.2** means that the word first appeared actively in Level 2, *Chapitre 2, Mots 2*. Boldface numbers without a *Mots* reference indicate vocabulary introduced in the grammar sections of the given chapter of Level 2. Numbers preceded by I indicate vocabulary introduced in Level 1; I-BV refers to the Level 1 introductory *Bienvenue* chapter.

The following abbreviations are used in this glossary.

adj.	adjective
adv.	adverb
conj.	conjunction
dem. adj.	demonstrative adjective
dem. pron.	demonstrative pronoun
dir. obj.	direct object
f.	feminine
fam.	familiar
form.	formal
ind. obj.	indirect object
inf.	infinitive
inform.	informal
interr.	interrogative
interr. adj.	interrogative adjective
interr. pron.	interrogative pronoun
inv.	invariable
m.	masculine
n.	noun
past part.	past participle
pl.	plural
poss. adj.	possessive adjective
prep.	preposition
pron.	pronoun
sing.	singular
subj.	subject
subjunc.	subjunctive

A

a un, une, I-1.1
a day (week) par jour (semaine), I-3.2
a lot beaucoup, I-3.1
abdomen le ventre, I-15.1
about à peu près, **16.2**
to **accelerate** accélérer, **8.1**
accident l'accident (m.), I-14.2
according to selon, **1.2**
accountant le/la comptable, **16.1**
across from en face de, **4.1**
act l'acte (m.), I-16.1
active actif, active, I-10
actor l'acteur (m.), I-16.1; le comédien, **16.1**
actress l'actrice (f.), I-16.1; la comédienne, **16.1**
address l'adresse, (f.), **1.2**
to **address (each other) as *tu*** se tutoyer, **13.1**
informal address using *tu* le tutoiement, **13.1**
addressee le/la destinataire, **1.2**
advance: in advance à l'avance, **4.2**
advertisement: classified advertisement la petite annonce, **16.2**
aerobics: to do aerobics faire de l'aérobic, I-11.2
afraid: to be afraid avoir peur, **13.2**
Africa l'Afrique (f.), **14.2**
after après, I-3.2
afternoon l'après-midi (m.), I-2
against contre, I-13.1
age l'âge (m.), I-4.1
agent (m. and f.) l'agent (m.), I-7.1
to **agree** être d'accord, I-2.1
air (adj.) aérien(ne), I-9
air terminal l'aérogare (f.), I-7.1
airgram l'aérogramme (m.), **1.1**
airline la compagnie aérienne, I-7.1
airmail par avion, **1.2**
airplane l'avion (m.), I-7.1
airport l'aéroport (m.), I-7.1
aisle le couloir, I-8.2
aisle seat (une place) côté couloir, I-7.1
algebra l'algèbre (f.), I-2.2
Algeria l'Algérie (f.), **14.1**
all tous, toutes, I-7
"All aboard!" «En voiture!», **4.1**
all alone tout(e) seul(e), I-5.2
all right d'accord (agreement), I-3
Is that all? C'est tout?, I-6.2
allergic allergique, I-15.1
allergy l'allergie (f.), I-15.1
alley la ruelle, **14.1**
already déjà, I-14
also aussi, I-1.1
although bien que, **15**
always toujours, I-5
ambulance l'ambulance (f.), **6.1**
American (adj.) américain(e), I-1.1
among entre, I-9.2
and et, I-1
and you? et toi? (fam.), I-BV
anesthesia: to give anesthesia faire une anesthésie, **6.2**
anesthesiologist l'anesthésiste (m. et. f.), **6.2**
angry fâché(e), I-12.2
ankle la cheville, **6.1**
to sprain one's ankle se fouler la cheville, **6.1**
announcement l'annonce (f.), I-8.1
annually annuellement, **8**
to **answer** répondre, I-8
answering machine le répondeur automatique, **2.1**
antibiotic l'antibiotique (m.), I-15.1
Anything else? Autre chose?, I-6.2
apartment l'appartement (m.), I-4.2
apartment building l'immeuble (m.), I-4.2
apparently il paraît, **14.1**
appear: it appears il paraît, **14.1**
application: job application la demande d'emploi, **16.2**
to **applaud** applaudir, **11.1**
apple la pomme, I-6.2
applicant (for a job) le/la candidat(e), **16.2**
to **apply for a position** poser sa candidature, être candidat(e) à un poste, **16.2**
appointment book l'agenda (m.), I-2.2
April avril (m.), I-4.1
area code l'indicatif (m.) de la ville, **3.1**
arm le bras, **6.1**
arrival l'arrivée (f.), I-7.2
arrival board le tableau des arrivées, **4.2**
to **arrive** arriver, I-3.1
arriving from (flight) en provenance de, I-7.1
arrow la flèche, **8.1**
art l'art (m.), I-2.2
to **ask (for)** demander, I-5
to ask a question poser une question, I-3.1
to ask for directions demander son chemin, **8.2**
aspirin l'aspirine (f.), I-15.1
astonished étonné(e), **13.2**
at à, I-3.1
at the à la, à l', au, aux, I-5
at the home (business) of chez, I-5
at what time? à quelle heure?, I-2
athletic sportif, sportive, I-10
August août, (m.), I-4.1
aunt la tante, I-4.1
autumn l'automne (m.), I-13.2
available disponible, **4.1**
to be available immediately être libre immédiatement, **16.2**

B

back (of an object) l'arrière (m.), **10.2**
back of the seat le dossier du siège, **7.1**
back (body) le dos
backboard (basketball) le panneau, I-13.2
backpack le sac à dos, I-BV
bacterial bactérien(ne), I-15.1
bag le sac, I-6.1
bakery la boulangerie-pâtisserie, I-6.1
balcony le balcon, I-4.2
ball (tennis, etc.) la balle, I-9.2; **(soccer, etc.)** le ballon, I-13.1
banana la banane, I-6.2
band: marching band la fanfare, **11.1**
bandage le pansement, **6.1**
bangs (hair) la frange, **5.1**
bank la banque, I-18.1
to **bargain** marchander, **14.1**
barn la grange, **15.1**
baseball le base-ball, I-13.2
basket le panier, I-13.2
basketball le basket(-ball), I-13.2
basketball court le terrain de basket, **12.2**

bathing suit le maillot (de bain), I-9.1
bathroom la salle de bains (f.), les toilettes (f. pl.), I-4.2
to **be** être, I-2.1
to be able to pouvoir, I-6
to be afraid avoir peur, **13.2**
to be better soon être vite sur pied, I-15.2
to be born naître, I-17
to be called s'appeler, I-11.1
to be careful faire attention, I-9.1
to be early être en avance, I-8.1
to be hungry avoir faim, I-5.1
to be in shape être en forme, I-11.2
to be late être en retard, I-8.2
to be on time être à l'heure, I-8.1
to be out of sorts ne pas être dans son assiette, I-15.2
to be thirsty avoir soif, I-5.2
to be used for servir à, **13.1**
to be . . . years old avoir... ans, I-4.1
beach la plage, I-9.1
beautiful beau (bel), belle, I-4
because parce que, I-9.1
to **become** devenir, I-16
bed le lit, I-8.2
to go to bed se coucher, I-11.1
bedroom la chambre à coucher, I-4.2
beef le bœuf, I-6.1
braised beef with vegetables le pot-au-feu, **2.1**
before avant (prep.), I-7.1; avant que (+ subjunc.) (conj.), **15**
beginner le/la débutant(e), I-14.1
beginning of the school year la rentrée, **12.1**
to **behave well/badly** se tenir bien/mal, **13.1**
behind derrière, I-BV
beige beige (inv.), I-10.2
to **believe** croire, I-10.2
bell la sonnerie, **12.1**
beltway le boulevard périphérique, **8.1**
beside à côté de, I-5
best (adv.) le mieux, **6**
the best (adj.) le/la meilleur(e), **6**
best man le garçon d'honneur, **11.2**
better meilleur(e), I-10 (adj.); mieux (adv.), **6**
it's better that il vaut mieux que (+ subjunc.), **11;** il est préférable que (+ subjunc.), **11**
between entre, I-9.2
beverage la boisson, I-5.2
bicycle le vélo, I-13.2; la bicyclette, I
bicycle racer le coureur cycliste, I-13.2
by bicycle à vélo, I-5.2
big grand(e), I-1.1; gros, grosse, **8.1**
bill (currency) le billet, I-18.1; **(invoice)** la facture, I-17.2
biology la biologie, I-2.2
bird l'oiseau (m.), **15.2**
birthday l'anniversaire (m.), I-4.1
When is your birthday? C'est quand, ton anniversaire? (fam.), I-4.1
black noir(e), I-10.2
blackboard le tableau, I-BV
blanket la couverture, I-17.2
bleacher le gradin, I-13.1
blond blond(e), I-1.1
blood pressure: to take someone's blood pressure prendre la tension artérielle, **6.2**
blouse le chemisier, I-10.1
to **blow a whistle** siffler, I-13.1
to **blow-dry** faire un brushing, **5.2**
blue bleu(e), I-10.2
navy blue bleu marine (inv.), I-10.2
board: arrival board le tableau des arrivées, **4.2**
departure board le tableau des départs, **4.2**
to **board (plane)** embarquer, **7.2; (train)** monter, I-8.2; monter en voiture, **4.2**
boarding pass la carte d'embarquement, I-7.1
bone l'os (m.), **6.2**
book le livre, I-BV
book of ten tickets (subway) le carnet, **10.1**
bookbag le cartable, **12.1**
born: to be born naître, I-17
to **borrow** emprunter, I-18.2
bottle la bouteille, I-6.2
boundaries (on a tennis court) les limites (f. pl.), I-9.2
box office le guichet, I-16.1
boy le garçon, I-BV
braid la natte, **5.1**
to **brake** freiner, I-12.2
branch la branche, **11.2**
bread le pain, I-6.1
loaf of French bread la baguette, I-6.1
slice of bread (with butter, jam, etc.) la tartine, **2.1**
to **break** casser, **9.2;** rompre, **13.1; (an arm, leg, etc.)** se casser, **6.1**
to break down (car) tomber en panne, **8.2**
breakfast le petit déjeuner, **2.1**
to **breathe (deeply)** respirer (à fond), I-15.2
bride la mariée, **11.2**
bride and groom les mariés (m. pl.), **11.2**
to **bring (a person)** emmener, **6.1; (a thing)** emporter, **4.2**
broke (slang) fauché(e), I-18.2
brother le frère, I-1.2
brown (color) brun(e), marron (inv.), I-10.2; **(hair)** châtain, **5.2**
brunette brun(e), I-1.1
to **brush (one's teeth, hair, etc.)** se brosser (les dents, les cheveux, etc.), I-11.1
brush cut les cheveux en brosse, **5.1**
building le bâtiment, **15.1**
bulletin board le panneau d'affichage, **12.1**
bun (of hair) le chignon, **5.1**
bunk (on a train) la couchette, I-8.2
bus l'autocar (m.) I-7.2; l'autobus (m.), **10.2;** le bus, I-5.2
bus station le terminal; **(airport buses)** l'aérogare (f.) **7.2**
by bus en bus, I-5.2
busy occupé(e), I-2.2
to be busy (telephone) sonner occupé, **3.1**
but mais, I-1
butcher shop la boucherie, I-6.1
butter le beurre, I-6.2
button le bouton, **9.2**
to **buy** acheter, I-6.1
to buy a ticket prendre un billet, I-7

C

cabin (plane) la cabine, I-7.1
business-class cabin la cabine classe affaires, **7.1**

coach-class cabin la cabine classe économique, **7.1**
first-class cabin la cabine première classe, **7.1**
café le café, I-5.1
cafeteria la cantine, **12.2;** la cafétéria, I
cake le gâteau, I-6.1
calculator la calculatrice, I-BV
calf le veau, **15.1**
call l'appel (m.), **3.1; (long-distance)** l'appel interurbain, **3.1**
to **call** appeler, **3.1**
to call back rappeler, **2.2**
to call on the telephone donner un coup de fil, **3.1**
Who's calling? C'est de la part de qui?, **3.2**
camel le chameau, **14.1**
on camel(back) à dos de chameau, **14.2**
can of food la boîte de conserve, I-6.2
Canadian canadien(ne), I-7
to **cancel** annuler, **7.2**
candelabra le chandelier, **11.2**
candle la bougie, **11.2**
cap **(ski)** le bonnet, I-14.1; **(police officer's)** la casquette, **8.2**
captain (on plane) le commandant de bord, **7.1**
car la voiture, I-4.2
sports car la voiture de sport, I-12.2
train car with central aisle la voiture à couloir central, **4.1**
train car with compartments (with side aisle) le wagon à compartiments (à couloir latéral), **4.1**
caravan la caravane, **14.2**
card la carte, **12.2**
credit card la carte de crédit, I-17.2
greeting card la carte de vœux, **11.2**
care (maintenance) l'entretien (m.), **15.1**
to take care of soigner, **6.1**
career la carrière, **16.2**
carefully prudemment, I-12.2
carrot la carotte, I-6.2
carry-on luggage les bagages (m. pl.) à main, I-7.1
cartoon le dessin animé, I-16.1
cash l'argent liquide (m.), I-18.1
cash register la caisse, I-6.2
to **cash (a check)** toucher (un chèque), I-18.1
cashier le caissier, la caissière, I
cassette la cassette, I-3.2
cast (for broken arm, etc.) le plâtre, **6.2**
castle le château, **4.2**
casual (clothes) sport (adj. inv.), I-10.1
cat le chat, I-4.1
to **celebrate** célébrer, **11.2**
ceremony la cérémonie, **11.2**
certain: to be certain être certain(e), **14**
it's certain il est certain, **14**
certainly certainement, **8**
chair la chaise, I-BV
chairlift le télésiège, I-14.1
chalk: piece of chalk le morceau de craie, I-BV
change la monnaie, I-18.1
change purse le porte-monnaie, I-18.1
to make change faire de la monnaie, I-18.1
to **change** changer (de), I-8.2
to change the channel changer de chaîne, **2.1**
to change lanes changer de voie, **8.1**
to change (subway) lines changer de ligne, prendre la correspondance, **10.1**
to change trains changer de train, prendre la correspondance, **4.2**
channel la chaîne, **2.1**
charcoal le charbon de bois, **14.1**
charcoal grill le braséro, **14.1**
to **chat** bavarder, I-4.2
to **check** vérifier, I-7.1; **(luggage)** faire enregistrer, I-7.1
to check under the hood vérifier les niveaux, I-12.2
to check out (of a hotel) libérer une chambre, I-17.2
check **(in a restaurant)** l'addition (f.), I-5.2; **(bank)** le chèque (bancaire), I-18.1
traveler's check le chèque de voyage, I-17.2
checkout counter la caisse, I-6.2
checkroom la consigne, I-8.1
cheek la joue, **13.1**
cheese le fromage, I-5.1
chemistry la chimie, I-2.2
chicken **(animal)** la poule, **15.2; (food)** le poulet, I-6.1
child l'enfant (m. and f.), I-4.1
chills (n.) les frissons (m. pl.), I-15.1
chocolate (adj.) au chocolat, I-5.1
to **choose** choisir, I-7.1
Christmas Noël, **11.2**
Christmas carol le chant de Noël, **11.2**
Christmas gift le cadeau de Noël, **11.2**
Christmas or New Year's dinner le réveillon, **11.2**
Christmas tree l'arbre (m.) de Noël, le sapin de Noël, **11.2**
Merry Christmas! Joyeux Noël!, **11.2**
church l'église (f.), **11.2**
city la ville, **1.2**
city hall la mairie, **16.1**
civil servant le/la fonctionnaire, **16.1**
to **claim (luggage)** récupérer, I-7.2
class **(people)** la classe, I-2.1; **(course)** le cours, I-2.2
classroom la salle de classe, I-2.1
clean propre, **9.1**
clean clothes le linge propre, **9.1**
to **clear the table** débarrasser la table, **2.1**
clerk: post office clerk l'employé(e) des postes, **1.1**
close proche, **10.1**
closed fermé(e), I-16.2
closet le placard, I-17.2
clothes les vêtements (m. pl.), I-10.1
clothing designer le grand couturier, I-10.1
cloud le nuage, I-9.2
Coca-Cola le coca, I-5.1
cockpit le poste de pilotage, **7.1**
coffee le café, I-5.1
black coffee l'express (m.), I-5.1
coffee with cream (in a café) le crème, I-5.1
coin la pièce, I-18.1
cold froid(e) (adj.), I-14.2; **(illness)** le rhume, I-15.1
to have a cold être enrhumé(e), I-15.1
It's cold (weather). Il fait froid., I-9.2
to **collect** ramasser, **4.1**
cologne l'eau (f.) de toilette, **5.2**
color la couleur, I-10.2

What color is . . . ? De quelle couleur est... ?, I-10.2
comb le peigne, **5.2**
to **comb (hair)** donner un coup de peigne, **5.2;** se peigner, I-11.1
combine harvester la moissonneuse-batteuse, **15.1**
to **come** venir, I-16
to come back revenir, I-16
comedy la comédie, I-16.1
musical comedy la comédie musicale, I-16.1
comic strip la bande dessinée, I-16
common courant(e), **13.1**
compact disc le compact disc, I-3.2
company l'entreprise (f.), la société, **16.2**
large company la grosse société, **16.2**
compartment: baggage compartment le compartiment, I-7.2; le coffre à bagages, **7.1**
complete complet, complète, **4.1**
completely complètement, **8**
computer l'ordinateur (m.), I-BV
computer science l'informatique (f.), I-2.2
computer scientist l'informaticien(ne), **16.1**
conductor (train) le contrôleur, I-8.2
confetti les confettis (m. pl.), **11.1**
confident confiant(e), I-1.1
congested (road, etc.) encombré(e), **8.2**
contents le contenu, **1.2**
convertible (car) la décapotable, I-12.2
to **cook** faire cuire, **14.1;** faire la cuisine, I-6
cordless: cordless telephone le téléphone sans fil, **2.1**
corn le maïs, **15.1**
corner le coin, **8.2**
at the corner of au coin de, **10.1**
corridor le couloir, I-8.2
cosmetic le produit de beauté, **5.2**
costume le costume, I-16.1
cotton (n.) le coton, **9.2;** en coton (adj.), **9.2**
to **cough** tousser, I-15.1
counter le comptoir, I-7.1
country le pays, I-7.1
country(side) la campagne, **15.1**
country code l'indicatif (m.) du pays, **3.1**
course le cours, I-2.2
court le tribunal, **16.1; (basketball)** le terrain de basket, **12.2**
courtyard la cour, I-4.2
couscous le couscous, **14.1**
cousin le/la cousin(e), I-4.1
to **cover** couvrir, I-15
cow la vache, **15.1**
cowshed l'étable (f.), **15.1**
crab le crabe, I-6.1
cream la crème, I-6.1
face cream la crème pour le visage, **5.2**
credit card la carte de crédit, I-17.2
crepe la crêpe, I-5.1
crew cut les cheveux en brosse, **5.1**
croissant le croissant, I-6.1
to **cross** **(intersect)** se croiser, **10.1; (a street)** traverser, I-12.2
crossroads le carrefour, I-12.2
crutches les béquilles (f. pl.), **6.1**
to **cultivate** cultiver, **15.1**
cup la tasse, I-5.2
winner's cup la coupe, I-13.2
curly frisé(e), **5.1**
currency la monnaie, I-18.1
curtain le rideau, I-16.1
customer le/la client(e), I-10.1
customs la douane, I-7.2
to go through customs passer à la douane, I-7.2
cut (on a person) la blessure, **6.1**
to **cut** couper, **5.2**
to cut (into a line) resquiller, **13.1**
cycling le cyclisme, I-13.2
cyclist (in a race) le coureur cycliste, I-13.2
cymbals les cymbales (f. pl.), **11.1**

D

dairy store la crémerie, I-6.1
to **dance** danser, I-3.2
dancer le danseur, la danseuse, **16.1**
Darn! Zut!, I-12.2
date **(fruit)** la datte, **14.2; (day)** la date, I-4.1
What is the date today? Quelle est la date aujourd'hui?, I-4.1
daughter la fille, I-4.1
day le jour, I-2.2
a (per) day par jour, I-3
What day is it? C'est quel jour?, I-2.2
dean of discipline le conseiller, la conseillère d'éducation, **12.2**
December décembre (m.), I-4.1
decorations les décorations (f. pl.), **11.2**
degree: It's . . . degrees Celsius. Il fait... degrés Celsius., I-14.2
delay le retard, **7.2;** le ralentissement, **8.1**
delicatessen la charcuterie, I-6.1
delicious délicieux, délicieuse, I-10
delighted enchanté(e), **13.2**
to **deliver** **(mail)** distribuer, **1.1; (package)** livrer
denim (adj.) en jean, **9.2**
deodorant le déodorant, I-11.1
department store le grand magasin, I-10.1
departure le départ, I-7.1
departure board le tableau des départs, **4.2**
deposit le versement
to **deposit** verser, I-18.1
to **descend** descendre, I-14.1
desert le désert, **14.2**
desk le bureau, I-BV
desk clerk le/la réceptionniste, I-17.1
detergent la lessive, **9.1;** le détergent
diagnosis: to make a diagnosis faire un diagnostic, I-15.2
dial le cadran, **3.1**
dial phone le téléphone à cadran, **3.1**
to **dial (a telephone number)** composer le numéro; faire le numéro, **3.1**
dictionary le dictionnaire, **12.1**
to **die** mourir, I-17
difficult difficile, I-2.1
dignitary le notable, **11.1**
dinar le dinar, **14.1**
dining car la voiture-restaurant, I-8.2
dining room la salle à manger, I-4.2
dinner le dîner, I-4.2

to eat dinner dîner, I-4.2
diploma le diplôme, **12.2**
direction le sens, **8.2**
to ask for directions demander son chemin, **8.2**
directly directement, **3.1**
dirty sale, **9.1**
dirty clothes le linge sale, **9.1**
to **discover** découvrir, I-15
dishes la vaisselle, **2.1**
to do the dishes faire la vaisselle, **2.1**
dishwasher le lave-vaisselle, **2.1**
to **distribute** distribuer, **1.1**
district le quartier, I-4.2; **(Paris)** l'arrondissement (m.), I
to **dive** plonger, I-9.1
diving: to go deep-sea diving faire de la plongée sous-marine, I-9.1
to **do** faire, I-6.1
to do the dishes faire la vaisselle, **2.1**
to do the laundry faire la lessive, **9.1**
to do the shopping faire les courses, I-6.1
doctor le médecin (m. et f.), I-15.2; **(woman)** la femme médecin
documentary le documentaire, I-16.1
dog le chien, I-4.1
dollar le dollar, I-18.1
domestic (flight) intérieur(e), I-7.1
donkey l'âne (m.), **15.2**
door la porte, I-17.1; **(of a vehicle)** la portière, **10.2**
doubt le doute
without a doubt sans aucun doute, I
to **doubt** douter, **14.2**
downtown le centre-ville, **8.2**
dozen la douzaine, I-6.2
drama le drame, I-16.1
drama club le club d'art dramatique, I
dress la robe, I-10.1
dressed: to get dressed s'habiller, I-11.1
dressy habillé(e), I-10.1
to **dribble (a basketball)** dribbler, I-13.2
to **drink** boire, **13**
to have a drink prendre un pot
to **drive** conduire, I-12.2
driver le conducteur, la conductrice, I-12.2
driver's license le permis de conduire, I-12.2
driving lesson la leçon de conduite, I-12.2
driving school l'auto-école (f.), I-12.2
drum le tambour, **11.1**
drums la batterie, **11.1**
dry sec, sèche, **5.2**
to **dry** sécher, **9.1**
to dry (off) se sécher, I-17.2
to **dry-clean** faire nettoyer à sec, **9.1**
dry cleaner (person) le teinturier, la teinturière
dry cleaner's le pressing, la teinturerie, **9.1**
dry cleaning le nettoyage à sec, **9**
dryer (hair) le séchoir, **5.2**
clothes dryer le sèche-linge, **9.1**
dubbed (movie) doublé(e), I-16.1
duck le canard, **15.2**
dune la dune, **14.2**
during pendant, I-3.2

E

each (adj.) chaque, I-16.1
each (one) (n.) chacun(e), **13.1**
ear l'oreille (f.), I-15.1
earache: to have an earache avoir mal aux oreilles, I-15.1
early de bonne heure, **2.2**
to be early être en avance, I-8.1
to **earn** gagner, I-3.2
earth la terre, **15.1**
easy facile, I-2.1
to **eat** manger, I-5
to eat breakfast prendre le petit déjeuner, I-7
to eat dinner dîner, I-4.2
to eat lunch déjeuner, I-5.2
egg l'œuf (m.), I-6.2
eggplant l'aubergine (f.), **14.1**
eight huit, I-BV
eighteen dix-huit, I-BV
eighty quatre-vingts, I-5.2
elbow le coude, **13.1**
elective le cours facultatif, **12.2**
elevator l'ascenseur (m.), I-4.2
eleven onze, I-BV
emergency: emergency aid la police-secours, **6.1**
emergency exit l'issue (f.) de secours, la sortie de secours, **7.1**
emergency room la salle des urgences, **6.1**
employee l'employé(e), **16.2**
postal employee l'employé(e) des postes, **1.2**
employer l'employeur, l'employeuse, **16.2**
employment agency le bureau de placement, **16.2**
encyclopedia l'encyclopédie (f.), **12.1**
energetic énergique, I-1.2
engineer l'ingénieur, la femme ingénieur, **16.1**
English (language) l'anglais (m.), I-2.2
to **enter** entrer, I-3.1
entire entier, entière, I-10
entrance l'entrée (f.), I-4.2
entrance ramp la bretelle d'accès, **8.1**
envelope l'enveloppe (f.), **1.1**
to **erase** effacer, **12.1**
eraser **(pencil)** la gomme, **12.1**; **(blackboard)** la brosse, **12.1**
escalator l'escalator (m.), l'escalier (m.) mécanique, **10.1**
especially surtout, **3.2**
espresso l'express (m.), I-5.1
European (adj.) européen(ne), I-7
evening le soir, I-2
in the evening (P.M.) du soir, I-2
every tous, toutes, I-7; chaque, I-16.1
everybody/everyone tout le monde, I-BV
everywhere partout, I
exam l'examen (m.), I-3.1
French high school exam le baccalauréat (bac, bachot), **12**
to fail an exam échouer à un examen, **12.1**
to pass an exam être reçu(e) à un examen, **12.1**; réussir à un examen, I-7
to take an exam passer un examen, I-3.1
to **examine** examiner, I-15.2
except sauf, I-16.2
to **exchange (money)** changer, I-18.1
exchange office (for foreign currency) le bureau de change, I-18.1

exchange rate le cours du change, I-18.1
Excuse me. Excusez-moi., **4.1**
executive le cadre, la femme cadre, **16.1**
to **exercise** faire de l'exercice, I-11.2
exhibit l'exposition (f.), I-16.2
exit la sortie, I-7.1
expenses les frais (m. pl.), I-17.2
to share expenses partager les frais, **13.1**
expensive cher, chère, I-10.1
eye l'œil (m., pl. yeux), I-15.1
to have stinging eyes avoir les yeux qui piquent, **15.1**
eyelashes les cils (m. pl.), **5.2**

F

fabric le tissu, **9.2**
face la figure, I-11.1
face cream la crème pour le visage, **5.2**
to **face** donner sur, I-17.1
facing en direction de, **14.1; (opposite)** en face de
factory la fabrique, l'usine (f.), **2.2**
to **fail an exam** échouer à un examen, **12.1**
to **fall** faire une chute, I-14.2; tomber, I-17
to fall asleep s'endormir, I-11.1
fall (season) l'automne (m.), I-13.2
family la famille, I-4.1
famous célèbre, I-1.2
fantastic fantastique, I-1.2
far from loin de, I-4.2
farm l'exploitation (f.) **15.2;** la ferme, **15.1**
farm animal l'animal domestique, **15.1**
farm equipment le matériel agricole, **15.1**
farmer l'agriculteur (m.), l'exploitant (m.), le fermier, **15.2**
farming (raising crops) la culture, **15.1; (raising animals)** l'élevage (m.), **15.1**
fast (adv.) vite, I-12.2; rapidement
father le père, I-4.1
faucet le robinet, **2.1**
favorite favori(te), I-10; préféré(e), **2.1**
February février (m.), I-4.1
to **feel (well, etc.)** se sentir, I-15.1
to feel like (doing something) avoir envie de, **3.1**
to feel out of sorts ne pas être dans son assiette, I-15.2
Festival of Lights (Hanukkah) la fête des Lumières, **11.2**
festivities les festivités (f. pl.), **11.1**
fever la fièvre, I-15.1
to have a high fever avoir une fièvre de cheval, I-15.2
few peu (de), I-18
a few quelques, I-8.2
field le champ, **15.1**
fifteen quinze, I-BV
fifty cinquante, I-BV
fig la figue, **14.2**
to **fill out** remplir, I-7.2
to **fill up (gas tank)** faire le plein, I-12.2
film le film, I-16.1
adventure film/movie le film d'aventures, I-16.1
foreign film/movie le film étranger, I-16.1
horror film/movie le film d'horreur, I-16.1
detective film/movie le film policier, I-16.1
science fiction film/movie le film de science-fiction, I-16.1
finally enfin, I-11.1
to **find** trouver, I-5.1
fine l'amende (f.), **8.1**
Fine. Ça va.; Bien., I-BV
finger le doigt, **6.1**
to **finish** finir, I-7
fireplace la cheminée, **11.2**
fireworks le feu d'artifice, **11.1**
to shoot off fireworks tirer des feux d'artifice, **11.1**
first premier, première (adj.), I-4.2; d'abord (adv.), I-11.1
in first class en première, I-8.1
fish le poisson, I-6.1
fish store la poissonnerie, I-6.1
fishing: to go fishing aller à la pêche, I-9.1
fitness (physical) la forme physique, I-11
five cinq, I-BV
to **fix one's hair** se coiffer, **5.1**
flag le drapeau, **11.1**
flight le vol, I-7.1
flight attendant l'hôtesse (f.) de l'air, le steward, I-7.2
flight attendants le personnel de bord, **7.1**
flight crew l'équipage (m.), **7.1**
floor (of a building) l'étage (m.), I-4.2
flu la grippe, I-15.1
fluently couramment, **8**
flute la flûte, **11.1**
to **fold** plier, **9.1**
to **follow** suivre, **6**
foot le pied, I-13.1
on foot à pied, I-5.2
for (time) depuis, I-8.2
forbidden interdit(e), I-12.2
forearm l'avant-bras (m.), **13.1**
forehead le front, **5.1**
foreign étranger, étrangère, I-16.1
foreman le contremaître, **2.2**
forewoman la contremaîtresse, **2.2**
to **forget** oublier, **3.1**
fork la fourchette, I-5.2
form le formulaire, **6.2**
forty quarante, I-BV
four quatre, I-BV
fourteen quatorze, I-BV
fracture la fracture, **6.2**
multiple fracture la fracture compliquée, **6.2**
franc le franc, I-18.1
France la France, I-16
free libre, I-2.2
freezing: It's freezing. (weather) Il gèle., I-14.2
French français(e) (adj.), I-1.1; **(language)** le français, I-2.2
French fries les frites (f. pl.), I-5.2
frequently fréquemment, **4**
Friday vendredi (m.), I-2.2
friend l'ami(e), I-1.2; **(pal)** le copain, la copine, I-2.1
from de, I-1.1
from the du, de la, de l', des, I-5
front (of an object) l'avant, **10.2**
in front of devant, I-BV
frozen surgelé(e), I-6.2
fruit le fruit, I-6.2
full plein(e), I-13.1; **(train car)** complet, complète, **4.1**
full-time à plein temps, I-3.2

fun: to have fun s'amuser, I-11.2
funny amusant(e), I-1.1; comique, I-1.2
furious furieux, furieuse, **13.2**

G

to **gain weight** grossir, I-11.2
game le match, la partie, I-9.2
garage le garage, I-4.2
garden le jardin, I-4.2
garland la guirlande, **11.2**
gas(oline) l'essence (f.), I-12.1
regular (gas) (de l'essence) ordinaire, I-12.1
super (gas) (de l'essence) super, I-12.1
unleaded (gas) (de l'essence) sans plomb, I-12.1
gas station la station-service, I-12.2
gas station attendant le/la pompiste, I-12.2
gas tank le réservoir, I-12.2
gate (airport) la porte, I-7.1
gel le gel, **5.2**
geography la géographie, I-2.2
geometry la géométrie, I-2.2
to **get** obtenir, **12.2**
to get a haircut se faire couper les cheveux, **5.2**
to get a sunburn attraper un coup de soleil, I-9.1
to get good (bad) grades recevoir de bonnes (mauvaises) notes
to get in shape se mettre en forme, I-11.1
to get in the front row se mettre au premier rang, **11.1**
to get off (bus, train, etc.) descendre, I-8.2; **(plane)** débarquer, **7.2**
to get on monter, I-8.2
to get out of a bad situation se tirer d'une mauvaise situation, **8.1**
to get up se lever, I-11.1
getting off (a bus) la descente, **10.2**
gift le cadeau, I-10.2
girl la fille, I-BV
to **give** donner, I-3.2
to give back rendre, I-18.2
glass le verre, I-5.2
glove le gant, I-14.1
to **go** aller, I-5.1
to go (in car, etc.) rouler, I-12.2
to go deep-sea diving faire de la plongée sous-marine, I-9.1
to go down descendre, I-14.1
to go "dutch" partager les frais, **13.1**
to go fast rouler vite, I-12.2
to go fishing aller à la pêche, I-9.1
to go home rentrer, I-3.1
to go out sortir, I-7
to go through customs passer à la douane, I-7.2
to go to bed se coucher, I-11.1
to go up monter, I-17.1
to go windsurfing faire de la planche à voile, I-9.1
Shall we go? On y va?, I-5
goal le but, I-13.1
goalie le gardien de but, I-13.1
goggles (ski, etc.) les lunettes (f. pl.) I-14.1
good bon(ne), I-7; **(a child's behavior)** sage, **11.2**
good manners le savoir-vivre, **13**
good-bye au revoir, ciao (inform.), I-BV
government worker le/la fonctionnaire, **16.1**
grade (on a test, etc.) la note, **12.1**
to get good (bad) grades recevoir de bonnes (mauvaises) notes, **12.1**
grains les céréales (f. pl.), **15.1**
gram le gramme, I-6.2
granddaughter la petite-fille, I-4.1
grandfather le grand-père, I-4.1
grandmother la grand-mère, I-4.1
grandparents les grands-parents (m. pl.), I-4.1
grandson le petit-fils, I-4.1
grandstand la tribune, **11.1**
grass l'herbe (f.), **15.1**
gray gris(e), I-10.2
great chouette (inform.), I-2.2
green vert(e), I-10.2
green beans les haricots (m. pl.) verts, I-6.2
grilled ham and cheese sandwich le croque-monsieur, I-5.1
grocery store l'épicerie (f.), I-6.1
groom le marié, **11.2**
ground le sol, I-13.2
ground floor le rez-de-chaussée, I-4.2
guidance counselor le conseiller, la conseillère d'orientation, **12.2**
guide(book) le guide, I-12.2
guitar la guitare, **11.1**
gym(nasium) le gymnase, I-11.2
gymnastics la gymnastique, I-2.2
to do gymnastics faire de la gymnastique, I-11.2

H

hair les cheveux (m. pl.), I-11.1
to fix one's hair se coiffer, **5.1**
hair stylist le coiffeur, la coiffeuse, **5.2**
haircut: haircut with razor la coupe au rasoir, **5.2**
haircut with scissors la coupe aux ciseaux, **5.2**
to get a haircut se faire couper les cheveux
to give a haircut faire une coupe, **5.2**
hairspray la laque, **5.2**
hairstyle la coiffure, **5.1**
half demi(e), I
half past (time) et demie, I-2
ham le jambon, I-5.1
hand la main, I-11.1
handball court le terrain de hand, **12.2**
handkerchief le mouchoir, I-15.1
to **hang up (telephone)** raccrocher, **3.1**
hanger le cintre, I-17.2
Hanukkah Hanouka, **11.2**
happy content(e), I-1.1; heureux, heureuse, I-10.2
Happy New Year! Bonne Année!, **11.2**
hard (adv.) fort, I-9.2
harvest la récolte, **15.1**
to **harvest** récolter, **15.1**
to **hate** détester, I-3.2
to **have** avoir, I-4.1
to have a(n) . . . -ache avoir mal à... , I-15.2
to have a cold être enrhumé(e), I-15.1
to have a picnic faire un pique-nique, I-6

to have just (done something) venir de (+ inf.), **10.1**
to have to devoir, I-18.2
hay le foin, **15.1**
he il, I-1
head la tête, I-13.1
headache: to have a headache avoir mal à la tête, I-15.1
headphone l'écouteur (m.), **7.1**
health la santé, I-15.1
to be in good (poor) health être en bonne (mauvaise) santé, **15.1**
To your health! Bonne Santé!
health club le club de forme, I-11.2
to **hear** entendre, I-8.1
heel le talon, I-10.2
high (low)-heeled (shoes) à talons hauts (bas), I-10.2
Hello. (when answering telephone) Allô., **3.2**; **(greeting)** Bonjour., I-BV
helmet le casque, **8.1**
her elle (stress pron.), I-9; la (dir. obj.), I-16; lui (ind. obj.), I-17.1; sa, son (poss. adj.), I-4
herd le troupeau, **15.1**
here is, here are voici, I-1.1
Hi. Salut., I-BV
high élevé(e), I-15; haut(e), I-10.2
high school le lycée, I-1.2
high school student le/la lycéen(ne), **12.2**
high-traffic area le point noir, **8.1**
highway l'autoroute (f.), I-12
toll highway l'autoroute à péage, I-12.2
him le (dir. obj.), I-16.1; lui (stress pron.), I-9; lui (ind.obj.), I-17.1
his sa, son, I-4; ses, I-5
history l'histoire (f.), I-2.2
to **hit** frapper, I-9.2; **(ball)** envoyer, I-13.1
Hold on. (telephone) Ne quittez pas., **3.2**
holiday: national holiday la fête nationale, **11.1**
home: at the home of chez, **2.1**
homework (assignment) le devoir, I-BV
to do homework faire les devoirs, I-6
horse le cheval, **15.1**
hospital l'hôpital (m.), **6.1**
hot: It's hot (weather). Il fait chaud., I-9.2
hot dog la saucisse de Francfort, I-5.1
hotel l'hôtel (m.), I-17.1
house la maison, I-3.1
how: How are you? Ça va? (inform.); Comment vas-tu? (fam.); Comment allez-vous (form.), I-BV
How beautiful they are! Qu'elles (ils) sont belles (beaux)!, I
how much combien, I-6.2
How much is it? C'est combien?, I-6.2
How much is that? Ça fait combien?, I-5.2
How's it going? Ça va?, I-BV
hundred cent, I-5.2
to **hurry** se dépêcher, **2.2**
to **hurt** avoir mal à, I-15.1
to hurt oneself se blesser, **6.1**
It hurts. Ça fait mal., I-15.2
Where does it hurt (you)? Où avez-vous mal?, I-15.2
husband le mari, I-4.1

I

I je, I-1
ice la glace, I-14.2
ice cream la glace, I-5.1
ice skate le patin à glace, I-14.2
(ice) skating le patinage, I-14.2
to (ice-)skate faire du patin (à glace), I-14.2
if si, **9**
if I were you (him, her, etc.) à ta (sa, votre, etc.) place, **9.2**
immigration l'immigration (f.), I-7.2
impatient impatient(e), I-1.1
impolite impoli(e), **13.1**
important: it's important that il est important que (+ subjunc.), **11**
impossible: it's impossible that il est impossible que (+ subjunc.), **11**
in dans, I-BV; à, I-3.1
in back of derrière, I-BV
in front of devant, I-BV
in first (second) class en première (seconde), I-8.1
inexpensive bon marché (inv.), I-10.1
infection l'infection (f.), I-15.1
injection la piqûre, **6.2**
to give an injection faire une piqûre, **6.2**
to **insist (that)** insister (pour que + subjunc.), **12.1**
instructor le moniteur, la monitrice, I-9.1
to **insure** assurer, **1.2**
intelligent intelligent(e), I-1.1
interesting intéressant(e), I-1.1
intermission l'entracte (m.), I-16.1
international international(e), I-7.1
intersection le croisement, I-12.2
interview l'entretien (m.), **16.2**
to **introduce** présenter, **13.2**
introductions les présentations (f. pl.), **13.2**
to **invite** inviter, I-3.2
to **iron** repasser, **9.1**
ironing le repassage, **9.1**
it (dir. obj.) le, la, I-16.1
it is, it's . . . c'est... , I-BV
It's expensive. Ça coûte cher., I-7.2
it is necessary (+ inf.) il faut (+ inf.), I-9.1
it is necessary that il faut que (+ subjunc.) **11.1**
Italian italien(ne), I-7
Italy l'Italie (f.), I-16

J

jacket le blouson, I-10.1
(suit) jacket la veste, I-10.1
ski jacket l'anorak (m.), I-14.1
January janvier (m.), I-4.1
jar le pot, I-6.2
jeans le jean, I-10.1
jeep la jeep, **8.1**
jersey le jersey **9.2**; en jersey (adj.), **9.2**
Jewish juif, juive, **11.2**
job l'emploi (m.), **16.2**
job application la demande d'emploi, **16.2**
job applicant le candidat, la candidate **16.2**
to **jog** faire du jogging, I-11.2
to **joke around** rigoler, I-3.2
judge le juge, **16.1**
July juillet (m.), I-4.1
July 14 (French national holiday) le quatorze juillet, **11.1**
June juin (m.), I-4.1

K

key **(to a room, etc.)** la clé, I-12.2; **(on a keyboard)** la touche, **3.1**
to **kick** donner un coup de pied, I-13.1
kilogram le kilo, I-6.2
kind le genre, I-16.1
to **kiss (each other)** s'embrasser, **13.1**
kitchen la cuisine, I-4.2
kleenex le kleenex, I-15.1
knee le genou, **6.1**
to twist one's knee se tordre le genou, **6.1**
knife le couteau, I-5.2
knit le tricot, **9.2;** en tricot (adj.), **9.2**
to **know** **(be acquainted with)** connaître; **(information)** savoir, I-16.2

L

lamb l'agneau (m.), **14.1**
land la terre, **15.1**
to **land** aterrir, I-7.1
landing (of plane) l'atterrissage (m.), **7.1**
landing card la carte de débarquement, I-7.2
lane (of a road) la voie, I-12.2
language la langue, I-2.2
last dernier, dernière, I-10
last night hier soir, I-13
last year l'année (f.) dernière, I-13
to **last** durer, **11.2**
late: to be late être en retard, I-8.2
Latin le latin, I-2.2
to **laugh** rire, **12.1**
laundromat la laverie automatique, **9.1**
laundry le linge, **9.1**
to do the laundry faire la lessive, **9.1**
to **learn (to)** apprendre (à), I-9.1
to learn one's lessons apprendre ses leçons, **12.1**
lawyer l'avocat(e), **16.1**
to **lean (against)** s'appuyer contre, **10.2**
leather le cuir; en cuir (adj.), **9.2**
leather goods les objets (m. pl.) en cuir, **14.1**
leather tanner le maroquinier, **14.1**
to **leave** partir, I-7
to leave (a room, etc.) quitter, I-3.1
to leave (something behind) laisser, I-5.2
to leave a message laisser un message, **3.2**
to leave a tip laisser un pourboire, I-5.2
left à gauche, 8.2
to the left of à gauche de, I-5
to turn left tourner à gauche, **8.2**
leg la jambe, **6.1**
to break one's leg se casser la jambe, **6.1**
lemonade le citron pressé, I-5.1
to **lend** prêter, I-18.2
lesson la leçon, I-9.1
letter la lettre, **1.1**
lettuce la laitue, I-6.2
level le niveau, I-12.2
librarian (school) le/la documentaliste, **12.2**
library (school) le Centre de Documentation et d'Information (CDI), **12.2**
life vest le gilet de sauvetage, **7.1**
to **lift** soulever, **3.2**
to **light** allumer, **11.2**
to **like** aimer, I-3.2
I would like je voudrais, I-5.1
Likewise. (responding to an introduction) Moi de même., **13.2**
line **(bus, train)** la ligne, **3.1; (suburban train line)** la ligne de banlieue, **4.2; (of people)** la queue, I-8.1
line of cars la file de voitures, **8.1**
to take the . . . line prendre la direction... , **10.1**
to wait in line faire la queue, I-8.1
lip la lèvre, **5.2**
lipstick le rouge à lèvres, **5.2**
to **listen (to)** écouter, I-3.2
to listen with a stethoscope ausculter, I-15.2
liter le litre, I-6.2
literature la littérature, I-2.2
to **live (in a city, house, etc.)** habiter, I-3.1; vivre, **6**
livestock le bétail, **15.1**
living room la salle de séjour, I-4.2
lobby le hall, I-17.1
local local, **3.2**
lock of hair la mèche, **5.1**
locker la consigne automatique, I-8.1
long long(ue), I-10.2
long-distance (phone call) (l'appel) interurbain, **3.1**
to **look at** regarder, I-3.1
to **look for** chercher, I-5.1
to look for work chercher du travail, **16.2**
to **lose** perdre, I-8.2
to lose patience perdre patience, I-8.2
to lose weight maigrir, I-11.2
lot: a lot of beaucoup de, I-10.1
a lot of people beaucoup de monde, I-13.1
loudspeaker le haut-parleur, I-8.1
to **love** aimer, I-3.2
love story (movie) le film d'amour, I-16.1
low bas(se), I-10
luggage les bagages (m. pl.), I-7.1
carry-on luggage les bagages à main, I-7.1
luggage carousel le tapis roulant, **7.2**
luggage cart le chariot à bagages, **7.2**
luggage compartment le coffre à bagages, **7.1**
luggage car (on a train) le fourgon à bagages, **4.2**
lunch le déjeuner, **2**
to eat lunch déjeuner, I-5.2

M

ma'am madame, I-BV
machine l'appareil (m.), **7;** la machine, **10.2**
magazine le magazine, I-3.2
maid of honor la demoiselle d'honneur, **11.2**
mail le courrier, **1.1**
mail carrier le facteur, **1.1**
to **mail a letter** mettre une lettre à la poste, **1.1**
mailbox la boîte aux lettres, **1.1**
maitre d' le maître d'hôtel, I-5.2
to **make** faire, I-6.1
make (of car) la marque, I-12.2
makeup le maquillage, **5.2**

man l'homme (m.), I-10.1
manager le directeur, la directrice, **16.1**
map la carte, **12.2**
road map la carte routière, **8.1**
street map le plan de la ville, **8.1**
subway map le plan du métro, **10.1**
March mars (m.), I-4.1
to **march** défiler
to march in step défiler au pas, **11.1**
marching band la fanfare, **11.1**
market le marché, I-6.2
Arab market le souk, **14.1**
married: to get married se marier, **11.2**
marvelous merveilleux, merveilleuse, I-10.2
mascara le mascara, **5.2**
match (singles, doubles) (tennis) la partie (en simple, en double), I-9.2
material la matière, **9.2**
math les maths (f. pl.), I-2.2
May mai (m.), I-4.1
may: May I (sit here)? Vous permettez?, **4.1**
May I speak to . . . ? Pourrais-je parler à... ?, **3.2**
mayor le maire, **11.2**
me me (dir. and ind. obj.), I-15.2; moi (stress pron.), I-1.2
meadow le pré, **15.1**
meal le repas, **2.1**
meat la viande, I-6.1
Mecca la Mecque, **14.1**
medicine **(medical profession)** la médecine, I-15; **(remedy)** le médicament, I-15.2
medium: medium-length mi-long(ue), **5.1**
medium-rare (meat) à point, I-5.2
to **meet (for the first time)** faire la connaissance de, **13.2**
to meet (again) se retrouver, **13.1**
menorah la menorah, **11.2**
menu la carte, I-5.1
merchant le/la commerçant(e), **16.1**; le/la marchand(e), I-6.2
produce merchant le/la marchand(e) de fruits et légumes, I-6.2
message le message, **3.2**
to leave a message laisser un message, **3.2**
meter maid la contractuelle, I-12.2
middle le milieu, **10.2**
midnight minuit (m.), I-2.2
midnight mass la messe de minuit, **11.2**
military militaire, **11.1**
milk le lait, I-6.1
minaret le minaret, **14.1**
mineral water l'eau (f.) minérale, I-6.2
mirror la glace, I-11.1
Miss (Ms.) Mademoiselle (Mlle), I-BV
to **miss (the train)** rater (le train), **4.2**
missing: (noun) is missing il manque (+ noun), **9.2**
mistaken: You're mistaken. Vous vous trompez., **4.1**
mogul (skiing) la bosse, I-14.1
moment: One moment, please. Un moment, s'il vous plaît., **3.2**
Monday lundi (m.), I-2.2
money l'argent (m.), I-3.2
to have lots of money avoir plein de fric (slang), I-18.2
monitor le/la surveillant(e), **12.2**
month le mois, I-4.1
moped le vélomoteur, I-12.2
morning le matin, I-2
in the morning (A.M.) du matin, I-2
Morocco le Maroc, I-16
mosque la mosquée, **14.1**
most (of) la plupart (des), I-8.2
mother la mère, I-4.1
motorcycle la moto, I-12.2; la motocyclette, **8.1**
motorcycle cop le motard, I-12.2
motorist l'automobiliste (m. et f.), **8.1**
mountain la montagne, I-14.1
mouth la bouche, I-15.1
movie le film, I-16.1.
movie theater le cinéma, la salle de cinéma, I-16.1
moving sidewalk le trottoir roulant, **7.2**
Mr. Monsieur (M.), I-BV
Mrs. (Ms.) Madame (Mme), I-BV
museum le musée, I-16.2
music la musique, I-2.2
musician le musicien, **11.1**
Muslims les Musulmans (m. pl.), **14.1**
Muslim prayer leader le muezzin, **14.1**
must devoir, I-18.2
mustard la moutarde, I-6.2
my ma, mon, I-4; mes, I-5

N

nail (finger, toe) l'ongle (m.), **5.2**
nail polish le vernis à ongles, **5.2**
name le nom, I-16.2
What is your name? Tu t'appelles comment? (fam.), I-11.1
nape (of the neck) la nuque, **5.1**
napkin la serviette, I-5.2
narrow étroit(e), I-10.2
national national(e), **11.1**
national anthem l'hymne (m.) national, **11.1**
national holiday la fête nationale, **11.1**
near près de, I-4.2; proche, **10.1**
necessary: it is necessary (+ inf.) il faut (+ inf.), I-9.1; il est nécessaire de (+ inf.), **3.1**
it is necessary that il faut que (+ subjunc.), il est nécessaire que (+ subjunc.), **11.1**
to **need** avoir besoin de, I-11.1
neighbor le/la voisin(e), I-4.2
neighborhood le quartier, I-4.2
nephew le neveu, I-4.1
net le filet, I-9.2
net bag le filet, I-6.1
never ne... jamais, I-12
next prochain(e), **4.2**
new nouveau (nouvel), nouvelle, I-4
Happy New Year! Bonne Année!, **11.2**
New Year's Day le jour de l'An, **11.2**
newspaper le journal, I-8.1
newsstand le kiosque, I-8.1
next prochain(e), I-8.2
next to à côté de, I-5
nice (person) aimable, sympa(thique), I-1.2; gentil(le), I-9
niece la nièce, I-4.1
nine neuf, I-BV
nineteen dix-neuf, I-BV
ninety quatre-vingt-dix, I-5.2

no one/nobody ne... personne, I-12.2; Personne ne... , **2**
No parking. Il est interdit de stationner., I-12.2; stationnement interdit, I
no smoking (section) (la zone) non-fumeurs, I-7.1
noise le bruit, **13.1**
noisy bruyant(e), **13.2**
non-stop (flight) sans escale, **7.2**
noon midi (m.), I-2.2
nose le nez, I-15.1
to have a runny nose avoir le nez qui coule, I-15.1
not ne... pas, I-1
Not bad. Pas mal., I-BV
notebook le cahier, I-BV
nothing ne... rien, I-12.2; Rien ne... , **2**
Nothing else. Rien d'autre., I-6.2
novel le roman, I-16
November novembre (m.), I-4.1
now maintenant, I-2
number le numéro, I-5.2
the right (wrong) number le bon (mauvais) numéro, **3.2**
What is the phone number of . . . ? Quel est le numéro de téléphone de... ?, I-5.2
You have the wrong number. C'est une erreur., **3.2**
numerous nombreux, nombreuse, **4.1**
nurse l'infirmier, l'infirmière, **6.1**

O

oasis l'oasis (f.), **14.2**
oats l'avoine (f.), **15.1**
to **obey** obéir (à), I-7; respecter, **8.1**
obvious: it's obvious that il est évident que, **14**
obviously évidemment, **8**
occasionally de temps en temps, **4**
o'clock: it's . . . o'clock il est... heure(s), I-2.2
October octobre (m.), I-4.1
of de, I-5
of the du, de la, de l', des, I-5
to **offer** offrir, I-15
office le bureau, **2.2**
school office le bureau de vie scolaire, **12.2**
often souvent, I-5
O.K. **(health)** Ça va.; **(agreement)** d'accord, I-BV
old vieux (vieil), vieille, I-4.1
How old are you? Tu as quel âge? (fam.), I-4.1
omelette (with herbs/plain) l'omelette (f.) (aux fines herbes/nature), I-5.1
on sur, I-BV
on board à bord de, I-7.2
on foot à pied, I-5.2
on time à l'heure, I-2
one un, une, I-1
one-way ticket l'aller simple (m.), I-8.1
onion l'oignon (m.), I-6.2
onion soup la soupe à l'oignon, I-5.1
only ne... que, seulement, **2.1**
on-ramp la bretelle d'accès, **8.1**
open ouvert(e), I-16.2
to **open** ouvrir, I-15.2
opera l'opéra (m.), I-16.1
operating room la salle d'opération, **6.2**
operating table la table d'opération, **6.2**
operator le/la standardiste, **3.1**
opinion: in my opinion à mon avis, I-10.2
to **oppose** opposer, I-13.1
opposing adverse, I-13.1
opposite (prep.) en face de, **4.1**
or ou, I-1.1
oral report l'exposé, **12.1**
to give an oral report faire un exposé, **12.1**
orange **(fruit)** l'orange (f.), I-6.2; **(color)** orange (inv.), I-10.2
orange soda l'Orangina (m.), I-5.1
orchestra l'orchestre (m.), **11.1**
to **order** commander, I-5.1
original language version (of a film) la version originale, I-16.1
other autre, I-BV
our notre, nos, I-5
out of bounds hors des limites, I-9.2
over (prep.) par dessus, I-13.2
over there là-bas, I-BV
overcast (cloudy) couvert(e), I-14.2
to **overlook** donner sur, I-17.1
to **owe** devoir, I-18.2
ox le bœuf, **15.1**
oxygen mask le masque à oxygène, **7.1**

P

to **pack (suitcases)** faire les valises, I-7.1
package le paquet, I-6.2; le colis, **1.2**
packed (stadium) comble, I-13.1
painter le/la peintre, I-16.2
painting la peinture; le tableau, I-16.2
pair la paire, I-10.1
pal le copain, la copine, I-2.1
palm grove la palmeraie, **14.2**
palm tree le palmier, **14.2**
pancake la crêpe, I-5.1
pants le pantalon, I-10.1
pantyhose le collant, I-10.1
paper: sheet of paper la feuille de papier, I-BV
parade le défilé, **11.1**
parents les parents (m. pl.), I-4.1
Parisian parisien(ne), I-7
park le parc, I-11.2
to **park the car** garer la voiture, I-12.2
parking: No parking. Il est interdit de stationner., I-12.2
part (in hair) la raie, **5.1**
part-time à mi-temps, I-3.2
party la fête, I-3.2
to **pass (something to someone)** passer, I-7.2
to pass (car) doubler, **8.1**
to pass an exam être reçu(e) à un examen, **12.1**; réussir à un examen, I-7
passenger le passager, la passagère, I-7.1; **(train)** le voyageur, la voyageuse, I-8
passport le passeport, I-7.1
pâté le pâté, I-5.1
patient patient(e), I-1.1
to **pay** payer, I-6.1
to pay attention faire attention, I-6
to pay back rembourser, I-18.2
to pay cash payer en espèces, I-17.2
pedestrian le/la piéton(ne), I-12.2
pedestrian crossing les clous (m. pl.), I-12.2; le passage pour piétons, **8.2**

pen le stylo, I-BV
ballpoint pen le stylo-bille, **12.1**
felt-tip pen le feutre, **12.1**
pencil le crayon, I-BV
penicillin la pénicilline, I-15.1
perfume le parfum, **5.2**
permanent (hair) la permanente, **5.1**
to **permit** permettre, I-14
person la personne, I-17.1
personally personnellement, I-16.2
personnel department le service du personnel, **16.2**
pharmacist le/la pharmacien(ne), I-15.2
pharmacy la pharmacie, I-15.2
physical education l'éducation (f.) physique, I-2.2
physics la physique, I-2.2
piano le piano, **11.1**
to **pick up (a telephone receiver)** décrocher, **3.1**
picture le tableau, I-16.1
pie la tarte, I-6.1
pig le cochon, **15.1**
pill le comprimé, I-15.2
pillow l'oreiller (m.), I-17.2
pilot le pilote, **7.1**
to **pilot** piloter, **7.1**
pine tree le sapin, **11.1**
pink rose, I-10.2
place l'endroit (m.), **8.1**
to take place avoir lieu, **11.2**
to **place** mettre, I-8.1
plain (adj.) nature, I-5.1
plate l'assiette (f.), I-5.2
platform (railroad) le quai, I-8.1
to **play (perform)** jouer, I-16
to play (a sport) jouer à, I-9.2; pratiquer un sport, I-11.2
to play a musical instrument jouer d'un instrument de musique, **11.1**
play la pièce, I-16.1
to put on a play monter une pièce, I-16.1
player le joueur, la joueuse, I-9.2
please s'il vous plaît (form.), s'il te plaît (fam.), I-BV
pocket la poche, I-18.1
pocketbook, purse le sac, I-18.1
police officer l'agent (m.) de police, **8.2**; le gendarme, **8.1**
polite poli(e), **13.1**
ponytail la queue de cheval, **5.1**
pool la piscine, I-9.2
poor pauvre, I-15.1
poor thing le/la pauvre, I-15.1
popular populaire, I-1.2
porter le porteur, I-8.1
position (job) le poste, **16.2**
possible: it's possible that il est possible que (+ subjunc.), **11**
postcard la carte postale, **1.1**
post office le bureau de poste, la poste, **1.1**
potato la pomme de terre, I-6.2
pound la livre, I-6.2
to **pray** prier, **14.1**
preferable: it's preferable that il est préférable que (+ subjunc.); il vaut mieux que (+ subjunc.), **11**
to **prepare** préparer, I-4.2
prepared préparé(e), **12.1**
to **prescribe** prescrire, I-15.2
prescription l'ordonnance (f.), I-15.2
to write a prescription faire une ordonnance, I-15.2
to **press** appuyer sur, **10.2**
pretty joli(e), I-4.2
price le prix, I-10.1
principal (n.) la directrice, le proviseur, **12.2**
probable: it's probable that il est probable que, **14**
problem le problème, I-11.2
production la production, **15.1**
profession la profession, **16.1**
prohibited: . . . is prohibited il est interdit de... , **7.1**
projector le projecteur, **12.1**
property la propriété, **15.2**
provided that pourvu que (+ subjunc.), **15.2**
public public, publique, **3.1**
public transportation les transports (m. pl.) en commun, **10**
pulse: to take someone's pulse prendre le pouls, **6.2**
to **punch (a ticket)** poinçonner, **4.1**
to **punish** punir, I-7
to **push** pousser, **10.2**
to push the button appuyer sur le bouton, **10.2**
to **put (on)** mettre, I-8.1
to put in (a coin) introduire (une pièce), **3.1**
to put money aside mettre de l'argent de côté, I-18.2
to put on makeup se maquiller, I-11.1

Q

quarter: quarter after (time) et quart, I-2
quarter to (time) moins le quart, I-2
Arab quarter la médina, **14.1**
Latin quarter le Quartier latin, I
question: to ask a question poser une question, I-3.1
quickly rapidement, **2.2**
quite assez, I-1

R

rabbit le lapin, **15.1**
race la course, I-13.2
racket la raquette, I-9.2
radio la radio, I-3.2
raincoat l'imper(méable), **9.2**
raining: It's raining. Il pleut., I-9.2
raisins les raisins secs, **14.1**
rare (meat) saignant(e), I-5.2
razor le rasoir, **5.2**
razor cut la coupe au rasoir, **5.2**
to **read** lire, I-12.2
ready-to-wear department le rayon prêt-à-porter, I-10.1
really vraiment, I-2.1
to **receive** recevoir, I-18.1
reception desk la réception, I-17.1
record le disque, I-3.2
to **record** enregistrer, **2.1**
red rouge, I-10.2
redheaded roux, rousse, **5.1**
referee l'arbitre (m.), I-13.1
registration card (for automobile) la carte grise, **8**; **(at hotel desk)** la fiche d'enregistrement, I-17.1
regular (gasoline) ordinaire, I-12.2
religious religieux, religieuse, **11.2**
to **remember** se souvenir de, **3.1**
remote control le zappeur, la télécommande, **2.1**
to **rent** louer, **4.2**

to **require** exiger, **12.1**
required obligatoire, **12.2**
reservations office le bureau de location, **4.2**
to **reserve (train seat)** louer, **4.2;** réserver, I-17
to **reset (bone)** remettre en place, **6.2**
restaurant le restaurant, I-5.2
résumé le curriculum vitae (CV), **16.2**
to **return (tennis ball, etc.)** renvoyer, I-9.2
right à droite, **8.2**
to the right of à droite de, I-5
to turn right tourner à droite, 8.2
right: it's right that il est juste que (+ subjunc.), **11**
right away tout de suite, I-11.1
ring: wedding ring l'alliance (f.), **11.2**
to **ring** sonner, **3.1**
to **rinse** rincer, **2.1**
road la route, I-12.2
road map la carte routière, **8.1**
road sign le panneau (routier), **8.1**
role le rôle, I-16
roller (for hair) le rouleau, **5.2**
electric roller le rouleau chauffant, **5.2**
room **(in house)** la pièce, I-4.1; **(in hotel)** la chambre, I-17.1
single room la chambre à un lit, I-17.1
double room la chambre à deux lits, I-17.1
rooster le coq, **15.2**
round-trip ticket le billet aller-retour, I-8.1
rude mal élevé(e), **13.1**
to **run** courir, **2.2**
runner le coureur, I-13.2
rush hour les heures (f. pl.) de pointe, les heures d'affluence, **8.1**

S

sad triste, **13.2**
Sahara le Sahara, **14.2**
salad la salade, I-5.1
salami le saucisson, I-6.1
salary le salaire, **16.2**
sales les soldes (f. pl.), I-10.2
salesperson le vendeur, la vendeuse, I-10.1
salt (adj.) salé(e), **14.2**
saltcrust la croûte de sel, **14.2**
salt lake le chott, le lac salé, **14.2**
same même, I-2.1
sand le sable, I-9.1
sandwich le sandwich, I-5.1
grilled ham and cheese sandwich le croque-monsieur, I-5.1
Santa Claus le Père Noël, **11.2**
Saturday samedi (m.), I-2.2
sauce: spicy sauce la sauce piquante, **14.1**
to **save money** faire des économies, I-18.2
savings account le compte d'épargne, I-18.1
to **say** dire, I-12.2
scale la balance, **1.2**
scarf l'écharpe (f.), I-14.1
scene la scène, I-16.1
schedule l'horaire (m.), I-8.1
school l'école (f.), I-1.2
high school le lycée, I-1.2
school supplies le matériel scolaire, **12.1**
school (adj.) scolaire, **12.1**
science les sciences (f. pl.), I-2.2
scissors les ciseaux (m. pl.), **5.2**
score le score, I-9.2
to **score a goal** marquer un but, I-13.1
screen l'écran (m.), I-7.1
sculptor le sculpteur (m. and f.), I-16.2
sculpture la sculpture, I-16.2
sea la mer, I-9.1
by the sea au bord de la mer, I-9.1
seashore le bord de la mer, I-9.1
seaside resort la station balnéaire, I-9.1
seat le siège, I-7.1; **(on plane, at movies, etc.)** la place, I-7.1
adjustable seat le siège réglable, **4.1**
back of the seat le dossier du siège, **7.1**
numbered seat la place numérotée, **4.1**
seat belt la ceinture de sécurité, I-12.2
seated assis(e), I-8.2
second **(adj.)** deuxième, I-4.2; **(class)** seconde
secretary le/la secrétaire, **16.1**
section la zone, I-7.1
smoking (no smoking) section la zone (non-)fumeurs, I-7.1
security (airport) le contrôle de sécurité, I-7.1
to **see** voir, I-10.1
See you later. À tout à l'heure., I-BV
See you tomorrow. À demain., I-BV
to **seem** avoir l'air, **13.2**
it seems to me (you, him, her, etc.) il me (te, lui, etc.) semble, **14.1**
self-employed: to be self-employed être à son compte, **16.2**
to **sell** vendre, I-8.1
semi-circle le demi-cercle, I-13.2
semolina wheat la semoule de blé, **14.1**
to **send** envoyer, **1.1**
sender l'expéditeur, l'expéditrice, **1.2**
September septembre (m.), I-4.1
seriously sérieusement, **8**
to **serve** **(transportation)** desservir, **4.2; (food, etc.)** servir, I-7.2
service le service, I-5.2
service station la station-service, I-12.2
service station attendant le/la pompiste, I-12.2
set **(for a play)** le décor, I-16.1; **(with hair curlers)** la mise-en-plis, **5.1**
to set the table mettre le couvert, I-8
seven sept, I-BV
seventeen dix-sept, I-BV
seventy soixante-dix, I-5.2
several plusieurs, I-18.2
to **shake hands** se serrer la main, **13.1**
Shall we go? On y va?, I-5
shampoo le shampooing, **5.2**
to **shampoo** faire un shampooing, **5.2**
shampoo-conditioner le shampooing-crème, **5.2**
to **share expenses** partager les frais, **13.1**
to **shave** se raser, I-11.1
shawl le châle, **14.1**
she elle, I-1
shed (storage) le hangar, **15.1**

sheep le mouton, **15.1**
sheet le drap, I-17.2
sheet of paper la feuille de papier, I-BV
shirt la chemise, I-10.1
shoes les chaussures (f. pl.), I-10.1; les souliers (m. pl.), **11.2**
shop la boutique, I-10.1
to **shop** faire des achats, I-10.1
short petit(e), I-1.1; court(e), I-10.2
shorts le short, I-9.2
to **shove** bousculer, **13.1**
show **(movies)** la séance, I-16.1; **(TV)** l'émission, **2.1**
to **show** montrer, I-17.1
to show a movie passer un film, I-16.1
shrimp la crevette, I-6.1
to **shrink** rétrécir, **9.1**
shy timide, I-1.2
sick malade, I-15.1
sick person le/la malade, I-15.2
side **(in a sporting event)** le camp, I-13.1; **(of an object, person, etc.)** le côté, **5.1**
sideburns les pattes (f. pl.), **5.1**
sidewalk le trottoir, I-12.2
sidewalk café la terrasse (d'un café), I-5.1
to **sign** signer, I-18.1
silk la soie, **9.2;** en soie (adj.), **9.2**
since depuis, I-8.2
sincere sincère, I-1.2
to **sing** chanter, I-3.2
singer le chanteur, la chanteuse, **16.1**
sink l'évier (m.), **2.1**
sir monsieur, I-BV
sister la sœur, I-1.2
to **sit (down)** s'asseoir, **2.1**
to sit down for a meal se mettre à table, **2.1**
six six, I-BV
sixteen seize, I-BV
sixty soixante, I-BV
size **(clothes)** la taille; **(shoes)** la pointure, I-10.2
the next larger size la taille au-dessus, I-10.2
the next smaller size la taille au-dessous, I-10.2
to take size (+ number) faire du (+ nombre), I-10.2
What size do you take? Vous faites quelle pointure (taille)?, **10.2**
skate (ice) le patin à glace, I-14.2
to (ice-)skate faire du patin (à glace), I-14.2
skater le patineur, la patineuse, I-14.2
skating le patinage, I-14.2
skating rink la patinoire, I-14.2
ski le ski, I-14.1
ski boot la chaussure de ski, I-14.1
ski jacket l'anorak (m.), I-14.1
ski pole le bâton, I-14.1
ski resort la station de sports d'hiver, I-14.1
to **ski** faire du ski, I-14.1
skier le skieur, la skieuse, I-14.1
skiing le ski, I-14.1
downhill skiing le ski alpin, I-14.1
cross-country skiing le ski de fond, I-14.1
skirt la jupe, I-10.1
tennis skirt la jupette, I-9.2
sky le ciel, I-14.2
to **sleep** dormir, I-7.2
sleeping car la voiture-lit, I-8.2
sleeve la manche, I-10.2
long- (short-) sleeved à manches longues (courtes), I-10.2
slide (photo) la diapo(sitive), **12.1**
slot la fente, **3.1**
to **slow down** ralentir, **8.1**
slowing le ralentissement, **8.1**
small petit(e), I-1.1
to **smile** sourire, **12**
smoking (section) (la zone) fumeurs, I-7.1
snack la collation, **7.1**
snack bar (train) le gril-express, I-8, la voiture gril-express, **4.1**
sneakers les chaussures (f. pl.) de tennis, I-9.2
to **sneeze** éternuer, I-15.1
snowball la boule de neige, I-14.2
snowing: It's snowing. Il neige., I-14.2
so: so that pour que (+ subjunc.), **15**
soap le savon, I-11.1
soccer le foot(ball), I-13.1
soccer field le terrain de football, I-13.1
social worker l'assistant(e) social(e), **16.1**
socks les chaussettes (f. pl.), I-10.1
soil la terre, **15.1**
soldier le soldat, **11.1;** le militaire
some quelques (pl.), I-8.2
somebody/someone quelqu'un, I-12.2
something to eat quelque chose à manger, I-5.1
sometimes quelquefois, I-5
son le fils, I-4.1
sore throat l'angine (f.), I-15.1
sorry désolé(e), **13.2**
to be sorry être désolé(e), **3.2**, regretter, **13.2**
I'm sorry. Excusez-moi., **4.1;** Je regrette., **3.2**
sound (of an animal) le cri, **15.2**
space (parking) la place, I-12.2
Spanish (language) l'espagnol (m.), I-2.2
to **speak** parler, I-3.1
to speak on the telephone parler au téléphone, I-3.2
spectator le spectateur, I-13.1
speed limit la limitation de vitesse, I-12.2
to **speed up** accélérer, I-12.2
to **spend (money)** dépenser, I-10.1
spoon la cuillère, I-5.2
sporty (clothes) sport (adj. inv.), I-10.1
spot la tache, **9.2**
to **sprain** se fouler, **6.1**
spring (season) le printemps, I-13.2
stadium le stade, I-13.1
stage la scène, I-16.1
stain la tache, **9.2**
to **stain** faire une tache, **9.2**
staircase l'escalier (m.), I-17.1
stamp (postage) le timbre, **1.1**
stamp machine le distributeur automatique, **1.1**
to **stamp (a ticket)** composter, I-8.1
standing debout, I-8.2
star (actor or actress) la vedette, I-16.1
starch l'amidon (m.), **9.1**
to **start the car** mettre le contact, I-12.2
station wagon le break, I-12.2
statue la statue, I-16.2

to **stay in shape** rester en forme, I-11.1
steak and French fries le steak frites, I-5.2
steep raide, I-14.1
stereo la chaîne stéréo, **2.1**
stitch le point de suture, **6.2**
to give stitches faire des points de suture, **6.2**
stomach le ventre, I-15.1
to have a stomachache avoir mal au ventre, I-15.1
stop l'arrêt (m.), **10.2**
to **stop** **(someone)** arrêter (quelqu'un), 8.1; **(oneself)** s'arrêter, I-12.2
storage l'entreposage (m.), **15.2**
storage shed le hangar **15.1**
store le magasin, I-3.2
to **store** entreposer, **15.2**
straight (hair) raide, **5.1**
straight ahead tout droit, **8.2**
streamer le serpentin, **11.2**
street la rue, I-3.1
street map le plan de la ville, **8.1**
stretcher le brancard, **6.1**
student l'élève (m. et f.), I-1.2
high school student le/la lycéen(ne), **12.2**
to **study** étudier, I-3.1; faire des études, **7.2**
to study French (math, etc.) faire du français (des maths, etc.), I-6
study hall la salle de permanence, **12.2**
style le style, **5.1**
subject (school) la matière, I-2.2
subtitles les sous-titres (m. pl.), I-16.1
subway le métro, I-4.2
by subway en métro, I-5.2
subway station la station de métro, I-4.2
to **succeed** réussir (à), I-7
to **suffer** souffrir, I-15.2
suit **(men's)** le complet; **(women's)** le tailleur, I-10.1
suit jacket la veste, I-10.1
suitcase la valise, I-7.1
summer l'été (m.), I-9.1
summit le sommet, I-14.1
sun le soleil, **14.2**
to **sunbathe** prendre un bain de soleil, I-9.1
Sunday dimanche (m.), I-2.2
sunglasses les lunettes (f. pl.) de soleil, I-9.1
sunny: It's sunny. Il fait du soleil., I-9.2
sunrise le lever du soleil, **15.2**
sunset le coucher du soleil, **15.2**
suntan lotion la crème solaire, I-9.1
super extra, super (inform.), I-2.2
super (gasoline) (de l'essence) super, I-12.2
supermarket le supermarché, I-6.1
sure: to be sure être sur(e), **14.2**
it's sure il est sûr, **14**
to **surf** faire du surf, I-9.1
surgeon le chirurgien, **6.2**
orthopedic surgeon le chirurgien-orthopédiste, **6.2**
surprised surpris(e), **13.2**
I would be very surprised ça m'étonnerait, **14**
to **surround** entourer, **8.1**
sweater le pull, I-10.1
sweatshirt le sweat-shirt, I-10.1
sweatsuit le survêtement, I-11.2
to **swim** nager, I-9.1
swimming la natation, I-9.1

T

table la table, I-BV
table setting le couvert, I-5.2
to clear the table débarrasser la table, **2.1**
to set the table mettre le couvert, I-5.2
tablecloth la nappe, I-5.2
to **take** prendre, I-9.1; **(a person somewhere)** emmener, **6.1; (a thing somewhere)** emporter, **4.2**
to take a bath (a shower) prendre un bain (une douche), I-11.1
to take care of soigner, **6.1**
to take an exam passer un examen, I-3.1
to take off (plane) décoller, I-7.1
to take place avoir lieu, **11.2**
to take size (+ number) faire du (+ nombre), I-10.2
to take something upstairs monter, I-17.1
to take the train (plane, etc.) prendre le train (l'avion, etc.), I-7
to take a trip faire un voyage, I-7.1
to take a walk faire une promenade, I-9.1
taken pris(e), I-5.1
take-off (plane) le décollage, **7.1**
talcum powder le talc, **5.2**
to **talk** parler, I-3.1
to talk on the phone parler au téléphone, I-3.1
to **tan** bronzer, I-9.1
tape recorder le magnétophone, **2.1**
tart la tarte, I-6.1
taxi le taxi, I-7.2
tea with lemon le thé citron, I-5.1
mint tea le thé à la menthe, **14.2**
to **teach** enseigner, **12.2**
to teach someone to do something apprendre à quelqu'un à faire quelque chose, I-14.1
teacher le professeur (m. and f.); le/la prof (inform.), I-2.1
homeroom teacher le professeur principal, **12.2**
team l'équipe (f.), I-13.1
to **tear** déchirer, **9.2**
technician le/la technicien(ne), **16.1**
telephone le téléphone, **2.1**
cordless telephone le téléphone sans fil, **2.1**
telephone book l'annuaire (m.), **3.1**
telephone booth la cabine téléphonique, **3.1**
telephone card la télécarte, **3.1**
telephone operator le/la standardiste, **3.1**
to **telephone** téléphoner, **3.2**
television la télé, I-3.2; **(programming)** la télévision, **2.1; (set)** le poste de télévision, le téléviseur, **2.1**
television remote control la télécommande, le zappeur, **2.1**
to **tell** dire, I-12.2
temperature la température, I-15.1

ten dix, I-BV
tennis le tennis, I-9.2
tennis court le court de tennis, I-9.2
tennis game la partie de tennis, le match, I-9.2
tennis shoes les chaussures (f. pl.) de tennis, I-9.2
tennis skirt la jupette, I-9.2
terminal (with bus to airport) le terminal; l'aérogare (f.), **7.2**
terrace la terrasse, I-4.2
terrible terrible, I-2.2
test l'examen (m.), I-3.1
to take a test passer un examen, I-3.1
to pass a test réussir à un examen, I-7, être reçu(e) à un examen, **12.1**
textbook le livre scolaire, **12.1**
thank you merci, I-BV
that ce (cet) (m. sing. dem. adj.); cette (f. sing. dem. adj.), I-8; que (rel. pron., dir. obj.); qui (rel. pron., subj.), **1**
That's expensive. Ça coûte cher., I-7.2
that is to say c'est-à-dire, I-16.1
that one celle (f. sing. dem. pron.); celui (m. sing. dem. pron.), **5**
the la, le, I-1; les, I-2
theater le théâtre, I-16.1
their leur, leurs, I-5
them elles, eux, (stress pron.), I-9; les (dir. obj.), I-16; leur (ind. obj.), I-17
then ensuite, I-11.1
there y, I-5; là, **5**
there is, there are il y a, I-4.2; voilà (emphatic), I-BV
these ces (m. and f. pl., dem. adj.), I-8
they elles, ils, I-2
to **think** penser, I-10.2
third troisième, I-4.2
thirteen treize, I-BV
thirty trente, I-BV
this ce (cet), cette (m. and f. sing. dem. adj.), I-8
this one celle (f. sing. dem. pron.); celui (m. sing. dem. pron.), **5**
those ces (m. and f. pl. dem. adj.), I-8; celles (f. pl. dem. pron.); ceux (m. pl. dem. pron.), **5**
thousand mille, I-6.2
three trois, I-BV
throat la gorge, I-15.1
to have a frog in one's throat avoir un chat dans la gorge, I-15.2
to have a scratchy throat avoir la gorge qui gratte, I-15.1
to have a throat infection avoir une angine, I-15.1
to **throw** lancer, I-13.2
thumb le pouce, **13.1**
Thursday jeudi (m.), I-2.2
ticket (train, theater, etc.) le billet, I-7.1; **(bus, subway)** le ticket, **10.1**
one-way ticket l'aller simple (m.), I-8.1
round-trip ticket le billet aller-retour, I-8.1
ticket machine le distributeur automatique, **10.1**
ticket window le guichet, I-8.1
traffic ticket la contravention, I-12.2
tie la cravate, I-10.1
tight serré(e); **(shoes)** étroit(e), I-10.2
time (of day) l'heure (f.), I-2
at what time? à quelle heure?, I-2
it is time that il est temps que (+ subjunc.), **11**
to be on time être à l'heure, I-8.1
What time is it? Il est quelle heure?, I-2
tip (restaurant) le pourboire, I-5.2
to leave a tip laisser un pourboire, I-5.2
The tip is included. Le service est compris., I-5.2
tire le pneu, I-12.2
flat tire le pneu à plat, I-12.2
spare tire la roue de secours, I-12.2
to à, I-3.1; **(flight, etc.)** à destination de, I-7.1
to the à la, à l', au, aux, I-5
to the left (of) à gauche (de), I-5
to the right (of) à droite (de), I-5
today aujourd'hui, I-2.2
toe le doigt de pied, **6.1**
together ensemble, I-5.1
toilet (bathroom) les toilettes (f. pl.), I-4.2
toilet paper: roll of toilet paper le rouleau de papier hygiénique, I-17.2
token le jeton, **3.2**
tollbooth le poste de péage, **8.1**
toll highway l'autoroute (f.) à péage, I-12.2
tomato la tomate, I-6.2
tomorrow demain, I-2.2
See you tomorrow. À demain., I-BV
tone (dial): to wait for the dial tone attendre la tonalité, **3.1**
tonight ce soir, **2.1**
too (also) aussi, I-1.1; **(excessively)** trop, I-10.2
tooth la dent, I-11.1
toothpaste le dentifrice, I-11.1
top le haut, **5.1**
touch-tone à touches, **3.1**
towel la serviette, I-17.2
town la ville, **1.2**
town hall la mairie, **16.2**
tow truck la dépanneuse, **8.2**
toy le jouet, **2.2**
track la piste, I-13.2; **(for running)** la piste de course, **12.2; (train)** la voie, I-8.1
tractor le tracteur, **15.1**
trade le métier, **16.1**
traffic la circulation, I-12.2
high-traffic area le point noir, **8.1**
traffic jam le bouchon, **8.1,** l'embouteillage (m.), **8.2**
traffic light le feu, I-12.2
yellow (traffic) light le feu orange, I-12.2
tragedy la tragédie, I-16.1
trail la piste, I-14.1
slalom trail la piste de slalom, I-14.1
trailer la caravane, **8.1**
train le train, I-8.1
train station la gare, I-8.1
station train arrives at la gare d'arrivée, **4.2**
station train departs from la gare de départ, **4.2**
to **transfer (train, subway)** prendre la correspondance, **4.2**
to **transport** transporter, **6**
tray le plateau, **7.1**
pull-down tray la tablette rabattable, **4.1**
tree: Christmas tree l'arbre de Noël (m.), **11.2**
trigonometry la trigonométrie, I-2.2

to **trim** tailler, **5.2**
trip le voyage, I; **(route)** le trajet, **10.2**;
trombone le trombone, **11.1**
truck le camion, **8.1**
tow truck la dépanneuse, **8.2**
trumpet la trompette, **11.1**
T-shirt le tee-shirt, I-9.2
Tuesday mardi (m.), I-2.2
Tunisia la Tunisie, **14.1**
Tunisian tunisien(ne), **14.2**
turkey **(animal)** le dindon, **15.2**; **(food)** la dinde
Turkish bath le bain turc, le hammam, **14.1**
to **turn** tourner, **8.2**
to turn off (the TV, etc.) éteindre (la télé, etc.), **2.1**
to turn on (the TV, etc.) allumer, mettre (la télé, etc.), **2.1**
TV la télé, I-3.2; **(set)** le poste de télévision, le téléviseur, **2.1**
twelve douze, I-BV
twenty vingt, I-BV
to **twist (one's knee, etc.)** se tordre, **6.1**
two deux, I-BV
type le genre, I-16.1
to **type** taper à la machine, **12.1**
typewriter la machine à écrire, **12.1**

U

uncle l'oncle (m.), I-4.1
under sous, I-BV
to **understand** comprendre, I-9.1
unemployed: to be unemployed être au chômage, **16.2**
unemployment le chômage, **16.2**
unfortunately malheureusement, **7.2**
unisex unisexe, **5.2**
United States les États-Unis (m. pl.), I-9.1
unleaded sans plomb, I-12.2
unless à moins que (+ subjunc.), **15**
unpleasant (person) désagréable, antipathique, I-1.2
until jusqu'à (prep.); jusqu'à ce que (+ subjunc.) (conj.), **15.2**
up to jusqu'à, I-13.2
us nous (stress pron.), I-9
to **use** employer, se servir de, **2.2**
U-turn: to make a U-turn faire demi-tour, **8.2**

V

to **vacate the room** libérer la chambre, I-17.2
to **validate (a bus ticket)** oblitérer, **10.2**; valider, **10.2**
valley la vallée, I-14.1
value la valeur, **1.2**
vanilla (adj.) à la vanille, I-5.1
vegetable le légume, I-6.2
veil le voile, **14.1**
vest: life vest le gilet de sauvetage, **7.1**
very très, I-1.1
vice-principal le censeur, **12.2**
videocassette la vidéo(cassette), I-3.2
video recorder (VCR) le magnétoscope, **2.1**
vineyard le vignoble, **15.1**
viral viral(e), I-15.1
volleyball le volley-ball, I-13.2

W

to **wait (for)** attendre, I-8.1
to wait in line faire la queue, I-8.1
waiter le serveur, I-5.1
waiting room la salle d'attente, I-8.1
waitress la serveuse, I-5.1
to **wake up** se réveiller, I-11.1
to **walk** se promener, I-11.2
walkman le Walkman, I-3.2
wallet le portefeuille, I-18.1
to **want** vouloir, I-6.1
warm-up suit le survêtement, I-11.2
to **wash** laver, **9.1**; **(one's face, hair, etc.)** se laver (la figure, les cheveux, etc.), I-11.1; **2.2**
to wash and groom oneself faire sa toilette, I-11.1
washcloth le gant de toilette, I-17.2
washing machine la machine à laver, **2.1**
to **watch** regarder, **2.1**; surveiller, I-12.2
Watch the closing doors! Attention à la fermeture des portes!, **4.1**
water l'eau (f.), I-6.2
to **water-ski** faire du ski nautique, I-9.1
wave la vague, I-9.1
wavy bouclé(e), **5.1**
we nous, I-2
to **wear** porter, I-10.1
weather le temps, I-9.2
It's bad weather. Il fait mauvais., I-9.2
It's nice weather. Il fait beau., I-9.2
What's the weather like? Quel temps fait-il?, I-9.2
wedding le mariage, **11.2**
wedding ring l'alliance (f.), **11.2**
Wednesday mercredi (m.), I-2.2
week la semaine, I-2.2
a (per) week par semaine, I-3.2
weekend le week-end, I-2.2
to **weigh** peser, **1.2**
weight le poids, **1.2**
to gain weight grossir, I-11.2
to lose weight maigrir, I-11.2
well bien, I-BV
well-done (meat) bien cuit(e), I-5.2
well-mannered bien élevé(e), **13.1**
wet mouillé(e), **5.2**
what quel(le), I-7; qu'est-ce que, I-13; quoi, **14**
What else? (shopping) Avec ça?, I-6.2
What is it? Qu'est-ce que c'est?, I-BV
What is . . . like? (description) Comment est... ?, I-1.1; (interr. pron.) qu'est-ce que (dir. obj.), **6**; qu'est-ce qui (subj.), **6**
wheat le blé, **15.1**
semolina wheat la semoule de blé, **14.1**
wheel la roue, I-12.2
wheelchair le fauteuil roulant, **6.1**
when quand, I-3.1
When is your birthday? C'est quand, ton anniversaire? (fam.), I-4.1
where où, I-BV
which quel(le) (interr. adj.), I-7; que (rel. pron., dir. obj.), qui (rel. pron., subj.), **1**
which one(s) laquelle (f. sing. interr. pron.); lequel (m. sing. interr. pron.); lesquelles (f. pl. interr. pron.); lesquels (m. pl. interr. pron.), **5**
to **whistle (blow a whistle)** siffler, I-13.1

white blanc, blanche, I-10.2
who qui, I-BV
Who (do you mean)? Qui ça?, I-BV
Who is it? Qui est-ce?, I-BV
Who's calling? C'est de la part de qui?, **3.2**
whom qui, I-14; que, **1**
why pourquoi, I-9.1
wide large, I-10.2
wife la femme, I-4.1
to **win** gagner, I-9.2
wind le vent, I-14.2
window (in post office, bank, etc.) le guichet, **1.2**
window (seat in plane) côté fenêtre, I-7.1
to **windsurf** faire de la planche à voile, I-9.1
windy: It's windy. Il fait du vent., I-9.2
wing l'aile (f.), **7.1**
winner le/la gagnant(e), I-13.2
winter l'hiver (m.), I-14.1
to **wipe (one's hands, etc.)** s'essuyer, **13.1**
to **wish** souhaiter, **12; (each other)** se souhaiter, **11.2**
with avec, I-5.1
without sans (prep.), I-12.2; sans que (conj.), **15**
wool la laine, **9.2**; en laine (adj.), **9.2**
word processor la machine à traitement de texte, **12.1**
work le travail, **16.1**
work (of art) l'œuvre, I-16.2
to **work** travailler, I-3.2
to work full-time travailler à plein temps, I-3.2
to work part-time travailler à mi-temps, I-3.2
worker l'ouvrier, l'ouvrière, **2.2**
workplace le lieu de travail, **16.1**
workshop l'atelier (m.), **14.1**
worry: Don't worry about it. (after an apology) Ce n'est pas grave., **4.1**
wound la blessure, **6.1**
to **wrap (oneself up in)** s'envelopper dans, **14.1**
wrinkled chiffonné(e), **9.1**
wrist le poignet, **13.1**
to **write** écrire, I-12.2
to write a paper faire une rédaction, **12.1**
wrong: What's wrong with him? Qu'est-ce qu'il a?, I-15.1

X

X-ray la radio(graphie), **6.2**
to do an X-ray faire une radio(graphie), **6.2**

Y

year l'année (f.), I-4.1; l'an (m.), I-4
yellow jaune, I-10.2
yes oui, I-BV
yesterday hier, I-13.1
the day before yesterday avant-hier, I-13
yesterday morning hier matin, I-13
yogurt le yaourt, I-6.1
you te (dir. and ind. obj.), I-15; toi (stress pron.), I-9; tu, (subj. pron.) (fam.), I-1; vous (sing. form. and pl.), I-2
You're welcome. De rien., Je t'en prie., Pas de quoi. (fam.); Ce n'est rien., Il n'y a pas de quoi., Je vous en prie. (form.), I-BV
young jeune, I-4.1
your ta, ton, tes (fam.), I-4; votre, vos (form.), I-5

Z

zero zéro, I-BV
zip code le code postal, **1.2**
zipper la fermeture éclair, **9.2**
zucchini la courgette, **14.1**

INDEX GRAMMATICAL

Photography

Front Cover: Charlie Waite/©Tony Stone Images; Abad, Charlie /La Photothèque SDP: 58, 93L, 211T, 286L, 289; Abeles/BSIP: 154R; Air France: 171L, 171R; Antman, M./Scribner: xR, xiiL, R-17T, R-17B, R-28T, R-29B, R-36B, R-45T, 34, 37B, 45R, 47/4, 63, 65T, 65B, 66, 69T, 70T, 86B, 89, 97R, 104T, 196, 210, 237, 250TR, 250BL, 255T, 259, 260C, 260B, 264T, 264B, 274T, 274B, 277, 281, 286R, 287T, 287B, 290–291/1, 290/2, 293, 302T, 307B, 308, 310, 311T, 321, 340, 408B, 411, 413T; Arbios, Roger/La Photothèque SDP: 423; Art Resource: 106T, 218L, 220L, 220R, 322, 323T; Ascani, M. Hoa-Qui: 161; Aurness, Craig/ Westlight: 357L, 370R; Autopresse: 203; Bajande/BSIP: 155B; Ball, David/DIAF: 93B; Barnes, David/La Photothèque SDP: R-6, 96; Barto, Gio/Image Bank: 367; Bear, Brent/Westlight: 320; Bellurget, Jean-Louis/La Photothèque SDP: 215; Bianco, Paul/La Photothèque SDP: 368; Billard, B./La Photothèque SDP: xivR, 361; Blanchard, M./Marco Polo: 238, 424; Blatty, Michael: R-24T, R-24B, 84; Boehm, M./La Photothèque SDP: 380, 396/2; Boucharlat/BSIP: 155T; Bouillot, F./Marco Polo: R-39, 11B, 60, 61, 86T, 93T, 94, 104B, 125B, 205B, 208/4, 233, 239, 278, 343; Bourret, J.P./Pitch: 370L; Boutin, G./Hoa-Qui: 130; Bouvet, Èric/Agence Ernoult Features: 182/2; Brown, Nancy/Image Bank: 120; BSIP: 157L; Bulloz: 98/2, 291/5, 327L, 327R, 338L, 338TC, 338BC, 338R; Carton/Pitch: 371B, 372/2; Chassagne, Georges/La Photothèque SDP: 183/4; Chemin, B./Hoa-Qui: 124; Ciné Plus: R-45B, 107TR, 107CR, 107BR; Croisile, H./DIAF: 242–243/1; Damm, J./Leo de Wys, Inc.: 352–353; Delacourt/Hoa-Qui: 241T; Delfino/Pitch: 365; Dewolf, Jean-Claude/La Photothèque SDP: 91, 132/3; Diaconesses, Tirot/BSIP: 151; Dunnell, Steve/Image Bank: 415; Durand, Guy/DIAF: 213; Fagot, Patrick/Explorer: R-36T; F.C.P.: R-32B; Fischer, Curt: viiTL, viiR, viiiBR, viiiTR, ixTR, ixBR, ixL, xiL, xiTR, xiiTR, xiiBR, xiiiL, xiiiTR, xivL, xvL, xvR, R-2T, R-2B, R-4, R-7T, R-7B, R-llT, R-12, R-16, R-20L, R-20R, R-22, R-23T, R-26–R-27, R-40, R-44, R-46, 4R, 5T, 5B, 11T, 15, 18B, 20–21/1, 23, 29T, 32T, 32B, 36, 37T, 40T, 41L, 41R, 42, 45L, 46–47/1, 47/5, 50–51, 54BR, 55, 70B, 72–73/2, 73/4, 74, 92, 93R, 97L, 98–99/1, 99/3, 116TL, 116TR, 116BL, 116BR, 126T, 131B, 133/4, 134T, 134B, 135, 136–137, 140, 146, 147, 149, 150, 152, 159/3, 159/4, 170T, 178, 194, 198L, 198R, 199L, 199R, 202, 204T, 206T, 206C, 206B, 207L, 207R, 208/2, 211B, 222–223, 232T, 232B, 236L, 241B, 243/3, 246–247, 250TL, 250BR, 258, 260T, 262, 263L, 263R, 265, 266–267/2, 266/1, 267/4, 269, 279, 282, 283, 284T, 284B, 294–295, 302B, 304, 311C, 311B, 312, 313T, 313B, 314–315/1, 314/2, 315/4, 318, 332, 336TL, 336TC, 336TR, 336BL, 336BC, 336BR, 339, 342B, 344, 347T, 347C, 347B, 348–349/1, 349/4, 366T, 373/5, 375, 381T, 381B, 384T, 384B, 386, 387, 388, 389, 390TL, 390TR, 390B, 392L, 392R, 393, 394T, 394B, 395T, 395B, 396–397/1, 396/3, 397/6, 398T, 398M, 399, 405T, 414, 417, 418–419/1, 418/2, 421, 425, 432–433; Fontaine, Benoit/La Photothèque SDP: 197; F. P. G. International: 314, 374; France TELECOM: 54C; Frazier, David R./Photolibrary: 8, 20/2, 21/5, 144T; Gauvreau, Vincent: viiBL, viiiL, xiBR, xiiiBR, R-32T, 4C, 4L, 10T, 10B, 11, 14, 15, 17T, 17B, 18T, 18C, 21/4, 40B, 43, 46/2, 54TL, 54TR, 54C, 59, 69C, 69B, 73/3, 119L, 119C, 119R, 121, 122, 125T, 126B, 133/6, 141, 144B, 154L, 176B, 201, 236R, 277, 299, 303, 316; Gaveau, Alain: R-5, R-14; Gely/Imapress: 430L; Gleizes, Pierre/Explorer: 270–271; Grandadam, S./Hoa-Qui: 205T, Grimberg, Marc/Image Bank: 48; Hallé/Marco Polo: 68, 99/4, 342T; Hervé, Frédéric/ Imapress: 158/2; Huteau, Michel/ANA: 123; Jeffrey, David/The Image Bank: R-3; Johnston, Greg/Photo 20-20; Jonathan/La Photothèque SDP: 357R, 362; Keystone/Sygma: 426L; Kirtley/ANA: 226; Krassovsky/ BSIP: 157R; La Vie du Rail: 95; Landau, Robert/ Westlight: 326R; Langeland, J.P./DIAF: R-30; Lavalette, Michèle/La Photothèque SDP: 181T; Le Bot, Alain/ DIAF: 29B, 81, 204C, 204B, 317, 408T; Legrand, Regis/La Photothèque SDP: 333; Madison, David/ Duomo: R-31T; Mahaux, J./Image Bank: 292; Marche, Guy/La Photothèque SDP: 371T; Marco Polo: 349/3; Mauritius/La Photothèque SDP: R-29T, 173; Mia and Klaus/Superstock: 62; Messerschmidt, J./Westlight: xL; NASA: 219R; Millet, Catherine: 431; Ozu, Kiki/La Photothèque SDP: 375; Panier, R./La Photothèque SDP: 397/4, 397/5; Philip, Charles/Westlight: 181B; Pierre, Georges/La Photothèque SDP: 372–373/1; Plailly, Philippe/CNRS: 405B; Plossu, Bernard/Marco Polo: 369T, 369B; Pratt-Pries/DIAF: 366B; Pysel, Czeslaw/La Photothèque SDP: 291/4; RATP: 253, Regine, M.:/ Image Bank: 145: Reynaud, M./France TELECOM: 73/5; Renaudeau, M./Hoa-Qui: 176T, 179, 208/3; Richer, X./Hoa-Qui: 208–209/1;Roger-Viollet: 64, 106B, 107L, 132/2, 219L, 221, 323B, 324, 325L, 325R, 326L, 426R, 427L, 427R, 430R; Romain, Jean-Marc/La Photothèque SDP: 90; Wayne Rowe: xvi–R-1, R-8–R-9, R-13, R-18–R-19, R-34–R-35, R-42–R-43, R-48–1, 14T, 22, 24–25, 67A, 67B, 76–77, 85, 87, 112–113, 158–159/1, 172, 177, 186–187, 190, 195, 200, 230, 234, 235, 254, 255, 256, 288, 307T, 315/3, 328–329, 345, 376–377, 398B, 400–401, 413B, 429; Santini, Pierre Jean/Agence Ernoult Features: 419/4; Sester, M./Pitch: 218R, 373/3; Simon/La Photothèque SDP: 182–183/1; SIRP–PTT: 72/1; SNCF: R-21T, R-21B, R-23B; Somelet, P./DIAF: 419/3; Vaisse, C./Hoa-

(continued on next page)

Qui: 242/2, 243/4; Valentin, E./Hoa-Qui: 132–133/1, 180B, 183/3; Valla, F./Pitch: 360, 373/4; Vance, David/Image Bank: 303; Villerot, Sylva/DIAF: 422; Wallet, P./Hoa-Qui: 131T, 133/5; Yamashita, Michael/ Westlight: 162–163, 170B, 174, 180T; Zurawik, J.F./La Photothèque SDP: 290/3.

Illustration
Becker, Neesa: 226; Collin, Marie-Marthe: 2–3, 164–165; Favre, Antoine: 350; Gregory, Lane: 117–118, 227–228, 275–276; Intesse, Yannick: 153; Kieffer, Christa: 378–379, 382–383; Kowalski, Mike: 216T, 216B, 217; Locoste-Laplace, Nathalie: 298; McCreary, Jane: 358–359, 406–407; Metivet, Henry: 26–27, 28, 166, 168–169; Miller, Lyle: R 25, 39, 56–57, 67, 82–83, 119, 160, 188–189, 248–249, 251–252, 272–273, 330–331; Nicholson, Norman: 111, 326, 354–355, 356, 402–403; Péron, Guy: 78–79, 80; Preston, Heather: 428R, 428L; Senée, Jean-Claude: 195; Spellman, Susan: 30–31, 114–115, 138–139; Taber, Ed: 108B, 108T, 109, 391; Tachiera, Andrea: 380; Taugourdeau, Sylvie: 52–53, 140, 192–193; Thewlis, Diana: R 10, R 37, 6–7, 127, 142–143, 224–225, 296–297, 300–301, 334–335; Torrisi, Gary: 245, 404.

Realia
Realia courtesy of the following: Air France: 167, 184; Boynton/Recycled Paper Products Inc.: 385; Compeed: 150; CARTCOM/Photo: E. Cuvillier, © Musée de la Poste; David, Jean-Louis: 128, 129; Éditions de Vecchi: 348; Éditions Les Quatre Zéphires: R-11; France TELE-COM: 54, 71, 74, 75, 152; Galeries Lafayette: 49; La Garantie Mutuelle Des Fonctionnaires (GMF), ©1987, LES ÉDITIONS ALBERT RENÉ/GOSCINNY-UDERZO: 191, 412; Gendarmerie Nationale: 141; Hôtel François 1er: 202; Institut Géographique National: 231; Inter-média Communication Consultants: 239; Laboratoire Conseil Oberlin: 156; © Michelin: 190, 207, 212; © 1991 Nathan, illustration Martine Heissat: 148; Orangina: 341; Parfum de Zagoras: 131; La Poste: 9, 19; RATP: 253, 254, 255B, 257, 268; La Redoute: 33, 229R; Roland-Garros: R-33; Saint-Laurent, Yves : 229L. SNCF: 45, 84, 97, 100, 101; Tunisair: 364; Voyages KUONI S.A.: 102.

Fabric designs by *Les Olivades*.

Maps
Eureka Cartography, Berkeley, CA.

In appreciation
Special thanks to the following people in France for their cordial assistance and participation in the photo illustration:

M. le Maire d'Ansouis; M. le Proviseur, les professeurs et les élèves du Lycée Henri IV; M. le Proviseur, les professeurs et les élèves du Lycée Val de Durance; Mme le Principal, les professeurs, en particulier Mlle Marie-Claude ÉBERLÉ, et les élèves du Collège Mignet; M. le Principal, les professeurs et les élèves du Collège du Pays d'Aigues; M. Jacques Lefèbvre et les élèves du Lycée du Parc Impérial; Groupe Scolaire Sainte-Anne.

Dr Christian Amat, Marie-Françoise, Camille, Emmanuel et Alexandre Amat/Jean-Pierre Antoine et Bébé le caniche/Helena Appel/La Famille Baud/Sonia Benaïs/La Famille Bérard/Jérôme Bernard/Sylvain Casteleiro/Adelaïde Chanal/Amy Chang/Andréa Clément/Émilie Cusset/La Famille Dandré et Josué/Michèle Descalis/Denise Deschamps/Mme Duclos/Élisabeth Éberlé/Jeanne Grisoli/Hélène Guion/David Hadida/Amelle Hafafsa, Amar et Riad/Thomas Hardy/Simone Kayem/Marie-France Lamy/Olivier Lucas/Harry Magdaléon/Dr Francis Maguet/Barbara Marone et Jessie le collie/Katy Martin/Jean Martinez/Dr Jean Mori/Claudette Mori/Elarif M'Ze/Magali Parola/Daniel Pauchon/Olivier Perrière/Élodie Perrin/Nelly Pouani/Estelle et Hélène Puigt/Claude Rivière/Nadège Rivière/Elzéar, Foulques et Amic de Sabran-Pontevès/Maître Frédéric Sanchez, avocat/Kalasea Sanchez/Martine Serbin/Michel Skwarczewski/Florence Vareilles/Maître Marie-Christine Viard-Vassiliev, avocate/Jonathan Viretto/Bernard et Jacqueline Vittorio

Air France (M. Philippe Boulze)/L'Art Glacier/Banque Marseillaise de Crédit/Boutique Frenchy's/Cabinet du Dr Amat/Cabinet du Dr Maguet/Charcuterie Guers/Compact Club/Complexe Sportif du Val de l'Arc/Fromagerie Gérard Paul/les Gendarmes de Beaumont/Grand Café Thomas/Le Grand Véfour (M. Guy Martin)/Hôtel Le Moulin de Lourmarin/ Pâtisserie Chambost/Pharmacie de l'Europe/Restaurant La Récréation/Restaurant Le Viêt-Nam/Salon de Coiffure Sylvie